古神道密義

原題　日本の国体と日蓮聖人

清水梁山

〔第　壹　圖〕

〔第貳圖〕

〔第三圖〕

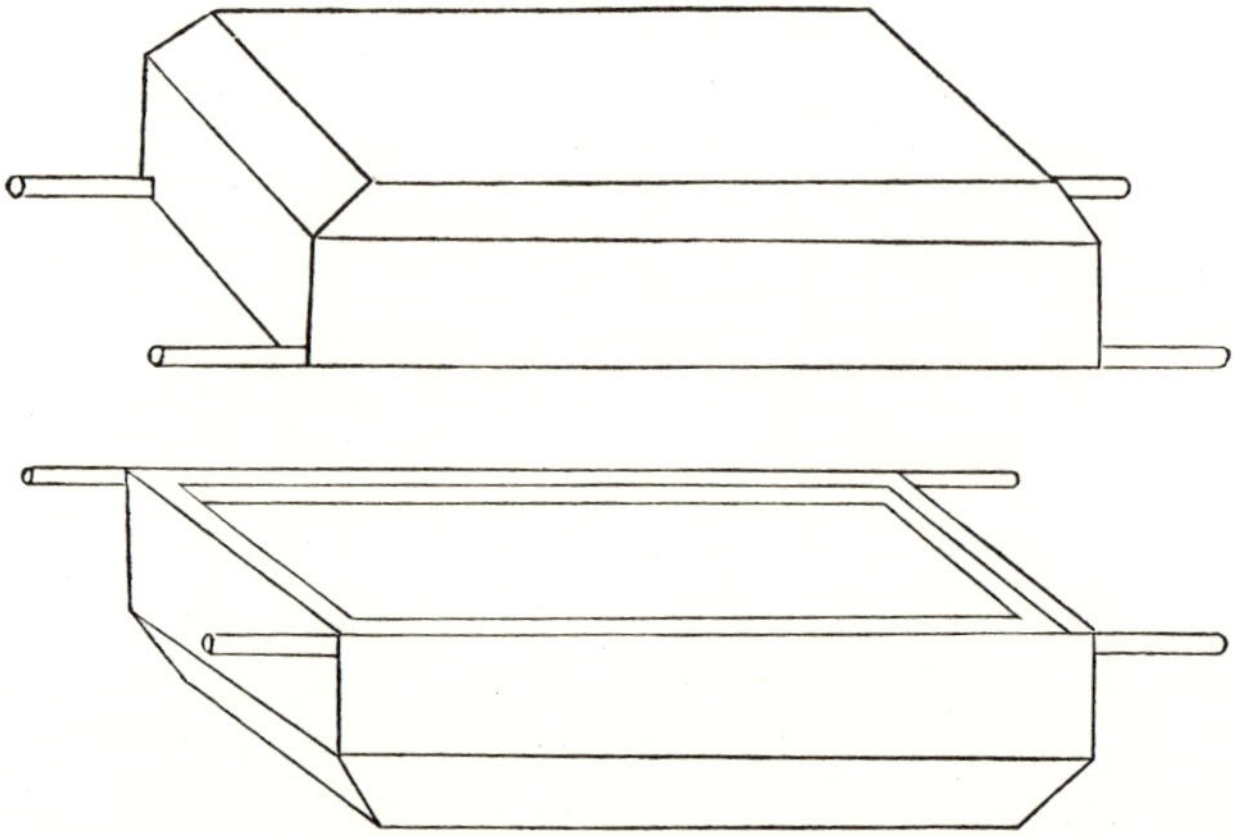

『貞和御餝記』に曰《ハ》く、「御《ミ》船《フナ》代《シロ》正殿長《サ》六尺一寸五分、横《コ》二尺四寸五分、或《ハ》七尺六寸《ノ》之内《チ》六尺四寸《ハ》身、手《テ》崎《サキ》各《ヨ》六寸宛《ツ》、弘《サ》二尺五寸、高《サ》二尺五寸、於《テノ》假殿《ニ》例《ハ》者寸法短《キ》也《リ》、或《ハ》四尺」。云云。こは伊勢の御《ミ》鏡《カヾミ》を納《イ》れ安《ヲ》きまつる御《ミ》船《フナ》代《シロ》の丈《タケ》量《ハカリ》なり。上《ミ》の御《ミ》鏡《カヾミ》の御《ン》圖に因《ナ》みてこゝにその狀《サマ》を寫《ツ》し示《メ》す。尚《ホ》丈《タケ》量《ハカリ》は先規不同なること此の『記』にも看えたり。さて御《ミ》船《フナ》代《シロ》は斯く船《フ子》の形《チ》なり。これに種《マ》種説はあれど、己《ノ》れの考《エ》にては、安房《ノ》國《ニ》より船《フ子》に載せ參《ヒ》らせて西《シ》筑紫に渡《タ》し奉《マツ》れるからの縁《ユカリ》なるべし。この事《ト》はこの書《ミ》の中《カ》に安房《ノ》國《ニ》の古《ル》き神都なりける由《シ》を云へる一段あれば、其《ソ》に合《ハ》せてよく考《ガ》べし。

神廟圖記。

南海之人尾崎日新久藏古書。今茲春三月携來示予。且問曰。是本門虛空會之相。而中有巨人立者、未審何佛菩薩也。予熟視之。非佛。非菩薩。著竈衣。髻而簪。女神之像也。乃有所念。試檢藤氏元元集。合其所圖天照大神之像矣。但坐立異耳。然歲月之舊。絹素斑蝕。彩剝粉落。左右手印幾難辨。偶有善畫者石井愛峰。微鏡細照。覓線按畫。稍獲其狀。曰。左手握珠。右手執矛。且此畫頗巧妙。非尋常凡手也。予甚奇之。更諦視之。塔中七字既朽損。唯存華經二字。而其筆蹟正 聖祖之親書也。不覺正襟。因復念。此畫者必大藏也。大藏鎌倉之人。聖祖之檀越。池上有其所畫 聖祖之像。曾一觀之。今之畫酷似焉。且撿時垂六百年前之物也。乃此畫非大藏畫之。 聖祖親書其塔中七字歟。可謂無上之珍矣。予於是語二子曰。本門虛空會之寶塔者我大日本國之 神廟也。予既考之而未能安意。今此畫自

視《メス》其《ノ》旨《チ》○猶《オ》加《フガ》《ゴトシレ》　聖祖《ノ》之證明《チ》○感曷《ゾ》極《マランヤ》哉○日新曰《ク》○請《フ》以《テ》掲《ゲン》高著王佛一乘論《ノ》之卷首《ニ》○愛峰曰《ク》○請《フ》不敏敢《テ》寫《サン》之《チ》○予曰《ク》○四面《ニ》圍繞《セル》菩薩人天等《ハ》且《ラク》措《キ》之《チ》○但《ヾ》寫《サバ》其《ノ》中心《チ》則《チ》可《ナリ》矣○愛峰乃《チ》齋戒《シテ》從《ヒ》事《ニ》○五十餘日《ニシテ》而《シテ》成《ル》○圖約《ソ》長《サ》三尺六寸○横《コ》一尺二寸○　二尊《ト》　大神《ト》及《ビ》　聖祖《ト》○配位《ノ》之上下○身量《ノ》之大小○毫《モ》不違《ハ》本《ノ》之式《ニ》○衆色雜彩亦《タ》頗《ル》可《キ》觀《ル》也《リ》○塔中《ノ》　二尊《ハ》○右《ハ》則《チ》慧印○左《ハ》則《チ》定印○　大神《ノ》右手《ハ》契《シテ》其《ノ》慧印《ニ》而《シテ》矛○左手《ハ》應《ジテ》其《ノ》定印《ニ》而《シテ》珠○若《シ》　聖祖《ノ》右手《ハ》亦《タ》契《シテ》其《ノ》矛《ニ》而《シテ》笏○左手《ハ》應《ジテ》其《ノ》珠《ニ》而《シテ》經○一脉各《ヾ》通《ジ》○一原互《ニ》表《ス》○眞《ニ》王佛一乘《ノ》之相也《リ》○圖既《ニ》成《ル》○予乃《チ》書《シ》塔中《ノ》七字《チ》○且《ツ》永《ク》爲《ス》慈龍窟《ノ》之什《ト》矣○而《シテ》本《ノ》之古畫《ハ》復《シテ》日新《ニ》曰《ク》○嗚呼子《ヤ》也久《ク》藏《スル》之《チ》己《ニ》非《ズ》小因緣《ニ》○生生受持《シテ》○勿《レ》暫《クモ》放捨《スルヿ》○頭上《ニ》頂戴《セヨ》○三有可《キ》以《テ》度《ス》也《リ》○兩肩《ニ》荷負《セヨ》○四恩可《キ》以《テ》報《ズ》也《リ》○乃《チ》記《ス》○

明治四十四年七月念五日

慈龍　梁山

聖人御像奉寫の記。

明治四十一年の夏、　岡山縣備中高松に赴《ム》きける折《リ》、同國都窪郡加茂村蓮休寺谷口玄淨なる人《ト》の祕藏せる　聖人の御畫像を拜しぬ。現《イマ》延山の什寶なるものと較同《ナ》じくて、威容眞《ト》に尊《ト》く優《グ》れたり。彼の玄淨なる人《ト》の俗家は舊《ル》くは甲斐武田氏の臣なりしが、六世の祖、義正と云へる人《ト》の時《キ》武田氏亡《ロ》びたりしかば、伊豫今治に移《ツ》りて松平氏に仕《カ》え、而來代々その藩の師範役を爲し、父は維新の前《ヘ》まで大阪の藏《ラ》奉行たりし。斯の御畫像は義正の伊豫に移《ツ》る時《キ》甲斐より遙《ル》遙《ル》脊負ひ伴《モ》なひ參《ヒ》らせしものゝ由《シ》なり。種《マ》種《マ》書けるものも之《レ》に附けられてありしかども、憾《ラ》むらくは明治八年回祿の厄に罹りて多《ホ》く失せたりと彼《ノ》人《ト》親《タ》しく語《タ》りぬ。但祖父の記《モノ》尚《ホ》殘《コ》りて一通あり。それに依れば、弘安四年太歲辛己の春、　聖人思《シ》召すことありて波木井實長の館に七日が程《ド》渡《タ》らせ給《マ》ふ。その時《キ》實長の一族二郎某の宅に京都の畫人五位《ノ》親

安參《ヒ》り合はせたるを幸《ヒ》に實長より　聖人に請ひて尊容三幅を書き奉《ツ》り、その一幅を二郎某に賜《マ》はりしが、後《チ》に故《エ》あり谷口家に轉《ツ》りて家寶となりしとのことなり。されば延山に在るものと較《ミ》同《ナ》じきもその故《エ》なきに非《ラ》ず。彼《レ》此《レ》俱《モ》に當時三幅の內《チ》なれば實に天下得難《タ》きの御書像とや云はむ。這《コ》回《タビ》已《レ》斯の書《ミ》を著《ノ》するにまた其《ソ》を寫《ツ》して卷《ノ》首《メ》に揭《ミ》げ奉《ツ》るも、偏《ヘ》に彼《ノ》人《ト》の慇《ロ》なる芳志の賜《ノ》なりけり。庶幾《ハク》は日本國、乃至一閻浮提の人《ト》廣《ロ》く勝緣を斯の尊容に結《ス》びて長《トコシ》なへに現當の大利を蒙《カ》ふらむことを。

明治四十四年七月

末弟梁山　惶みて記す。

例言

一　本書は日蓮聖人の我が國體に對する主張の根義を世に示《メ》さむこするの微意に由りて作《ク》る。蓋《シ》聖人の宗を信ずる僧俗は之《レ》に依りて國體擁護に效《タ》さば則《チ》可ならむ。

一　書中我が祖宗に對して敢て其の頭に闕字せず。唯　今上にのみこの禮を以《ツ》てす。亦《タ》自《オノヅカ》ら祖宗を敬する所以《ン》なり。

一　書中出だすところの一切の人《ト》には別に敬稱を付せず。是れ其《ノ》人《ト》を卑《シ》むるが爲めに非《ラ》ず、我が祖宗の御《ン》事《ト》に關《ツ》かる書なればなり。

一　釋尊及《ヨ》び日蓮聖人に對して特《ト》に我が祖宗に對するの敬禮詞を以《ツ》てす。本書の旨《子》固《ト》より然《カ》らざるを得ざるなり。

一　引證書類にして卷數あるものは其第幾《ク》卷なるを欄外に示《メ》す。若し示《メ》さゞるものは單に一卷の書なりと知るべし。

一　四宗の折伏と我が國體とに就きては只其の元意を示《メ》して多《ホ》く御

書を引かず。別に一巻を成さむと欲するが故《エ》なり。

一　本書の第一稿巳《デ》に成り、將《サ》に印刷に付せむとするに莅《ヅ》み、少《シ》く念《モ》ふところあり、急に改訂を加えて、先《ツ》序論の全部を删《ツ》り、次《ギ》に本論の中《カ》にも大《ヒ》に削《ヅ》るところあり、引證の如《ト》きは第一稿に比して約《ツ》十の一を捨つ。隨《ガ》つて章節に存廢あり、項目の移變尠《ナ》からず。然《カ》るに尙《ホ》簡約の要を得る能《タ》はざるは甚《ダ》憾《ラ》みとするところなり。反《ヘ》つて之《レ》が爲めに文氣を失《ナ》ひ語脈を絶つもの多《ホ》し。讀者の推判を請ふのみ。

明治四十四年八月一日　著者　記す。

目次及索引

日本の國體と日蓮聖人

本論第壹編　日本の國體

第壹章　天祖の詔勅に對する吾人の解説

第壹節　天祖の詔勅

右第壹節に就きて

第貳項　立君の詔勅

第貳章　法華經と日本國との關係

第壹節　五綱の概要

右《ギ》第貳章、第壹節に就きて

第貳節　教義的關係と史實的關係概論

右《ギ》第貳章、第貳節に就きて

第參節　教義的關係　其《ノ》一

右《ギ》第貳章、第參節に就きて

第四節　教義的關係　其《ノ》二

右《ギ》第貳章、第貳節其二に就きて

第五節　教義的關係　其《ノ》三

第六節　史實的關係

第七節　三大祕法の概要

右《ギ》第貳章第七節に就きて

右《ギ》第五章に就きて

第七章　結勸

右《ギ》第七章に就きて

外に

第壹附錄。　聖日蓮の立正安國論を紹介す。
第貳附錄。　聖日蓮と大日本國。

以　上

日本の國體と日蓮聖人　一名、王佛一乘論

慈龍窟　清水梁山　著

本論第壹編　日本の國體。

第壹章　天祖の詔勅に對する吾人の解說。

第壹節　天祖の詔勅。

天祖の詔勅に二あり。

凡《ツ》日本の國體を辨《マ》へむには天祖の詔勅を本《ト》とすべし。之《レ》に二あり。一は天御《アメノミ》中《ナカ》主《ヌシノ》尊《ミコト》より諸冉《イサナギイザナミフタハシラノミコト》二尊に賜《マ》へる詔勅、一は天《アマ》照《テル》大《オホン》神《カミ》より瓊《ニ》瓊杵《ギノ》尊《ミコト》に賜《マ》へる詔勅なり。

天御中主尊の詔勅

其の天《アメノ》御《ミ》中《ナカ》主《ヌシノ》尊《ミコト》の詔勅は傳に曰《ハ》く、

於《ニ》是《コヽ》天《アメノ》神《カミ》諸《カタヘノ》命《ミコト》以《ヲモテ》詔《ノリゴチ》伊《イ》邪《ザ》那《ナ》岐《ギノ》命《ミコト》伊《イ》邪《ザ》那《ナ》美《ミノ》命《ミコト》二柱神《フタハシラノカミニ》修理《オサメ》固成《カタメナセト》是《コノ》多《タ》陀《ダ》用《ヨ》弊《ヘ》流《ル》之國《クニ》、賜天沼《タマハリテアメノヌ》矛《ボコヲ》而言《コト》依《ヨザシ》賜《タマヒキ》也。（『古事記』上）

天照大神の詔勅。

其の天《アマ》照《テル》大《オホン》神《カミ》の詔勅は傳に亦曰《タハ》く、

天《アマ》照《テル》大神《オホンカミ》乃《チ》賜《ヒ》天津《アマツ》彦《ヒコ》彦《ヒコ》火《ホノ》瓊《ニ》瓊《ニ》杵《ギノ》尊《ミコトニヤ》、八坂《サカ》瓊《ニノ》曲《マガ》玉《タマ》、及《ビ》八《ヤ》咫《タノ》鏡《カガミ》、草《クサ》薙《ナギノ》劍《ツルギ》、三種《ノ》

國土の創造。立君の大義。

△『舊事本紀』卷一、

寶物《チ》、又以《テ》中《ナカ》臣《トミノ》上祖天兒《アメノコ》屋命《ヤ子ノミコト》、忌部《イムベノ》上祖太玉命《フトダマノミコト》、猿女《サルメノ》上祖天鈿女命《アメノウズメノミコト》、鏡《カガミ》作《ツクリノ》上祖石凝姥命《イシゴリドメノミコト》、玉作《タマツクリノ》上祖玉屋命《タマヤノミコト》、凡《ソ》五部《ノ》神《チ》使《ム》配侍《セ》焉、因《テ》勅《シテ》皇孫《ニ》曰《ハク》、葦《アシ》原《ハラ》千《チ》五《イ》百《ホ》秋之《アキノ》瑞《ミツ》穗《ホノ》國《クニハ》是吾《アガ》子《ミ》孫《コノ》可《シラ》王《ス》之《ベキ》地《クニ》也《ナリ》、宜爾《ミマシ》皇孫《ミマノミコト》就《ユキテ》而治《シロシ》焉行《メ》矣《セ》、寶《アマツ》祚《ヒツギ》之《ノ》隆《サカエマサンコト》當與天壤《アメツチト》無《トモニカギリ》窮《ナケム》者《トノリ》矣《玉ヒキ》。（『日本書紀』神代卷）

初《メ》に天御《アメノミ》中《ナカ》主尊《ヌシノミコト》の詔勅は先《ツ》國土の創造を命じ、次《キ》に天《アマ》照《テル》大神《オホンカミ》の詔勅は正《サ》しく立君の大義を制し給《マ》ふ。洵《ト》に建國の礎にして乃《チ》鴻基の肇《シ》むる所以《ン》なり。

右《キ》第壹節に就きて

天御《アメノミ》中《ナカ》主尊《ヌシノミコト》より諸冉二尊《イザナギイザナミフタハシラノミコト》に賜《マ》へる詔勅。

今《マ》引けるは『古事記』の文なるが、其れには唯「天神諸命以」云云とのみありて「天神」の語、果《タ》して何《ン》の神《ミ》を指すにや分き難《タ》し。されども『舊事本紀』の陰陽本紀に斯の詔勅の事《ト》を書けるには

天《アメ》祖《ミオヤ》詔《シテイ》伊《イ》弉《ザ》諾《ナギ》伊《イ》弉《ザ》冉二尊《ナミノフタハシラノミコトニ》曰《ク》、有《リ》豐《トヨ》葦《アシ》原《ハラ》千《チ》五《イ》百《ホ》秋《アキノ》瑞《ミツ》穗《ホ》之《ノ》地《クニ》、宜《ク》汝《シ》往《テ》脩《ム》之《チ》、

則《チ》賜《ヒテ》天瓊《アマノヌ》戈《ボコヲ》而詔《コト》寄賜《ヨザシタマヒキ》也

とあり。此の「天祖」と云へる稱は『舊事本紀』の例として必《ス》他の神《ミ》に冠せず、

△『舊事本紀』の外は或は天御中尊、並に天照大神等を總じて「天祖」と書けるあり、或は「皇天二祖」と云ひて天御中主尊を「天祖」と爲し天照大神を「皇祖」と稱するありて一準ならず。

◎『元元集』卷二、

◎『皇國度制考』卷上、

唯《ヾ》天地剖判の初めの獨《リ》化生《ナリマセル》一柱《ヒトハシラノ》神《カミ》をのみ爾《シ》か崇《カ》め稱することなれば之《レ》に準じて今《マ》の『古事記』の言はゆる「天神」も亦《タ》天地剖判の初めの神《ミ》なることを知るべきなり。さして天地剖判の初めの神《ミ》と云へば『古事記』にては天御《アメノミ》中《ナカ》主尊《ヌシノミコト》が乃《チ》其れならずや。但《ヾ》し『舊事本紀』に於《ヒ》て「天祖」と崇《カ》め稱したる神《ミ》は天御《アメノミ》中《ナカ》主尊《ヌシノミコト》にはあらで天《アメ》讓日《ユヅルヒ》天狹《アメノサ》霧《ギリ》國《クニ》禪月《ユヅルツキ》國狹《クニノサ》霧尊《ギリノミコト》となむ呼べる神《ミ》なることは其の神代系紀の首條に記《ル》せるが如《ト》し。此は天地剖判の初めの神《ミ》を語《タ》るに各《ノ》〳〵傳を違《ガ》えたるが爲めにして、『舊事本紀』は則《チ》天《アメ》讓日《ユヅルヒ》天狹《アメノサ》霧《ギリ》國《クニ》禪月《ユヅルツキ》國狹《クニノサ》霧尊《ギリノミコト》『古事記』は天御《アメノミ》中《ナカ》主尊《ヌシノミコト》、又《タ》『日本書紀』は國常《クニノトコ》立《ダチノ》尊《ミコト》なり。此《レ》等何《ツ》れも故《ヘ》由《シ》あることながら先《ツ》は『古事記』に據るべき常《子》の習《ラ》ひなり。尤《ト》も『古事記』の天御《アメノミ》中《ナカ》主尊《ヌシノミコト》は『舊事本紀』の天《アメ》讓日《ユヅルヒ》天狹《アメノサ》霧《ギリ》國《クニ》禪月《ユヅルツキ》國《クニノ》狹《サ》霧尊《ギリノミコト》と同《ナ》じ神《ミ》なりと云ふ古説ありて『元元集』の中《カ》に『神皇實錄』及び『天口事書』『太崇秘府』等を引けり。されば尚《ホ》更《ラ》便なることながら『舊事本紀』の面《テ》にては二神全《タ》く別なるを奈《カ》むせむや。又《タ》今《マ》の『古事記』の文に「天神諸命」とあるより學者多くは天御《アメノミ》中《ナカ》主尊《ヌシノミコト》及《ヨ》び高《タカ》皇《ミ》產《ムス》靈《ビノ》尊《ミコト》、神《カム》皇《ミ》產《ムス》靈《ビノ》尊《ミコト》を合はせて造化の詔勅とすなり、近《カ》く平田篤胤の『皇國度制考』にも『古事記』のこの文を擧げて

△『古事紀』（上卷）に「天照大御神之命以豐葦原」云云とあり、此の「以」の字亦高皇産靈尊を以てと云へる意にて用ゐたるなり普通助字として淺く解すべからず、

此《ミ》に謂《ハ》ゆる天神諸とは初發に御《ン》名の出《テ》ませる天《アメ》之《ノ》御《ミ》中《ナカ》主神《ヌシノカミ》、高《タカ》皇《ミ》産《ムス》靈《ビノ》神《カミ》、神《カム》皇《ミ》産《ムス》靈《ビノ》神《カミ》、三《ミ》柱《ハシラ》を申《ウ》せり、即《チ》天皇の天皇《アマツミ》祖《オヤ》神《カミ》たちに坐《ス》なりと云へり。本《ト》より天御《アメノミ》中《ナカ》主尊《ヌシノミコト》の詔勅に　高《タカミムスビ》、神《カムミムスビ》二尊《フタハシラノミコト》の關《カ》らせ給《マ》はざるの理なく、特《ト》に「諸命」の「諸」の字は天御《アメノミ》中《ナカ》主尊《ヌシノミコト》に極《キ》らざる證《カシ》なれども、『古事記』の古《ル》き訓にはこの「天神諸命以」をば「あめのかみ（天神）かたへのみこと（諸命）をもて」とありて「諸」の字を「かたへ」と讀ましたり。されば「天神」は天《アメノ》御《ミ》中《ナカ》主尊《ヌシノミコト》にして「諸命」は「かたへ」の　高《タカミムスビ》、神《カムミムスビ》二尊《フタハシラノミコト》なるべく、さして「以」の字は即《チ》天御《アメノミ》中《ナカ》主尊《ヌシノミコト》の詔勅を　高《タカミムスビ》、神《カムミムスビ》二尊《フタハシラノミコト》もて諸《イザナギ》、冊《イザナミ》二尊《フタハシラノミコト》に傳《タ》えしめ給《マ》ひしことを云ひあらはしたるなれば詔勅の本主としては必《ス》天御《アメノミ》中《ナカ》主尊《ヌシノミコト》ならざるべからず。然《カ》らざれば「以」の一字は解《ゲ》し難《タ》し。（『元元集』には「諸命」の「諸」を「諮」に作《ク》りて其の「諮命以」の三字を「みこといのりして」と讀ませたれど古《ヘ》さる本の『古事記』ありしにや撿し難し但《ミ》し『元元集』の如《ト》くならば「以」の字は「而」の字にてあるべきことなり、縱《ト》ひ「以」「而」は通用の助字とは云へ、其の同《ナ》じ通用の助字に特《ト》に「以」の字を用ゆる子《チ》細を念《モ》はでやは、）。又《タ》斯の詔勅の事《ト》は『日本書紀』にも

天神《アマツカミ》謂《テ》二伊《イ》弉《ザ》諾尊《ナギノミコト》、伊《イ》弉《ザ》冉尊《ナミノミコトニ》一曰《サク》、有《リ》二豐《トヨ》葦《アシ》原《ハラ》千《チ》五《イ》百《ホ》秋《アキノ》瑞《ミヅ》穗《ホ》之《ノ》地《クニ》一、宜《ク》二汝《シ》往《テ》脩《ム》一レ之、廼《チ》

賜《フ》二天《アメノ》瓊《ヌ》戈《ボコ》一

とありて其の旨《ネ》全《タ》く『舊』『古』両書と同じ。但《ミ》其を本文に載せずして下段の

◎『神代紀葦牙』巻上

◎『舊事本紀』巻二

異説に掲《カ》げあるより彼れ此れ念《モ》ひ迷《ヨ》はむ人《ト》もあるめれど元來『日本書紀』が本文と下段とを書き分けたるは强《カ》ち取捨の意《ロ》なるに非《ラ》ず、下段の方《タ》にも多《ホ》く取るべきものあるにて、現に後《チ》の天《アマ》照《テル》大《オホン》神《カミ》の詔勅の如《ト》きは本文に反《ヘ》つて之《レ》を省《ブ》けるなり。今《マ》の天《アメノ》御《ミ》中《ナカ》主《ヌシノ》尊《ミコト》の詔勅の事《ト》を下段に掲《カ》げたるに就きて栗田土滿の『神代紀葦牙』に

天《アマ》神《ツカミ》云云は本文の傳《タ》へにも此のことあるべし、豐《トヨ》葦《アシ》原《ハラ》云云こも後《チ》の名を初《シ》めにめぐらしていへるなり

と會釋せるは尤《ト》も然るべき説なり。

天《アマ》照《テル》大《オホン》神《カミ》より瓊《ニ》瓊《ニ》杵《ギノ》尊《ミコト》に賜《マ》へる詔勅。

今《マ》擧げたるは『日本書紀』の文にて、初《メ》には三種の神器、次《キ》には五部の神、三には正《サ》しく詔勅を記せるなり。其の中《カ》三種の神器を瓊《ニ》瓊《ニ》杵《ギノ》尊《ミコト》に賜《マ》ひしことは今《マ》の文己《テ》に明《ラ》かなれども尙《ホ》識らざる可からざることあれば云ふべし。○『舊事本紀』の天神本紀に曰《ハ》く、

天《アマ》照《テル》大《オホン》神《カミ》手《ミテニ》持《チ》寶鏡《チ》授《ケテ》天《アマノ》忍《オシ》穗《ホ》耳《ミミノ》尊《ミコトニ》而祝《ホギテ》之《レチ》曰《ノ玉ハク》、吾《ガ》兒《ミコ》視《ミマサンヿ》此《ノ》寶鏡《チ》當《サニ》猶《トクスルカ》視《チ》吾、可《シ》與《ニ》同《クシ》床《チ》共《ニシ》殿《チ》以《テ》爲《スイハヒノ》齋鏡《ミト》寶《アマツ》祚《ヒツギノ》之隆《ヘンヿ》當《サニ》與《ト》天《アメ》壤《ツチ》無《カル》窮《マリ》矣、則《チ》授《ケ》八《ヤ》坂《サカ》瓊《ニノ》曲《マガ》玉《タマ》及《ヒ》八《ヤ》咫《タノ》鏡《カヾミ》同《クシ》床《チ》草《クサ》薙《ナギノ》劔《ツルギ》三種《ノ》寶物《ヲ》永《ク》爲《ス》天璽《アマツシルシト》矛《ホコ》玉《タマハ》自《ラ》從《ヘリ》矣。

△先づ天忍穗耳尊に三種の神器を傳へて詔勅あらせられたり、

天忍《アメノオシ》穗《ホ》耳尊《ミミノミコト》と申《ウ》せば天《アマ》照《テル》大神《オホンカミ》の御《ン》子にして瓊《ニ》瓊《ニ》杵《ギノ》尊《ミコト》の御《ン》父《ゝ》なり。天《アマ》照《テル》大神《オホンカミ》より三種の神器を先《ツ》天忍《アメノオシ》穗《ホ》耳尊《ミミノミコト》に賜《マ》はりて詔勅を降《ダ》し給《マ》ふ由《シ》の記事なり。さてこの『舊事本紀』の傳ぞ實《ト》然《カ》るべきかと念《モ》はるゝは天忍《アメノオシ》穗《ホ》耳《ミミノ》尊《ミコト》既《テ》に皇《スメ》祖《ミオヤ》天《アマ》照《テル》大神《オホンカミ》に嗣ひで地神の第二代に立たし給ふからは必《ス》一《ト》たび皇統の天璽たる三種の神器を稟け傳《タ》え給《マ》ひしに相違なし、然《カ》るに此の國《ニ》に降臨ましますす時《キ》に莅《ゾ》みて其の御《ン》子に代はらしめ給《マ》ふが故《ヘ》に復《タ》改《タ》めて天《アマ》照《テル》大神《オホンカミ》より瓊《ニ》瓊《ニ》杵《ギノ》尊《ミコト》に斯の御《ン》儀ありたるにて、事實は天忍《アメノオシ》穗《ホ》耳《ミミノ》尊《ミコト》も瓊《ニ》瓊《ニ》杵《ギノ》尊《ミコト》も前後二代俻《モ》に同《シ》く三種の神器を稟け傳《タ》え給《マ》ひしこと疑《カ》ふべからず。されば『舊事本紀』の後《チ》の文に

正《マサ》哉《ヤ》吾《ア》勝《カツ》勝《カチ》速《ハヤ》日《ヒ》天押《アメノオシ》穗《ホ》耳尊《ミミノミコト》以《テ》二高《タカ》皇《ミ》產《ムス》靈尊《ビノミコトノ》女《メ》拷《タク》幡《ハタ》千《チ》千《チ》姬《ヒメ》萬幡姬命《ヨロヅハタヒメノミコトヲ》一爲《シ》レ妃《ト》居《テ》二於虛《オホ》天《ゾラニ》一而生《ム》レ兒《ミコチ》、號《ス》二天《アマ》津《ツ》彥《ヒコ》彥《ヒコ》火《ホノ》瓊《ニ》瓊《ニ》杵尊《ギノミコトト》一、因《テ》欲《ス》下以《テ》二此《ノ》皇孫《スメミマゴチ》一代《ヘテ》レ親《ニ》而降《サント》下矣、天《アマ》照《テル》大神《オホンカミ》詔《ノリ玉ハク》、任《マニマウス》レ白可《シ》レ降《ス》矣、宜《ク》以《テ》二天兒《アメノコ》屋命《ヤ子ノミコト》天太《アメノフト》玉命《ダマノミコト》及《ヒ》諸部《ノ》神《カム》等《ダチヲ》一皆《ナ》悉《ク》相《ヒ》授《ケ》、且《ツ》服《ミ》御《ツノ》之物《マデニ》一依《テ》レ前《ニ》授《ケント》レ矣

とあり、「依《テ》レ前《ニ》授《ケント》」の三字深《カ》く按ずべからずや。斯く言ひなば或《ヒ》は訝《フ》かる人《ト》もあるべし、前後二代に重《サ》ねて同《ナ》じ詔勅ありしと云ふは何《カ》ゞ、また初《メ》に三種の神器を天忍《アメノオシ》穗《ホ》耳尊《ミミノミコト》に賜《マ》はりしならば次《キ》の瓊《ニ》瓊《ニ》杵《ギノ》尊《ミコト》には天忍《アメノオシ》

◎『古事記』巻上

穂《ホ》耳尊《ミミノミコト》よりぞ傳《タ》え給《マ》ふべきに天《アマ》照《テル》大神《オホンカミ》よりなるは何《カ》ゞと。然《カ》るに天忍《アメノオシ》穂《ホ》耳尊《ミミノミコト》に詔勅ありしことは『舊事本紀』のみならず『古事記』も亦《タ》之を書けり。曰《ハ》く、

天《アマ》照《テル》大《オン》御《ミ》神《カミ》之《ノ》命以《ミコトモチテ》、豊《トヨ》葦《アシ》原《ハラ》之《ノ》千《チ》秋《アキ》長《ノナガ》五《イ》百《ホ》秋《アキ》之《ノ》水《ミツ》穂《ホノ》國《クニ》者《ハ》、我《アガ》御《ミ》子《コ》正《マサ》勝《カ》吾《ア》勝《カツ》勝《カチ》速《ハヤ》日《ビ》天忍《アメノオシ》穂《ホ》耳命《ミミノミコトノ》之《ノ》所《シラ》知《サム》國《クニ》言《トコト》依賜《ヨサシタマヒテ》而天降《アマクダシタマヒキ》也。

斯の詔勅ありての後《チ》更《ラ》に亦《タ》瓊《ニ》瓊《ニ》杵《ギノ》尊《ミコト》に賜《マ》はりしことを書けり。曰《ハ》く、

科《オホ》詔《セテ》日《ヒ》子《コ》番《ホ》能《ノ》邇《ニ》邇《ニ》藝命《ギノミコト》、此《ニコノ》豊《トヨ》葦《アシ》原《ハラノ》水《ミツ》穂《ホノ》國《クニ》者《ハ》汝《ミマシ》將《ム》知《シラサ》國《クニナリト》言依賜《コトヨザシタマフ》、故《カレ》隨命以《マニミコトノベシト》可天降《ノリ玉ヒキアモリマス》。

前後二代に重《サ》ねて同《ナ》じ國《クニ》治《シラス》の詔勅ありしは明《ラ》かなり。已《テ》に斯の國《クニ》治《シラス》の詔勅あれば三種の神器は亦《タ》前後二代倶《モ》に必《ス》伴《ナ》はせ給《マ》ふべし。『舊事本紀』は乃《チ》其の正さしき證《カシ》なるに非《ラ》ずや。（『古事記』の文に両處とも「言依賜《トサシマフ》」とあり、それに就ひて或《ル》人の云へらく「言依《トザシ》」と云へる詞《ハ》を解するに普通には「言《ト》」を「事《ト》」の借字として何《ニ》々《ニ》の事《ト》を托《サ》し任《カ》すの意《ロ》とすなれども、さのみにては未《マ》だ當《タ》らず、元來この「言依《トザシ》」と云へることは天御中主尊の諾冉二尊に天瓊矛を賜《マ》ひて國土の創造を命じ給《マ》ひし時《キ》の御《ン》事《ト》を起《コ》りとして神《ミ》代に於ける重《モ》き詔勅の御《ン》儀を斯く申《ウ》すことなり、神《ミ》代の昔《シ》は概《ネ》文字を用ゐられざる代《ハ》りに永《カ》く遠《ホ》く記《ル》し傳《タ》はさすべき重《モ》き詔勅には器《ハ》に籍りて御言《ト》の旨《ネ》を其れに擬《ソ》らへ托《サ》し示《メ》し給《マ》へるにて、器《ハ》とは申《ウ》せ宛《カ》ら今《マ》の文字を紙筆に寫《ツ》し顯《ハ》すの意《ロ》に異《ナ》らず、是れを「言《ト》依《サシ》」と申《ウ》したるにて即《チ》即言《ト》を器《ハ》に擬《ソ》らへ托《サ》し給《マ》ふと云ふ意《ロ》の詞《ハ》なり、それより後《チ》は種種に「言《ト》依《サシ》」の詞《ハ》を取りなす樣《マ》になりたれども、この詞《ハ》の本《ト》つ起《コ》りの源《ト》は今《マ》言へる如《ト》くにて

△百代一世の國體

◎『續日本紀』卷一、

神《ミ》代の昔《シ》神《ミ》の器《ハ》を執らせ給《マ》ひ其れに御言《ト》を托《サ》し示《メ》し給《マ》ふ大事の御《ン》儀を申《ウ》すなれば器《ハ》なきには「言依賜《トサシマフ》」とは書くべからず、況して國《ニ》治《ラス》なる大《オ》御言《ト》に「言《ト》依《シ》」の御《ン》儀な用《チ》ゐ給《マ》はざるべしや、されは『古事記』の天忍穗耳尊の條に「言《ト》依《サシ》賜《マフ》」とあるは正《サ》しく神器の御《ン》事を書けるならむ云云亦《タ》考《ガ》ふべき説なり）。又《タ》三種の神器を天《アメノオシ》忍穗《ホ》耳尊《ミミノミコト》より瓊《ニ》瓊《ニ》杵《ギノ》尊《ミコト》に傳《タ》え給《マ》はずして天《アマ》照《テル》大《オホンカミ》神より授《ツ》け給《マ》ひしことの疑《カ》ひは未だき我が國體の百代一世と云へる旨《子》を辨《マ》えざるにてこそ。百代一世とは天《アマツヒ》日嗣《ツギ》の皇統は幾《ク》代多《ホ》く其の數《ス》を重《サ》ね給《マ》ふとも終始唯天《アマ》照《テル》大《オホンカミ》神の御一世にてあることを申《ウ》す。『續日本紀』に記《ル》せる文武天皇御《ン》即位の宣命に

高《タカ》天《マノ》原《ハラ》爾《ニ》事《コト》始而《ハジメテ》遠天皇祖御《トホキスヘラミコトノミオヤノミ》世《ヨノ》中今至《ナカイマニイタル》麻《マ》爾《ニ》氐《デ》天《スベラ》皇《ミコトノ》御《ミ》子《コ》之《ノ》阿《ア》禮《レ》坐《マサ》牟《ム》彌《イヤ》續《ツギ》

續《ツギ》爾《ニ》、

とあり、言はゆる彌《イヤ》繼《ツギ》繼《ツギ》は咸《ク》皆《ナ》皇《ミ》祖《オヤ》の御《ミ》世《ヨ》の中《カ》にて百代の後《チ》までも神《ミ》代の御《ン》儀に渝はるに非《ラ》ず。されば高《タカ》天《マノ》原《ハラ》に御《ン》事《ト》始《シ》めてより以《ノ》來《タ》何《ツ》れの人皇の御代も御即位の御《ン》式は毎《ツ》も面《タ》り天《アマ》照《テル》大《オホンカミ》神の御手より親《タ》しく三種の神器を稟け傳《タ》え給《マ》ふの御意《ロ》なりとぞ承け給《マ》はる。よりて同《ナ》じ宣命の次《キ》に

大《オホ》八《ヤ》嶋《シマ》國《クニ》將《シラ》知《ス》須《ベシ》止《ト》天《アマ》津《ツ》神《カミ》乃《ノ》御《ミ》子《コノ》隨《マ》、爾《ニ》天《アメニ》坐《マス》神《カミ》之《ノ》依《ヨザ》之《シ》奉之《マツリシ》隨《マ》、此《コノ》天《アマ》津《ツ》日《ヒ》嗣《ツギノ》高《タカ》御《ミ》座《クラ》之《ノ》業《ワザ》止《ト》現《アラ》御《ミ》神《カミ》止《ト》大《オホ》八《ヤ》嶋《シマ》國《クニ》所《シラ》知《ス》倭《ヤマト》根《子》子《コ》天皇命授《スベラミコトノミコトヲサヅケ》賜《タマ》比《ヒ》負《オハシ》賜《タマ》布《フ》貴《タフト》

△異本には「廣支」の詞なし

△「神籬」とは神を

支《キ》高《タカ》支《キ》廣《ヒロ》支《キ》厚《アツ》支《キ》大《オホ》命《ミコト》乎《チ》受《ウケ》賜《タマハ》利《リ》恐《オソレ》坐《マシテ》氏

等とあり、「天《アマ》津《ツ》神《カミ》乃《ノ》御《ミ》子《コノ》隨《マ》、爾《ニ》天《アメニ》坐《マス》神《カミ》之《ノ》依《ヨザ》之《シ》奉《マツリ》之《シ》隨《マ》、」とは曾《ツ》て神代の昔《シ》神《ミ》の御《ン》子に言《コト》依《ヨザ》し給《マ》ふ如《ト》く今《マ》も亦《タ》其の儀式渝《ハ》らずして天《アマ》照《テル》大《オホン》神《カミ》より國《クニ》治《シラス》の詔勅を蒙《ム》りて三種の神器を禀け傳《タ》ふとの御《ン》詞《ハ》なり。益《ス》々《ス》貴《ト》むべき我が百代一世の天《アマツ》日《ヒ》嗣《ツギ》ならずや。

神器に就きて二種三種の兩説。

又《タ》三種の神器に就きて皇統の天璽と稱すべきものは八《ヤ》咫《タノ》鏡《カヾミ》と草《クサ》薙《ナギノ》劍《ツルギ》との二種なりと云へる説あり。此の説の本據は『古語拾遺』にて其の文に曰《ハ》く、

于時《キ》天祖《アマツミオヤ》天《アマ》照《テル》大神《オホンカミ》高《タカ》皇《ミ》産《ムス》靈《ビノ》尊《ミコト》乃《チ》相《ヒ》語《リテ》曰《ノ玉ハク》、夫《レ》葦《アシ》原《ハラノ》瑞《ミツ》穂《ホノ》國《クニ》者《ハ》吾《カ》子孫可《キノ》王《タル》之地《クニナリ》、皇孫就《テ》而治《シラ》焉《セヨ》、寶祚《アマツヒツギ》之隆《ヘンコト》當《サニ》與《ベシト》天《アメ》壤《ツチ》無《カル》窮《マリ》矣、即《チ》以《テ》八《ヤ》咫《タノ》鏡《カヾミ》及《ヒ》草《クサ》薙《ナギノ》劍《ツルギ》二種《ノ》神寶《チ》授《ケ》賜《ヒ》皇孫《ニ》、永《ク》爲《ス》天璽《ト》、所謂神劍之鏡是也、矛《ホコ》玉《タマ》自《ラ》從《ヘリ》、即《チ》勅《シテ》曰《ノ玉ハク》、吾兒《カミコ》視《ルコト》此寶鏡《チ》當《サニ》猶《トクス》視《ルカ》吾《チ》、與《モニ》同《クシ》牀《チ》共《ニシ》殿《チ》以《テ》爲《セヨイハヒノ》齋鏡《ト》、仍《テ》以《テ》天兒《アメノコ》屋命《ヤ子ノミコト》太玉命《フトダマノミコト》天鈿女命《アメノウズメノミコト》使《チム》配侍《セ》焉、

此は明《ラ》かに二種の神器と云ひたるなり。抑《モ》天璽の神器は神武天皇以來久《サ》しく大《ホ》宮《ヤ》の内《チ》に牀《カ》を同《ジ》ふし殿《ラカ》を共《モ》にして座《ハ》し、を崇神天皇の御《ン》時《キ》始《シ》めて大和の笠縫の邑に磯《シ》城《キノ》神《ヒモ》籬《ロギ》を立て其處に八《ヤ》咫《タノ》鏡《カヾミ》と草《クサ》薙《ナギノ》劍《ツルギ》とを遷《ツ》し

祭るの壇なり實は神武天皇の御時神教に從つて肇め給ふなり、

△「古說」は阿波良波命の傳なり『元元集』巻五に出づ

△「倭姫命世紀」は僞書なれど中に古色あり

參《ヒ》らせて皇女豐《トヨ》鋤《スキ》入《イリ》姫命《ヒメノミコト》に齋《イツ》き侍《ベ》らしめ給《マ》ひ、さして別に忌《イム》部《ベ》に仰《オ》せて鏡《ミ》作《リ》の祖石《イシ》凝《ゴリ》姥命《ドメノミコト》の裔《エ》と鍛冶の祖天目《アメノメ》一箇《ヒトツノ》命《ミコト》の裔《エ》とを督して更《ラ》に鏡《ミ》と劔《キ》とを摸《ツ》し造《ク》らしめ之《レ》を殿內に安かせ給《マ》ひき。爾後御歷代の御禪讓毎《ト》に授受し給《マ》ふ神器はこの天皇の御《ン》時《キ》に摸《ツ》し造《ク》らしめたる方《タ》の鏡、劔なり。若し天璽の神器本《ト》より三種ならば崇神天皇の當時玉《マ》作《リ》の祖玉《タマ》屋命《ヤノミコト》の裔《エ》も尙《オ》現存せしならむに何にとて八《ヤ》坂《サカ》瓊《ニ》曲《マガ》玉《タマ》をも摸《ツ》し造《ク》らしめ給《マ》はざるや。殊《ト》に八《ヤ》咫《タノ》鏡《カヾミ》は今《マ》伊勢の神宮に座《ハ》し草《クサ》薙劔《ナギノツルギ》は尾張の熱田に祭《ツ》られあるに未《マ》だ嘗《ツ》て八《ヤ》坂《サカ》瓊《ニ》曲《マガ》玉《タマ》を何《ツ》地に崇《ガ》め安かれしと云ふことを聞かず。伊勢外宮豐《トヨ》受《ウケ》大《オホ》神《ガミ》相《アヒ》殿《ドノ》左右三座の中《カ》、右《キ》の一座に圓《ル》き莒《コ》ありその裡《チ》に玉《マ》を藏す是れ八《ヤ》坂《サカ》瓊《ニ》曲《マガ》玉《タマ》なりとの古說あなれども其は太《フト》玉命《ダマノミコト》の靈《タマ》實《シロ》なれば皇統の天璽たる八《ヤ》阪《サカ》瓊《ニ》曲《マガ》玉《タマ》なりと云ふべからず。崇神天皇の御《ン》時《キ》大和の笠縫の邑に遷《ツ》し奉《ツ》りしより以《ノ》來《タ》伊勢の神宮を定《タ》め給《マ》ふまでには両朝（崇神、垂仁、）八十七年の久《サ》しきを經て大和、丹波、紀伊、吉備、伊賀、近江、美濃、伊勢の八國に涉《タ》り、總じて二十一箇處の宮《ヤ》居を擇《ラ》び給《マ》ゑり、其の委細は『古事記』等にすべて略しあれば『倭姫命世紀』に依るの外《カ》なけれど同書も亦《タ》鏡《ミ》と劔《キ》との二種のみにして玉《マ》は關《カ》らず、曰《ハ》く、

『さき竹の辨』に云へる如し、

◎『日本書紀』巻十七、

◎『同書』巻十八、

◎『同書』巻三十、

◎『皇位繼承篇』巻六、

御《ミ》間《マ》城《キ》入《イリ》彦《ヒコ》五《イ》十《ソ》瓊《ニ》殖《エノ》天皇《スメラミコト》（崇神天皇の御諱なり）即位六年己丑秋九月就《テ》於倭笠縫《ノ》邑《ニ》、殊《ニ》立《テ》磯《シ》城《キノ》神《ヒモ》籬《ロギチ》奉《ツリ》遷《ツシ》天《アマ》照《テル》大《オホン》神《カミ》（八咫鏡を云ふ）及《ヒ》草《クサ》薙《ナギノ》劒《ツルギチ》令《ム》皇女豐《トヨ》鋤《スキ》入《イリ》姫《ヒメノ》命《ミコトニ》齋《イツキ》奉《マツラ》焉其《ノ》遷《ツル》祭《リノ》夕《ユフ》部《ベ》宮人皆《ナ》參《リ》終夜宴樂歌舞、然《ル》後《チ》隨《ヒ》大神《ノ》之敎《ヘニ》、國《ニ》國《ニ》所《ロ》所《ロ》爾《ニ》大《オ》宮《ヤ》所《コ》乎《チ》求《メ》給《マ》倍《ヘ》利《リ》さして竟《ヒ》に伊勢に到《タ》りて大《オ》宮《ヤ》所《ロ》を定《ダ》め給《マ》ひしなれは彼處《シ》に八《ヤ》阪《サカ》瓊《ニ》曲《マガ》玉《タマ》を藏すべきの理なし。隨《ガ》つて『日本書紀』繼體天皇即位元年の條には

大伴《ノ》金村乃《チ》跪《ヒテ》上《ツル》天子《タル》鏡劒《ノ》璽符《チ》

と曰ひ、又《タ》同書宣化天皇即位元年の條には

群臣奏《シテ》上《ツリ》劒鏡《チ》於武《タケ》小《コ》廣《ヒロ》國《クニ》押《オシ》盾《タテノ》尊《ミコトニ》（宣化天皇の御諱なり）使《ム》即《カ》天皇《ノ》之位《ヒニ》焉

と曰ひ、又《タ》同書持統天皇四年の條にも

物部《ノ》麻呂《ノ》朝臣樹《テ》大盾《チ》、神祇伯中臣大嶋《ノ》朝臣讀《ミ》天神《ノ》壽詞《チ》畢《ル》、忌部《ノ》宿禰色夫知奉上《ス》神璽劒鏡《チ》於皇后《ニ》、皇后即《ク》天皇《ノ》位《ヒニ》

とあり、皇統の神璽としては毎《ツ》も必《ス》劒鏡の二種ならずや云云。（明治十一年八月元老院より出版せる『皇位繼承篇』（巻六）「神器起原」の下《モ》に此《レ》等の文を引けど「神璽」と云へる「璽」の字を直《チ》に八阪瓊曲玉と見たるにや允恭天皇紀の「跪上天皇之璽」の文に注して「瓊瓊杵尊以來傳來セル所ノ寶玉チイフナリ」と書き、爲めに『日本書紀』の二種神器の文を咸《ク》皆《ナ》三種神器の證と爲したり、）。さて此の二種神器說は古《ル》くより

◎『元元集』巻五

△『元元集』は『同集』巻五に云く、天孫降臨之日、矛玉自從、天瓊矛歟、平國歟、管見不レ覃者也、

ありしこと、見えて『元元集』にも其の沙汰あり、曰《ハ》く、

崇神天皇《ノ》御宇無二遷坐之文改造之簿一、凡《ソ》溫《ヌルニ》二其《ノ》元《チ》一出處己《ニ》幽妙、安置又《タ》有《ルカ》二深旨一、是《レ》乃《チ》
歟、或《ヒハ》云《ヒ》二三種《ト》一、或《ヒハ》云《ヒ》二二種《ト》一、或《ヒハ》云《フ》二矛玉自從《ト》一、又《タ》有《リ》下踐祚《ノ》之日獻《ツルノ》二神璽鏡劍《チ》一之文上、
寶玉自從《ノ》之義《ナリ》也、

『元元集』のこの辭《ハ》は『古語拾遺』に二種の神器と書けど亦《タ》「矛玉自從」ともあれば八《ヤ》阪《サカ》瓊《ニ》曲《マガ》玉《タマ》は必《ス》自《ツ》から從《カ》えるにて即《チ》三種の神器なりとの會釋を試《ロ》みたるなり。（『皇位繼承篇』も亦『古語拾遺』の「矛玉自從」を引きて三種の證と爲せり）されども「矛玉自從」の「矛玉」は矛《コ》と玉《マ》とにして矛《コ》は曾《ツ》て大《オホ》己《ナ》貴命《ムチノミコト》父子より天《アマ》照《テル》大神《オホンカミ》に奉《ツ》りし國《クニ》平矛《ムケノホコ》と稱するものなり、其れと同列に八《ヤ》坂《サカ》瓊《ニ》曲《マガ》玉《タマ》を「自從」と書けるを見れば益《ヽ》三種の神器と言ふべからざるに非《ラ》ずや。（『元元集』は「矛」に就きて天瓊矛と國平矛との兩説を存すれども今《マ》の學者は多《ホ》く國平矛と言ふなり、而して「玉」は倶《モ》に八坂瓊曲玉と爲せり）。加《カ》之《ミ》ならず「矛玉自從」と云へる詞《ハ》は『古語拾遺』のみならずして向《キ》に擧げたる如《ト》く三種の神器と云ひたる『舊事本紀』の文に亦《タ》己《デ》にこれあり、「矛玉」の「玉」を天璽たる八《ヤ》坂《サカ》瓊《ニノ》曲《マガ》玉《タマ》の事《ト》と解せば『古語拾遺』の方《タ》は其れにて宜《シ》からむも『舊事本紀』の方《タ》は前後二重に玉《タ》の事を書きたるものとなりなむ。尤《ト》も三種の神器に正と從とを分かちて鏡《ミ》は正、劒《キ》と玉《マ》とは從と云へる説もあり『舊事本紀』の三種を列ねたる後《チ》に於て「矛玉自從」と

△三種の神器の說當に取るべし、

書けることは亦《タ》其の正從の旨《子》を更《ラ》に斷《ト》はりたるなれば强《ガ》ち二重の記事に非ずと云はむかなれども、果《タ》して然《カ》らむには當《サ》に「劍玉自從」と書くべし、決して劍を矛とは書くべからず。かた〲考《カ》ふるに「矛玉自從」の「玉」を皇統の天璽たる八《ヤ》坂《サカ》瓊《ニ》曲《マガ》玉《タマ》と解して二種、三種の異說を會通せむとするは甚《ダ》謂はれなきことなり。さて今《マ》敢《ヘ》てこの異說の取捨如何《ン》を判ずるにはあらねど『古事記』にては明《ラ》かに三種なり。曰《ハ》く、

是《ココ》於《ニ》副《ヘ》賜《マヒノ》其遠《オ》岐《キ》斯《シ》八《ヤ》尺《サカ》句《ニノ》玉《タマ》、鏡《カヾミ》、及《ヒ》草《クサ》那《ナ》藝《ギノ》劍《ツルギ》、亦《タ》常《トコ》世《ヨノ》思金神《オモヒカ子ノカミ》、手《タ》力男《チカラオノ》神《カミ》、天石《アメノイハ》門《ト》別神《ワキノカミヲ》而詔者《ノリタマフハ》、此《ノ》之鏡《ミハ》者、專《ラ》爲《テ》我《カ》御《ミ》魂《タマト》而如《ク》拜《スルカ》吾《カ》前《ニ》伊《イ》都《ツ》岐《キ》奉《マツレ》、

『舊』『古』『書』の三傳すべて一致するからは先《ツ》は其の多分に從《ガ》つて常《子》の如《ト》く三種の神器と申《ウ》すべきにこそ。念《モ》ふに崇神天皇の御《ン》時《キ》鏡、劍の二種を摸《ツ》し造《ク》らしめて玉《マ》に及《ヨ》び給《マ》はざりしは恐《ツ》らくは鏡、劍二種のみが皇統の天璽なりとの故《ヘ》に非ざるべし。同《ナ》じ三種の神器なれども八《ヤ》咫《タノ》鏡《カヾミ》は天《アマ》照《テルオホン》大神《カミ》の大《オホ》御《ミ》體《ミ》として本《ト》より齋《イツ》き拜しまつるべきもの、草《クサ》薙《ナギノツルギ》劍は天《アマ》照《テルオホン》大神《カミ》の御物として是れ亦《タ》鏡《ミ》に副えて崇《カ》め祭《ツ》るべきもの、但《ヽ》八《ヤ》坂《サカ》瓊《ニ》曲《マガ》玉《タマ》は王者の御《ン》德に象《ト》りて天《アマ》照《テルオホン》大神《カミ》より代々の玉體に當て、祝《ハ》ひ賜《マ》はりたるなれば天皇として其を他に遷《ツ》し參《ヒ》らするの要なければならむ。されば其

◎『舊事本紀』卷七、

〈正殿と大殿との別

◎『日本書紀』卷五、

の御《ン》扱《カ》ひ方《タ》にも聊《カ》異《ト》なる御《ン》旨《子》のあるべきにや神武天皇の橿原に大《ホ》宮《ヤ》を築ひ立て給《マ》ひし御《ン》時《キ》よりして己《テ》に鏡、劒と玉《マ》とを別々に安かせ給《マ》ふもの、如《ト》し。○『舊事本紀』の神武天皇紀に

天《アメ》富命《トミノミコト》率《ヒ》諸《ノ》齋部《イムベナ》捧《ケテ》天璽鏡劒《チ》奉《リ》安《シ》正殿《ミアラカニ》矣、復《タ》懸《ケテ》瓊玉《チ》陳幣物《ナラベテミテクラモノチ》而祭《ル》大殿《オホドノニ》、

とあり、この文は正殿と大殿とは別々の御《ン》搆《マ》えにて正殿の方《タ》には鏡、劒を祭り、大殿の方《タ》には八《ヤ》坂《サカ》瓊《ニ》曲《マガ》玉《タマ》を安かし給《マ》ひぬることの書き風りなり。『古語拾遺』は單に正殿のみの事《ト》に書けども事實は恐《ツ》らくは『舊事本紀』の如《ト》く全《タ》く正、大の両殿なりしならむ。『同紀』に

庚辰詔《シテ》有司《ニ》經始《ス》帝宅《チ》、天太玉命《アメノフトダマノミコトノ》孫天富命《アメトミノミコト》率《ヒ》手《タ》置《キ》帆《ホ》負《オヒ》彦《ヒコ》狹《サ》智《チ》二神《ノ》之孫《チ》以《テ》齋斧齋鉏《チ》始《メテ》採《リ》山村《チ》搆立《シ》正殿《チ》中略因《テ》皇孫《ノ》命《ノ》之瑞御殿《ミヅノミアラカチ》造《クリ》供《ヘ》奉《ツル》矣、

とあり、「因」とは「ちなみ」「つゐで」と云ふことにて前《ヘ》の正殿に次《ヒ》で「皇孫《ノ》命《ノ》之瑞御殿《ミヅノミアラカチ》」即天皇の御座所たる大殿をも併《ハ》せて造《ク》り供《ナ》え奉《ツ》りしとの文意なり。（俱に「みあらか」なれど天皇の御座所は特に「おほどの」（大殿）と呼ばしけむなり）。『日本書紀』の崇神天皇紀に

先《キ》是《ヨリ》天照大神《アマテルオホンカミ》和大國魂《ヤマトノオホクニタマノ》二神《チ》並《ヒニ》祭《ル》於天皇《ノ》大殿《ノ》之内《チニ》

とあり、この「天皇《ノ》大殿」と云へる詞《ハ》と「皇孫《ノ》命《ノ》之瑞御殿《ミヅノミアラカ》」と云へる詞《ハ》とを合せ考えなば蓋《シ》念《モ》ひ半《ハ》に過ぎなむ。（後《チ》の大殿祭には玉《マ》を大殿の四方の角《ミ》に懸くる例なれども其は定《タ》めて大殿の中心に八坂瓊曲玉を

奉安しあるよりの表儀なるべし、兎に角今《マ》の『舊事本紀』の文に「懸二瓊玉一」とあるは四方に玉《マ》を懸くることとの言ひにはあらで上《ミ》の句の鏡劍奉安に對して正《サ》しく八坂瓊曲玉を大殿の中心に懸けまつりしことを書けるなり、又《タ》此處に引ける『日本書紀』の天照大神大國魂二神を大殿の内《チ》に祭《ツ》りしと云へるは誤れるかと念《モ》ふこともあれど今《マ》は其を辯ずるが主眼ならねば略す、但其の「天皇大殿」と書ける語勢は『舊事本紀』の文にも合ひて正殿と大殿との別を證するに足るべければ援引したり）。言はゆる大殿は天皇の便殿にて常《ツネ》の御座所なるべく、さして正殿には天照大神《アマテルオホンカミ》の御影たる八咫鏡《ヤタノカヾミ》に御物たる草薙劍《クサナギノツルギ》を副えて之《レ》に奉安しすべて公《ケ》の御儀《ン》は茲《コ》にて行《ナ》ひ給《マ》ひけむ、同《ナ》じ『舊事本紀』にこの事を書きて曰《ハ》く、

天富命《アメトミノミコト》率《ヒ》二諸忌部《ヲ》一捧《ケテ》二天璽鏡劍《ヲ》一奉《リ》レ安《キ》二正殿《ニ》一、天種子命《アメノタネコノミコト》奏《ス》二天神《ノ》壽詞《ヨゴトヲ》一、中略、于レ時皇子大夫率《ヒ》二群官臣連伴造國造等《ヲ》一元正朝賀禮拜《ス》也、凡《ソ》厥《ノ》即位賀正建都踐祚等《ノ》事並《ヒニ》發《コル》二此《ノ》時《ニ》一矣、

此の文意より推すれば爾後御歴代の御即位も神武天皇の橿原の正殿に於てせられたる大《ホ》御意《ロ》を趁ひ奉りて必《ス》鏡、劍の御《ン》前《ヘ》にての御《ン》式なりしこと疑《ガ》ふべからず。是れ即《チ》繼體天皇御即位の御《ン》事《ト》を初めとして書史には多《ホ》く鏡、劍の二種ばかりを記《ル》したる所以《ン》なり。さればとて神器はこの二種に限《キ》ると云ふには非《ラ》ず、己《テ》に正殿の方《タ》に於て鏡、劍の御授受あれば大殿の方《タ》の玉《マ》は隨《カ》つて天皇の御《ン》躬に伴《ナ》ひまゐらすることは言はでも知るべ

△十種の神寶、

◎『元元集』卷一

ければなり。請ふらくは委《ハ》しく之《レ》を按ぜよ。又《タ》三種の神器の外《カ》に十《ト》種《クサ》の神寶《カムダカラ》と稱するものあり、瀛都鏡《オキツカヾミ》一《ツ》、邊都鏡《ヘツカヾミ》一《ツ》、八握劍《ヤツカノツルギ》一《ツ》、生玉《イクタマ》一《ツ》、足玉《タルタマ》一《ツ》、死反玉《シガヘシノタマ》一《ツ》、道反玉《チガヘシノタマ》一《ツ》、蛇比禮《オロチノヒレ》一《ツ》、蜂比禮《ハチノヒレ》一《ツ》、品物比禮《シナシナノヒレ》一《ツ》、以上十種なり。之《レ》に就きて「布瑠之言本《フルノコトモト》」と云へることあれど其は後《チ》の日本國と法華經との史的關係に於《ヒ》て之《レ》を述ぶべし。次《ギ》に五部の神《ミ》は『日本書紀』の本文已《デ》に明《ラ》かなるが尚《オ》『舊事本紀』に具《サ》に三十二神等の降臨供奉の神名を記《ル》しあれば往きて看るべし。云云。

さて此の第一節に於《ヒ》て二箇の詔勅を掲《ゝ》げまつりしは古《ヘ》の風りに準じたるなり。古《ヘ》國體を云ふには必《ズ》先《ツ》この二箇の詔勅を本《ト》とせしにて其の一例を擧ぐれば『元元集』神皇紹運篇の序に曰《ハ》く、

天《アメ》祖勅《ミオヤシテイ》伊《イ》弉《ザ》諾《ナギ》伊《イ》弉《ザ》冊尊《ナミノミコトニノ玉ハク》曰、有《リ》豐《トヨ》葦《アシ》原《ハラノチ》千《イ》五《ホ》百《アキノ》秋《ミヅ》瑞穗《ホ》之《ノ》地《クニ》、宜《ク》汝《シ》往《テ》修《ム》之《レチ》、天《アマ》照《テルオホン》大《カミ》神勅《シテミ》皇孫尊《マゴノミコトニノ玉ハク》曰、葦《アシ》原《ハラノチ》千五《イ》百《ホ》秋《アキ》之《ノ》瑞《ミヅ》穗《ホノ》國《クニハ》是《レ》吾《カ》子孫可《キノ》王《タル》之地《ナリ》也、宜《ベ》爾《シ》皇《ミ》孫《マゴ》就《テ》而治《シラ》焉《セ》行《ヨ》矣、寶祚《ノ》之隆《サン》當《サニ》與天《アメ》壤《ツチ》無《ナカルカギリ》窮、二祖《ノ》勅命、慇懃如《シ》此《ノ》、雖《モ》經《ルト》幾千萬世《チ》不《ルハ》可《カラ》渝《フ》者此盟《ノ》也《ヒナリ》。

然《カ》るに今日に用《チ》ゐ行《ナ》はるゝ國史敎育の書どもを視るに後《チ》の天照大神《アマテルオホンカミ》の詔勅のみを載せて前《ヘ》の天御中主尊《アメノミナカヌシノミコト》の詔勅を掲《ゝ》げざるが多《ホ》し。今日世間

の學者は他の諸邦國に傳《タ》はり遺《コ》れる幾《ク》種の荒唐不稽なる造化說を見て淺はかにも我《カ》國《ニ》の國土創造をも亦《タ》彼《レ》等と同《ナ》じ事の如くに念《モ》ひ竟《ヒ》に之《レ》を語《タ》ることを忌み避けたるものならむが、苟《ク》も國體を敎《シ》ゆる國史の上《ヘ》に斯《ミ》る自家の私見を樹て、浪《リ》に古《ヘ》の風りに違《ガ》ふは太だ宜《シ》からざることなり、且《ツ》之《レ》が爲《メ》に反《ヘ》つて國體の淵源に不信を生ぜしむるの虞、尠《ナ》しと爲さず、警《シ》むべきに非《ラ》ずや。

第貳節　國土の創造。

第壹項　天御中主尊。

別天神五柱。

先《ツ》國土の創造を命じ給《マ》える天御中主尊《アメノミナカヌシノミコト》の詔勅に就ひて言はむに、我《カ》國《ニ》は人皇以前に神代《カミヨ》あり、初めを天神七代、次《キ》を地神五代と稱す。而《カ》して天神七代の上《ミ》に更《ラ》に別天神《コトアマツカミ》なる五柱《イツハシラ》の神《ミ》あり、國土の創造を命じ給《マ》ひし天御中主尊《アメノミナカヌシノミコト》は即《チ》其の最初の神《ミ》にて座《オハ》すなり。

別天神五柱《コトアマツカミイツハシラ》とは傳に曰《ハ》く、

天地初發之時《アメツチノハジメノトキ》於高天原成神名《ニタカマノハラナリマセルカミノミナハ》、天之御中主神《アメノミナカヌシノカミ》、次高御產巣日神《ニタカミムスビノカミ》、

△「隱身《ミタ》」の讀方は今の如くなるべし「ミミヲカクシタマフ」と讀むは非なり。

◎『舊事本紀』卷一、

◎『日本書紀』神代卷、

次《ニ》神《カミ》産《ム》巣《ス》日《ビノ》神《カミ》、此《ノ》三《ミ》柱《ハシラノ》神《カミ》者《ハ》並《ミナ》獨《ヒトリ》神《カミ》成《ナリ》坐《マシ》而《テ》隱《カクリ》身《ミニ》也《マシキ》、次《ニ》國《クニ》稚《ワカク》如《ゴトク》浮《ウキ》脂《アブラノ》而《シテ》久《ク》羅《ラ》下《ゲ》那《ナ》洲《ス》多《タ》陀《ヾ》用《ヨ》幣《ヘ》琉《ル》之時《トキニ》、如《ゴト》葦《アシ》牙《カビノ》因《ヨリ》萠《モエ》騰《アガル》之物《モノニ》而《テ》成《ナリマセル》神《カミノ》名《ミナハ》、宇《ウ》摩《マ》志《シ》阿《ア》斯《シ》訶《カ》備《ビ》比《ヒ》古《コ》遲《ヂノ》神《カミ》、次《ニ》天《アメ》之《ノ》常《トコ》立《タチノ》神《カミ》、此《ノ》二《フタ》柱《ハシラノ》神《カミ》亦《モ》獨《ヒトリ》神《カミ》成《ナリ》坐《マシ》而《テ》隱《カクリ》身《ミニ》也《マシキ》、上件《カミノクダリ》五《イツ》柱《ハシラノ》神《カミ》者《ハ》別《コト》天《アマツ》神《カミ》。（『古事記』卷上）。

右《キ》第貳節第壹項に就きて。

天地剖判の最初の神《ミ》に異說あり。

今《マ》引ける傳は『古事記』なり。さて此の天地剖判の最初の神《ミ》に異說あることと畧《ミ》前《ヘ》にも言へる如《ト》くなるが更《ラ》に其の文を擧ぐれば『舊事本紀』に曰《ハ》く、古《イニ》者《シヘ》元《ハジメノ》氣《イキ》渾《マロ》沌《カレテ》天《アメ》地《ツチ》未《タ》剖《ワカレ》、猶《チ》雞《トリ》卵《ノ》子《コノ》溟涬《クヾモリテ》含《フクメル》牙《カキザシヲ》、其《ノ》後清《スメル》氣《イキハ》漸《ク》登《リ》薄《ウスク》靡《ナビキテ》爲《リ》天《アメト》、浮《ウキニ》濁《ゴレルハ》重《ク》沈《ミ》淹滯《トヾコホリテ》爲《ル》地《ツチト》、所《ル》謂《ハ》州《クニ》壤《ツチノ》浮漂《ウカレタヾヨヒ》開闢《ヒラケ》別割《ワカレタルトハ》是《レナリ》也、譬《ヘハ》猶《チ》游《アソブ》魚《ウヲノ》之浮《ウケルガ》水《ノ》上《ウヘニ》、于《ニ》時天《アメ》先《ツ》成《リテ》而地《ツチ》後《ニ》定《マル》、然《ル》後《チ》於《ニ》高《タカ》天《マノ》原《ハラ》化《ナリ》生《イヅル》一神《ヒトハシラノカミ》、號《ミナヲ》曰《フス》天《アメ》讓《ユヅル》日《ヒ》天《アメノ》狹《サ》霧《ギリ》國《クニ》禪月《ユヅルツキ》國《クニノ》狹《サ》霧《ギリノ》尊《ミコトト》、自《リ》厥《ソレ》以《コノ》降《カタ》獨化《ヒトリナルノ》之外《ホカニ》倶生《トモニナル》二《フタ》代《ツギ》耦生《タグヒナル》五《イツ》代《ツギ》、所《ル》謂《ハ》神《カミ》世《ヨ》七《ナ》、代《ヨ》是《レナリ》也。

即《チ》最初の神《ミ》は天《アメ》讓《ユヅル》日《ヒ》天《アメノ》狹《サ》霧《ギリ》國《クニ》禪月《ユヅルツキ》國《クニ》狹《サ》霧《ギリノ》尊《ミコト》なりと云ふ說にて、天《アメノ》御《ミ》中《ナカ》主《ヌシノ》尊《ミコト》は之《レ》に次げる倶生《トモニナル》二《フタ》代《ツギ》の中《カ》の神《ミ》に列《ラ》ねたり。又《タ》『日本書紀』に曰《ハ》く、

開闢之初《ハジメ》、洲壤浮漂、譬《ヘハ》猶《ゴトシ》游魚之浮《フカ》水上也、于時天地之中生《カス》一物《チ》、狀《チ》如《シ》葦牙《アシカビ》、便《チ》化《シテ》爲《ル》神《ト》、號《チ》曰國常立尊《ウスクニノトコタチノミコト》、次國狹槌尊《クニサツチノミコト》、次豐斟渟尊《トヨクムヌノミコト》、凡《ソ》三神矣。

こは國常立尊《クニノトコタチノミコト》を天地剖判の最初の神《ミ》と云ひたるにて亦《タ》異說なり。但《ダ》し其の下段には天御中主尊《アメノミナカヌシノミコト》とある一書を擧げてあれど本意は本文の如《ト》く國常立尊《クニノトコタチノミコト》を取るに在り。（『神代紀葦牙』に『日本書紀』の漢籍風《ラミリ》に失したるを評して「國常立尊以前に高天原《カノハラ》に生坐《レセ》る神五柱《ミツラ》を皆畧《ナ》されたるはこれも漢籍《ミ》めかざる故《ヘ》にぞあらむと云へり）。尙《オ》同じ下段に可美葦牙彥舅尊《ウマシアシカビヒコヂノミコト》を最初の神《ミ》とする說をも揭げあり。又《タ》天常立尊《アメノトコタチノミコト》と云ふ一說も見えぬ。（『舊事本紀』は天常立尊を天御中主尊の一名と爲せど『古事紀』にては全《タ》く別神なること別《ト》天神五柱《ツミツラ》の條を見て知るべし）。諸說紛紜たる間《タ》に『古語拾遺』のみは『古事記』と同《ナ》じく天御中主尊《アメノミナカヌシノミコト》なり。云云。

天神七代地神五代の名稱は本據なしと云へる一說。

『古事記』を首《メ》として何《ツ》れの書にも「神代七代《カミヨナナヨ》」とはあれど天神七代とは言はず、之《レ》が爲め神代を分かちて天神七代、地神五代と稱することは全《タ》く中世よりの俗說なりとして排斥するの學者あり。本居宣長の『古事記傳』にも已《テ》に審《ラカ》なるが尙《オ》『さき竹の辨』に

◎『神代紀葦牙』卷上

世に天神七代地神五代と言ふことは古《ヘ》を知らざる後世の俗說にして、曾《ツ》て古書に見えたることなく、大《ヒ》に義理も相違したることなりとあり、又《タ》『神代紀葦牙』に曰《ハ》く、
神世《カミヨ》七《ナヽ》代《ヨ》、これまでを神世《カミヨ》と言はゞこれより後《チ》をば人《ト》の代とも言ふべき如《ト》くなれどもさにあらず、かの氣がよへることの漸々に天となり地となるべくはなりつらめど、たゞ氣がよひありて未《マ》だ天地いできざりし時《キ》なれば實《ト》に神《ミ》代の中《カ》にも神《ミ》代と言ふべきさまにぞありけむ、されば皇孫命《スベミマゴノミコト》の天降《アモ》りましての神《ミ》代の時《キ》よりこれまでの七《ナヽ》代《ヨ》をわきて神代《カミヨ》七《ナヽ》代《ヨ》とは言ひ傳《タ》へたるものなるべし、七《ナヽ》代《ヨ》とまふすは始《メ》は一《ヒト》神《ハシラ》づゝ、後《チ》は二《フタ》神《ハシラ》づゝ七度《ビ》に成《ナリ》出《イデ》ませるを後《チ》の御《ミ》世《ヨ》つぎになぞらへて七《ナヽ》代《ヨ》とつたへたるものなり、後世天神七代、地神五代と言ふことはさらに據《リ》どころなき僻《カ》言《ト》なり、これまでの十一神《トヲアマリヒトハシラノカミ》天《アマ》津《ツ》神《カミ》にまさぬこと記、また此《ノ》書を見て知るべし、又《タ》後《チ》の五神《イツハシラノカミ》を地神とまふすべき理《ハリ》もさらに無きことなるを今《マ》まで然《サ》ることをも辨《マ》へざるは世《ノ》人《ト》皆《ナ》漢籍《カラフミ》のみに溺《ボ》れて古傳を疎《ロ》かに見すぐしつる故《ヘ》なり。
いかさま然《サ》ることながら今《マ》は他は考《カ》ふることもあり旁《タ》〱且《バ》らく世の

人《ト》の口《チ》に呼び慣れたる稱呼を用《チ》ゐて此處に天神七代地神五代と云ひたり。

第貳項　諸冉二尊《イザナギイザナミフタハシラノミコト》。

別《コト》天神《アマツカミ》五柱《イツハシラ》に次《ヒ》で天神七代と稱するは傳に又《タ》曰《ハ》く、

次成神名《ツギニナリマセルカミノミナハ》、國《クニ》之《ノ》常《トコ》立神《タチノカミ》、次《ツギニ》豐《トヨ》雲《クモ》野神《ヌノカミ》、此《ノ》二柱神《フタハシラノカミ》亦《モ》獨神《ヒトリカミ》成《ナリ》坐《マシ》而《テ》隱身《カクリミニ》也《マシキ》、次成神名《ツギニナリマセルカミノミナハ》、宇《ウ》比《ヒ》地《チ》邇神《ニノカミ》、次妹《ツギニイモ》須《ス》比《ヒ》智《チ》邇神《ニノカミ》、次《ツギニ》角《ツヌ》杙神《グヒノカミ》、次妹《ツギニイモ》活《イク》杙神《グヒノカミ》、次《ツギニ》意《オ》富《ホ》斗《ト》能《ノ》地神《ヂノカミ》、次妹《ツギニイモ》大《オホ》斗《ト》乃《ノ》辨神《ベノカミ》、次《ツギニ》淤《オ》母《モ》陀《タ》琉神《ルノカミ》、次妹《ツギニイモ》阿《ア》夜《ヤ》訶《カ》志《シ》古《コ》泥神《ヂノカミ》、次《ツギニ》伊《イ》邪《ザ》那《ナ》岐神《ギノカミ》、次《ツキニ》伊《イ》邪《ザ》那《ナ》美神《ミノカミ》、上件《カミノクダリ》自《ヨリ》國《クニ》之《ノ》常《トコ》立尊《タチノミコト》以下《シモ》、伊《イ》邪《ザ》那《ナ》美神《ミノカミ》以前《マデ》、并稱神《アハセテマウスカミ》世《ヨ》七《ナヽ》代《ヨト》。（上同）。

正《サ》しく詔勅を蒙《フ》りて國土の創造に當《タ》られたる伊《イ》弉《ザ》諾尊《ナギノミコト》伊《イ》弉《ザ》冉尊《ナミノミコト》は即《チ》其の第七代の神《ミ》なること之にて知るべし。

右《キ》第貳節、第貳項に就きて。

天神七代の世數異說。

今《マ》引ける傳も亦《タ》『古事記』なるがこの天神七代の世數に異說あり。『古事記』

◎『神代系紀』『舊事本紀』卷一、

◎『神皇正統紀』卷一、

は國常《クニノトコ》立尊《タチノミコト》と豊《トヨ》雲《クモ》野《ヌノ》尊《ミコト》とは獨神《ヒトリガミ》なればー神各《ゝ》一代と爲し、宇《ウ》比《ヒ》地《ヂ》邇《ニノ》尊《ミコト》以下伊《イ》弉《ザ》冊尊《ナミノミコト》までの十神は雙神《ナラビガミ》なれば二神づゝを合《ハ》して一代と爲し、總じて十二神を七代とすなり。然《カ》るに『舊事本紀』にては前項に引ける文の如《ト》く「倶生《トモニナル》二《フタ》代《ツギ》耦生《タグヒナル》五《イツ》代《ツギ》」と立てゝ、其の倶生《トモニナル》、耦生《タグヒナル》の神《ミ》は『古事記』の獨神《ヒトリガミ》、雙《ナラビ》神《ガミ》と不同尠《ナ》からず。委《シ》くは徃きて彼の神代系紀を見るべし。又《タ》『日本書紀』は國常《クニノトコ》立尊《タチノミコト》一代、國《クニ》狹《サ》槌尊《ツチノミコト》二代、豊《トヨ》斟《クム》渟《ヌノ》尊《ミコト》三代、（已上獨化）、泥《ウ》土《ヒヂ》煑《ニ》沙《ス》土《ヒヂ》煑《ニ》四代、大《オホ》戸《ト》之《ノ》道《ヂ》、大《オホ》苫《トマ》邊《ベ》五代、面《オモ》足《タル》、惶根《カシコネ》六代、伊《イ》弉《ザ》諾《ナギ》、伊《イ》弉《ザ》冊《ナミ》七代（已上耦生）にて是れ亦《タ》違《カ》える説なり。云云。

天神七代は一神なりと云へる一説。

『神皇正統記』に曰《ハ》く、

夫《レ》天地未《マ》だ分《カ》れざりし時《キ》、混沌として圓《マロカ》れること雞子の如《ト》く、くもりて牙を含《ク》めりき、是れ陰陽の元初未分の一氣也《ナリ》、其《ノ》氣始《ジ》めて分《カ》れて、清《ヨ》く明《キ》らかなるは靡《ビ》きて天と爲り、重《モ》く濁《ゴ》れるはつゞいて地と爲る、其《ノ》中《カ》より一物出《デ》たり、かたち葦牙の如《ト》し、即《チ》化して神《ミ》となりぬ。國常《クニノトコ》立尊《タチノミコト》と申《ス》、又《タ》は天御《アメノミ》中《ナカ》主《ヌシ》の神《カミ》とも號し奉《ツ》る、此《ノ》神《ミ》に木、火、土、金、水の五行の德まします、先《ツ》水德の神《ミ》に現《ハ》はれ給《マ》ふを國《クニ》狹《サ》槌尊《ツチノミコト》と云《ヒ》、

◎『天神化現篇』『元元集』卷二、

次《キ》に火徳の神《ミ》を豊《トヨ》斟《クム》渟《ヌノ》尊《ミコト》と云ふ、天の道《チ》獨《ト》りなす故《ヘ》に純男にてます、純男といへども其《ノ》相ありしもさだめがたし、次《キ》に木徳の神《ミ》を泥《ウ》土《ヒヂ》煑《ニノ》尊《ミコト》、沙《ス》土《ヒヂ》煑《ニノ》尊《ミコト》と云《ヒ》、次《キ》に金徳の神《ミ》を大《オホ》戸《ト》之《ノ》道《ヂノ》尊《ミコト》、大《オホ》苫《トマ》邊《ベノ》尊《ミコト》と云《ヒ》、次《キ》に土徳の神《ミ》を面《オモ》足《タルノ》尊《ミコト》、惶《カシコ》根《子ノ》尊《ミコト》と云ふ、天地の道《チ》相《ヒ》交《ハ》つて各《ヨ》陰陽の形《チ》あり、然《カ》れども其《ノ》ふるまひなしといへり、此《ク》諸神實には國《クニ》常《ノトコ》立《タチ》の一神にましますなるべし、五行の徳各《ノ》々《ノ》神《ミ》とあらはれ給《マ》ふ、是《レ》を六代とも數《ツ》ふるなり、二世三世の次第を立つべきにあらざるにや、次《キ》に化生し給《マ》える神《ミ》を伊《イ》弉《ザ》諾《ナギノ》尊《ミコト》、伊《イ》弉《ザ》冉《ナミノ》尊《ミコト》と申《ウ》す、是《レ》は正《サ》しく陰陽の二にわかれて五徳なり、此の五徳を合《ハ》せて萬物を生ずるはじめとす。

こは天神七代を總じて國《クニノトコ》常立《タチノミコト》尊の一神と爲し、國《クニ》狹《サ》槌《ツチノミコト》尊第二代水徳豊《トヨ》斟《クム》渟《ヌノミコト》尊第三代火徳泥《ウ》土《ヒヂ》煮《ニノ》尊《ミコト》、沙《ス》土《ヒヂ》煮《ニノミコト》尊第四代木徳大《オホ》戸《ト》之《ノ》道《ヂノ》尊《ミコト》、大《オホ》苫《トマ》邊《ベノミコト》尊第五代金徳面《オモ》足《タルノミコト》尊《》惶《カシコ》根《子ノミコト》尊第六代土徳の五代八神を國《クニノトコ》常立《タチノミコト》尊の五行の各徳と云ひ、伊《イ》弉《ザ》諾《ナギノミコト》尊、伊《イ》弉《ザ》冉《ナミノミコト》尊第七代五行の一代二神を國《クニノトコ》常立《タチノミコト》尊の五行の合徳と云ひたるなり。其の五行の各徳は隱、合徳は顯、隱顯倶《モ》に國《クニノトコ》常立《タチノミコト》尊の一身ぞとなり。『元元集』天神化現篇の序を參照すべし。（今の『神皇正統記』に國《ノ》常立《ノ》尊を又《タ》天《ノ》御中主《ノ》神《ミ》とも號する由《シ》に書けるは『神皇系圖』『神皇實錄』等に基《ト》づきたるなれど古傳の何《ツ》れにも合《ナ》はざる怪《ヤ》しき説なり、由來彼の『神皇系圖』等の書ども《ミ》に國《ノ》常立《ノ》尊《ト》と天《ノ》御中《カ》主《ノ》尊《ト》と二神一體なる由《シ》を語《タ》る上《ヘ》更《ラ》に國《ノ》常立《ノ》尊《ト》は根本の隱身天《ノ》御中《カ》主《ノ》尊《ト》は應化の顯身なむどゝ立てしことは後《チ》の人《ト》の作《ク》

り言《ト》なるを其がまゝに取り用ゐしこと『神皇正統記』の作者として甚《ダ》惜《シ》むべし、また七代一神の義は然《カ》るべきも五行の各合等に就ひて言ひしは作者平生餘《マ》りに彼の怪《ヤ》しき書どもを信じ過ぐしたり）。近《カ》くは平田篤胤にも説ありて七代の中《カ》後《チ》の五代は其の實伊《イ》弉《ザ》諾《ナギノ》尊《ミコト》、伊《イ》弉《ザ》冉尊《ナミノミコト》の一代なりと云へり。七代一神と旨《子》は聊《カ》渝《ハ》れど亦《タ》類似の異説なり。（『神皇正統記』は『日本書紀』の代數なれど平田の説は『古事記』の代數にて初めの獨《リ》生《ル》二神の二代を別にして宇比地邇《ノ》神《ミ》以下の五代なり）。

第參項　創造の事實。

伊《イ》弉《ザ》諾尊《ナギノミコト》伊《イ》弉《ザ》冉尊《ナミノミコト》は天《アメノ》御《ミ》中《ナカ》主尊《ヌシノミコト》の詔勅を拜受して先《ツ》淤《オ》能《ノ》碁《ゴ》呂《ロ》島《シマ》に降り立ち、其處に天《アメ》御《ミ》柱《ハシラ》を立て八《ヤ》尋《ヒロ》殿《ドノ》を築き給《マ》ひぬ。傳に之《レ》を記《ル》して曰《バ》く、

故《カレ》二柱神《フタハシラノカミ》立《タヽシ》天浮橋《アメノウキハシニ》而《テ》指《サシ》下《オロシ》其《ソノ》沼《ヌ》矛《ボコ》以《チテ》畫者《カキタマヘバ》鹽《シホ》許《コ》袁《ヲ》呂《ロ》許《コ》袁《ヲ》呂《ロ》邇《ニ》畫《カキ》鳴《ナラシ》而《テ》引《ヒキ》上時《アゲタマフトキ》自《ヨリ》其《ソノ》矛《ホコノ》末《サキ》垂《シ》落《タヾル》之鹽《シホ》累《ツモ》積《リテ》成《ナル》島《シマト》、是《コレ》淤《オ》能《ノ》碁《ゴ》呂《ロ》島《シマナリ》、於《ニ》其《ソノ》島《シマ》天《ア》降《モリ》坐《マシ》而《テ》見《ミ》立《タテ》天之《アメノ》御《ミ》柱《ハシラヲ》見《ミ》立《タテ玉ヒキ》八《ヤ》尋殿《ヒロノトノヲ》。（『古事記』卷上）

斯の八《ヤ》尋《ヒロ》殿《ドノ》の天《アメ》御《ミ》柱《ハシラ》を中心として大《オホ》八《ヤ》洲《シマ》國《クニ》を創造し及《ヨ》び其の國土の神《ミ》神《ミ》を生み成し給《マ》ふ。言はゆる大《オホ》八《ヤ》洲《シマ》國《クニ》とは我《カ》國《ニ》の總稱なり。然《カ》る

◎『古事記』巻下、

◎『古事記傳』巻四、『靈乃眞柱』巻上、

後《チ》天《アマ》照《テル》大《オホン》神《カミ》を生みて國《ニ》の大《ホ》君《ミ》と爲し給《マ》ひ以《ツ》て創造の功を畢え給《マ》ふ。

右《キ》第貳節、第參項に就きて。

淤《オ》能《ノ》碁《ゴ》呂《ロ》島《シマ》の異説。

或《ヒ》は紀伊《ノ》國に在りと云ひ或《ヒ》は淡路と云ひて一致せざれども淡路と云ふが宜《ロ》し。『古事記』高津《ノ》宮《ヤ》の段に淡路島行幸の御《ン》歌《タ》あり、曰《ハ》く、

淤《オ》志《シ》氏《テ》流《ル》夜《ヤ》、那《ナ》爾《ニ》波《ハ》能《ノ》佐《サ》岐《キ》用《ヨ》、伊《イ》傳《デ》多《タ》知《チ》氏《テ》、和《ワ》賀《ガ》久《ク》邇《ニ》美《ミ》禮《レ》波《バ》、阿《ア》波《ハ》志《シ》摩《マ》、淤《オ》能《ノ》碁《ゴ》呂《ロ》志《シ》摩《マ》、阿《ア》遲《ヂ》摩《マ》佐《サ》能《ノ》、志《シ》麻《マ》母《モ》美《ミ》由《ユ》、佐《サ》氣《ケ》都《ツ》志《シ》麻《マ》美《ミ》由《ユ》。

若し紀伊と云へばこの御《ン》歌《タ》に合《ナ》はず。但《ミ》し淡路と云へる方《タ》の説にも不同あり、『私記』と云へる書《ミ》には「今《マ》見《ニ》在《ル》淡路《ノ》嶋《ノ》西南《ノ》角《ミ》小嶋是《レ》也《ナリ》俗《ニ》猶《ホ》存《ス》其《ノ》名《チ》」と云ひ、或《ヒ》は淡路の西北に在る小嶋と云ひ、又《タ》同國に繪《エ》島《シマ》と云ふがあり、この繪《エ》嶋《シマ》のもとは胞《エ》嶋《シマ》にて即《チ》『日本書紀』の「以《テ》淤《オ》馭《ノ》盧《ゴ》嶋《ロ》爲《シマ》胞《チ》」《スエト》とあるよりの名なればこれぞまさに然《カ》るべきなどの説もありて未《マ》だ定《ダ》かならず。

(『古事記傳』『靈乃眞柱』等を參照すべし)。

天《アメ》之《ノ》御《ミ》柱《ハシラ》。天浮橋《アメノウキハシ》。

天御《アメノミ》中《ナカ》主尊《ヌシノミコト》より賜《マ》はりし天《アメノ》瓊《ヌ》矛《ボコ》が天御《アメミ》柱《ハシラ》にて八《ヤ》尋《ヒロ》殿《ドノ》の中央に衝《ヒ》立て給《マ》

へり、即《チ》心《シン》の御《ミ》柱《ハシラ》なり。伊勢の大《ホ》宮《ヤ》はこの制に由らせ給《マ》ふ。又《タ》天浮橋《アメノウキハシ》は天《ア》降《モ》ります途《チ》のさまを申《ウ》したり、世の橋の如《ト》きものに非《ラ》ず。

大八洲國《オホヤシマグニ》の異說。

『古事記』に據れば、一に淡道之穗之狹別島《アハヂノホノサワケシマ》、二に伊豫之二名島《イヨノフタナシマ》(これに伊豫、讃岐、粟、土佐の四あり)、三に隱《チ》伎《キ》之《ノ》三《ミツ》子《ゴ》島《シマ》、四に筑紫島《ツクシシマ》(これに筑紫、豐、肥、熊曾の四あり)、五に伊伎島《イキノシマ》、六に津島《ツシマ》、七に佐度島《サドノシマ》、八に大倭豐秋津島《オホヤマトトヨアキツシマ》なり。尙《ホ》この外《カ》の異說は『日本書紀』に揭げあれば往きて看るべし。云云。

創造の異說。

諸冉二尊《イザナギイザナミフタハシラノミコト》の我《ガ》大八洲國《オホヤシマグニ》を創造し及《ヨ》び其の國土の神神《ミミ》を生み成し給《マ》へる事實に就きては古傳に多少の不同あり、今《マ》具《サ》に擧げ難《タ》ければ一切省《ア》けども須《カ》らく各書を撿按して以《ツ》て二尊の神功を仰《ホ》ぎ想《モ》ふべし。又《タ》古傳に記《ル》せるには大八洲國《オホヤシマグニ》は伊弉諾尊伊弉冉尊《イザナギノミコトイザナミノミコト》の夫婦の道《チ》に由りて生まし給《マ》へるものなり。神神《ミミ》を生まし給《マ》ふことは然《カ》るべきも現見の此の國土を何《カ》にして生み成し給《マ》ひしや、是れ世人の大《ヒ》に怪しむところなるべし。よりて一種の說與《コ》りて大八洲國《オホヤシマグニ》の國靈神《クニダマガミ》を生ましゝにて必《ス》しも國土其《ノ》物《ノ》を生み給《マ》ふに非《ラ》ざるべしと云ふもの出《デ》來ぬ。又《タ》一方には飽《ク》まで

△『三大考』は服部中庸の作なるが本居宣長之を賞して自著の『古事記傳』に附し、平田篤胤亦『靈乃眞柱』を著はし之を修正す、而して今の件を「中庸の此説實に然ること」と稱めり、

も古傳の面目を保《モ》ちて實に伊《イ》弉《ザ》冉尊《ナミノミコト》の御《ン》胎《ラ》より茲の國土生まれりと募《ノ》るもあり。『三大考』に曰《ハ》く、

二柱《フタハシラ》の神《ミ》の此《ノ》大《オホ》八《ヤ》洲《シマ》國《グニ》を産《ミ》給《マ》へること世人漢《カラ》意《ゴロ》を以て見る故《エ》にこれを信《ウケ》ずして種《マ》々《マ》なるなまさかしき説あれどもそは皆《ナ》私《シ》ごとなれば取《ル》に足らず、たゞ古傳の隨《マヽ》に心《ロ》得べし、たゞ人《ト》の兒を産《ム》が如《ト》く御《ン》腹《ラ》より生《ミ》賜《マ》へるものなり、但しその委《クハ》曲《シ》き状《サマ》はいかに有《リ》けむ、傳なければ知《リ》がたけれども今《マ》これを思《モ》ふにまづ高《タカ》天《マノ》原《ハラ》より降《オリ》坐《マス》時《キ》に天《アメノ》浮《ウキ》橋《ハシ》に立《タ》して沼《ヌ》矛《ボコ》を以てかの浮《ウキ》脂《アブラ》の如《ト》くにたゞよへる物《ノ》を掻《キ》成し賜《マ》ひて引《キ》上《ケ》給《マ》ふ時其《ノ》矛《コ》の鋒《サキ》より滴り落《ツ》る物《ノ》凝《リ》て淤《オ》能《ノ》碁《ゴ》呂《コ》嶋《シマ》となれる、其《ノ》矛《コ》の滴りは徴《イサヽカ》なる物《ノ》なれども其《ノ》物《ノ》に因りて漂《ヨ》へる物《ノ》聚《マ》り凝《リ》堅《マ》りて廣《ロ》く大《ホ》きになりて一《ツ》の嶋《マ》とは成れるなれば、大《オホ》八《ヤ》洲《シマ》を産《ミ》賜《マ》へるも其《ノ》如《ト》くにて、まづ二柱神《フタハシラノカミ》の交合《ミトノマグハヒ》の滴女《シタヽリメ》神《カミ》の御《ン》腹《ノ》内《チ》に合《ヒ》凝《リ》成りて、さて御《ン》腹《ラ》より産《ミ》出《ダ》し給《マ》ふところは徴《チヒ》小《サ》き物《ノ》なれども、其《ノ》物《ノ》にかの漂《ヨ》へる物《ノ》寄《リ》聚《マ》り凝《リ》て國土とは成れるなり、近《カ》くは人《ノ》身の成る初《メ》にても知るべし、父母の交《マグ》合《ハヒ》の時《キ》に滴《タ》る物《ノ》は徴《イサヽカ》なれども、月《キ》を經て兒の形《チ》となるにあらずや。云云。

△我國の神代と支那の造化說

今《マ》按ずるに前《ヘ》の國靈神《クニダマガミ》のみを生まし給《マ》へりとの說は未《マ》だ深《カ》く窮《ハ》めざるにて神事《カムゴト》の至《タ》つて奇しきことを辨《マ》えざる阿世の俗見なり。さりながら後《チ》の御《ン》胎《ラ》からと云へる說も餘《マ》りに狹《マ》し。凡《ソ》そ天地の間《ダ》の物《ノ》には胎生あり、卵生あり、濕生あり、化生あり、其の胎生の物《ノ》を胎生せしめ、卵生の物《ノ》を卵生せしめ、濕生化生の物《ノ》を濕生化生せしめ給ふが諾冉《イザナギイザナミ》二尊《フタハシラノミコト》の御《ン》德なり。大《オ》旨《子》二《フタ》神《ハシラ》の交合《ミトノマグハヒ》てふことをば單に吾《レ》等人間夫婦の爲す業《ザ》とのみ考《ガ》ふるよりして御《ン》胎《ラ》からとの說も出で來つるなれど其は人間の業《サ》もて奇《ク》しき神事《カムゴト》を推し量《カ》るにて宜《ロ》しからず。胎生の類《ヒ》に屬する人間からは二《フタ》神《ハシラ》の交合《ミトノマグハヒ》は吾《レ》等夫婦の爲す業《サ》に同《ナ》じと云ふべきも他の卵生、濕生、化生の類《ヒ》亦《タ》各《ノ》〱陰陽和合の道《チ》ありて其れが何《ツ》れも二《フタ》神《ハシラ》の交合《ミトノマグハヒ》に本《ト》づけることを篤と念《モ》ふべし。現に花《ナ》一輪の開《ラ》くるだにも其れに雄《オ》蘂《シベ》雌《メ》蘂《シベ》の睦《ツ》び合ひて菓實を生むことの理《ハリ》なり。御《ン》眼《コ》より成《ナリ》坐《マ》せる神《ミ》も座《ハ》さずや。御《ン》鼻《ナ》よりの尊《ミコト》も座《ハ》さずや。一切皆《ナ》御《ン》胎《ラ》からなど擬《ア》て〻言ふべからざるものぞ。云云。

我《カ》國《ニ》創造說の西漸。

我《カ》國《ニ》神《ミ》代《ヨ》の御《ン》事《ト》が何《ツ》となく遠《ホ》く支那、印度にまで及《ヨ》ぼして久《サ》しく彼の造

◎『天文訓』『淮南子』卷三、

◎『日本書紀』神代卷、

◎『原道訓』『淮南子』卷一、

化説となれるに就きて述ぶべし。先《ツ》支那の古書にては漢の時代に作《ク》れる『淮南子』が最《モ》親《タ》しければ之に據りて其の一班を示《メ》さむに同書の天文訓に曰《ハ》く、

天地未《タ》形《ハレ》、馮馮《タリ》翼翼《タリ》、洞洞《タリ》灟灟《タリ》、故《ニ》曰《フ》大昭《ト》、道《ハ》始《マル》于虚廓《ニ》、虚廓生《シ》宇宙《チ》、宇宙生《ス》氣《チ》、氣《ニ》有《リ》漢垠、清陽《ハ》者薄《ク》靡《ヒキテ》而爲《リ》天《ト》、重《ク》濁《ル》者《ハ》凝《リ》滯《ッテ》而爲《ル》地《ト》、清妙《ノ》之合《フハ》摶《マル┐》易《ク》、重濁《ノ》之凝《ルハ》竭《ル┐》難《シ》、故《ニ》天先《ツ》成《テ》而地後《ニ》定《マル》。

之を『日本書紀』の文に合はさば曰《ハ》く、

古《ヘ》天地未《タ》剖《カレ》、陰陽不分《カレ》、渾沌如《ク》雞子《ノ》、溟涬《ニシテ》而含《ム》牙《チ》、及《ビ》其《ノ》清陽《ハ》者薄《ク》靡《ヒキテ》而爲《リ》天《ト》、重濁《ハ》者淹滯《シテ》而爲《ル》地《ト》、精妙《ノ》之合《フハ》摶《マル┐》易《ク》、重濁《ノ》之凝《ルハ》竭《ル┐》難《シ》、故《ニ》天先《ツ》成《テ》而地後《チニ》定《マル》、然《ル》後《チ》神聖生《マル》其《ノ》中《カニ》、故《ニ》曰《ク》開闢《ノ》之初《メ》、洲壤浮漂、譬《ヘハ》猶《オ》游魚之浮《カ》水上《ニ》也、于《ニ》時天地《ノ》之中《カ》生《ス》一物《チ》、狀《チ》如《シ》葦牙《ノ》、便《チ》化《シテ》爲《ル》神《ト》、號《ス》國常立尊。

云云。(『舊事本紀』の文は本節第二項の下《モ》に已《テ》に揭げたり)。

而《カ》して其の段の終《リ》に「乾道獨化所以《ニ》成《ス》此《ノ》純男《チ》」とあるは彼の原道訓の「穆忞隱閔《トシテ》純德獨《リ》存《ス》」と云へる語意なり。之に就き本居等一派の人《ト》は『日本書紀』等を斥《ラ》つて漢籍《カラフミ》風《フリ》なりと云へど、本《ト》我が神代《カミヨ》の御《ン》事《ト》が彼の國《ニ》に傳《タ》はり往きて其の文章に書きなされたるなれば言《ト》の理のさまで違《ガ》はざらむに

◎『古事記傳』卷一、

◎『淑眞訓』『淮南子』卷二、

は復《タ》我れに移《ツ》して取り用《チ》ゆるに何《ン》の妨《タ》げあるべきや、亦《タ》斯くしてぞ我《カ》國《ニ》の貴《フ》とさは益《ス》〱彼の國《ニ》にも示《メ》さるべき『日本書紀』等の撰主の苦心恐《ソ》らくは全《タ》く斯《コ》に在りしならむを後《チ》の人《ト》の無下に卑《シ》み斥《ラ》ふは甚《タ》酷なり。（『古事記傳』に『舊事本紀』を僞撰と爲したることも其《ノ》意《ロ》は『日本書紀』の漢《ラ》籍《ミ》風《リ》なるを斥《ラ》ふと同じ、彼の『紀』の誤謬多《ホ》きことは言《ト》を待たざれども其後人の注加せしものゝ本文に混入せるあり及び傳寫の次第に訛轉されたる等の爲めにして古書には多《ホ》く有《リ》勝《チ》のことなれば『古事記傳』に論じたる箇條の如きにては未《マ》だ俄《カ》に僞撰と言ふ可からず、之《レ》に關する予の考《ヘ》あれば異日別に書くべし）。曾《ニ》『日本書紀』等の撰主のみならずして現に『古事記』の筆者たる太安萬侶にも亦《タ》この苦心ありしことを諒せざるべからず。其の序を視るに曰く、

夫《レ》混元既《ニ》凝《リ》、氣象未《タ》效《ハレ》、無《ク》名《モ》無《シ》爲《モ》、誰《レカ》知《ラム》其《ノ》形《チ》。

是れ明《カ》に漢《カラ》籍《フミ》の言《ト》を我れに移《ツ》して取り用《チ》ゐたるにて彼の『淮南子』の淑眞訓に云へり、

天地未《タ》剖《カレ》、陰陽未《タ》判《カレ》、四時未《タ》分《カレ》、萬物未《タ》生《セ》、注然《トシテ》平靜《ニ》、寂然《トシテ》清澄《ナリ》、莫《シ》見《ル》其《ノ》形《チ》。

この淑眞訓の「天地未《タ》剖《カレ》」より「萬物未《タ》生《セ》」までの四句が『古事記』の序の「混元既《ニ》凝《リ》氣象未《タ》效《ハレ》」の二句となり、「注然《トシテ》平靜《ニ》寂然《トシテ》清澄」の二句が「無《ク》名《モ》無《シ》爲《モ》」の一句

◎『天文訓』『淮南子』卷三、

◎『精神訓』『淮南子』卷七、

となり、「莫《シ》見《ル》其《ノ》形《チ》」が「誰《レカ》知《ラム》其《ノ》形《チ》」の句となれり。序に又《タ》曰《ハ》く、

然《シテ》乾坤初《メテ》分《カレテ》參神作《シ》造化之《ノ》首《メ》、陰陽斯《コニ》開《ケテ》二靈爲《リ》群品之《ノ》祖《ノ》。

由來造化の三神と申《ウ》すことは『古事記』の本文に其の正《サ》しき證《カ》しを見ず、但《ゞ》この序に云へるが始《シ》めなれども、是れ亦《タ》古傳として然《カ》るべき歟の故《エ》に敢て漢《ラ》籍《ミ》の言《ト》を借り來《タ》れるならむのみ。この一氣の元より乾坤の二を分かちて三神方《サ》に造化の首《メ》となるとの義は同《ナ》じく彼の天文訓に見えたることなり。曰《ハ》く、

規《ハ》始《マル》於一《ニ》、一《ニシテ》而不《セ》生、故《ニ》分《カレテ》而爲《ル》陰陽《ト》、陰陽和合《シテ》而萬物生《ス》、故《ニ》曰《ク》一生《シ》二《チ》、二生《シ》三《チ》、三生《スト》萬物《チ》。

若《シ》一切漢《ラ》籍《ミ》風《リ》を斥《ラ》ふとならば本居一派の人《ト》は造化三神なむどの名目を口舌に載すべからず。（『淮南子』の一、二、三の説は單に數理に非ずして一神、二神、三神と云へることなり、往《キ》て彼の書を撿せば斯のこと分明なるべし）さて今《ノ》の『古事記』の序にある「二靈爲《リ》群品之祖」あるは申《ウ》す迄《デ》も無く伊《イ》弉《ザ》諾《ナギノ》尊《ミコト》伊《イ》弉《ザ》冉《ナミノ》尊《ミコト》の御事《ン》なり。この二《フタ》柱《ハシラ》の神《ミ》の大《オホ》八《ヤ》洲《シマ》國《グニ》の群品を創造し給《マ》へりと云ふ神《ミ》代の古辭《フルゴト》が遠《ホ》く已《デ》に支那にまで渡《リ》往きて彼《レ》に其の説の遺《コ》りあることも亦《タ》彼の精神訓にて知らるべし、曰《ハ》く、

古《ヘ》未《タ》有《ラ》天地之時《キ》、惟像無《ク》形《チ》、窈窈冥《タリ》冥《タリ》、芒芠漠閔、澒濛鴻洞《トシテ》、莫《シ》知《ル》

◎『淑眞訓』『淮南子』巻二、
◎『天文訓』『淮南子』巻三、
◎『繆稱訓』『淮南子』巻十、

其《ノ》門《チ》、有《リ》二神混《トモニ》生《シ》、經《シ》天《チ》營《ス》地《チ》。云云。

この「有《リ》二神混《ニ》生《シ》」と云へるを高誘の注には「二神《ハ》陰陽《ノ》之神《ナリ》」と釋せり、この陰陽の神《ミ》とは我《カ》國《ニ》の伊《イ》弉《ザ》諾尊《ナギノミコト》伊《イ》弉《ザ》冉尊《ナミノミコト》を指しまつれるにて其の淑眞訓に曰《ハ》く、

以《テ》鴻濛《チ》爲《シテ》景柱《ト》、而浮揚《ス》乎無《キノ》畛崖之際《ニ》。

「以《テ》鴻濛《チ》爲《ス》景柱《ト》」とは天瓊矛《アメノヌボコ》なるべく、「浮揚《ス》乎無《キノ》畛崖之際《ニ》」とは天浮橋《アメノウキハシ》に立たし給《マ》ふことの狀《マ》なり。景柱の語は殊《ト》に面白《モロ》し、天瓊矛《アメノヌボコ》を又《タ》は天御量《アメミハカリ》柱《バシラ》とも申《ウ》すなればなり。高誘の注に「鴻濛《ハ》東方《ノ》之野、日《ノ》之所《ノ》出《ツル》者《ナリ》、故《ニ》以《テ》爲《ス》景柱《ト》」とあり、正《サ》しく神《ミ》の東方に現《ラ》はれまし、ことを言ひたるならずや。又《タ》この天御柱《アメミハシラ》を左右より廻《ゲ》りて兒《ミコ》を生まし給《マ》へることを天文訓に書きて曰《ハ》く、

北斗《ノ》之神《ニ》有《リ》雌雄、十一月始《メテ》建《ス》於子《ニ》、月從《リ》一辰雄《ハ》左《ニ》行《クリ》雌《ハ》右《キニ》行《クル》。

北斗とは天の中樞を云ふにて雄雌の神《ミ》とは伊《イ》弉《ザ》諾尊《ナギノミコト》伊《イ》弉《ザ》冉尊《ナミノミコト》を斯く白《ウ》したり。又《タ》左右より廻《ゲ》り給《マ》へる理《ハリ》をも其の繆稱訓に書きて曰《ハ》く、

凡《ツ》高《キ》者《ハ》貴《フ》其《ノ》左《リチ》、故《ニ》下《モノ》之於《ケルチ》上《ミニ》曰《フ》左《リスト》之《レチ》、臣辭《スルナリ》也、下《ナル》者《ハ》貴《フ》其《ノ》右《キチ》、故《ニ》上《ミノ》之於《ケルチ》下《モニ》曰《フ》右《キスト》之《チ》、君讓《ナリ》也、故《ニ》上《ミ》左《ヨリ》遷《レバ》則《チ》失《フナリノ》其所《チ》尊《フ》也、下《モ》右《ヨリ》還《レハ》則《チ》失《フ》其《ノ》所《チ》貴《フ》也。

◎『氾論訓』『淮南子』巻十三、

こは君臣上下の事《ト》の如《ト》くなれど基《ヅ》くところは雄雌の神《ム》事《ト》より起《コ》れるにて即《チ》夫婦の間《タ》の道《チ》を更《ラ》に君臣上下の上《ヘ》に用《チ》ゐて述べたるたり。されば其の氾論訓に「禮《ニ》三十《ニシテ》而娶《ル》」とあるを高誘注して曰《ハ》く、

三十《ニシテ》而娶《ルトハ》者、陰陽未《タ》分《カレ》時倶《モニ》生《マル》於子《ニ》、（十二支の子なり、前の「始《メテ》建《ス》於子《ニ》」の語に合すべし）、男《ハ》從《リ》子數《ソヘテ》左《リニ》行《クルコト》三十年《ニシテ》立《ツ》於巳《チ》、（十二支の巳なり）、女《ハ》從《リ》子數《ソヘテ》右《キニ》行《クルコト》二十年《ニシテ》亦《タ》立《テ》於巳《チ》合《ス》夫婦《ニ》、故《ニ》聖人因《リ》是《レニ》制《シ》禮《チ》、使《ム》男三十《ニシテ》而娶《リ》女二十《ニシテ》而嫁《カ》、其《ノ》男子《ハ》自《リ》己數《ソヘテ》左《リニ》行《クルコト》十《ニシテ》得寅《チ》、（十二支の寅なり）、故《ニ》人《ハ》十月《ニシテ》而生《マル》於寅《ニ》、男子《ハ》數《ス》從《リ》寅起《ル》、女《ハ》自《リ》己數《ソヘテ》右《キニ》行《クリ》得申《チ》、（十二支の申なり）、亦《タ》十月《ニシテ》而生《マル》於申《ニ》、故《ニ》女子《ハ》數《ス》從《リ》申起《ル》、歳星十二歳《ニシテ》而周《シ》天《ニ》、天道十二《ニシテ》而《シテ》備《ハル》。云云。

これに依れば支那上代の婚姻の制度は我か諾冉《イザナギイザナミ》二尊《フタハシラノミコト》の天《アメ》御《ミ》柱《ハシラ》を廻《グ》り給《マ》へるを本《ト》として定《ダ》めたる。特《ト》に又《タ》彼の『淮南子』の中《カ》に我《カ》國《ニ》を指せる辭《バ》の所々に見えたるは考《ガ》ふべきことなり。曰《ハ》く、

扶木《ハ》在《リ》陽州《ニ》日《ノ》之所《ニ》曊《ラス》。（高誘の注に曰《ハ》く「扶木《ハ》扶桑也《ナリ》、在《リ》湯谷《ノ》之南《ニ》、曊《ハ》猶《シ》照《ノ》也、過《グ》陽州《ノ》東方《チ》」）。

東方《ニ》有《リ》君子《ノ》之國。（同注に曰《ハ》く「東方木德仁《ニシテナリ》故有《リ》君子《ノ》之國、其《ノ》人冠《シテ》帶《ス》劍《チ》」云云）。

自《リ》東南至《テ》東北方《ニ》有《リ》大人國君子國。（同注に曰《ハ》く「東南《ハ》壚土、故《ニ》人大也《トナリ》」）。

◎「墜形訓」『淮南子』巻四、

◎「時則訓」『淮南子』巻五、

和丘在其東北陬。（同注に曰く「四方而高曰丘、鸞所自歌、鳳所自舞、故曰和丘」）。暘谷搏桑在東方。（同注に曰く「暘谷日之所出也、搏桑在登保之山東北方」）。自碣石山過朝鮮、貫大人之國、東至日出之次、搏木之地、青土樹木之野、大皥句芒之所司者萬二千里。（同注に曰く「碣石在遼西界海水西畔、朝鮮樂浪之縣也、貫通也、大人國在其東、搏木扶桑、太皥庖犧氏、東方木德之帝、句芒木神司主也」）。

これは其の墜形訓、時則訓の中《カ》に散在せる諸文なり。志《シ》なき人《ト》は此等を看て單に支那の古《ル》き地理談に過ぎずと念《モ》ふならむが其の古《ル》き地理談に已《デ》に我《カ》國《ニ》あることを識れる由來を深《カ》く考《ガ》へざる可しや。されば平田篤胤は此の古《ル》き地理談に精密の考證を遂げて竟《ヒ》に支那の三皇五帝等は皆《ナ》我《ガ》國《ニ》より出でゝ彼《ノ》國《ニ》の君師となれるなりと說き出でたり。彼の人《ト》の言《ト》は平生偏《タ》よれることあれど此の一事は眞《ト》に大《ヒ》なる功《シ》なり。其の書ける『赤縣太古傳』『天柱五嶽餘論』『大扶桑國考』『三五本國考』『赤縣度制考』『三神山餘考』等を看るべし。尙《ホ》『淮南子』の「天解」と云へるは我《カ》國《ニ》の神《ミ》代の太《フト》占《マニ》なること及《ヨ》び「眞人之道《チ》」は即《チ》神《ミ》の敎《エ》なること等多《ホ》く言ふべきものあれど今《マ》畧す。云云。さて以上は支那に就きて述べたるなるが印度の古《ル》き種種の造化說

△我國の神代と印度の造化說、

◎『大智度論』卷五十六、

◎『玄應音義』卷三、

◎『瑜伽論倫記』卷九、

◎『百論疏』卷上之中、

△『楞伽釋論』の本文には「日月爲眼」を「罪福是業」と書けり

◎『大日經義釋』卷七、

の中《カ》にも神《ミ》代の御《ン》事《ト》の傳《タ》はり往きて混《ジ》はれるが最《ト》多《ホ》し。特《ト》に伊《イ》賒《ザ》那《ナ》天と申《ウ》す造化の神《ミ》あることをさへ語《タ》り合へるは諾冉二尊《イザナギイザナミフタハシラノミコト》の御《ン》名までがその儘《ゝ》彼れに渡《タ》らせ給《マ》へるにて最《ト》ゆかし。『大智度論』に曰《ハ》く、

伊《イ》賒《ザ》那《ナハ》是《レ》大自在天王、

又《タ》畧しては伊《イ》沙《ザ》とも申《ウ》したるにて『玄應音義』に曰《ハ》く、

伊《イ》沙《ザ》天、此《ニハ》云《フ》衆生主《ト》。

又《タ》伊《イ》舍《ザ》耶《ヤ》とも申《ウ》したるにて『瑜伽論倫記』に曰《ハ》く、

伊《イ》舍《ザ》耶《ヤトハ》者、此《ニハ》云《フ》自在《ト》、即《チ》大自在天《ナリ》。

大自在天とは此の世界に於《ヒ》て最《モ》自在を得たる萬物造化の神《ミ》にて之《レ》を梵《ボン》天《デン》とも、那《ナ》羅《ラ》延《エン》とも、摩《マ》醯《ケイ》首《シユ》羅《ラ》とも云ふなり、『百論疏』に提婆菩薩の『楞伽釋論』を引きて曰《ハ》く、

摩醯首羅《ニハ》一體三分《アリ》、所《ル》謂《ハ》梵天《ト》那羅延《ト》摩醯首羅《トナリ》、於《テ》三界《ノ》中《カニ》、所《ル》有《ラ》一切《ノ》命《ト》非命《トノ》物《ハ》摩醯首羅天《ヨリ》生《ス》、虛空《ハ》是《レ》頭、地《ハ》是《レ》身、水《ハ》是《レ》尿、山《ハ》是《レ》糞、一切衆生《ハ》是《レ》腹中《ノ》蟲、風《ハ》是《レ》命《キ》、火《ハ》是《レ》煖、日月《チ》爲《ス》眼《ト》、是《ノ》八種《ハ》是《レ》摩醯首羅《ノ》身《ナリ》、

一切從《ツテ》自在天《ニ》生《シ》、從《ツテ》自在天《ニ》滅《ス》。

この『百論疏』及び大日經義釋等の書には大自在天の一體三分たと那《ナ》羅《ラ》延《エン》

◎『中論疏』巻一之末、

の別名をば韋《イ》紐《チウ》天と云ふ由《シ》に記《ル》せり。按ずるに韋《イ》紐《チウ》も伊《イ》沙《ザ》も伊《イ》舎《ザ》耶《ヤ》も倶《モ》に伊《イ》賒《ザ》那《ナ》の轉音にして即《チ》我《ガ》諸冉二尊《イザナギイザナミフタハシラノミコト》の御《ン》事《ト》を申《ウ》したるならし。『中論疏』に曰《ハ》く、

劫初《ノ》之時《キ》、一切皆《ナ》空、有《リテ》大水聚、十方《ニ》風起《リ》、能《ク》令《ム》波波相《ヒ》次《ギ》風風相《ヒ》持《セ》、水上《ニ》有《リ》一人、千《ノ》頭《ラ》二千《ノ》手足《ナリ》、化《シテ》從《リ》水生《ス》、名《ケテ》爲《ス》韋紐天《ト》、此《ノ》天《ノ》齊《ノ》中《カニ》有《リ》一千葉《ノ》蓮華、中《カニ》有《ッテ》光《カリ》如《シ》萬《ノ》日倶《ニ》照《ラスガ》、有《リ》一《ノ》梵王同《ク》此《ノ》華《ト》生《マル》、梵王作念《ス》、此《ノ》處空《ナリ》何《カ》故《ツ》無《カランヤ》衆生、作《ス》此《ノ》念《チ》時《キ》、光音天子《ノ》命《チ》盡《クルノ》之者應生《ス》此《ノ》土《ニ》、有《リ》八天子一時《ニ》化生《ス》、此《ノ》八天子心《ニ》念《ス》我《レ》從《ッテ》梵王《ニ》生《スト》、梵王亦《タ》念《ス》我《レ》生《ムト》此《ノ》八天子《チ》、從《リ》八天子生《ム》天地萬物《チ》、八天子《ハ》是《レ》衆生《ノ》之父《ミ》、梵王《ハ》是《レ》八天子《ノ》父《ミ》、韋《イ》紐《チウハ》是《レ》梵王《ノ》父《ミ》、韋《イ》紐《チウノ》手《ニハ》執《ッテ》輪戟《チ》有《リ》大威勢、故《ニ》云《フ》萬物從《リ》其《レ》生《スト》也。

試《ミ》に聊《カ》之《レ》を我が神《ミ》代に當て、言はむに、「劫初《ノ》之時《キ》、一切皆《ナ》空」とは天《アメ》地《ツチノ》初發《ハジメ》の高《タカ》天《マノ》原《ハラ》にして別《コト》天神《アマツカミ》五《イツ》柱《ハシラ》の中《カ》の初めの三《ミ》柱《ハシラ》の神《ミ》の御《ン》時《キ》なり。「有《リテ》大水聚」とは言はゆる久《ク》羅《ラ》下《ゲ》那《ナ》洲《ス》多《タ》陀《ダ》用《ヨ》弊《ヘ》琉《ル》之《ト》時《キ》にて如《ゴト》葦《アシ》牙萠《カビノモエ》騰《アガル》の狀《サマ》をば「十方《ニ》風起《ル》」とは書きたりけむ、即《チ》別《コト》天神《アマツカミ》五《イツ》柱《ハシラ》の後《チ》の二《フタ》柱《ハシラ》の神《ミ》の御《ン》時《キ》なり。「能《ク》令《ム》波波相《ヒ》次《ギ》風風相《ヒ》持《セ》」とは神《ミ》代七《ミ》代の次《ツギ》次《ツギ》に相《ヒ》次ぎ相《ヒ》持たし給《マ》へる神《ミ》の産《ムス》靈《ビ》の奇しき御《ン》力《ラ》ぞ是れなる。さて「水上《ニ》有《リ》一人、千《ノ》頭《ラ》二千《ノ》手足《アリ》、

◎『大日經義釋』卷五、

化《シテ》從《リ》水生《ス》、名《ケテ》爲《ス》韋紐天《ト》」とは伊《イ》弉《ザ》諾尊《ナギノミコト》伊《イ》弉《ザ》冉尊《ナミノミコト》の蒼海の上《ヘ》に現《ラ》はれて天《アメノ》浮橋《ウキハシ》に立たし給《マ》ひしを申《ウ》したるにて、韋《イ》紐《チウ》天の名は正《サ》しく隱れもなきことなり。（韋紐即《チ》伊睒那の音なること上《ミ》に云ひつ、殊《ト》に其の一體三分たる摩醯首羅を已《テ》に伊舍那とも云ふなれば論に及ばず、又《タ》この韋紐を亦《タ》は毘紐とも書くなれど毘の音は韋なり、迦維羅城を迦毘羅城と書くに同《ナ》じ、）。二《フタ》柱《ハシラ》を「一人」と云ひしは聊《カ》違《カ》へる樣なれどもこは只且《ハ》らく男《コ》の尊《ミコト》に就きての言《ト》ならむ、常《ネ》には伊《イ》睒《ザ》那《ナ》天と伊《イ》睒《ザ》那《ナ》天后と男女の神《ミ》相《ヒ》偕《モ》に世界を造《ク》れりと云ふなり。「千《ノ》頭《ラ》二千《ノ》手足」は彼《ノ》國《ニ》に斯く語《タ》り傳《タ》えしのみ。（『大日經』の『義釋』に「微誓耶」と云へる女神あることを記《ル》せり、「微」の音亦《タ》「伊」なることを念《モ》へば「微誓耶」は「伊沙耶」の轉音にて即《チ》伊睒那天后なるべし、但その女神に二人あるが如《ト》く記《ル》せるはこも同《ナ》じく斯く語《タ》り傳《タ》へしにて我《カ》神《ミ》代の御《ン》事《ト》の遠《ホ》く渡《タ》り往きて彼《ノ》國に播《ロ》がれる間《ダ》に種《マ》種《マ》に訛《マ》れる故《エ》ならむ）。「此《ノ》天《ノ》齊《ノ》中《カニ》有《リ》一千葉《ノ》蓮華、中《カニ》有《ツテ》光《カリ》如《シ》萬《ノ》日《ノ》倶《モニ》照《ラスガ》、有《リ》一梵王、同《ク》此《ノ》華《ト》生《マル》」とは天《アマ》照《テル》太神《オホンカミ》の生《ア》れまし丶ことによくも合《ナ》へり。天《アマ》照《テル》太神《オホンカミ》は伊《イ》弉《ザ》諾尊《ナギノミコト》の左《リ》の御《ン》目より生《ア》れまし丶なるを臍《ソ》の中《カ》の蓮華よりと言ひしことの聊《カ》異《ト》なれどかばかりの違《カ》ひは我《カ》國《ニ》の古傳中にすら尙《オ》あり、伊《イ》弉《ザ》諾尊《ナギノミコト》の左《リ》の御手に持たし給《マ》える白《マス》銅《ミノ》鏡《カヾミ》より生《ア》れましたりとの說現に『日本書紀』にも書かれあらずや。「梵王作念《ス》乃至韋《イ》紐《チウハ》是《レ》梵王《ノ》父」。云云。この間《ダ》にある光音天下生の談は上《ミ》件《リ》の天《アマ》照《テル》太神《オホンカミ》の生《ア》れまし給《マ》へるに次ぎて皇孫瓊《ニ》瓊《ニ》杵尊《ギノミコト》の茲の土に降臨ましましける御《ン》事《ト》を申《ウ》すに斯く訛《マ》りしなるべく、隨《ガ》つて「八天子一

時下生」と云へることも皇孫の降臨に伴《ナ》ひし八《ヤ》十《ソ》伴《トモ》部《チ》の神《カム》達《ダチ》をさ語《タ》れるならむ。尚《ホ》皇孫の御《ン》護《モ》りとして特《ト》に天《ア》降《モ》りまし、天《アマ》津《ツ》神《ヒモ》籬《ロギ》の八《ヤ》柱《ハシラ》の神《ミ》の靈《ミタマ》實《シロ》も座《ハ》すなれば或《ヒ》は其を指して八天子と申《ウ》したるやも計《カ》り難《タ》し。兎に角韋《イ》紐《チウ》を梵王の父《ヨ》と爲し及《ヨ》び一切萬物の根本と爲したる理《ハリ》は實に動《ゴ》かず。「韋《イ》紐《チウノ》手《ニハ》執《ツテ》輪戟《チ》有《リ》大威勢」云云。「輪戟」とは輪と戟となり。伊《イ》弉《ザ》諾《ナギノ》尊《ミコト》の天《アメノヌ》瓊矛《ボコ》を執らし給《マ》へること已《デ》に明《ラ》かなるに更《ラ》に輪をも持たし給《マ》へりとの言《ト》は甚《ダ》めづらし。左《リ》の御手に白《マス》銅《ミノ》鏡《カヾミ》を持たし給《マ》へりと云ふ『日本書紀』の一説までが疾く傳《タ》はり往きて彼《ノ》國《ニ》に斯《ヨ》る言《ト》も興《コ》りたりけむ歟。『大日經義釋』に那《ナ》羅《ラ》延《エン》の輪印なるものを圖示しあるが其の形《チ》は輪の中心に十字の交線あり外園に八葉の花《ナ》崎《キ》出で、我《ガ》神《ミ》代の八《ヤ》咫《タノ》鏡《カヾミ》に異《ナ》らず。（卷首に附せる第二圖參看）。韋《イ》紐《チウ》は那《ナ》羅《ラ》延《エン》の別名なれば其の持てりと云ふ輪は定《ダ》めてこの八葉の輪印ならむ。さて其の形《チ》の酷似するより我《カ》國《ニ》の鏡《ミ》をば彼《ノ》國《ニ》の輪寶なるものと念《モ》ひなして輪を持たし給《マ》ふ由《シ》に誤《マ》り傳《タ》へし歟と云ふにさに非ずしてこの那《ナ》羅《ラ》延《エン》の輪印は其の實全《ク》鏡《ミ》にてあるなり。乃《チ》鏡《ミ》の事《ト》を輪とは云ひしなり。鏡《ミ》の中心に十字の交線あるは疑《ガ》はしき樣なれども是れぞ鏡面に浮《カ》べる十字の凸《カ》き象《チ》にて、斯《ヨ》る鑄方《タ》の術《ザ》は我《カ》國《ニ》神《ミ》代

△「天津神籬の八柱の神」とは高皇産靈、神皇産靈、魂留産靈、生産靈、足産靈、大宮賣神、事代主神、御膳神なり

◎『大日經義釋』卷十一

〈鏡面十字の凸象〉

の昔《シ》より特《ト》に優《グ》れて巧《ミ》なりしなり。『寶鏡開始』に曰《ハ》く、

鏡面《ハ》含《ム》㆓凸字《ノ》意《チ》㆒也、蓋《シ》以《テ》㆓神徳《チ》㆒而普《ク》令《ムルノ》㆑蒙《ムラ》㆓四維《ニ》㆒之義《ナリ》也。

こは伊勢の御正體たる八《ヤ》咫《タノ》鏡《カヾミ》の御《ン》事《ト》を記《ル》せるにて十字の凸象をもて四方に光被するの旨《子》を顯《ハ》せる御《ン》鏡《ミ》ぞとなり。伊《イ》弉《ザ》諾尊《ナギノミコト》のこの八《ヤ》咫《タノ》鏡《カヾミ》を持たせ給《マ》へるをば『日本書紀』に左《リ》の御手の白《マス》銅《ミノ》鏡《カヾミ》とは記《ル》したりけむ。又《タ》その古傳の印度に往きて韋《イ》紐《チウ》の輪とは云はれたりけむ。考《ガ》ふれば愈《ヨ》ゝ貴《フ》とし。

佛教の經論に多《ホ》く金輪王の寶《ラ》たる輪の事《ト》を借りて言へど其の金輪王の寶《ラ》たる輪なるものは本《ト》鏡《ミ》なり。此の鏡《ミ》は那《ナ》羅《ラ》延《エン》の輪印と同《ジ》物《ノ》にして面《テ》には十字の凸《カ》き象《チ》ありそれより圓相の外圍に八葉の花《ナ》崎《キ》突き出でたるが宛《カ》も車輪の轂輞に似たるよりして後世誤《マ》りて之《レ》を車輪なりと解したるならし。されど輪圓の外《カ》に突き出でたる物《ノ》ありては中《カ》々《カ》に車輪としては便ならざるものぞ。特《ト》に今《マ》は八葉の花《ナ》崎《キ》をば柱《ラ》の尖《ガ》れる如《ト》く書きもし造《ク》りもすなるが其も亦《タ》末《エ》の人《ト》の次第に誤《マ》れるにて全《タ》く原《ト》の鏡《ミ》の形《チ》を忘《ス》れたるが故《エ》なり。この八葉の花《ナ》崎《キ》の鏡《ミ》を傳國の璽寶として實《ト》四天下第一の大王と仰《ホ》がれ給《マ》ふべき我《カ》國《ニ》の天日《アマツヒ》嗣《ツギ》の大《ホ》

◎『佛本行集經』卷十一、

◎『慧琳音義』卷四十二、

君《ミ》を遠《ホ》く印度の國《ニ》にて金輪王とこそは頌《タ》ひ崇《ガ》めけめ、四輪の中《カ》に金輪を東方に當てたることは乃《チ》是れなむ。

斯く『中論疏』の文のみに依るも神《ミ》代の御《ン》事《ト》の印度にまで傳《タ》はりし證《カシ》は正《サ》に立つべし。更《ラ》に『楞伽釋論』に擧げたる彼の國《ニ》の種《マ》種《マ》の造化説に就きて言はむに、安《アン》茶《ダ》論師の説に曰《ハ》く、

本《ト》無《シ》日月星辰虚空及《ヒ》地、唯《ヨ》有《リ》大水《ノミ》、時《ニ》大安茶《アリ》、生《マレテ》如《シ》鷄子《ノ》、周市金色《ナリ》、時熟《シテ》破《レテ》爲《ル》二段《ト》、一段《ハ》在《ツテ》上《ミニ》作《リ》天《ト》、一段《ハ》在《ツテ》下《モニ》作《ル》地《ト》、彼《ノ》二《ノ》中間生《ス》梵天《チ》、名《ク》一切衆生《ノ》祖公《ト》、作《ル》一切有命無命《ノ》物《チ》。云云。（『大明三藏法數』卷四十六に『論』の本文を畧して擧げたるがすべて善く簡要を得たれば今《マ》彼《レ》に依る、以下皆《ナ》同《ナ》じ）。

『舊事本紀』『日本書紀』等に記《ル》されたる「混《マロカレ》沌《タルコト》如《ゴトシ》雞子《トリノコノ》」とある詞《バ》、及《ヨ》び「清《メル》者《ハ》上《ツテ》而爲《リ》天《ト》、濁《ゴレル》者《ハ》下《ツテ》而爲《ル》地《ト》」の詞《バ》、これ等の古傳にこの安《アン》茶《ダ》論師の説の合《ナ》へるを看るべし。「大安《アン》茶《ダ》」の安《アン》茶《ダ》は梵語にて具《サ》には安《アン》茶《ダ》利《リ》叉《シャ》提《ダイ》婆《バ》と云ひ支那には虚空天と翻ずるなり。（『佛本行集經』に見ゆ、但し彼の經本には安茶を安多と書けど異《ト》なるに非《ラ》ず）。又《タ》安《アン》茶《ダ》の語は安《アン》怛《ダ》とも書きて印度にては隱《ク》れて顯《ハ》れざる形《チ》のことなれば天《アメノミ》御中《ナカ》主《ヌシノ》神《カミ》等の隱身《カクリミ》に座《ハ》しましけることをさ申《ウ》したるならむ。（『慧琳音義』に安怛祖那を潛隱《ノ》印」と翻ぜり、

◎『四分律疏飾宗記』巻五之末、
◎『玄應音義』巻十五、

即《チ》安怛は潜隱にして袒那は掌印なり、潜隱とは隱形の意なること『摩利支天經』の注にて之《レ》を知るべし）。又《タ》安《アン》荼《ダ》には中《カ》と云ひ内《チ》と云ふ（内《チ》の義は『四分律疏飾宗記』に見ゆ、中《カ》の義は『玄應音義』に出でたり）義も含めるなれば殊《ト》に天《アメノミ》御中《ナカ》主神《ヌシノカミ》をや大安《アン》荼《ダ》とは崇《カ》めましけむ。されば一切有命無命の物《ノ》を作《ク》れる一切衆生の祖公とはまた他の神《ミ》ならぬことをも推しぬべし。服水論師の說に曰《ハ》く、水《ハ》是《レ》萬物《ノ》根本、水能《ク》生《シ》二天地《チ》一、生《ス》二有命無命一切《ノ》物《チ》一、乃至水能《ク》生《シ》物《チ》能《ク》壞《フル》レ物《チ》。天《アメノミ》御中《ナカ》主神《ヌシノカミ》を水德の神《ミ》なりと云ふ我《カ》國《ニ》の古說にさも似たり。物《ノ》を生むと物《ノ》を壞ぶるとは倶《モ》に高《タカミムスビ》、神《カムミムスビフタハシラノミコト》二尊の御《ン》業《ザ》にて只《ヽ》一水の御《ン》德なるべきが故《エ》にや。云云。尼犍論師の說に曰《ハ》く、初《メニ》生《ム》二一男一女《チ》一、彼《ノ》二和合《シテ》、能《ク》生《ム》二一切有命無命等《ノ》物《チ》一。諾冉《イザナギイザナミフタハシラノミコト》二尊の御《ン》事《ト》は即《チ》それならずや。加《ハ》ふるに伊《イ》賖《ザ》那《ナ》論師とて御《ン》名をそのまゝ崇《カ》むる一派さへありぬ。其の說に曰《ハ》く、伊《イ》賖《ザ》那《ナ》論師《ノ》尊者《ノ》形相《ハ》不レ可《カラ》レ見《ル》、偏《子シ》二一切處《ニ》一、以《テ》二無形《ノ》相《チ》一而《モ》能《ク》生《スト》二諸《ノ》有命無命一切萬物《チ》一。『論』には總じて二十種の造化說を擧げり。異說の互《ヒ》に混糅せる、同說の

各《ノ》〻分岐せる、何《ツ》れも皆《ナ》我《カ》古傳の純粹なるものにあらぬは勿《チ》論ながら其の間《タ》にも尙《ホ》彷彿として窺《カ》ふべきもの尠《ナ》からざること斯《ク》の如《ト》し。委《ハ》しくは親《タ》しく彼の文に就きて檢せよ。又《タ》この外《カ》に火天敎のこと、及《ヨ》び火天敎より一轉したる眞言密敎のことゞもに就きて言ふべき子細あれど咸《ト》く別記に讓る。云云。或《ル》人《ト》謂へらく、印度支那の造化說が斯くも能く我が神《ミ》代の古《ル》事《ト》に似たるは我《レ》より彼《レ》に其の說の移《ツ》れるに非《ラ》ずして本《ト》は彼《レ》より我《レ》に傳《タ》はりしにてぞあるべき其《ノ》故《エ》は我《カ》國《ニ》は彼の國《ニ》國《ニ》よりも新《タ》らしき國《ニ》なればなりと。抑《モ》我《カ》國《ニ》は天地《アメツチ》の初發《ハジメ》なる神《ミ》代よりの國《ニ》なるを新《タ》らしき國《ニ》とは何《ニ》によりて言ふにや甚《ダ》其の意を得ざることなり。人皇以前の遠《ホ》き神《ミ》代の奇しき御《ン》蹟《ト》の今《マ》も炳《ラ》かに國內の處處に遺《コ》されあるを顧《モ》はずや。中《ツ》世以《ノ》降《タ》支那の儒說、印度の佛敎渡《タ》り來てより之《レ》を信ずる人《ト》人《ト》等は各ゝ彼の國《ニ》國《ニ》を以《ツ》て本《ト》の古《ル》き國《ニ》なりとするの執情を起《コ》し爲めに竟《ヒ》に我《ガ》國《ニ》をば新《タ》らしき末《エ》の國《ニ》なる如《ト》く念《モ》ひつむるやうになりたれど其は人皇以前に神《ミ》の相《ヒ》繼ぎませる久《サ》しき御世の遠《ホ》く永《ガ》らえありしことをつひ忘れたるが故《エ》なり。凡《ツ》支那印度の古說に於《ヒ》て萬物の初《メ》を東方と云ひ習《ラ》はしつる理《ハリ》の由來をしも深《カ》く念《モ》へば國《ニ》の本《ト》末《エ》は疾く己《デ》に定《マ》れること

△悉曇は印度にて文字のことを云ふなり支那に成就と譯せり、

◎『西域記』卷二、

◎『南海寄歸傳』卷四、

◎『涅槃經』卷八、

ならずや。さては何《ツ》の時《キ》何《カ》なる人《ト》ありて我《カ》國《ニ》より彼の國《ニ》國《ニ》に渡《タ》れりやなどの俗難も起《コ》らむが字《コト》記《アゲ》せぬ神《ミ》代の大《ホ》昔《シ》の事《ト》にしあれば固《ト》より定《ダ》かには言ひ難《タ》し。されど若し強ゐて言はゞ多《ホ》くの神《ミ》達《チ》の天《アメ》翔《カケ》り空《ソラ》翔《カケ》りして荐《キ》りに往きもし返《ヘ》りもし給《マ》ふなるべく、粟《アハ》莖《カラ》に彈《ハチ》かれ給《マ》へる少《スク》名《ナ》毘《ヒ》古《コ》那《ナノ》命《ミコト》などは正《サ》に遠《ホ》く海《ミ》を渡《タ》り給《マ》ひけむ、印度の悉《シッ》曇《タン》はこの命《ミコト》の往きて我が言《コト》靈《ダマ》を彼れに傳《タ》え給《マ》ひしより肇《ジ》めるなりとぞ聞き及びぬ。彼の悉《シッ》曇《タン》の字數が五十言にしてそれに十四の韻聲（父母音）を立つる樣《マ》の我が五十音に違《カ》はざるのみか、其を摩《マ》醯《ケイ》首《シュ》羅《ラ》天の所造など、語《タ》り傳《タ》ふることども考ふべき節《シ》の最《ト》多《ホ》かるものをや。但《ヾ》し悉曇字數は古來の異説にて『西域記』には其の字源を四十七言なりと書き、又《タ》『南海寄歸傳』には本《ト》四十九字なる由《シ》を記《ル》しぬ。されど其の四十九字も亦《タ》五十字を畧したるにて眞《ト》の本《ト》の悉《シッ》曇《タン》字數は必《ス》我が「アイウエオ」の五十音に差《カ》はざりしならむ、現に佛説の中《カ》には五十字を示《メ》しあり、『涅槃經』にも亦《タ》「阿《ア》伊《イ》憂《ウ》啞《エ》烏《オ》」等を説き畢《ハ》つて「應《ベシ》三當《ニ》善《ク》學《ス》二字數《チ》一」と結《ス》べり、五十字の數が正《ヾ》しきものぞとの語意なること太《ダ》明《ラ》かならずや。さて我《カ》國《ニ》の五十音には二樣の式あり、一は「アイウエオ」を母韻とし「アカサタナハマヤラワ」を父韻とするものにして

◎『北本』卷十四、◎『文殊問經』卷上◎『大日經』卷一、卷五、◎『大莊嚴經』卷四◎『大般若經』卷四百九十◎『大品經』卷六、◎『光讚』卷九、◎『放光』卷五、◎『大集經』卷十、

今《マ》世間に多《ホ》く用《チ》ゆる五十音是れなり、二は「ウ、オ、イ、エ、ア」を母韻とし「ウ、ス、フ、ツ、ル、ヌ、ク、ユ、ム、ウ」を父韻とするものにして天思兼命《アメノオモヒガ子ノミコト》よりの傳《タ》えなり。對馬の卜部《ウラベ》家にこの命《ミコト》の製《ク》らし、神《ミ》代文字の五十音圖を秘藏しありて其の字體を世に阿比留字《アビルモジ》と稱せり。印度の悉曇《シッタン》は概《子》は前《ヘ》の式に屬するものにして「阿伊憂啞烏《アイウエオ》」を韻(母韻)と爲し「迦遮吒那波摩耶囉和《カサタナハマヤラワ》」を聲(父韻)と爲し合《ハ》せて五十字を成ずるなり。今《マ》云ひし『涅槃經』を看るべし。（「阿伊《アイ》」等の文字はすべて梵字にて書くべきなれど今《マ》『涅槃經』の譯者が漢字の音に擬したるものを用《チ》ゆ、『涅槃經』は南本の文字品にて北本は卷十四の如來性品なり、凡《ソ》釋尊の說ける五十字はこの『涅槃經』の外《カ》に『文殊問經』の字母品、『大日經』の具緣眞言品並《ヒ》に字輪品等なり、其の他『大莊嚴經』の示書品には四十六字あり、『大般若經』の善現品、『大品經』の廣乘品、『光讚般若經』の觀品、『放光般若經』の陀隣尼品等には四十二字あり、『大集經』の海慧品には二十八字あり、されど釋尊の意は五十字を正數とすること前《ヘ》の『涅槃經』の言の如《ト》し、諸經今經を半字滿字の二數と云へるも實に然るべきことなり）。然《カ》るに『涅槃經』には母韻の「阿伊憂啞烏《アイウエオ》」に更《ラ》に「暗《アン》」と「惡《アク》」との二者を加《ハ》えあり、古來悉曇《シッタン》を研究するものは皆《ナ》之《レ》を同一の母韻と念《モ》ふなれど全《ク》はさに非《ラ》ずしてこの二は字象の原體なり、即《チ》天思兼命《アメノオモヒガ子ノミコト》の傳《タ》へまし、阿比留字《アビルモジ》の原體たる○《アン》と□《アク》との二正《サ》に是れなり。（「暗」の象は○にして「惡」の象は□なれば今○を「アン」と呼び□を「アク」と呼ぶ、阿比留字《アヒルモジ》の五十音字がこの二を原體とすることは『日本古代文字考』を看て知るべし、さて今《マ》云へる『涅槃經』の「暗」と「惡」とのことは通途の解に異《ナ》れども吾肱《カチ》三折して之《レ》を得たるにて彼の十四音に對する

古來幾多の葛藤は之《レ》を以て全《タ》く排除し畢はむぬるなり、その委細は拙著『十四音考』に書けり。云云）。依りて考ふるに『涅槃經』の五十字は字音を前の「ア、イ、ウ、エ、オ」に則《ツ》とり、字象を後《チ》の「ウ、オ、イ、エ、ア、」に訓《ツ》とり、字音、字象倶《モ》に我が神代《カミヨ》の五十音に據つて釋尊の說かれ給《マ》ふものなるべし。『釋迦譜』等の傳に悉達《シッタ》太子たりし時《キ》各種の方言を習《ラ》はし、ことを記《ル》せる中、肢那《カシナ》書と云へるがあり、已《デ》に支那の音字をも撿せられたること明《ラ》かなれば我が神《ミ》代の五十音字も疾くこそ學《ナ》び給《マ》ひけめ、言《ハ》ゆる天書龍書なむど呼べる類《ヒ》の中《カ》に古《ル》く日《ヒ》文《フミ》を記《ル》したるものありしやも計《カ》り難《タ》し、（日文《ミ》は我が神《ミ》代より傳《タ》はし文字にて種々の書體あれど卜部家の言《ト》に據れば節譜（フ、シ、ハ、カ、セ）と稱《ナ》ふる日文《ミ》を以《ッ》て最古と爲す、其は龍の形《チ》にて世には之を龍書體と云ふなり、又《タ》この日文《ミ》の四十七字なるをば彼の印度に訛まりて悉曇《シッタン》四十七言と云ひしならむか、されど日文《ミ》の四十七言は五十音とは異《ナ》るなり）。さなくとも彼の悉曇《シッタン》をば刧初の梵王の所傳と云ひ、摩《マ》醯《ケイ》首《シュ》羅《ラ》天の所造等と語《タ》り傳《タ》ふることの決して小縁《オボロケ》ならぬを念《モ》ふべし。（梵王の所傳は『西域記』の說、摩醯首羅天の所造は『南海寄歸傳』に看ゆ、これ等の天は何《ツ》れも我國《カニ》の神《ミ》を指して申したる事《ト》由《シ》已《デ》に前に言へるが如《ト》し）。世には曾《ツ》て我が神《ミ》代に文字なしなど云ふ人《ト》もありしかど其が誤《マ》りは已《デ》に正されて事《ト》舊りぬ、但其の文字は誰れの神《ミ》の造《ク》り給《マ》ひし歟に就きてはそれこそ天思兼命《アメノオモヒガ子ノミコト》の阿《ア》比《ビ》留《ル》文《モ》字《ジ》はあれ、又《タ》日《ヒ》文《フミ》の四十七字を首《ハジメ》とし天種《アメノタ子》子《コノ》命《ミコト》の種子《タ子コ》字《モジ》等まで多《ホ》く傳《タ》はりあれど

△一切字音の起原

◎『大智度論』巻三、

◎『涅槃經』巻二、

◎『華嚴疏鈔』巻五十四、

◎『大乘入道章』巻下

すべて伊《イ》弉《ザ》諾尊《ナギノミコト》伊《イ》弉《ザ》冉尊《ナミノミコト》の淤《オ》能《ノ》碁《ゴ》呂《ロ》嶋《シマ》に天《アメ》御《ミ》柱《ハシラ》を中心として八《ヤ》尋《ヒロ》殿《ドノ》を築き給《マ》ひし御《ン》時《キ》の事《ト》を以て世の一切字音の本《ト》つ起《コ》りなりと知るべし。彼の印度にて悉《シッ》曇《タン》文字を摩《マ》醯《ケイ》首《シュ》羅《ラ》天の所造と申しゝは特《ト》にこの事《ト》由《シ》を語《タ》り傳《タ》えしにやと念《モ》はるゝ子細を今《マ》聊《カ》言ふべし。摩《マ》醯《ケイ》首《シュ》羅《ラ》天の韋《イ》紐《チウ》と同體異名にして伊《イ》賒《ザ》那《ナ》神なることは已《デ》に言ひつ、尚《ホ》其の神《ミ》の形貌を書けるものを按ずるに『大智度論』には三目八臂なりと記《ル》せり。先《ツ》この三目と云へるは悉《シッ》曇《タン》にては「∴《イ》」(伊)の字なり、『涅槃經』に曰《ハ》く、

何等《チカ》名《ケテ》為《スヤ》祕密藏《ト》、猶《オ》如《シ》伊字《ノ》三點《ノ》、若《シ》並《ベバ》則《チ》不成《ラ》伊《ト》、縱《モ》亦《タ》不成《ラ》、如《クニシテ》摩醯首羅《ノ》面上《ノ》三目《ノ》乃《チ》得成《ルチ》伊《ト》。云云。

即《チ》「∴《イ》」の字を形貌の上《ヘ》に籍りて之《レ》を三目と云ひたるにて全《タ》く伊《イ》賒《ザ》那《ナ》神なることを標したりとぞ思《ホ》ゆ。（伊字に就きて上二下一の「∵《イ》」と下二上一の「∴《イ》」と取捨是非の言《ト》諍《ソ》ひあり『華嚴疏鈔』、『大乘入道章』等を看るべし、されど悉曇には元《ト》より両様の書《キ》方《タ》あるにて強《ヰ》て偏すべからず）。この「∴《イ》」の字は三角形に観ゆれども凡《ツ》物《ノ》の四角なるものまでが皆《ナ》咸《ク》渾圓の體なる理を顯《ハ》す為めの墨《ミ》打《チ》として出で來し文字の形象にてこの「∴《イ》」字の形象が直《チ》に不縦不横の圓伊と云はるゝなり。（世に在る三《ツ》巴《エ》の紋はこの∴《イ》字の意《ロ》にて其を我《ガ》神紋として用《チ》ゐ來りし古例も亦《タ》由《シ》あることぞ）。よりて考ふれば三目は〇《アン》、

八臂は口《アク》、即《チ》五十字音の象體を之《レ》に寓《ヨ》せて言ひたるにて三目八臂の神《ミ》ならでは實に悉《シッ》曇《タン》は造《ク》り得べからざることなり。さて翻《ヘ》つて我《ガ》國《ニ》の神《ミ》代の文字を視るに他は且《バ》らく閣きて天思兼命《アメノオモヒガ子ノミコト》の阿《ア》比《ビ》留《ル》字《モジ》にては∴《イ》を「丨《イ》」と書れたり、こは伊《イ》弉《ザ》諾尊《ナギノミコト》の淤《オ》能《ノ》碁《ゴ》呂《ロ》嶋《シマ》に衝《ヒ》立《テ》給《マ》へる天《アメ》御《ミ》柱《ハシラ》の象にして天祖《アマツミオヤ》の現《ウツ》し大《オホ》御《ミ》體《ミ》を示《メ》し、なり。彼の命《ミコト》の五十音圖に「ア、イ、ウ、エ、オ、」と云はずして「ウ、オ、イ°エ、ア、」と呼ばしたるはこの天《アメ》御《ミ》柱《ハシラ》たる「丨《イ》」の字を以て天地四方の中軸と立つるが故《ヱ》なり。「丨《イ》」に上下點を書したるが「ウ、オ、」の二にて其の字體は「丅《ウ》、丄《オ》」、「丅《ウ》」は北「丄《オ》」は南なり。又《タ》「丨《イ》」に左右點を書したるが「エ、ア、」の二にて其の字體は「┤《エ》、ト《ア》」、「┤《エ》」は西「ト《ア》」は東なり。

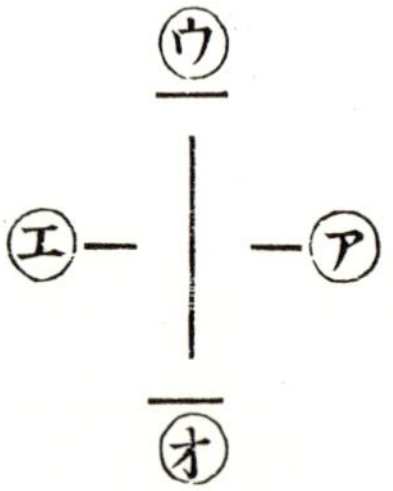

（中軸は「丨《イ》」字なり」

この「丨《イ》」の天《アメ》御《ミ》柱《ハシラ》を中軸とする四方の「丅《ウ》丄《オ》┤《エ》ト《ア》」は即《チ》八《ヤ》尋《ヒロ》殿《ドノ》の象《チ》なり。

○《アン》□《アク》の二を以て五十字音の象體の本《ト》と爲す由來は全《タ》くこの淤《オ》能《ノ》碁《ゴ》呂《ロ》嶋《シマ》の御《ン》事《ト》に起《コ》れることこれを以て推知すべし。彼の「∴《イ》」と我が「|《イ》」と字體異《ナ》るやうなれども「|《イ》」は天《アメ》御《ミ》柱《ハシラ》を側面より觀たる象《チ》「∴《イ》」は平面より觀たる象《チ》にていづれも圓體の○《アン》にてあることなり。「|《イ》」の○《アン》なる所以《ン》は四方の「T《ウ》⊥《オ》ㅓ《エ》ト《ア》」の横直の點畫を更《ラ》に圓形に「个《ウ》⊥《オ》ㄈ《エ》ㄋ《ア》」と書きなばこの理は明《ラ》かに考《カ》へ得らるべし、「T《ウ》」は上偏圓に「|《イ》」、「⊥《オ》」は下偏圓に「|《イ》」、「ㅓ《エ》」は左偏圓に「|《イ》」「ト《ア》」は右偏圓に「|《イ》」、この︵《ウ》︶《オ》（《エ》）《ア》の四偏圓を合《ハ》せ一大圓形を成したる渾

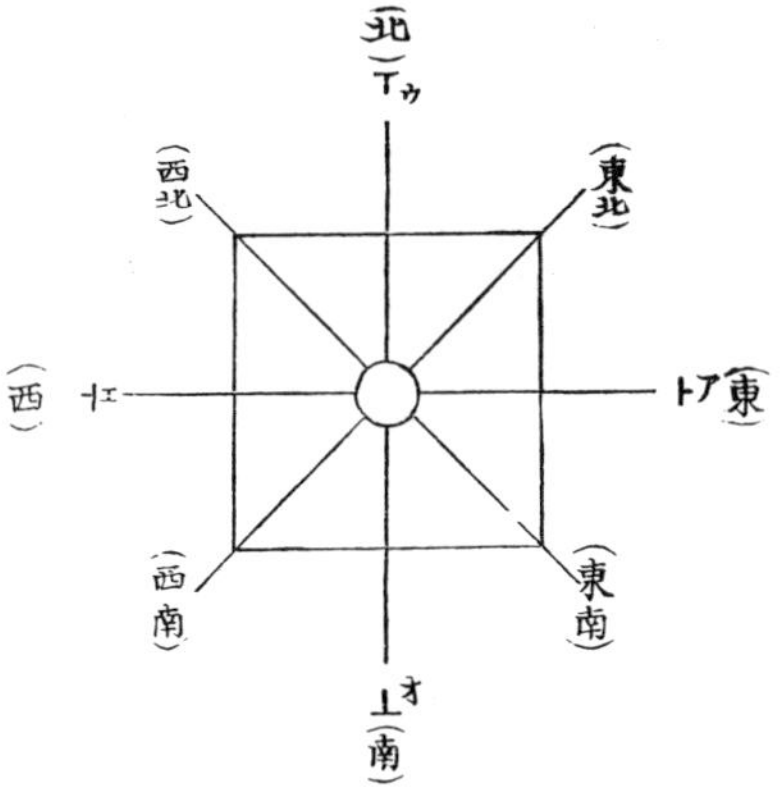

（中心の○は「|《イ》」なり）

體全象が「|」《イ》の一字にて即《チ》〇《アン》なるなり。

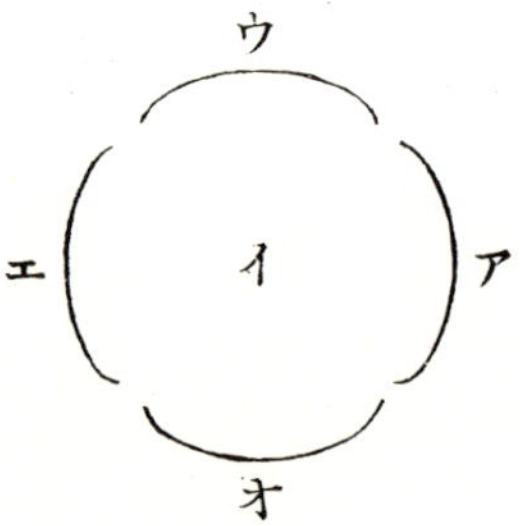

『日本古代文字考』にある圓象中點並《ヒ》に圓象八線の圖を合《ハ》せ看るべし、

又《タ》伊《イ》弉《ザ》諾《ナギ》伊《イ》弉《ザ》冉《ナミ》二《フタ》尊《ハシラ》の天《アメ》御《ミ》柱《ハシラ》を廻《グ》り合ひ給《マ》ひし御《オン》狀《サマ》は實にこの圓形の︵《ウ》︶《オ》(《エ》)《ア》にてあなむ、伊《イ》弉《ザ》諾《ナギノミコト》尊の左《リ》より廻《グ》り給《マ》ひしが右偏圓の)《ア》にて「┤」《ア》字の象《チ》なるべく、伊《イ》弉《ザ》冉《ナミノミコト》尊の右《キ》より廻《グ》り給《マ》ひしが左偏圓の(《エ》にて「├」《エ》字の象《チ》なるべく、又《タ》伊《イ》弉《ザ》諾《ナギノミコト》尊の東南西北の順を以て北を終《ハ》りとし給《マ》へるが上偏圓の︵《ウ》にて「┬」《ウ》字の象《チ》なるべく、伊《イ》弉《ザ》冉《ナミノミコト》尊の東北西南の順を以て南を終《ハ》りとし給《マ》へるが下偏圓の︶《オ》にて「┴」《オ》字の象《チ》なるべく、即《チ》二《フタ》尊《ハシラ》の陰陽和合の理《ハリ》が我が五十字音の母韻五字とはなりぬるなり。

伊《イ》弉《ザ》諾《ナギノミコト》尊の左《リ》より天《アメ》御《ミ》柱《ハシラ》を廻《グ》り給《マ》へる御《オン》狀《サマ》。

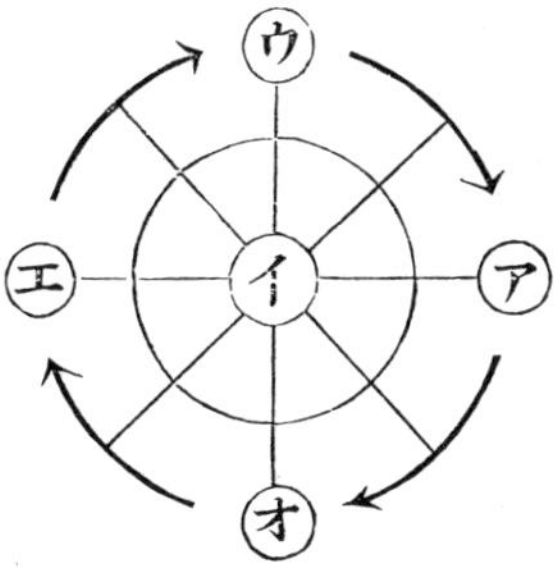

㋐東㋔南㋓西㋒北の順なり

伊《イ》弉《ザ》冉尊《ナミノミコト》の右《ギ》より天《アメ》御《ミ》柱《ハシラ》を廻《グ》り給《マ》へる御狀《オンサマ》。

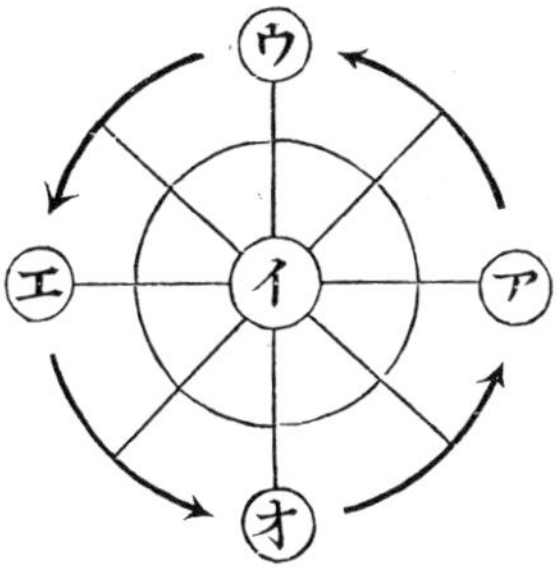

㋐東㋒北㋓西㋔南の順なり

さして悉曇《シッタン》の「∴《イ》」字に亦《タ》この︵《ウ》︶《オ》(《エ》)《ア》の點畫あるは眞《ト》に奇ならずや、其の點は右偏圓の)《ア》なり、

其の◡《イ》點は左偏圓の(《エ》なり、
〓《イ》、〓《イ》、
其の字頭の一《イ》點は上偏圓の⌒《ウ》なり、
〓《イ》、〓《イ》、〓《イ》、〓《イ》、（解し易からしむるが爲め特に字尾の一《イ》點なき字のみを掲ぐ）。
其の字尾の一《イ》點は下偏圓の◡《オ》なり、
〓《イ》、〓《イ》、（亦《タ》特に字頭の一《イ》點なき字のみを掲ぐ）。
又《タ》⌒《ウ》◡《オ》丨《イ》(《エ》)《ア》を合して一字と爲したる∴《イ》字あり、
〓《イ》、〓《イ》、〓《イ》、〓《イ》、〓《イ》、〓《イ》、
我が神代文字の「T《ウ》⊥《オ》丨《イ》┤《エ》ト《ア》」を一字と爲したる顯《チ》をよく〳〵視るべし。之《レ》にても深《カ》く國《ニ》の本《ト》末《エ》を考《ガ》へよ、天《アメ》御《ミ》柱《ハシラ》を廻《グ》り合ひ給《マ》ふ御《ン》事《ト》のなからましかば彼の伊《イ》䀹《ザ》那《ナ》神の∴《イ》字の點畵は全《ク》く由《シ》なきものならずや。されば「丨《イ》」「∴《イ》」は同《ナ》じ文字なるにて言はゆる摩《マ》醯《ケイ》首《シュ》羅《ラ》天の三目は天《アメ》御《ミ》柱《ハシラ》、八《ヤ》臂は八《ヤ》尋《ヒロ》殿《ドノ》を申《ウ》したること定《ダ》めて疑《ガ》ふべからず。我が神《カミ》代《ヨ》よりの言《コト》靈《ダマ》の深《カ》き理《コトハリ》は中《カ》々《カ》筆端に盡くし難《タ》ければ今《マ》畧せど志《シ》あらむ人《ト》は必《ス》習《ラ》ひ學《ナ》びて我が日《ヒノ》本《モト》の萬《ヨロヅクニ》國の本《モトツクニ》國なる所以《ン》を曉《ト》れかし、尚《オ》少《スク》名《ナ》毘《ヒ》古《コ》那《ナノ》命《ミコト》の我

△釋尊の説と我が神眞の道

が言靈《コトダマ》を彼の印度に傳《タ》えまし、御《ン》事《ト》も餘《マ》りに繁《ケ》ければ後日に讓《ツ》るべくなも云云。（返《ス》返《ス》も印度に限《キ》らず支那西《ノ》洋《ニ》まで其の文字音聲はすべて我《ガ》國《ニ》が大本《ト》にてあることは言《ト》靈《マ》の上《ヘ》に明《ラ》かに顯《ラ》はるなればこの傳《タ》えをし學ばでやは）。

然《カ》るに釋尊の説には梵天、摩醯首羅、那羅延、韋紐天等の印度の造化説を外道の邪計なりと斥《ラ》ひあれば我《カ》國《ニ》の諾《イザナギ》、冉二尊《イザナミフタハシラノミコト》の大《オホ》八《ヤ》洲《シマ》を生まし給《マ》へる御《ン》事《ト》も佛敎を信ずるからは亦《タ》用《チ》ゐまじき歟なんど疑《ガ》ひ念《モ》へる輩《ラ》の彼の僧どもに多《ホ》くあるは忌《マ》はしきことなり。そも彼《レ》等の外道の造化説が實に我が神《カム》眞《マ》のまゝに露《ユ》逹《ガ》はざらむには釋尊何《カ》で之《レ》を斥《ラ》ひ給《マ》ひなむや、

但《ヾ》神《ミ》代の御《ン》事《ト》の彼れに傳《タ》はり往きて播《シ》き擴《ヒロ》がれる間《ダ》に種《マ》種《マ》の訛《マ》りが出で來て、梵天、摩醯首羅と云ふも眞《ト》の梵天、摩醯首羅ならず、那羅延、韋紐と云ふも眞《ト》の那羅延、韋紐ならぬことになり、爲めに我が神《カム》眞《マ》の道《チ》は夥《ダ》しく濁《ゴ》り亂《ダ》れたりしかばそを痛《タ》ふ歎《ケ》きに思《ボ》して彼《レ》等を責め斥《ラ》ひ給《マ》ひけむも意《ロ》は唯《ヾ》彼《レ》等の末《エ》の誤《マ》りを正《ダ》し給《マ》ふまでのことにてぞあるべき。されば其の誤《マ》れる種《マ》種《マ》の造化説をば斥《ラ》ひ給《マ》へども曾《ツ》て梵天等の神《ミ》其《ノ》物《ノ》をば否認し給《マ》はず、この事《ト》よく〳〵按ずべし。小怜《カ》しき僧どもは佛敎にすべて造化の事《ト》を説かずなんど云ふなれど、釋尊の主として説き給《マ》へる因縁所生法の法門は即《チ》正《サ》しき造化の原理なることを顧《モ》はずや、我が

諾《イザナギ》、冉《イザナミ》二尊《フタハシラノミコト》の大《オホ》八《ヤ》洲《シマ》を生まし給《マ》へるは實にその因縁所生法の原理の御《ン》事《ト》なることを顧《モ》はずや、特《ト》に日蓮門下の吾《レ》人《ト》は我《カ》國《ニ》を以て世の萬國《ヨロヅクニ》の本國《モトツクニ》と立つるの宗を信ずるなるに此の二尊《フタハシラノミコト》の御《ン》事《ト》を信《ケ》用《チ》ゐずては竟《ヒ》に自《カ》ら其の宗を壞《ブ》るになりなむ、堅《タ》く誠《シ》むべきことにこそ。

日蓮門下の人《ト》の釋尊を信ずる意《ロ》は大《ヒ》に他宗に違《ガ》えり、神梵同祖の史實よりして釋尊は本《ト》我《ガ》國《ニ》の神《ミ》なることを第一の意《ロ》得と爲すことなり、この事《ト》由《シ》は後《チ》に至《タ》りて判明すべし。

第三節　立君の大義。

第壹項　天照大神。

天《アマ》照《テル》大《オホン》神《カミ》は伊《イ》弉《ザ》諾《ナギノ》尊《ミコト》の御《ン》子にして大《オホ》日《ヒル》孁《メ》と號し奉《ツ》る。即《チ》地神五代の第一に座《ハ》して我が皇統の大《オホ》御《ミ》祖《オヤ》なり。地神五代とは天《アマ》照《テル》大《オホン》神《カミ》、天忍《アメノオシ》穗《ホ》耳尊《ミミノミコト》、瓊《ニ》瓊《ニ》杵《ギノ》尊《ミコト》、彦《ヒコ》火《ホ》火《ホ》出《デ》見《ミノ》尊《ミコト》、鵜《ウ》萱《ガ》草《ヤ》葺《フキ》不《アヘ》合《ズノ》尊《ミコト》の五《イツ》柱《ハシラ》なり。

右《キ》第三節第壹項に就きて。

地神五代の稱。

天神七代地神五代と稱することの古傳に曾《ツ》てあらぬことは嚮《キ》に説を擧げて示したり。さるに尚《ホ》改《タ》めずして其の稱を用《チ》ゆる所以《ン》は久《サ》しく人《ト》の耳《ミ》にも慣れ、また聊《カ》念《モ》ふ由《シ》あるが爲めなり。凡《ツ》高《タカ》天《マガ》原《ハラ》の御《ミ》代《ヨ》は總べて皆《ナ》神《ミ》代と申《ウ》すべきにてあなれど、己《デ》にそが中《カ》に別《コト》天神《アマツカミ》五《イツ》柱《ハシラ》となむ申《ウ》す稱あり、またそが次《ギ》には神《カミ》代《ヨ》七《ナヽ》世《ヨ》と申《ウ》すことあり、さればこれ等の御《ミ》代《ヨ》に次げる後《チ》の天《アマ》照《テル》大神《オホンカミ》よりの御《ミ》代《ヨ》にも亦《タ》何《ニ》とかの稱ありて然《カ》るべし前《ヘ》の七代を天神と申《ウ》し後《チ》の五代を地神と申《ウ》すは古傳にはあらぬことながらその天神地神とし云へる意義を惡しさまならぬことに解しなば強《ガ》ちに斥《ラ》ふべからざる歟。先《ツ》天神七代地神五代の天神地神とは通途の天津神國津神と云へる意《ロ》とは異《ト》なりて天《アマ》治神《シラスカミ》、地《クニ》治神《シラスカミ》の義とぞ解すべき。同《ナ》じ神《ミ》代にも前《ヘ》の七代は專《ラ》高《タカ》天《マガ》原《ハラ》に坐《マ》す天《アメ》治《シラス》の神《ミ》、後《チ》の五代は專《ラ》大《オホ》八洲《シマ》國《クニ》に坐《マ》す地《クニ》治《シラス》の神《ミ》、斯ふと定《ダ》めて天神地神の稱を別きて申《ウ》し度《ク》念《モ》ふなり。大《オホ》八《ヤ》洲《シマ》國《クニ》に坐《マ》す地《クニ》治《シラス》の神《ミ》と申《ウ》せば瓊《ニ》瓊《ニ》杵《ギノ》尊《ミコト》より以降《シモツカタ》の三《ミ》御《ミ》代《ヨ》なれど其の御《ン》父《チ》天忍《アメノオシ》穗《ホ》耳尊《ミミノミコト》も一《ト》たびは地《クニ》治《シラス》の詔勅を受けまし、神《ミ》なれば本《ト》より數《ヅ》えまつるべく、又《タ》天《アマ》照《テル》大神《オホンカミ》は高《タカ》天《マガ》原《ハラ》に坐《マ》して天《アメ》治《シラス》の神《ミ》に座《ハ》せど地《クニ》治《シラス》の詔勅を發し給へる本主として實に我が天壤無窮の皇祖に座《ハ》し

◎『古事記』巻上、

ますなれば之《レ》を地神の第一代と仰《ホ》ぎ、合《ハ》せて地神五代と立て申すべくなむ。さるを若し地神五代の稱を斥《ラ》つて唯《ヒ》通漫に神《ミ》代とのみ言はむには天《アマ》照《テル》大神《オホンカミ》を特《ト》更《ラ》皇祖と崇《ガ》めまつるの理に乏《ボ》しくなりて、往きては別《コト》天神《アマツカミ》、神《カミ》代《ヨ》七《ナヽ》世《ヨ》など申《ウ》すけじめの別《カ》ちさへも徒《ヅ》らごとになりぬべし。よく考《ガ》へてよ。

天《アマ》照《テル》大神《オホンカミ》の生《ア》れましゝに就きての異説。

『古事記』に依れば伊《イ》弉《ザ》冉尊《ナミノミコト》神《カム》避《サ》り給《マ》ひし後《チ》に伊《イ》弉《ザ》諾尊《ナギノミコト》の奇しき神《ム》事《ト》に依りて天《アマ》照《テル》大神《オホンカミ》は生《ア》れまし給《マ》へるなり。曰《ハ》く、

是以《コヽヲモテ》伊《イ》邪《ザ》那《ナ》岐《ギノ》大《オホ》神詔《カミノリ玉ハク》、吾者《アハ》到《イタリ》二於伊《イ》那《ナ》志《シ》許《コ》米《メ》志《シ》許《コ》米《メ》岐《キ》穢國《キタナクニニ》一而《テ》在《アリ》祁《ケ》理《リ》、故吾者《カレアハ》爲《セナトノリ玉ヒ》二御身《オホミマ》之《ノ》禊《ハラヒ》一而《テ》、到坐《イタリマシ》二筑紫《ツクシノ》日向《ヒムカ》之《ノ》橘《タチバナノ》小門《ド》之《ノ》阿《ア》波《ハ》岐《ギ》原《ハラニ》一而《テ》禊祓《ミソギハラヒタマヒキ》也、中畧、於是《コヽニ》洗《アラヒ玉ヒシ》二左御目《ヒダリノミメヲ》一時《トキニ》、所レ成《ナリマセル》神名《カミノミナハ》、天照大御神《アマテルオホンカミ》、次洗《アラヒ玉ヒシ》二右御目《ミギノミメ》一時《トキニ》、所レ成《ナリマセル》神名《カミノミナハ》、月讀命《ツキヨミノミコト》、次洗《アラヒ玉ヒシ》二御鼻《ミハナ》一時《トキニ》、所レ成《ナリマセル》神名《カミノミナハ》、建速須佐之男命《タケハヤスサノヲノミコト》、此《コノ》時《トキ》伊邪那岐命《イザナギノミコト》大歡喜詔《イタクヨロコバシテノリ玉ハク》、吾者《アハ》生《ウミ》二生子《ウミミコヲ》一而《テ》於《ニ》二生終《ウミノハテ》一得《エタリ》二三貴子《トノ玉ミハシラノウヅノミコヲ》一、即其御《チノミ》頸珠之玉緒《クビダマノタマノヲ》母由良邇《モユラニ》、取由良迦志而《トリユラカシテ》、賜《タマヒ》二天照大御神《アマテルオホンカミニ》一而《テ》詔之《ノリ玉ハク》、汝命者《ナガミコトハ》所《シラ》レ知《セ》二高天原《タカマガハラヲ》一矣《ト》事依而賜也《コトヨザシテタマヒキ》、故其御頸珠名《カレソノミクビタマノナヲ》謂《マウス》二御倉板擧之神《ミクラタナノカミト》一、次詔《ノリ玉ハク》二月《ツキ》讀命《ヨミノミコトニ》一、汝命者《ナガミコトハ》所《シラ》レ知《セ》二夜之食國《ヨルノヲスクニヲ》一矣《ト》事依也《コトヨザシタマヒキ》、次詔《ノリ玉ハク》二建速須佐之男命《タケハヤスサノヲノミコトニ》一、汝命《ナガミコト》

◎『日本書紀』神代巻、

者《ハ》所《シラ》知《セ》海原《ウナバラ》矣《ト》事《コト》依也《ヨザシタマヒキ》、

『日本書紀』の本文は諾、冉二尊《イザナギイザナミフタハシラノミコト》の共《モ》に議《カ》りて生まし給《マ》へりと申《ウ》す説なり。

曰《ハ》く、

既《カク》而《テ》伊《イ》弉《ザ》諾尊《ナギノミコト》伊《イ》弉《ザ》冉尊《ナミノミコト》共議《トモニハカリテノリ玉ハク》曰、吾《アハ》已《スデニ》生《ウミキ》大《オホ》八《ヤ》洲《シマ》國《クニ》及《マタ》山《ヤマ》川《カハ》草木《クサキノカミチ》、何不《ナゾモウマ》生《ザラメ》天下《アメノシタ》之《ノ》主者《キミトマウスモノチ》歟《ヤ》、於是《コヽニ》共生《トモニウミ玉ヒキ》日《ヒノ》神《カミチ》、號《マヲス》大《オホ》日《ヒル》孁《メノ》貴《ムチト》、此《コノ》子《ミコ》光《ヒカ》華《リ》明《ウルハシク》彩《マシテ》照徹《テリトホラセリ》於六《ア》合《メ》之《ツチ》内《ニ》、故《カレ》二神喜《フタハシラノカミヨロコビテノリ玉ハク》曰、吾《アガ》息《ミコ》雖《サハ》多《ナレド》、未《マサズ》有若此《カクバカリ》靈《クシ》異《ビ》之《ナル》兒《ミコハ》、不宜《ベキニアラズトヾメマツルコノ》久留此國《クニニ》、自當早送于《ヨケムトノリ玉ヒテオクリマツリテ》天《アメニ》而授以《コトヨザシ玉ヒキ》天上《アメチシラ》之《セ》事《ト》、是時《コノトキ》天《アメ》地《ツチ》相去未《アヒサルコトイマダ》遠《トホカラザリシカバ》、故《カレ》以《モテ》天柱舉《アメノミハシラチアゲマツリ玉ヒツ》於天《アメ》上《ニ》也、次生《ウミ玉ヒキ》月神《ツキノカミチ》、其《ヒニ》光彩亞日《ツギテヒカリウルハシクマセバ》、可以《トノリ玉ヒテ》配《ヒニナラビ》日而《テ》治《シラセ》、故亦送之《コノカミモアゲ玉ヒキ》于天《アメニ》、次生《ウミマス》蛭《ヒル》兒《ゴチ》、雖《ミ》已《トセ》三《フレ》歳《ドモ》脚《アシ》猶《タヽ》不《ザリ》立《キ》、故《カレ》載《ノセテ》之於天《アメノイハ》磐櫲《ク》樟《ス》船《ブチニ》而順風放棄《カゼノマニマニハナチステ玉ヒキ》、次生《ウミ玉ヒキ》素《ス》戔《サノ》嗚《チノ》尊《ミコトチ》。云云。

この間《ダ》に蛭《ヒル》兒《ゴ》を生み給《マ》へりと申《ウ》すことも亦《タ》異説なり。その他《カ》左《リ》の御手の白《マス》銅《ミノ》鏡《カヾミ》より生まし給《マ》へりとの説などすべて『日本書紀』を看なば知らるべし。云云。

天照大神《アマテルオホンカミ》の御名に就きて。

天《アマ》照《テル》大神《オホンカミ》の御名の大《オホ》日《ヒル》孁《メ》を今《マ》引ける『日本書紀』の注に「於《オ》保《ホ》比《ヒ》屢《ル》咩《メ》能《ノ》武《ム》智《チ》」と訓ましたり、されど其は誤《マ》りにて「於《オ》保《ホ》比《ヒ》屢《ル》武《ム》智《チ》」と呼び奉《ツ》るべき由《シ》の

◎『古事記傳』卷六、

△天照大神の御名さ、印度

◎『大日經義釋』卷一、

◎『玄應音義』卷十九、及び卷二十、

説、『古事記傳』に看えたり。曰《ハ》く、

又《タ》師説に、大《オホ》日《ヒル》孁《メ》貴《ムチ》の孁《メ》は美《ミ》に通《ヨ》ひて毛《モ》知《チ》の約《マ》れるなり、月《ツキ》夜《ヨ》見《ミ》の見《ミ》と對《カ》へて知るべし、貴《ムチ》の字はかなひがたしとあり、是によりて宣長今《マ》思《モ》ふに書紀の訓注の「於《オ》保《ホ》比《ヒ》屢《ル》孁《メ》能《ノ》武《ム》智《チ》」とあるは本《ト》は「オホヒルムチ」なりしを後《ノ》人《ト》さかしらに「孁《メ》能《ノ》」の二字をば加《ワ》へたるにや、此《ノ》の外《カ》何《ツ》れにも比《ヒ》留《ル》女《メノ》命《ミコト》、日《ヒル》女《メノ》命《ミコト》などのみありて比《ヒ》屢《ル》孁《メ》能《ノ》武《ム》智《チ》といふは見へず、されば大《オホ》比《ヒ》留《ル》武《ム》智《チ》と申《ツ》せば武《ム》智《チ》すなはち女《メ》にあたれり。

この説や佳し。さてこの大《オホ》比《ヒ》留《ル》武《ム》智《チ》と申《ウ》す御名も已《デ》に遠《ホ》く印度にまで聞《コ》えてありしことは佛《ケ》の本體法身を毘《ビ》盧《ル》遮《サ》那《ナ》と申《ウ》したるぞ證《カシ》なる。即《チ》彼の「摩《マ》訶《カ》毘《ビ》盧《ル》牟《ム》尼《ニ》」が正《サ》に「大《オホ》比《ヒ》留《ル》武《ム》智《チ》」になむ、「摩《マ》訶《カ》」は「モハオー」にて我が「オー」(大)の音なり、「毘《ビ》盧《ル》」は全《タ》く我が「比《ヒ》留《ル》」と同《ナ》じく日の事《ト》なり、『大日經義釋』に見えたり、「牟《ム》尼《ニ》」はまた我が「武《ム》智《チ》」と同音にて彼《ノ》國《ニ》に智者、仁者、仙人等を崇《カ》め指せるにすべてこの詞《バ》を用《チ》ゐたりしこと『玄應音義』に見えたり、この毘《ビ》盧《ル》遮《サ》那《ナ》法身をば妃母にたぐえて胎藏など申《ウ》す理を説き出だし、も「大《オホ》比《ヒ》留《ル》武《ム》智《チ》」の女《メ》神《ガミ》に座《ハ》し、ことの彼《レ》に傳《タ》はりたるが本《ト》となれるならむ。尚《ホ》この事《ト》後《チ》に更《ラ》に言ふべし。云云。天《アマ》照《テル》大《オホン》神《カミ》は多《ホ》く「アマテラスオ

◎『古事記傳』卷六

オホミカミ」と呼びまつる例なれど日蓮聖人は態《ザ》と「アマテルオホンカミ」と訓《マ》しめ給《マ》ひたりき、されば縦《ト》ひ「アマテラス」と呼びまつるとも「アマテル」と申《ウ》す意《ロ》持《チ》ならではこの神《ミ》の御名に合《ナ》ひ難《タ》き旨《子》あることを辨《マ》ふべし。

ても『古事記傳』に書きて曰《ハ》く、

天《アマ》照《テル》大《オホ》御《ミ》神《カミ》、照《テル》は氏《テ》良《ラ》須《ス》と訓《ム》べし、萬葉十八〔三十丁〕に安《ア》麻《マ》泥《テ》良《ラ》須《ス》可《カ》未《ミ》とあり〔氏流と訓むも誤《リ》には非《ラ》す、神名帳に阿麻氏留神社など云ふもあればなり〕さて此は天《アメ》を照《ラ》らすと云ふとは少《コ》し異《ハ》りて、たゞ氏《テ》流《ル》を延べて氏《テ》良《ラ》須《ス》と云ふ古言の格にて〔立《ツ》を多ゝ須と云《フ》が如《ト》し〕天《アマ》照《テラス》は天《アメ》に坐し坐して照《テ》り賜《マ》ふ意《ロ》、高《タカ》光《ヒカル》と云ふに同《ナ》じ、大《ノ》字、延佳本には皆《ナ》太と作《カケ》るはさかしらに改《タ》めつるなり〔其は伊勢には凡《ベ》て然《カ》書《キ》ならへる故《エ》にそれを正しと思へるなるべし、〕されど此《ノ》記の諸本も書紀も、皆《ナ》大と作《カ》き、其《ノ》外《カ》の古書も多《ホ》くは然《カ》るをや、さて又《タ》常《子》には御《ミ》を畧《ハブ》きて大神と書《ケ》ども萬葉續紀式《ノ》祝詞などにも多《ホ》く大《オホ》御《ミ》神《カミ》と書《ケ》り〔大神と書《キ》て「オホンカミ」と唱《ヘ》奉《ツ》る、「オホン」は即《チ》大御の音便に轉《ウツ》れる後《チ》の唱《ナ》へなり、物《ノ》語《リ》文《ミ》などにて御の一字をオホンと讀むも語《ハ》は大御○にて今《マ》の俗言におみ某《ナニ》と云《フ》も同《ナ》じ、さるを重言と為《ス》は誤《リ》なり〕

第貳項　瓊瓊杵尊。

天照大神《アマテルオホンカミ》の詔勅を蒙《ウ》むり給《マ》へる瓊瓊杵尊《ニニギノミコト》は我大八洲國《ガオホヤシマクニ》の中筑紫國日《カツクシノクニヒ》向《ムカ》の高千穂峯《タカチホノミネ》に天降《アモ》り坐《マ》して其處に宮居《ミヤイ》し給《マ》へり。其の御孫鵜葺草《ウガヤ》葺不合尊《フキアヘズノミコト》の御子神日本磐禮彦尊《カムヤマトイワレヒコノミコト》は即《チ》人皇第一代の神武天皇に座《ハ》しますなり。

右《キ》第三節第貳項に就きて。

瓊瓊杵尊《ニニギノミコト》を初《ジ》めとして三御代《ミミヨ》の御壽、並《ヒ》に御陵。

『皇代記』に地神五代を書けるに曰《ハ》く、

天照大神《アマテルオホンカミ》 伊弉諾伊弉冉尊《ノノ》子也《ナリ》即《チ》御《ス》二於天《チ》一

正哉吾勝勝速日天忍穂耳尊《マサヤアカツカチハヤヒアメノオシホミミノミコト》 天照大神《ノ》子《ナリ》也即《チ》還《ス》二於天《ニ》一

已上《ノ》二代尚《ハ》御《ホ》天上《ス》二、仍《テ》不《チ》一知《レ》二治世年紀《ラ》一矣《ヲ》、

天津彦彦火瓊瓊杵尊《アマツヒコヒコホノニニギノミコト》 曰《フ》二正哉吾勝勝速日天忍穂耳尊《ノノ》太子、母《チ》曰《フ》二𣑥幡千千姫《ト》一、高皇産靈尊《ノ》之女《ナリ》也、初《メテアモリシ玉フ》天降《ニ》二於日向襲《ヒムカソ》之高《ノタカ》千穂峰《チホノミネ》一矣、治《スルコト》二天下《ヲ》一三十一萬八千五百四十二年、葬《ル》二筑紫日向可愛山陵《ツクシヒムカノエノヤマノキニ》一、

彦火火出見尊《ヒコホホデミノミコト》 天津彦彦火瓊瓊杵尊《ノノ》第二子《ナリ》也、母《チ》曰《フ》二木花開耶姫《ト》一、大山祇神《ノノ》女《ナリ》也 治《スルコト》二天下《ヲ》一六十三萬七千八百九十

◎『皇年代畧記』卷一

◎『神皇正統記』卷一

◎『神皇正統記』卷一

二年、葬《ル》日《ヒ》向《ムカ》高《タカ》屋《ヤノ》山《ヤマノ》陵《キニ》、

彦《ヒコ》波《ナ》瀲《ギサ》武《タケ》鸕《ウ》鷀《ガ》草《ヤ》葺《フキ》不《アヘ》合《ズノ》尊《ミコト》彦火火出見尊《ノ》太子也《ナリ》、母《チ》日《フ》豐玉姫《ト》、海童《ノ》二女也《ナリ》、治《スルコト》天下《チ》八十三萬六千四

十二年、葬《ル》日《ヒ》向《ムカ》吾《ア》平《ヒラノ》陵《キニ》、

『皇年代畧記』には別に天忍《アメノオシ》穗《ホ》耳尊《ミミノミコト》の御治、一百七十九萬四千三百年なる由《シ》を書き加《ハ》へあり、されど『神皇正統記』は前《ヘ》の『皇代記』と同《ナ》じくこの尊《ミコト》の御治年數を書かず、天上の神なれば計《カ》り知られずと申《ウ》すが穩《カ》なる故《エ》にや。さてこれ等の書《ミ》どもに書ける御年數のことは『倭姫命世紀』など原《ト》なるらむが何《ツ》れも後《チ》の人《ト》の支那の古《ル》き歷史を語《タ》れるに負けまじとの意《ロ》より出で來つる作《リ》言《ト》にて総じて宜《ロ》しからざる擬《テ》事《ト》なり、『神皇正統記』に云へり、

曰《ハ》く、

震旦の世のはじめをいへるに、萬物混然として相《ヒ》離れず、是れを混沌と云ふ、其《ノ》後《チ》輕《ロ》く清める物《ノ》は天となり、重《モ》く濁《ゴ》れる物《ノ》は地となり、中和の氣は人《ト》となる、是《レ》を三才と云《フ》是までは我國《ガニ》の初《マ》りを云へるにかはらざるなり、其《ノ》はじめの君《ミ》盤古氏天下を治《ム》る事《ト》一萬八千年、天皇、地皇、人皇などいふ王、相《ヒ》續《ヒ》で九十一代、一百八萬二千七百六十年、さきに合《ハ》すれば一百十萬七百六十年是《レ》一説なり、實には明《ラ》かならず廣雅と云ふ書には、開闢より獲麟に至るまで二百

△神武天皇の御辭は『日本書紀』卷三神武天皇紀に看ゆ、◎『古事記』卷上、

七十六萬歲とも云《フ》、獲麟とは孔子の在世、魯《ノ》哀公の時《キ》なり、日本の懿德に當《タ》る、然《カ》らば盤古のはじめはこの尊《ト》（彦火火出見尊を云ふ）の御世の末《エ》つかたに當《タ》り侍《ベ》るべきにや。

そが意《ロ》の在るところあり〳〵觀られたり、最《ト》拙《ナ》きことなり。瓊《ニ》瓊《ニ》杵《ギノ》尊《ミコト》より以《ツ》降《タ》三《ミ》御《ミ》代《ヨ》の御年數はさすが神《ミ》代の御《ン》事《ト》とて各《ノ》々《ノ》永《ガ》く久《サ》しく歲《シ》經て座《ハ》しましけること神武天皇の御《ン》辭《バ》に「自《ヨリ》天祖《アマノミオヤ》降臨《アモリマシテ》以《コノ》逮《カ》于《タ》今一百七十《モ、ヨロヅトセアマリナ、ヨロヅトセ》九萬二千四百七十餘《アマリコソヨロヅトセアマリフタチトセアマリヨチトセアマリナ、ソチアマリ》歲」とあるに徵しても明《ラ》かなり。されど其を『皇代記』等の如《ト》くに三《ミ》御《ミ》代《ヨ》に割りて御年數を擬て申《ウ》すは何《ニ》に據れるにや頗《ル》疑《ガ》はし。『古事記』に彦《ヒコ》火《ホ》火《ホ》出《デ》見《ミノ》尊《ミコト》の御《ン》事《ト》をば

故《カレ》日《ヒ》子《コ》穗《ホ》穗《ホ》手《デ》見《ミノ》命《ミコトハ》者、坐《マシマシキ》高《タカ》千《チ》穗《ホノ》宮《ミヤニ》伍《イ》佰捌拾《ホチアマリヤソ》歲《トセ》、御《ミ》陵《ハカ》者《ハ》即在《ヤガテアリ》其《ソノ》高《タカ》千《チ》穗《ホノ》山之西《ヤマノニシノカタニ》也

と記《ル》せり、この五百八拾歲と『皇代記』等の六十三萬七千八百九拾二年とは餘《マ》りに過ぎたる差ならずや、されば『皇代記』等の說は洵《ト》に信け難《タ》けれどさりとて神武天皇の御《ン》辭《バ》からは彦《ヒコ》火《ホ》火《ホ》出《デ》見《ミノ》尊《ミコト》の五百八拾歲も亦《タ》甚《タ》ふ少《ナ》かるやうなり。之《レ》に就きて『古事記傳』に亦《タ》その辨あり、曰《ハ》く、

書紀の神武《ノ》卷の首《メ》に一百七十九萬二千四百七十餘歲とあるは三《ミ》御《ミ》代《ヨ》

邇邇藝命、穗穗手見命、葺不合命、の總《ベ》ての年數なり、今《マ》假《リ》に此《ノ》數を三《ミ》御《ミ》代《ヨ》に等《シ》く分かつときは一《ヒト》御《ミ》代《ヨ》大凡《ソ》六十萬歳許《リ》づゝなるべし、然《カ》るを此《ゝ》に五百八十歳とあるはこよなき短《カ》さにて、かの總《ベ》ての數と甚《タ》く相《ヒ》合《ナ》はざるは如何《ゝ》と云《フ》に、彼の石《イハ》長《ナガ》比《ヒ》賣《メ》の事《ト》に依《リ》て、父《ゝ》の神《ミ》の「天神《アメノカミノ》御《ミ》子《コ》之《ノ》御《ミ》壽者《イノチハ》木《コノ》花《ハナ》之《ノ》阿《ア》摩《マ》比《ヒ》能《ノ》微《ミニ》坐《マス》」と詛白《トコヒマウシ》給《マ》ひしに因りて「至《ルマデ》二于今《ニ》一天皇《スベラミコトノ》命等《ミコトタチノ》之御《ミ》命《イキ》不レ長《カラ》也」とあれば、穗《ホ》穗《ホ》手《デ》見《ミノ》命《ミコト》よりこなたは御《ン》命《チ》こよなく短《カ》く坐《ス》べき理《ハリ》なり、されば彼の一百七十九萬云云の年は多《ホ》くは邇《ニ》邇《ニ》藝《ギノ》命《ミコト》の御世に經《ヘ》過ぎて、穗《ホ》穗《ホ》手《デ》見《ミノ》命《ミコト》は僅《カ》に五百八十歳、次《ギ》に葺《フキ》不《アヘ》合《ズノ》命《ミコト》はいよ〳〵短《カ》かるべく、次《ギ》の伊《イ》波《ハ》禮《レ》毘《ヒ》古《コノ》命《ミコト》に至《タ》りて又《タ》いよ〳〵縮《マ》りて百三十七歳にして崩《ク》り坐しゝなり、かゝれば此の御《ン》年の數のこと何《ニ》かは疑《カ》ふべき。云云。（文中「父の神」とあるは石長比賣の父、大山津見《ノ》神なり）。

瓊《ニ》瓊《ニ》杵《ギノ》尊《ミコト》降臨の事實。

『舊』『古』『書』の三傳に已《デ》に審《ラ》かなるがこの事《ト》の大《ホ》旨《子》は『神皇正統』記の書き風り初學にとりて頗《ル》要を得て太《ハ》だ約《マ》かなれば擧ぐべし、曰《ハ》く、

第三代天《アマ》津《ツ》彦《ヒコ》彦《ヒコ》火《ホノ》瓊《ニ》瓊《ニ》杵《ギノ》尊《ミコト》、天孫とも皇孫とも申《ス》、皇祖天《アマ》照《テル》大《オホン》神《カミ》、高《タカ》皇《ミ》産《ムス》靈《ビノ》尊《ミコト》、いつきめぐみまし〳〵て、葦《アシ》原《ハラ》の中洲《ナカツクニ》の主《シ》となして天《ア》降《モリ》

し給《マ》はむとす、爰《コ》に其《ノ》國《ニ》邪神あれてたやすく下《リ》給《マ》ふ事《ト》難《タ》かりければ、天《アメ》稚《ワカ》彦《ヒコ》と云ふ神《ミ》を下《ダ》して見せ給《マ》ひしに、大《オホ》汝《ナ》の神《ミ》の女《メ》下《シタ》照《テル》姫《ヒメ》にとつぎて返《ヘ》り事《ト》申《ウ》さず、三とせになりぬ、依りて名なし雉を遣《カ》はして見せられしを、天《アメ》稚《ワカ》彦《ヒコ》射殺《ロ》しつ、其《ノ》矢天上に上《ボ》りて大神《オホンカミ》の御前《ヘ》にあり、血にぬれたりければ怪《シ》み給《マ》ひて投《ゲ》下《ダ》されしに、天《アメ》稚《ワカ》彦《ヒコ》新《ニヒ》嘗《ナメ》して臥せりける胸《ネ》にあたりて死《シ》ぬ、世に返《ヘ》し矢を忌《ム》は此《ノ》故《エ》なり、更《ラ》に又《タ》降《ロ》さるべき神《ミ》を擇《ラ》ばれし時《キ》、經《フ》津《ツ》主命《ヌシノミコト》檝取の神にます武《タケ》甕《ミカ》槌神《ヅチノカミ》鹿島の神にます勅をうけて降りましけり、出雲《ノ》國《ニ》に至《タ》り佩《カ》せる劒《ギ》を拔きて地につきたて、其《ノ》上《ヘ》に居て大《オホ》汝《ナ》の神《ミ》に大神《オホンカミ》の勅を告《ゲ》しむ、其《ノ》子事《コト》代《シロ》主神《ヌシノカミ》相《ヒ》共《モ》に從《ガ》ひ申《ウ》しぬ、次《ギ》の子健《タケ》御《ミ》名《ナ》方《カタ》刀《ト》美《ミノ》神《カミ》從《ガ》はずして逃《ケ》げ給《マ》ひしを、諏訪の湖《ミ》まで追《ツ》て攻《メ》られしかば又《タ》從《ガ》ひぬ、斯くて諸《ミ》の惡神をば罪《ミ》なへ、仕《カ》へるをばほめて天上に上《ボ》りて返《ヘ》り事《ト》申《ウ》し給《マ》ふ、大《オホ》物《モノ》主《ヌシ》の神《カミ》大汝の神《ミ》は此《ノ》國《ニ》を去《リ》やがてかくれ給《マ》ふと見ゆ、此の大《ホ》物《ノ》主《シ》は三輪の神にますなるべし事《コト》代《シロ》主《ヌシ》の神《ミ》相《ヒ》共《モ》に八《ヤ》十《ソ》萬《ヨロヅ》の神《ミ》を引《キ》ゐて天に詣《ウ》づ、大神《オホンカミ》ことにほめ給《マ》ひき、宜《ロ》しく八《ヤ》十《ソ》萬《ヨロヅ》の神《ミ》を領して皇孫をまほりまつれとて、まづ返《ヘ》し降《ロ》し給《マ》ひけり、其《ノ》後《チ》天《アマ》照《テル》大神《オホンカミ》、高《タカ》皇《ミ》産《ムス》靈《ビノ》尊《ミコト》相《ヒ》計《カ》りて皇孫を降《ダ》し給《マ》ふ、八《ヤ》百《ホ》萬《ヨロヅ》の神《ミ》勅を承けて御《ン》供《モ》に仕《カ》うまつる、諸神

◎『古事記傳』卷十七、

の上首三十二神あり其《ノ》中《カ》に五部の神《ミ》と云《フ》は、天兒屋命《アメノコヤネノミコト》中臣の祖、天太玉命《アメノフトダマノミコト》忌部の祖、天鈿女命《アメノウズメノミコト》猨女の祖、石凝姥命《イシゴリドメノミコト》鏡作の祖、玉屋命《タマヤノミコト》玉作の祖なり、此《ノ》中《カ》にも中臣《ナカトミ》、忌部《イムベ》の二神は、むねとの神勅を承けて、皇孫をたすけまほり給《マ》ふ、又《タ》三種の神寶を授《ツ》けまします、先《ツ》あらかじめ皇孫に勅して宣《玉ハ》く、葦原千五百秋瑞穗國《アシハラノチイホアキノミヅホノクニハ》、我《ガ》子孫《ミコ》可《キノ》王《タル》之地《ナリ》也、宜《ク》爾《シ》皇孫《ミマゴ》就《テ》而治焉行《ス》矣、寶祚《アマツヒツギノ》之隆《ナル》、當《サニ》與天壤無《カル》窮《マリノ》者《ト》矣、又《タ》大神《オホンカミ》御手に寶鏡をもち給《マ》ひ皇孫に授《ツ》けて祝ぎて吾《ガ》兒視《ル》此《ノ》寶鏡《チ》、當《サニ》猶《クス》視《ルカ》我《チ》、可《シ》與《ニ》同床《フシチ》共殿《ニシチ》以《テ》爲《ス》齋鏡《ノミト》との給《マ》ふ。云云。（文中大汝の神とあるは大名貴命を申すなり、）○

日向高千穗宮《タカチホノミヤ》の考證。

高千穗宮《タカチホノミヤ》の御事《ント》に就きてはまた『古事記傳』の考證甚《ダ》つとめたり、曰《ハ》く、高千穗宮《タカチホノミヤ》は白檮原宮《カシハバラノミヤ》の段の初《メ》にも「坐《マシテ》高千穗宮《タカチホノミヤニ》而」云云とあれば、彼の御世まで御世御世此の宮《ヤ》に坐しまし、なり、そも邇邇藝命《ニニギノミコト》天降《アモリ》坐《マ》して初《メ》て笠沙之御崎《カササノミサキ》に宮《ミヤ》敷坐《シキマ》せりしこと上《ミ》に見えたる如《ト》くなれば、此の高千穗《タカチホ》と申《ウ》すも即《チ》彼の笠沙御崎《カササミサキ》なる宮《ヤ》なるべく思《モ》はるゝを、又《タ》よく思《モ》ふに、高千穗《タカチホ》と云ふ名、又《タ》御陵《カ》も其の高千穗山《タカチホヤマ》の西《シ》に在《リ》とあれば此の宮《ヤ》は彼の笠沙御崎《カササミサキ》なるとは別にして大隅《ノ》國《ニ》にて高千穗《タカチホ》山《ヤマ》に近《カ》き

地《ロ》とこそ聞《コ》えたれ薩摩國《ノ》人《ト》の云《ハ》く、火火出見《ノ》尊《ト》の宮《ヤ》は大隅《ノ》國《ニ》桑原《ノ》郡《リ》宮《ヤ》内《チ》と云ふ地《ロ》これなり、神名式に同《シ》郡《リ》なる鹿兒嶋神社も此の尊《ト》を祭《ツ》れり、今《マ》は正八幡宮とも申《ウ》すと云へり、桑原《ノ》郡《リ》は高《カ》千穗山に近《カ》き域にや尚《ホ》よく地理を尋《ヅ》ぬべしさて此の高《タカ》千《チ》穗《ホ》は霧《キリ》嶋《シマ》山《ヤマ》を云ふなり高《カ》千穗山《マ》の事《ト》、傳十五の七十の葉に委《シ》く云《ヘ》るが如《ト》く其《レ》とおぼしき二《ツ》ありて、何《ツ》方《タ》とも決《ダ》めがたき中《カ》に、此の宮《ヤ》の名の高《カ》千穗は必《ス》かの霧《リ》嶋《マ》山《マ》なるべきこと、御陵《カ》の在《リ》處を以て知るべきなり、此の御陵《カ》の在《リ》處の事《ト》は下《モ》に云《フ》を考へ見るべし、若し是を日向の臼杵《ノ》郡《リ》なる高《カ》千穗としては御陵《カ》の在《リ》處に叶《ナ》はざるなり、さて此《レ》に依《リ》てつら〳〵思《モ》ふに、神《ミ》代の御典《ミ》に高《カ》千穗《ノ》峯《子》とあるは二《タ》處にて、同《シ》名にて、かの臼杵《ノ》郡《リ》なるも、又《タ》霧《リ》嶋《マ》山《マ》も共《モ》に其の山《マ》なるべし、其は皇孫《ノ》命《ト》初《シ》めて天降《リ》坐しゝ時《キ》先《ツ》二《ツ》の内《チ》の一《ト》方《タ》の高《カ》千穗に移《リ》幸《マ》しゝなるべし、其の次序《デ》は何《レ》か先《キ》何《レ》か後《チ》なりけむ知るべきにあらざれども、終《ヒ》に笠沙《ノ》御崎《キ》に留《マ》り賜《マ》へりし路《チ》の次《デ》を以て思《モ》へば、初《メ》に先《ツ》降り着き給《マ》ひしは臼杵《ノ》郡《リ》なる高《カ》千穗山《マ》にて、其《レ》より霧《リ》嶋《マ》山《マ》に遷《ツ》り坐して、さて其《ノ》山《マ》を下りて空《シ》國《ニ》を行《キ》去《リ》て笠沙《ノ》御崎《キ》には到《タ》り坐しゝなるべし、かゝれば神《ミ》代の高《カ》千穗と云《ヒ》し山《マ》は此の二《タ》處なりけむを、此《レ》も彼《レ》も同《ジ》名なりしから、古《ヘ》より混《ガ》ひて一《ツ》の山《マ》のごと語《タ》り傳《タ》へ來て、此の記にも書紀にも然《カ》記《ル》されたるなるべし、さて然《カ》二《タ》處《ロ》共《モ》に同《ジ》じ名をしも負《ハセ》たりしも所以ありけることさなるべし、書紀に襲《ソ》之《ノ》高《タカ》千《チ》穗《ホノ》峯《ミ子》ともある襲《ソ》は大隅《ノ》國《ニ》なれば是れ霧《キリ》嶋《シマ》山《ヤマ》をも高《タカ》千《チ》穗《ホ》と云ひし證《シ》なり、かゝれば初《ジ》め邇《ニ》邇《ニ》藝《ギノ》命《ミコト》は笠《カサ》沙《サノ》御《ミ》崎《サキ》なる宮《ヤ》に坐し坐しゝを、穗《ホ》穗《ホ》手《デ》見《ミノ・》命《ミコト》に至《タ》りて此の宮《ヤ》に遷《ツ》り坐しゝにこそはありけめ。

尚《ホ》この文の下《モ》に三《ミ》御《ミ》代《ヨ》の御陵のこと具《サ》に注しあれば往きて看るべし。

云云。

第四節　吾人の解說。

第壹項　國土創造の詔勅。

第壹欵　天瓊矛の解。

今《マ》より斯の二箇の詔勅に對する吾人の解說を試《ロ》むべし。先《ツ》初《メ》の國土創造の詔勅に就きては天瓊矛《アメヌボコ》の何《ニ》物《ノ》なる歟を撿《ラ》むるを要す。蓋《シ》國土創造の神意は實に天瓊矛《アメヌボコ》に托《ザ》し給《マ》へるなればなり。天瓊矛《アメヌボコ》の形體は今《マ》に於《ヒ》て委《ハ》しく識るに由《シ》なし。但《ヾ》近《カ》く考《ガ》へ得たる說に據れば其の長《ケ》は全《ク》く天祖《アメミオヤ》の大御體《オホミミ》に等《ト》しき量度の物《ノ》にして言《ハ》ゆる天御量《アメミハカリ》なることは疑《ガ》ひなし。抑《モ》天祖《アメミオヤ》の大御體《オホミミ》に等《ト》しき量度の天瓊矛《アメヌボコ》を以て國《ニ》中《カ》の眞《マ》柱《ハシラ》と爲し給《マ》ひし所以《ン》は天祖《アメミオヤ》の坐《マ》す高天原《タカマガハラ》をば此の大《オホ》八《ヤ》洲《シマ》國《クニ》に現《ツ》しく顯《ハ》し給《マ》ふの神意なるべく、又《タ》大《オホ》八《ヤ》洲《シマ》國《クニ》の內《チ》に於ける人《ト》も物《ノ》も悉皆《クナ》この天御量《アメミハカリ》に指し量《カ》りて造《ク》り成されたる神《ミ》の人《ト》、神《ミ》の物《ノ》なるべく、乃《チ》國《ニ》は決して常《ネ》の國《ニ》に非《ラ》ず、人《ト》と物《ト》とは亦《タ》すべて常《ネ》の人《ト》

◎『古事記』卷上、◎『日本書紀』神代卷、◎『舊事本紀』卷一、◎『元元集』卷五、

常《子》の物《ノ》に非《ラ》ざるなり。

右《キ》第四節第壹項第壹欵に就きて。

天《アメ》瓊《ヌ》矛《ボコ》の異名。

『古事記』には「天沼《アメノヌ》矛《ボコ》」と書き、『日本書紀』には「天《アメ》之《ノ》瓊《ヌ》矛《ボコ》」と書き、『舊事本紀』には「天瓊《アメノヌ》矛《ボコ》」と書けり。『元元集』に尙《ホ》諸書を引きて異名を擧げあれば參考の爲め此處に示《メ》すべし。

『神皇系圖』曰《ニク》、爰《ニ》蒙《リ》二天祖天《アメ》御《ミ》中《ナカ》主《ヌシ》高《タカ》皇《ミ》產《ムス》靈《ビノ》尊《ミコトノ》之宣命《チ》一以《テ》授《ツカリ》二天獨《アメノト》矛《ホコチ》一而《テ》諸《イザナギノ》尊《ミコト》立《タヽシ玉フ》二於天浮《アメノウキ》橋《ハシニ》一、二神共《ニ》計《リテ》曰《フサク》、底《ツ》下《モ》豈《ニ》無《カランヤ》レ國歟《ニト》、遂《ニ》以《テ》二天《アメノ》獨《ト》矛《ボコチ》一指《シ》下《ロシテ》而探《リ玉フ》レ之《レチ》云云。

『神皇實錄』曰《ニク》、伊《イ》弉《ザ》諾《ナギ》伊《イ》弉《ザ》冉《ナミ》二尊《フタハシラノミコト》、承《ケ》二天《アメノ》御《ミ》中《ナカ》主《ヌシノ》神勅《チ》一、即《チ》以《テ》二天《アメノ》瓊《ヌ》戈《ボコチ》一指《シ》二立《テ》於淤《オ》馭《ノゴ》盧《ロ》嶋《シマノ》之上《ニ》一、以《テ》爲《シ》二國《クニ》中《ナカ》之《ノ》天《アメミ》柱《ハシラト》一、即《チ》化《ナリ》二竪《タヽシテ》八《ヤ》尋《ヒロ》殿《ドノチ》一共《ニ》住《ミ玉フ》。

『神皇系圖』の「獨矛」と書けるは「とぼこ」と訓みしが故《エ》なり。『神皇實錄』の「瓊《ヌ》矛《ボコ》」を「瓊《ヌ》戈《ボコ》」と書けるは未《マ》だ字を撿せざるにて「戈《クワ》」と「矛《ボウ》」とは其の品《ナ》全《タ》く違《ガ》えることこの『集』の始《メ》の裏《ラ》書《キ》の如《ト》し。（後《チ》に之《レ》を引くべし）

『大和寶山記』曰《ニク》、夫《レ》水《ハ》則《チ》爲《リ》二道《ノ》之源流萬物《ノ》之父母一、故《ニ》長二養《ス》森羅萬像《チ》一、當《サニ》《ベシ》

知天地開闢甞《ムカシ》水變爲天地以降高天《タカマ》海原《ハラニ》有獨化《ヒトリナル》靈物、其狀如葦牙《アシカビ》、不知其名、爾時靈物中四理志天神聖化生、名之曰天神《アメノカミ》、亦曰大梵天王、逮于天帝代、名靈物稱天瓊玉戈《アメノヌボコ》、亦名金剛寶杵、爲神人之財《カラ》、至于地神代、謂之天御量柱《アメノミハカリバシラ》國御量柱《クニノミハカリバシラ》、因茲與于大日本洲《オホヤマトクニ》中央、名爲常住慈悲心王柱、此則正覺正智寶坐也、故名心柱《シムノミハシラ》、天地人民東西南北日月星辰山川草木惟是天瓊玉戈《アメノヌボコ》乃變應不二五等妙躰《ナリ》也。云云。

前の『神皇實錄』には「國中《クニナカ》之天柱《アメミハシラ》」とあり、（『舊』『書』兩紀にもこの名見ゆ）、この『寶山記』には「天《アメノ》御《ミ》量柱《ハカリバシラ》」「國《クニノ》御《ミ》量柱《ハカリバシラ》」「心柱《シンノミハシラ》」等の名を出だせり。又《タ》「天瓊《アメノヌ》玉《ボ》戈《コ》」と書きて殊《ト》に「玉」の一字を加《ハ》へり。この書に「天《アメノ》御《ミ》量柱《ハカリバシラ》」「國《クニノ》御《ミ》量柱《ハカリバシラ》」を地神よりの名と云ひたる一事のみは捨て難《タ》き說なり。古《ル》き傳《タ》えなるにや。さて「金剛寶杵」とか「常住慈悲心王柱」とか云へるはすべて例の僻《セ》言《ト》にて取るに足らず、大旨《ネ》印度の佛說の中《カ》に我が神《ミ》代の御《ン》事《ト》に似通《ヨ》ふことの多《ホ》かるは本《ト》我が神《ミ》代の御《ン》事《ト》が彼國《ニ》に傳《タ》はり往きしが爲めなり。然《カ》るを反りて末《エ》の訛言《マリト》を本《ト》の眞《ト》しらに云ひなして益《ス》々《ス》印度を重《モ》重《モ》しげにおつかふづる謀《ク》みの心《ロ》何《カ》にも拙《タ》なし。鶴と鷺との頸《ビ》を斷ちて鷺に鶴の頸《ビ》を繼ぎ鶴に鷺の頸《ビ》を繼ぎなば、鶴も鶴ならず鷺も鷺ならずして倶《モ》に徒《ツ》らに死なゝむ喩《ト》しの在

るを識らずや。

亦《タ》曰《ク》、天瓊《アメノヌ》玉戈《ボコハ》、亦《タ》名《ク》魔反戈《マガヘシノホコト》、亦《タ》名《ク》金剛寶劒《ト》、亦《タ》名《ツ》天御量柱《アメノミハカリバシラト》、亦《タ》名《ク》常住心戈《ト》、亦《タ》名《ク》忌柱《イミバシラト》也、惟《ミ》是《レ》天地開闢《ノ》之圖形、天御中主《アメノミナカヌシノ》神寶、獨戈《ノ》變形、神佛《ノ》神通、群靈《ノ》心識、正覺正智《ノ》金剛《ニ》坐《スナリ》也、亦《タ》名《ク》心蓮《クルナリト》也。

「天御量柱《アメノミハカリバシラ》」「忌柱《イミバシラ》」は實に我《ガ》國《ニ》辭《バ》なれば正《サ》し名とも聞《コ》えつれど、「魔反戈《マガヘシノホコ》」とは何《ツ》れの國《ニ》辭《バ》なるにや、「金剛寶劒」「常住心戈」「心蓮」等は誰が名づけしものにや「天御量柱《アメノミハカリバシラ》」「國御量柱《クニノミハカリバシラ》」を地神の代より名づけたりと云ふ程《ド》ならばこも定《ダ》めて識れるならむ、聞かまほしきことなり。

『天口事書《ニ》』曰《ク》、八《ヤ》坂《サカ》瓊《ニノ》戈《ホコハ》天地開闢《ニ》始《メテ》浮《ベル》高《タ》天《カ》海《マガ》原《ハラニ》神寶是《レナリ》也、神語《ニハ》破《ハ》者《ザ》、古語《ニハ》天逆《アメノサカ》桙《ホコ》、天逆《アメノサカ》大《タ》刀《チ》、俗《ニ》曰《フ》魔返桙《マガヘシノホコト》、亦《タ》名《ク》天乃登保許《アメノトボコト》、此《レ》名《チクル》天璽《アマツシルシト》也、又《タ》曰《ク》、天御量柱《アメノミハカリバシラハ》者天瓊《アメノヌ》戈《ボコノ》異名同體《ニ》坐《スナリ》也。

「八《ヤ》坂《サカ》瓊《ニノ》戈《ホコ》」の名、之《レ》に出だせり。神語、古語、俗言の三類に分《カ》ちて云へるもこの書《ミ》なり。これにて「魔返桙《マガヘシノホコ》」は何《ツ》れの國《ニ》辭《バ》にもあらぬ俗言なること判《カ》りたれば前《ヘ》の『寶山記』に對するこれの疑《ガ》ひ先《ツ》は晴れたりとして取《リ》消すべくも「神語破《ハ》者《サ》」とは更《ラ》に解せず、梵語にて矛《ホコ》槊《タテ》を播《ハ》捨《サ》と云ふなれば言《ハ》ゆる神語とは梵語のことならむ歟、さては印度の昔《シ》が神《ミ》代と言はるゝにや

愈《ヨ》々訶《カ》し、又《タ》この書《ミ》には矛《ホコ》を桙《ホコ》と書けり、金扁の鉾なれば矛《ホコ》の古字なれど木扁の字は未《マ》だ見ずと『集』の裏《ラ》書《キ》に記《ル》せり。（桙の字の事は本居平田等まで意附かざりし）

『神宮秘文』曰《ニク》、天《アメノ》瓊《ト》玉戈《ボコハ》雨ノ之保古庋 是《レ》天神《ノ》手《ニ》持《テル》物《ノ》也《リ》、梵言《ニハ》云《フ》縛《バ》曰《ザ》羅《ラト》、本書《ニ》云《ク》、天《アメノ》之瓊《ト》玉《ボ》戈《コハ》佛説《ノ》獨古《ナリ》、亦《タ》名《ク》天《アメノ》之逆《マカヘ》桙《ホコト》雨之惠保古万賀 亦《タ》云《フ》天《アメノ》之逆《マカヘ》大刀《ト》子《ジト》雨ノ之万賀惠度之 亦《タ》云《フ》天《アメノミ》御量《ハカリ》柱《バシラト》雨ノ之美波志羅計リ 亦《タ》名《ク》心《シンノミ》御柱《ハシラト》焉、蓋《シ》瓊玉《ハ》者心珠《ノ》之表德萬寶《ノ》藏《ナリ》也、桙《ハ》者神靈《ノ》智劔能《ク》伏《スル》衆魔《チ》也《リ》、所《ル》謂《ハ》萬法《ノ》一心性《ナリ》、柱《トハ》者天地《ノ》象、神明《ノ》鎭府、大象《ハ》無《シテ》形《チ》現《ハス》獨一《ノ》靈《チ》也《リ》、都《ベテ》以《テ》名《ケテ》之《チ》曰《フ》天《アメノ》瓊《ヌ》玉戈《ボコト》、故《ニ》萬化《ノ》根本五智《ノ》元宗是《レ》也《リ》、又《タ》曰《ク》、天《アメノミ》皇孫《マゴノミコト》尊天《ア》降《モリ》居《キマス》之時《キ》、平《ケ》鬼神《チ》治《ムル》天下《チ》靈異《ノ》物《ノ》有《リ》三百六十種《ノ》之神寶、所《ル》謂《ハ》天《アメノ》之八《ヤ》坂《サカ》瓊《ニ》曲《マカ》玉《タマ》戈《ホコ》玉《タマ》裳《モ》比《ヒ》禮《レ》天衣《ミソ》白銅鏡《マスミノカヾミノ》類《ヒ》是《ナリ》、三百六十種《ノ》之中《カ》用以《テ》天《アメノ》瓊《ヌ》玉《ボ》戈《コチ》爲《シテ》最長《ト》而立《ツル》國《クニ》御《ミ》量柱《ハカリバシラチ》也、惟《ミ》是《レ》初禪梵王《ノ》應化《ノ》之種、法界體性智《ノ》所《ロ》顯《ラ》露《レ》來《ル》也《リ》、稱《スルハ》獨古《ト》是《ノ》形《チ》也《リ》、故《ニ》名《ケテ》號《ス》心《シンノミ》御柱《ハシラト》、即《チ》是《レ》三千界《ノ》大惣相《ノ》妙體《ナリ》也、所《ル》謂《ハ》心性不生不滅、一切諸法唯《ミ》是《レ》一心、故《ニ》現《シテ》心相《チ》名《クル》神《ノ》主《ト》也《リ》。

この書《ミ》には天逆《アメノサカ》桙《ホコ》と書きて「雨《アメ》之《ノ》萬《マ》賀《カ》惠《エ》保《ホ》古《コ》」と訓まし、亦《タ》天《アメ》之《ノ》逆《マカ》大《ヘ》刀《ト》子《ジ》とも名《ヅ》くる由《シ》に記《ル》せり、さてこの中《カ》に天《アメノ》瓊《ヌ》矛《ボコ》の梵言を「縛《バ》曰《ザ》羅《ラ》」なりと云ひしは前《ヘ》の『天口事書』の「神語《ニハ》破《ハ》者《サ》」と書けるに同《ナ》じ意《ロ》なり。「破《ハ》者《サ》」は「縛《バ》曰《ザ》羅《ラ》」

◎『陀羅尼集經』卷二、◎『大日經』卷一、

の「羅《ラ》」を畧し、詞《バ》なればなり。「縛《バ》曰《ザ》羅《ラ》」は『陀羅尼集經』『大日經』等の諸經に看えて支那にはそを金剛杵と翻せり、元《ト》は武器の名なり。『金剛經疏』に「是利鐵《ナリ》、亦《タ》名《ク》破具《ト》」とある則《チ》是れなり。矛《コ》楯《テ》何《ヅ》れも武器なるが杵こ翻ずる時《キ》の「縛《バ》曰《ザ》羅《ラ》」は多《ホ》く矛《コ》を指して云へり。よりて天瓊《アメノヌ》矛《ボコ》の梵言を「縛《バ》曰《ザ》羅《ラ》」なりと書きたるならむも何《ン》の要ありて我《ガ》國《ニ》の神器をことゞしく彼の印度の器《ノ》に當つるにや、こも亦《タ》例の拙《ナ》き卑《シ》き謀《ク》み心《ロ》に由れるが故《エ》のみ。（前の『天口事書』に故《ザ》と矛を桙と書けるは金剛杵の杵の字に擬《ガ》え想《モ》はしめなむ謀《ク》みなりしと思《ホ》ゆるに今の『神宮秘文』は竟《ヒ》に馬脚を露《ラ》はして盡《ト》く矛を杵の字に作《カ》き改《タ》めたり、あな笑止、さろにてもこの書《ミ》なば世に空海の手入れと申《ウ》すことなど愈《ヨ》ゝ眉に唾すべくなむ）。

天瓊《アメノヌ》矛《ボコ》の正《サ》しき解。

天瓊《アメノヌ》矛《ボコ》の正《サ》しき解を言はむに先《ヅ》本居の説を擧ぐべし。『古事記傳』に之《レ》を解きて曰《ハ》く、

天沼《アマノヌ》矛《ボコ》、書紀に天之瓊矛と書きて、瓊此《レチ》云《フ》努《ヌト》（書紀にて是《レ》を登《ト》富《ボ》許《コ》と訓《ミ》來《タ》れるは云《フ》に足《ラ》ぬ俗《サト》訓《ヨミ》なり、努《ヌノ》字一本に貳とありしよし私記に見ゆ、）とあれば、沼《ヌ》は借字にて玉《マ》なり、玉《マ》を奴《ヌ》と云《ヘ》るは、書紀に、瓊響瑲々此《レチ》云《フ》奴《ヌ》儺《ナ》等《ト》母《モ》母《モ》由《ユ》羅《ラ》爾《ニト》とある（今《ノ》本瓊響《ノ》二字脱《ケ》たり、又《タ》奴《ノ》上《ミ》に平《ノ》字あるも衍《マリ》なり、又《タ》其《ノ》説どもゝ皆《ナ》誤《マ》れり、此《ノ》記と合《ハ》せて考《ヘ》ふるときは、自《カ》ら明《キ》らけし）奴《ヌ》儺《ナ》等《ト》は即《チ》瓊《ヌ》の響《オト》なり（能《ノ》を那《ナ》と云《フ》も、淤《オ》を畧《ブ》くも、例多《ホ》し）又《タ》天武天

皇の夫人《キサキ》に大蕤娘《オホヌノイラツメ》あり、舊事記に天蕤槍《アメノヌホコ》と云《フ》あり、此《ノ》二《ツ》を合《ハ》せて思《モ》ふに、是《レ》も玉《マ》を奴《ヌ》と云《ヘ》る一《ツ》の例ならむか蕤《ノ》字はさらに玉《マ》に由《シ》なければ和を咊とも書《ク》ごとき例に、璲《ノ》字などを避と書《ケ》るを誤《マ》れるか、かくて瓊を書紀に常《ネ》に邇《ニ》と訓《ヨ》めば、それを通音に奴《ヌ》とも云《ヒ》しなるべし、矛《ホコ》は和名抄に、楊雄方言《ニ》云《ク》、戟或《ハ》謂《フ》之《チ》干《ト》、或《ハ》謂《フ》之《チ》戈《ト》、和名保《ホ》古《コ》、また釋名《ニ》云《ク》、手戟《チ》曰《フ》矛《ト》、人《ノ》所《ロ》持《ツ》也《リ》、字亦《タ》作《ル》鉾《ニ》、和名天《テ》保《ホ》古《コ》とあり此《ノ》方の古書は戟矛など字にはかゝはらず、みな通《ヨ》はし書《ケ》り、桙とも多《ホ》く書《キ》たり、矛を天《テ》保《ホ》古《コ》と云《ヘ》るは古《キ》名にはあらじ、手戟と云《ヘ》るにつきてのことなるべし上《ツ》代には殊《ト》に常《ネ》に用《チ》ひし兵器《ツハモノ》にて、古書に多《ホ》く見えたり日《ヒ》矛《ボコ》、茅《チ》纏《マキ》之《ノ》猾《ホコ》、廣《ヒロ》矛《ホコ》、八尋矛《ヤヒロホコ》などいふ稱見えたり、沼《ヌ》矛《ボコ》は王《タト》桙《ホコ》と云《フ》如《ト》く、玉《マ》以て飾《カザ》れる矛《ホコ》なるべし、古《ヘ》はかゝる物《ノ》にも玉《マ》をかざれる常《ネ》のことなり、さて萬《ヅ》の物《ノ》に天之《アマノ》某《ナニ》と天《アマ》てふ言《コトバ》を上《ミ》に添《ヘ》て呼《ブ》ことは、御《ミ》孫《マノ》命《ミコト》の天《ア》降《モリ》坐《マシ》し時《キ》大《オホ》御《ミ》身《ミ》に服《ソ》御《ヘル》物《モノ》、また御《ミ》從《トモ》の神《カミ》等《タチ》のとり〴〵に持《モタ》し、物《ノ》など、凡《ベ》て天《アメ》より降《クダリ》來《コ》し物《ノ》多《ホ》し、其《ノ》時《キ》に此《ノ》國《ニ》の物《ノ》と別《カ》ちて、天物《アメノモノ》をば天之《アマノ》某々《ナニ〳〵》と呼《ビ》しなり、さて後《チ》には此《ノ》國《ニ》にて作《ク》る物《ノ》も彼《ノ》天《ノ》物《ノ》の制《ツクリ》ざまにならへるをば然《シカ》云《ヒ》けらし、さて又《タ》轉《ウツリ》ては、何《ニ》となく唯《ミ》美《ホ》稱《メ》て云《ヘ》りと思《モ》はるゝもあるなりそれはた天《ノ》物は美《ハ》しかりしよりのことなりさて此《ノ》類《ヒ》の天は後《チ》にはみな阿《ア》麻《マ》能《ノ》とのみ訓《メ》ど、倭建命《ヤマトタケノミコト》の御《ン》

歌《タ》に、阿《ア》米《メ》能《ノ》迦《カ》具《グ》夜《ヤ》麻《マ》、書紀仁徳《ノ》御《ン》巻《ノ》歌《タ》に、阿《ア》梅《メ》箇《カ》儺《ナ》麼《バ》多《タ》なども有《レ》ば、阿《ア》米《メ》能《ノ》某《ナニ》、阿《ア》米《メ》某《ナニ》など訓《ム》べきもあるべし、されど定《ダ》かなる證《シルシ》の見えぬは姑《シバラ》く舊《フル》訓《ヨミ》に從《ガ》ひつ、さて今《マ》國《ニ》を作《リ》固《タ》めよとして、此《ノ》矛《ホコ》を賜《マ》へることと如何なる所以とも知《ル》べからず、穴《ナ》畏《コ》後《チ》の世の心《ロ》もておしはかり言《ゴト》な爲《セ》ぞ（又《タ》此《ノ》矛《コ》に、例の種《サ》種《サ》の説あれど、皆《ナ》云《フ》にたらず、或《ヒ》は今《マ》伊勢の瀧祭《ノ》宮の地底《ツチノソコ》に藏《オサマ》るなど云《フ》も、いさ〱信《ウケ》難《タ》きことなりかし、）

この說は務《ト》めて怪《ヤ》しき言《ト》を避けて意《ロ》の美《ル》はしさは上《ミ》件《リ》に擧げし僞《セ》書《ミ》どもの類《ヒ》にあらず。されど尚《ホ》何《カ》ゞさ念《モ》ふは天《アメノ》瓊《ヌ》矛《ボコ》の瓊《ヌ》の字に餘《マ》り力《ラ》を注《ソ》がし過ぐしたることなり。天《アメノ》瓊《ヌ》矛《ボコ》は玉《マ》以て飾《カザ》れる矛《ホコ》なるべしとの言《ト》は可《ヨ》けむも、其が即《チ》「ヌボコ」の「ヌ」の音なりとの主張は借字の瓊の字を本《ト》して考《カ》えたる說にて面《モ》白《ロ》からず。「ヌ」の音に玉《マ》の義意なきにしもあらねど其は玉《マ》を手に握《ギ》ると云ふことよりして申《ッ》すことなれば「ヌ」が直《チ》に玉《マ》なるには非《ラ》ず。手に「ナ」の音を附して「タナ」（掌）と呼べる理《ハリ》を念《モ》ふべし、「タナ」（掌）の「ナ」が「ヌ」と働《ラ》きてぞ正《サ》しく物《ノ》をも握《ギ》るなるべき。今《マ》天《アメノ》瓊《ヌ》矛《ボコ》の「ヌ」もこの握《ギ》るの約《ミ》まりし詞《バ》にて即《チ》「アメノヌボコ」とは「天《アメ》祖《ミオヤ》の握《ギ》らし給《マ》える矛《ホコ》」と申《ウ》すことならし。（「ニ」を玉《マ》と云ふも亦《タ》同《ナ》じにて握《ギ》りと云ふ詞《バ》なり、この握《ギ》り握《ギ》るの「ニ」「ヌ」は借《モ》に「タナ」（掌）の「ナ」の働《ラ》きなり、八《ヤ》坂《サカ》瓊《ニ》と云へば彌《イヤ》尺《サカ》握《ニギ》りと申《ウ》すことにて）玉《マ》の大《キ》さを形容したり、八《ヤ》握《ツカ》劒《ツルギ》と云ふも同《ナ》じ、またこの八《ヤ》握《ツカ》の握《ツカ》がやがて「タナ」（掌）の「タ」の音の延びたるものなることをも念《モ》ふべし、一說に天瓊矛の「ヌ」は「ヌシ」の約《ミ》まりにて「天の主の矛

と申《ウ》すことよと云へど其の「ヌシ」の「ヌ」も亦《タ》「ナウ」の約まりにて擬《ギ》ることより轉《ツ》り出でし詞《バ》なり、さては「ニ」「ヌ」を直《チ》に玉《マ》と言ひ難《タ》かれば『古事記』には瓊の字を借らずなむ、そをば荐《キ》りに用《チ》ゐし『舊事紀』『書紀』等に就きて言ふべきことゞもは今《マ》は省《ブ》く、)。又《タ》「奴《ヌ》儺《ナ》等《ト》母《モ》母《モ》由《ユ》羅《ラ》爾《ニ》」の「奴《ヌ》」を『日本書紀』にては瓊《マ》の音《ト》と爲せど『古事記』にては鐶《ギ》にもこの辭《バ》を取られあり、「奴《ヌ》」必《ズ》しも玉《マ》なるには非ずかし。(『古事記』にある鐶《ギ》の方《タ》の「奴《ヌ》儺《ナ》等《ト》母《モ》母《モ》由《ユ》羅《ラ》」は誤りにて後《チ》の書《キ》入れなりとの說なるが決してさるべきにあらず、こは未だ解し得ざらくのみ)

。大《オホ》蕤娘《ヌノイラツメ》等のことは慇懃《ロ》の考《エ》ながら方《タ》違《ガ》ひなり。「蕤《ヌ》」は「ナル」(生)の約まりたる「ヌ」の音にこの字を當てしにて豕《イ》の子《コ》の最《ト》多《ホ》き狀《マ》の字なるを取りしなり、大《オホ》物《モノ》主《ヌシ》の執らし、天《アメ》蕤《ヌ》槍《ホコ》の「蕤《ヌ》」も豕《イ》の子《コ》の丸《ル》々《ル》と肥《エ》太《ト》りたる狀《マ》を幸《ヒ》に借りしにて天《アメ》成《ナル》槍《ホコ》の意《ロ》なり、瓊《マ》には關《ツ》からざることぞ。又《タ》矛《コ》に就きて和名抄、釋名を引けど矛と戈とは前に言ひたる如《ト》く形《チ》狀《マ》異《ナ》れるなり、

『元元集』の裏書に曰《ハ》く、

戈　玉篇《ニ》云《ク》、古禾《ノ》切、平頭《ノ》戟、長《サ》六尺六寸、韻會《ニ》云《ク》、說文《ニ》戈《ハ》平頭《ノ》戟《ナリ》也、以《テ》二弋一《チ》横《フ》之象形《ナリ》也、徐云《ク》、謂《フ》二戟《ハ》小支一、向《ヘバ》則《チ》爲《リ》レ戟《ト》、平《バ》レ之《チ》則《チ》爲《ル》レ戈《ト》、一《ヒハ》曰《ク》、戟《ノ》偏《ニ》距《チ》爲《ス》レ戈《ト》、禮記《ノ》注疏《ニ》、鉤子《ノ》戟《ハ》如《ク》レ戟《ノ》、而《モ》横《ニ》安《シ》レ刄《チ》、但頭《テ》嚮《ニ》レ上《スチ》爲《ス》レ鉤《チ》也、周禮《ノ》注、戈《ハ》長《サ》六尺四寸、廣《サ》二寸、肉《ハ》倍《ス》レ之《ニ》、胡《ハ》三《ニシ》レ之《チ》、援《ハ》四《ニス》レ之《チ》、其《ノ》形《チ》勾曲《ニシテ》有《リ》二旁刄一、鄭云、君令《ム》二雞鳴《ニ》戟《セ》一、又疏《ニ》云《ク》、戈《ハ》両刄長《サ》六尺六寸

矛　玉篇《ニ》云《ク》、莫候《ノ》切、酋矛《ハ》長《サ》二丈、建《ツ》二兵車《ニ》一、古《ハ》文鉾《アリ》、韻會《ニ》云《ク》、說文《ニ》鼠《ハ》酋矛《ナリ》酋、建《ツ》二於兵車《ニ》一、長《サ》二丈、徐曰《ク》、鈎兵《ナリ》也、酋矛《ハ》長矛《ナリ》也、了《ハ》矛《ナリ》也、周禮《ニ》、酋矛《ハ》十六尺《チ》爲《ス》レ常《ト》也、詩《ノ》二矛《ノ》注《ニ》、呉楚《ノ》之間《ダ》、謂《フ》二之《チ》鉋《ト》一、音《ハ》蛇、或《ハ》謂《フ》二之《チ》鋋《ト》一、音《ハ》蟬、或《ハ》謂《フ》二之《チ》鏦《ト》一、音《ハ》錯紅《ノ》切、集韻《ニ》或《ハ》作《ル》二戣鉾《ニ》一、別《ニ》作《ル》二鉾《ノ》字《ニ》一、林云《ク》、鉾《ハ》古《ノ》矛《ノ》字、

これに依れば戈の形《チ》狀《マ》はかゝるものにて天《アメ》瓊《ヌ》矛《ボコ》に合《ナ》はず、又《タ》長《サ》も戈は六尺六寸、矛は二丈、又《タ》は一丈六尺なり、國《ニ》中《カ》の柱《ラ》として衝《ヒ》立て給《マ》ふ天《アメ》瓊《ヌ》矛《ボコ》は必《ズ》後《チ》の矛の方《タ》ならざる可からず、戈は手に持つべき器《ノ》、矛は兵車に建つべきものなど云へりしことを考《ガ》ふべし。但《ゞ》し此《ノ》方には字にかゝはらずとならば何《ニ》しに和名抄、釋名を引きて字解を試《ロ》みたるや。已《デ》に字解を試《ロ》むるからは爲《メ》に人《ト》を誤《マ》らしむべからず、釋名の手戟《チ》曰《フ》レ矛《ト》ことなどは戈と矛とを混じたる謬說なりしを顧《モ》はずや。かくてこの人《ト》の說は「此《ノ》矛《コ》を賜《マ》へること如何なる所以とも知るべからず後《チ》の世の心《ロ》もておしはかり言《ゴト》な爲《セ》ぞ」と云ふに歸したれど、平田は尚《ホ》進《ス》むで考《ガ》へたりき。其の『皇國度制考』に言ふ所《ロ》最《モ》新《タ》らしければ要を摘つて此處に引くべし。曰《ハ》く、

皇《スメラ》大《オホ》御《ミ》國《クニ》の御《ミ》度《ハカリ》の本《ト》はしも、言《ハ》まくも綾《アヤ》に畏《カシコ》き、天皇《アマツミ》祖《オヤ》神《カミ》の、大《オホ》御《ミ》體《ミ》の御《ミ》丈《タケ》を度《ハカ》り給《マ》ひ摸《ウツ》し給《マ》ひし天《アメノ》瓊《ヌ》矛《ボコ》を、伊《イ》邪《ザ》那《ナ》岐《ギ》伊《イ》邪《ザ》那《ナ》美《ミ》二《タ》柱《ノ》神《ミ》に賜《マ》ひしを、二《タ》柱《ノ》神《ミ》、淤《オ》能《ノ》碁《ゴ》呂《ロ》島《シマ》に衝《ツキ》立《タテ》て、國《ニ》中《カ》の天《アメノ》御《ミ》柱《ハシラ》と爲《シ》給《マ》へるを天《アマツ》御《ミ》量《ハカリ》柱《バシラ》と申《ウ》せるより始《ジ》まりて、其《ノ》御《ミ》度《ハカリ》の制《ノリ》なむ、天《アメノ》太《フト》玉《ダマ》命《ノミコト》の御《ミ》末《スエ》、齋《イミ》部《ベノ》首《オビト》の家《エ》に傳《タ》はり來《コ》しを、世に布《ホド》頒《コ》らし給《マ》へるにて即《チ》今《マ》の

世に弘《ロ》く用《チ》ふる鐵《カネ》尺《サシ》と云ふ度《サシ》なむ、神《ミ》世の天《アマツ》御《ミ》量《ハカリ》を、失《アヤマ》たず傳《タ》へ以《モテ》來《コ》し物《ノ》にぞ有《リ》ける。

こは我《ガ》國《ニ》の度制を八寸の鐵《カネ》尺《サシ》と爲し、そが大《オホ》起《オコリ》を天《アメ》瓊《ヌ》矛《ボコ》と見究《ハ》めたるにて、即《チ》天《アメ》皇《ミ》祖《オヤ》神《ガミ》の大《オホ》御《ミ》體《ミ》の御《ミ》長《タケ》に等《ト》しかる器《モノ》との考《ガ》えなり。されば次《ギ》に至《タ》りて曰《ハ》く、

天《アメ》之《ノ》御《ミ》柱《ハシラ》を神代紀《ノ》正書には國《クニ》中《ナカ》之《ノ》柱《ハシラ》柱此《ニハ》云《フ》美《ミ》簸《ハ》旨《シ》邏《ラト》とあり、唯《ヒ》同《ナ》じ物《ノ》にて、即《チ》かの御《ミ》矛《ホコ》を衝《ツキ》立《タテ》給《マ》へるなり、然れば舊事記に以《テ》天《アメノ》瓊《ヌ》矛《ボコチ》指《シ》立《テ》於淤《オ》馭《ノゴ》盧《ロ》島《シマノ》之上《ニ》以《テ》爲《ス》國《クニ》中《ナカ》之《ノ》天《アメノミハシラト》柱也《リ》と見えたり舊事記に有れど此は古説なること下に引く私記の古説を見て知るべしさて國《クニ》中《カ》の天《アメノミ》御柱《ハシラ》とは、大《オホ》御《ミ》國《クニ》の中央の柱《ハシラ》と云《フ》義は勿《チ》論にて、謂《ハ》ゆる土圭の本《ト》なりと思《モ》ふ由《シ》あり。

この下《モ》先《ツ》『古語拾遺』の天《アメ》御《ミ》量《ハカリ》の文を擧げて、忌《イミ》部《ベ》の傳《タ》えなる我《ガ》國《ニ》度制の最《ト》古《ル》かる由《シ》を述べ、さて曰《ハ》く、

斯《カク》て、伊勢《ノ》神宮の齋《イミ》柱《バシラ》の事《ト》を御鎭座本紀に、心《シンノミ》御柱《ハシラ》、一名《ハ》天《アメノミ》御柱《ハシラ》、亦《ノ》名《ハ》忌《イミ》柱《バシラ》、亦《ノ》名《ハ》天《アメノミ》御量《ハカリ》柱《バシラ》、徑《ワタリ》四寸長《サ》五尺《ノ》御《ミ》柱《ハシラニ》坐《ス》、以《テ》五色《ノ》絁《キヌチ》奉《リ》纒《マキ》之《テ》、以《テ》八重榊《チ》奉《ル》飾《カザリ》之《チ》、是《レ》則《トル》伊《イ》弉《ザ》諾《ナギ》伊《イ》弉《ザ》冉《ナミノ》尊《ミコトノ》鎭府《ニ》、陰陽變通《ノ》之本基、諸神化生《ノ》之心臺也《リ》と記《ル》せり、(こゝに注あり畧す)故《カレ》考《ガ》ふるに御柱《ラ》の亦《ノ》名どもは本《ト》よ

り古傳なること著《シル》く、以《テ》二八重榊《チ》一奉《ル》レ飾《リ》レ之《チ》と云《フ》までは、其《ノ》大《ホ》宮《ヤ》人《ト》の現《チツ》ゝに見《ミ》行《オコナ》ふ所《ロ》を以て云《ヘ》る言《コト》にて、今《マ》も其《ノ》狀《サマ》を差《タガ》へぬ由《シ》なれば、是《コ》は論《ラヒ》なき事《ト》なるが、其《ソレ》より以下も、語《コトバ》こそ赤《カ》縣《ラ》風《ブリ》なれ、太古の本義を傳《タ》へたる説にて、則《トル》二伊《イ》弉《ザ》諾《ナギ》伊《イ》弉《ザ》冉《ナミノ》尊《ミコトノ》鎭府《ニ》一とは、神宮の齋《イミ》柱《バシラ》は、即《チ》二《タ》柱《ノ》神《ミ》の、彼の御《ミ》矛《ホコ》を衝《ツキ》立《タテ》て、天《アメ》之《ノ》御《ミ》柱《ハシラ》と見《ミ》立《タテ》給《マ》へるに則《ノリト》りて立《ツ》る義《コヽロ》にて、實《ケ》にも彼の御《ミ》柱《ハシラ》は鎭府なりし故《エ》に國《クニ》中《ナカ》之《ノ》御《ミ》柱《ハシラ》とも云《ヒ》しなり、然《サ》は有れ、かゝる靈妙の事《ト》はしも、容《タ》易《ヤス》く世《ノ》人《ト》に知《ラ》しめ給《マ》はぬ此《ノ》頃《ロ》までの神意なりしか、古《ヘ》典《ミ》に其《ノ》精説の傳《ヘ》なく、僅《カ》に右の本紀にかく傳《タ》へし耳《ノミ》なり、是《コヽ》を以て古今に一人も是《ノ》深義を覺《ト》り得る者《ノ》ある事《ト》なし。（こゝにも亦注《タ》ありて前の注と同《ナ》じく『御鎭座本紀』等は僞書なれど中《カ》に古説あるは取るべしとの意を繰《リ》返したり、餘《マ》り繁《ゲ》ければ何《ツ》れも畧す）。

これより『赤縣太古傳』『天柱五嶽餘論』等の自著に書ける趣《キ》の概要を述べて天《アメ》御《ミ》柱《ハシラ》を諾冉二尊《イザナギイザナミフタハシラノミコト》の鎭府と云ひける『御鎭座本紀』の語《バ》を擴《ロ》め解きつゝ、

さて又《タ》曰《ハ》く、

其《ノ》植《タテ》たる五岳の中《カ》に東嶽廣桑山と云《ヘ》るは、即《チ》神典なる淤《オ》能《ノ》碁《ゴ》呂《ロ》島《シマ》なること言ふも更《ラ》なれば、即《チ》五鎭の一《ツ》なる故《エ》に、太古より彼の御《ミ》柱《ハシラ》を二神の國《クニ》鎭《シヅ》めの柱《ラ》と云ひ傳《タ》へ、其《ノ》意《ロ》を得て、御鎭座本紀に、神宮な

る忌《イミ》柱《バシラ》を二柱神《フタハシラノカミ》の鎮府に則《ノリ》とるとは書《キ》たるなり、斯《カク》て其《ノ》忌《イミ》柱《バシラ》を天御《アメノミ》量柱《ハカリバシラ》とも申《ウ》せるに准《ナゾラ》へて、天上なる本《ツ》宮《ヤ》の忌《イミ》柱《バシラ》をもしか申《ウ》して、元《ト》より彼《ノ》二柱神《フタハシラノカミ》の八《ヤ》尋《ヒロ》殿《ドノ》なる天御《アメノミ》柱《ハシラ》に擬《ナゾラ》へし事《ト》の著《アキ》明《ラカ》に知られ、亦《タ》かの淤《オ》能《ノ》碁《ゴ》呂《ロ》嶋《シマ》に立《テ》給《マ》ひし御《ミ》柱《ハシラ》は、天《アメ》御《ミ》量《ハカリ》の根元たる事《ト》をも知《リ》たりけり甚《イタ》く彼《ノ》本紀を憎《ニク》む人々も、心《ロ》を平《カ》にして熟《ヨ》く思ふべし、彼の書を作《ク》れる當時《ソノカミ》いかで已《ノ》が今《マ》考《ガ》ふ如《ト》く、彼《ノ》國《ニ》の古書に、かゝる事ども有《リ》てふ事《ト》を知《リ》なむや、然《サ》る考《カ》へ無《カ》らむ人《ト》には、古説を知らでは、絶《エ》て云ひ得まじき語なるをや斯《ク》て思《モ》へば、彼《ノ》賜《マ》へりし天瓊矛《アメノヌボコ》は、天皇祖神《アマツミオヤガミ》の定《ダ》め給《マ》ひし御《ミ》度《ハカリ》の長《タケ》にて、此《レ》を以て、彼《ノ》言《イ》ひ難《タ》き一《ノ》物《ノ》を畫《カキ》成《ナ》して、まづ國基《クニノモトヰ》を作《ナ》し固《カタ》め、是《コレ》に因りて、夫《イモ》婦《セ》の道《チ》を知《ラ》しめ、然《サ》て國《ニ》中《カ》の御《ミ》柱《ハシラ》と爲し、諸《モロ〳〵ノ》物《ノ》の度《ホド》を量《ハカ》る法《ノリ》をも、是《レ》より起《オコ》さしめ給《マ》ふ實《モノ》代《シロ》にて土《ヒ》珪《バカリ》の原《モト》なるが故《エ》に、御《ミ》量柱《ハカリバシラ》と申《ウ》すにこそ土珪の事《ト》は下《モ》に委曲に説くを俟《マツ》べしさて其《ノ》御《ミ》矛《ホコ》の長《ナガサ》は、畏《カシコ》けれど、天皇祖神《アマツミオヤガミ》の大《オホ》御《ミ》體《ミ》の御《ミ》長《タケ》を度《ハカ》り給《マ》へるにて、其《ノ》御《ミ》手《テ》の一《ヒト》尋《ヒロ》ありし故《エ》に、二柱神《フタハシラノカミ》、そを制《ノリ》と爲《シ》て、八《ヤ》尋《ヒロ》殿《ドノ》を化《ミ》作《タテ》給《マ》ひし事《ト》とぞ想《オモ》ひ奉《マツ》らる、、其《ノ》尋《ヒロ》は、决《キハ》めて後《チ》の一《ヒト》丈《ツエ》ぞ御坐《オハシマシ》けむ凡《スベ》て尋《ヒロ》は、人《ト》々《ト》の長《ケ》によりて長短の品《ナ》々《ナ》有るものにて一様ならず、我《レ》等中人の身を量《カ》るに、両手を廣《ロ》げたる中指の末《エ》より中指の末《エ》までを度《カ》れる尋《ヒロ》と、頭の図會より足心までと同《ナ》じ度なる物《ノ》なるを思《モ》ひ合《ハ》すべし故《カレ》是《コ》を以て、神《ミ》世の矛《ホコ》は是《レ》に則《ノリト》りて、其《ノ》長《ナガサ》を必《ラ》ず一丈と定《ダ》めて、其を尋《ヒロ》矛《ホコ》といひ、神《カミ》等《タチ》の國《ニ》造《ク》

り巡《ゲ》り給《マ》ふに、必《ラ》ず其《ノ》尋《ヒロ》矛《ホコ》を御《ミ》杖《ツエ》とつき給《マ》ひし故《エ》に、此《コ》をやがて都《ツ》惠《エ》とも言《ヒ》しなり、神《カミ》等《タチ》の矛《ホコ》を御《ミ》杖《ツエ》と執《トラ》せる事《ト》は、大《オホ》物《モノ》主神《ヌシノカミ》の、海《ミ》を照《ラ》して歸來《カヘリキ》ませる時《キ》に、天《アメノ》瓊《ヌ》槍《ホコ》を執《トラ》し、ことと、舊事紀に取れる古文に見え、常陸風土記に布《フ》都《ツノ》大《オホ》神《カミ》の平《ヒラ》國《ムケ》の時《キ》に杖《ツキ》給《タマ》ひし伊《イ》都《ツ》の仗《ツエ》あり、大倭《ノ》神社注進狀に、傳《ヘ》聞《ク》八《ヤ》千《チ》戈神者《ホコノカミハ》、大《オホ》己《ナ》貴命《ムチノミコト》、以《テ》廣《ヒロ》矛《ホコヲ》爲《テ》杖《ト》、令撥《シメ玉フハラヒ》平《ムケ》豐《トヨ》葦《アシ》原《ハラ》中國《ナカツクニ》之邪鬼《アシキモノヲ》、是《ノ》時大《オホ》己《ナ》貴命號《ムチノミコトヲナヅケテ》曰《マウス》八《ヤ》千《チ》戈神《ホコノカミト》と見え、神代紀に、大《オホ》己《ナ》貴命《ムチノミコト》、即《チ》以《テ》平《ヒラ》國時《ムケノキ》所杖《ツキ玉ヘル》之廣《ヒロ》矛《ホコヲ》獻《リテ》皇孫《ニ》曰《ハク》、吾《レ》以《テ》此《ノ》矛《ヲ》有治功《ナセリイサヲ》、皇孫若《シ》用《テ》此《ノ》矛《ヲ》治《メ玉ハヾ》國《ヲ》者、必《ス》當平安《ナムマサケクマシ》云云（此《ノ》御矛は即《チ》大倭《ノ》神社の相殿に坐す、八千戈《ノ》神《ミ》の神體となし奉《ツ》ることと彼の注進狀に委《シ》く見えたり）また古事記仲哀天皇《ノ》段に、神功皇后韓《カラクニ》を言《コト》向《ム》け竟《ヲヘ》て還《カヘ》り給《マ》ふ所《ロ》に、以《テ》其《ノ》御《オン》杖《ツエヲ》衝立《テ玉フ》新《シ》羅《ラギ》王《ノ》之門《カドニ》と有る同《ナ》じ事《ト》を、日本紀には、以《テ》皇后所杖《ツキ玉ヘル》矛《ホコヲ》樹《テ》於新《シラ》羅《キ》王《ノ》門《ニ》爲《ス》後《ノ》葉之印《ト》故《カレ》其《ノ》矛《コ》今《マ》猶《オ》樹《テリ》于新《シ》羅《ラギ》王《ノ》之門《ニ》也と有《ル》などを以て、上古に矛《ホコ》を杖《ツエ》といひ、杖《ツエ》やがて矛《ホコ》より始《マ》れる事《ト》を辨《マ》ふべし（萬葉集の歌どもに「多《タ》麻《マ》保《ホ》許《コ》乃《ノ》美《ミ》知《チ》爾《ニ》伊《イ》泥《デ》多《タ》知《チ》」云云、「玉《タマ》桙《ホコノ》乃道《ミチ》行《ユキ》晩《クラシ》」云云、「玉《タマ》桙《ホコノ》之道《ミチ》行《ユキ》疲《ツカレ》」云云、など詠《メ》るも、神《ミ》等《チ》また貴人たちの道《チ》行くに矛《ホコ》を御《ミ》杖《ツエ》とつき給《マ》へる故事《フルゴト》に本《ト》づける歌詞《タバ》なるべし）さて大《オホ》己《ナ》貴神《ムチノカミ》のつき給《マ》ひし御《ミ》矛《ホコ》を廣《ヒロ》矛《ホコ》と云《ヒ》しは、尋《ヒロ》矛《ホコ》にて其《ノ》長《カ》さ一《ヒト》尋《ヒロ》なりし故《エ》の名なること疑《ガ》ひ無く、こは常《子》の矛《ホコ》杖《ヅエ》の定《マ》れる

が、是《レ》に餘《マ》りて彌《イヤ》長《ナガ》きをば八《ヤ》尋《ヒロ》矛《ホコ》とぞ云《ヒ》けむ、其は古事記景行天皇《ノ》段に倭建男命《ヤマトタケルチノミコト》を東方十二道の荒《アラ》振《フル》神《カミ》また伏《マツロ》はぬ人《ト》等《チ》を言《コト》向《ムケ》に遣《ツカハ》し給《マ》ふ所《ロ》に、給《マフ》比《ヒ》々羅《ラ》木《ギ》之《ノ》八《ヤ》尋《ヒロ》矛《ホコチ》と有る是《レ》なり。

又《タ》この天《アメ》瓊《ヌ》矛《ボコ》が土《ヒ》圭《バカリ》の本《ト》なる由《シ》を解きて曰《ハ》く、既《デ》に云ふ如《ト》く、淤《オ》能《ノ》碁《ゴ》呂《ロ》島《シマ》に衝《ツキ》立《タテ》給《マ》ひし御《ミ》矛《ホコ》を、國《クニ》中《ナカ》之《ノ》天《アメノ》御《ミ》柱《ハシラ》と申《ウ》し、御《ミ》量《ハカリ》柱《バシラ》とも申《ウ》すが、赤《カラ》縣《クニ》の古説に、鎭輔天柱と有るに符合する耳《ノミ》ならず、常陸風土記信太《ノ》郡の所《ロ》に、普《フ》都《ツノ》大《オホ》神《カミ》、巡《メグ》行《リ》葦《アシ》原《ハラ》之《ノ》中《ナカ》津《ツ》國《クニチ》、和《コト》平《ムケ》山河《ノ》之荒《アラ》梗《アルモノ》類《ドモチ》、化道已《ニ》畢《リ》、心《ロ》存《シテ》歸《ラント》天《ニ》、即《ソノ》時《トキニ》隨身《ノ》器仗、甲戈楯劔、及《ヒ》所《セル》執《トラ》玉珪、悉《ク》皆《ナ》脱《ヌキ》履《ステ》、留《メ》置《キ》茲《ノ》地《ニ》、即《チ》乘《リ》白雲《ニ》、還《リ》昇《マシキ》蒼天《ニ》と有る玉珪は、日影を測《ハカ》り地理を察する物《ノ》なれば、神《カミ》等《タチ》の巡《クニ》行《メグリ》し給《マ》ふに此を携《サ》へ給《マ》ひしこと論《ツラ》ひなし説文解字に、圭《ハ》瑞玉也《リ》、上圜下方、从《フ》重土《ニ》云云、珪《ハ》古文《ノ》圭从《フ》玉《ニ》と見え、周禮大宗伯の鄭玄《カ》注に、圭《ハ》鋭象《ル》春物《ノ》初生《ニ》、祀《ルハ》東方《チ》用《フ》青珪《チ》と云ひ、また王執《ル》鎭圭《チ》とある注に、鎭《ハ》安也《ナリ》、鎭圭《ハ》者、蓋《シ》以《テ》四鎭《ノ》之山《チ》爲《ス》瑑飾《ト》、圭《ノ》長《サ》尺有二寸云云と有り、前漢《ノ》律志に、不《レ》失《ハ》圭撮《チ》と云へる注に、應邵曰《ク》、圭《ハ》自然《ノ》之形《チ》、陰陽《ノ》之始《メ》、四圭《チ》曰《フ》撮《ト》、三指撮《ツマム》之《チ》と云ひ、周禮《ニ》大司徒以《テ》土圭之法《チ》測《ル》土深《チ》、正《テ》日景《チ》以《テ》求《ム》地中《チ》とある鄭注に、土圭《ノ》之長《サ》、尺有五寸、以《テ》夏至《ノ》之日《チ》、立《ツ》八尺《ノ》之表《チ》、其《ノ》景適《ニ》正《ク》與土圭等《シ》、謂《フ》之《チ》地《ノ》中《ト》など見えたり　然れば天富命《アメノトミノミコト》の沃壤を求《ト》めて、東土を巡《クニ》行《メグリ》するに、此を用《チ》ひて、地理を察せること言ふも更《ラ》なり、然るに此《ノ》事《ト》

はし、赤縣籍《カラフミ》の說等に能く符合する故《エ》に山海經に、青丘國《ノハ》云々、帝命《シテ》二豎亥《ニ》一步《セシムリ》下自二東極一至《ルチ》中于西極《ニ》上、五億十選九千八百步、豎亥右手把《ニリ》レ算《チ》、左手指《ニス》二青丘《ノ》北《チ》一とある算は、說文に、長《サ》六寸、計《フル》二曆數《チ》一者、从《フ》二竹弄《ニ》一、言《フハ》常《ニ》弄《シテ》乃不《ルチ》レ誤《ラ》也とありて、測量推步と云ふ事《ト》の物《ノ》に見えたる始《メ》なるが、これ又《タ》土圭をも持《チ》たる事《ト》論《ラ》ひなし、委《シ》くは皇國異稱考に云《ヘ》るを見るべし、彼《ノ》國に邊《ヘ》つらふ徒《トモガラ》は、彼《レ》に循《ナラ》へりと定《ダ》むれど、我《レ》より視れば、彼處《カシコ》へは此方《コナタ》より傳《タ》へしを、後《チ》に種種沿革して、繁衍せる說の入《リ》來《タ》り混《マジ》れる故《エ》に、未《イマダ》しき倫《タグヒ》は、しか思《モ》ふにぞ有《ッ》ける、（こゝに注あり）、さて此《コ》に大寶令より始《ジ》めて、次々《ギギ》に度量の事《ト》の見えたる御文等《ドモ》を擧げて、いよ〳〵外蕃《トツグニ》の制に據り給《マ》へるに非《ラ》ず、皇《ミ》國《グニ》の尺度の、神《ミ》代より固有の物《ノ》にて、其《ノ》以來都《スベ》て變革なき由《シ》を論《ッ》らひ定《ダ》めむとす。

以下《コノシモ》精《シ》く述べたり。そもこの天瓊矛《アメヌボコ》は即《チ》天御量柱《アメミハカリバシラ》にて天皇祖神《アメミオヤガミ》の大御《オホミ》體《ミ》の御《ミ》丈《タケ》を度《ハカ》り摹《ウツ》し、ものとの說は實に神《ミ》のゆるし、古今一人の發見《ココロビラケ》とや稱むべき、依りて今《マ》また己《ノ》が意《オモ》ひつきしことゞもを少《コ》し採《ト》り副《ソ》えて言はむに、我國《ガニ》の神《ミ》代の天御量《アメミハカリ》の制《ノリ》は、但支那のみならず、遠《ホ》く印度にも傳《タ》はり往《キ》けるにて、御《ミ》量《ハカリ》の「量《ハカリ》」と云へる詞《バ》までが古《ル》く彼處《カシコ》に擴《ヒロ》ごりてありけり。『圓覺大鈔』に曰《ハ》く、

◎『圓覺大鈔』卷十本

◎『玄應音義』巻二十五、
◎『同書』、『玄應音義』巻二十四、
◎『倶舍光記』巻十一、
◎『名義集』巻三、
◎『起世經』巻四、
◎『名義集』巻三、

婆《ハ》訶《カ》、此《ニハ》云《フ》笧《ト》、一《ノ》婆《ハ》訶《カハ》者當《ル》此《ノ》一十石《ニ》。

『玄應音義』に曰《ハ》く、

婆《ハ》訶《カ》、此《ニハ》言《フ》笧《ト》、或《ハ》云《フ》笧《ト》。笧音、徒捐反

同書に又《タ》曰《ハ》く、

佉《カ》梨《リ》、此《ニ》云《フ》一斛《ト》、謂《フ》十斗《チ》也《リ》。

我が「量《ハカリ》」の語《コトバ》をば彼れに「婆《ハ》訶《カ》」「佉《カ》梨《リ》」と二《ツ》に爲せど語脉は少《コ》しも差《ガ》はず。（『光記』に「受《クルハ》二十佉《カ》梨《リチ》一婆《ハ》訶《カノ》量」とあり、又《タ》『名義集』に「笧《センハク》受二十斛《チ》」とあり、これ等はいづれも「婆《ハ》訶《カ》」と「佉《カ》羅《ラ》迦《カ》」とを混じたる說なり、「婆《ハ》訶《カ》」は十佉《カ》梨《リ》即《チ》十石、「佉《カ》羅《ラ》迦《カ》」は二十佉《カ》梨《リ》即《チ》二十石なればなり、「佉《カ》羅《ラ》迦《カ》」の二十佉《カ》梨《リ》なることは『起世經』の注を看よ、さてこの「佉《カ》羅《ラ》迦《カ》」も亦《タ》我《カ》國《ニ》の「ハヽカヽリ」の轉《ウツ》れる音なることは言はでも知るべし、凡《ソ》印度には數量の名にすべて「迦《カ》利《リ》」「迦《カ》羅《ラ》」の音あり、こも皆《ナ》我《ガ》「ハヽカヽリ」の詞《バ》が本《ト》なれど、今《マ》升量《スハカリ》に就きて「婆《ハ》訶《カ》」「佉《カ》梨《リ》」の二音をのみ出だし他は且《ラ》く省《ブ》きつ、煩を恐れてなり）。又《タ》我《ガ》國《ニ》の尺度は鐵《カネ》尺《ザシ》にて大《オホ》尺《サシ》の八寸を一尺と爲す由《シ》のことは印度も其の如《ト》くなり。『名義集』に曰《ハ》く、

梁傳《ニ》云《ク》、何承天以《テ》博物《チ》著《ス》名《チ》、乃《チ》問《フテ》慧嚴《ニ》曰《ク》、佛國《ニハ》將《タ》用《ユルヤ》何《ノ》曆《チ》、嚴云《ク》天竺《ハ》夏至《ノ》之日、日《ノ》正中《ナル》時《キ》、竪《ツルニ》晷《チ》無《シ》影、所《ル》謂《ハ》天《ノ》中《ナレバナリ》、於《テハ》五行《ニ》土德《ナリ》、色《ハ》尚《ヒ》黃《チ》、數《ハ》尚《フ》五《チ》、八寸《チ》爲《シ》尺《ト》、十兩《ハ》當《タル》此《ノ》土《ノ》十二兩《ニ》、建辰《ノ》之月《チ》爲《シ》歲首《ト》、及《ヒ》討《シ》覈分至《チ》、推《シ》校薄蝕《チ》、顧《ス》步光景《チ》、其《ノ》法甚《タ》詳《ナリ》、宿度《ハ》章紀《ニ》咸《ク》有《リト》條例、承天無《シ》所《ロ》措《ク》難《ヲ》、後《ニ》婆利國《ノ》人《ト》來《ル》、果《シテ》同《シ》嚴《ノ》說《ニ》。（この中「竪《ツルニ》晷《チ》無《シ》影《チ》」とは土圭《ヒバカリ》のことなり、そは後に言ふを看るべし）。

◎『名義集』巻三、

この「八寸為尺」と云へるにて考《ガ》ふれば支那の周尺のみならず、印度も亦《タ》我《ガ》國《ニ》の度制に則《ノリト》り居たるは論なし。『名義集』に亦《タ》曰《ハ》く、

一磔手、通俗文云《ク》、張申曰《ク》、磔《ハ》周尺《ナリ》、人《ハ》一尺、佛《ハ》二尺《ナリ》、唐《ハ》於《テ》周《ノ》一寸《ノ》上《ニ》增《シ》二分《チ》、一尺《ノ》上《ニ》增《ス》二寸《チ》、蓋《シ》周尺《ハ》八寸也《リ》、賈逵曰《ク》、八寸《チ》曰《フ》咫《ト》、言《フハ》膚寸《ト》者、西指《チ》曰《フ》膚《ト》、兩指《チ》曰《フ》寸《ト》、言《フハ》一指《ト》者、佛《ノ》指《ハ》闊《サ》二寸。

磔《ハタ》手即《チ》咫《タ》にて八寸のことなり。さて張申等の言《ト》は支那の周尺を申《ウ》すなれど、この磔手と云ひ膚寸と云へることの起《コ》りは本《ト》我《ガ》國《ニ》の「ハダ」よりなるべく、さしてその「ハダ」と云へる詞《バ》を印度にても古《ル》く用《チ》ゐ居れるに意《ロ》を留《メ》むべし。（「咫」は梵語にても八寸なること（後節「八咫鏡」の解に言ふべし。））。次《キ》に土《ヒ》圭《バカリ》のことも、上《ミ》の『名義集』の「竪《ツルニチ》晷無《シ》影」とあるにて知られつれど、尚《ホ》そを印度にて「禁」と云ひたる由《シ》同書に記《ル》せり。曰《ハ》く、

禁、指歸《ニ》云《ク》、那爛陀《ノ》僧吉祥月《ノ》云《ク》、西域《ニハ》立《テ》表《チ》量《カル》影《チ》、梵《ニハ》云《ヒ》禁《ト》、此《ニハ》云《フ》影《ト》、朝禁《ハ》倒《シテ》西《ニ》去《ル》、便《チ》以《テ》脚足《チ》、前後《ニ》步《シテ》之《ア》、數《フ》足《ノ》步《スル》影《チ》也《ト》、新毘奈耶《ニ》云《ク》、佛言《ク》、應《ベシ》作《ル》商短《ノ》法《チ》、取《テ》細籌《ノ》長《サ》二尺許《ナルチ》、折《テ》一頭《チ》四指《ニ》竪《テ》、至《リ》日中《ニ》度《カル》影《ノ》長短《チ》、是《チ》謂《フ》商短《ト》。

支那の八尺の表に較《ラ》ぶれば極めて短《カ》き故《エ》に、譯者之《レ》を商短法と書ける

◎『集』同上、い

歟、即「商《ハカ》りの短《カ》き法」との言なるべし。何れにもせよ我が神代に神等《カミタチ》の執らし給へる玉珪の日《ヒ》商《バカ》りに據れる簡便の法《シカタ》なり。曾てこの土圭《ヒバカリ》に就きて支那印度の中邊を爭ひたることあるを同じ『名義集』に記して曰く、

宋沙門慧嚴、與南蠻校尉何承天、共論華梵中邊之義、嚴乃引周公測景之法謂、此土夏至之日猶有餘陰、天竺則無也、言測景者、周公攝政四年、欲求地中而營王城、故以土圭測景、得潁川陽城、於是建都、土圭長尺有五寸、夏至日晝漏半立八尺之表、表北得景尺有五寸、景與土圭等、此爲地中、鄭司農云、凡日景於地、千里而差一寸、當知陽城蓋就此土自爲中耳、既有表景、豈非餘陰耶。云云。

支那の土圭《ヒバカリ》の狀これにて知るべし。そも大《ホ》方《タ》の世の量《ハカリ》の物はしも、すべて是れ諸冉二尊《イザナギイザナミフタハシラノミコト》の天瓊矛《アメヌボコ》を天御柱《アメミハシラ》として廻《グ》り合ひ給ひしが本なることは同『集』に漢書を擧げて曰く、

衡權者、衡平也、權重也、衡所以任權而均物平輕重也、其道如底、古師曰、底平也、以見準之正、繩之直、左旋見規、右折見矩、其在天也、佐助璇璣、斟酌見指、以齊七政、師古曰、五星日月也、故曰玉衡。

この「左旋右折」とは人の衡器を持て物の輕重を測る狀なれど、その輕重

◎『慧苑音義』卷下、

◎『慧琳音義』卷三十六、

◎『烏瑟樞摩明王經』卷上、

を測《カ》るに左旋右折する所以《ン》の起《コ》りを深《カ》く味《ハ》ふべし、更《ラ》に露《アラ》はして白《ウ》さば、諸冉二尊《イザナギイザナミフタハシラノミコト》の天《アメ》瓊《ヌ》矛《ボコ》を廻《グ》り合ひて言《コト》靈《ダマ》の理《ハリ》を顯《ハ》し給《マ》へる御《ン》時《キ》、その顯《ハ》し給《マ》へる言《コト》靈《ダマ》がやがて大《ホ》方《タ》の世の量《ハカリ》の本《ト》とはなりつるにて、こゝに言はゆる「準之正縄之直」とは即《チ》「｜《イ》」の象《チ》なり、「左旋右折」とは「ト《ア》⊥《オ》┤《エ》┬《ウ》」（左旋）「ト《ア》┬《ウ》┤《エ》⊥《オ》」（右折）の働《ラ》き狀《マ》なり、さては印度に於《ヒ》て長《ガ》く直ぐなるものをば伊《イ》沙《ザ》那《ナ》と呼びたるも決《サダ》めてこの準縄のことにてありけらし。準縄の度《ノリ》制《サシ》は伊《イ》沙《ザ》那《ナ》が本《ト》なる由《シ》を古《ル》く彼《ノ》國《ニ》に云ひ傳《タ》えけるよりの語《バ》なるになむ。（長直を伊沙那と云ふこと『慧苑音義』に見ゆ、この伊沙那の長直を準縄と云へるに就きて我《ガ》國《ニ》の「御《ミ》量《ハカリノ》千《チ》尋《ヒロ》拷《タク》縄《ナハ》」などの古《ル》辭《ト》を念《ヒ》合《ハ》すべし）。次《ギ》に又《タ》天《アメ》瓊《ヌ》矛《ボコ》を御《ミ》杖《ツエ》につき給《マ》ひしより度制の上《ヘ》に丈《ツエ》と云ふ名起《コ》れりとの平田の說にて聊《カ》意《モ》ひ當《タ》れるは印度の悉曇には杖《エ》を「單《タン》拏《ヌ》」と呼べることと是《レ》なり。『慧琳音義』に曰《ハ》く、

單《タン》拏《ヌ》、此《ニハ》云《フ》レ棓《ト》、亦《タ》云《フ》レ杖《ト》。棓《ハ》者棒《ノ》本字、大杖《ナリ》

また『烏瑟樞摩明王經』には「單《タン》拏《ヌ》」を「娜《ナ》拏《ヌ》」と書けり。何《ツ》れにもせよ杖《エ》は「拏《ヌ》」（ヌ）、の音なれば、天《アメ》瓊《ヌ》矛《ボコ》の「ヌ」も亦《タ》決《ダ》めて杖《エ》のことなるべし、されば瓊《ヌ》矛《ボコ》を或《ヒ》は「杖《ヌ》矛《ボコ》」と書くも可《ヨ》からなむ歟。亦《タ》そが全《タ》く正さしかるやも測《カ》り難《タ》し。斯く言はゞ印度の語《バ》を以て我《ガ》國《ニ》の古《ル》辭《ト》を解すと他《ヒト》は訝《ア》かるならむが、

彼れに我が古《ル》辭《ト》の渡《タ》り往《キ》けることは前節にも言ひつる如《ト》くにて、言《コト》靈《ダマ》の神《ミ》の道《チ》は唯《ミ》本《ト》の一《ト》つにて異《カ》はらざりければ、彼の末《エ》の印度の語《バ》に由りて反《ヘ》りて我が古《ル》辭《ト》の意《ロ》を考《ガ》へ得つることの例、往《マ》往《マ》あるが故《エ》ぞかし。「單《タン》拏《ヌ》」は「タナヌ」にて掌《タナ》握《ニギ》るの約《ツヾ》まり、「娜《ナ》拏《ヌ》」は掌《タナ》の「タ」を「ナ」に合《ハ》せしにてこも亦《タ》掌《タナ》握《ニギ》るの約《ツヾ》まり、さして其の掌《タナ》握《ニギ》るてふことを以て杖《ツエ》を呼びたることなれば天《アメ》瓊《ヌ》矛《ボコ》の「ヌ」もおのづから是れ杖《ツエ》の義《ココロ》なるになむ。（「ヌ」の音は握《ニギ》るの約《ツヾ》まりなることと前《ヘ》の本居の說を評せし段に言へり、これにて「ヌ」を直《ミ》ちに玉と爲す彼の說の面白《モロ》からざることはよく〱識られつらむ、そに較《ラ》べて平田の杖《エ》づきのことは實は「ヌ」の義に合《ナ》へり）。然《カ》るに平田は斯くまでもよく考《カ》へて說き解《ワ》きながら伊勢の大《ホ》宮《ヤ》の心《シンノ》御《ミ》柱《ハシラ》を幾《イク》尋《ヒロ》とも定《ダ》め兼ねて踟《タメ》躕《ラヒ》しは何《ニ》故《エ》ぞや、『皇國度制考』としてこの事《ト》の明《カ》らさまならぬは天《アメ》瓊《ヌ》矛《ボコ》を度制の本《ト》とし立つる義を己《ノ》れと自《カ》ら弱《ハ》ますならずや。已《デ》に天《アメ》瓊《ヌ》矛《ボコ》は天《アメ》皇《ミ》祖《オヤ》神《ガミ》の大《オホ》御《ミ》體《ミ》の御《ミ》長《タケ》を度《ハカ》り摸《ウツ》しぬると申《ツ》すにその御《ミ》長《タケ》の程《ド》なるべき心《シンノ》御《ミ》柱《ハシラ》は幾《イク》尋《ヒロ》か未《マ》だ定《ダ》かならじとは返《ス》返《ス》怪《ヤ》し。今《マ》按ずるに伊勢の心《シンノ》御《ミ》柱《ハシラ》は最《ト》古《ル》くは一丈六尺なりしと申《ウ》すことと是れぞ眞《ト》の古《ル》き傳《エ》なるべき。そは原《ト》の天《アメ》瓊《ヌ》矛《ボコ》は實にその程《ド》の長《サ》ならではと念《モ》はるゝ、節《シ》あればなり。（支那のことにはあれど周禮に「酋矛《ハ》十六尺《チ》爲《ス》レ常《ト》也」とあるなど考《カ》ふべし）。亦《タ》さなきだには天《アメ》御《ミ》量《ハカリバシラ》柱を世《ヨ》の度制の本《ト》と

◎『名義集』巻三、

言ひ難《タ》きことの由《シ》もあればなり。先《ヅ》諸冉二尊《イザナギイザナミフタハシラノミコト》の天《アメ》瓊《ヌ》矛《ボコ》を衝《ツヒ》立《タテ》て左右より廻《グ》り合ひ給《マ》へるにより世に數《カズ》量《ハカリ》も肇《ジ》まりしにて、「ト《ア》┬《ウ》┤《エ》⊥《オ》」の一《ト》廻《グ》りに四の數《ズ》出で「ト《ア》⊥《オ》┤《エ》┬《ウ》」の一《ト》廻《グ》りに亦《タ》四の數《ズ》出で、、正奇倶《モ》に備《ハ》りける時《キ》に御《ミ》柱《ハシラ》の「｜《イ》」が正《サ》し尺《サシ》の本體とはなりぬなり。即《チ》この正奇の數四十六を合《ハ》せたるが御《ミ》柱《ハシラ》の尺《サシ》の全體なれば一丈六尺なるべきことは明《ラ》かなり。凡《ソ》正奇の數《ズ》悉《ク》備《ナ》はれる一丈六尺は全《タ》く數《ズ》の滿なることを辨《マ》ふべし、一丈六尺の尺《サシ》の外《カ》には世に數《カズ》量《ハカリ》とて一切あるべきに非《ラ》ず、彼の支那の十等も印度の五十二數も、總べてこの一丈六尺の天《アメ》御《ミ》量柱《ハカリバシラ》の尺《サシ》に籠められてあることの理《ハリ》をしよくも明《カ》さで何かで度制の本《ト》を他《ヒト》に識らしむべきや。（支那の十等は黄帝の數法にて、億、兆、京、秭、垓、壤、溝、澗、正、載なり、印度の五十二數は『倶舍』にあるを『名義集』に出だしあれば就きて見るべし、尚《ホ》この件《リ》の一丈六尺の事は後《チ》にも言へり）。

第貳欵　大八洲國の解。

是《ノ》故《エ》に其の君《ミ》は神の意を行《ナ》ふの神君なり。其の民《ミ》は天の命に遵《ガ》ふの天民なり。

維《レ》神の道《チ》乃《チ》國《ニ》の柱《ラ》と爲り、維《レ》天の法乃《チ》、國《ニ》の度と爲り、

◎『止觀』の疏『輔行』卷二之一、

正、以て八極を建て、公、以て八紘を綜ぶ。大《オホ》八《ヤ》洲《シマ》國《クニ》と稱する所以《ン》は是れなり。

右《ギ》第四節、第壹項、第貳欵に就きて。

「シマ」の解。

大《オホ》八《ヤ》洲《シマ》國《クニ》の洲《シマ》を又《タ》は島《シマ》とも書くなるが、そは古《ヘ》の人《ト》の誤《マ》りて斯《ゝ》る漢《ラ》字を借れるにて、彼《レ》彼《レ》の字にては何《ツ》れも我が「シマ」の古《ル》辭《ト》の義《コヽロ》には當《タ》らぬなり。こも亦《タ》印度の語《バ》の中《カ》に遺《コ》れるを拾《ロ》ひ來て檢《ラ》べなば最《ト》明《ラ》かに其の義《ココロ》を識らるべければ言はむに、「シマ」は佛教の典籍には「刹《セツ》摩《マ》」と書けり。

『止觀』の疏に曰《ハ》く、

言《フハ》佛刹《ト》者、具《サニ》存《セバ》應《サニ》云《フ》刹摩《ト》、此《ニハ》云《フ》田《ト》也《リ》、即《チ》一佛所王《ノ》土也《リ》、或《ハ》云《フハ》表刹《ト》者、以《テ》柱《ヲ》表《スル》刹《ヲ》、表《スル》所居《ノ》處《ヲ》故《エ》也《リ》。

佛陀法王の居るべき所《ロ》の國土を「刹《セツ》摩《マ》」と云ふにて、そを又《タ》表刹と云へることは其の國土に柱《ラ》を立て、正《サ》しく佛陀法王の居る處《ロ》なることを表《ラ》はし示《メ》すが故《エ》なりとの解なり、『疏』は佛刹の二字に就きての解なれば斯く云ひたれど元來「刹《セツ》摩《マ》」は佛陀のみの事に非《ラ》ずして、凡《ツ》世間の王者の支配

◎『羯磨疏』巻二上

◎『四分疏』巻七末

する國土も皆「刹摩《セツマ》」と云ふなり。さてその國王の居る處《ロ》に柱《ラ》を立てゝ之を表示すとの言《ト》に依りて伊弉諾尊《イザナギノミコト》の天瓊矛《アメヌボコ》を國中《クニナカ》の柱《ミハシラ》と爲し給《マ》ひしことをも推しまつるべし。實に茲の大八洲國《オホヤシマクニ》は天《アメ》の君《キミ》の獨《リ》茲處《ココ》に坐《マ》し坐《マ》すべき國土なるが爲めの表刹なるにてやあらむずらむ。又《タ》この御事《ント》の彼《ツ》れに移りて世間、出世間に倶《モ》に王者の業《ザ》としてこの表刹を行《ナ》ひたるにてもやあるらむ。（「刹摩」を「刹多羅」とも云ふは「刹帝利」即《チ》王者と云ふ意を「刹摩」の上《ヘ》に云ひ轉《ツ》したるが故《エ》にて王國と云ふに同《ナ》じ語なり）。更《ラ》に言へば表刹のことは他國の王の關《ツ》かる可からざる界畔の域を限《ギ》るの意《ロ》にて「シヽマ」の義は即《チ》是れなり。よりて『羯磨疏』に云へり曰《ハ》く、

四摩《シマ》、此《ニ》正《ク》翻《シテ》云《フ》別住《ト》是《レ》也《リ》、諸本《ニ》云《フハ》布薩界及《ビ》戒場《ト》者、非《ズ》正《キ》本音《ニ》、所以《ンハ》名《クル》別住《ト》者、謂《ク》此《ノ》住作法《スルニ》、與餘住不相《ヒ》通《セ》、各《ミ》不欲《セ》取《ルヲ》、故《ニ》得名《ヲ》。云云。

（法礪の『四分律疏』にも同《ナ》じ説あり）。

この「四摩《シマ》」は戒法の上《ヘ》の結界を云ふなるが、其の界畔の域を限《キ》るの意《ロ》は全《タ》く「刹摩《セツマ》」と異《ナ》らず。されば何《ツ》れも「シヽマ」の音なるを但《ミ》國土の上《ヘ》に云ふ時《キ》王者刹帝利《セツテイリ》に通《ヨ》はすが爲めに「シヽマ」を刹摩《セツマ》と呼ばしたりけむ。（我《ガ》國《ニ》に衣服の摸樣に「シヽマ」（縞）あり、こも界畔の域を限《ギ》るより申《ウ》すなり）。即《チヨ》世にも特《ト》に貴《ト》き神《ミ》の御國《ミクニ》は茲處《ココ》ぞと別きて界畔

を立て給《マ》ひしから「大《オホ》八《ヤ》のシマ」とは名《ヅ》け給《マ》ふなり。さら〱海《ミ》の中《カ》の島《マ》と云へる義《ココロ》には非《ラ》ず。（海《ミ》の中《カ》の島《マ》をも「シマ」と云ふは亦《タ》界畔の域を限《キ》る義より轉《ツ》して申《ウ》すにて「シマ」其《ノ》物《ノ》の音體には非ず、唯衣服の縞《マ》ほどのことなり）。

我《ガ》國《ニ》の異稱。

◎『神皇正統紀』巻一、

『神皇正統記』に曰《ハ》く、

大日本は神國なり、天祖はじめて基《ヒ》をひらき、日神ながく統を傳《タ》へ給《マ》ふ、我《ガ》國《ニ》のみ此《ノ》事《ト》あり、異朝は其《ノ》たぐひなし此《ノ》ゆへに神國といふなり、神《ミ》代には豊《トヨ》葦《アシ》原《ハラ》の千《チ》五《イ》百《ホ》秋《アキ》の瑞《ミヅ》穗《ホノ》國《クニ》といふ、天地開闢のはじめより此《ノ》名あり、天祖國《クニ》常《トコ》立《タチノ》尊《ミコト》の陽《オ》神《ガミ》陰《メ》神《ガミ》にさづけ給《マ》ひし勅に聞《コ》えたり、天《アマ》照《テル》大《オホン》神《カミ》の天《ミ》孫《マノ》尊《ミコト》にゆづりましましゝにも此《ノ》名あれば、根本の號なりとは知りぬべし、はじめは大《オホ》八《ヤ》洲《シマ》國《クニ》といふ、是は陽《オ》神《ガミ》陰《メ》神《ガミ》此《ノ》國《ニ》を生《ミ》給《マ》ひしが、八《ツ》の島《マ》なりしによりて名づけられにけり、又《タ》は耶麻土と云、是は大八洲の中津國の名なり、第八にあたるたひ天《アメ》御《ミ》虚《ソ》空《ラ》豊《トヨ》秋《アキ》津《ツ》根《子》別《ワキ》といふ神《ミ》を生《ミ》給《マ》ひし、是を大《オホ》日《ヤ》本《マト》豊《トヨ》秋《アキ》津《ツ》洲《シマ》と名づく、今《マ》は四十八箇國にわかてり、中州たりし上《ヘ》に、神武天皇東征より代《ヨ》々《ヨ》の皇都なり、依《リ》て其《ノ》名をとりて、餘の七州をも總《ベ》て耶《ヤ》麻《マ》土《ト》と云《フ》な

るべし、唐にも周の國《ニ》より出《デ》たりしかば、天下を周といひ、漢の地よりおこりたれば、海内を漢と名づけしがごとし、耶《ヤ》麻《マ》土《ト》といへることは山《ヤマ》迹《ト》といふなり、むかし天地わかれて泥のうるほひいまだ乾《ハ》かず、山《マ》をのみ徃《コキ》來《キ》して、其《ノ》跡《ト》おほかりければ山《ヤマ》迹《ト》と云《フ》、或《ヒ》は古語に居住を止《ト》と云《フ》、山《マ》に居住せしによりて山《ヤマ》止《ト》なりともいへり、大《オホ》日《ヤ》本《マト》とも大《ヤマ》和《ト》とも書くことは此《ノ》國《ニ》に漢字傳《リ》て後《チ》、國《ニ》の名をかくに字をば大日本と定《メ》て、しかも耶《ヤ》麻《マ》土《ト》と讀《マ》せたるなり、大《オホ》日《ヒル》靈《メ》の御《ミ》國《クニ》なればその義をもとれるか、はた日の出る所にちかければ然《サ》いへるか、義はかゝれど、字のまゝに日のもとゝは讀まず耶《ヤ》麻《マ》土《ト》と訓せり、我《ガ》國《ニ》の漢字を訓ずること多《ホ》くはかくのごとし、をのづから日のもとなどいへるは文字によれるなり、國《ニ》の名とせるにあらず、又《タ》いにしへより大《オホ》日《ヤ》本《マト》とも、若《シ》くは大の字を加へず日《ヤ》本《マト》とも書《ケ》り、洲《クニ》の名を大《オホ》日《ヤマ》本《ト》豐《トヨ》秋《アキ》津《ツ》といふ（裏書《ニ》云《ク》、日のもとゝよめる歌、萬葉《ニ》云《ク》、いさこともはや日のもとへおほともの、みつのはままつまちこひぬらむ）懿徳、孝靈、孝元等の御諡《ン》、みなもて大《オホ》日《ヤマ》本《ト》の字あり、垂仁天皇の御女《メ》を大《オホ》日《ヤマ》本《ト》姫《ヒメ》といふ、是《レ》皆《ナ》大の字あり、天神饒《ニギ》速《ハヤ》日《ヒノ》尊《ミコト》、天《アマ》の磐《イワ》船《フネ》にのり、大《オホ》虚《ソラ》をかけて、虚《ソ》空《ラ》見《ミツ》日《ヤマ》本《トノ》國《クニ》と宣《マ》ふ、神武の御名神《カム》日《ヤマ》本《ト》磐《イワ》余《レ》彥《ヒコ》と號し奉る、

孝安を日本足《ヤマトタル》、開化を稚日本《ワカヤマト》とも號し、景行天皇の御子小《ヲ》碓《ウス》皇子を日本武尊《ヤマトタケルノミコト》と名付《ケ》奉《ツ》る、是は大を加《ハ》へざるとぞ、彼《レ》此《レ》同《ナ》じくやまと、讀《マ》せたれど、大日孁《オホヒルメ》の義をとらば、おほやまと、讀《ミ》ても叶《ナ》ふべきか、其《ノ》後《チ》漢土より字書を傳《ヘ》ける時《キ》、倭《ワ》と云《フ》て此《ノ》國《ニ》の名に用《ヒ》たるを、即領《ヤガテ》納して、又《タ》この字を耶麻土《ヤマト》と訓じて、日本のごとくに大を加《ハ》へても又《タ》除《キ》ても同《ナ》じ訓に通用しけり、漢土より倭と名づけたることは、昔し此《ノ》國《ニ》の人《ト》初《メ》て彼《ノ》土にいたれりしに、汝《チ》が國《ニ》の名をばいかゞ云《フ》と問《ヒ》けるを、我《ガ》國《ニ》はと云《フ》を聞《キ》て、即倭《ヤガテワ》と名付《ケ》たりとみゆ、漢書に樂浪の 彼《ノ》土の東北に樂浪郡あり 海中に倭人有り、百餘國を分《カ》てりと云《フ》、若前《シクハ》漢の時《キ》すでに通じけるか 一書には秦の代よりすでに通ずと見ゆ下に記せり 後漢書に、大倭王は耶麻堆に居すとみえたり 耶摩堆はやまとなり 是は若《シ》すでに此《ノ》國《ニ》の使人、本國の例により、大倭と稱するによりて斯くしるせるか 神功皇后の新羅、百濟、高麗をしたがへ給《マ》ひしは後漢のすえさまに當《タ》れり、漢地にも通ぜられたりと見えたれば、文字もさだめて傳《タ》はれるか、一說には秦の時より書籍を傳ふともいふ 大倭といふ事《ト》は異國にも領納して書傳に載せたれば、此《ノ》國《ニ》にのみほめて稱するにあらず 異朝に大漢大唐など云《フ》には大なりと讚する心《ロ》なり 唐書に高宗咸亨年中に、倭國の使《ヒ》はじめてあらためて日《ニ》

◎『大扶桑國考』卷下、

本《ホン》と號す、其《ノ》國《ニ》東《シ》に有《リ》、日の出《ツ》るところ近《キ》をいふと載《セ》たり、此《ノ》こと我《カ》國《ニ》の古記にはたしかならず、推古天皇の御《ン》時《キ》、もろこしの隋朝より使《ヒ》ありて書をおくれりしに、倭皇とかく、聖德太子みづから筆をとりて返牒を書《キ》給《マ》ひしには、東天皇敬《ンデ》白《ス》西皇帝《ニ》と有《リ》き、彼《ノ》國《ニ》よりは倭と書《キ》たれど、返牒には日本とも倭とものせられず、是《レ》より上代には牒ありともみえざるなり、唐の咸亭の頃《ロ》は、天智の御《ミ》代《ヨ》にあたりたれば、まことには此《ノ》比《ロ》より日本と書《キ》ておくられけるにや、又《タ》此《ノ》國《ニ》をば秋《アキ》津《ツ》州《ス》といふ、神武天皇、國《ニ》の形《チ》をめぐらし望《ソ》み給《マ》ひて、蜻《アキ》蛉《ツ》の臀《ト》呫《ナメ》のごとくも有《ル》かと宣《玉ヒ》しより此《ノ》名ありきとぞ、然れど神《ミ》代に豊《トヨ》秋《アキ》津《ツ》根《子》と云《フ》名あれば、神武に初《ジ》めざるにや、此《ノ》外《カ》もあまた名あり、細《ホソ》戈《ホコ》千《チ》足《タルノクニ》國とも、磯《シ》輪《ワ》上《カミ》秀《ホツ》眞《マノ》國《クニ》とも、玉《タマ》垣《カキノウチツクニ》內國ともいへり、又《タ》扶桑國と云《フ》名もあるか、東海の中《カ》に扶桑の木あり、日の出《ツ》る所《ロ》なりとみえたり、日本も東《シ》にあればよそへていへるか、此《ノ》國《ニ》に彼《ノ》木ありと云《フ》ことと聞《コ》えねばたしかなる名にはあらざるべし。

大《オホ》八《ヤ》洲《シマ》國《クニ》の異稱大概はこれに書きたり、中《カ》に扶桑國の名に就きて此《ノ》國に彼の木なしとのことは考證の末《マ》だ屆《タ》らざるにて、平田の『大扶桑國考』

◎『三五本國考』卷上、

に具《サ》に說あれば往きて看るべし。云云。

支那印度より我《ガ》國《ニ》を指したる名稱。

倭も扶桑も支那より我《ガ》國《ニ》を指したる名稱なることは衆人已《デ》によく知れるところなり、但《ゞ》其の古書どもに散見されたる谷口（暘谷、湯谷、陽谷等皆《ナ》同じ）大壑、咸池、甘淵等の類《ヒ》まで多《ホ》く皆《ナ》我《ガ》國《ニ》を指したりとは實に平田一人の卓見にして、その索究の何《カ》に周到にして且《ツ》苦切なるかは試《ミ》に下《モ》に擧ぐる一例を看よ。

『三五本國考』に太昊伏義氏の都《コ》せし陳と云へる地に就きて述べて曰《ハ》く、

然《カ》るに是《ノ》陳と云ひし地名は、古《フル》くも皇國を中土と稱せるが、太昊伏義氏その神國より出張して都《コ》せし所《ロ》なる故《エ》に號《ナヅ》けし地名なり、其《ノ》由《シ》は、說文に、陳《ハ》宛丘也《ナリ》（段注《ニ》、按《ニ》今《マ》河南陳州府《ノ》治是《レ》其《ノ》地《ナリ》、許必言《フハ》宛丘《ト》者、爲《メ》其《ノ》字从《カ》𠂤《ニ》也《リ》、毛傳《ニ》曰《ク》、四方高《ク》中央下《ルヲ》曰《フ》宛丘《ト》、即《チ》釋丘之宛中曰《フ》宛丘《ト》也、陳本《ト》太昊《ノ》之虛《ナリ》、正字《ニ》、俗段爲《シ》敶列《ノ》之敶《ト》、陳行《レテ》而敶廢《セリ》矣）从《ヒ》𠂤《ニ》从《フ》木《ニ》（太昊《ハ》以《テ》木德《ヲ》王《タリ》故《ニ》字从《フ》木《ニ》、）申《ノ》聲（直珍《ノ》切、）⿰阝申《ハ》古文《ノ》陳とあり、徐錯が繫傳にも早《ヤ》く、陳《ハ》者太昊《ノ》之虛、畫《スル》八卦《ヲ》之所《ロ》、木德《ノ》之始《ナリ》、故《ニ》从《フ》木《ニ》と言《ヘ》り（韵會に、州《ノ》名、楚滅《シテ》陳《ヲ》爲《スト》縣《ト》、漢《ニ》爲《ス》淮陽國《ト》、隋《ニ》爲《ス》陳州《ト》とも見ゆ、）斯《カク》て此《ノ》古文の下《トコロ》の段注に、按《ニ》古文从《テ》申《ニ》不从《ハ》木《ニ》と云《ヘ》るも然《サ》る言《コト》にて、此《コ》は集韵にも、古《ニ》作《ル》⿰阝申《ニ》毛氏曰《ク》、从《ヒ》𠂤《ニ》从《ヒ》木《ニ》、从《フノ》申《ニ》省、於《テ》文《ニ》當《ニ》作《ル》東《ニ》、从《フ》木中申《ニ》、與東東《ノ》字不同《カラ》、今

文皆通作シテル東ニ矣と云へるが如し、六書正譌には、𢑚に作りて、陳ハ从ヒ自ニ申ノ聲、隷ニ作ルハ陳ハ傳寫ノ之譌也リと云へり さて説文に、申ハ神也、从ヒ臼ニ自ラ持ツ也とあり、言ふ意は、申は古への神の字にて神の叉手自持せる象形字なる義《ヨシ》なり、段注に、臼ハ叉手也リ、當ニ是レ从フ一ニ、疑ラクハ奪字、先人ノ切ど云へるは然《サ》る説《コト》なり 然《サ》れど其ノ説中に神也と有るを不可カラ通スて、申ハ申也の誤と爲したるは、段借後の義をのみ思ひて、其ノ古義を忘れたる説なりかし 然《サ》らば皇國を指して申國と云ひし古證ありやと言《イハ》むに、淮南子地形訓に、世界の大九州を説きたる所ロに、正東易州チ、曰フ申土ト、とある申土これなり、然《カ》るに高誘ノ注に、申ハ復也リ、陰氣盡キ於此ニ、陽氣復タ起ル東北ニ、故ニ曰フ申土ト、と云へるは非なり 其ツは是と同文を河圖括地象に載せるには信土とあり、此は申信同音通用にて、老子に、道ノ之爲ル物、惟恍惟惚云云、其ノ中ニ有リ精、其ノ精甚タ眞ナリ、其ノ中ニ有信云云と有る信は信土と云へる信に同ナじく、申と通じて神の義なるに思ヒ合ハせて辨《マ》ふべし さて易州やがて皇國なる由《シ》は地形訓ノ右ノ文の下モに、扶木在リ易州日ノ之所ニ曠ラスと云ひ、其ノ注に、扶木ハ扶桑也リ、在リ暘谷ノ之南ニ、曠ハ猶オ照ノ也、是レ易州東方也リと有るにて論《ラヒ》なし。云云。

先ツ陳州の陳の古字を正しミて申土のことを言ひ出で、さしてそを神土と解して我カ國ニを指せるなりと推し斷《サダ》め、更ラに淮南子の文を引きて正《サ》しく動《コ》きなき證《カシ》を立てしことは決して普通人《ト》の想《モ》ひ及ばざるところなり。

さてこの申土の我《ガ》國《ニ》を指すなることは實に說の如《ト》くなるが尙《ホ》義あれば少《コ》しく補《ナ》ふべし。そも太昊の八卦を畫し、古虚（墟と同じ）とは諾冉二尊《イザナギイザナミフタハシラノミコト》の淤《オ》能《ノ》碁《ゴ》呂《ロ》嶋《シマ》に天《アメ》御《ミ》柱《ハシラ》を立て八《ヤ》尋《ヒロ》殿《ドノ》を築《ツ》き給《マ》ひし御《ン》事《ト》を彼《ノ》國《ニ》に然《サ》申《ウ》したるにて、こも亦《タ》我《ガ》國《ニ》の言《コト》靈《ダマ》の鏡《ミ》に照《ラ》して翳《クモ》りなきことなり。先《ツ》申土の申は臼、即《チ》「T《ウ》⊥《オ》|《イ》┤《エ》ト《ア》」の五字なり。天《アメ》御《ミ》柱《ハシラ》の「|《イ》」を中心に太《フト》しく立て、、四方四維に八《ヤ》尋《ヒロ》殿《ドノ》の「T《ウ》⊥《オ》┤《エ》ト《ア》」を八書に書き表《ラ》はしたる字なり。（「T《ウ》⊥《オ》┤《エ》ト《ア》」の四方なること又《タ》「|《イ》」の天《メ》御柱なることは已《デ》に言ひぬ、）。この八書の「T《ウ》⊥《オ》┤《エ》ト《ア》」を臼字の狀《マ》に書けるは上圓下方の象《チ》なるにて〇《アン》と口《アク》とを各上《ミ》と下《モ》とに別きて示《メ》し、が故《エ》なり。彼の八卦を畫すと云へる畫の古字が画なるをも合《ハ》せて念《モ》ふべし、〇《アン》と口《アク》とに十字を施《コ》して明《ラ》かに八《ヤ》尋《ヒロ》殿《ドノ》の象《チ》を視するならずや。されば申土ならで天下何《ツ》れの處《ロ》に八卦を畫さむや。申土の我《ガ》國《ニ》を指すなること金輪決して動《ゴ》くべからず。（また八卦の卦は圭と卜とを合《ハ》せたり、圭は日《ヒ》圭《バカリ》、卜は「T《ウ》⊥《オ》┤《エ》ト《ア》」の「ト《ア》」なり、二尊の天《アメ》御《ミ》柱《ハシラ》を廻《グ》り合ひ給《マ》へる最初の東方「ト《ア》」を擧げてすべて廻《グ》り合ひ給《マ》へる御《ン》狀《マ》を表《ラ》はし示《メ》しゝなり、この二尊の廻《グ》り合ひ給《マ》へる御《ン》事《ト》がやがて日計《カ》り給《マ》へる御《ン》狀《マ》ともなりて彼の言はゆる七政を齊《ナ》ふ璇璣たむとの基《ト》ひとなれるなれば卦の字の義はその旨《ネ》至《タ》りて深《カ》しとや云はまし、さては申土の申を臼の字の樣《マ》に書けるは〇《アン》乚《アク》の二象なることは勿論ながら亦《タ》日《ヒ》圭《バカリ》の上圜下方を表はす意をも兼ねたるならし。云云。）次《ギ》にまた我《ガ》國《ニ》の名稱が印度に遷《ツ》

△梵語の天御空、

◎『可洪音義』卷四上、

◎『玄應音義』卷三

◎『四阿含暮抄』卷下

りて、或《ヒ》は天を指すの語《バ》となり、或《ヒ》は山《マ》を指すの語《バ》となれりしことをこれより言ふべし。

「天御空《アマツミソラ》」　この「天御空《アマツミソラ》」は我《ガ》國《ニ》の古《ル》辭《ト》なること論なけれども、そが印度に遷《ツ》されて久《サ》しく彼れにも用《チ》ひられぬること何《カ》にめづらしからずや。先《ヅ》「天《アマ》」は梵語にても同《ナ》じく「阿《ア》摩《マ》」の音にて翻ずれば無垢となる。即《チ》天の光明を嘆《ホ》めて云へるなり。『可洪音義』に曰《ハ》く、

阿《ア》摩《マ》那《ナ》天、此云《ニハフ》無量光《ト》。

「阿《ア》摩《マ》」の下《モ》に「那《ナ》」の音あるは印度にては「阿《ア》磨《マ》」を長《ガ》く引き高《カ》く呼びて「阿《ア》波《ハ》摩《マ》那《ナ》」と響《ビ》かし、が故《エ》なり。『玄應音義』に曰《ハ》く、

盧《ア》波《ハ》摩《マ》那《ナ》、晋言《ニハフ》無量光天《ト》、中畧、光明轉《タ》、勝轉《グレタ》、妙故《ナルカエ》也《リ》、諸經《ノ》中《カ》有《ルヒハ》作《クル》阿《ア》波《ハ》、阿《ア》波《ハ》摩《マ》那《ナ》天是《レ》也《リ》。

『四阿含暮抄』に依れば「阿《ア》波《ハ》摩《マ》那《ナ》」の語は具《サ》には「阿《ア》波《ハ》羅《ラ》摩《マ》那《ナ》阿《ア》婆《ハ》」なる由《シ》なり。されども「阿《ア》波《ハ》摩《マ》那《ナ》」の音を更《ラ》に重《サ》ねしにて、「阿《ア》波《ハ》羅《ラ》摩《マ》那《ナ》阿《ア》婆《ハ》」と嘆稱の意《ロ》をつゞけたるさまなれば畢竟は「阿《ア》摩《マ》」なり。元來「阿波」も「阿波羅」も「摩那」も皆《ナ》物《ノ》の奇異に接したる時《キ》の自然の發音にて其を斯く重《サ》ぬるは即《チ》轉《ウタ》、しも勝ぐれ轉《ウタ》、しも妙《タ》えなりと云ふ天の光明に對する至極の嘆稱語なるが故《エ》

◎『西域記』卷二、

◎『瑜伽倫記』卷一、

◎『華嚴疏鈔』卷十九下、

◎『圓覺大鈔』卷七、

なり。（今《マ》も現に我《ガ》國《ニ》の人《ト》は何《ニ》か奇異に接したる一刹那の音には「あ、ー、ら、」とか「あ、ー、ら、ま、ー、」とか發するにて、更《ラ》に一層奇異なるには「あ、ー、ら、ま、ー、あ、ー、ら」など幾度も重《サ》ねて發することなり、自然の音なるが故《エ》ならずや、因《ナ》みに、穴賢の「あな」もこの「阿波摩那」の意《ロ》にてあることなど言ひ度《キ》はあれど日晩《レ》なんさて止めつ）。さて又《タ》我《ガ》國《ニ》には「天《アマ》」を「アメ」とも呼ぶなるが同《ナ》じマ行の通音にて印度もその例なり。『西域記』に阿《ア》摩《マ》羅《ラ》果を菴《アン》沒《モ》羅《ラ》果、菴《アン》弭《ミ》羅《ラ》果など云へる由《シ》を書けるにて知るべし。云云。

この中《カ》の菴《アン》沒《モ》羅《ラ》果にて念《モ》ひ當《タ》れることは、佛敎にては心識を六識、八識、九識等と立て、その第九識を菴《アン》沒《モ》羅《ラ》識と云へり、然《カ》るにこの菴《アン》沒《モ》羅《ラ》は阿《ア》摩《マ》羅《ラ》なり。諸書の古《ル》きには多《ホ》く阿《ア》摩《マ》羅《ラ》識と書きあれば反りて其《ノ》方《タ》ぞ眞《ト》の呼《ビ》音なるべき。さてこの第九識の阿《ア》摩《マ》羅《ラ》識は我《ガ》國《ニ》の「天《アマ》魂《ダマ》」と申《ウ》す辭《バ》をそのまゝ取り用《チ》ゐたりとぞ思《ボ》ゆ。自性清淨の眞《マコト》の本心《モトツココロ》を云ふなればなり。『瑜伽倫記』には「第九《ヲ》名《ク》阿摩羅《ト》、此《ニ》云《フ》無垢《ト》、乃至、如來《ノ》無垢識《ハ》、是《レ》淨無漏界《ナリ》、解脱《シテ》一切《ノ》障《ヲ》、圓鏡智《ト》相應《ス》、乃至、自性清淨心《ヲ》名《ケテ》爲《ス》阿摩羅《ト》」とあり、『華嚴疏鈔』には「譬《ヘバ》如《シ》清水《ノ》濁《レル》、穢除《ケバ》還《タ》本淨《ナリ》乃至故《ニ》眞諦三藏說《ヒテ》有《ルコト》九識、第九《ヲ》名《ク》阿摩羅識《ト》、若《キハ》唐《ノ》三藏《ノ》此《ニ》翻《セリ》無垢《ト》」とあり『圓覺大鈔』には「眞識《ハ》即《チ》無垢識」とあり、この第九識を「圓鏡智相應《ス》」と云へるなど特《ト》更《ラ》深《カ》く味《ハ》ふべきものぞ。

◎『大威徳陀羅尼經』卷六、◎『慧苑音義』卷上、

◎『華嚴探玄記』卷二、◎『慧苑音義』卷上、

△梵語の高天原

次《ギ》に「御《ミ》空《ソラ》」の「御《ミ》」は印度にては「摩《マ》尼《ニ》」の音の約まりたる語《バ》にて貴《ト》き物《ノ》を指せり。（この解は後《チ》に言ふ）。「空《ソラ》」は彼れにては日天と云へる意なり、或《ヒ》は「素《ソ》落《ラ》」と書き、また修《シユ》羅《ラ》と書き、「蘇《ソ》利《リ》耶《ヤ》」「須《シユ》梨《リ》耶《ヤ》」など種《マ》種《マ》に書けど皆《ナ》我《ガ》國《ニ》の「ソヽラヽ」の轉訛なり。『大威徳陀羅尼經』に曰《ハ》く、

日《ヲ》名《ク》二須《シユ》梨《リ》耶《ヤ》一《ト》。

『慧苑音義』に曰《ハ》く、

蘇《ソ》利《リ》耶《ヤ》者、此《ニ》云《フ》レ日《ト》也《リ》、

阿《ア》修《シユ》羅《ラ》の「修《シユ》羅《ラ》」を諸書に天と翻ずるに合《ハ》すべし。（『華嚴探玄記』には「阿修羅、新《ニハ》爲《ス》二阿素落《ト》一」とあり、修羅、素落同音なること知るべし、さて『慧苑音義』には「阿修羅、或《ハ》云《フ》二阿素羅《ト》一」と書きて明《カ》かに素羅の呼《ビ》音を示せり）。されば「天《アマツミ》御空《ソラ》」は「垢《ガ》れなく光《カ》れる（天）貴《ト》き日天（御空）」と云へる語《バ》なりかし。

高《タカ》天《マ》原《ハラ》　又《タ》高天原と云へるをば後世誤《マ》りて原野の意なりと解し、遂《ヒ》に近世に及びて支那北邊の滿州地方を指す學説までが出《デ》來しは、畢竟漢《カラ》に當《テ》られたる「原」の字に迷《ヨ》ひしにて嗤《ラ》ふべきの至《タ》りなり。

支那北邊の言語文字が我《ガ》國《ニ》の五十音、並びに神《ミ》代文字の種類の中《カ》にあるものによくも似たりとのことは我《ガ》國《ニ》の言《コト》靈《ダマ》が萬國《ヨロヅクニ》の大《ホ》本《ト》なれば必《ズ》

◎『孔雀王呪經』巻上
◎『大孔雀呪王經』巻中
◎『可洪音義』巻十三
◎『大日經義釋』巻三

さもあるべきことなり。（朝鮮の諺《オン》文《モン》も亦《タ》然《カ》なり）。彼の滿州に於《ヒ》て天を「アヽバヽ」と云ふは「アヽマヽ」の轉訛なるべく、又《タ》人《ト》を「ニヽヤヽラ」と云ふも、我《ガ》國《ニ》に人《ト》の生まるゝを「ナヽリヽ」「ナヽルヽ」等と云ひけるより起《コ》りしことならむ。（印度の「那《ナ》羅《ラ》」と云ふも亦《タ》是《レ》なり、「那《ナ》羅《ラ》」は支那に人と翻じ若しは生成就とも譯しぬ、生成就の譯は特《ト》に「ナヽリヽ」「ナヽルヽ」の義に合《ナ》へり）。己《レ》倘《シ》幸《ヒ》に暇《マ》あらば彼の「阿《ア》」「額《オ》」「伊《イ》」等の三十八音を更《ラ》に篤と看究《ハ》めなむかも。

先《ヅ》「高《タカ》天《マ》原《ハラ》」の「タ カ」は梵語の方《タ》には「地《ダイ》珂《カ》」と呼びて物《ノ》の長きを云へり。夜叉の名に「地《ダ》喋《リ》伽《カ》」などあるもその夜叉の身の至《タ》りて長きを以て申《ウ》すなり。（孔雀王呪經、大孔雀呪王經に出づ）。我《ガ》國《ニ》の辭《バ》に物《ノ》の長さを「タケ」「タカ」と云へば長きは即《チ》「タヽカヽキ」なり、天は最《モ》高き物《ノ》なれば最《モ》長き物《ノ》とも謂ひつべきか。又《タ》「地《ダイ》珂《カ》」の「地《ダイ》」は「提《ダイ》」と同《ナ》じく「タヽ」が本音にて「タヽ」は又《タ》「娜《ダ》」の音を有す、即《チ》「地《ダイ》珂《カ》」を「娜《ダ》伽《カ》」とも書ける所以《ン》なり。（「地」と「提」と同じきことは『可洪音義』に「提婆達多」を「地婆達兜」とも云ふ由《シ》に記《ル》せるをもて知るべし、「タ」の音に「娜」を有することは『金剛頂經』『文殊問經』に「陀」を「娜」と為せる是《レ》なり）。よりて『大日經義釋』を按ずるに曰《ハ》く、

復《タ》次《ニ》山《ハ》者、梵《ニ》云《フ》㆓娜《ダ》伽《カト》㆒、是《レ》不動《ノ》義《ナリ》也。云云。

山《マ》を「娜《ダ》伽《カ》」と云へるは我《ガ》國《ニ》の「タ カ」と同じ辭《バ》なるが故《エ》ならずや。又全《タ》く「娜《ダ》」の濁音を去りて山《マ》をば「吒《タ》迦《カ》」と呼べるもあるなり。山《マ》の平地より高《カ》きが

◎『玄應音義』巻二十三、

◎『縁生初勝分法本經』巻上、

爲《メ》に云ふならずや。（『玄應音義』に「吒《タ》迦《カ》」を山《マ》の名とする由記《シル》せり、但《タ》し彼れは或《ル》山《マ》の名なり、されど高《カ》きより「吒《タ》迦《カ》山」と名附けしならむ、飛驒の高《カ》山《マ》などの例なり、）。さて『義釋』に「娜《ダ》伽《カ》」を「不動《ノ》義」と釋し、は固《ト》より山《マ》の義を云ふなれど、また虚空を指すの意をも含めり。即《チ》虚空不動なり、『縁生初勝分法本經』に曰《ハ》く、

泥《チ》梨《リ》賀《カ》、翻《シテ》爲《ス》二不動《ト》一、而《モ》是《レ》空《ノ》義《ナリ》、以《テノ》空《チ》故《ニ》無《シ》レ所《ロ》二動作《スル》一。

この「泥《チ》梨《リ》賀《カ》」は前《ヘ》の「地《ダイ》喋《リ》伽《カ》」と同《ナ》じく「地《ダイ》珂《カ》」の音なるなればやがて「娜《ダ》伽《カ》」＝「吒《タ》迦《カ》」なり。こを以て念《モ》ふに高《タカ》天《マ》原《ハラ》の「タヽカ」は「最《ト》も高《カ》き虚空の天界」と云へる意《ココロ》の辭《バ》なり。次《ギ》に「原《ハラ》」に移《ツ》りて云はゞ、印度にては「波《ハ》羅《ラ》」に種々の呼《ビ》音ありて其《ノ》義を顯《ハ》せり、離垢光明の義、最勝第一義諦の義、究竟處の義、高遠の義、包羅含藏の義、度無邊の義、圓滿果報の義等なり。何《ツ》れも古《ル》くは天界のことにこれ等の義を云ひしにて、離垢光明の義は「阿《ア》摩《マ》羅《ラ》波《ハ》羅《ラ》」、最勝第一義諦の義は「波《ハ》羅《ラ》末《マ》陀《ダ》」、究竟處の義は「頗《ハ》羅《ラ》陀《ダ》那《ナ》」、高遠の義は「頗《ハ》羅《ラ》迦《カ》」、包羅含藏の義は「鉢《ハ》刺《ラ》闍《ジャ》」、度無邊の義は「波《ハ》羅《ラ》密《ミッ》」、圓滿果報の義は「毘《ビ》頗《ハ》羅《ラ》」と呼びたり。されど何《ツ》れも唯《タヾ》「波《ハ》羅《ラ》」の一音が本體なるにてあるなり。この「波《ハ》羅《ラ》」の語《バ》も亦《タ》我《ガ》國《ニ》の「ハヽラ」が原《ト》なれば高《タカ》天《マ》原《ハラ》の「ハヽラ」は必《ズ》この諸義を取りてぞ解すべき。何《カ》で原野の意をもて釋しなむや。（原野を「ハヽラ」と

云へるも此の中《カ》の廣大なる度無邊の義より言《ヒ》起《コ》したるにてこそあれ、原野が「ハラ」の音源なるには非《ラ》ず、海《ミ》を「ウナバラ」と云ふにて知るべし）。離垢光明と云へば天の麗《ラ》かなる色《ロ》なり、最勝第一義諦と云へば天より勝《グ》れたる物《ノ》なきなり、究竟處と云へば天界以上に處《ロ》なきなり、高遠と云へば天は何《ニ》物よりも最《モ》高く最《モ》遠《ホ》きなり、包羅含藏と云へば萬物は皆《ナ》天に包《ツ》まれてそれに藏《サ》めらるゝなり、度無邊と云へば天は度《カ》り知られざるなり、圓滿果報と云へば天は果報の最《モ》完きものなり。かゝることの諸義を一言に呼び顯《ラ》はしたるが高《タカ》天《マ》原《ハラ》の「ハ、ラ、」なるなり。古《ヘ》より我《ガ》國《ニ》の古典を學べる者《ノ》の多《ホ》くは唯《ヾ》この中《カ》の高遠（頻迦羅）の一義をのみ取りて言へるなるが然《サ》ばかりにては中《カ》々《カ》に高《タカ》天《マ》原《ハラ》の義《ココロ》は悉《ツク》されぬものぞ。また前《ヘ》に我《ガ》國《ニ》の「天《アマ》」の音を彼れに「阿《ア》波《ハ》摩《マ》那《ナ》波《ハ》」と呼ぶ由《シ》を言ひけるが尙《ホ》「阿《ア》波《ハ》摩《マ》那《ナ》婆《ハ》」の下《モ》に更《ラ》に「鉢《ハ》利《リ》多《タ》婆《ハ》」の音を附して「阿《ア》波《ハ》羅《ラ》摩《マ》那《ナ》婆《ハ》鉢《ハ》利《リ》多《タ》婆《ハ》」とも云ふことあり。この「鉢《ハ》利《リ》多《タ》婆《ハ》」の「利《リ》多《タ》婆《ハ》」は合音にて「ラ、」なれば「鉢《ハ》利《リ》多《タ》婆《ハ》」は「鉢《ハ》羅《ラ》」なり。よりて「阿《ア》波《ハ》羅《ラ》摩《マ》那《ナ》波《ハ》鉢《ハ》利《リ》多《タ》婆《ハ》」の語《トバ》が直《チ》に「ア、マ、ハ、ラ、」となることを念《モ》ふべし。これに「吒《タ》伽《カ》」の音を頭《カシラ》に附せば「吒《タ》伽《カ》、阿《ア》摩《マ》鉢《ハ》羅《ラ》」にて即《チ》高《タカ》天《マ》原《ハラ》の音ならずや。

云云。

△梵語の葦原中國

葦《アシ》原《ハラ》中《ナカ》國《ツクニ》　上《ミ》に引ける『神皇正統記』には天皇二祖の詔勅に偕《モ》に「豊《トヨ》葦《アシ》原《ハラ》

◎『古事記』巻上、
◎『日本書紀』神代巻、
◎『古事記』巻上、

千《チ》五《イ》百《ホ》長《ナガ》秋《アキノ》瑞《ミヅ》穗《ホノ》國《クニ》」とあればこれぞ神《ミ》代よりの根本の號なるべしとの旨《ネ》に書きたれど、そは後《チ》の名をめぐらして云ひたりとの說も別にあり。然《カ》るに『古事記』にては最初の國號は大《オホ》八《ヤ》洲《シマ》國《クニ》なること大《オホ》八《ヤ》嶋《シマ》成《ナリ》出《イデ》の段に

故《カレ》因二此《ヨリテコノ》八《ヤ》島《シマヅ》先《マヅ》所生一《ウミマセルクニナルニ》、謂二《イフ》大《オホ》八《ヤ》島《シマ》國一《クニト》、

とあるにて知るべし。この「謂二《イフ》大《オホ》八《ヤ》洲《シマ》國一《クニト》」とは後《チ》の人《ト》の謂ひたりしことをこゝに擧げたりとの說もあなれど、己《ノ》れの考《ガ》ふるにては定《ダ》めて諾《イザナギ》冉《イザナミ》二《フタハシラノミコト》尊の申《ウ》し給《マ》ひし御《ン》言《ト》なり。『日本書紀』に

伊《イ》弉《ザ》諾《ナギノ》尊《ミコト》伊《イ》弉《ザ》冉《ナミノ》尊《ミコト》共議《トモニハカリテノリ玉ハク》曰、吾《アハ》己《スデニ》生二《ウミキ》大《オホ》八《ヤ》洲《シマ》國《クニ》及《マタ》山《ヤマ》川《カハ》草木一《グサキノカミチ》、何不レ生二《ナゾモウマザラメ》天《アメノ》下《シタノ》之主《キミトマスカミチ》一者歟《ヤ》、

とあればこの事《ト》論《ツラ》ふべきに非《ラ》ざるをや。さて次《ギ》に看えたるはすなはち葦《アシ》原中國《ハラノナカツクニ》の國號にて、『古事記』夜《ヨ》見《ミノ》國《クニ》の段に曰《ハ》く、

爾《コヽニ》伊《イ》邪《ザ》那《ナ》岐《ギノ》命《ミコト》告二桃子一《モヽニノリ玉ハク》、汝如レ助レ吾《イマシアナタスケシガゴト》、於《ア》葦《シ》原中國《ハラノナカツクニニ》所有《アラユル》宇《ウ》都《ツ》志《シ》伎《キ》靑《アヲ》人《ヒト》草《グサ》之《ノ》、落二《ウキ》苦《セニ》瀨一《オチテ》而患惚《クルシマム》時《トキニ》可レ助《タスケテヨト》。云云。

されば葦《アシ》原《ハラ》中國《ナカツクニ》の國號は伊《イ》弉《ザ》諾《ナギノ》尊《ミコト》の後《チ》に至《タ》りて呼ばし給《マ》ひけりとぞ思《ボ》ゆ。但《ヽ》しこの葦《アシ》原《ハラ》中國《ナカツクニ》の稱《ナ》は別《コト》天神《アマツカミ》五《イツ》柱《ハシラ》の御《ン》時《キ》より已《デ》に高《タカ》天《マ》原《ハラ》にて呼ばしゝ最《ト》古《ル》き名なりしをこゝに至《タ》りて呼ばし給《マ》へるにて、伊《イ》弉《ザ》諾《ナギノ》尊《ミコト》よ

◎『古事記傳』卷六、

り以來《コノカタ》初《ジ》めて出で來し稱《ナ》には非《ラ》ずかし。さ申《ウ》さば諸冉二尊《イザナギイザナミノフタハシラノミコト》の未《マ》だこの國《ニ》を生まし給《マ》はざるに何《カ》で「葦《アシ》原《ハラ》」などの名あるべきと他《ヒト》は疑《ガ》ふなるべし。『古事記傳』に曰《ハ》く、

葦《アシ》原《ハラ》中國《ナカツクニ》は大御國《オホミクニ》の號《ナ》にして、もと天神《ツミ》の天照大御神、天之忍穗耳《ノ》命、御代に、高天《タカマノ》原《ハラ》より云《ヘ》る號《ナ》なり、此《ノ》號《ナ》の事《ト》別に國號考に委《シ》く云《ヘ》り或書に、葦牙《アシカビ》に喩《タトヘ》し名《ナヅク》る由《ヨシ》云《ヘ》るは上《ツ》代の意に非ず、さては原と云《ヒ》中《カ》と云《フ》こと由《シ》なし、又《タ》中《ツ》國と云《フ》を漢《ラ》國《ニ》の人《ト》のみづからほこりて、中華中國と云《フ》と同《ナ》じさまに說《キ》なすも、彼《レ》をうらやみたるひがごとなり、たゞ葦原の中《ナカ》なる物《ノ》をや、又《タ》この葦原《ノ》中《ツ》國《ニ》といふは、西《ノ》の九州をさすと云《フ》は、高天原は大和のことぞと謬《マ》り思《モ》ふから出《デ》たる強《シヒ》說《ゴト》なり今《マ》此《コ》、に天《ア》上《メ》ならずして夜《ヨ》見國《ミノクニ》にして、伊邪那岐命《イザナギノミコト》の如此《カク》詔《ノリ玉》へるは、彼《ノ》天《ア》上《メ》にして云《フ》稱《ナ》又《タ》天神《ツミ》の御代を、其《ノ》まゝ此《コ》方にても云《ヒ》ならへる世になりて語《タ》り傳《タ》へし語《バ》なりに、天上にて語《リ》傳《ヘ》たる語《バ》にても有《リ》なむ、

この說は、葦《アシ》原《ハラ》中國《ナカツクニ》は天照大神《アマテルオホンカミ》より以來《コノカタ》已《デ》に高天原《タカマハラ》より云へる號《ナ》なりとなり。諸冉二尊《イザナギイザナミフタハシラノミコト》より以前は我《ガ》國《ニ》未《マ》だ生まれあらざれば葦《アシ》原《ハラ》と云ふことあるべからずと念《モ》ひけるが故《エ》なり。凡《ツ》世《ヨ》の學者はすべてこの葦《アシ》原《ハラ》と云へるを葦《アシ》の叢《ムラ》生《オヒ》に生《オヒ》茂《ケ》りてこの國《ニ》の生《ア》れしまゝに未《マ》だき開《ラ》けざりつる狀《マ》を申《ウ》すなりと考《ガ》へぬるなり。『傳』の作者も亦《タ》然《サ》なりければ僅《カ》に

◎『慧琳音義』卷二十六、

◎『玄應音義』卷二十二、

◎『慧苑音義』卷上、

天《アマ》照《テル》大神《オホンカミ》の御《ミ》代《ヨ》よりとこそ云ひたりけめ、別《コト》天神《アマツカミ》の御《ン》時《キ》よりぞとはゆめにも覺《ボ》え附かざるらむ。然《サ》れどこれ等は皆《ナ》「葦原《アシハラ》」の漢字《カラモジ》にすかされたるにて言ふに足らず。そもこの「葦原《アシハラ》」は印度に遺《コ》れる語《バ》の意《ロ》から考《ガ》ふれば、決して葦《アシ》の生《オヒ》茂《ゲ》れる原《ハラ》野《ノ》など云ふ下《サ》げすみたる忌《マ》はしき名には非《ラ》ずして、前《ヘ》の大《オホ》八《ヤ》洲《シマ》と同《ナ》じく全《タ》く天《アメ》を褒めたる美《ウツ》くしみの稱辭《タタヘゴト》なり。「葦原《アシハラ》」の「アシ」は印度に於《ヒ》ても「阿私《アシ》」の音にて支那には之《レ》を無比、又《タ》は端正と翻せり。悉達太子を相せし阿《ア》私《シ》仙人の名を『慧琳音義』に釋《ト》きて曰《ハ》く、

阿《ア》私《シ》仙、又《タ》阿《ア》私《シ》多《タ》、唐《ニ》云《ヒ》二無比《ト》一、云《フ》二端正《ト》一。

この「阿《ア》私《シ》多《タ》」を彌勒の字《アザナ》と爲せるを『玄應音義』に釋《ト》きて曰《ハ》く、

阿《ア》氏《シ》多《タハ》彌勒《ノ》字《アザナリ》也。或《ハ》作《ル》二阿《ア》嗜《シ》多《タニ》一、此《ニハ》云《フ》二無勝《ト》一、謂《ク》二無《キ》人《ノ》能《ク》勝《サル》一也《リ》、舊《ニ》言《フハ》二阿逸多《ト》一訛也《リ》。（『慧苑音義』に無能勝と譯する是れなり）。

即《チ》「アシ」は無比最勝の義、また「ハラ」の天界なることは前に已《デ》に言ひつる如《ト》くなれば「アシハラ」は「無比最勝の天界」と云へる語《バ》なり。そも天《アメ》地《ツチ》の發《ヒラ》くる高《タカ》天《マ》原《ハラ》の始《ジ》めよりして無比最勝の天界なるなれば別《コト・》天神《アマツカミ》五《イツ》柱《ハシラ》の御《ン》時《キ》より必《ズ》「葦原《アシハラ》」と申《ウ》し、ことにて、天《アメ》御《ミ》中《ナカ》主尊《ヌシノミコト》の御《ン》勅にこの稱《ナ》の見えたることそ乃《チ》其の正《サ》しき證《アカシ》なるべけれ。されば「葦原《アシハラ》」の稱《ナ》は本《ト》古《ル》くより天《ア》界《メ》

◎『元元集』巻二、

の御《ミ》名《ナ》なるを特《ト》に此《ノ》國土《クニ》に譲《ヅ》り移《ツ》して、神《ミ》の皇孫《ミマ》の長《トコシヘ》に坐《マ》す國土《クニ》として天界《アメ》のまゝなるに造《ク》らし給《マ》へる由縁《ユカリ》の理《コトハリ》を其の稱《ナ》に呼び顯《ハ》し給《マ》へる天祖《アメミオヤ》の至《タ》りて遠《ホ》き至《タ》りて深《カ》き大御意《オホミココロ》にてぞあなる。葦原《アシハラ》のみかは、大《オホ》八洲國《ヤシマクニ》と申《ウ》すも亦《タ》たゞ天界《アメ》に名《ヅ》けし古《ル》き稱《ナ》にして、天界《アメ》の大八《オホヤ》の本《モト》の狀《マ》をやこの國土《クニ》に移《ツ》しゝから八島《ヤシマ》も生《ア》れ出でつらむ、國土《クニ》の八島《ヤシマ》ありての後《チ》に大八洲《オホヤシマ》の名始《メ》て起《コ》れるには非《ラ》ずかし。天《アメ》御《ミ》量柱《ハカリバシラ》にしつらはれたる八尋殿《ヤヒロドノ》が國土《クニ》の八島《ヤシマ》の本《ト》なるを念《モ》ひ廻《グ》らしなばこの事《ト》は明《ラ》かに知られなむ。（「八《ヤ》」の言《ト》は「彌《イヤ》」なることさ論《ヒ》なし、されどその「彌《イヤ》」の言《ト》に「八《ヤ》」の形《チ》あることをも識らざる可からず、凡《ソ》言靈《コトタマ》の道《チ》からは一切の言語に悉《ク》形《チ》あり、天界《アメ》の大八《オホヤ》にも亦《タ》天《ア》界《メ》ながらの形《チ》なからでやは）。次《ギ》に中國《ナカツクニ》の「ナヽカ」は梵語の「娜伽《ナカ》」是れなり。この本音は「タヽカ」にて即《チ》「高」の義なることと上《ミ》の高《タカ》天《マ》原《ハラ》の件《リ》に云へるが如《ト》し。よりて葦原中《アシハラナカツ》國《クニ》」とは梵語からは「無比最勝の天界たる高《タカ》み國《クニ》」と解し得らるゝなり。大秡《ノ》詞《ト》に「大《オホ》倭日《ヤマトヒ》高《タカ》見《ミ》之《ノ》國《クニ》」とあり、又《タ》『元元集』に「大《オホ》日本《ヤマト》高《タカ》見《ミノ》國《クニ》」とあり、古《ヘ》我《ガ》國《ニ》を「高《タカ》み國《クニ》」とも申《ウ》しゝならずや。（「高見《タカミ》」の「見《ミ》」はまさに「皇《ミ》」の字を借るべきか、即《チ》「高《タカ》皇國《ミクニ》」ならむ、「皇《ミ》」は加《ハ》えたる敬稱にてたゞ「高國《タカノクニ》」と申《ウ》すことなるべし、但し大秡の「高見之國《タカミノクニ》」は高々《カカ》しく見ゆる國《ニ》と云ふ義なり、また高《カ》きより下《モ》を見降《ロ》す意《ロ》をも兼ぬると聞《コ》えたり之《レ》に就きて本居の考《エ》はあれど今《マ》の意《ロ》とは違《ガ》へり）。云云。

◎『古事記傳』卷六、

◎『元元集』卷二、

「中《ナカ》」の辭《コトバ》に就きて渡邊重石の『天御中主考』に曰《ハ》く、

本居大人《ウシ》の御說に、凡《ベ》て物の中間を中《ナカ》と言ふは、伊邪那岐《イザナギ》大神《オホカミ》の中瀨《ナカツセ》に降《オ》り潛《カヅ》きて御禊《ミソギ》し給《マ》へるより出でたる言《ト》にて、淸明《アカ》といふことならむと云はれたるは、誠《ト》に然《サ》る說《コト》ながら、是《コ》も御《ミ》中《ナカ》主《ヌシ》の中《ナカ》が本《ト》にて、中瀨《ナカツセ》の中《ナカ》は末《エ》ならむ。云云。（これに云ふ本居大人の說とは『古事記傳』を指せるなり）。

「中《ナカ》」の辭《コトバ》は御《ミ》中《ナカ》主《ヌシ》の「中《ナカ》」が本《ト》なりとの渡邊の說や佳し。さて又《タ》本居の「ナカ」は「アカ」ならむとの解も頗《ル》妙なり。「アカ」は梵語にても「閼《ア》伽《カ》」にて即《チ》水のことなれば本《ト》より瀨を云ふべきの便《ヨ》りなり。よりて己《ノ》れ熟《ラ》々《ラ》考《ガ》ふるに天御《アメノミ》中《ナカ》主《ヌシ》の中《ナカ》も亦《タ》「アカ」に通《ヨ》ふ理《ハリ》なればこの御《ミ》名《ナ》には水に因《チナ》める御旨《ン子》の自《オノヅカ》ら籠《コモ》らし給《マ》ふことなるべし。彼の祕記と稱する類《ゲヒ》の內《チ》に天《アメ》御《ミ》中《ナカ》主《ヌシ》尊《ノミコト》を「千變萬化一水之《ノ》德」など書けるは怪《ヤ》しき說《コト》なりとは云へ斷えて故《エ》由《シ》なきには斯《カ》ふは言ふまじ。（「千變萬化」云云は大田命《オホタノミコト》の傳として『元元集』に載せり）。今《マ》己《ノ》れその故《エ》由《シ》を私《シ》意《ロ》もて推し斷《サダ》めて測言《ハカリコト》すなるにあらざれども、甞《ツ》ては印度より我《ガ》國《ニ》を指して龍國と名づけて天御《アメノミ》中《ナカ》主《ヌシ》尊《ノミコト》を大龍王と申《ウ》したりしことの正《マサ》しかるやうなれば試《ミ》に取《リ》次ぎて申《ウ》すべし。先《ヅ》印度にてすべて水の國を龍國と名《ヅ》けしことは我《ガ》國《ニ》の「ナカ」の國號（中《ツ》國《ニ》）が彼《レ》に聞《コ》えた

るよりのことにて、「ナカ」は「アカ」なるが故《エ》に「中國《ナカツクニ》」をばやがて「水の國《ニ》」なりと念《モ》ひその水なる「ナカ」を更《ラ》に龍の名と爲して龍國とは言ひ出でたりけむ。されば多《ホ》くの水の國《ニ》をすべて皆《ナ》龍國と言はれてあれど其は後《チ》に轉《ツ》れるにて、元《ト》我が「中國《ナカツクニ》」の國號より起《コ》れることなれば龍國の名は初《メ》は正《サ》しく我《ガ》國《ニ》をや指せるならむ。こも本《ト》の天《アメノ》御《ミ》中《ナカ》主《ヌシ》の御《ミ》名《ナ》に籠《コモ》らする御《ン》旨《ネ》として自《オノヅカ》ら「中《ナカ》」を龍とも申《ウ》すべくに合《カナ》へるが爲めなりとぞ思《ボ》ゆ。龍と申《ウ》したりとて卑《イヤ》しめたれりとな念《モ》ひそ、印度には優ぐれたるものには多《ホ》くこの辭《コトバ》をもて言ふにて、『慧苑音義』に曰《ハ》く、

摩《マ》訶《カ》那《ナ》伽《カ》、此《ニハ》云《フ》龍《ト》、亦《ハ》云《フ》象《ト》、今《マ》此《ノ》力士《ハ》、力《ラ》如《シ》龍象《ノ》、故《ニ》爲《ス》其《ノ》名《ト》也。

（「摩訶」は「大」にて「那伽」は「龍」なり）。

又《タ》佛陀如來をも龍に比《タグ》ふるにて、左に揭《ゲ》ぐる諸書を看るべし。

『大日經義釋』に曰《ハ》く、摩《マ》訶《カ》那《ナ》伽《カハ》是《レ》如來《ノ》別號、以《テ》況《トフ》不可思議無方《ノ》大用《ニ》也《リ》。

『玄應音義』に曰《ハ》く、那《ナ》伽《カ》、此《ニハ》云《フ》龍《ト》、或《ハ》云《フ》象《ト》也《リ》、言《フハ》其《ノ》大力《ノ》故《ニ》以《テ》喩《フ》焉。

同書に亦《タ》曰《ハ》く、有《リ》三義、一《ニハ》云《ヒ》龍《ト》、二《ニハ》云《ヒ》象《ト》、三《ニハ》云《フ》不來《ト》、孔雀經《ニハ》名《ケテ》佛《チ》爲《ス》那《ナ》伽《カト》、由《ルガ》佛《ノ》不《ルニ》更《ラニ》來《タラ》生死《ニ》故《エ》也《リ》。

◎『慧苑音義』卷下

◎『大日經義釋』卷五

◎『玄應音義』卷三

◎同書卷二十四

◎『倶舍頌疏』卷一、◎『大智度論』卷三、◎『古事記傳』卷三、

『倶舍頌疏』に曰《ハ》く、那《ナ》伽《カ》、此《ニハ》云《フ》龍頭《ト》、顯《ハス》佛世尊《ヲ》。

又《タ》佛弟子の上首たる阿《ア》羅《ラ》漢《カン》をも云ふにて、『大智度論』に曰《ハ》く、摩《マ》訶《カ》那《ナ》伽《カハ》、名《ク》阿《ア》羅《ラ》漢《カンニ》、摩《マ》訶《カヲ》言《ヒ》大《ト》、那《ナヲ》名《ケ》無《ト》、迦《カヲ》名《ク》罪《ト》、阿《ア》羅《ラ》漢《カンハ》諸《ノ》煩惱斷《ゼリ》、以《テノ》是《ヲ》故《ニ》名《ク》大無罪《ト》、復《タ》次《ギニ》那《ナ》伽《カハ》、或《ハ》名《ケ》龍《ト》、或《ハ》名《ク》象《ト》、是《ノ》五千《ノ》阿羅漢《ハ》、諸《ノ》阿羅漢《ノ》中《ニ》最《モ》大力《ナリ》、以《テノ》是《ヲ》故《ニ》言《フ》如《ク》龍《ノ》如《シト》象《ノ》、水行《ノ》中《ニハ》龍《ノ》力《ラ》大《ナリ》陸行《ノ》中《ニハ》象《ノ》力《ラ》大《ナリ》。（この『論』に「無罪」の義を主として言ひしは阿羅漢の除惡滅罪の德を專ら稱《ホ》むるの意に由るなれど、「那《ナ》伽《カ》」の正翻まさに龍たるべきことは已《デ》にこの『論』の作者龍樹の梵名が「那《ナ》伽《カ》閼《ア》刺《ラ》樹《ジュ》那《ナ》」と云ふにても知らるべし、又《タ》象と云へるも義譯に過ぎざることは龍樹を象樹と云はぬにて明《カ》かなり、さて「那《ナ》伽《カ》」の音に無罪の義ありと云ふことも面《モ》白《ロ》し、伊《イ》弉《ザ》諾尊《ナギノミコト》の中《ツ》瀨の御禊《ミソギ》がなべて世の除惡滅罪の本《ト》つ起《コ》りとなれるが故《エ》ならずや）。

されば我《ガ》國《ニ》を指して龍國と云ひしは彼《レ》より我《レ》を尊《ト》みたることにて、その尊《ト》みたる名を又《タ》佛陀にも阿羅漢にも又《タ》は優《ゲ》れたる力士にも轉《ツ》し用《チ》ゐたるにてぞあるべき。何《ニ》となれば龍の梵名「那《ナ》伽《カ》」は本《ト》我《ガ》國《ニ》の「ナカ」が往きたるなればなり。（龍國は我《ガ》國《ニ》を指して云ふなること後《チ》に尙《ホ》明すべし、）。又《タ》國號の「中國《ナカツクニ》」の「ナカ」が往《キ》けるのみならず、畏《カシコ》かれど天御《アメノミ》中《ナカ》主尊《ヌシノミコト》の御《ミ》名《ナ》も疾くぞ彼《ノ》國《ニ》に渡《タ》りましけむ彼《レ》に大龍王のことを古《ル》く「摩《マ》那《ナ》斯《シ》」と申《ウ》しけり、「摩《マ》那《ナ》斯《シ》」とは御《ミ》中《ナカ》主《ヌシ》の約《ヨ》まり轉《ツ》れる音なり。『古事記傳』に曰《ハ》く、

天之《アメノ》御《ミ》中《ナカ》主神《ヌシノカミ》、御《ミ》中《ナカ》は眞《マ》中《ナカ》と云《ハ》むが如《ト》し、凡《ベ》て眞《マ》と御《ミ》とは本《ト》通《カヨ》ふ辭《バ》なるを、やゝ後《チ》には分《チ》て、御《ミ》は尊《ト》む方《タ》御《ノ》字を書《ク》も此《ノ》意なり、但し此《ノ》字は漢《ラ》國にては、王の上《ヘ》に限りて云《フ》を、此《コ》方《コ》にて美といふは、天皇の御うへに限《ギ》らず、凡人《タヾビト》にも何《ニ》にもいふ辭《バ》なり、眞《マ》は美《ホ》稱《ム》ると、甚《タ》しく云《フ》と、全《マタ》きてとゝに用《チ》ふ、されど古《ヘ》の言《ト》の遺《ノコ》れるはなほ通《ヨ》はして、眞《マ》熊《クマ》野《ヌ》とも三《ミ》熊《クマ》野《ヌ》とも云《ヘ》る類《ヒ》多《ホ》く、又《タ》眞《マ》と云《フ》べきを御《ミ》と云《ヘ》るも、御《ミ》空《ソラ》御《ミ》雪《ユキ》御《ミ》路《チ》など多《ホ》かり、御《ミ》中《ナカ》も此《ノ》類《ヒ》なり、天《アメ》のみならず、國《クニ》之《ノ》御《ミ》中《ナカ》里《サト》之《ノ》御《ミ》中《ナカ》なども萬葉の歌にあり俗言《サトビゴト》にマン中《カ》といふも眞《マ》中《ナカ》なり、凡《ベ》て眞《マ》をなほ甚《ダ》しく云《フ》とてマンと撥《ハ》れ、又《タ》マツとつむるは俗《ノ》言のつれなり又《タ》毛《モ》那《ナ》加《カ》と云《フ》も眞《マ》中《ナカ》の轉《ウツ》れるにて、天武紀に天《ソラノ》中《モ》央《ナカ》とあり此《ノ》字を以て此《コ》の御《ミ》中《ナカ》の意をも知《ル》べし主《ヌシ》は大《ウ》人《シ》と同言にて、能《ノ》宇《ウ》斯《シ》の切《ツヾマ》れるなり宇《ウ》斯《シ》を主人と書《ケ》ることも見えたり、書紀に、繼體天皇の大御父彦《ヒコ》主《ウ》人《シ》王《ノミコ》、又《タ》續紀に、阿倍《ノ》朝臣御《ミ》主《ウ》人《シ》など是《レ》なりこれ等今《マ》は訓《ヨミ》をあやまれり故《カレ》古《ヘ》に宇《ウ》斯《シ》は、必《ズ》某《ナニ》之《ノ》宇《ウ》斯《シ》と之《ノ》を加《クハ》へたるに云《ヒ》、奴《ヌ》斯《シ》は某《ナニ》主《ヌシ》と直《タヾチ》に連《ツラ子》て、之《ノ》を加《クハ》へぬに云《ヘ》り、飽《アキ》咋《クヒ》之《ノ》宇《ウ》斯《シ》能《ノ》神《カミ》、大《オホ》背《セ》飯《ヒ》之《ノ》三《ミ》熊《クマ》之《ノ》大《ウ》人《シ》、大《オホ》國《ウニ》主神《ヌシノカミ》、大《オホ》物《モノ》主《ヌシノ》神《カミ》、事《コト》代《シロ》主神《ヌシノカミ》、經《フ》津《ツ》主神《ヌシノカミ》などの如《ト》し、又《タ》書紀に、齋《イハヒ》主神《ヌシノカミ》號《ヲイフ》齋《イハヒ》之《ノ》大《ウ》人《シ》と見え此《コ》は齋主《ノ》神と云《フ》は其《ノ》神號、齋之大人と云《フ》は其の時祭《キリ》につきての職號《ツカサナ》の如《ト》くなるものなるを、その職號《ツカサナ》を即《ヤガテ》其《ノ》神《ノ》名として、齋主《ノ》神と云《フ》なり、然れば職《ツカサ》

號《ナ》は前《ヘ》にて、神號さなれるは後《チ》なるを、此《ノ》文《ミ》はなほ後《チ》より云《ヘ》る故《エ》に、本末まぎらはしく聞《コ》ゆめり、又《タ》丹《タニ》波《ハノ》美《ミ》知《チ》能《ノ》宇《ウ》斯《シノ》王《ミコ》を、書紀には道《ミチ》主《ヌシノ》王《ミコ》とある、是《コレ》らを以《モテ》知《シル》べし奴《ヌ》斯《シ》にも之《ノ》を添《ヘ》て某《ナニノ》之主《ヌシ》といひ、又《タ》たゞ主《ヌシ》とばかり首《ハジメ》に云《フ》などは、みな後《チ》のことなり、萬葉十八天平勝寶元年の歌にたゞ奴《ヌ》之《シ》とあり、その頃《ロ》よりぞさる言《ト》もありけむ、又《タ》主《ノ》字を宇《ウ》斯《シ》にあてずして、奴《ヌ》斯《シ》にあてたるは、能《ノ》宇《ウ》斯《シ》と云《フ》よりも、約《ツ》めて奴《ヌ》斯《シ》と云《ヒ》し言《ト》の、古《ヘ》より多《ホ》かりし故《エ》なるべし、されど本《ト》を正《タヾ》していはゞ主《ノ》字ばかりは宇《ウ》斯《シ》と訓《ム》べきことはりなり、さて宇《ウ》斯《シ》波《ハ》久《ク》と云《フ》も、其《ソ》處《コ》の主《ヌシ》として、領《シメ》居《ラ》ることなり宇斯の久の事は傳十四に委《ク》いふされば此《ノ》神《ミ》は、天《アメノマ》眞中《ナカ》に坐《マシ》々《マシ》て、世《ノ》中《カ》の宇《ウ》斯《シ》たる神《ミ》と申《ウ》す意《ロ》の御名なるべし。云云。

御《ミ》中《ナカ》主《ヌシ》は眞《マ》中《ナカ》主《ヌシ》なることこれにて著《シル》し。さてそが更《ラ》に「摩《マ》那《ナ》斯《シ》」となれるは「中《ナカ》」の「カ」が畧され、「主《ヌシ》」の「ヌ」が省《ブ》かれしにて、彼《レ》此《レ》語《バ》は違《カ》えるに非《ラ》ず。「中《ナカ》」の「カ」が畧されてたゞ「ナ」の音ばかりにても意《ロ》は同《ナ》じにて、例せば「僧《ソウ》伽《カ》」の「伽《カ》」を去りてたゞ「僧《ソウ》」と呼びたるが如《ト》く、また「印《イン》度《ド》伽《カ》」の「伽《カ》」はなくも「印《イン》度《ド》」にてその義通じたると同《ナ》じく、たゞ「摩《マ》那《ナ》」にて「眞《マ》中《ナカ》」の意《ロ》なり。（我《ガ》國《ニ》の「眞《マ》名《ナ》井《ヰ》」も亦《タ》「眞《マ》中《ナカ》井《ヰ》」なるべし、但し本居の説はさに非《ラ》ず）。「主《ヌシ》」の「ヌ」が省《ブ》かれしは上《ミ》の「摩《マ》那《ナ》」の「那《ナ》」に攝《カ子》しめたるにて、同音の接續したる時《キ》は多《ホ》く省《ブ》かる、これ又《タ》例あることなり。かくてこの御《ミ》名《ナ》を大龍王のことゝして崇《ガ》め申《ウ》したりしことは

◎『法華文句』卷一
◎『光宅法華疏』卷一
◎『法華玄贊』卷二
◎『華嚴探玄記』卷二
△本居の解は『古事記傳』の卷七に見ゆ
◎『慧苑音義』卷下

左の諸書を看て知るべし。

『法華文句』に曰《ハ》く、摩《マ》那《ナ》斯《シ》、此《ニ》云《フ》大身或《ハ》大意、大力等《ト》、修羅《カ》、挑《ゲテ》海《チ》淹《ヒタス》喜見城《チ》、此《ノ》龍縈《フテ》身《チ》以《テ》遏《ム》海水《チ》。（この大身、大意、大力等は摩訶の音を解けるなり、「摩那」の「摩」の音に自《オ》ら「摩訶」即《チ》大と云ふ意《ロ》も響《ヒ》かされてある故《エ》にや、龍の大力のことは前の『大日經義釋』等に云ふ如《ト》し）。

『光宅法華疏』に曰《ハ》く、譯《シテ》云《フ》大身《ト》、則《チ》繞《クル》須彌《チ》七匝也《リ》。（是は『文句』の大意と云ふに當《タ》れり）。

『法華玄贊』に曰《ハ》く、摩《マ》那《ナ》斯《シ》、此《ニハ》云《フ》慈心《ト》。

『華嚴探玄記』に曰《ハ》く、摩《マ》那《ナ》蘇《ソ》婆《ハ》帝龍王、亦《タ》名《ク》摩《マ》那《ナ》斯《シト》、此《ニハ》云《フ》慈心《ト》、亦《タ》名《ク》得意《ト》、正《サシク》云《ヘバ》、摩《マ》那《ナチ》云《ヒ》意《ト》、斯《シチ》云《フ》高《ト》、謂《ク》有《リテ》威德意《ロ》高《カシ》餘《ノ》龍《ヨリモ》、爲《リ》一切蝦蟇形《ノ》龍王。

本居の「天《アメ》之《ノ》眞《マ》名《ナ》井《キ》」を解するには、「眞《マ》名《ナ》井《キ》」を「眞《マ》渟《ヌ》名《ナ》井《キ》」の約《ツヾマ》りと爲し、「渟《ヌ》」は凡《べ》て水の湛《タヽヘ》たる所《ロ》なりと云ひたり。さては「主《ヌシ》」の「ヌ」にも亦《タ》自《オノヅカ》ら水の湛《タヽヘ》たる狀《マ》の義《ココロ》あるべきにや、「摩《マ》那《ナ》斯《シ》」の「斯《シ》」をば『慧苑音義』には「流《ル》出《スイ》」の義《ココロ》と云ひたり。即《チ》水の湛《タヽヘ》たる所《ロ》より流がし出だすと云ふ義《ココロ》が「主《ヌシ》」の辭《バ》なり。（政令を布くなどの布くの「シ」の音はこの流出の義なり、高《カ》きより卑《ク》きに流出するなれば「シ」を「高」とも解すなり）。斯《コ》ふて考《ガ》ふれば天《アメノミ》御中《ナカ》主《ヌシ》の「中《ナカ》」も「アカ」にて水、「主《ヌシ》」も亦《タ》水の義《ココロ》、何《ツ》れも水に因《チナ》める御《ミ》名《ナ》なるより彼《レ》れことをもて大龍王のこと、念《モ》ひて、後《チ》には全《タ》く或《ル》龍を指

△瑞穗國の梵語
◎『古事記傳』卷十三、

すの名とも爲したりけむ。御《ミ》名《ナ》の御《ン》事《ト》はさりながら「中國《ナカツクニ》」の「中《ナカ》」は正《サ》しくは高《タカ》の義《ココロ》にてあるべきことなり。

瑞《ミツ》穗《ホノ》國《クニ》　『古事記』には水《ミツ》穗《ホノ》國《クニ》と書けり。『古事記傳』に解して曰《ハ》く、

ヽ水は借字にて、みづ〲しきを云《フ》（書紀に瑞《ノ》字をかゝれたれど其《ノ》意には非《ラ》ず、迷ふことなかれ）穗《ホ》は稻《イナ》穗《ホ》なり（上に葦原云云と云《フ》に就《ヒ》て、葦の穗と勿《ナ》おもひまがへそ、）書紀に天照大神云云、又勅《ミコトノリシタマハク》曰、以《ア》吾《ガ》高《タカ》天《マノ》原《ハラニキコシメス》所御《ユ》齋《ニハ》庭《ノ》之穗《ホ》亦《モ》當《アガ》御《ミコ》於《ニ》吾《キコシメサスベシ》兒とある穗《ホ》も然《カ》り（故《レ》古《ヘ》より此《ノ》一字を伊《イ》那《ナ》煩《ホ》と訓《ミ》來つ、されど國號の水《ミツ》穗《ホ》とも伊《イ》禰《ネ》といはで、ただに富《ホ》といへば、此《レ》も然《サ》訓むべきなり）さて水《ミツ》穗《ホノ》國《クニ》と云《フ》號《ナ》も、此《ノ》齋《ユ》庭《ニハ》之《ノ》穗《ホ》に由《ヨ》縁《シ》あることなり、猶《オ》下《モ》の登《ト》由《ユ》宇《ウ》氣《ケノ》神《カミ》の處《ロ》に委《シ》く云《フ》べし（そも〲皇《スメラ》御《ミ》國《クニ》は、萬《ツ》の物《ノ》も、事《ト》も、異國々《アダシクニ〲》より優《マサ》れる中《カ》にも、稻は殊《ト》に、今《マ》に至《タ》るまで、萬《ツ》の國《ニ》にすぐれて美《メデ》たきは、神《ミ》代より深《カ》き所由《ユエ》あることぞ、今《ノ》世《モロ》諸人《ビト》、かゝるめでたき御國《ニ》に生《マ》れて、かゝるめでたき稻穗を、朝暮《アサクレ》に賜《タ》ばりながら、皇《ミ》神《カミ》の恩《ミ》賴《タマ》をば思《モ》ひ奉《マツ》らで、よしなき漢《ラ》國《ニ》のことをのみおもひあつかふは、いかにぞも、）さて上《ミ》に千《チ》秋長《アキノナガ》五《イ》百《ホ》秋《アキ》と云《フ》も、此《ノ》水《ミツ》穗《ホ》に係《カケ》たる祝《ホギ》辭《ゴト》にて（秋と云《フ》も穗《ホ》にかゝれるゆえなり）長《ガ》く久《サ》しく、御《ミ》子《コノ》命《ミコト》の此《ノ》水《ミツ》穗《ホ》を所聞食《キコシメス》べき國《ニ》と云《フ》意《ロ》以て名《ツ》けたる國號《クニノナ》なること、彼《ノ》大嘗祭の祝《ノリ》詞《ト》に、此《ノ》同《ナ》じ祝《ホギ》辭《コト》を、御《ミ》孫《マノ》命《ミコト》の大《オホ》嘗《ニヘ》聞食《キコシメ》すことに係《カケ》て云《ヘ》るにても知《ル》べし（又《タ》彼《ノ》大殿祭の詞も、云《ヒ》さまはかはりたれど、萬《ヨロヅ》千《チ》秋《アキ》云云は、猶《ホ》瑞《ミツ》穗《ホ》へ係《カ》れり）

◎『帶佩護身呪經』卷一、

これに「瑞穂《ミヅホ》」の「瑞《ミヅ》」を水《ツ》々《ツ》しきことに云ひ解《ワ》きしは何かゞにや。水《ツ》々《ツ》しき穂《ホ》にては穂《ホ》をめづるにならぬなり。よしや本文に水《ツ》の字を借るとも書紀の瑞《ミヅ》の字の義《ココロ》以て解《ワ》くるぞよかる、即《チ》善きことを瑞《ミヅ》とは云ふなり。（試《ロ》みに「瑞」の一字を書けばめづる意《ロ》は直ぐに識らるべけれど、「水」とのみ書きてはよしあしの旨《子》さらに解《ワ》くべからず、水はめづる義にならぬ故《エ》なり）。さて今《マ》之《レ》を梵語の上《ヘ》に考《ガ》ふれば「彌《ミ》栗《リ》頭《ヅ》」となん云へる語《バ》正《サ》しく是れなり。（「彌《ミ》栗《リ》頭《ヅ》」の「栗《リ》」は輕音なれば全《タ》く「彌《ミ》頭《ヅ》」なり、向《キ》に云へる「地㗚伽《ダイリカ》」の音が「地珂《ダイカ》」なると同《ナ》じ、すべて梵語は語中の「ラ」行の輕音を多《ホ》く省《ブ》くことの例なるを知るべし）。『帶佩護身呪經』に彌《ミ》栗《リ》頭《ヅ》不《フ》羅《ラ》、彌《ミ》栗《リ》頭《ヅ》婆《ハ》呵《カ》娑《サ》、彌《ミ》栗《リ》頭《ヅ》波《ハ》羅《ラ》波《ハ》等の三十六神王の名を擧げたるを支那にて善光、善明、善力等とすべて彌《ミ》栗《リ》頭《ヅ》の音を善と譯したり。即《チ》三十六神王の美稱《ホメナ》にて、こを我《ガ》國《ニ》のありのまゝに申《ウ》さば、善光は瑞《ミヅ》し光《ヒカリ》、善明は瑞《ミヅ》し明《アカラ》、善力は瑞《ミヅ》し力《チカラ》などの神名なり。よりて「瑞穂《ミヅホ》」の「瑞《ミヅ》」も美稱《ホメナ》にてたゞ「瑞《ミヅ》し穂《ホ》」と申《ウ》す辭《コトバ》なりかし。さて又《タ》「穂《ホ》」を稲《イ子》の穂《ホ》と云ひしことには少《コ》しく疑《ガ》ひあり。神《ミ》の御《ミ》饗《アヘ》の物《ノ》の内《チ》に稲《イ子》は最《ト》も重《モ》くして優《ゲ》れたる尊《ト》き物《ノ》なること論《ラヒ》なけれども、未《マ》だ穂のまゝにては御《ミ》饗《アヘ》に供《ナ》え難《タ》かるを何《ニ》とて穂ばかりを「瑞《ミヅ》し」とは美《ホ》め給《マ》ひしぞ、已《デ》に穂《ホ》をすら「瑞《ミヅ》し」と美《ホ》め給《マ》ふ程《ド》ならば何《ニ》とて「瑞《ミヅ》し稲《イ子》」「瑞《ミヅ》し米《ヨ子》」などの仰辭《オホセゴト》もあらざりしぞ。故《カレ》考《ガ》ふるに「瑞穂《ミヅホ》」の「ホ」の音は定《ダ》めて稲穂《イナホ》のみのことに非《ラ》ざるべし。稲《イ子》を主《オモ》として

◎『古事記傳』三十一卷

◎『古事記傳』五卷

總《べ》て齋《イハ》ひ供《ソナ》へまつる御《ン》物《ノ》を皆《ナ》「瑞《ミツ》し穗《ホ》」と仰《ホ》し美《ホ》め給《マ》ひけるにて神《ミ》の御《ミ》饗《アヘ》は何《ツ》れも「ホ」と申《ウ》す物《ノ》にてぞあるべき。（されば「穗」の字はたゞ漢《ラ》字を借りたるなり）。「ホ」は保《ホ》々《ホ》萬《マ》留《ル》とも布《フ》保《ホ》隱《モル》とも云ふ古《ル》辭《ト》の義《ココロ》に當《タ》りて頰《ホ》に物《ノ》を含《ク》める狀《マ》なれば神《ミ》の聞《キコ》し食《メ》す御《ミ》饗《アヘ》の物《ノ》に「ホ」ならぬはあるべからず。（この「ホ」の解きは『古事記傳』にあるを取りて云ひしなり、すべて御《ミ》饗《アヘ》の物《ノ》を「ホ」と云ふべきなれば酒《サ》、宴《モリ》給《マ》ふことも「ホガヒ」と申《ウ》すぞ、尙「祝壽《ホホギゴト》」と申《ウ》すも齋《ユ》廷《ニハ》の御《ミ》饗《アヘ》を齋《イハ》ひまつる事《ト》より云ふにて「ホガヒゴト」の義なるべしとは或《ル》人《ト》己《デ》に言ひたり）。また多《タ》治《ヂ》比《ヒノ》宮《ミヤ》の尊《ミコト》の瑞《ミヅ》齒《ハ》別《ワケ》と申《ウ》す御《ミ》名《ナ》及《ヨ》び他《ホカ》の神《ミ》の名にある彌《ミ》都《ヅ》波《ハ》能《ノ》賣《メ》などの瑞《ミヅ》齒《ハ》の「ハ」もこの瑞《ミヅ》穗《ホ》の「ホ」と同《ナ》じことに俱《モ》に「食《ハ》む」てふ辭《コトバ》の原《ト》なる所《ヨ》以《シ》を念《モ》ふべし。（尊達《ミコトタチ》の御《ミ》名《ナ》に多《ホ》く「火《ホ》」の某々《ナニナニ》とあるは齋《イハヒ》の御《ミ》饗《アヘ》の物《ノ》を聞《キコ》し食《メ》すよりの御《ン》事《ト》にて、即《チ》「瑞《ミヅ》穗《ホ》」の「ホ」なるべく、これに「火《ホ》」を當てしはたゞ字を借りしのみならむ、瑞齒《ミヅハ》別《ワケ》の御《ミ》名《ナ》も瑞《ミヅ》穗《ホ》別《ワケ》の意《ココロ》なるを御《ン》齒の美《ウツ》くしかりけるより幸《ヒ》に音を渡たし通《ヨ》はし給《マ》へるならむ、又《タ》この御《ミ》饗《アヘ》の物《ノ》の職《ツカサ》の神達《ムチ》の多《ホ》く「ホ」の某々《ナニナニ》と名乘らしゝもあるべし、「彌《ミ》都《ヅ》波《ハ》能《ノ》賣《メ》」も「瑞齒《ミヅハ》の女《メ》」にて御《ミ》饗《アヘ》の物《ノ》に緣《ユカリ》の神《ミ》なりしかば然《サ》申《ウ》しゝとぞ思《ボ》ゆ、然《サ》るを『古事記傳』に「彌《ミ》都《ヅ》波《ハ》能《ノ》賣《メ》」を「彌《ミ》は水なるべし都《ツ》波《ハ》は未《マ》だ思《モ》ひ得ず」と云ひしは瑞穗《ミヅホ》、瑞齒《ミツハ》のことを思《モ》ひ得ざりつゝにて彌《ミ》と都《ツ》波《ハ》とを別きて看たるなど彼《ノ》人に似合《ハ》ず餘《マ》りに散《ン》散《ン》なり、因《ミ》に『書紀』の神武《ノ》卷なる「罔象女、此《レ》云《チフ》二彌《ミ》菟《ヅ》波《ハ》迺《ノ》迷《メト》一」は恐《ラ》くは罔の上《ミ》に嚴の字を脫したる歟、嚴罔象女の四字にてたゞ「みづはのめ」と訓むべきなり、「いづのみづはのめ」にては語《バ》重《サ》なりて煩《ラ》はし、「いづ」は即《ヤカ》て「みづ」なるをや）。そも神《ミ》の御《ミ》子《コ》の聞《コ》し食《メ》し給《マ》ふ御《ミ》饗《アヘ》の物《ノ》はもと高《タカ》天《マ》原《ハラ》の齋《ユ》廷《ニハ》の御《ン》物《ノ》と同《ナ》じにて、そを聞《キコ》し食《メ》し給《マ》ふ御《ン》儀を食《オス》國《クニ》治《シラス》大《オホ》御《ミ》政《マツリゴト》の本《ト》とは定《ダ》め給《マ》ふなり。さてその齋《イハヒ》の旨《子》として凶《アシ》き穢《ケガ》

◎『飾宗記』巻五之末、

◎『名義集』巻七、

れたるを排《ハラ》ひ去り專《モハラ》清《ヨ》き善き食《ホ》の物《ノ》を擇《ラ》び取らしゝから「瑞《ミヅ》し穗《ホ》」と美《ホ》め給《マ》ひしにて、舌《タ》の味《ヒ》の甘《ウマ》しとのみには非《ラ》ず。されば御《ミ》饗《アヘ》の物《ノ》こそ大《オホ》御《ミ》政《マツリゴト》の本《ト》なれ、天《ア》上《メ》の齋《イハヒ》の外《カ》に食《オス》國《クニ》治《シラス》の術《スベ》はあらじな、瑞《ミヅ》穗《ホノ》國《クニ》と名《ツ》け給《マ》ひけむことの由《シ》は乃《イマ》し是れなるかも。（この御《ン》事《ト》の意《ロ》は實は重《モ》し、齋《イハヒ》の御《ン》物《ノ》ならでは聞《キコ》し食《メ》し給《マ》はざる神《ミ》の御《ミ》子《コ》の御《ミ》饗《アヘ》なることを仰《ホ》ぎ念《モ》へよや、瑞《ミヅ》穗《ホノ》國《クニ》の民《ミ》とし云はるゝ者《ノ》何かで道《チ》ならぬ食《ホ》を命《イノチ》と爲すべき）。又《タ》印度にても我《ガ》國《ニ》の瑞《ミヅ》穗《ホ》の辭《バ》に倣《ラ》ひて食物の類《ヒ》をすべて「ホ」の音を以て呼べり、これ亦《タ》翻《カヘ》つて考《ガ》へ合《ハ》すべきことならずや。即《チ》「蒲《ホ》闍《シャ》尼《ニ》」「蒲《ホ》繕《ゼン》尼《ニ》」等の語《バ》是れなり。飯と、麨と、乾飯と、魚と、肉との五種を「蒲《ホ》闍《シャ》尼《ニ》」と云ひ、飯と、麥豆飯と、麨と、肉と、餅との五種を「蒲《ホ》繕《ゼン》尼《ニ》」と云ふ、（『飾宗記』に據る）。「蒲《ホ》」は食の體を呼ぶの音、「闍《シャ》尼《ニ》」「繕《ゼン》尼《ニ》」等は食の類《ヒ》を分《カ》つの音なり。（この「蒲《ホ》闍《シャ》尼《ニ》」「蒲《ホ》繕《ゼン》尼《ニ》」に我《ガ》「ホシイ」（乾飯）の訛なり）。又《タ》「ハ」の音を加えても呼べり、即《チ》「半《ハ》者《サ》蒲《ホ》闍《シャ》尼《ニ》」「半《ハ》者《サ》蒲《ホ》繕《セン》尼《ニ》」等なり。又《タ》「カ」の音を以て呼べるもあり、「佉《カ》闍《シャ》尼《ニ》」「佉《カ》陀《タ》尼《ニ》」等なり、「佉《カ》闍《シャ》尼《ニ》」は枝、葉、華、果、細末磨等の五種の食なり。「佉《カ》陀《タ》尼《ニ》」は根、莖、葉、華、果等の五種の食なり。（『名義集』に據る）。こは我《ガ》國《ニ》の「カム」（噛）と云ふ辭《バ》を本《ト》したるより出でし音なり。（この「佉《カ》陀《タ》尼《ニ》」「佉《カ》闍《シャ》尼《ニ》」は我《ガ》「カテ」（糧）の訛なり）。又《タ》この「カム」（噛）の義《ココロ》なる「カ」の上《ミ》に「サ」の音を加《ハ》へしもあり、

◎『古事記』巻上、
◎『古事記傳』巻七、

「僧《ソ》跛《ハ》佉《カ》多《タ》」是れなり。（「三《サ》鉢《ハ》羅《ラ》佉《カ》多《タ》」とも書けり、「羅《ラ》」は省《ブ》きて呼ばざることとも亦《タ》その如《ト》し）。「僧《ソ》跛《ハ》」は二合音なれば「サ」と急促に呼ぶにて平等の義、「佉《カ》多《タ》」は「カム」（嚙）時《キ》の齒の聲《エ》、（「佉《カ》吒《タ》尼《ニ》」「佉《カ》闍《シャ》尼《ニ》」の「カ」の音皆《ナ》然《カ》り）、即《チ》口《チ》に含《ク》みしものを平等に善く嚙《カ》み碎《クダ》くことなり。天《アメ》眞《マ》名《ナ》井《キ》の盟《ウケヒ》の御《ン》事《ト》を『古事記』に書ける中《カ》、「佐《サ》賀《ガ》美《ミ》爾《ニ》迦《カ》美《ミ》而《テ》」と云へる辭《バ》あり。この「佐《サ》賀《ガ》美《ミ》」の「佐《サ》」は即《チ》「僧《ソ》跛《ハ》」と同音同義にて、平等に善く嚙《カ》み碎《クダ》かし給《マ》へるを「佐《サ》賀《ガ》美《ミ》爾《ニ》迦《カ》美《ミ》而《テ》」と申《ウ》しゝなり。然《サ》るを本居の傳には「鑿齧《シカミガミ》を約《ツヾ》めて佐《サ》賀《ガ》美《ミ》とは云《フ》なり志《シ》加《カ》を切《ツヾム》れば佐《サ》なり堅《キ》物《ノ》を齧《カ》めば口《クチ》の鑿《シカ》む謂《イヒ》なり」と解けり、大《オホ》御《ン》神《カミ》の御《ミ》口《クチ》を鑿《シカ》めりなど謂ふは最《イト》畏《カシ》こからずや。

斯く「ホ」「ハ」「カ」「サ」等の各音あれど、中《カ》に「ホ」の音最《モ》主《モ》なるは食なる事《ト》の全《タ》く「ホ」なるが爲めならずや。（尙《ホ》その例あれど畧す）。彼《レ》此《レ》考《ガ》ふるに瑞《ミヅ》穗《ホ》の「ホ」は總べて御《ミ》饗《アヘ》の物《ノ》を指し給《マ》へることさら〳〵疑《ガ》ひなし。さあれどこの御《ミ》饗《アヘ》の物《ノ》の内《チ》に稻は特《ト》に天《アマ》照《テル》大神《オホンガミ》の嘗《ツ》て大《オホ》御《ミ》意《ココロ》を寓《ヨ》さし給《マ》ひしから、例《コト》なふ穗《ホ》足《タリ》實《ミ》成《ナ》ること、なりて、色《ロ》の美《ウツク》しき、味《ヒ》の甘《ウマ》しき、他の物《ノ》の中《カ》々《カ》比《クラ》ぶべくあらざれば、天《ア》上《メ》の齋《ユ》廷《ニハ》にても最《イト》めづらひ重《モ》むじて御《ミ》饗《アヘ》には先《ツ》こ

△梵語の秋津洲

◎『慧苑音義』卷上

◎『玄應音義』卷六

そ稲を呼《ヨ》び稱《ア》げ給《マ》ひけめ、そが稱辭《アゲゴト》の常《ネ》の例《コト》に馴《ナ》らはしつゝ過ぐる間に、終《ヒ》に專《モハラ》「ホ」の音を稻に主《ヌシ》附《ヅ》くるやうになり徃きて、後《チ》には穗とし云へば即《ヤガ》て稻ばかりのことゝはなりつらむ。さて上來述べしは瑞《ミツ》穗《ホ》の國號を食《ホ》のことゝしての義なるが更《ラ》に亦《タ》別の考《カ》へあり。そは梵語に凡《ソ》物《ノ》の根本最初を「[梵字]《ホ》」と云ふなれば瑞《ミツ》穗《ホ》と仰《ホ》し、御《ン》辭《ト》の中《カ》には「美なる善なる根本最初の國《ニ》」と云へる意《ロ》をも自《オノヅ》から含《ク》ましめ給《マ》ふならむ歟とのことなり。但《ヾ》し凡《タヾ》慮《ゴコロ》以ては輙《タヤス》く決《サダ》め難《タ》くなむ。

秋《アキ》津《ツ》洲《シマ》　梵語に「阿《ア》迦《カ》尼《ニ》吒《タ》」と云へる語《バ》あり。「迦《カ》尼《ニ》」は二合音の「枳《キ》」にて「阿《ア》迦尼《キ》吒《タ》」なり。「吒《タ》」は「ツ」の轉《ツ》れるなることは本《ト》よりなれば「阿《ア》迦《カ》尼《ニ》吒《タ》」は正《サ》に我《カ》國《ニ》の「秋《アキ》津《ツ》」なり。之《レ》をまた「阿《ア》迦《カ》尼《ニ》瑟《シツ》吒《タ》」「阿《ア》迦《カ》尼《ニ》師《シ》吒《タ》」など云ひて中間に「シ」の音を加《ハ》へても呼べり。『慧苑音義』に曰《ハ》く、

阿《ア》迦《カ》尼《ニ》吒《ダ》、具《サニ》云《フ》阿《ア》迦《カ》尼《ニ》瑟《シツ》吒《タト》、言《フハ》阿《ア》迦《カト》者色也《リ》、泥《ニ》瑟《シツ》吒《タハ》究竟也《リ》、言《ク》其《ノ》色界十八天《ノ》中《カ》此《レ》最終極也《リ》。

阿《アハ》無也《リ》、迦《カ》尼《ニ》瑟《シツ》吒《タハ》小也《リ》、謂《ク》色界十八天《ノ》中《カ》、最下《ノ》一天《ハ》、唯《ヾ》小《ニシテク》無大、餘《ノ》十六天《ハ》、上下互《ニ》望《ムルニ》、亦《ハ》大亦《ハ》小、此《ノ》之一天《ハ》、唯《ヾ》大《ニシテシ》無小、故《ニ》以《テ》名《クル》也《リ》。（『玄應音義』の解は前の義に同じ）。

無色天を除《ヅ》き、凡《ツ》形色あるもの、世界にはこの天最優《モヽグ》れて其の第一の頂上にあるが故《エ》に「阿迦尼吒《アカニダ》」と云ふとなり。されば我國《ガニ》の「秋津《アキツ》」と云へことは本《ト》よりこの義《コヽロ》の辭《バ》なりし歟。「葦原《アシハラ》」の「阿私《アシ》」の無比最勝なることをも今更《マラ》念《モ》ひ合《ハ》せて最《ト》めでたし。よりて按ずるに神武天皇、大和の腋上嗛《ワキガミホツ》間《マ》の丘《オカ》に登《ボ》らし國狀《クニサマ》を廻望《ミソナハ》して、「妍哉《アナニヤ》國《クニ》之獲矣《ミテツ》、雖《イヘドウツ》內木綿《ユフ》之《ノ》眞《マ》咋國《サキクニトハ》、猶如《ゴトクモアルカ》蜻蛉《アキツ》之《ノ》臀呫《トナメ》焉」と宣《玉》ひし御時《ンキ》から秋津《アキツ》(蜻蛉)の國號起《コ》れりとの說は定《ダ》めて傳の誤《マ》りなり。(この誤《マ》りのことは前《ヘ》に引ける『神皇正統記』にも言へり)。況して國《ニ》の貌《チ》が蜻蛉《アキツ》の狀《マ》に似たるを仰《ホ》せられし歟のやうに言ひなすはまだきこの御辭《ンバ》の御旨《ンネ》を解《サト》り得ざるなるをや。(たゞ蜻蛉の如《ト》しと仰《ホ》せられしにあらで、蜻蛉の臀呫せるが如《ト》しとの御辭《ンバ》なるを念《モ》ふべし、蜻蛉の臀呫せる狀《マ》は反りて丸《ロ》かなるものを誰れか我國《ガニ》の貌《チ》に似たりと謂はむや、この御辭《ンバ》の御旨《ンネ》は後《チ》に自《オノヅ》から漏《ラ》し示《メ》すべくなむ)。大八洲《オホヤシマ》成出《ナリイデ》の段に已《デ》に大日本《オホヤマト》豐《トヨ》秋津洲《アキツシマ》の號《ナ》あれば諾冉二尊《イザナギイザナミフタハシラノミコト》の御時《ンキ》からなる古《ル》き國號の秋津《アキツ》なることは疑《ガ》ふべからず。されば蟲《ムシ》の名の蜻蜓《アキツ》など言はでたゞ世にも優《ゲ》れたる「阿迦《アカ》(明)らき天津國《アマツクニ》」と云へるを秋津《アキツ》の正《サ》し義《ココロ》なりと定《ダ》め申《ウ》すべし。彼の印度より我國《ガニ》を指して云ひし號《ナ》には種種《ママ》あれど、今且《マバ》らく我國《ガニ》の號《ナ》を彼れに取りて用《チ》ひし例をのみ茲《ヽ》に出だして示《メ》しぬ。尙《ホ》進《ヽ》みて後《チ》に言ふをも看るべし。云云。

凡《ツ》建國の體は先《ツ》その國號を立つるに於《ヒ》てぞ知らるゝなれど、我《ガ》國《ニ》の如《ト》き美《ヨ》き號《ナ》を數《アマ》多《タ》擇《ラ》ばれしはその例ほど〳〵希《レ》なり。また其の號《ナ》をすべて高《カ》き清《ヨ》き大《オホ》空《ソラ》の天《アメ》の御《ン》事《ト》にのみ取りて呼ばはしめ給《マ》へることは尚《ホ》更《ラ》に希《レ》なり。否《ヤ》とよ全《タ》く他《ヨソ》にはあらぬなり。先《ツ》この一事もて熟《ラ》熟《ラ》我が建國の體を念《モ》ひ解《サト》れかし。君《ミ》は其の天《アメ》の君《ミ》にして高《カ》く民《ミ》は其の天《アメ》の民《ミ》にして清《ヨ》かるべき大《オホ》空《ソラ》のまゝの神《ミ》の奇《ク》しき御《ミ》國《クニ》なるを且《ツ》念《モ》へかし、且《ツ》解《サト》れかし。

第貳項　立君の詔勅。

第壹欵　八咫鏡の解。

次《ギ》に立君の詔勅に就きては亦《タ》厥の神意を八《ヤ》咫《タ》鏡《カヾミ》に托《サ》し給《マ》へり。維《レ》天の體乃《チ》洵《ト》に明《ラ》かなり、古今孰《ツレ》か我が神《ミ》の照《ラ》し給《マ》ふに非《ラ》ざらむや。維《レ》地の象乃《チ》完《タ》く備《ナ》はれり、方維詎《ン》ぞ我が皇《キミ》の治《シラ》し給《マ》ふに非《ラ》ざらむや。當《サ》に知るべし、古今は祗《サ》に一神にして方維は唯《ヒ》一皇なることを。斯の一神以て天位を樹て、斯の一皇以て君統を紹がせ給《マ》ふ。八《ヤ》咫《タ》鏡《カヾミ》の

◎『古事記傳』巻十五、

寶璽たる所以は則《チ》是《レ》なり。

右《キ》第四節第貳項第壹欵に就きて。

三種神器の次第。

八《ヤ》咫《タ》鏡《カヾミ》は三種《ノ》神器の中《カ》にも其の主《モ》たるべきものにして、我が國體の何《ニ》たるかはこれにて全《タ》く明《ラ》かなることなれば、他の何《ニ》事《ト》をさし閣きても先《ツ》この由來を撿《ラ》むべきなり。それに就きて初《メ》に三種《ノ》神器の次第に意《ロ》得べきことの旨《ネ》あれば申《ウ》すべし。『古事記』の「八《ヤ》尺《サカノ》勾《マガ》璁《タマ》鏡《カヾミ》」等とあるを本居の『傳』に解きて曰《ハ》く、

八《ヤ》尺《サカノ》勾《マガ》璁《タマ》鏡《カヾミ》は、彼の石屋《イハヤ》戸《ド》段《ノ》に、科《オホセテ》玉祖命《タマヤノミコトニ》令《メ》作《クラ》て、眞《マ》賢《サカ》木《キ》の上枝《ホツエ》に取《トリ》着《ツケ》し玉《マフ》と、科《オホセテ》伊斯許理度賣命《イシコリドメノミコトニ》令《メ》作《クラ》て、中枝《ナカツエ》に取《トリ》擧《カケ》し八《ヤ》咫《タ》鏡《カヾミ》となり、當時《ソノカミ》是《レ》等の物《ノ》を用《チ》ひて大御神《オホンカミ》を招禱《チキ》奉《ツリ》し故《エ》に、遠岐《ホキ》し璁鏡《タマカヾミ》とは云《フ》なり（然るに此勾璁《マガタマ》を、或《ヒ》は伊邪那岐命《イザナギノミコト》の、天照大御神《アマテルオホンカミ》に賜《マ》へる御頸玉《ミクビタマ》なりとし、或《ヒ》は須《ス》佐《サ》之男命《ノオノミコト》と誓約《ウケヒ》たまひし時《キ》の曲玉《マガタマ》なりとし、或《ヒ》は大己貴命《オホナムチノミコト》事代主命《コトシロヌシノミコト》の献《ツ》りし曲玉《マガタマ》なりとするは、皆《ナ》此の遠岐斯《チキシ》してふ言《ト》を得《エ》心《ロ》得ぬ故《エ》の推當《オシアテ》のひがことなり）草《クサ》那《ナ》藝《ギノ》劔《ツルギ》は、かの須《ス》佐《サ》之《ノ》男《オノ》命《ミコト》の、八《ヤ》俣《マタ》遠《チ》呂《ロ》智《チ》を切《リ》給《マ》ひし時《キ》に、其《ノ》尾《ノ》中《カ》より得給《マ》ひて、異物《アヤシキモノ》なりし故《エ》に、天《アマ》照《テル》大《オホ》御《ン》神《カミ》に献《ツ》り給《マ》ひし大刀《タチ》なり、さて鏡《カヾミ》と劔《ツルギ》との間《アヒダ》に及《マタ》と云《ヘ》るは、

上《ミ》の遠《チ》岐《キ》斯《シ》の言《ト》、璁《タマ》鏡《カヾミ》へのみ係《カヽ》りて、劔《ツルギ》は異《コト》時《トキ》の物《ノ》なる故《エ》に、其《ソ》を隔《ヘダヽ》むためなり、書紀に、天《アマ》照《テル》大《オホン》神《カミ》乃《ノ》賜《ソ》天《アマ》津《ツ》彦《ヒコ》彦《ヒコ》火《ホノ》瓊《ニ》瓊《ニ》杵《ギノ》尊《ミコトニ》八《ヤ》坂《サカ》瓊《ニ》曲《マガ》玉《タマ》及《マタ》八《ヤ》咫《タ》鏡《カヾミ》草《クサ》薙《ナギノ》劔《ツルギ》三種《ノ》寶物《チ》とあり、さて此《ノ》三種を連《ツラ子》擧《アゲ》る次《ツイ》第《デ》は、鏡《カヾミ》劔《ツルギ》玉《タマ》とか、鏡《カヾミ》玉《タマ》劔《ツルギ》とか有《ル》べき理《リ》なるに其《ノ》由《シ》は次《ギ》に此《ノ》記にも書紀にも、玉《タマ》を先《サキ》にし、書紀には珠《ト》に玉《タマ》及《マタ》鏡《カヾミ》と、鏡《カヾミ》の上《ヘ》に及《マタ》の字をさへ置《キ》たるは、如《イ》何《カニ》と云《フ》に、水《ミヅ》垣《カキノ》朝《ノ》御《ミ》代《ヨ》に至《リ》て、此《ノ》御《ミ》鏡《カヾミ》劔《ツルギ》をば、他《コト》處《ドコロ》に齋《イツキ》祭《マツ》り給《マ》ひてより、天皇の御《ミ》許《モト》に坐《ス》は、神《カミ》代《ヨ》の舊《モトノ》物《ノ》には坐さず、たゞ玉《タマ》のみぞ今《マ》大《オホ》御《ン》神《カミ》の授《ケ》賜《マ》へるまゝの物《ノ》にて坐《ス》故《エ》に、彼《ノ》御世よりしては三種の中《カ》に玉《タマ》を第一とぞせられけむ、然《サ》れば其《ノ》御《ミ》代《ヨ》より後《チ》は常《子》に玉《タマ》を先《サキ》に申《ツ》しならひたる、其《ノ》次《ツイ》第《デ》のまゝに、此《ノ》記も書紀も記《ル》せるものにして、神《カミ》代《ヨ》より然《サ》るには非《ラ》ずなむ然るを或《ル》説に、本《モト》來《ヨリ》玉《タマ》を鏡《カヾミ》よりも殊《ト》に重《モ》き物《ノ》の如《ト》く説《トキ》成《ナ》し、又《タ》師の祝詞考に、伊《イ》那《ザ》那《ナ》岐《ギノ》命《ミコト》の御《ミ》頸《クビ》珠《タマ》を、天《アマ》照《テル》大《オホ》御《ン》神《カミ》に賜《マ》ひて、所《シラ》知《セ》高《タカ》天《マ》原《ハラチ》と詔《ノリ玉》へれば、彼《ノ》御《ミ》頸《クビ》珠《タマ》は、大《オホ》御《ン》神《カミ》の天《アメ》を知《シロ》食《シメ》す御《ミ》しるしなり、さて今《マ》天孫に賜《マ》ふ勾《マガ》玉《タマ》は、天《アメノ》岩《イハ》戸《ドノ》前《ヘ》にして、招《チ》禱《キ》せし時《キ》、彼の天《アマ》照《テル》大《オホ》御《ン》神《カミ》の御《ミ》頸《クビ》玉《タマ》に准《ラ》へて作《ク》りしを、今《マ》天孫天《ア》降《モリ》て、國《ニ》の主《シ》となりたまふ御しるしに、天《アマ》照《テル》大《オホ》御《ン》神《カミ》これを賜《マ》はせしなり、と云《ハ》れたるも皆《ナ》かなはず、其《ノ》故《エ》は、石《ハ》屋《ヤ》戸《トノ》段の勾《マガ》玉《タマ》は、彼の御《ミ》頸《クビ》玉《タマ》に准《ラ》へて作《ク》りしと云《フ》こと徵據《ヨリドコロ》なし、彼《ノ》段を考《カ》ふるに、此《ノ》玉《タマ》さる意にて作《ク》れるには非《ラ》ず、凡《ベ》て玉《タマ》は、古《ヘ》殊《ト》に賞《メデ》て、世に尊《ト》み欲《ホリ》する物《ノ》なる故《エ》に、御《ミ》幣《テグラ》に献《ツ》りしのみなり、さるは殊にたぐひなく重《オモ》事《キ》招《チ》禱《キ》に用《ユ》る故《エ》に、心《ロ》をつくして作《ク》れるから、あるが中《カ》にもめでたく美《ウル》

麗《ハシ》き玉《タマ》なりける故《エ》に、大《オホン》御神《カミ》の殊《ト》に珍《メヅ》らしみ賜《マ》ひて、比《タグヒ》なき御寶物《ミタカラモノ》にて有《リ》けるを、此《ノ》度《ビ》御《ミ》孫命《マノミコト》には賜《マ》はせるにこそありけめ、異《コト》なる意《ロ》あるべくも非《ラ》ず、故《レ》此《ノ》次《ギ》の文《ミ》にも、書紀にも、此《ノ》時《ノ》詔命《ミコトノリ》には、たゞ御鏡《ミカヾミ》の事《ト》のみありて、此《ノ》玉《タマ》の事《ト》は見えず、若し此《ノ》玉《タマ》、御國知《ミクニチシロシ》食《メ》す御《ミ》しるしとならば、必《ズ》其《ノ》事《ト》も詔《ノ玉》ふべき理《リ》ならずや、然《サ》るを彼の御《ミ》頸玉《クビタマ》に准《ラ》へて、是《レ》をも、天孫の國知食《クニシロシメ》す御《ミ》しるしとして賜《マ》ひしと云《ハ》るゝは、此《ノ》記にも書紀にも、三種の中《カ》の第一に擧《ケ》られたる故《エ》に、強《シヒ》て其《ノ》意《ロ》にかなへむとてなり、たとひ實に御《ミ》國知食《クニシロシメ》さむ御しるしとして賜《マ》へりとも、大《オホン》御神《カミ》の御《ミ》魂《タマ》とある御《ミ》鏡《カヾミ》の上《ヘ》に立《テ》むことはかたくなむあるべき然れども其《ノ》鏡《カヾミ》に並《ラ》べて賜《マ》はせし一種《ヒトイロ》の御寶物《ミタカラモノ》にしあれば、おのづから御國知食御璽《ミクニシロシメスミシルシ》となれるは、もとより然あるべき理《リ》なり、さて右《ギ》の餘《ホカ》に、此《ノ》三種にはなほくさ〴〵の理《リ》をたちたく說《ケ》る說どもおほかれど、皆《ナ》古《ル》意《ロ》にあらずなむ、今此《コ》に大《オホン》御神《カミ》の授《ケ》賜《マ》ふ時《キ》を以て云はゞ、鏡《カヾミ》第一なることは更《サラ》なり、次《ギ》には劒《ツルギ》、其《ノ》次《ギ》には玉《タマ》なるべし、其《ノ》故《エ》は、書紀繼體《ノ》卷《キ》に、大伴《ノ》金村《ノ》大連乃《チ》跪《テ》上《タテマツリ》天子《ノ》鏡劒璽符《チ》再拜《ヲロガム》、神祇令に、凡《ツ》踐祚《ノ》之日、中臣《ナカトミ》奏《シ》天神《ノ》之壽詞《チ》、忌部《イミベ》上《ル》神璽之鏡劒《チ》（義解に、以《テ》鏡劒《チ》稱《ス》璽《ト》、此《レ》即《チ》）大殿祭《ノ》祝詞《ノリト》に、高《タカ》天《マ》原《ハラ》爾《ニ》神《カム》留《ヅマリ》坐《マ》須《ス》、皇親《スメラガムツ》神《カム》魯《ロ》企《ギ》神《カム》魯《ロ》美《ミ》之《ノ》命《ミコトモ》以《チ》氏《テ》、皇《スメ》御《ミ》孫《マゴ》之《ノ》命《ミコト》乎《ヲ》、天《アマ》津《ツ》高《タカ》御《ミ》座《クラ》爾《ニ》坐《マセ》氏《テ》、天《アマ》津《ツ》璽《シルシノ》之劒《ツルギ》鏡《カヾミ》乎《ヲ》捧《サヽゲ》持《モチ》賜《タマヒ》天《テ》、言《コト》壽《ホギ》宣《ノリタマハ》志《シ》久《ク》、云々、

此《ノ》神祇令又祝《タ》詞の文を以見れば、繼躰《ノ》卷なる璽符も、即《チ》鏡劒を指《シ》て云《ヘ》るか　これら鏡劒《カヾミツルギ》のみを云《ヒ》て玉《タマ》を云《ハ》ず、たとひ玉なりとも、鏡劒《ギ》の次にあるをや、師の祝詞考に、璁は御身に着《ツケ》坐《マス》寶《ラ》にて、人の手觸《ノ》る物ならざる故《エ》に、古《ヘ》より鏡劒二《ツ》を以て、大儀の時のしるしとは成《ナシ》來《キタ》るなり、されど此《ノ》祝詞《ノリト》には、勾玉《マガタマ》を專《ラ》擧《グ》べき理《リ》なるを、既《デ》に大寶のころの儀式の表《テ》に依《リ》て、二《ツ》をのみ云《ヒ》つるものにて、是《レ》も上代の文《ミ》ならぬを知《ル》

一《ツ》なり、と云《ハ》れつるは心《ロ》得ず、璽《タマ》は御《ン》身に着坐寶《ツケマスラ》にて、人《ト》の手觸る物《ノ》ならずとは、常《子》にこそさもあらめ、踐祚の時《キ》、いかでか本《ト》より御《ン》身には着坐《ツケマサ》む、そも〱彼《ノ》令に踐祚《ノ》之日とあるは、義解に、即位を云《フ》と云《ヘ》る如《ト》く、古《ヘ》は踐祚すなはち即位なりしを、後《チ》には踐祚と即位と別になりて、即位の儀式には、忌部《イムベ》上《タテマツル》二鏡劒《カヾミツルギヲ》一とは見えず、大嘗祭にこの事《ト》あるなり、然れども是《レ》本《ト》は、始《メ》て御位《ヒ》を嗣《ギ》たまふ時《キ》の儀式と聞《コ》ゆるなり、さて後《チ》の世には、踐祚の時《キ》、舊主の御許《ミモト》より、新帝の御所《ミモト》へ、劒璽《ツルギタマ》を渡《タ》さるゝ儀あり、又《タ》其の餘《ホカ》の儀式にも、内侍二人劒《ツルギ》と璽《タマ》とを執《リ》て供奉す、此《レ》を以ておしはかるに、上代又《タ》大寶の定《ダ》めの頃《ロ》とても、舊主より新主へ、寶物を渡《タ》さるゝ時《キ》、璽《タマ》も必渡《ズタ》されずはあるべからず、然るに鏡劒《カヾミツルギ》をのみ云《ヒ》て、璽《タマ》を云《ハ》ざるは、本《ト》鏡劒《カヾミツルギ》は重《モ》くして、璽《タマ》は一《ト》きは輕《ロ》きが故《エ》なるべし、然れば此《レ》は、かの水垣《ミヅカキ》朝《ノ》よりして、璽《タマ》を先《キ》とせらるゝ定《ダ》めにかかはらずして、神代《ミ》の本《ト》よりの定《ダ》めにつきて云《ヘ》るものにて、返《リ》て古意とこそおもはるれ、さて後《ノ》世に劒璽《ツルギタマ》をいひて、鏡《カヾミ》を云《ハ》ぬは、鏡《カヾミ》は内侍所《ロ》に坐《シ》て、動《ゴ》きたまはぬがゆゑなり

古語拾遺には、即以《テ》二八咫《ヤタ》鏡《カヾミ》及《ビ》草薙劒《クサナギノツルギ》二種《ノ》神寶《チ》一授《ケ》二賜《ヒ》皇《ミ》孫《マゴニ》一永《ク》爲《ス》二天璽《アマツシルシト》一所《ル》レ謂《ハ》神璽《ノ》之劒鏡是《レ》也、矛《ホコ》玉《タマハ》自從《オノヅカラシタガヘリ》とあるを以《モテ》知《ル》べし

此《ノ》拾遺の文は世は玉《タマ》を第一と思《モ》ふが古意に非《ザ》ることを慨《ウレタ》みて、ことさらに玉《タマ》を貶《オト》して、鏡劒《カヾミツルギ》には比《ナラ》びがたきことを知らせたる文なり、自從とは、鏡劒《カヾミツルギ》の如《ト》く、正《サ》しく御璽《ミシルシ》として賜《マ》へるには非《ラ》ず、矛《ホコ》と玉《タマ》とは、たゞ何《ニ》となく、それに添《ヘ》て賜《マ》へる由《シ》なり、さて此《ノ》矛《ホコ》は書紀に、所《ル》レ謂《ハ》日矛《ヒホコ》なるべきか、又《タ》大巳貴神《オホナムチノカミ》の經津主《フツヌシノ》神《カミ》に授《ツ》けし廣矛《ヒロホコ》か、何《ツ》れとも定かならず

これら三種の中《カ》には玉《タマ》は本《ト》は輕《ロ》きが故《エ》なり、然はあれども、天皇の大御許《オホミモト》にしては、此《ノ》玉《タマ》のみぞ、今《マ》に至《タ》るまで、大《オホ》御《ン》神《カミ》の授《ケ》賜《マ》へりしまゝの物《ノ》に坐《シ》々《セ》ば、傳《ヘ》持《チ》給《マ》ふ三種の御《ミ》璽《シルシ》の中《カ》には、殊《ト》に貴《ト》き御《ミ》寶《ラ》なりけり後《ノ》世に神璽と申《ウ》すは、此《ノ》玉《タマ》の御《ン》事《ト》也《リ》。

古《ヘ》より三種の神器に輕重を言ひ稱《ア》ぐるの一例亦《タ》こゝにもあり、されど是《レ》は何《ヅ》れも白《カシ》檮《ハ》原《バラ》の大《ホ》宮《ヤ》よりして正殿と大殿との別ありしに意《ロ》附かざりしが爲めにて、この事《ト》は已《デ》に前《ヘ》に云ひし如《ト》くなり。この別ありしことをさへ解《ワ》き得なば三種の神器に輕重を言ひ稱《ア》ぐるなどの必《ズ》宜《ロ》しからざることを悟《ト》らなむに、本居としては實に惜《シ》きことしてけり。但《ヾ》し輕重はなくも賜《マ》へる次《ツイ》第《デ》は自《オノヅ》からあるべきことにて、この中《カ》に「今此《コ》、大《オホ》御《ン》神《カミ》の授《ケ》賜《マ》ふ時《キ》を以《モテ》云はゞ鏡《カヾミ》第一なることは更《ラ》なり、次《ギ》には劒《ツルギ》、其《ノ》次《ツギ》に玉《タマ》なるべしとあるは尤も當《タ》れる説なりとぞ思《ボ》ゆ。所以《ユエ》は何《イカン》となれば、鏡《カヾミ》は天《アマ》照《テル》大《オホ》御《ン》神《カミ》の大《オホ》御《ミ》體《ミ》と同《オナ》じなれば言ふが如《ト》く第一なることは更《ラ》なり。劒《ツルギ》は大《オホ》御《ミ》體《ミ》に副《カナ》はし給《マ》へる御《オン》器《モノ》なれば直ぐと鏡《カヾミ》の次《ギ》なるべく、さて玉《タマ》は皇《ミ》孫《マノ》尊《ミコト》の御《ン》德に擬《ア》て、祝《ホ》ぎ給《マ》ふの大《オホ》御《ミ》意《ココロ》なれば別の御《ン》儀を以て更《ラ》に後《チ》にぞ授《ツ》け給《マ》ふならむ。されば『古語拾遺』の「矛玉自從」の「從」は時《キ》の後《チ》なるにも看らるゝなり。然《カ》るに時《キ》に前後の次《ツイ》第《デ》ありて授《ツ》け給《マ》ふ大《オホ》御《ミ》意《ココロ》に自《オノヅ》にらそれ〴〵の別あるも、本《ト》この三種は唯《ヾ》天《アマ》照《テル》大《オホ》御《ン》神《カミ》の御《オン》器《モノ》なりしを、何かで輕重の科《シナ》を言ひ稱《ア》ぐべきや。

三種神器の名義。

◎『古事記』巻上、
◎『古事記傳』巻七、

實に國體の根《モト》たる八《ヤ》咫《タ》鏡《カヾミ》を本《ハジメ》として、三種の神器は畏《カシコ》くも我が天《アマツ》日《ヒ》嗣《ツギ》の大《オホ》君《ミ》の天《アメ》御《ミ》璽《シルシ》にて坐すことなれば、凡《ソ》國《クニ》人《タミ》としてそが名の義《ココロ》を辨《マ》へであるべきや。されば今《マ》この件《リ》には殊《ト》に煩《ワヅラ》はしくも他《ヒト》の說《コト》までを多《ホ》く記《カ》き擧げてそれに己《ノ》れの考《ガ》ふるをも附して審《ツバラ》かに言ふべし。あはれ國體を忽《ユルガ》せにせざらむ程《ホド》の人《ト》は單《タヾ》に眼《マ》厭《ウル》さしとな思《モ》ひそよ。いでや先《ツ》八《ヤ》坂《サカ》瓊《ニ》曲《マガ》玉《タマ》を言はむ。

八《ヤ》坂《サカ》瓊《ニ》曲《マガ》玉《タマ》　『古事記』には八《ヤ》尺《サカノ》勾《マガ》璁《タマ》と書けり、『古事記傳』にその義を解《キ》けるに曰《ハ》く、

八《ヤ》尺《サカノ》勾《マガ》璁《タマ》、八《ヤ》尺《サカ》と云《フ》義《ココロ》、くさぐさ思《モ》ひめぐらせども、未《マ》だ思《モ》ひ得ず、なほよく考《ガ》ふべきなり　賢《サカ》木《キ》など云《フ》名《ハ》、榮《サカ》ゆる意《ロ》にて云《フ》なれば、此《レ》も彌《イヤ》榮《サカ》の意《ロ》ならむかとも思へど、樹などは生《イキ》たる物《ノ》なれば榮《サカ》ゆと云《フ》べきを、玉《タマ》などは榮《サカ》ゆく物《ノ》にあらねば、然《サ》は云《ヒ》がたからむか、又《タ》同じ言《ト》ながら榮《サカ》ゆく意《ロ》にはあらで、盛《サカ》りなる意《ロ》にて、彌《イヤ》盛《サカリ》と云《ヘ》るかと思《モ》へど、玉《タマ》などの如《ト》きものを然《サ》云《フ》例なければ、なほいかゞ、又《タ》さきには、枕《ノ》册子に、唐《モロコシ》より吾《ガ》朝をはかり奉《ツ》らむとて、種《クサ》種《グサ》の試《ロ》みごとせし事《ト》を云《ヘ》る中《カ》に、七《ナ》曲《ワダ》にわだかまりたる玉《タマ》の、中《カ》通《ホ》りて、左右に口《チ》開《アキ》たるが、小《チヒサ》きを献《タテマツ》りて、此《レ》に緒《チ》とほして賜《マ》はらむ云々とある、此《ノ》故事は漢《カラ》籍《ブミ》より出《デ》たることにて、固《モト》より信《ウケ》難《ガタ》かれども、然《サ》る形《カタ》狀《チ》したる玉《タマ》のあるから、如《カ》此《ク》る事《ト》をも云《ヒ》傳《タ》へたるなれば、八《ヤ》尺《サカノ》勾《マガ》璁《タマ》も、然《サ》る形《カタ》狀《チ》なるをぞ云《ヒ》けむ、八《ヤ》尺《サカ》とは、右《ギ》の如《ト》くに曲《マガ》り旋《メグ》れるを、直《タヾ》に引《ビキ》延《ハヘ》たらむ長《ガ》さを思《モ》ひて云《フ》なり、七《ナ》曲《ワダ》も旋《メグ》れらむは、信《マコト》に幾《イク》尺《サカ》も有《リ》ぬべし、と云《ヒ》しかど、後《チ》に思《モ》へば、此《ノ》考《ガ》へもわろかりき、又《タ》八《ヤ》坂《サカ》にて、玉《タマ》を出《ダ》す地名なりと云《ヒ》、又《タ》玉を貫《ヌ》く緒《チ》の長《ガ》さ八《ヤ》尺《サカ》な

りなど云ふ説どもゝ、みなわろし勾《マガ》璁《タマ》は曲《マガ》れる玉《タマ》なり、細《ソ》く長《ガ》き玉《タマ》の、やゝ曲《マガ》れる両《フタ》端《ハシ》の曲《マガ》れる處《ロ》に孔《アナ》あり、是《レ》緒《チ》を通《トホ》せしところなるべし、を、今《マ》もをり〳〵地《ノ》下《タ》より掘《ホリ》出《イツ》ることあり、此《レ》古《ヘ》の勾《マガ》玉《タマ》なるべしと云《フ》人《ト》あり、然《サ》もあるべし、上《ツ》代に、然《シカ》曲《マガ》りたるを、殊《ト》に貴《タフト》みし故《エ》に、八《ヤ》尺《サカ》勾《マガ》玉《タマ》と云《フ》稱《ナ》はあるなり、書紀仲哀《ノ》巻《キ》に、天皇如《ゴト》二八《ヤ》尺《サカ》瓊《ニ》之《ノ》勾《マガレル》一以曲《タヘ》妙《ニ》御宇《アメノシタシロシメセ》とあるも、勾《マガ》りたる狀《サマ》の妙《タヘ》なるを美《ホメ》て譬《タトヘ》としたり此《ノ》文に就《キ》て、勾《マガ》玉《タマ》てふ名を、曲妙の義とするは、事《ト》違《ガ》へり、曲《ノ》字こそさる意もあらめ、麻《マ》賀《ガ》と云《フ》言《ト》に、いかで其《ノ》意《ロ》あらむ、凡《ベ》て漢《カラ》字《モジ》にすがりて、古言の意《ロ》を思《モ》ふ輩《ラ》は、つれに此《ノ》ひがごとあり、但《シ》たゞ妙とは書《カ》ずして、曲妙としても書《カ》れたる書紀の撰者の意《ロ》は、曲《マガ》玉《タマ》の曲《ノ》字を思《モ》ひよせられたるならむ、これら甚《イタ》く古意に害《ソコナヒ》あることなり、古《ヘ》に味《クラ》き輩《ラ》は迷《ヨ》ふべし、凡《ベ》て書紀には、如此《カクノゴト》き人《ヒト》惑《マドハ》し多《ホ》しさて書紀にはいづこも、八《ヤ》坂《サカ》瓊《ニ》とあり、瑞《ミヅノ》八《ヤ》坂《サカ》瓊《ニ》ともあり、美《ミ》豆《ヅ》はみづ〳〵しきを云《フ》なり瑞《ノ》字になづむべからず、垂仁《ノ》巻《キ》には、狢《ムジナ》の腹《ラ》に八《ヤ》尺《サカ》瓊《ニ》勾《マガ》玉《タマ》の有《リ》しことも見えたり。

これに八《ヤ》尺《サカ》と云ふ義《ココロ》を未《マ》だ思《モ》ひ得ずとあり、されど後《チ》に至《タ》りては別に思《モ》ひ得たりとの説を擧げき。(こは今《マ》即《ヤガ》て引くべし)。大《オホ》旨《ムネ》古《ヘ》より曲《マガ》玉《タマ》と云へるを曲《マガ》れる玉《タマ》のことなりと思《モ》ふはそれこそ漢の曲と云ふ字に思《モ》ひをよせたるにて、今《マ》傳の作者も亦《タ》然《サ》なりしかば、此《コ》に地の下《タ》より時《ヨリ》々掘《リ》出《ツ》る曲《マガ》れる物を以《モ》て曲《マガ》玉《タマ》の名の證《カシ》しとは爲しつらめ。但し後《チ》に至りて少《コ》しく意《ロ》

附きしにやその思《モ》ひ得たりと云へる說を擧ぐるには全《マタ》く曲の字を斥《ラ》へり。されば『傳』にまた曰《ハ》く、

八《ヤ》尺《サカノ》勾《マガ》璁《タマ》　横井《ノ》千秋《ノ》勾玉考《ニ》云《ク》、吾《ガ》師の考《ヘ》に、八《ヤ》尺《サカ》の勾《マガ》玉《タマ》は、八《ヤ》は彌《イヤ》なり、尺《サカ》は佐《サ》明《アカ》なり、佐《サ》は眞《マ》と通《ヨ》へる言《ト》なり、されば彌《イヤ》眞《サ》明《アカ》の勾《マガ》玉《タマ》と云《フ》ことなり云云、此《ノ》說によりて八《ヤ》尺《サカ》の意《ロ》は甚《イト》明《キ》らかなり、さて此《ノ》說にすがりて、なほ思《モ》ふに、勾《マガ》玉《タマ》といふ名も、形《チ》の曲《ガ》れるを以《モ》て云《フ》には非《ラ》ず、勾《マガ》、曲《マガ》などは例の借字にて、麻《マ》賀《ガ》と云《フ》は、古事記の帶中日《タラシナカツヒ》子《コノ》天皇《スベラミコト》の段に、目《メ》之《ノ》炎《カヾ》耀《ヤク》種《クサ》種《グサノ》珍《タカ》寶《ラ》云云、書紀の同《シ》卷《キ》に、眼《マ》炎《カヾ》之金銀《ヤクコガ子シロガ子》彩色《ウルハシキイロ》云云、など見えたる、目《マ》炎《カヾ》耀《ヤク》にて、目《マ》赫《カヾ》なるを、約《ツヾ》めて麻《マ》賀《ガ》とは云《フ》なり、眼《マ》かゞやくとは、物《ノ》語《リ》書《ミ》などに、目《メ》もあやなりといひ、俗言に、まばゆきかゞはゆきなど云《フ》に同《ナ》じ、されば八《ヤ》尺《サカノ》勾《マガ》玉《タマ》とは、彌《イヤ》眞《サ》明《アカ》之《ノ》目《マ》赫《カヾ》玉《タマ》と云《フ》ことにて、玉《タマ》の世にすぐれて明《アキ》朗《ラカ》に玲《スキ》瓏《トホ》り、美《ウル》麗《ハシ》きよしの名なり、垂仁紀に、鵜《ウ》鹿《カ》々《ヾ》赤《アカ》石《シ》玉《タマ》と云《フ》あり、萬葉の歌《タ》に加《カ》我《ヾ》欲《ヨ》布《フ》珠《タマ》、などもよめり、これ等を以ても、玉《タマ》に赫《カヾ》と云《フ》ことの由《シ》あるを知《ル》べし、然《サ》るを昔《シ》より、此《ノ》意を得たる人《ト》なくして、たゞ玉《タマ》の形《チ》の曲《ガ》りたるに依れる名とのみ心《ロ》得來《タ》れるは非《ヒガコト》なり、今《ノ》世に、土《チ》の

中《カ》より堀《リ》出《デ》などして、多《ホ》くある曲《マガ》玉《タマ》と云《フ》物《ノ》は、其《ノ》形《チ》の、いさゝか曲《ガ》れるを以《モ》て、此《レ》を上《ツ》代の曲《マガ》玉《タマ》と云《ヒ》し物《ノ》ぞと心《ロ》得て、みだりに曲《マガ》玉《タマ》と呼《イフ》なれども、其《ノ》今《マ》在《ル》は、さしも美《ウルハシ》き玉《タマ》に非《ラ》ず、土《ノ》中《カ》などより出《ツ》る多《ホ》くあれば、古《ヘ》多《サハ》に有《リ》し物《ノ》と見えて、殊《ト》に稱《メ》美《デ》たふとみたる物《ノ》とは見えず、古《ヘ》の曲《マガ》玉《タマ》と云《ヒ》しは、世に希《マレ》にして、すぐれて麗《ウルハシ》き玉《タマ》にこそありけれ、今《マ》云ふ曲《マガ》玉《タマ》の如《ト》く、多《サハ》に有《リ》し物《ノ》には非《ラ》ず、たとひ其《ノ》形《チ》は、今《マ》ある如《ト》く、いさゝか曲《マガ》りたりし物《ノ》にもあれ、其《ノ》形《チ》に依《リ》て曲《マガ》玉《タマ》と云《ヒ》しには非《ラ》ずと知《ル》べし、形《チ》の曲《マガ》りたらむは、何《ン》のめでたきことかあらむ、然《サ》るを書紀の仲哀《ノ》巻《キ》に、筑《ツク》紫《シノ》伊《イ》覩《トノ》縣《アガタヌシノオヤ》主祖五《イ》十迹《ト》手《テ》、聞《テ》二天皇之行《イデマスチ》一、拔《子コジテ》二取五《イ》百《ホ》枝《エ》賢《サカ》木《キチ》一、立《デ》二于船《ノ》之舳《トモ》艫《ヘニ》一、上《ツ》枝《ニハ》掛《ケ》二八《ヤ》尺《サカノタマチ》瓊一、中《ツ》枝《ニハ》掛《ケ》二白《マソ》銅《ミノカヽミチ》鏡一、下《ツ》枝《ニハ》掛《ケ》二十《ト》握《ツカノツルギチ》劒一、參《マキ》二迎《ムカヘマツリ》于穴《アナ》門《トノ》引《ヒク》嶋《シマニ》而《テ》一、獻《リテ》之因《マチシ》以奏《マツ》言《ラク》、臣《ヤツコ》敢《テ》所《ユ》三以《エ》獻《ツル》二是《ノ》物《チ》一者《ハ》、天皇如《ク》二八《ヤ》尺《サカノタマ》瓊之《ノ》勾《マガレル》一、以曲妙《タヘニ》一御《アメノシタシロシメシ》宇云云とあるは、全《モハラ》此《ノ》瓊《タマ》の形《チ》の曲《ガ》れるを云《ヘ》る如《ト》くに、文字の書《キ》ざまも見え、又《タ》訓《ヨミ》もそれにつきて附《ケ》たれども、マガレルガゴトクタヘニ・と云《フ》ことさらに意《ロ》得がたし、そもそも麻《マ》賀《ガ》流《ル》とは、物《ノ》の不《ヨカ》吉《ラヌ》ことにこそいへ、妙《タヘ》にとほむることに、いかでか然《サ》はいはむ、されば是《レ》は、もと古文には、如《ゴト》二八《ヤ》尺《サカ》之《ノ》勾《マガ》玉《マタノ》妙《タヘニ》一、

などありて、その勾《マガ》は、もとより借字なるを、其《ノ》字につきて、とり合《ハ》せて、曲妙と、漢文を作《ツク》られたる物《ノ》と見えたり、其《ノ》曲妙の字は、漢《カラ》籍《ブミ》に、曲二成《シテ》萬物《ヲ》一不レ遺《サ》、また曲二盡《ス》其《ノ》妙《ヲ》一、などと云《フ》ことのあるを以《モ》て、字面を餝《カザ》られたるのみなれば、古《ル》く訓《ヨミ》來《タ》れる如《ト》く、二字を合《ハ》せて、多《タ》弊《ヘ》爾《ニ》と訓《ヨム》より外《カ》なし、されば曲《マガ》れると云《フ》ことの用は、さらになき物《ノ》なり、すべて書紀は、からぶみの潤色《カザリ》によりて、皇《ミ》國《クニ》の古意を失《ナ》へること多《ホ》しと云《フ》は、かゝる差《タガヒ》めあればぞかし、よくせずは必《ズ》混《マギ》るべき物《ノ》ぞ、かゝれば彼の壽《ホキ》言《ゴト》も、此《ノ》瓊《タマ》の眼《マ》炎《カヾ》耀《ヤ》きて美《メデタ》きが如《ト》く、御《オホ》德《ミ》光《ヒカリ》を妙《タヘ》に施《ホドコ》し賜《マ》ひて、天《ノ》下《タ》を所《シロ》知《シメ》看《シ》云云と申せるなり、かく見るときは、其《ノ》下《ノ》文に、且《マタ》如《ク》二白《マソ》銅鏡《ミノカヾミノ》一云云、乃《チ》提《トリモタシテ》二是《ノ》十《ト》握劒《ツカノツルギヲ》一云云、とあるにも、義《コト》理《ワリ》よく貫《ツラヌ》きて聞《コ》ゆるなり、然《サ》るを縣居《ノ》翁の、出雲《ノ》國造《ノ》神賀詞の考に、青《アヲ》玉《タマ》能《ノ》水《ミヅ》江《エ》玉《タマ》乃《ノ》行《ユキ》相《アヒ》爾《ニ》云云、とある處《ロ》に、此《ノ》仲哀紀の語《バ》を引《キ》て、此《コ》に行《ユキ》相《アヒ》と云《ヒ》、如《ク》二八《ヤ》尺《サカ》瓊《ニ》之《ノ》勾《レルカ》一と云《ヘ》る、共《モ》に天《ノ》下《タ》をすべめぐらし知《シロ》しめす譬《ヘ》なり、と說《イハ》れしはあたらず、上《ミ》に云《フ》如《ト》くなればなり、此《ノ》行《ユキ》相《アヒ》と云《ヘ》る意《ロ》は、然《サ》る譬《ヘ》にはあらず、師の後釋の說の如《ト》し、宣長云《ク》、勾玉と云名、此《ノ》考《ヘ》いと宜《ロ》し、從《カ》ふべし、なほ此《ノ》考《ヘ》、委《シ》き本書あ

り。
これに云へる說《コト》の當否に就きて己《ノ》れの考《ガ》へたるはあれど、そは後《チ》に廻《ハ》して、最《モ》近《カ》き人《ト》の新《タ》らしく書《ミ》に記《カ》けるもの、一《ヒト》種《クサ》をその前《ヘ》に掲ぐべし。
大久保初雄の『古語拾遺講義』（明治二十六年の印行なり、著者帝國大學を卒へし人《ト》なり）に曰《ハ》く、
瑞《ミヅ》八《ヤ》坂《ハカ》瓊《ニ》之《ノ》曲《マガ》玉《タマ》　瑞《ミヅ》は玉のうるはしくみづ〳〵しきをいふ美《ホメ》稱《ナ》、八《ヤ》坂《サカ》は彌《ヤ》眞《サ》明《アカ》の義、瓊《ニ》は玉《タマ》の美麗にくしびなるをいふ、沼《ヌ》矛《ボコ》の沼《ヌ》とおなじきなり、曲《マガ》玉《タマ》は曲《タガ》りたる玉《タマ》をいふ、これ玉《タマ》のうるはしく、みづみづしく、いやがうへにも眞《マサ》明《アカ》に輝《ヤ》きくしびたる曲《マガ》り玉《タマ》といふ義なり、其の曲《マガ》玉《タマ》の用法、及《ヨ》び各地に散見する所《ロ》の說を下《モ》に擧ぐべし、谷壬生氏の說には、夫《レ》今《ノ》世に遺存せる古物の用法を探知して、其《ノ》當時にありての人智の進度を察するは、人類學者の無用とせざる處ならむ、いでや爰《コ》に其《ノ》一事を云ひ試《ロ》みてむ、吾《ガ》日本國の往古にして、多《ホ》くこれを用《チ》ゐたりと見えて、今《ノ》世之れを得るに難《タ》からざるも、其《ノ》用法の明《キ》らかならざるものは曲《マガ》玉《タマ》なりとす、但《シ》しこれを往古の日本人が、身體の裝《カザ》飾《リ》にしたるものなりとは、古來の相《ツタ》傳《ヘ》と、先《サキ》覺《ノ》者《ヒト》の研究とによりて知られたれば、其《ノ》用法の一班は窺《ガ》ひ得たるなり。さて

倩《ツラツラ》按ずるに、いにしへこれを、手《タ》玉《タマ》足《アシ》玉《タマ》と唱《ナ》へ、男《コ》も用《チ》ゐたるべけれど、多分は女にして、其《ノ》身體を装飾したるものとせるは、異論無かるべきを、曲《マガ》玉《タマ》の物たる、その異形なるは、甚《ダ》だ怪《シ》むべきものならずや、さるは古《ノ》人《ト》が魚の形《チ》に摸《ツ》して作《ク》れるなりと云ふ説もありて、何《ニ》か據る所《ロ》ありての事《ト》なりとはおぼしきなり、古《ノ》人《ト》にして若しさるかたより出《デ》たるしわざなりとせば、かゝる雅《ミヤ》致《ビ》あるものを造《ク》りたる、まことに賞すべし、然《サ》れども又《タ》よく思《モ》へば、之れに随《シタ》伴《ガハ》せる用物なる、圓《ツブ》玉《ダマ》管《クダ》玉《タマ》の無《ム》雅《ゲ》なるは何《ニ》事《ト》ぞ、曲《マガ》玉《タマ》の奇にして妙なるには似もつかざるものなりといふべし、此《ノ》三玉は、一連にして用《チ》ゐる物《ノ》なるからは、當時の人智未《マ》だ開《ラ》けざりしとするも、其《ノ》一《ト》つにはたくみにして、相《ヒ》伴《ナ》ふ二《タ》つにはしからずとするの理なし、依《リ》て己《レ》はこれに一事の用法ありて然《サ》るなりと考《カ》へたり、さるは外《カ》の事《ト》にても無く、手玉足玉は、其音を賞美するものなりと云へる、其《ノ》用法より出《デ》たるなりとは思《モ》はる、神代紀下巻なる、彦《ヒコ》火《ホノ》瓊《ニ》瓊《ニ》杵《ギノ》尊降到之《ミコトオリイタリ玉フ》時《トキ》、木《コノ》花《ハナ》開《サク》耶《ヤ》姫《ヒメ》の機《ハタ》織《オル》を見玉ふ處《ロ》に、起八《ヤ》尋《ヒロ》殿《ドノ》而《ニ》手《タ》玉《ダマ》玲《モユ》瓏《ラニ》織《ハタ》紝《オル》之少《ヲト》女《メ》者《ハ》とあるを、宣長の記傳《ノ》七に、「母《モ》由《ユ》良《ラ》は、緒《ヲ》に貫《ヌケ》る玉《タマ》どもの動《ゴ》きて、相《ヒ》觸《レ》つゝ鳴

るさまをいふ、御《ミ》誓《ウケヒ》の段に、奴《ヌ》那《ナ》登《ト》母《モ》母《モ》由《ユ》良《ラ》にとあるを、書紀に、素《ス》戔《サノ》嗚《オノ》尊《ミコト》乃、轆轤《チモクル》、然《ニ》解《トキテ》其《ノ》左《ノ》髻《ニ》所《ル》纏《ハ》五《イ》百《ホ》箇《ツ》統之瓊《タマノチ》綸、而瓊《ヌナ》響《ト》瑲《モモ》瑲《ユラニ》云云、訓注に、瓊響瑲瑲、此《チ》云《フ》奴《ヌ》儺《ナ》等《ト》母《モ》母《モ》由《ユ》羅《ラ》爾《ニト》とあり、奴《ヌ》儺《ナ》等《ト》は即《ハ》ち瓊《ヌ》の音《オト》なり、又《タ》手《タ》玉《タマ》玲《モユ》瓏《ラニ》織《ハタ》紝《オル》之少《オト》女《メ》とある、瑲瑲も、玲瓏も、字書に玉聲也と注せり」、とあるにて手《タ》玉《タマ》の類《ヒ》は相《ヒ》觸れて鳴るを要するものなる事《ト》は明《キ》らかなり、萬葉集には、手《テ》爾《ニ》卷《マケ》流《ル》玉《タマ》毛《モ》湯《ユ》良《ラ》羅《ラ》爾《ニ》、又《タ》玉《タマ》響《ユラ》とあり、袁祁天皇の大御歌に、弖《テ》奴《ヌ》由《ユ》良《ラ》久《ク》ともあれば、たゞゆらとも、ゆらゆらとも、ゆらくとも、云ひたりと聞《コ》ゆ、後《ノ》世に、最《イラ》多《タ》角《カノ》數《ズ》珠《ズ》といふがあるも、其《ノ》いらはゆらの轉音なるにて、おしもみて音《ト》の高《カ》きゆえの名ならむと思《モ》はる、など考《ガ》へ合《ハ》すべし、さて其《ノ》手《タ》玉《タマ》足《アシ》玉《タマ》とし、或《ヒ》は首《クビ》玉《タマ》としたるものは、即ち今《ノ》時に見る處《ロ》の、曲《マガ》玉《タマ》及び圓《ツブ》玉《タマ》管《クダ》玉《タマ》なる事《ト》は又《タ》云ふまでもなかるべし、此《ノ》玉《タマ》どもは、緒《チ》に通《ホ》して輪になし、手足等に掛くれば、垂れさがり、動《ゴ》くにつれて回轉すべく、さらば一《ト》方《タ》の緒《チ》の玉《マ》と、今《マ》一《ト》方《タ》の緒《チ》の玉《タマ》と、相《ヒ》觸れて鳴るべし、かくて然《シ》か鳴らすには、其《ノ》玉《タマ》の幾《イク》箇《ツ》かの間《ダ》に、曲《マガ》玉《タマ》のやうに突《キ》出したる形ちに作《ク》りたるものを入れて、それが緒《チ》を心《シン》にして廻《グ》るより他の

玉《タマ》と相觸《ヒ》るゝを要すべきなり、されば其の突出せる處《ロ》の振り動《ゴ》きて、他の玉《タマ》にあたる力《ラ》を强《ヨ》からしむる爲《メ》には、規線狀の撓《タユ》みをも持たせざる可《カ》らざるなり、これらの用意あるのみならず、三玉とも其《ノ》緒を通《ホ》す孔《アナ》は、圓錐狀にして、一《ト》方《タ》は小《ヒ》さく、一《ト》方《タ》は大《ホ》きし、これ玉《タマ》の緒《チ》に接する處《ロ》を少《ク》なくして、相《ヒ》觸るゝ時《キ》の音《ト》を高《カ》からしむる爲《メ》なりとは知られて、古人の工夫の精密なるには驚かるゝなり、然《サ》るに或《ル》說には、大古には玉《タマ》などに穴《アナ》を穿《ウガ》つにも便利なる刀器無ければ、先き細《ク》くして本《ト》の太《フト》き錐《キリ》やうの物《ノ》にて穿《ウガ》てる故《エ》なりといへれど、曲《マガ》玉《タマ》類のすべてにつきて見れば、細工はややたくみなるかたにて、さばかりに刀錐などの備はらざる時《キ》の手《テ》際《ギワ》とはおもはれざるなり、されば己《レ》が考《ガ》への如《ト》くにて、曲《マガ》玉《タマ》といふ物《ノ》が、吾《ガ》神《ミ》代よりありしとせば、少《ク》なくも二千年あまり昔《シ》なる人智の進度を見るに足るべし、さてもそれを裝飾とし、鳴《ル》音《ト》を賞するものとして、人《ト》の手ならすものなるからに、死後其《ノ》人《ト》の亡《ナキ》骸《ガラ》を葬《ム》るとき、共《モ》に墓地に埋《ツ》みたるならむ、後《チ》には沿革して、身分ある人《ト》の死したる時《キ》は、あらたに造《ク》り葬具の一《ト》つにしたるなど、いろ〳〵の事情ありて、今《マ》古墳より出《ツ》るもの、

多《ホ》きなるべし、已上はおしあての考《ガ》へなれども、此《ノ》物の用法を說きたるものを見ざるから、しひてものして、吾《ガ》日本國の人智のはやくより開《ラ》けたりしはかくもありしといふ事《ト》を、同志に計《カ》るとてかくなむ、さるを坪井正五郎氏の申《ウ》さる、には、凡そ太古の有《リ》樣《マ》を考《ガ》ふるに、現今未開國の樣子を探ぐるが肝要なり、曲《マガ》玉《タマ》の如《ト》きも未開國人の裝飾品に比《ラ》べなば其の形狀の起因は推知さるべし、未開國には獸類の爪牙を以て裝飾、殊《ト》に頸部の裝飾とする風行《ナ》はれて、太《ト》き根の方《タ》に孔《アナ》を穿《ガ》ちて他の裝飾品と連《ラ》ぬる事《ト》あり、故《エ》に予は本邦にも太古に爪牙及び其《ノ》摸造品を連《ラ》ねて裝飾とする風ありしが、後《チ》に摸造品の方《タ》が美《ク》しき故《エ》、其《レ》計《カ》りを連《ラ》ぬる事となりて、金の曲《マガ》玉《タマ》、石の曲《マガ》玉《タマ》、硝《ガラ》子《ス》の曲《マガ》玉《タマ》、土の曲《マガ》玉《タマ》など出《デ》來しものと思《モ》ふ、曲《マガ》玉《タマ》の突出が他の玉《タマ》に觸れて音を發することもあらむなれど、本《ト》その音を發せしむるが爲《メ》に撓《タユ》みを持たせたりとは信ずる能《タ》はず、又《タ》圓錐狀の孔《アナ》に就きても說あれど、玉《タマ》を多《ホ》く連《ラ》ぬればその重みをもて糸が自然に撓《タユ》むなれば、假《タト》令《ヒ》玉《タマ》と玉《タマ》とを觸《レ》合はす必要ありとするも、殊《ト》更《ラ》その用意には及ばぬ理なり、予は曲《マガ》玉《タマ》時代の玉工は表面を琢磨する事《ト》は巧《ク》みなりしも、

孔《アナ》を穿《ウガ》つことは尙《ホ》拙なりきと考《カ》ふ、といはれたるをもて考《カ》ふるに曲《マガ》玉《タマ》の用は裝飾にあり、音を發《オコ》さするといふ說は强《シヒ》說《コト》なりとす、さて各地に其《ノ》曲《マガ》玉《タマ》の散見せし事《ト》は、淡厓氏の說によれば、曲《マガ》玉《タマ》は、我《ガ》邦《ニ》古物中の最も著明なる物《ノ》にして、內地諸國には大抵皆《ナ》之《レ》有り、恐《ラ》くは有らざる所《ロ》なかるべしと思量す、沖繩の如《ト》きは、以前より琉球曲《マガ》玉《タマ》と稱し、一種偉大の曲《マガ》玉《タマ》を出《ダ》す事《ト》なれば、之れ有るに相違なしと思《モ》ひたりしに、委《ハ》敷《ク》聞けば、所《ル》謂《レ》琉球曲《マガ》玉《タマ》は薩摩の大島より出つる物《ノ》にて、實際沖繩より出《ツ》るにはあらずとの事《ト》なれば、斯くては沖繩に曲《マガ》玉《タマ》の有無未だ定《ダ》かならずと再案中、沖繩に在留せし人《ト》、在留中に沖繩各嶋中より收《サ》め得たるなりとて、東京に齎《タ》らせしを借《リ》受けて、過般の會に於て展閱に供したれば、其《ノ》節實見せられたる各位は、沖繩に曲《マガ》玉《タマ》のあることを確《カ》に承知せられしこと、信ず、其《ノ》形質をいへば、石と硝《ガラ》子《ス》との二種なるが、石質の方は內地に在る物《ノ》に異《ナ》らず、殊《ト》に近《カ》頃《ロ》福岡縣より出《ヅ》る物《ノ》に類似せり、硝《ガラ》子《ス》質の物《ノ》は形《チ》稍《ヤ》小《ヒ》さく、一種異樣の趣《キ》あり、色は白色、灰色、綠色、藍色等數種あり、之れを要するに此《ノ》硝《ガラ》子《ス》質の小曲《マガ》玉《タマ》は、沖繩特有の物《ノ》として見るべきに似たり、北

海道よりは未だ嘗《ツ》て曲玉《マガタマ》の出《デ》たる確說を聞かず、但《ダ》し簑虫老人の說に青森邊の商人が、蝦夷地より出《デ》たる曲玉《マガタマ》なりとて鬻《サ》ぐ者《ノ》あるを見たり、其《ノ》言ふ所《ロ》固《ト》より信ずべからず、只《ダ》其《ノ》曲玉《マガタマ》は内地の品と孔《アナ》の形《チ》少《コ》しく趣《キ》を異《ト》にしたれば、詐《リ》に非《ラ》ざるやも計《カ》れずといへり、其《ノ》他簑虫老人が津輕の瓶ケ岡にて自《カ》ら堀《リ》出したりとて、二種の曲玉《マガタマ》を贈《ク》れり、其《ノ》一は質は蠟石にて形《チ》少《コ》し尋常に異《ト》なり、其《ノ》二は質は白色瑪瑙なるが、形《チ》少《コ》し異《ト》なるのみならず、緒《チ》通《トボシ》の孔《アナ》なし、半成にして未だ孔《アナ》を穿《ウガ》たざる物《ノ》と見へたり、抑も瓶ケ岡は土器、石器等、蝦夷の古物を堀《リ》出《ダ》す事《ト》多《ホ》くして、蝦夷の古蹟たること論を俟たずして明白なる所《ロ》なるに、今《マ》此の曲玉《マガタマ》の出《デ》たるは頗《ブ》る意外の事《ト》なりとす、斯くては古《ヘ》の蝦夷も曲玉《マガタマ》を用《チ》ゐしやも計《カ》り難《タ》し、就《ヒ》ては北海道より曲玉《マガタマ》の出《ヅ》る事《ト》なしとも云ふ可からず、朝鮮國に於ては曲玉《マガタマ》を堀《リ》出《ダ》すことありと見へ、現に東京上野の博物館に、彼《ノ》國《ニ》慶尙道の慶州、並《ビ》に金城より堀《リ》出《ダ》せる曲玉《マガタマ》を陳列せられたれば、公衆の既《デ》に知る所《ロ》なるべし、乍《ラ》レ去《リ》慶尙道は新羅の古地にして、昔時、我《ガ》邦人の該國に在留せる者《ノ》も多《ホ》かりし事《ト》なれば、我《ガ》邦人の墳墓も多くありて、其《ノ》墳墓より出《デ》たる物《ノ》

なるやも知る可からず、斯く疑《ヒ》を容れて見るときは該國より出《デ》たればとて、彼《ノ》邦人が用《チ》ゐたる證とは爲し難《タ》からむ、支那にて或る苗族の人民中に曲《マガ》玉《タマ》を有する者《ノ》ありとは、外國人某氏の説たる由《シ》兼《子》て傳聞する所《ロ》なれども、未《マ》だ其《ノ》要領を得ざれば猝《ニハカ》に信じがたし、近《カ》頃《ロ》長崎の商人、支那に販賣せし曲《マガ》玉《タマ》を購《ナ》ひ歸《ヘ》りたる者《ノ》あるよし、大坂人の話《シ》にきゝけりしが、是《レ》亦《タ》信を措き難《タ》し、假《リ》に此《ノ》話《シ》を信ずべき者《ノ》とするも、其《ノ》曲《マガ》玉《タマ》は元來我《ガ》邦《ニ》の物《ノ》にて、前《キ》に支那商人が持《チ》去りしを再《タ》び購《ナ》ひ返《ヘ》せし者《ノ》なるやも知るべからず、又《タ》更《ラ》に疑《ガ》へば、支那人が巧《ミ》に摸造せし物《ノ》なるやも知るべからず、必竟皆《ナ》未《マ》だ信ずべからざるなり、歐米諸國に遊《ソ》びて歸《ヘ》りたる人《ト》の話《シ》に、往々某國某處の博物館に於《ヒ》て曲《マガ》玉《タマ》あるを見たりなどゝいふ人《ト》あれども、慥《カ》に曲《マガ》玉《タマ》なりや、將《タ》類似の品《ナ》には非《ラ》ざりしやを問《ヒ》返せば、其《ノ》答《ヘ》まゝ明瞭ならず、或《ヒ》は曲《マガ》玉《タマ》に相違なしといふ者《ノ》あるも、其《ノ》曲《マガ》玉《タマ》は我《ガ》邦《ニ》より持《チ》去りたるには非《ラ》ざる歟、出處を明《ラカ》にすることを得たりやを再問すれば、夫《レ》までの處《ロ》は穿鑿せざりしとのことにて、今《マ》に至《タ》るまで、歐米諸國に曲《マガ》玉《タマ》の有りや無しやを確知することを得ず、歐米圖書中には論及するものあらん

初雄云、坪井氏調査中なりとぞ右《ギ》の外《カ》なほ疑《ガ》ふべきは石質に關するの一事なり、曲《マガ》玉《タマ》の石質數種あるが中《カ》に、翡翠及び琅玕と稱する者《ノ》あり、綠色にして半透明なる美石あり、此《ノ》物《ノ》從來未《マ》だ我《ガ》邦《ニ》に產するを聞かず、搜索至《タ》らず偶《ヽ》其の產地を發見せざる歟、將《タ》古《ヘ》は產して今《マ》は產せざる歟、若《シ》くは古《ヘ》は外國產の石を輸入して曲《マガ》玉《タマ》を造《ク》りたるにはあらざる歟、若《シ》くは外國にて造《ク》りたる曲《マガ》玉《タマ》を輸入したるには非《ラ》ざる歟、皆《ナ》甚だ疑《ガ》ふべき所《ロ》なりとす、翡翠は方今支那より輸入する者《ノ》多《ホ》し、或《ヒ》は西域の產なり、或《ヒ》は緬甸の產なりと、いまだ孰《ツ》れか是なるを知らず、金石家の說には、翡翠と琅玕とは小異あるが如《ト》しと雖も同物異相に過ぎず、洋名「クリソプラス」と稱し、瑪瑙の屬なるが、「ニッケル」を含《ク》むが故《エ》に綠色を發するなりと云へり、初雄云ふ、かくの如《ト》く諸處に發見すといへども、此《ノ》曲《マガ》玉《タマ》たるものは、本邦殊有の物《ノ》にて、石質を論せずとも、皆《ナ》外國にあるものは傳徃品と稱すべし、また曲《マガ》玉《タマ》になす石材は甚だ少《ナ》くして需用多《ホ》き爲《メ》に、其《ノ》石材を堀り盡《ク》して、古《ヘ》は產せしかど今《マ》は產せざりしこと、見てもよからんかし、（この『古語拾遺講義』は人類學會諸學士の研究せし各《ヽ》の考《ヘ》をとり集《ツ》めて其の要を揭げ、それに著者の意を附したるにて、當今の曲《マガ》玉《タマ》に對する人ゝの意

見は概《ネ》これにて知らるゝなり、よりて故《ト》故《ト》しかれども茲に引けり、さてその說の當否は下《モ》の如《ト》し）。

これ等は八《ヤ》尺《サカノ》勾《マガ》璁《タマ》を曲がれる物《ノ》としたるより、その曲がれる頸《クビ》玉《タマ》の類《ヒ》に意《ロ》を向けて考《ヘ》を凝《ラ》しつるなるが、本《ト》を遺《ス》れて末《エ》に趁せたりとや云はまし。現《イマ》も多《ホ》く地中より堀《リ》出づる曲がれるものは古《ヘ》身を裝《カ》飾《ザ》れる頸《クビ》玉《タマ》なることは明《ラ》かなれど、そが果《タ》して大《オホ》御《ン》神《カミ》より皇《ミ》孫《マノ》尊《ミコト》に賜《マ》へりし三種《ノ》神器の一《ト》つの八《ヤ》尺《サカ》勾《マガ》璁《タマ》と同《ナ》じ類《ヒ》の物《ノ》なりや否《ナ》やを先《ヅ》ぞ考《ガ》ふべきことなり。この本《ト》の末だ定《ダ》まらぬにはこれ等の說はすべて價《ヒ》なき言《ト》なり。『元元集』に曰《ハ》く、

八《ヤ》坂《サカ》瓊《ニノ》曲《マガ》玉《タマハ》、出處有《リ》二、一《ハ》者素《ス》戔《サノ》嗚《チノ》尊《ミコト》昇《ルノ》天《ニ》之時《キ》、櫛《クシ》明玉命《アカルタマノミコト》（又《ノ》名《ハ》羽《ノ》明《カル》玉《マ》、又《ノ》名《ハ》天《ノ》明《カル》玉《マ》、伊弉諾《ノ》尊子也《リ》）奉《ツリテヘ》迎所《ロノ》獻《ル》之玉《マ》、轉《シテ》以《テ》奉《ツル》日神《ニ》是《レ》也《リ》（或《ハ》云《ク》日神感《シテノ》此玉《ニ》生《マシ玉フ》吾勝《ノ》尊《トチ》云云）二《ハ》者天《アマノイハ》盤戸《トノ》之時《キ》、懸《クルノ》眞《マ》賢《サカ》木《キノ》枝《ニ》之玉《マ》、即《チ》是《レ》櫛《クシ》明玉《アカルタマノ》所《ロ》造《クル》也《リ》、於《テハ》皇孫傳持《ノ》之玉《マニ》者未《タ》見《スレ》何是《ツレカレナルヲ》焉、但《ミ》溫《ヌルニ》其《ノ》根元《チ》、不可《カラ》出《ツ》兩種《チ》、夫《レ》懸《クル》上《ツ》枝《ニ》者《ハ》、石《イシ》凝《ゴリ》姥《トメノ》神《カミノ》鑄造《ノ》之靈鏡《ナリ》、懸《クル》中《カツ》枝《ニ》者《ハ》、櫛《クシ》明玉《アカルタマノ》所《ロノ》作《クル》之瑞玉也《リ》、（上《ツ》枝中《ツ》枝云云は傳の異說なり『古事記』は上《ツ》枝は玉《マ》、中《ツ》枝は鏡《ミ》、下《ツ》枝は白靑の幣物《ミテクラモノ》と云ひ、『舊事本紀』は上《ツ》枝は鏡《ミ》、中《ツ》枝は玉《マ》と云ふ、今『元元集』の作者は『舊事本紀』に依るなり）、靈鏡已《ニ》爲《リ》天璽、同時《ニ》捧持《セル》之玉《マ》、寧《ロ》不備《ンヤハラ》神器《ニ》哉、神劍《ハ》是《レ》出《ツ》於素《ス》戔《サノ》嗚《オノ》神《カミノ》之所《ミモトニ》、同神所持之玉《マ》轉《シテ》在《リ》日神《ノ》之御手《ニ》、

隨《ツテ》而有《リ》感《シテ》生《マシ玉フノ》天孫《チ》之文、是《レ》又《タ》不《ランヤ》謂《ハ》寶璽《ト》哉、兩端《ノ》之疑《ヒ》、愚蒙竊《ニ》惑《ヒヌ》矣、抑《モ》又《タ》溫《ヌルニ》此《ノ》玉《チ》、須《ク》有《ル》兩義也、一書《ノ》説《ニ》云《ク》阿波良波命《ノ》傳《トノ》神宮《ニ》所《ノ》在《ル》書也《リ》天《マ》照《シ》坐《ス》止《ト》由《ユ》氣《ケノ》皇大神一座、相《ヒ》殿《ノ》三座云云、左《ノ》一座《ハ》皇《スメ》御《ミ》孫尊《マゴノミコトノ》御《ミ》靈《タマ》形《シロ》云云、右《ノ》二座《ハ》天兒屋命《アメノコヤ子ノミコトノ》靈《タマ》形《シロ》云云、太玉命《フトダマノミコトノ》靈形《タマシロハ》瑞八坂瓊《ミヅノヤサカニ》之《ノ》曲玉《マガタマニテ》奉《ツル》藏《オサメ》圓筥《マルキハコニ》也《リ》、是《レ》天祖《ノ》吾《ア》勝尊《カツノミコトチシ》所、化《ウマ》寶玉是《レ》也《リ》、亦《タ》五《イ》百《ホ》箇《ツ》御《ミ》統玉《スマルノタマチ》奉懸《ツルケ》眞《マ》賢《サカ》木《キノ》枝《ニ》之寶玉內納《メテ》珍寶《トスリ》也、是《レ》天地人《ノ》福田也《リ》、奉《ツル》納《メ》曲《マガ》玉《タマ》圓筥《チマロキハコハ》、三台靈異《ノ》物《ニテ》、觸《レテ》事《ニ》有《リ》效《シ》、亦《タ》五《イ》百《ホ》箇《ツハ》乃《チ》在《ル》金玉《ノ》鋳《リ》寶珠等也《リ》、天戸閉《アメノトガクシ》之時《キ》、太玉命《フトダマノミコト》捧持《ノ》寶玉《ハ》是《レ》也《リ》云云、亦《タ》號《ケテ》玉串《タマグシノ》內《ウチ》人《ビトト》、奉仕《スル》眞《マ》賢《サカ》木《キノ》五《イ》百《ホ》箇《ツ》御《ミ》統玉《スマルノタマニ》之其《ノ》緣也《リト》、已上、案《ズルニ》據《ル》此《ノ》說《チ》、復《タ》有《リ》疑端、吾《ア》勝尊《カツノミコトノ》出生《ノ》之寶玉《ハ》者、初《メ》出《デ》於櫛《クシ》明玉神《アカルダマノカミニ》、傳《タヘ》素《ス》戔《サノ》嗚《オニ》、轉《シテ》以《テ》爲《ス》大《オホ》日《ヒル》孁尊《メノミコトノ》之神寶《ト》、然《ラハチ》乃難《キ》稱《シ》太玉命《フトダマノミコトノ》之靈《タマ》形《シロ》也《リ》、五《イ》百《ホ》箇《ツ》御《ミ》統玉《スマルノタマハ》者、諸神相《ヒ》議《カリ》懸《ケテ》以眞《マ》賢《サカ》木《キノ》枝《ニ》、所《ロ》供《ヘマツル》天《アマ》照《テル》大神《オホンカミニ》、又《タ》是《レ》匪《ラズ》太《フト》玉《ダマ》之《ノ》神物《カミノノニ》也、云《ヒ》恰《ト》云《フ》給《ト》、其《ノ》理不的當《セ》、矧《ヤ》又《タ》皇孫傳持《ノ》之玉《タマハ》、不《ルニ》出《デ》此《ノ》兩種者、崇神天皇《ノ》御宇無《シ》遷坐《ノ》之文改造之簿《シルシブミ》、云云、

こは始《メ》に三種《ノ》神器の勾璁《マガタマ》に出處《ツ》ありて何《ヅ》れとも定《ダ》め難《タ》かる旨《子》を述べ、次《ギ》にまたそが伊勢の外宮に藏《サ》めありとの古傳を怪《シ》めるなり。○『同集』前段の裏《ラ》書《キ》に曰《ハ》く、

或《ヒト》曰《ク》、玉《タマハ》已《ニ》有《ルヿ》両顆其《ノ》説炳《シ》焉、然《ラバ》乃《チ》一《ハ》者留《メ》神宮《ニ》、一《ハ》者随《フ》帝王《ノ》御身《ニ》歟、鏡《カヾミハ》無《シ》種類、仍《テ》改造《ス》之《ヲ》、曲《マガ》玉《タマハ》有《ルノ》二之故《ニ》、無《キ》改作《ノ》之儀歟、云云、又曰《ク》、天祖社記《ノ》阿波良波《ノ》命《ノ》傳《ニ》曰《ク》、太玉命《フトダマノミコトノ》霊形《タマシロ》瑞《ミヅノ》八《ヤ》坂《サカ》瓊《ニ》之《ノ》曲《マガ》玉《タマハ》奉《ル》納《メ》圓筥《マロキハコニ》也《リ》、天祖吾勝《アカツチ》所化《ウマシタマヘルノ》寶玉也《ナリ》、云云、而《ルニ》太玉命《フトダマノミコトノ》霊形《タマシロハ》者二面《ノ》鏡《カヾミ》也、藏《スル》筥中《ニ》由《シ》見《ユ》瑞器記等《ニ》、以《テ》吾勝《アカツノ》所化《ノ》之曲玉《マガタマヲ》難《タシ》稱《シ》太《フト》玉《ダマノタマ》霊形《シロト》、但《シ》於《テハ》彼《ノ》曲玉《マガタマニ》者、現在《ルヿ》神宮《ニ》説據灼然《トシテ》有《リ》口傳、昔《シ》與《ニ》鏡劒共《ニ》被《ル》渡《タサ》之《ヲ》歟、至《テハ》帝王護身《ノ》之瑞玉《ニ》者、可《キ》謂《ツ》懸《クルノ》眞《マ》賢《サカ》木《キニ》之曲《マガ》玉《タマト》歟、又《タ》太玉命《フトダマノミコトノ》懸《ケテ》眞《マ》賢《サカ》木《キノ》枝《ニ》捧《セ》持《シ》之五百箇《イホツ》御統《ミマスルノ》玉《タマモ》在《リ》之、寶玉《ノ》内《ニ》納《レ》修《ムル》寶也《ナリ》、天地《ノ》福田也《ナリ》、云云、是《レ》又《タ》今《マ》現《ニ》在《ル》歟、已上《ハ》、依《リ》家行神主《ノ》口説《ニ》録《ス》之《ヲ》、又《タ》曰《ク》、云《ヒ》曲玉《マガタマト》、云《ヒ》霊鏡《ト》、共《ニ》納《ム》圓筥《マロキハコニ》也《リト》。

伊勢の外宮に神器の一《ト》つたる八《ヤ》尺《サカ》勾《マガ》璁《タマ》を藏《サ》めありとの古傳は、内宮に劣《ト》るまじとの後《チ》の神主《カンヌシ》等《ドモ》の作言《ツクリゴト》にて、本《ト》より眞《マコト》の古傳なるにあらねども、「玉已《ニ》有《リ》両顆」との事《ト》は實に然《カ》り。一は素戔嗚尊《スサノヲノミコト》の天《アメ》に昇《ボ》ります御《ン》時《キ》、櫛《クシ》明玉命《アカルダマノミコト》より受けられしを天《アマ》照《テル》大神《オホンカミ》に献《ツ》られしと云ふ御《ン》器《モノ》、一は天磐《アメノイハ》戸《ト》の御《ン》時《トキ》太玉命《フトダマノミコト》の造《ク》りて眞《マ》賢《サカ》木《キ》の枝に懸けまつられしと云ふ御《ン》器《モノ》、この二《ツ》なり。皇《ミ》孫《マノ》尊《ミコト》に神器として賜《マ》へりしは二種の中《カ》には孰《ツ》れならむとの『元元集』の疑《ガ》ひは由《シ》なきに非《ラ》ず。（本居は「遠《ヲ》岐《キ》斯《シ》」と云ふ冠辞《カブリコトバ》に依りて、眞《マ》賢《サカ》木《キ》の枝に懸けし方《タ》の御《ン》器《ノ》なりと斷《サダ》めたれど、これに

△八尺曲瓊の梵語

◎『阿闍世王經』巻下、

は猶《ホ》説もありて未《マ》だ事《ト》ゆかぬなり、云云）。またこの二の御《ン》器《モノ》の形《チ》狀《マ》は同《ナ》じにてありしや否《ナ》やも未《マ》だ定《ダ》かなるに非《ラ》ざれば、これ等を先《ヅ》考《ガ》へ得ずでは御《ン》器《モノ》の勾《マガ》瓊《タマ》は曲とも圓とも言ひ難《タ》かるに非《ラ》ずや。（その使用《ツカヒサマ》なども且後《ソノノチ》のことなり）。さてこれより正《サ》しく己《ノ》れの考《ガ》へたるを述べて併《ハ》せて從來《コレマデ》の他《ヒト》の説の可否《ヨシアシ》をも試《ロ》みぬべし。先《ヅ》八《ヤ》尺《サカ》勾《マガ》瓊《タマ》の名義を「彌《イヤ》眞《サ》明《アカ》之《ノ》目《マ》赫《カヾ》玉《タマ》」と解きたる『古事記傳』の説は面《モ》白《ロ》きやうなれど、「彌《イヤ》眞《サ》明《アカ》」の辭《バ》は單《タヾ》に瓊《タマ》に限《ギ》らざるべし、鏡《カヾミ》の光《リ》もまた彌《イヤ》眞《サ》明《アカ》なるべきを、何《ニ》とて八《ヤ》尺《サカ》鏡《カヾミ》などゝも申《ウ》さゞりしや。又《タ》「目《マ》赫《カヾ》玉《タマ》」の義《ココロ》ならば曲《マガ》玉《タマ》の音を濁《ゴ》らずに「マカダマ」と言ふぞ然《カ》るべきに、一向さる訓方《ヨマシカタ》なきは何《ニ》故《エ》ぞや。（濁《ゴ》りて「マガ」と言ひ得ざるにも非《ラ》ざれど、「目《マ》赫《カヾ》」ならば「マカ」よりは「マカ」と呼ぶべきの本音なり、然るを一向その本音もて呼ばぬは甚《ダ》怪《ヤ》しからずや）。よりて今《マ》これを梵語に考《ガ》ふるに、八《ヤ》尺《サカ》の「八《ヤ》」は「彌《イヤ》」なること無論なれど、その「彌《イヤ》」は彼れにて「惟《キ》位《イ》」と云ふ、即《チ》「好《ヨ》き」と云へる語《バ》の義《ココロ》なり。（我《ガ》國《ニ》にて現《イ》に「好《ヨ》き」ことを「宜《イ》」いと云ふなり）。『阿闍世王經』にこの「惟《井》位《イ》」と云へる語《バ》あるを支那に注して「惟《キ》位《イ》者《トハ》漢《ニ》言《ツテ》爲《ス》二莊嚴《ト》一」とあり、「莊嚴」とは美《ツ》くしくて好《ヨ》きことなり。されば「惟《キ》位《イ》」と云へる國《ニ》の佛《ケ》の號《ナ》を寶好とも申《ウ》すぞ。（すべて「八《ヤ》尺《サカ》」「八《ヤ》咫《タ》」などの「八《ヤ》」の「彌《イヤ》」はこの「惟《キ》位《イ》」の義《ココロ》なるべく、またこの「惟《キ》位《イ》」の「彌《イヤ》」は本《ト》は玉、鏡《タマカヾミ》などの寶《ラ》を美《ホ》めたる辭《バ》なるべし、寶好の二字、按ずべきなり）。「尺《サカ》」は「爍《サ》迦《カ》羅《ラ》」是れなり。（「羅《ラ》」の音は畧するにてあればたゞ

◎『名義集』卷三、◎『首楞嚴經』卷三、

◎『大日經義釋』卷四

◎『大日經義釋』卷七

「爍《サ》迦《カ》」なり、然るにこの「爍《サ》迦《カ》」に「羅《ラ》」の音を附したるは「爍《サ》迦《カ》」に「羅《ラ》」字の意《ロ》あるが爲めなり、この由《シ》は遂って習《ラ》へ）。「爍《サ》迦《カ》羅《ラ》」は支那に譯して堅固と申《ウ》す、即《チ》金剛のことにて寶《ラ》の稱《ナ》なり。（『名義集』には「乃《チ》堅固《ノ》義、此《レ》同《シ》二金剛一《ニ》」とあり『首楞嚴經』には之《レ》を心《ロ》に喩《ト》へて「爍《サ》迦《カ》羅《ラ》心《ハ》無《シ》二動轉一」などあり）。而《カ》もこの「爍《サ》迦《カ》羅《ラ》」は同《ナ》じ金剛にも金剛輪とて専《ラ》玉《タマ》を美《ホ》むるの辭《バ》なり。（こも後《チ》に即《ヤガ》て知らるべし）。されば八《ヤ》尺《サカ》は梵語の「維《ホ》位《イ》（八）爍《サ》迦《カ》羅《ラ》（尺）」にて、たゞ「好《ヨ》き寶《タカラ》の玉《タマ》」と云ふ美《ホメ》稱《ナ》なり。玉《タマ》をのみ八《ヤ》尺《サカ》と申《ウ》すはこの所《ユ》以《ヘ》ならずや。（寶に八《ヤ》坂《サカ》鏡《カヾミ》など申《ウ》さぬ理《リ》なり）。次《ギ》に「曲《マガ》玉《タマ》」は印度にても「摩《マ》賀《ガ》多《タ》摩《マ》」にて、『大日經義釋』に𑖦《マ》𑖎《カ》𑖝《タ》𑖦《マ》と書ける是れなり。「摩《マ》賀《ガ》」は摩《マ》訶《カ》と同《ナ》じことなれども義《ココロ》は少《コ》し異《ナ》れり。（義が異なるから音も亦《タ》轉じて濁《ゴ》るなり）。摩《マ》訶《カ》は普通に大、多、勝の三義なるが、そを濁《ゴ》りて「摩《マ》賀《ガ》」と呼ぶ時《キ》は種《マ》々《マ》のことに云ひ通《ヨ》ふなり。『大日經義釋』にその一義を出《ダ》せるに曰《ハ》く、

摩《マハ》是《レ》我《ノ》義也《リ》、賀《ガハ》是《レ》因《ノ》義也《リ》。（又《タ》摩《マ》に伊點を加《ハ》へて心《ノ》義、空《ノ》義などゝも云ふ）。

即《チ》「摩《マ》賀《ガ》」とは支那に譯せば大我本因と熟字すべきにて、大我とは唯我一人のこと、本因とは本《ト》よりと云ふことなり。「多《タ》摩《マ》」は手に持てる物《ノ》と云ふことにて、そを玉《マ》の名に轉《ツ》して云ふなり。よりて「摩《マ》賀《ガ》多《タ》摩《マ》」とは「我が本《ト》より持てる物《ノ》」と云ふことなり。されば「八《ヤ》尺《サカ》曲《マガ》璁《タマ》」と云へば「好《ヨ》き寶《タカラ》の玉《タマ》

◎『玄應音義』卷二、
◎『同書』卷十八、卷二十、
◎『字彙』午集、
◎『名義集』卷三、

にて我が本《ト》より持てる物、ぞ」と云ふ辭《バ》の義《ココロ》ならし。我が本《ト》より持てる物、は玉《タマ》には限《ギ》らぬやうなれど、この「摩《マ》賀《ガ》」は專《モハラ》玉《タマ》に就きて云ふなれば、印度にては七寶の珠玉に皆《ナ》この「摩《マ》賀《ガ》」の音を有《モ》てり。碼碯は「阿《ア》濕《シュ》摩《マ》賀《ガ》拉《ラ》婆《バ》」硨磲は「牟《ム》婆《バ》洛《ラ》揭《ガ》拉《ラ》婆《バ》」（「牟婆」は二合音にて「摩」なり）。琥珀は「摩《マ》婆《バ》羅《ラ》伽《ガ》隷《レイ》」、珊瑚は「鉢《ハ》羅《ラ》摩《マ》揭《ガ》羅《ラ》」、赤眞珠は「鉢《ハ》摩《マ》羅《ラ》伽《ガ》」、靑珠は「摩《マ》揭《ガ》尼《ニ》羅《ラ》」、綠珠は「摩《マ》羅《ラ》揭《ガ》陀《ダ》」など是れなり。さて上《ミ》に言ひし「爍《サ》迦《カ》羅《ラ》」は金剛輪なれば圓《マル》き形《チ》の狀《マ》の玉《タマ》なるが、更《ラ》に「商佉《シャウカ》羅《ラ》」と云ふ物、あり、この「商佉《シャウカ》羅《ラ》」は本《ト》「爍《サ》迦《カ》羅《ラ》」の音の轉《ツ》れるなれど、その音の轉《ツ》れる所《ユ》以《ヘ》は「爍《サ》迦《カ》羅《ラ》」の形《チ》の狀《マ》に異《ト》なれる玉《タマ》を指して呼ぶが爲めなればなり。この「商佉《シャウカ》羅《ラ》」ぞ正《サ》しく今《マ》我《ガ》國《ニ》の人《ト》の常《ネ》に云ふ曲《マガ》玉《タマ》なるべき歟と念《モ》はるゝ節《シ》あれば言はむ。『玄應音義』に曰《ハ》く、

梵言餉佉《シャウカ》、或《ハ》言《フ》二霜《ソウ》佉《カト》一、此《ニハ》譯《シテ》云《フ》レ貝《ト》也《リ》、亦《タ》云《フ》レ珂《ト》。（同書の別の處には商佉《シャウカ》、傷佉《シャウカ》など書けり、密敎の書には多《ホ》く商佉《シャウカ》と書く、何《ヅ》れも同じなり、商佉《シャウカ》は「商佉《シャウカ》羅《ラ》」の「羅《ラ》」の音を畧したるにてこも亦《タ》例の如《ト》しと知るべし、）。珂とは『字彙』に、

石次《ク》レ玉《ニ》、一《ハ》云《フ》二瑪瑙《ノ》潔白如《キ》レ雪《ノ》者《チ》一、一《ハ》云《フ》三螺《ノ》屬《ヒ》生《スルチ》二海中《ニ》一。

これに唯《ヨ》瑪瑙とあれど硨磲も亦《タ》珂にて本《ト》は貝を硨磲と名《ヅ》けしなり。『名義集』に尙書大傳を引きて曰《ハ》く、

大貝《ハ》如《シ》二車《ノ》之渠《ノ》一、渠《トハ》謂《フ》二車《ノ》輞《チ》一、其《ノ》狀《チ》類《ス》レ之《レニ》、故《ニ》名《ク》二車渠《ト》一、渠《ハ》魁也《リ》、後人字《ニ》加《フト》二

◎『大日經義釋』卷十

◎『大日經義釋』卷六

◎『大日經義釋』卷十

玉石《チ》。

兎に角、珂即《チ》貝、貝即《チ》珂なれば珂貝と連《ツヾ》けて言ふこともあるなり。（『大日經義釋』に「嘛字其《ノ》色白《ロキコト》如《シ》車渠《ノ》」とあるに注して、「如《シ》商佉《ノ》、即《チ》是《レ》寶貝也《リ》」と云へるをこれに合《ハ》すべし）。即《チ》「商《シャウ》佉《カ》羅《ラ》」とはたゞ玉《マ》の一種たる珂貝を指して云ふにて全《タ》く「爍《サ》迦《カ》羅《ラ》」とは異《ト》なるなり。『大日經義釋』に曰《ハ》く、

瞞《マン》字《チモテ》加持《シ》明鏡《チ》、法輪《ト》法螺《トノ》眞言《チモテ》加持《ス》持輪及《ビ》商佉《シャウカチ》。

この「持輪」の輪は「爍《サ》迦《カ》羅《ラ》」にて、「及《ヒ》商《シャウ》佉《カ》」とあるは云ふまでもなく「商《シャウカ》迦羅《ラ》」なり。（二物の別なることをもて知るべし）。「爍《サ》迦《カ》羅《ラ》」は已《デ》に輪と云ふなればそが形《チ》は必《ズ》圓《マル》き玉《タマ》なり。（凡《ソ》佛典には或《ヒ》は鏡《ミ》を輪と云ひ、又《タ》或《ヒ》は玉《マ》を輪と云ふ、今《マ》この「爍《サ》迦《カ》羅《ラ》」の輪は玉《マ》なるべきこと、陀羅尼に「爍《サ》迦《カ》羅《ラ》怛《タ》摩《マ》」とあるにて明《ラ》かなり、之《レ》を後《ノ》世輪寶として車輪の如《ト》き狀《マ》に作《ク》り成すより、人《ト》は多《ホ》くその玉《マ》なることを悟《ト》らざるのみ、輪は形《チ》の輪圓なるを云ふなり）。之《レ》と違《ガ》ひて「商《シャウカ》迦羅《ラ》」の圓《ル》き形《チ》に非《ラ》ざることは、同《ナ》じく『義釋』に曰《ハ》く、

次《ニ》金剛商《シャウカ》羯羅《ラハ》、是《レ》金剛《ノ》連鏁也《リ》、如《ク》前《ノ》作《シ》轉法輪《ノ》印《チ》、以《テ》地水火風《ノ》指《チ》相《ヒ》勾《ゲテ》、即《チ》向《ツテ》下《ニ》旋轉《シ》、向《ツテ》裏《ニ》轉《ジ》之《チ》、當《ニ》於《テ》胸《ノ》前《ニ》令《ム》二《ノ》空《ノ》指《チ》向《ハ》外《ニ》、其《ノ》二《ノ》空指又《タ》令《ム》右《チシテ》壓《サ》左《チ》、相《ヒ》勾《ゲル》也《リ》、

この「商《シャウカ》羯羅《ラ》」の印は螺を吹くの象《チ》なれども、そを金剛連鏁と名《ヅ》くる所以を念《モ》ふべし。先《ヅ》十指をすべて皆《ナ》勾《マ》ぐるは螺貝の形《チ》なり、次《ギ》に更《ラ》に鏁《クサリ》を

連《ツヾ》けし如《ト》く勾《マガ》れる螺貝を幾箇《イクツ》となく左右内外より結《ス》び合《ハ》す狀《マ》の印なればば金剛連鏁と云ふなり。即《チ》世に云ふ曲玉《マガタマ》は是れならずや。（よりて曲玉《マガタマ》と稱するものゝ形《チ》は螺貝の形《チ》にて、之《レ》を珂とは云ふなり）。こをもて熟《ラ》々《ラ》按ずるに素《ス》戔《サノ》嗚《ヲノ》尊《ミコト》の天《アマ》照《テル》大神《オホンカミ》に献《ツ》られしは圓《マル》き玉《タマ》の「爍《サ》迦《カ》羅《ラ》」にて金剛輪なるべく、太《フト》玉命《ダマノミコト》の眞《マ》賢《サカ》木《キ》に懸けまつられしは勾《マガ》れる珂貝の「商迦羅《シヤウカラ》」にて金剛鏁なるべし。その圓《マル》き輪の方《タ》を八《ヤ》尺《サカ》勾《マガ》璁《タマ》と申《ウ》し、（勾璁《マガタマ》は曲《マガ》れる玉《タマ》に非《ラ》ざることゝ上《ミ》に名義を云へり）、勾《マガ》れる鏁の方《タ》を五《イ》百《ホ》箇《ツ》統《ミス》玉《マル》とは名《ヅ》けたりけむ、即《チ》五《イ》百《ホ》箇《ツ》統《ミス》玉《マル》とは勾《マガ》れる玉《タマ》を幾箇《イクツ》となく連《ツヾ》けたるから申《ウ》すことなりかし。（輪の八《ヤ》坂《サカ》勾璁《マガタマ》も、鏁の五《イ》百《ホ》箇《ツ》統《ミス》玉《マル》も、共《モ》に八《ヤ》尺《サカ》の美《ホメ》稱《ナ》を冠《カブ》らすは、同《ナ》じく好《ヨ》き寶《ラ》の玉《タマ》なればなり、されど同《ナ》じ好《ヨ》き寶《ラ》の玉《タマ》にも形《チ》の違《ガ》ひて品《ナ》の異《カハ》れるから、印度には「爍《サ》迦《カ》羅《ラ》」と「商迦羅《シヤウカラ》」と呼《ビ》音を別けたるなり、又我《ワガ》國《ニ》にも、俱《モ》に八《ヤ》尺《サカ》の美《ホメ》稱《ナ》を冠《ア》らしながらも、五《イ》百《ホ》箇《ツ》統《ミス》玉《マル》の方《タ》には甚《イト》稀れなり）。されば世の人《ト》の八《ヤ》尺《サカ》勾《マガ》璁《タマ》を言ふに、毎《イツ》も五《イ》百《ホ》箇《ツ》統《ミス》玉《マル》の曲《ガ》れる狀《マ》もて語《ラ》ふことは、全《タ》く八《ヤ》尺《サカ》勾《マガ》璁《タマ》の輪なると五《イ》百《ホ》箇《ツ》統《ミス》玉《マル》の鏁なるとの別を辨《マ》へぬからにて、未《マ》だ八《ヤ》尺《サカ》勾《マガ》璁《タマ》の辭《トバ》の義《ココロ》をも得《エ》識らざりしが故《エ》なり。（古き書《ミ》どもに尚《ホ》この別を混ぜたるは何かにそも）。さて天《アマ》照《テル》大神《オホンカミ》より三種《ノ》神器の一《ツ》として皇《ミ》孫《マノ》尊《ミコト》に傳《タ》へ賜《マ》へりしものは、この二《ツ》の中《カ》に孰《ツ》れぞと云へば、申《ウ》すまでもなく八《ヤ》尺《サカ》勾《マガ》璁《タマ》とあれば、圓《マル》き輪の形《チ》の玉《タマ》にて、實《ケ》に本《ト》より持たし給《マ》へる唯《ミ》一《ツ》の好《ヨ》き寶《ラ》の御《ン》器《モノ》にてあなるべし。（本居は「遂《チ》岐《キ》斯《シ》」の冠辭《カブリコトバ》

◎『大日經義釋』卷十一

に依りて、眞《マ》賢木《サカキ》に懸けし物《ノ》と云ひたれど、「遠岐斯《チキシ》」てふことを天磐戸《アメノイワト》の御《ン》時《キ》に限《ギ》れりと念《モ》ふは狹《マ》し、天照大神《アマテルオホンカミ》より皇孫尊《ミマノミコト》に傳《タ》へ賜《マ》へりし御器《ンモノ》には、何《ツ》れも大神《オホンカミ》の大御意《オホミココロ》を托《ザ》し給《マ》へるにて、殊《ト》に八尺勾璁《ヤサカマガタマ》は、皇孫尊《ミマノミコト》の御德《ン》に擬《ア》てゝ祝《オホ》ぎ給《マ》へるなれば、別きて遠岐斯《チキシ》八尺勾璁《ヤサカマガタマ》とは申しゝなり）。この八《ヤ》尺《サカ》勾《マガ》璁《タマ》を白《カシ》檮《ハ》原《バラ》の御《ン》時《キ》大《ホ》殿《ノ》に安《オ》きまつりて、新《ニヒ》嘗《ナメ》の明《アシ》旦《タ》と云ふに、大《ホ》殿《ノ》の四方の御柱《ラ》に五《イ》百《ホ》箇《ツ》統《ミス》玉《マル》を引きはへて齋《イハ》ひまつらせ給《マ》ふ。是れ正《サ》に天磐戸《アメノイワト》の御《ン》時《キ》に眞《マ》賢木《サカキ》の上《ツ》枝に引きはへ懸けられし事《ト》の例に由らしゝなり。祭《ホカヒ》の祝詞《ノリト》に、

齋《イミ》玉《タマ》作《ツクリ》等《ラ》我《ガ》、持《モチ》齋《ユマ》波《ハ》利《リ》、持《モチ》淨《キヨ》麻《マ》波《ハ》利《リ》、造《ツクリ》仕《ツカヘマツ》禮《レ》留《ル》、瑞《ミヅノ》八《ヤ》尺《サカ》瓊《ニ》能《ノ》、御《ミ》吹《ホ》伎《ギ》乃《ノ》五《イ》百《ホ》都《ツ》御《ミ》統《スマル》乃《ノ》玉《タマ》爾《ニ》、明《アカル》和《ニギ》弊《テ》曜《テル》和《ニ》弊《ギテ》乎《ヲ》附《ツ》氣《ケ》氏《テ》、云云、

とあるは即《チ》是れにて、眞《マ》賢木《サカキ》の上《ツ》枝に懸けし五《イ》百《ホ》箇《ツ》統《ミス》玉《マル》は、たゞ中《ツ》枝の御《ミ》鏡《カヾミ》を主《オモ》とし、そを御《ミ》吹《ホ》伎《ギ》するが爲めの齋《イハヒ》の物《ノ》にてぞあるなれば、三種《ノ》神器の八《ヤ》尺《サカ》勾《マガ》璁《タマ》とは全《ク》く異《カハ》れる物《ノ》なり。（本居の說の未だなることは是《レ》にて知られつらむ、尚後《ホチ》に云ふを念《モ》へ）。この五《イ》百《ホ》箇《ツ》統《ミス》玉《マル》を引きはへて御《ミ》祝《ホ》ぎ齋《イハ》へまつる所以《ン》の旨《子》をよく考《カ》ふれば、古《ヘ》に曲《マガ》玉《タマ》を使用《ツカヒモチ》ゐしことの意《ロ》も知らるべし。印度には金剛線と云ふものありて、曼《マン》荼《ダ》羅《ラ》の壇には必《ズ》之《レ》を四方に引きはへる例なり。（曼《マ》荼《ダ》羅《ラ》の壇を宗教の式とのみ念《モ》ふべからず、印度にて國王の即位はこの壇にて行ふにて、式は概《子》宗教と同《ジ》きなり）。これ畢竟金剛鏁と同《ナ》じなれは先《ヅ》云はむ。義釋に曰《ハ》く、

◎『大日經義釋』卷四

既加持地、次須用綖而定曼陀羅位、綖者梵音名蘇怛覽、是連持之義也、連持衆德令其不散故名綖也、線說有四種、白黃赤黑、更加一種謂虛空色也、虛空能含一切色像、即是具一切色、若但依顯色、即是淺青之色也、如草木之葉色、乃至、凡合線時、乃至、令童女合是、合線之法、當先爲受八戒着新淨衣香水澡浴使內外淸淨、坐於壇中而合之、合線之法、先預作細絲、令極均調、大小緩急、皆令得所、又不得中間斷續連接之也、又合時以帛掩口也、毎一色絲、來去接牒、使成九絲、然合爲一縷、一縷一色、凡五色、合爲一繩也、云云。（こは合線の法なり、更にそを壇の四方に引きはへるの式ありて示せど、餘り長ければ畧す、これ等は皆我が神代の御事の彼れに移れるなり）。

この書風にては、金剛線はたゞ五色の絲《イト》なるやうなれども、全くは珂貝（玉曲）を線に貫《トホ》したるを長く接ぎ合し、ものなり。（故に綖を蘇怛覽《ソタラン》と云ふなる由を記けり、蘇怛覽《ソタラン》は正しくは貫華と翻するにて、糸に多くの華を貫きてそを頸手などに懸けて飾れることの謂ひなり、その貫華を綖と云ふなれば、綖は必ず珂具を貫《トホ》したる絲にてたゞの絲には非ず）。よりて『義釋』の別の處に云へり曰く、

次當作金剛線法、凡作線當擇上好細貝縷、香水洗之、極令淸淨、令潔淨童女子右縒合之、乃至、阿闍梨先自取線、三結作金剛結、用繫左臂、護持自身、次一一爲諸弟子、繫臂如是、攝受弟子、則入曼茶

◎『古事記』卷上、

羅《ニ》、是《レ》離《ル》、諸《ノ》障難《チ》也《リ》。云云。（こは臂に繫くる手玉《タマ》のことなれど、その線の物《ノ》は壇の四方に引きはへる品《ナ》に異《カハ》らざるなり）。

こゝにある「上好細貝《ノ》縷」とは上好の細妙なる珂貝（玉曲）を貫《トホ》し、縷《イト》と云ふことなり。そを曼《マン》荼《ダ》羅《ラ》の壇の四方に懸け、及《マタ》は臂に懸けて手《タ》玉《マ》と爲すが即《チ》金剛線と云はるゝにて、全《ク》金剛鏁と同《ナ》じ物《ノ》なり。たゞ鏁は折伏の名にて、敵に對するの威力をこの線に於《ヒ》て示すが故《エ》に線を鏁と云ひ換えたるのみ。素《ス》戔《サノ》嗚《チノ》尊《ミコト》の天《アメ》に昇《ボ》りましゝに天《アマ》照《テル》大神《オホンカミ》の雄《オ》健《タケ》び給《マ》ひける御《ン》裝《ヒ》ひを『古事記』に書きて曰《ハ》く、

即解《トキ》御《ミ》髮《カミチ》、纒《マカシ》御《ミ》美《ミ》豆《ヅ》羅《ラニ》而《テ》、乃於左右《ニヒダリミギリノ》御《ミ》美《ミ》豆《ヅ》羅《ラニ》、亦於《ニモ》御《ミ》鬘《カヅラ》、亦於左右《ニモヒダリミギリノ》御《ミ》手《テ》、各《ミナ》纒《マキ》持《モチ》八《ヤ》尺《サカ》勾《マガ》璁《タマ》之《ノ》五《イ》百《ホ》津《ツ》之《ノ》美《ミ》須《ス》麻《マ》流《ル》之《ノ》珠《タマチテ》而、曾《ソ》毘《ビ》良《ラ》邇《ニ》者《ハ》負《オヒ》千《チ》入《イリ》之《ノ》靫《ユギチ》、附《ツケ》五《イ》百《ホ》入《イリ》之《ノ》靫《ユギチ》、亦所《シ》取《トリ》佩《オバ》伊《イ》都《ヅ》之《ノ》竹《タカ》鞆《トモチテ》而、弓《ユ》腹《ハラ》振《フリ》立《タテ》而《テ》、堅《カタ》庭《ニハ》者《ハ》、於《ニ》向《ムカ》股《モ》、蹈《フミ》那《ナ》豆《ヅ》美《ミ》、如《ナス》沫《アワ》雪《ユキ》蹶散《クエハラヽカシテ》而、伊《イ》都《ヅ》之《ノ》男《チ》健《タケビ》、蹈《フミ》建《タケビテ》而待《マチ》問《トヒタマハク》、

云云。（こゝに八尺勾璁《ヤサカマガタマ》の五百箇統王《イホツミスマル》とあれば、上《ミ》に八尺勾璁《ヤサカマガタマ》と五百箇統玉《イホツミスマル》とを別きて云ひしは違《ガ》へるやうなれど、元《ト》勾璁《マガタマ》と云へることは、七寶珠に皆《ナ》「摩《マ》賀《ガ》」の音あることを云ひつる如《ト》く、五百箇統玉《イホツミスマル》も八尺勾璁《ヤサカマガタマ》と言はるべきは無論なり、さあれど八尺勾璁《ヤサカマガタマ》は玉《タマ》の總稱、五百箇統玉《イホツミスマル》は玉《タマ》の一種にて別稱なれば、五百箇統玉《イホツミスマル》に八尺勾璁《ヤサカマガタマ》の稱《ナ》を冠《ブ》らすも、八尺勾璁《ヤサカマガタマ》を直《チ》に五百箇統玉《イホツミスマル》とは言ひ難《タ》し、さして皇孫尊《ミマノミコト》に傳《タ》へ賜《マ》へりしは八尺《ヤサカ》勾璁《マガタマ》にて五百箇統玉《イホツミスマル》に非《ラ》ざれば、別きて云はでは玉《タマ》の品《ナ》は知らるべからず、よりて且《バ》らく總稱の方《タ》を別の名として、八尺勾璁《ヤサカマガタマ》と五百箇統玉《イホツミスマル》との別を正《ゞ》しくなり、又《タ》唯《ゞ》八尺勾璁《ヤサカマガタマ》

◎『大日經義釋』卷四、

◎『大日經義釋』卷六、

◎『大日經義釋』卷七、

（とのみ云へば必《ズ》圓《マル》き玉《タマ》にて、五《イ》百《ホ》箇《ツ》統《ミス》玉《マル》とはその形《チ》狀《マ》違《ガ》へるなり）。五《イ》百《ホ》箇《ツ》統《ミス》玉《マル》を纒《マ》かし給《マ》へるは、素《ス》戔《サノ》嗚《チノ》尊《ミコト》に對し威力を示《メ》し給《マ》へるか爲《メ》なることこの文《ミ》にて知るべし。唯《ミ》曲《マガ》玉《タマ》を裝《カザ》飾《リ》の具《モノ》など念《モ》ふは古《ヘ》を深《カ》く探《グ》らざるにて、曲《マガ》玉《タマ》の金剛鑠なるに氣注《ヅ》かぬ故《エ》なり。『義釋』にまた曰《ハ》く、

金剛商羯羅《シャウカラハ》、譯《シテ》云《フ》金剛鑠《ト》、其《ノ》印《ハ》執持《シ》連鑠《ヲ》、兩頭《ニ》皆《ナ》作《クル》拔《バ》折《ザ》羅《ラノ》形《ヲ》、乃至、以《テ》此《ノ》智印《ヲ》、攝持《シテ》一切剛難化《ノ》衆生《ヲ》、使《ム》不《ラ》退《セ》無上菩提《ヲ》、故《ニ》以《テ》爲《ス》名《ト》也《リ》。（剛難化とは敵を云ふなり）。

また曰《ハ》く、

代《バ》折《ザ》羅《ラ》咀《タ》摩《マ》句《ク》痕《ガン》、謂《ク》我《ガ》身即《チ》同《シ》金剛《ニ》也《リ》、金剛《ハ》即《チ》是《レ》法界《ノ》自性《ナリ》、以《テノ》成就《シテ》大堅固力《ヲ》不《ルヲ》可《ルヲ》沮壞《ス》故《ニ》、說《テ》爲《ス》金剛《ト》、乃至、要《ス》摧《キ》如《キ》是《ノ》大障《ヲ》、令《ム》至《ラ》實際《ニ》、乃至、即《チ》是《レ》除障《ノ》義《ナリ》、以《テ》此《ノ》師子吼《ノ》聲震動《スルヲ》十方佛刹《ヲ》、即《チ》是《レ》驚覺《ノ》義《ナリ》。云云。（「代《バ》折《ザ》羅《ラ》」は金剛にて「商《シャウ》迦《カ》羅《ラ》」と云ふに同《ナ》じ、「咀《タ》摩《マ》句《ク》痕《ガン》」は玉《タマ》の下《モ》に「句《ク》痕《ガン》」の音を存する陀《ダ》羅《ラ》尼《ニ》の辭《バ》なり、即《チ》「商《シャウ》迦《カ》羅《ラ》」のことなり、是《レ》曲《マガ》玉《タマ》を身に纒《ト》ふは敵に對し甲《ヨロヒ》を着くると同じ意《ロ》なり）。

また曰《ハ》く、

金剛鑠《ノ》眞言《ハ》、以《テ》最初《ノ》摩字《ヲ》爲《ス》體《ト》、是《レ》縛《ノ》義《ナリ》、此《ノ》縛《ハ》本體不生《ナルカ》故《ニ》、猶《オ》如《シ》金剛《ノ》、與傍《ラノ》鬘字相《ヒ》連《ナル》、是《レ》大空《ノ》義《ナリ》、言《ク》此《ノ》金剛《ノ》之縛《ハ》、由《ルカ》大空《ニ》故《ニ》、所爲必《ズ》成《ス》、以《テノ》

此ノ普縛ノ之衆生能ク無キ二解クノ者一故ニ、名クル二金剛鏁ト一也リ、句義ニ云ク、滿駄《マンダ》ハ是レ結護ノ義也リ、與二大空一合スルカ故ニ遍シ二一切處ニ一、皆以テ二金鏁チヲ一而固ク結ス之ヲ、乃至、有ラバ二一毫ノ可キレ縛ス之機一、終ニ不二縱捨セ一。（曲玉《マガタマ》は敵を縛するの意《ロ》にて用《チ》ゆるなることこれにて知るべし、最初の「摩《マ》」字さは眞言を云ふなれど、「摩《マ》賀《カ》多《タ》摩《マ》」の「摩《マ》」の音體にこの義あるが故《エ》なり、「麗《ジヤウ》字」は商迦羅《シヤウカラ》の商《シヤウ》に同《ナ》じ、滿駄《マンダ》は亦《タ》「摩《マ》賀《カ》多《タ》摩《マ》」の音に就きて云へるなり、）。

これ等を以て古《ヘ》に曲玉《マガタマ》を使用《ツカヒモチ》ゐし所以《ユヘ》を知るべし。手玉《タタマ》と云ひ、頸玉《クビタマ》と云ひ、すべてこを身に纏《マ》かしけることは、皆《ナ》障を除き敵を伏するの意《ロ》なり。これにて天照大神《アマテルオホンカミ》の素戔嗚尊《スサノヲノミコト》に對し五百箇統玉《イホツミスマル》の珠《マ》を御身《オンミ》に裝《ヨソ》はし給《マ》へる大御旨《オホミムネ》も方《ジ》めて解《ワ》き得つべし、五百箇統玉《イホツミスマル》の金剛鏁なることは愈《ヨ》疑《ガ》ふ可からずなむ。（この金剛鏁のことを印度に於て語《タ》りもし行《フルマヒ》もするは、皆《ナ》我《カ》神《ミ》代の御《ン》事《ト》の彼《レ》に傳《タ》はり往きけるが爲めなり、曼荼羅《マンダラ》の壇の四方にこを引きはへる狀《マ》の事《ト》も實に我が言靈《コトダマ》の道《チ》に基《ト》づけることさなど、數多《アマタ》言ふべき證《カ》しあれど今《マ》省《ブ》く、云云）。世の人《ト》の常《子》に云ふ曲《マガ》玉《タマ》を古《ヘ》に使用《ツカヒモチ》ひけることの意《ロ》これにて解《ワ》かりしならば、更《ヲ》に金剛輪なる八《ヤ》尺《サカ》勾《マガ》璁《タマ》を皇《ミ》孫《マノ》尊《ミコト》に傳《タ》へ賜《マ》へりし大御旨《オホミムネ》をも推しまつるべし。已《デ》に云ひつる如《ト》く、皇《ミ》孫《マノ》尊《ミコト》に傳《タ》へ賜《マ》へりし八《ヤ》尺《サカ》勾《マガ》璁《タマ》は世に云ふなる曲《マガ》玉《タマ》にはあらで、摩《マ》尼《ニ》と申《ウ》す輪圓の一大明珠にて、天下《アメノシタ》の蒼生《アヲヒトグサ》を愛《イツク》しみ惠《メグ》ませ給《マ》ふべき尊《ミコト》の君德をこれに祝《ホ》ぎ托《ザ》し給《マ》へる唯《ヒ》一《ト》つの貴《ト》き御《ン》器《モノ》にてあ

◎『大日經義釋』卷十、　◎『涅槃經』會疏卷八、

りけるなり。されば同じく『義釋』に曰《ハ》く、

一切《ノ》佛菩薩《ノ》眞《マ》陀《ダ》摩《マ》尼《ニノ》寶印、或《ハ》置《クトカ》迦字《ヲ》。

「眞《マ》陀《ダ》」とは「摩《マ》賀《ガ》多《タ》摩《マ》」を約《ヽ》めて言ふなり。「摩《マ》尼《ニ》」とは輪圓の明珠にて言《ハ》ゆる如意寶珠なり。「置《ク》迦《カ》字《ヲ》」とは「迦《カ》」の字にこの「摩《マ》尼《ニ》」珠を表するの義意あればなり。『涅槃經』に曰《ハ》く、

迦者《トハ》、於《テ》諸衆生《ニ》、起《シ》大慈悲《ヲ》、生《シテ》於子《ノ》想《ヒヲ》、如《ク》羅睺羅《ノ》、作《スノ》妙善義《ヲ》、是《ノ》故《ニ》名《ク》迦《ト》。

天下《アメノシタ》の多《ホ》くの蒼生《アヲヒトグサ》を愛《イツク》しみ惠《メグ》ませ給《マ》ふことは、唯《ヽ》一人の子を視るが如《ト》くなるべき我《ガ》君《ミ》の御《ン》徳をこの迦《カ》字の眞《マ》陀《ダ》摩《マ》尼《ニ》たる八《ヤ》尺《サカ》勾《マガ》璁《タマ》に托《ザ》し賜《マ》へる大神《オホンカミ》の大《オホ》御《ミ》旨《ムネ》實に申《ウ》すも畏《コ》し、三種《ノ》神器の一《ツ》として皇統の天璽たる所以の理《リ》は偏《ヘ》に是れならずや。云云。（「八《ヤ》尺《サカ》」の下《モ》に「瓊《ニ》」の音を加《ハ》ふるは「摩《マ》尼《ニ》」の義にて、即《チ》「摩尼」も本《ト》我《ガ》國《ニ》の古《ル》き辭《バ》なり、この事《ト》後《チ》に云ふべし）。

已上《コノカミ》長《ガ》長《ガ》しくも八《ヤ》尺《サカ》勾《マガ》璁《タマ》の義《ココロ》を言ひたり。古《ヘ》より今《マ》に至《タ》るまで多《ホ》く説ありて定《ダ》かならざりしかば特《ト》にこれにつとめたる己《ノ》れの心《ロ》の底《コ》を酌み量りてよ、尚《ホ》足らざることは自《ツ》らも覺《ト》れど、そは後日別に記《カ》く

べくなむ。

草《クサ》薙劒《ナギノツルギ》　これより草《クサ》薙劒《ナギノツルギ》に就きて言はむに、『古語拾遺』に曰《ハ》く、

素《ス》戔《サノ》嗚《ヲノ》神《カミ》、自《ヨリ》天《アメ》而降《オリ》到《イタリマシテ》於出《イツ》雲《モノ》國《クニ》簸《ヒ》之《ノ》川《カハ》上《カミニ》、以《モテ》天《アメノト》十握劒《ツカノツルギヲ》其《ノ》名《ハ》天羽羽《アメノハハ》斬《ギリ》、今《マ》在《リ》石上《イソノカミノ》神宮、古語大蛇謂之羽羽、言斬蛇也斬《リ玉ヒ》八《ヤ》岐《マタノ》大蛇《ヲロチヲ》、其《ノ》尾《ノ》中《ヨリ》得《タリ》一《ノ》靈劒《アヤシキツルギヲ》、其《ノ》名《ヲ》曰《フ》天《アメノ》叢《ムラ》雲《クモト》大蛇《ノ》之上《ニ》常《ニ》有《リ》雲氣、故以爲名、倭武尊《ヤマトタケルノミコト》東征《ノ》之年《シ》、到《リ》相摸《ノ》國、遇《ヒ玉ヒ》野火《ヌカノ》難、即《チ》以此《ノ》劒《ツルギヲ》、薙《ギテ》草《ヲ》得《ツ》免《ルヲ》、更名《ケキ》草薙劒《クサナギノツルギト》也、乃《チ》獻《ツリ玉ヒキ》上於天神《アメノカミニ》也、然《ル》後《チ》素《ス》戔《サノ》嗚《ヲノ》尊《カミ》、娶《メトリテ》國神《クニツカミノ》女《メヲ》、生《マシ》大己《オホナ》貴神《ムチノカミヲ》古語、於保《オホ》那武智神《ナムチノカミ》遂《ニ》就《キマシキ》於根《ネノ》國《クニニ》矣、

諸傳の記《カ》ける概《ネ》は同《ナ》じ。但蛇《オロチ》を斬り給《マ》ひし十《ト》握劒《ツカノツルギ》の名、天羽《アメノハ》羽《ハ》斬《ギリ》とあるを『舊事本紀』には「其《ノ》斬《ルノ》蛇《ヲ》之號《ナヲ》曰《フ》蛇之《オロチノ》麁《アラ》正《マサト》」とあり、又《タ》その劒、石上《ツルギイソノカミノ》神宮にありと云ふを『日本書紀』の一說には「今《マ》在《ル》吉備《ノ》神部《ノ》許《トニ》也《リ》」とあり、石上《イソノカミノ》神宮は大和《ノ》國《ニ》山邊郡《リ》に在りて、（今《マ》官幣大社なり）、經《フ》津《ツ》主劒《ヌシノツルギ》を祭《ツ》れるなれば、吉備に在りと云ふ方《タ》宜《ロ》しからむ歟。草《クサ》薙劒《ナギノツルギ》は現に尾張の熱田神宮に藏することと人の皆《ナ》知るところなり。云云。

草《クサ》薙劒《ナギノツルギ》の由來は『古語拾遺』に書けるが事實なれば、古《ヘ》よりこれに何《ニ》の異說ありしを聞かず、されど己《ノ》れの曾《ツ》て考《ガ》へたるにては印度に亦《タ》古《ル》くこの辭《バ》あり。さては草《クサ》薙《ナギ》と云ふ名は日本《ヤマト》武尊《タケルノミコト》の野《ヌ》火《ビ》に遇ひ給《マ》ひし

◎『玄應音義』卷二十五、

事《ト》に肇《ハジ》まるに非《ラ》ずして、全《タ》くは素《ス》戔《サノ》嗚《ヲノ》尊《ミコト》のこを得給《マ》ひし御《ン》時《キ》からなるべしと念《モ》はるれば試《ロ》みに言ふべし。先《ヅ》『日本書紀』の異説を擧ぐる中《カ》に、

素《ス》戔《サノ》嗚《ヲノ》尊《ミコト》、拔《キ》レ劔《ツルギヲ》斬《リ玉フ》レ之《レヲ》、至《リ》二斬《ルノ》レ尾《ヲ》時《ニ》一、劔《ツルギノ》刄《ハ》少《シク》缺《ク》、割《サイ》而《テ》視《レバ》レ之《ヲ》、則《チ》劔《ツルギ》在《リ》二尾《ノ》中《ニ》一、是《レヲ》號《ナヅク》二草《クサ》薙《ナギノ》劔《ツルギト》一、此《レ》今《マ》在《リ》二尾張《ノ》國吾《ア》湯《ユ》市《チノ》村《ニ》一、云云、素《ス》戔《サノ》嗚《ヲノ》尊《ミコト》、乃《チ》以《テ》二蛇《オロチノ》韓《カラ》鋤《スキ》之《ノ》劔《ツルギヲ》一、斬《リ》レ頭《ヲ》斬《リ玉フ》レ腹《ヲ》、其《ノ》斬《ルノ》レ尾《ヲ》之時《キ》、劔《ツルギノ》刄《ハ》少《シク》缺《ク》、故《カレ》裂《テ》レ尾《ヲ》而看《レバ》、即有《リ》二一《ヒトツノ》劔《ツルギ》一焉、名《ケテ》爲《ス》二草《クサ》薙《ナギノ》劔《ツルギト》一、云云、

などあり、これ等は何《ヅ》れも素《ス》戔《サノ》嗚《ヲノ》尊《ミコト》の直ぐと名《ツ》け給《マ》ふ由《シ》の書《キ》風《リ》なり。（但しこの外《カ》は多《ホ》く後《チ》の名とせり）。されば神《ミ》代より己《デ》に草《クサ》薙《ナギ》と申《ウ》しゝにて、草《クサ》も薙《ナギ》も皆《ナ》例の漢《ラ》字を借りたるに過ぎざるべし。神《ミ》代よりの古《ル》き名なればこそ遠《ホ》く印度にまで傳《タ》はり住きて彼れにも亦《タ》この辭《トバ》の自《オノヅカ》ら遺《コ》れるならめ。

「草《クサ》」とは梵語にて「句《ク》捨《サ》」と云ふ。『玄應音義』に曰《ハ》く、

句《ク》捨《サ》、倉庫、藺、鞘《ノ》之總名也《リ》、含藏《ノ》義《ニ》一切以《テ》名《ク》焉、乃至、鞘《ノ》音《ハ》私妙《ノ》反、及《ノ》、室《サヤ》也《リ》、

刀の鞘《サヤ》を「句《ク》捨《サ》」と申《ウ》すこと先《ツ》面《モ》白《ロ》し、次《ギ》に「薙《ナギ》」は「曩《ナ》俄《ギャ》」「你《ネ》俄《ギャ》」などある音がそれにて武器の稱《ナ》にこの語《バ》を用《チ》ゆなり。よりて梵語から云へば「草《クサ》薙《ナギ》」

とは「鞘《サヤ》に藏《オサ》めたる武器」と云ふことにて、その義正《サ》しく劔《ツルギ》に當《タ》るなり。この事《ト》に就きては己《ノ》れ曾《ツ》て書きしものあれば、（「日韓合邦と日蓮聖人」と題し、明治四十三年十月印行『土曜講壇』第壹卷に載せり）、今《マ》こそが概要を茲に擧ぐべし。根《子ノ》國《クニ》の名義ども、すべて素《ス》戔《サノ》嗚《ヲノ》尊《ミコト》に關《カヽ》ることは大《ホ》方《タ》知られなむ。（以下はそが書けりものゝ概要なり）。由來朝鮮は全《タ》く我《ガ》國《ニ》と同《ハラ》胞《カラ》の親《タ》しき關係あるにて、實《ト》は素《ス》戔《サノ》嗚《ヲノ》尊《ミコト》の始《ジ》めて往きて治《ラ》し給《マ》へりし國《ニ》なるなり。そを我《ガ》國《ニ》の古書には根《子ノ》國《クニ》と云へり。『古語拾遺』に曰《ハ》く、

夫《レ》開闢《ヨノヒラクル》之初《ハジメ》、伊《イ》弉《ザ》諾《ナギ》、伊《イ》弉《ザ》冉《ナミ》二神《フタハシラノカミ》、共爲夫婦《ミトノマグハヒマシテ》、生《ウミ》大《オホ》八《ヤ》洲《シマ》國《グニ》及《マタ》山《ヤマ》川《カハ》草《クサ》木《キヲ》、次生《ミ》日《ヒノ》神《カミ》、月神《ツキノカミヲ》、最後《ノチニ》生《ミ玉フ》素《ス》戔《サノ》嗚《ヲノ》尊《ミコトヲ》、而素《ス》戔《サノ》嗚《ヲノ》尊《ミコト》、常《ニ》以《テ》哭泣爲《ナキイザツルヲナス》行《シワザト》、故《カレ》令人民《タミハ》夭折《ワカナオレ》青《アヲ》山《ヤマハシロ》變枯《ガレヌ》、因斯《ヨリコレニ》父母《チヽハヽノ》二神《フタハシラノカミ》勅曰《ミコトノリテノ玉フ》、汝《イマシハ》甚《コヽト》無道《ホシ》、宜早《ハヤ》退去《マカレト》於根《子ノ》國《クニ》矣。

然るに素《ス》戔《サノ》嗚《ヲノ》尊《ミコト》の哭泣《ナキイザツル》を行《シワザ》と爲し給《マ》ふから、人《タ》民《ミ》は夭折《ワカナオ》れ、青山《アヲヤマ》は變《シロ》枯《ガ》れたりとの言《ト》は甚《ダ》怪《ヤ》し。よりてこの「ナキイザツル」と云ふ辭《コトバ》が果《タ》して支那の哭泣の文字に當《タ》るものなりや否《ナ》やを撿《ラ》ぶるに、梵語に亦《タ》この辭《バ》ありて意《ロ》は大《ヒ》に違《ガ》ひぬ。先《ヅ》「ナキイザツル」の「ナキ」は彼れに「寧《ナ》賀《キ》你」とあるがそれにて「寧《ナ》」は「ナ」の音、「賀《キ》你」は二合急促して「キ」の音なり。

支那には之《レ》を「鑿」と譯して堀ると云ふ義の語《バ》なり。「イザツル」は彼れにては「伊《イ》泥《チ》底《ツ》哩《リ》耶《ヤ》」、こは支那に「根」と譯せり、即《チ》「ナキイザツル」とは「根《子》を鑿《ホ》る」と云ふことなり。素《ス》戔《サノ》嗚《チノ》尊《ミコト》は常《子》に根《子》を鑿《ホ》ることを行《シワザ》と爲し給《マ》ひけるなり。さてその常《子》に鑿《ホ》らし、根《子》は何《ニ》の根《子》なりやと云ふに、草《サ》にも木にもあらで多《ホ》く金鐵の類《ヒ》を探《グ》り求《ト》めて鑿らし、なり。何《ニ》の爲《メ》にそを鑿《ホ》らし、やと云ふに、尊《ミコト》の雄《オ》健《タケ》しき性《サガ》として甚《イタ》ふ武器を好《ノ》まれ、そを作《ク》らなん料に、彼《カシ》處《コ》此《コ》處、到《タ》る處《ロ》試《ロ》み鑿《ホ》らししけるなり、何《ニ》を以て之を知るやと云ふに、梵語にて武器を呼ぶには多《ホ》く皆《ナ》「ナキヤ」の音あり、甲は「ナキヤ」(曩佉)、冑は「ナキヤバタ」(曩佉縛多)、鏁は「ナキヤシユ」(你俄主)等なり。(實は「商佉」が本音なるにて、今《マ》云へるは皆《ナ》別音なり)。この「ナキヤ」は前の「寧《ナ》賀《キ》你」と同《ナ》じ音體を有《モ》ちて、共《モ》に金鐵の類《ヒ》を云ふなれど、「寧《ナ》賀《キ》你」はそを鑿ることと「ナキヤ」は金鐵もて製《ク》れる武器のことなり。かくて素《ス》戔《サノ》嗚《チノ》尊《ミコト》の餘《マ》りに彼《カシ》處《コ》此《コ》處を鑿《ホ》らし、から、田畠も荒れて食を失へる民《ミ》もありしなるべく、青《アチ》山《ヤマ》は爲めに全《タ》く變《シロ》枯《ガ》れたるもありしならむ。故《カレ》父《チ》母《ハ》の諾《イザナギ》、冉《イザナミフタハシラノミコト》二尊そを憂《ウレタ》みまして、金鐵の多《ホ》く産すると云ふ韓《カラ》國《クニ》を往きて治《ラ》すべく詔《ノ》り玉《マ》へるならし。「韓《カラ》鄉《クニ》之《ノ》嶋《シマハ》是有《アリコガ子シロガ子》二金銀一」と『日本書紀』に見えたる

◎『慧琳音義』巻八十一、

如《ト》く、彼《ノ》國《ニ》は當時殊《ト》に多《ホ》く金鐵の類《ヒ》に富みしならむ、即《チ》彼《レ》を根《ノ》國《ニ》と云ひしもこれが爲《メ》なり。『梵語雜名』と云へる書《ミ》には「寧《子》曩《ナ》羅《ラ》」の語《バ》に註して「金鐵《ノ》之梵名」と記《カ》けり、委《シ》く言へば「寧《子》曩《ナ》羅《ラ》」の「寧《子》」は金鐵の實名詞、そが未《マ》だ地中に在りて鑿り出だされざるには「寧《子》」に「曩《ナ》羅《ラ》」の音を附し、已《デ》に鑿り出だされて種《マ》々《マ》の器具に作《ク》られ働《ラ》くには「寧《子》」の上《ミ》に「伽」の音を加《ハ》ふ、即《チ》「カヽネ」なり、何《ツ》れにもせよ根《ノ》國《ニ》の稱《ナ》は金鐵に因《チナ》みてのことなるは明《ラ》かなり。根《ノ》國《ニ》の稱《ナ》を梵語の義《ココロ》もて云ひたりとて怪《シ》さな思《モ》ひそ。根《ノ》國《ニ》ばかりか、「韓《カラ》鄕《クニ》」と云へる稱《ナ》を始《ジ》めとして、百《クダ》濟《ラ》、新《シム》羅《ラ》などまで亦《タ》皆《ナ》梵語の中《カ》に見えたるなるをや。『慧琳音義』に曰《ハ》く、

　矩《ク》々《ヽ》吒《ダ》翳《エ》說《シ》羅《ラ》、唐《ニ》言《フ》雞貴《ト》、即《チ》高麗國也《リ》、共《ニ》事《フ》雞神《ニ》。

「矩《ク》々《ヽ》吒《ダ》」は「究《ク》々《ヽ》羅《ラ》」「矩《グ》羅《ラ》俱《ク》吒《ダ》」などゝも云ひ、雞《リ》のことなり。「翳《エ》說《シ》羅《ラ》」は即《チ》「貴」なり。されば古《ヘ》は「矩《ク》々《ヽ》吒《ダ》翳《エ》說《シ》羅《ラ》」が朝鮮の國號なりしを、後《チ》に二《ツ》に分かちて、「矩《ク》々《ヽ》陀《ダ》」を取りし方《タ》が百《ク》濟《ダラ》となり、「翳《エ》說《シ》羅《ラ》」を取りし方《タ》が新《シム》羅《ラ》となりたりけむ。（「矩《ク》々《ヽ》陀」に「羅《ラ》」の音あるは「究《ク》々《ヽ》羅《ラ》」と言ふにても知るべく、即《チ》全《タ》く百《クダ》濟《ラ》の音なり、「新《シム》羅《ラ》」は「翳《エ》說《シ》羅《ラ》」の「翳《エ》」が畧され、「說《シ》羅《ラ》」が更《サ》に轉じて「新《シム》羅《ラ》」となりしのみ、尙「任《オミマ》那《ナ》」の稱《ナ》も梵語と同じかれど彼の書けるものには言はざりき、「韓《カラ》」の名義はこの第貳篇に在り）。　彼の國《ニ》を雞林と云ふ

◎『皇國度制考』巻下、

ことこれにて念《モ》ひ當《タ》るべし。（斯く懇《ロ》に云ふは朝鮮を始《シ》めとして、支那、印度等に古《ル》く我《カ》國《ニ》の言《コト》靈《ダマ》の傳《タ》はり擴《ロ》ごれる狀《マ》を示《メ》さむとてなり、すべて此の國《ニ》國《ニ》の語《バ》の同《ナ》じきは皆《ナ》我《ガ》國《ニ》の神《ミ》代が本《ト》なる所以《ユヘ》の證《アカシ》にて、またその本《ト》なる所以《ユヘ》を辨《マ》へ識るべき我《カ》國《ニ》の言《コト》靈《ダマ》の眞《マ》辭《ゴト》の道《チ》なるなり）。素《ス》戔《サノ》嗚《チノ》尊《ミコト》の武器を作《ク》ることを好《ノ》まれしが爲めに、多《ホ》く金鐵を産する言《ハ》ゆる根《ノ》國《ニ》を諸冉二尊《イザナギイザナミフタハシラノミコト》より賜《マ》はりて、その王《キミ》とならせ給《マ》ひしことの證《アカシ》には、彼《レ》に到《タ》り給《マ》ひし後《チ》その地にて作《ク》り給《マ》へる劒《ツルギ》を御《ン》身に常《子》に佩《ハカ》し給《マ》へり、即《チ》蛇《オロチ》を斬り給《マ》へる劒《ツルギ》がそれにて韓鋤劒《カラヘキノツルギ》とも申し、はこの故《エ》なり。尚《ホ》多《ホ》く作《ク》り給《マ》へる歟の故《エ》にそが中《カ》の最《イト》優《ス》ぐれしを天照大神《アマテルオホンカミ》に献《ツ》られしが誓約《ウケヒ》の御《ン》時《キ》の十《ト》握《ツカ》劒《ツルギ》なりとも聞《ケ》けり。（韓鋤劒《カラスキノツルギ》のことは彼の書けるものに言はざりしが今《マ》補《ナ》へり、この下《モ》具《サ》に素戔嗚尊《スサノヲノミコト》の我《カ》國《ニ》に功《ホ》を盡くし給《マ》へることを述べてさて草薙劒《クサナギノツルギ》の正《サ》に梵語なることをも言ひけるが、そは前に云へると同じければ畧す、又《タ》草薙《クサナギ》のみならず、叢雲劒《クラクモノツルギ》となん呼べる「叢雲《ムラクモ》」の辭《バ》も彼の書けるものに梵語の義《ココロ》もて言ひたれば往きて看るべし、云云、）。

八咫鏡《ヤタカヾミ》

八咫鏡《ヤタカヾミ》の八咫《ヤタ》に就きては、先《ツ》從來《コレマデ》の他《ヒト》の説《コト》を擧げ、さてその後《チ》に己《ノ》れの考《ガ》へたるを言ふべし。從來《コレマデ》の他《ヒト》の説《セツ》は大旨《ホ子》『皇國度制考』に要を盡くしたれば、長《ガ》けれどそを茲《ヨ》に引きて示《メ》さむ。曰《ハ》く、

阿多《アタ》 漢《ラ》には之《レ》を咫と言ふ

神代紀に、天照大御神《アマテルオホンカミ》の、天石窟《アメノイワヤ》に幽居《コモリマシ》ませる段に、中《ツ》枝《ニハ》懸《ク》二八《ヤ》咫《タ》鏡《カヾミチ》一

とある、御鏡《ミ》の事《ト》を、古事紀に、於《テ》中《ツ》枝《ニ》取《リ》繋《ケ》八《ヤ》尺《サカ》鏡《カヾミチ》とありて、其《ノ》本註に訓《シテ》八《ヤ》尺《サカチ》云《フ》八《ヤ》阿《ア》多《タト》とあり（日本紀には訓注なくて、唯《ヽ》旁訓に「ヤタカヾミ」と有るのみなり）師說に、尺當《サニ》作《ル》咫《ニ》と延佳が云へるぞ宜《ヨ》き、こは決《ウナヅ》く、寫《シ》誤《マ》れるものなり（まづ尺とあるを強《シヒ》て助《ス》けて云はゞ、八寸を咫といひ、十寸を尺と云《フ》は常《ネ》なれども、周尺は、八寸と云《フ》ことあり、また常《ネ》に咫尺とも連《ラ》ねて云《ヒ》て、通用《ハシチ》ひて、此《コ》に阿多《アタ》と注せるも、佐加《サカ》と混《マギ》るゝ故《エ》なりとも云《フ》べけれど、猶《ホ》よく思《モ》ふに、然《シカ》には非ず、何《レ》の古書にも、阿多《アタ》に咫《ノ》字をのみ書《キ》て、尺と書《ケ》る例なく、此《ノ》說にも、即《チ》神武天皇《ノ》段に、八《ヤ》咫烏《タカラス》と書《キ》たれば、此《コ》も必《ス》咫《ノ》字なるべき物ぞ）註に八尺とあるも、本《ト》は咫《ノ》一字なりけむを、本文の誤《マ》れるから、後《ノ》人《ノ》の狡意《サカシラ》に改《メ》つるが、また本文と共《モ》に誤《マ》れるにも有《ル》べし、八《ヤ》阿多《アタ》の八《ノ》字は、上《ミ》を八《ヤ》尺《サカ》とするから、是《コ》、もさかしらに加《ヘ》つる後《ノ》人《ノ》の爲《シワザ》なり。決《キハ》めて削《ル》べし（凡《ベ》て訓注に、字《ノ》訓を用《チ》ひたる例なく、また八を八とすべき謂《イハレ》なければ、此《コ》は上下共《モ》に非《ヒガコト》なること、相《ヒ》照《ラ》しても知るべし）かゝれば此《ノ》註は、訓《シテ》尺《チ》云《フ》阿多《ト》と作《ク》るべきなり。然《サ》て古來《イニシヘヨリ》、夜《ヤ》多《タ》能《ノ》鏡《カヾミ》と訓《ヨメ》れども、かゝる稱《ナ》の古《ヘ》の例、凡《ベ》て之《ノ》を添《ヘ》ねば、夜《ヤ》多《タ》加《カ》賀《ヾ》美《ミ》と訓《ヨム》べし（かの八《ヤ》咫《タ》烏《カラス》の例をも思《フ》べし）註に阿《ア》多《タ》とあるを、阿《ア》を省《ブ》くは如何《ニ》と云ふに、高《タカ》天《マ》原《ハラ》の天《アマ》をも、云《フ》阿《ア》麻《マト》と註せれども、なほ麻《マ》と訓むと同格《オナジサマ》なり（一《ツ》離《ナ》ちて言《フ》ときは、天《アマ》は阿《ア》麻《マ》、咫《タ》は阿《ア》多《タ》なる故《エ》に、然《シカ》注ししたるなり、然《サ》れど高《タカ》天《マ》、八《ヤ》咫《タ》と連言《ツヾケイフ》ときは、高《タカ》にも、八《ヤ》にも、阿《ア》の韵《ヒヾキ》ある故《エ》に、自《オ》ら多《タ》加《カ》麻《マ》、夜《ヤ》多《タ》と言はるゝなり）と言《ハ》れしは、實に然《サ》る說《コト》なり。但《ヾ》し此《ノ》八《ヤ》咫《タ》を、

八《ヤ》頭《タ》八《ヤ》花《ハナ》崎《サキ》の義《ココロ》に釋《トカ》れたれど、其は偶《マヽ》に思《モ》ひ謬《マ》られし說《コト》なり其《ノ》よしは、下《モ》に云《フ》を見るべし

梁山云《ク》、この一《ト》件《リ》は平田がその師なる本居の說《コト》を擧げて云ひしなり。向《キ》に己《ノ》れ、八《ヤ》尺《サカ》勾《マガ》璁《タマ》のところに、八《ヤ》尺《サカ》鏡《カヾミ》と云ふことなき由《シ》を云ひしは是《レ》なり。古事記の彼《カシ》處《コ》の文は斷《サダ》めて誤《マ》れるのみ。八《ヤ》咫《タ》鏡《カヾミ》の訓《ヨマシ》方《カタ》も宜《ロ》し。さて以下は平田が古今の諸說を酌量するにて先《ヅ》『釋日本紀』の說《コト》を云ふなり。

然らば其《ノ》義《ココロ》いかにと云《フ》に、古今に種《マ》々《マ》の說《コト》の多《ホ》かる中《カ》に、古《ル》く兩手を相《ヒ》加《ヘ》たる廣《ロ》さ、と云《ヘ》るぞ正說なる。其は釋日本紀に、延喜《ノ》公望《ノ》私記云《ク》、戶部《ノ》藤卿進《ミテ》曰《ク》、嘗《テ》聞《ク》或《ル》說《ニ》、凡《ソ》讀《テ》レ咫《チ》爲《スハ》二阿多《ト》一者、手《ノ》之義也《ナリ》、一手《ノ》之廣《ロサ》四寸、兩手相《ヒ》加《フルトキハ》正《ニ》是《レ》八寸也《ト》、今《マ》云《フハ》二八咫《ト》一者、是《レ》八八六十四寸也《ナリ》、蓋《シ》其《ノ》鏡《ノ》圓《ハ》數六尺四寸《カ》歟、其《ノ》徑《タリ》二尺一寸三分餘也《リ》、是《レ》則《チ》今《マ》在《マス》二伊勢《ニ》一天神也《リト》。按《オモ》ふに此は、是《レ》八寸也《リ》と云《フ》までは、戶部《ノ》藤卿の嘗《テ》聞《キ》知《リ》たる、延喜以前の古說にて、今《マ》云《フハ》二八咫《ト》一者と云《ヘ》るより以下は、此《ノ》主《シ》の按《サ》と聞《コ》えたり、然《サ》て是《レ》より下《ノ》文は、釋紀の撰者の說と聞《コ》ゆ、前後の文《ヘ》、すべて今《マ》の考《ヘ》に用なき事《ト》どもは、皆《ナ》省《ブ》きて引《キ》たれば、其《ノ》意を得て見るべし、而《レドモ》天德《ノ》內裡燒亡《ノ》之時御記《ニ》曰《ク》、天德四年九月二十四日、鑒《ニ》求《シム》温明殿《ニ》所《ノ》レ納《ムル》之神靈《ノ》鏡《ミ》並《ニ》大刀契等《チ》一、申《ノ》時《ニ》重光

朝臣來申云、瓦上在鏡一面、其鏡徑八寸許、頭雖有小瑕、專無損圓規並蔕等、甚分明、見之者無不驚嘆此間に、なほ外記文を引たれど、其は省けり、日本紀畧に據るに、此燒亡は、天德四年九月二十三日亥三刻なりき、二十四日は其翌日なり、尚委くは古史傳に、諸書を引て注するを見るべし、先師申云、天德回祿之時、件神鏡內侍所、在灰燼之中不燒損、其鏡徑八寸許、頭雖有小瑕、專無損之由、御記文炳焉、然則彼八咫鏡、徑八寸歟、重窺太神宮式、樋《ヒ》代《シロ》一具、高二尺一寸、深一尺四寸、內徑一尺六寸三分、外徑二尺云云、若就講書之說者、圓數六尺四寸、其徑二尺一寸三分餘、難奉納彼御樋《ミヒ》代《シロ》內、八咫之義、已以相違、旁非無疑也此一節は、釋紀の撰者兼方主の、先師の說なるが、上なる今云八咫者是八八六十四寸也、蓋其徑圓數六尺四寸歟、其徑二尺一寸三分餘也さ云る藤卿ぬしの說を破れるにて、理《イハレ》たる說なり、是を以て吾が先師も、記傳に、咫を八寸さして、八咫は六尺四寸、これ圓《メグリ》の度《ホド》にして、徑《ワタリ》二尺一寸餘なりさ云は、釋に論へる如く、伊勢神宮の御《ミ》樋《ヒ》代《シロ》の度《ホド》に叶はずさ言れたり、抑藤卿主が此說の誤りは、も、御《ミ》樋《ヒ》代《シロ》の度《ホド》に心著《コヽロヅカ》ざるは然るものにて、實《マコト》は延喜の人にして、其世頃までは、未內侍所神鏡の御《ミ》有容《アリサマ》を世に窺ひ知れる人無りし故に、阿多の正しき古說は、嘗て聞知り居つゝも、失《アヤマ》りて右の如く、想像し奉れるにて、此は先生の不幸さ云べし、然るに兼方の先師は、遙後《ハルカノチ》の人にて、天德四年燒亡の時に、かの御《ミ》有容《アリサマ》を窺へる人の記ありて、其を見たるに、況《マシ》て御《ミ》樋《ヒ》代《シロ》の度《ホド》に心着《コヽロヅキ》たる故に、かく允當なる說の出來しにて、此は後生の幸さ云べし、然は有れど此人、藤卿主が、さる非說《ヒガゴト》は破りつゝも、其傳へ遺せる古說を、古說の正しき物さは得知らで、疑ひを存し、阿多の古義をし、釋得《トキエ》ざりしは麁漏さ云べし、但しそ

は、此《ノ》人《ト》のみにも非《ラ》ざるにや　今按《オモフニ》、咫《ノ》字《ハ》者、説文《ニ》、中婦《ノ》人手《ノ》長《ケ》八寸、謂《フ》之《ヲ》咫《ト》、周《ノ》尺也《ト》、夫《レ》天照大神《ハ》者陰神也《リ》、件《ノ》御鏡《ミ》、已《ニ》奉《ル》圖《シ》大神《ノ》之御像《ヲ》、然《レ》者摸《ツシテ》婦人《ノ》手《ノ》長《ケヲ》、奉《ル》鑄《ヲ》之於八寸《ニ》歟、寸法相《ヒ》合《フ》御記《ノ》文《ニ》之上《ヘハ》、非《サル》無《キニ》所《ロ》表《スル》乎、加《フルハ》八《ノ》字《ヲ》者、神道《ノ》之所《ロ》尊《ブ》、爲《ル》八卦《ノ》之數《ノ》之故《エ》歟と見えたり此《ノ》今按は、兼方の按か、其《ノ》先師の按か、詳《ラカ》ならず、然《サ》て師の言《ト》に、唯《ミ》に八寸と見れば、八《ヤ》てふ言由《コトイハレ》なし、神道八を尊《ト》ぶなど云《フ》めれども、由《イハレ》もなき言《ト》を、漫《リ》に加《フ》べきに非《ラ》ず、古《ヘ》凡《ベ》て然《サ》ることなし、また女人の御手の長《ガ》さなど云《フ》は、漢《ラ》字の注に依れる非説《ヒガゴト》なり、また八《ヤ》は七八《ナヤ》の八《ヤ》に非《ラ》ず、例の彌《イヤ》の意《ロ》にして、つゞめて二八一尺六寸にしても、周《メグリ》を以て名《ナツ》くべきに非《ラ》ざれば、御樋代《ミヒシロ》の度《ホド》に叶《ナ》はずとあり、　右釋《ギ》紀の説《ノ》中《カ》に、藤卿主《シ》の八八六尺四寸の説と、此《ノ》今按の説こそ惡《ワロ》かるめれ、阿《ア》多《タ》は手《ノ》之義《ココロ》と云《ヘ》る古説は更《ラ》なり、そを天徳《ノ》御記《ノ》の文、また御樋《ミヒ》代《シロ》の度《ホド》に引《キ》合《ハ》せたる説《コト》は、能く叶《ナ》へり。其はまづ、是《ノ》天徳四年の災《ヒ》に罹《カ》り給《マ》へる御鏡《ミ》は、石屋《イハヤ》戸《ト》幽居《ゴモリ》の時《キ》に鑄《ツク》れる本《ノ》物《ノ》ならず。崇神天皇の御世に、彼《ノ》御鏡《ミ》に擬造《ナゾラヘツク》られし御鏡《ミ》なりそは古語拾遺に、此《ノ》御代の事《ト》を記《ル》せる所に、更《ニ》令《メ》齋部氏、率《テ》石凝姥神《ノ》裔《ヲ》更《ニ》鑄《ラ》鏡造劔《ヲ》、以《テ》爲《ス》護身《ノ》御璽《ト》是《レ》今《マ》踐祚《ノ》之日、所《ノ》献《ツル》神璽《ノ》之鏡劔也とある御鏡《ミ》是なり　然れば頭《ニ》雖《トモ》有《リ》小瑕とある小瑕は、燒《ヤケ》損《ソコネ》たる瑕《キズ》には非《ラ》ず、是《レ》また釋紀に、大《ノ》仰《セニ》云《ク》、御紀《ノ》文、神鏡《ノ》小瑕如何《ン》、先師申《シテ》云《ク》、此《ノ》紀一書《ノ》文《ミニ》、日《ノ》神《ミ》方《サニ》開《キテ》磐戸《ヲ》而出《デ玉フ》焉、是《ノ》時《キ》以《テ》鏡《ヲ》、入《レシカバ》其《ノ》石窟《ニ》者、觸《レテ》戸《ニ》小《ク》瑕《ツケリ》、其《ノ》瑕《ツ》於《テ》

今《ニ》猶《ホ》存《セリト》云云、就《テ》之《ニ》思《ヘバ》之《チ》、今《マ》内侍所《ノ》神鏡《ハ》者、崇神天皇《ノ》御《ン》時《キ》更《ニ》所《ロ》鑄《ル》也《リ》、然《レバ》則《チ》本《ノ》鏡《ニ》有《リ》瑕《ツ》、所《ノ》鑄《ル》之新鏡不違《ヘ》本《ノ》樣《チ》、鑄付《クルノ》其《ノ》瑕《チ》之條明白《ナル》者《ノ》歟と云《へ》るが如《ト》し

また同釋に、又《タ》問《フ》、天徳《ノ》御記《ノ》文《ニ》鏡頭云云、頭《ノ》字讀《ムハ》カシラト者、其《ノ》義不叶《ハ》如何《ン》、答《フ》、此《ノ》紀第五《ノ》卷《ニ》、領巾頭《チ》訓《メリ》ヒレノハシト、以《テ》之《チ》按《スルニ》之《チ》、鏡頭《ハ》可《キ》讀《ム》カヾミノハタト也《リ》、先師申《シテ》云《ク》、御記《ノ》文、頭《ノ》之瑕《ハ》者、端《ノ》之義《カ》歟、且《ツ》以《テ》頭《ノ》字《チ》讀《ム》波多《ト》者、當紀《ノ》之説也《リ》とあり、此《ノ》紀とも、當紀とも云《へ》るは、即《チ》日本紀を指せり

さて如《カ》此《ク》その小瑕をさへに、本《ノ》樣《マ》を違《ガ》へず鑄付《ツクリツケ》しめ給《マ》へれば、況《マシ》て其《ノ》本《ノ》鏡《ミ》の度《ホド》を違《ガ》へ給《マ》ふまじき事《ト》云ふも更《ラ》なり。御記に、其《ノ》徑《リ》を八寸許《リ》と有るに據りて、想《オモヒ》像《ヤリ》奉《ツ》れば、其《ノ》本《ノ》鏡《ミ》を、八《ヤ》咫《タ》鏡《カヾミ》と云《へ》る八《ヤ》咫《タ》は、八寸許《リ》なること著《シル》し。然《サ》て咫《タ》の本語は阿《ア》多《タ》なるが、其は軈《ヤガ》て手の義《ココロ》なり。故《カレ》其《ノ》横《ノ》徑《リ》を用《チ》ひて、物《ノ》の長《ヒロサ》を度《ハカ》るを阿《ア》多《タ》と云ひ、其《ノ》數の彌《イヤ》加《クハ》はれるを八《ヤ》咫《タ》と云ふ。一手の廣《ロ》さ四寸なれば、兩手にては八寸なり。其《ノ》度《ホド》なる御鏡《ミ》なりし故《エ》に、八《ヤ》咫《タ》鏡《カヾミ》と申《ウ》すと云《へ》る義《ココロ》にて、此は公望《ノ》私記に、嘗《テ》聞《ク》と云《へ》る説なれば、延喜以前の古傳説なること疑《ウツ》なし大凡《ソ》、今《マ》の世《ノ》人《ト》の手《アタ》の度《ホド》を撿《ココロ》むるに、我《レ》ら中人の兩《マ》手《テ》を並《ベ》たる横《コ》徑《リ》、大《ホ》かた曲尺《カネザシ》六寸五分餘《リ》、或《ヒ》は七寸内外なる物《ノ》なるが、卓《スグ》れたる巨人《オホヒト》は、八寸餘《マ》り、或《ヒ》は九寸に餘《マ》るも希《マレ》にあり、然《サ》るは屋代弘賢ぬし、近《キ》世に聞《コ》えて巨人らの手形《タ》を、集《ツ》め藏《モタ》れしを見るに、加藤《ノ》清正ぬしの手の長《ケ》一尺、横《コ》四寸あり、相撲の最《ホ》手《テ》ども、丸山と云《ヒ》しが、手の長《ケ》八寸、横《コ》五寸あり、釋迦嶽と云《へ》るが、手は長《ケ》八寸三分、横《コ》四寸二分あり、鰭が嶽と云《ヒ》しが手は、長《ケ》九寸横《コ》四寸四分あり、谷風と云《へ》るが手は、長《ケ》七寸五分、横《コ》四寸三分あり、

雷電と云《ヒ》しが手は、長《ケ》七寸四分、横《コ》四寸三分あり、また近頃《キロ》肥後の熊本より出《デ》たる、大空と云《ヘ》るが手は、長《ケ》九寸、横《コ》四寸五分ぞ有《リ》ける、清正ぬしの両手を並《ラ》べては八寸あり、大空が両手を並《ラ》べては九寸あり、然れば古《ル》く片《タ》手の横《コ》徑《リ》を四寸としも云《ヘ》るは、其《ノ》大凡《ソ》の定《ダ》めになむ有《リ》ける、但《シ》し右《ギ》は其《ノ》象の謂《イハ》ゆる寸口横文より、曲尺《カネザシ》もて度《サシ》たるなり　さて是《ノ》咫《ノ》字は、上《ミ》の釋紀にも引《キ》たる如《ト》く、説文《ノ》解字に、中婦人《ノ》手《ノ》長《タケ》八寸、謂《フ》二之《チ》咫《ト》一、周尺也《リ》、从《ヒ》レ尺《ニ》只《ノ》聲と有りて、手腕の界《サカヒ》なる横文より、中《カ》指《ヒ》の末《サキ》までを度《ハカ》れる度《ホド》を謂《イ》ふ字なり。然るに此《ノ》説文の文に、中婦人と有る婦《ノ》字、諸本みな如此《カク》あれど、此は決《キハ》めて古《フル》き衍字なり。削去《ケヅリサル》べし。其は婦人の手を以て度《ノリ》とせむこと、決《キハ》めて有《ル》まじき事《ト》なるに、況《マシ》て大婦人たりとも、長《ケ》八寸と云ふ手は、希《マレ》にも有り難《タ》ければなり　其は和漢の古人に、絶《エ》て是《ノ》疑《カ》ひ有《リ》しことを聞《カ》ざれども、年《シ》頃《ロ》しか思《モ》ひ定《ダ》めたるに合《ハ》せて、近《カ》頃《ロ》官板に成《リ》たる、大戴禮の清の阮元が補注を見れば、其《ノ》王言篇に、孔子曰《ク》、布《キ》レ指《チ》知《リ》レ寸《チ》、布《テ》レ手《チ》知《リ》レ尺《チ》、舒《テ》レ肘《チ》知《ル》レ尋《チ》とある所《ロ》に、説文解字《ニ》曰《ク》、人手卻十分、動脈《チ》爲《ス》二寸口《ト》一、十寸《チ》爲《ス》レ尺《ト》、中人《ノ》手《ノ》長《ケ》八寸、謂《フ》二之《レチ》咫《ト》一、周尺也《リ》と引きて、婦《ノ》字なきは、然る古本の有《リ》けるか、阮元が意《ロ》を以て削《ケヅ》れるか、何《ツ》れにも、海外の一知己を得たる心ちぞせらるゝ　然《シカ》れば此《コ》は、中丈人の両《マ》手《テ》の横《コ》徑《リ》八寸許《リ》の稱には當《タ》れども、片《カタ》手《テ》の横《コ》の徑《リ》四寸を謂ふ阿《ア》多《タ》てふ言には當《タ》らぬ字なり。然るに舊《ル》く此《ノ》字を用《チ》ひ來《タ》りしは、四寸《チ》謂《フ》レ某《ト》と云《ヘ》る漢字なきが故《エ》に、此《ノ》御鏡《ミ》の彌《ヤ》阿《ア》多《タ》なるが、中人《ノ》手八寸謂《フ》二之《チ》

咫《ト》と有るに、偶《タマヽ》に相《ヒ》似たれば、強《シヒ》て當《アテ》たる字《モジ》にこそ。然《サ》は有れど、如此《カク》舊《ル》く用《チ》ひ來《キ》ては、漢《ラ》字の本義は何《カ》にまれ、皇《ミ》國《クニ》にては、阿《ア》多《タ》横《コ》徑《リ》四寸の字と定《ダ》めたれば、其《ノ》意に用《チ》ひむに難《サマタゲ》なし古事記、日本紀を勒《シル》せりし人《ト》々《ト》も、既《ハヤ》く其《ノ》意《ロ》なりし故《エ》に、阿《ア》多《タ》四寸の二《ツ》並《ラビ》許なる御鏡《ミ》を、八《ヤ》咫《タ》鏡《カヾミ》と書き、頭《ラ》の然《サ》ばかり大《キ》なる大烏を、八《ヤ》咫《タ》烏《カラス》とは書《ヽ》れしなり偖《サテ》かく考《ガ》へ定《ダ》めて、後《チ》に思《モ》へば、前《サキ》に彫《エリ》たる古史成文に、神代紀に、猿《サル》田《ダ》彦《ヒコノカミ》神の有《アリ》狀《サマ》を記《シル》して、其《ノ》鼻《ナ》長《ケ》七《ヽ》咫云々と有る文を取《リ》たるは、過《アヤ》失《マチ》なりけり然るは、阿多は四寸なるに、七咫と云《フ》ときは、四七二尺八寸にて、八咫と云《フ》より甚《イタ》く大《キ》なればなり、然れば七咫と云ふ字は、八咫てふ語《バ》の意《ロ》を知《ラ》ざる後人の、漫《リ》に寫《ツ》し謬《ヒガ》めたるにぞ有《ル》べき然《カ》らば古言に、手《テ》を阿《ア》多《タ》と云《ヒ》ひし證《アカシ》有りやと云《ハ》むに、美《ミ》斗《ト》阿《ア》多《タ》波《ハ》志《シ》の阿《ア》多《タ》は更《ラ》なり、與《アタフ》、能《アタ》はず、當《アタリ》の阿《ア》多《タ》、神《ノ》名には、奇《クシ》稲《イナ》田《ダ》美《ミ》斗《ト》與《アタハス》の阿《ア》多《タ》、また神《カム》吾《ア》田《タ》津《ツ》比《ヒ》賣《メ》の吾《ア》田《タ》も、手《テ》より出て、大隅の地名と爲れるが、火《ホ》須《ス》曾《ソ》理《リノ》命《ミコト》の末《ミスエ》に、阿《ア》多《タノ》隼《ハヤ》人《ト》、阿《ア》多《タノ》御《ミ》手《テノ》犬《イヌ》養《カヒ》など云ふ姓も、是《レ》より出で、阿《ア》多《タノ》鵜《ウ》養《カヒ》の阿《ア》多《タ》も同義にて、大和《ノ》國《ニ》の地名と爲れる事《ト》など、古史傳に次《ギ》々《ギ》に註《シル》せるを見るべし第四十一段、第八十八段、第百四十六段、第百六十一段の傳、また神武天皇《ノ》卷《キ》阿《ア》多《タノ》鵜《ウ》養《カヒ》の所《ロ》などを、拔《ラ》き見て知るべしさて手《テ》を阿《ア》多《タ》と云《ヘ》る言《ノ》義は、未《マ》だ思《モ》ひ得ざれど、此《コ》は天《アマ》都《ツ》御《ミ》國《クニ》の神語なりしが、阿《ア》は自《オノヅカ》らに略《ハブカ》りて多《タ》なるを、相《アヒ》通《カヨ》はして

弖《テ》と云《ヘ》るなり。然れば手《タナ》肘《ヒヂ》、掌《タナ》中《ウラ》、瓢手《タヒロカス》などの類《ヒ》なる多《タ》は、稻《イネ》を伊《イ》那《ナ》、酒《サケ》を佐《サ》加《カ》、目《メ》を麻《マ》など、第四の音を第一の音に轉《ウツ》して言ふ例とは別《コト》にして、弖《テ》と云ふは、却《カヘ》りて多《タ》の轉語なりと所思《オモ》ゆるなり（師說に、手《テ》は執《トリ》なり、登《ト》理《リ》を切《ツヾ》むれば知《チ》なれど、凡《ベ》て第二《ノ》音に切《ツヽマ》る語は第四に轉《ツ》る例多《ホ》しとあり、弖《テ》を本語として云《フ》ときは、斯《ク》の如《ト》くなれど、本記は阿《ア》多《タ》の阿《ア》を省《ブ》ける語なれば、此《ノ》師說惜《ヲシ》けれど用《チ》ひずなむ、）

抑《ソモ〳〵》阿《ア》多《タ》は手《テ》の義にて、一手の廣《ロ》さ四寸有るを、二《タ》つ並《ナラ》べて、八《ヤ》阿《ア》多《タ》と云《ヘ》るは、最《イト》も平《ヤ》易《スラカ》なる古《ル》語《ト》なるを、縣居、鈴《ノ》屋二宇《フタリノウ》斯《シ》を始《ジ》め、人々《ヒト〳〵》何《イカニ》してか、彼《ノ》藤卿ぬしの語を見《ミ》落《オトシ》つゝ、此《ノ》語に依りて、咫《アタ》を解《トキ》たる人《ト》無《カ》りしは、甚《イト》遺《クチ》憾《ヲ》しき事《ト》にこそ（二人大人《フタリノウシ》たちは更《ラ》なり、其《ノ》後《チ》に考《カ》へたる人《ト》々《ト》も、絶《エ》て斯《カ》ばかりの事《ト》を考《カ》へ漏《ラ》すべき倫《タグヒ》に非《ラ》ず、然《サ》るにかゝる見《ミ》漏《オト》しの有《リ》けるは、是《レ》ぞかの漢《ラ》人《ト》の謂《ハ》ゆる、網《アミ》の目《メ》に漏《モ》るゝ魚《チ》ありとも云《フ》べくや、）

梁山云《ク》、この件《リ》は釋紀の中《カ》の藤卿の說を主《オモ》に取りて八《ヤ》咫《タ》の辭《バ》を解きしなり。さて平田はこれ等を酌量して「咫《タ》」の辭《バ》を四寸の度《ホド》と解き四寸の兩《マ》手《テ》を並《ラ》べて八寸と考《ガ》へしなり。この平田の說《コト》の可《ヨシ》否《アシ》は後《チ》にて知らるべし。こゝに擧げたる釋紀の天德《ノ》內裡燒亡の御《ン》事《ト》は、當《ソノ》時《キ》こそ御鏡《ミ》に異狀なかりしも、後《チ》の災《ヒ》に竟《ヒ》に御鏡《ミ》の形《チ》狀《マ》全《タ》く異《カ》はれりしこと古記に見えたり。『神宮雜例集』に曰《ハ》く、

◎『神宮雜例集』卷二、

第六内侍所事、或記云、内侍所者神鏡也、本與主上御同殿、故院被仰云、帝王冠巾子、左右有穴、是内侍所御同殿之時、主上夜不能放冠給、御眠之時、御冠墜落、仍以挿頭花自巾子穴通御髪也、垂仁天皇始御別殿、故院被仰云、内侍所神鏡、昔飛上欲上天、女官懸唐衣奉引留、是依此縁、女官所守護也、天徳焼亡、飛出着南殿前櫻、小野宮大臣驚稱、神鏡下入其袖、寛弘焼亡始焼給、雖陰圓規不闕、諸道勘文被立伊勢公卿勅使行成宸筆宣命始於此、長久焼亡、件夜以少納言經信為使奉出、女官誤先出太刀、次欲出神鏡之處、火已盛不可救、後朝灰有光、集之入唐櫃、自一條院御時、始十二月有御神樂、代始被奉四十合御供、内藏毎月一日被奉例御供二十合、臺盤所二帖内藏寮絹五疋為定幣料、幣串八筋、黒塗平文也、絹五疋、神宮記云、寛弘二年乙巳十一月十五日、内裏燃亡、而去天徳四年以來、度度内裏焼亡之間、不被焼給、内侍所神鏡今度焼亡爾被焼損給、由茲件神鏡改而可被奉鑄替之由、且被行陳定、且可被卜筮吉凶於神祇官陰陽寮之由、公卿僉議之間、各勘奏云、件神鏡者、是非人間之所為、既天地開闢之初、當於高天

◎『百鍊抄』卷四、

◎『皇位繼承篇』卷六、

原、天、鏡作神《カヤミツクリノカミ》乃遠祖天香山命《アマノカグヤマノミコト》乃、八百萬皇神達《ヤホヨロヅノミカミタチ》共爾、以銅天鑄造之神鏡也、或云、天香山命《アメノカクヤマノミコト》以古鑄而作之、件神鏡元三面也、廣皆方尺、而一面坐伊勢國須、一面坐紀伊國須、一面坐內侍所、是件鏡也、具見于日本紀、以之謂之件神鏡改而被奉鑄替之事、未分明也、縱件之御鏡雖被燒損給、尤可被奉鎮安置於本所者也、仍元神鏡御坐也云云、同年十二月十四日、公卿勅使參宮、參議左大辨從三位藤原朝臣行成王、中臣忌部卜部等也、是內裏燒亡之時、件神鏡被燒損給事、所被謝申也。

長久の災には神鏡亦亡失し給ひける歟の故に、この『雜例集』に「後朝灰有光」云云と記けるならむ。『中右記』に「內侍所靈鏡爲灰燼」と云ふに合へり。『百鍊抄』に「內侍所神鏡在灰燼中乃至僅唯奉得御躰（燒損五六寸許）即奉纍入折櫃、又得一切（三寸許）其體燒損不分明」云云とあるなどをも念ふべし。但し『雜例集』に云へる三面の鏡はさることながら、內侍所にも元より三面あり、この事『皇位繼承篇』の附錄に『日本紀畧』『釋日本紀』『村上御記』等を引きて云へるが如し。されば長久の災には三面すべて皆亡失し給ふにてはあらざりしならむ。（寛弘の燒損は三面の中の一面のみなり）。遂て更

に考《カ》ふべし。御《ミ》樋《ヒ》代《シロ》のことは、その度《サシ》こゝに見えたれど、尚《ホ》御《ミ》船《フナ》代《シロ》あり、その圖形寸法等『貞和御餝記』に委《ハ》し。（御《ミ》船代《フナシロ》は御《ミ》樋《ヒ》代《シロ》を納るゝ御器《ノ》なり、明應八年三月、荒木田神主の書ける『遷宮記』に、「二合櫃令《メ》レ持《ク》、本宮《ニ》參《リ》、御船代《ニテ》奉《リ》レ覆《ヒ》、乃至、御船代奉《リ》レ覆《ヒ》記《リ》、無《ク》二相違一御體《チ》奉《ル》レ鎮《メ》」とあるにて知るべし、御體とは御鏡なり、御《ミ》船《フ子》代《シロ》の船《子》の形《チ》なるには深《カ》き口傳もありとかや、（第三圖參看））さて以《コ》下《シモ》は加茂の説を擧げて平田の評すなり。

其はまづ加茂翁《ノ》説に、八《ヤ》咫《タ》は人《ト》の大《ホ》指《ビ》と、中《ノ》指《ビ》を桀《ハル》を咫《タ》と云ひ、其《ノ》一《ヒト》咫《タ》は八寸ある故《エ》に八《ヤ》阿《ア》多《タ》とも云《ヒ》て、八《ヤ》は咫《タ》八《ヤツ》の謂《ヒ》には非《ラ》ず。凡《ベ》て古書に數を云ふに、正《タヾシ》きあり、大《オホ》概《ムネ》あり、また同《ナ》じ咫《タ》にも、一《ヒト》咫《タ》の中《カ》に、八《ヤ》きだ、七《ナ》、きだ有《ル》を云《フ》と、一《ヒト》咫《ダ》づゝ、多《オホ》くの數を云《フ》とあり、其《ノ》書《ミ》をかける人《ト》の心《ロ》々《ロ》なりしと言《ハ》れしは、師《ノ》言の如《ト》く非《ヒガゴト》なり。（其《ソ》は記傳に加茂翁の此《ノ》説を擧《ケ》て、一《ヒト》咫《タ》は八寸ある故《エ》に八《ヤ》あたと云《フ》と云《ハ》れたるは心《ロ》得ず、若《シ》然《カ》らば直《タヾ》に八寸《ヤキ》とか、咫《タ》とか云《フ》べきを、何《カ》でか煩《ラ》はしく重《サ》ね云《ハ》む、凡《ベ》て物《ノ》の度《ホ》量《ド》を云《フ》に、さる例も理《リ》もなき事《ト》なり、また其《ノ》書《ミ》をかける人《ト》の心《ロ》々《ロ》なりと有《ル》も心《ロ》得ず、文字こそ他國のを借れる物《ノ》なれば、人《ト》の心《ロ》々《ロ》にて、古書にはさま〴〵に書《ケ》れ、物《ノ》の度《ホ》量《ド》の稱《ナ》などは、古《ヘ》より云《ヒ》來《タ》るまゝに記《ル》せることなれば、書によりて異《カハ》るべきに非《ラ》ず、されば人《ト》の心《ロ》々《ロ》とあるは、文字のことか、然らば七《ナ》、きだの阿《ア》多《タ》には七《ナ》、咫《タ》、八《ヤ》きだの阿《ア》多《タ》には八《ヤ》咫《タ》と書《ケ》りとも、訓はいづれもたゞ阿《ア》多《タ》とこそ云《フ》べけれ、然れども夜《ヤ》多《タ》といふ古言、動くまじければ、右の説は用《チ》ひがたしとあり、）

梁山云《ク》、この下《モ》は本居の説を平田の評しゝなり。

斯《カク》て師説に、八《ヤ》咫《タ》は借字《カリジ》にて、八頭《ヤタ》の意《コヽロ》なるべし 古《ヘ》物《ノ》を度量《ハカ》るに、咫《タ》といふ名あり、また八《ヤ》は何《ン》の數にも、彌《イヤ》の意《ロ》にて、常《ネ》に云《フ》ことなれば、八咫《ヤタ》と云《フ》ことも、物《ノ》に多《ホ》かりけむ故《エ》に、其《ノ》字を借れるなり、然るは後《ノ》世《ノ》人《ト》の心《ロ》にては、混《マギラ》はしきに似たれども、常夜《トコヨ》に、常世《トコヨ》の字を借れる類《ヒ》にて、古《ヘ》より借《リ》て書來《キタ》れるまゝに、古事記にも書紀にも然かかけるなり 其《ノ》據《ヨリドコロ》は、倭姫《ノ》命《ノ》世記に、此《ノ》御鏡のことを云《ヘ》る處《ロ》に、謂《ノ》八《ヤ》咫《タト》者八《ヤ》頭《タ》也《リ》。また御鎮座傳記にも、寶基本紀にも、八《ヤ》咫《タハ》古語八《ヤ》頭《タ》也《リ》、八《ヤ》頭《タ》花《ハナ》崎《サキ》八《ヤ》葉《ハノ》形《チ》也《リ》、中臺《ハ》圓形《ニ》座《ス》也《リ》と云《ヘ》る是《レ》なり。此《ノ》書《ミ》どもは、多《ホ》くは信《ウケ》難《ガタ》けれど、此《レ》は妄説《ミダリゴト》とは聞《コ》えず。古《キ》傳《ヘ》說《コト》有《リ》けるならむ 或《ル》人《ト》鎭座傳記などに、八葉中臺など云《ヘ》るは、佛書を附會したる言《ト》にて、取るに足らずと云《ヘ》り、今思《モ》ふに、信《マコト》に彼《ノ》書《ミ》どもは附會甚《ダ》多《ホ》し、この八葉中臺も佛書の語なり、然れども、元《ト》より八頭花崎《ノ》御鏡なりと云ふ傳の有《リ》しに付《キ》て、佛書を引當《キテ》たる者《ノ》なり、まことにさる形《チ》したるが有《ル》るなり、 さて八《ヤ》頭《タ》を夜《ヤ》多《タ》と云《フ》に二《ツ》の考《ガ》へあり。一《ツ》には釋紀に、天德御記を引《キ》て云《ク》、其《ノ》鏡《ミ》徑《リ》八寸許《リ》、頭《ラニ》雖《モ》有《リト》小瑕専《ラ》無《シ》損《フコ》と云《ヘ》るを思《モ》ふに、頭とは彼《ノ》八《ヤ》頭《タ》の頭なるべし たゞ圓鏡ならば、頭とは云ふべきには非ず また彼《ノ》御記のつゞきの文に、圓規並《ニ》蔕等、甚《タ》分明《ナリ》とある圓規は、かの中臺圓形とある處を云《ヘ》るなるべし。然《サ》て頭を波《ハ》多《タ》と訓《ヨム》べしと云《ヘ》る、然《サ》も有《ル》べし。魚の鰭《ハタ》と同意にて、かの花《ハナ》崎《サキ》なる所《ロ》を然《カ》云《フ》べし、斯《カヽ》れば夜《ヤ》波《ハ》多《タ》を約《ツヾ》めて夜《ヤ》多《タ》とは云《フ》なり 古事記の本注に、云《フ》阿《ア》多《タト》とあるは、咫《ノ》字を借《レ》るにつきて、其《ノ》本語を注せるなり、然れど其《レ》も八《ヤ》咫《タ》とつゞけば、夜《ヤ》多《タ》なれば妨《タ》げなし 二《ツ》には頭《ラ》は阿《ア》多《タ》麻《マ》の意《ロ》なり、

和名抄に、顱會《ハ》阿《ア》太《タ》万《マ》と有れば、阿《ア》多《タ》麻《マ》は、頭《ラ》の內《チ》にて、一《ト》所《ロ》の名と見ゆれど、今《ノ》世の言《ト》には、頭《ラ》を云へば、古《ヘ》もさも云《ヒ》けむ。其《ノ》故《エ》は神武天皇の八《ヤ》咫《タ》烏《ガラス》も、借字《カリジ》にて、此れと同じく、頭《アタマ》の八《ツ》ある烏《カラス》なるべければなり

此《ノ》烏《ス》は、かの八《ヤ》俣蛇《マタオロチ》の、八頭八尾ありし類《ヒ》なり、八は必《ズ》しも七《ツ》八《ツ》の八ならずとも、幾《イク》つも有《ル》を云《フ》べし、然《サ》て古事記《ノ》序、また姓氏錄に、これを大《ホ》烏《ス》と云《ヘ》れば、なほ八《ヤ》咫《タ》の義然るべしとも云《フ》べけれど、八寸ならば、殊《ト》に小烏なり、もしまた咫《タ》八《ツ》の意《ロ》とせば、御鏡《ミ》の度《ホド》かなはず、此《レ》と彼《レ》と同言にて、義の異《ト》なるべき謂《イハレ》無《ケ》ればなり、然れば、古《ヘ》より八咫の字を借《リ》て書《キ》來《タ》れるに就《キ》て、姑《ラ》く字面によりて、大烏とは書《キ》つるか、また頭《ラ》の八《ツ》あらむには、本《ト》より尋常の烏《ス》よりは、いと大《ホ》きにも有《ル》べければ、名によらずとも、などか大きと云《ハ》ざらむ、又《タ》大《ホ》きなるのみにては、八《ヤ》咫《タ》てふ名を負ふべきに非ず、鏡《ミ》などは、大小種《マ》種《マ》ある物《ノ》なれば、其《ノ》度《ホド》を以て名《ナヅ》けむも然る事《ト》なるを、烏《ス》などは大小種《マ》種《マ》ある物《ノ》ならぬに、度を以て名《ヅ》くべきに非《ラ》ぬを思《モ》へ、大なるのみならば、たゞ大烏《オホカラス》とこそ云はめ、

また書紀に、頭《ヤ》八咫《タ》烏《ガラス》と、頭《ノ》字を添《ヘ》て書《ミ》れたるは、頭《ヲ》の大《キ》さ八咫と云《フ》意《ロ》を顯《ハ》さむためにとも云《フ》べけれど、全體をおきて、頭《ラ》の大《キ》さを以て名《ヅ》けむこと有《ル》べくも非《ラ》ず此《レ》を古《ヘ》より八《ヤ》咫《タ》の字を借《リ》て、書《キ》傳《タ》へたるを、其《ノ》まゝに書《キ》ながら、頭《ラ》の八《ツ》ありし烏なりと云ふ傳《ヘ》のありし故《エ》に、其《ノ》由《シ》を顯《ハ》さむために、此《ノ》字をば添られたるなるべし。斯《カヽ》れば是《レ》も返りて、八《ヤ》頭《アタマ》なる一《ツ》の證《アカシ》とすべし。右《ギ》の二《ツ》の意《ロ》何《イヅ》れか宜《ヨ》けむ。人《ト》擇《ラ》び取《リ》ねかし。と有れど信《ウケ》が

たし〔其は上《ミ》の藤郷ぬしが傳《タ》へたる古説に心《ロ》引《カ》るればなり、八頭八葉の説の非《ヒガゴト》は、下《モ》に擧《グ》る人《ト》々《ト》の説に辨《マ》へたるか如《ト》し〕

梁山云《ク》、右《ギ》本居の説を平田は信《ウケ》がたしと云へるなり。以《コノ》下《シモ》は別の人《ト》の説にて御鏡《ミ》の形《チ》容《マ》全《タ》く本居の云へるに違《ガ》へり。

また件《ノ》信友が神鏡想像考に、上《ミ》の天徳《ノ》御記を始《ジ》め、諸書にかの焼亡の事を記《ル》せる文を引きて、此《レ》等の文に據りて、畏《カシコ》み謹《ツヽシ》みて、恐所《カシコドコロ》神鏡の御形《チ》を想《オモ》像《ヒ》奉《ツ》るに、今《マ》も尋《ヨノ》常《ツ子》に有るが如《ト》き、圓《マロ》規《ク》して柄《ツカ》ある御鏡《ミ》なるべし、其は御記に、專《ラ》無《シ》損《フヿ》圓規並《ニ》蔕等《チ》甚《タ》以《テ》分明也《リ》と有《ル》を以てしか想《オモ》像《ヒ》奉《ツ》らるゝなり、〔蔕とあるもの即《チ》柄《ツカ》なるべし、俗に手《テ》さ云《フ》ものなり、〕字書に、蔕《ハ》瓜《ノ》當也《リ》、當《ハ》底也《リ》、華《ノ》當也《リ》など見えて、草木の實のほぞと云《フ》物《ノ》なるが、實《ミ》を摘《ツミ》取《リ》ては、蔕《ホゾ》ながら、小《ヤヽ》著《ツキ》たる枝をもかけて云《フ》めれば、即《チ》鏡《ミ》の柄の義《ココロ》に假《カ》借《リ》かなへて、蔕《ノ》字を書《カヽ》せ給《マ》へるなるべし〔小右記《ル》に、寛弘二年の焼亡の事《ト》を記せる文にも蔕と書れしは、御記の文字に倣《ナラ》はれしならむ、〕また御記に、頭《カシラ》とある處《ロ》は、彼《ノ》神鏡の柄《ツカ》を下《タ》として、其《ノ》上方《ウヘノカタ》を宣《ノ玉》へる文《コトバ》なるべし、今《マ》も鏡作《カヾミツクリ》などの詞《バ》に、頭《ラ》とも云《ヒ》なれたり。

また柄《ツカ》を古《フル》くは、下《モト》とも云《ヘ》りと思《モ》はれて、禮儀類典に引《カ》れたる、大成録の樂人装束のうち、鉾《ホコ》の製《ツクリ》ざまを圖《ウツ》したる下《トコロ》に、柄《ノ》長《サ》七尺三寸

許《リ》、黒《ロ》漆《シノ》之徑《リ》一寸三分許《リ》、下《ニ》有《リ》石《シ》突《キ》、長《サ》二寸計《リ》、如《シ》鏡《ノ》下《ノ》とありて、其《ノ》石《シ》突《キ》の處《ロ》かく圖せり。如《シ》鏡《ノ》下《ノ》とは、如《シ》鏡《ノ》柄《ノ》と云《ハ》むが如《ゴト》けむ釋紀に、頭を波多と讀《ム》べしと云へるは信《ウケ》がたしさて此《ノ》神鏡の徑《リ》を八寸許《リ》とあるに依《リ》て考《ガ》ふるに、八は七《ツ》八《ツ》など云ふ數の八なり神代紀に、猨田彦神《サルダヒコノカミ》の、鼻《ノ》長《サ》七咫とも有り、幾咫《イクタ》と數へたる證となすべし阿《ア》多《タ》は、間《アヒダ》と云ふ言《ト》と同義にて、手を啓《ヒラキ》たるまゝに、指《ビ》の開《アキ》たる間《アヒダ》もて、物《ノ》の長《タケ》を度《ハカ》れる名なるべし。食指と中指とを伸《ノベ》て、其《ノ》開《アキ》たる間《アヒダ》もて度《ハカ》れらば便《タヨリ》よけむ釋紀に、公望私記云《ニク》、戸部《ノ》藤綱進《テ》曰《ク》、嘗《テ》聞《ク》或《ル》説《ニ》、凡《ソ》讀《デ》咫《チ》爲《スハ》阿《ア》多《タト》者、手《ノ》之義也《リ》云云と有る説は、由《シ》ありて聞《コ》ゆれど、其《ノ》餘の説は信《ウケ》がたし、人《ト》に物《ノ》を與《タ》ふると云ふアタも、此《ノ》方《タ》の手より、人《ト》の手に渡《タ》すより出《デ》たる言《ト》と聞《コ》ゆ、また姓氏錄に、阿多御手犬養《アタノミテノイヌカヒ》と云ふ氏あり、阿多《アタ》御《ミ》手《テ》と襃たるは、此《ノ》考《ガ》へに由《シ》有りて聞《コ》ゆ、凡《スベ》て古《ヘ》は物《ノ》のほどを度《ハカ》るに、手《テ》もて幾《イク》尋《ヒロ》、いく束《ツカ》など云《ヒ》て物《ノ》する事《ト》の、今《マ》もなほ遺《ノコ》りて然《カ》り。種《クサ》種《グサ》の度量《ハカリ》の器《モノ》どもは、悉《ミナ》後《チ》にから國《ニ》より傳《タ》へ參《マヒ》らせたりまた木などの太《ト》さを度《ハカ》るに、幾抱《イクカヽヘ》といひ、小《サ》きを母《ヤ》指と人《ト》指、或《ヒ》は中《カ》指もてまはして、左右手《マデ》片手《カタテ》、そのものの大小のほどに從《ガ》ひて、幾《ク》まはりと云ひ、また件《リ》の如《ト》く、指を開《ラ》きて、竪《テ》さまに渡《タ》して長《ガ》さを量《カ》るに、幾俣《イクマタ》といふ事《ト》あり、古《ヘ》もしか有《リ》けらし、また矢の尺を量《カ》るに、何《イク》束何伏《ブ》せと云《ヘ》ること、中《カ》昔《シ》の記錄どもに見えたり、伏《フセ》とは指を伏せならべて、指の數もて幾俣《イクマタ》と定《ダ》むる事《ト》にて、人《ト》みなの能《ク》知れる事《ト》なり、其《レ》らの定《ダ》めの如《ト》く、小《チヒ》さき物《ノ》を量《カ》るには、上《ミ》に云《ヘ》る如《ト》く、指を開《アケ》たる間《ダ》もて度《ハカ》りて、幾阿多《イクアタ》と云へるなるべし、已《オノレ》既《デ》に山家人《ヤマガビト》の、然《サ》して物《ノ》を度《ハカ》るを見たる事《ト》のありしさて其《ノ》指《ノ》間《ダ》は、大凡《ソ》度尺の

一寸許《リ》ある物《ノ》なれば、御記などに、徑《リ》八寸許《リ》と有るに符《カ》合《ナ》へり延暦の内宮儀式、延喜大神宮などに記《ル》されたる、大《オホ》御《ン》神《カミ》の御正體を納《イレ》奉《ツ》る御《ミ》樋《ヒ》代《シロ》、深《サ》一尺四寸、内《ノ》徑《リ》一尺六寸三分と見えたり、古事記神武天皇《ノ》段に、八《ヤ》咫《タ》烏《ガラス》と有るを、神武紀には、頭《ヤ》八《タ》咫烏《ガラス》とあるに合《ハ》せ考《ガ》ふるに、頭《ラ》のいと大きくて、八《ヤ》咫《タ》乃《チ》八寸許《リ》に見えたる由《シ》の名なるべく、頭《ラ》の八《ツ》あるに非《ラ》ずそは古事《ノ》序に、大烏《オホカラス》と作《カ》き、姓氏錄にも其《ノ》時《キ》の事《ト》を、建津《タケツ》之《ノ》見命《ミノミコト》、化《テ》如《ナリ》大烏《ト》翔《ケリ》飛《ブ》云云、八《ヤ》咫《タ》烏《ガラス》之號《ナ》從《リ》此始《レリ》也と有るなども、思ひ證すべし、また神代紀に、猿《サル》田《ダ》彦《ヒコノ》大神、容貌鼻七咫、背《ノ》長《ケ》七尺餘《リ》とあるも、鼻《ハナ》の徑《ワタ》りの七寸許《カ》り、背《セ》の長《ガ》さの七尺許《カ》りに見え給《マ》へりし由《シ》なるをも、思《モ》ひ合《ハ》すべし。然《サ》て咫《タ》の字は、漢《ラ》籍《ミ》に樣《サマ》々《ザマ》說ありて、中婦人《ノ》手《ノ》長《ケ》八寸《アリ》、謂《フ》之《チ》咫《ト》、周尺也《リ》と云ひ、また只《タヾ》に、八寸《チ》曰《フ》咫《ト》とも云《ヘ》るなど、古《ル》く聞《コ》ゆれど、其《レ》もや、後《チ》の說にて、諸《ノ》度量皆以《テ》人《ノ》之體《ヲ》爲《ス》法《ト》とも所《ミ》見《エ》たる定《ダ》めにて、舊《ル》くは手指の間《ダ》をもて、量《カ》る名《ナ》目と聞《コ》えたり八寸にのみ咫といふ一名ありて、其《ノ》餘の寸ごとに、名の聞《コ》えぬなども思《モ》ふべし、說文に、中婦《ノ》人手《ノ》長《ケ》八寸謂《フ》之《チ》咫《ト》と見え、醫書どもには、兩乳の間《ダ》を八寸と定《ダ》む、其《ノ》人《ト》の手の長さのほどに應《カナ》へり、是を咫と云《ヘ》り、また咫尺と云《ヘ》るは、俗談に一寸先《サキ》と云ふ語意に似て通《キコ》ゆ、孔子家語に、石《ノ》砮《サ》長尺有咫とある咫も八寸を云《ヘ》るには非ず、寸と云《フ》許《カ》りの事ときこゆ、なほ論《ロ》ふべきこともあれど、其《ソ》はとまれ、此《コ》方《ナタ》にては、往《ソノ》昔《カミ》物《ノ》を度《ハカ》る稱《ナ》の阿《ア》多《タ》と云《フ》に、咫《タ》の字を塡《アテ》て用《チ》ひたる事《ト》は決《ウナヅ》しまた萬葉十二に、水《ミ》咫《チ》衝《ツク》石《シ》とかけるは、漂澪《ミチツクシ》にて、水《ミ》脉《チ》に建《ツ》る串《シ》の義《ココロ》なり、其《ノ》水《ミ》脉《ヲ》に、水咫と書《ケ》る咫

◎『字彙』中集、

は水の深《カ》さの量《ホド》をはかる義に、借《リ》轉《ツ》して書《キ》たるなるべし、或説に、咫は越の誤《リ》なりと云へれど、然《サ》には非《ラ》ず、これかれ考《ガ》へ合《ハ》せて、全《タ》き神鏡の御形容《ミカタチ》を想像《オモヒ》奉《ツ》るべしと云へり。

梁山云《ク》、以上《コノカミ》の件《リ》は伴《ノ》信友の説なり。御鏡《ミ》の御形容《チマ》を 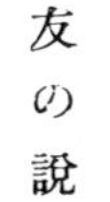 かく柄《ツカ》あるものと考《ガ》へたるなり。されどその説の證據は至《タ》りて弱《ハ》し。先《ツ》御記の「專《ラ》無《シ》損《フ》圓規並《ニ》蔕等《チ》」とある「蔕」の字を柄《ツカ》の義と看たるは一往聞《コ》ゆるやうなれど、それを柄《ツカ》と書《ト》ずして「蔕」とある所以《ユエ》を念《モ》へば、八葉の花《ナ》に象《ド》れる御鏡《ミカヾミ》なることは知らるべし。さて己《デ》に八葉の花《ナ》に象《ド》れる御鏡《ミカヾミ》なれば柄《ツカ》はあるべきに非《ラ》ず。按ずるに蔕の字は古《ヘ》には衹とも書けり、衹は『字彙』に「都奚《ノ》切、襜褊也《リ》」とあり、この襜は裳の一種にて腰《シ》の前後に帶びて膝《ザ》に垂るゝ物《ノ》なり。即《チ》腰《シ》を周圍《マワリ》て帶《ビ》の如《ト》くなるに片々《ヒラヒラ》の下《サガ》れるが襜なれば、美《ツ》くしくよく整《ナ》ひて動《ユル》ぐことを襜如、又《タ》は襜襜など、熟字して云ふなり。（『字彙』に「襜襜《ハ》搖《ク》貌《チ》、楚辭《ニ》裳襜襜《トシテ》而含《ム》レ風《チ》」とあり、また『論語』の「衣《ノ》前後襜如也《タリ》」の文をも引けり、さてこの襜を膝《ザ》を蔽《ホ》ふものとの古解はあれど、『論語』の「衣《ノ》前後襜如也《タリ》」の語《バ》をもて念《モ》へば、襜も亦《タ》前後に周圍《マワ》して腰《シ》に垂るゝ物《ノ》なり、そが原《モト》は膝《ザ》を蔽《ホ》ふよりの旨《子》なるべきも、只《ヽ》前に垂るゝばかりにては非ざるなり）。また線襜とて、この襜の縁《フチ》を絲《ト》の線《スジ》もて縫ひ飾《ザ》れることなり。（宋の皇后は金線の襜を用《チ》ひたりし元德由《シ》、これは甚《イタ》ふ奢《ゴ》れるからなり）。この襜を衹と云ひ、衹を蔕と云ふなれば、

御鏡《ミ》の帶は圓規の周圍りを帶びたる八葉花形の線を指して云ふなり。またこの線が花の線なれば尙《ホ》更《ラ》帶の字を以て記《カヽ》れし御記の文にてありけるなり。然るをたゞ花の底當とのみ考《ガ》へて、遂《ヒ》に柄《ツカ》と云ひ出でしことは當《タ》らぬ說なりと謂ひつべし。次《ギ》に大成錄を擧げれど、鉾《ホコ》は古《ヘ》地に突きさすべきの器《モノ》なれば柄《ツカ》も石《イシ》突《ヅキ》もあるべし。鏡《ミ》になどてその用あらむや、ことに八《ヤ》咫《タ》の御鏡《ミ》は然《サ》る形《チ》容《マ》に坐さぬなり。（そは『寶鏡開始』に天鏡尊《アメノカヾミノミコト》所鑄の鏡《ミ》を始めとし、神《ミ》代に作《ク》られたる鏡《ミ》の類《ヒ》十二種を圖出しあれど、柄《ツカ》のある鏡《ミ》は一面もあらぬなり、されば鏡《ミ》に柄《ツカ》を付するは必《ズ》後《チノ》世のことなり、舞樂などには、持ちて舞へるに便なれば尙《ホ》更《ラ》付けしならむ）。況《マ》して大成錄の「如《シ》鏡《ニ》下《ノ》」とある鏡《ミ》は八《ヤ》咫《タ》の御鏡《ミ》を指したるに非《ラ》ざるをや。されば、これら何《ツ》れも御鏡《ミ》に柄《ツカ》ある由《シ》しの證據とはならぬなり。またこの人《ト》の咫《アタ》の考《ガ》へのことも後《チ》に云ふにて其の可《ヨ》否《アシ》を知るべし。

前《サキ》にはこを宜《ウベ》なる說《コト》に思《モ》へる時《キ》も有《リ》しかど、今《マ》は此《レ》も信《ウケ》がたし然るは中《カ》に云ひ得たる事《ト》もなきに非《ラ》ざれど、其《ノ》主とする說は、咫《タ》を人《ト》指と中《カ》指を開《ラ》きたる度の名とし、帶と有るを柄《ツカ》の事《ト》して、今《ノ》世にある鏡《ミ》に同じと云ふ說なればなり、此《ノ》末になほ先師の、かの八咫《ハ》古語八頭也、八頭《ハ》八花《ナ》崎《キ》八葉《ノ》形《チ》也《リ》中臺《ハ》圓形《ノ》座也《リ》と云《ヘ》る說を用《チ》ひて、八咫てふ言《ト》を解《トカ》れたる說を、和漢の書に考《ヘ》合《ハ》せて、八花崎《ノ》鏡《ミ》は、漢土の製狀《ツクリサマ》のうつり來し物《ノ》なる由《シ》をも、具《サ》に辨《マ》へたる、八花《ナ》崎《キ》を非とする辨は然《サ》る事《ト》なれど、其の大要は、上《ミ》に擧ぐる望之

◎『五雜組』卷十一、

が説に同《ジ》ければ、今《マ》は八《ヤ》咫《タ》に専《ムネ》たる説をのみ、文を約《ツヾ》めて擧《ゲ》たるなり、其は此《ノ》説も彼《レ》此《レ》見知れる人《ト》も有ればなり。

梁山云《ク》、こは平田の言《ト》にて前《ヘ》の件の説を許し、なり。これに八花《ナ》崎《キ》を非とせる辨は然ること、云ひて件の説に左袒したれど、そは未《マ》だ前《ヘ》に云ひつる「蔕」の義を深《カ》く考《ガ》へざりしが故《エ》なり。また八花《ナ》崎《キ》の鏡《ミ》は漢土の製状《ツクリサマ》なる由《シ》の言《ト》は、我《ガ》國《ニ》の古《ル》き製状《ツクリサマ》なるを彼《ノ》國《ニ》に倣《ラ》へるにて、我《レ》が彼《レ》に倣《ナラ》へるには非《ラ》ず。（『五雜組』に「秦鏡《ノ》背《ニハ》無《シ》二花紋一、漢《ハ》有《リ》二四釘《ノ》海馬蒲桃一、唐《ノ》製《ハ》鼻紐頗《ル》大《ナリ》、及《ビ》六角《ノ》菱花《ナリ》」とあり、彼の國は六角、八稜共《モ》に何《ツ》れも我《ガ》國《ニ》の方《タ》より遲《ソ》し、このことさに就きて委《シ》く云ひたきことさあれど、先《キ》先《キ》急《ソ》がしければ署す、）。さて以《コノ》下《シモ》己《ノ》れの考《ガ》へたるを云はむ。

右《ギ》『皇國度制考』に載せたる諸《ノ》説を視るに、各《ヨ》長短得失ありとは云へ、そは皆《ナ》末《エ》に趁《シ》りての論《ヒ》にて、大《ホ》旨《ネ》たる八《ヤ》咫《タ》の辭《トバ》の本《ト》は一向に闇《ラ》し。己《デ》にこの中《カ》に見へたる平田の言《ト》に、

手を阿《ア》多《タ》と云へる言《ト》の義は未《マ》だ思《モ》ひ得ざれど云云、

とあり、抑《ソモ》この阿《ア》多《タ》と云へる言《ト》の義の未《マ》だ思《モ》ひ得ざらむに、八《ヤ》咫《タ》てふ辭《バ》を何かで識り解《ワ》くべきや。されば其の云へることは多《ホ》く擬《アテ》量《ハカリ》にて、的《アタ》るもあれど、外《ハツ》るゝもあり。平田すら然《サ》なりければ、餘《ホカ》の人《ト》の説の

◎『大日經義釋』卷十一、同卷十三

正《サ》しからむやうは更《ラ》になし。（こは平田一人優《グ》れて餘人劣れるからと云ふには非《ア》ず、平田は後《チ》に出でし人《ト》にて、餘の先人の説を酌《ミ》量《カ》ることを得たるなれば、説として餘人よりも完《タ》かるべきは當然の事《ト》なればなり）。今《マ》我《ガ》國《ニ》の典《フ》籍《ミ》にこそ手を阿《ア》多《タ》と云ふ所以の義は闕けて失せたれ、梵語の上《ヘ》には尙《ホ》それが遺《コ》り傳《タ》はりて、八《ヤ》咫《タ》てふ辭《バ》の旨《ネ》も至《タ》りて明《ラ》かなれば云ふべし。先《ツ》この手を阿《ア》多《タ》と云ふは別に子細あるにもあらず、手の本音が元來阿《ア》多《タ》なるを、その阿《ア》の聲を畧してたゞ多《タ》と云ひたるからの手なるなり。（阿《ア》は空體なれば、畧して呼ばぬこと、梵語にその例多《ホ》し、阿《ア》修《シュ》羅《ラ》、阿《ア》闡提《センダイ》、阿《ア》彌《ミ》陀《ダ》など皆《ナ》阿《ア》を畧しても呼ぶなり）。手即《ヤガ》て阿《ア》多《タ》なる例は『大日經義釋』の中《カ》に阿《ア》多《ダ》羅《ラ》合掌と名《ツ》くるがあり、阿《ア》多《ダ》羅《ラ》とは手のことを云ふなり。（羅《ラ》音は例の如《ト》く畧するなれは阿《ア》陀《ダ》羅《ラ》はたゞ阿《ア》多《タ》なり、また阿《ア》多《ダ》羅《ラ》の阿《ア》を畧して多《ダ》羅《ラ》を手と云ふこともあり、取り、取る、など云ふ辭《バ》の本《ト》は手に多《ダ》羅《ラ》の音あるが故《エ》なり、さて平田は阿《ア》多《タ》の即《ヤガ》て手なることを云ひながらに、尙《オ》手の阿《ア》多《タ》なる所以の義を思《モ》ひ當《タ》らずと云ひしは何《カ》なる故《エ》ぞや、その義を思《モ》ひ當《タ》らずて、何《ニ》しに阿《ア》多《タ》を即《ヤガ》て手なりとは云たりけむ、最《ト》怪《ヤ》し、）。さて八《ヤ》咫《タ》鏡《カヾミ》の八《ヤ》咫《タ》は彌《イヤ》阿《ア》多《タ》にて、彌《イヤ》は梵語の惟《キ》位《イ》なること已《デ》に八《ヤ》尺《サカ》勾《マガ》璁《タマ》の件《リ》に云へり。阿《ア》多《タ》は今《マ》云ふ如《ト》く手のことなれど、印度には數の度《ホド》の八《ツ》なるに皆《ナ》この阿《ア》多《タ》の音をもて呼べり。たゞの八《ツ》は阿《ア》史《シュ》吒《タ》、十八は阿《ア》史《シュ》吒《タ》捺《ダ》舍《シャ》、二十八は阿《ア》史《シュ》吒《タ》尾《ビ》舍《シャ》、八十は阿《ア》勢《セイ》底《チ》などなり。（『梵語雜名』に出づるを看るべし、八《ハ》十の阿《ア》勢《セイ》底《チ》の底《チ》は、吒《タ》に伊《イ》點を加

◎『唯識演祕』卷一、

◎『名義集』卷三、

◎『名義集』卷三、◎『字彙』午集、

ふるから音の轉《ツ》れるにて、同《ナ》じく吒《タ》なり、『唯識演祕』には時《ル》の八時なるを「頞《ア》瑟《シュ》吒《タ》」と云ふ由《シ》釋けり、これ亦《タ》阿《ア》史《シュ》吒《タ》なり）。かく數の度《ホド》の八《ツ》なるに皆《ナ》阿《ア》多《タ》の音もて呼べる所以《ユエ》は、その度《ホド》の始《ジ》めは手もて量《カ》りしからのことなり、又《タ》その手もて量《カ》りける度《ホド》の八《ツ》なる所以《ユエ》は、手を播《ヒロ》げ斯《カ》くして人《ト》指と子指との間《ダ》四寸なるを、更《ラ》に兩《マ》手《テ》引きならべては概《ネ》八寸となる、その八寸が全《タ》く手の度《ホド》の限《ギ》りなるが故《エ》なり。（『名義集』に「言《フハ》二膚寸《ト》一者、四指《ヲ》曰《ヒ》レ膚《ト》、兩指《ヲ》曰《フ》レ寸《ト》、言《フハ》二一指《ト》一者、佛《ノ》指《ハ》濶《サ》二寸《ナリ》」とあり、佛の指は倍なれば例ならねど、普通の人《ト》は四指を播《ヒロ》ぐれば指先《キ》と指先《キ》との間《ダ》は平均に一寸宛《ヅヽ》となりて、四指の先《キ》の度《ホド》は合《ハ》せて四寸となる、これよりは何《カ》にしても播《ヒロ》ぐること能《タ》はぬなり、この四寸の手を兩《マ》手《テ》に雙《ラ》べて八寸なるを咫《タ》と云ふにて八寸より外《カ》に手の度《ホド》はあらぬなり、八寸を限《ギ》りて一尺と爲しゝ鐵《カネ》尺《ザシ》の制《ノリ》はこれより出《デ》來つるにて、そを磔《ハ》手《タ》と名くるも全《タ》くこの故《エ》なりかし、）。されば阿《ア》多《タ》を波《ハ》多《タ》とも云ふ、波《ハ》多《タ》とは手を張り擴《ヒロ》ぐることの義《ココロ》にて、漢《ラ》に磔《サク》手《シュ》の二字もて當てしはよく合《ナ》へり。言はゆる周尺《ノ》八寸の磔《サク》手《シュ》是れなり。（『名義集』の同《ナ》じ處《ロ》に通俗文を引きて「張申曰《グ》磔《ハ》、周尺《ナリ》」と示《メ》せり、磔は『字彙』に「側格《ノ》切、音窄、裂也《リ》、又《タ》張也《リ》、開也《リ》、剔也《リ》」等とあり、さて『度制考』の中《カ》の件の說に、種《マ》種《マ》と指もて物《ノ》を量《カ》るやうを云へれど、阿《ア》多《タ》てふことの正《サ》しき義《ココロ》は、今《マ》云へる如《ト》く、四指を張り擴《ロ》ぐる狀《マ》の間《ダ》の度《ホド》にて、たゞ八寸の度《ホド》に限《ギ》れるを云ふなり、指先《キ》を働《タ》かすなどのことに非《ラ》ず、されば同『考』の附錄に看えたる狩谷望之の說どもすべて皆《ナ》非《ヒガゴト》なり、但し平田の「一手の廣《ロ》さ四寸なれば兩《マ》手《テ》にては八寸なり」と云へりしことのみ、聊《カ》今《マ》云ふ義《コヽロ》に近《カ》かるやうなれど、彼《ノ》人《ト》の說も、手の橫徑《ヨコワタリ》にのみ力《ラ》往きて、四指を張り擴《ヒロ》ぐる狀《マ》のことに一向に心《ロ》附かずありしなり、四指を張り擴《ヒロ》ぐる狀《マ》ならでは、波《ハ》多《タ》の辭《バ》を

何《カ》にすべき、たゞ兩手《マテ》を横《ヨコ》に雙《ラ》ぶるのみにては、何《カ》で磔手と云はむや、されば彼人《ノト》の説も亦《タ》非《ヒガゴト》なりけり、）。よりて八《ヤ》咫《タ》の八《ヤ》は「彌《イヤ》」の義《ココロ》なること云ふまでなけれど、その「彌《イヤ》」が即《ヤガ》て量《リ》の度《ホド》の八《ツ》の數なる意を含《ク》めるをも考《カ》ふべし、八《ツ》は手を張り擴《ヒロ》けたる度《ホド》の限《ギ》りにて、この上《ヘ》の度《ホド》なき、缺くることなき數なれば「彌《イヤ》」と云ふなり。（梵語の「性位《ホイ》」に具足の義あるは是《レ》なり）。「彌《イヤ》」なればさて八《ツ》のことならずとは謂ふべからず。（前《キ》に彌《イヤ》の音に八《ツ》の數ありと云へりしは玆《コ》ゝ處ぞ）。さあれど八寸の咫《タ》を八《ツ》よせて、八々六尺四寸が八《ヤ》咫《タ》なるに非《ラ》ず。たゞ八寸の咫《タ》にて、その咫《タ》が、數の度《ホド》を滿てれる八《ヤ》（彌《イヤ》）なれば八《ヤ》咫《タ》とは云ふなり。平田を始《ジ》めとして皆《ナ》人《ト》は阿《ア》多《タ》の咫《タ》を唯八寸のことに限《ギ》れりと念《モ》へど、今《マ》云へる如《ト》く、阿《ア》多《タ》は數の度《ホド》の滿てれる八《ツ》の始《ジ》めなるにて、その始《ジ》めは八寸、また八尺、また八丈、何《イツ》處《コ》までも阿《ア》多《タ》の八《ツ》が度《ホド》の本《ト》なるが故《エ》に、梵語にはすべて八《ツ》の數に阿《ア》多《タ》の音を有《モ》てるなり。（前の「阿《ア》史《シュ》吒《タ》」「阿《ア》史《シュ》吒《タ》捺《ダ》舍《シャ》」等の例を念《モ》ふべし）。即《チ》この阿《ア》多《タ》はまことに我《ガ》神《ミ》代の度尺《ハカリサシ》の制《ノリ》にて、漢《ラ》の周尺、印度の膚寸の基《ト》ひなりけるなり。さて阿《ア》多《タ》を波《ハ》多《タ》とも云へる由《シ》を今《マ》しも申《ウ》しが、こは別の音を通《ヨ》はして同《ナ》じと云ふにはあらで、實《ト》は本《ト》一《ツ》音の「阿《ア》波《ハ》多《タ》」てふ辭《バ》なるを、別きて阿《ア》多《タ》とも波《ハ》多《タ》とも云ふなり、この「阿《ア》波《ハ》多《タ》」の約《ヅ》まれるが八《ヤ》咫《タ》の咫《タ》にて、印度には一字に[illegible]《アハタ》と書けり。[illegible]《アハタ》は支那に界と

◎『業疏』巻一下、

◎『行事鈔』巻上一、◎『名義集』巻三、

譯して堺目《サカヒメ》、句《ク》限《ギリ》のことなり。手の度《ホド》の限《ギ》りなる八寸を尺《サシ》の一《ツ》の句《ク》限《ギリ》として、その堺目《サカヒメ》を阿《ア》波《ハ》多《タ》と云ふなれば、古《ヘ》に漢《ラ》字の咫《タ》を借りてこの辭《バ》に當てられしは眞《ト》に適《ナ》へり。（唯量尺《ハカリサシ》の上《ヘ》のみならず、歌《タ》などの句《ク》限《ギリ》にも波《ハ》多《タ》と云へり、彼の國《ニ》の歌《タ》は八字を一句とするからなり、因《ミ》に彼の國《ニ》も歌《タ》は鄔《ウ》陀《ダ》那《ナ》と云ひて全《タ》く我《ガ》國《ニ》の音に同《ナ》じ、こも我《レ》より往《キ》ける故《エ》なり、）。また印度にこの𑖀𑖮𑖝《アハタ》を二字に別きて𑖮《ハ》𑖝《ハタ》と書き、そを「也《ヤ》佗《タ》」と呼ばせり。八《ヤ》咫《タ》の辭《トバ》の自《オノツ》から映《ツ》りて見ゆるも亦《タ》面《モ》白《ロ》からずや。（一字の𑖀𑖮𑖝《アハタ》の「阿《ア》」音を畧して唯「波《ハ》多《タ》」とも呼ぶ、この「波《ハ》多《タ》」は是れ我國《ガニ》の「ホド」（度）の音なり、よりて量尺《ハカリサシ》の度《ホド》とし云へば阿《ア》波《ハ》多《タ》の咫《タ》にて八寸を本《ト》すなること直ちに知らるゝなり、『業疏』に「般《ハンダハ》陀者乃《チノ》量總名」とあるは八寸の度《ホド》が量の本《ト》の名なるを云ひしなり、然《カ》るにこの『業疏』の般《ハン》陀《ダ》と書きしは定《ダ》めて波《ハ》多《タ》の誤《マ》りなり、凡《ソ》印度には、斤量にも、皆《ナ》この八《ツ》の數なる波《ハ》多《タ》をもて總名とし呼べることにて、そを鉢《ハ》羅《ラ》薩《サ》他《タ》と云ふなり鉢《ハ》羅《ラ》薩《サ》他《タ》は波《ハ》多《タ》の中間に羅《ラ》薩《サ》の二音を加《ハ》えだるまでにて畢竟はたゞ波《ハ》多《タ》なり、されば量の總名としては必《ズ》波《ハ》多《タ》にて般《ハン》陀《ダ》には非《ラ》ず、咫《タ》二《ツ》を肘と云ひ、肘を二十八よせたるを般《ハン》陀《ダ》と云ふ、二十八の肘、何かで量の總名なるべけむや、但二十八の肘にも已《デ》に八《ツ》の數あるから波《ハ》多《タ》の音を轉《ツ》しもて般《ハン》陀《ダ》と云へるなるを、そが般《ハン》陀《ダ》の音の本《ト》なる波《ハ》多《タ》を云はむとて、偶《マ》書き損《コ》れしなり、『行事鈔』に「般《ハンダハ》陀二十八肘」とあれど波《ハ》多《タ》は二十八肘の稱《ナ》に極《ギ》ろに非《ラ》ざれば、『業疏』の誤《マ》りは知るべきのみ、また一肘には異説多し、今《マ》の『行事鈔』並《ビ》に『名義集』には一尺八寸を一肘と爲し、また支那の他の書《ミ》どもには、一尺五寸、或《ヒ》は二尺など云へり、今《マ》咫《タ》二《ツ》と云ふは即《チ》一尺六寸なり、この異同の得失に就《キ》ても考《ガ》ふることとあれど此の書《ミ》の詮ならねば云はず）。以《コノ》上《カミ》は八《ヤ》咫《タ》の辭《トバ》を數量の上《ヘ》にて申《ウ》し、なれど、梵語からは尚《ホ》重《子》々《子》に深《カ》き義《コヽロ》あり、たゞ八寸の度《ホド》なる御鏡《ミ》を云へ

りとのみは思《ボ》はれず。されば試《ロ》みにこの由《シ》を云はむに、先《ヅ》阿《ア》多《タ》の音には元始《ハジメ》と云へる義《コヽロ》ありて、そを阿《ア》怛《タン》多《タ》と云ふ、阿《ア》多《タ》の中間に怛《タン》を加《ハ》えて呼ぶなり。また終極と云へる義《コヽロ》ありて、そを同《ナ》じく阿《ア》多《タ》と云ふ、物《ノ》の終始は皆《ナ》阿《ア》多《タ》の一音なるなり。されば三世に就きても、過去を阿《ア》底《チ》多《ター》と云ひ、現在を阿《ア》波《ハ》羅《ラ》底《チ》多《タ》と云ひ、將來を阿《ア》底《チ》と云ふ。（底《チ》は多《タ》に伊《イ》點を加《ハ》ふるなり）。三世の始終を一貫してたゞ八《ヤ》阿《ア》多《タ》の御鏡《ミ》なるに非《ラ》ずや。森羅の萬象を阿《ア》捺《ダ》多《タ》史《シュ》地《タイ》と云ひ、その變化極《マ》り無きを阿《ア》黎《レイ》多《タ》黎《レイ》と云ふ。天《アメ》地《ツチ》の萬《ヨロヅノ》物《モノ》は皆《ナ》たゞこの八《ヤ》阿《ア》多《タ》の御鏡《ミ》に照らされて、一切悉《ク》像《カタチ》をそが中《カ》に浮《カ》ぶるなるに非《ラ》ずや。また無量と云へる義《コヽロ》ありて、そを阿《ア》波《ハ》羅《ラ》摩《マ》多《タ》と云ひ。無上の義《コヽロ》ありて、そを阿《ア》耨《ノク》《ド》多《タ》羅《ラ》と云ふ。光明無量に坐《マシマ》して最尊無上の御《ン》器《ノ》なりける八《ヤ》阿《ア》多《タ》の御鏡《ミ》なるを云ふならずや。圓滿にして全《タ》かるを阿《ア》羅《ラ》多《タ》と云ひ、缺滅なきを阿《ア》婆《バ》駄《ダー》多《タ》と云ふ。八《ヤ》阿《ア》多《タ》の御鏡《ミ》の御形《チ》より云ふならずや。されば物《ノ》の明《アカ》らかなるを阿《ア》毘《ビ》底《チ》也《ヤ》と云ひ、空《ソラ》に照る日を阿《ア》儞《ニ》底《チ》也《ヤ》と云ふも、本《ト》は八《ヤ》阿《ア》多《タ》の御鏡《ミ》の御光《カ》りより云ふことならし。（底《チ》也《ヤ》は多《タ》を拗音にて呼べるなり）。是《コ》を以《モ》て印度には鏡《ミ》その物《ノ》を阿《ア》多《タ》喇《ラ》捨《シャ》と云へり。實《ゲ》にこれ等はすべて皆《ナ》阿《ア》多《タ》の音に含《ク》まるゝ義《ココロ》にて、たゞ尺《サシ》量《ハカリ》の八寸の度《ホド》な

◎「大日經義釋」卷六

◎『古事記』卷上、

るを八《ヤ》咫《タ》と云ふのみには非《ラ》ずかし。然るをこの深《カ》き由《シ》の義《ココロ》をも知らで何《ニ》しに末《エ》に趁せて、彼《レ》此《レ》と空《ナ》しく寸尺の長短を論《アゲツラ》ひなむや。（ましてその尺量《サシハカリ》の論《ラヒ》だに正《サ》しき義《コヽロ》に合《ナ》はざるをや）。さて斯くも衆《ホ》くの義《コヽロ》は含《ク》まるゝなれど、單《タヾ》云へば八《ヤ》咫《タ》鏡《カヾミ》とは上善清淨の鏡《ミ》とこそ釋《ト》くべきものなれ。『大日經義釋』に明鏡の偈あり、その中《カ》の語《メ》に曰《ク》く、

輪《ユ》駄《タ》、阿《ア》曩《ノウ》尾《ビ》羅《ラ》、阿《ア》蘗《ハ》囉《ラ》係《ケイ》耶《ヤ》曩《ノウ》、毘《ビ》邏《ラ》必《ヒ》夜《ヤ》室《シッ》者《シャ》、係《ケイ》覩《ト》羯《カラ》摩《マ》、

この句を我《ガ》國《ニ》の語《バ》にて云はゞ「こよなふ至《タ》りて清《ヨ》き、（輪《ユ》駄《タ》）、濁《ゴ》らぬ、（阿《ア》曩《ノウ》尾《ビ》羅《ラ》）、汚《ガ》れなき、（阿《ア》蘗《ハ》囉《ラ》係《ケイ》耶《ヤ》曩《ノウ》）、言ふに言はれぬ、（毘《ビ》邏《ラ》必《ヒ》夜《ヤ》室《シッ》者《シャ》）、幢《ハタ》にかけし鏡《カヾミ》、（係《ケイ》覩《ト》羯《カラ》摩《マ》）、と頌《ウタ》ひたる偈なり。この中《カ》の輪《ユ》駄《タ》は我《ガ》國《ニ》の八《ヤ》咫《タ》てふ辭《トバ》の轉《ツ》りたるにて輪《ユ》は上善の義《コヽロ》なれば維《キ》位《イ》を約《ツヾ》めたるにて即《チ》彌《イヤ》の約《ツヾ》まりし八《ヤ》の辭《バ》なり。駄《タ》は咫《タ》にて、そを清淨の義《コヽロ》と釋《ト》くなり。最後の句の係《ケイ》覩《ト》羯《カラ》摩《マ》の係《ケイ》覩《ト》は幢《ハタ》矟《ホコ》に鏡《カヾミ》を掛けたる器《ノ》にて、即《チ》係《ケイ》覩《ト》に汚《ウ》點を附して、裙《クン》都《ト》と呼ばし、そが丸《ロ》き鏡《ミ》の形《チ》を、直《チ》に幢《ハタ》の上《ヘ》に云ひ示《メ》せるものの是《レ》なり。さて羯《カラ》摩《マ》は「カヽラマ」と訓《ヨ》む、こは鏡《カヾミ》と云ふ辭《バ》の轉《ツ》りなれど、古《ヘ》は我《ガ》國《ニ》にも、「カヾミ」を「カヽラマ」と呼ばさしゝこともやあるらむ、『古事記』の少《スク》名《ナ》毘《ヒ》古《コ》奈《ナノ》神《カミ》の段に曰《ハ》く、

◎『古事記傳』卷十二、
◎『文殊問經』卷上、
◎『大莊嚴經』卷四、
◎『華嚴玄談』卷八、

故《カレ》大《オホ》國《クニ》主神《ヌシノカミ》、坐《マス》二出《イヅ》雲《モ》之《ノ》御《ミ》大《ホ》之《ノ》御《ミ》前時《サキニトキニ》一、自《ヨリ》二波穂《ナミノホ》一、乘《ノリ》二天《アメ》之《ノ》羅《カヽ》摩《ミノ》船《フネニ》一而《テ》、内《ウツ》二剝《ハギ》二鵝《ヒムシノ》皮《カハヲ》一剝《ハギテ》爲《シテ》二衣《キ》服《モノニ》一、有《アリ》二歸《ヨリ》來《クル》神《カミ》一、云云、

この中《カ》に羅《ラ》摩《マ》と書きて「かゞみ」と訓《ヨマ》せたり、『古事記傳』に『和名抄』を引きて云云すれど、兎に角、草《クサ》の實《ミ》の蘿《ラ》摩《マ》子《シ》を和名に加《カ》々《ゞ》美《ミ》と訓《ヨ》まする所《ユ》以《エ》のなからでやは。若し古《ヘ》羅《ラ》摩《マ》の音に絶えて鏡《ミ》のことの通《ヨ》ひて用《チ》ひられざらむには何かで蘿《ラ》摩《マ》子《シ》を加《カ》々《ゞ》美《ミ》と訓《ヨ》まむや。よりて按ずるに我《ガ》國《ニ》の古《ヘ》には必《ズ》鏡《ミ》を羅《ラ》摩《マ》と云ひたりけむ。羅《ラ》摩《マ》亦《タ》必《ズ》「からま」にてありたりけむ。このこと己《ノ》れ強《ヒ》ては云はねど、印度の羯摩《カラマ》は正《サ》に我が鏡《ミ》てふことの轉《ツ》れるなるは疑《ガ》ひなし。普通梵語に「から」を短音に呼べば黑《ロ》きことの義《コヽロ》なれど、今《マ》羯摩《カラマ》の「から」は「かーら」と長《ガ》く引く音にて闇《ミ》を除《ゾ》く義《コヽロ》の音なれば伽去《カア》引字なり。『文殊問經』に曰《ハ》く、

稱《フル》二伽字《チ》一時《キハ》、是《レ》擢《クノ》二稠密《ノ》無明《ノ》闇冥聲《チト》一。

また『大莊嚴經』に曰《ハ》く、

唱《フル》二伽字《チ》一時《キハ》、出《ダス》下除二滅《スルノ》一切無明《ノ》黑暗、厚重《ノ》瞖膜《チ》一聲《チ》上。

次《ギ》に「らま」の音は『華嚴玄談』に曰《ハ》く、

羅《ハ》離《ル》二垢染《チ》一義、摩《ハ》者轉《ノ》義《ト》。

「カヽラマヽ」(羯磨)の音は皆《ナ》鏡《ミ》の德體を呼べるなること此《レ》等を以て識るべし(『華嚴玄談』の「摩者轉《ハ》義」とは、輪の丸《ロ》がれて、角《ド》の除《ゾ》かれたる鏡《ミ》の狀《マ》より云ふにて、我《ガ》國《ニ》の「マヽドカ」『マルシ』「マル」などの「マ」と同じきなり、さればこの摩《マ》の音を憍慢を息むるの聲とも釋くなり、八《ヤ》尺《サカ》勾璁《マガタマ》の摩《マ》の音も轉の義にて、輪の丸《ロ》がれしを云ふなり)。よりて前に引ける明鏡の偈の輸《ユ》駄《タ》は八《ヤ》咫《タ》、羯《カラ》摩《マ》は鏡《カヾミ》にて、輸《ユ》駄《ダ》羯《カラ》摩《マ》と連《ツ》けては即《ヤガ》て八《ヤ》咫《タ》鏡《カヾミ》てふ音となりぬるなり。(この羯《カラ》摩《マ》のことは尙《ホ》後《チ》にも云ふべし、)。八《ヤ》咫《タ》鏡《カヾミ》の名《ナノ》義《コヽロ》に就きて己《ノ》れの考《ガ》えたるは畧《ホヾ》右《ギ》の如《ト》し。云云。

さてこの三種の神器の名義に、多《ホ》く眞言の『大日經義釋』を主《オモ》として引《キ》けるが、凡《ソ》梵語を撿《ラ》ぶるには彼《レ》を本《ト》とせではかなふまじければ、古《ヘ》の學に志《ザ》し厚《ツ》き僧は、何《ン》の宗の人《ト》にても、皆《ナ》彼《ノ》書をよく看《ミ》繙《ホド》かし、なり。又《タ》彼の眞言の敎《エ》は印度の舊《ル》き火敎の化《カハ》れるにて、その火敎がまた我《ガ》國《ニ》の神《ミ》代の御《ン》事《ト》の傳《タ》はり往きて訛《マ》りしなれば、我《ガ》國《ニ》の神《ミ》代を識るべき術《ベ》の一《ツ》としては、『大日經義釋』など最も忽《ユルガ》せには看《ミ》放《ハナ》し難《タ》し。但《ヾ》古《ヘ》より彼の眞言の僧どもが、反《ヘ》りて印度を我《ガ》國《ニ》よりも古《ル》き本《ト》の國《ニ》なりと念《モ》ひて、彼の敎《エ》の事《ト》を根《子》として、種《マ》種《マ》我が神《ミ》代の御《ン》事《ト》に當《ア》て言ひなすは、其の心底《コヽロノソコ》己《デ》に曲《ガ》れるなれば、努《ユメ》許《ル》すべからず。己《ノ》れも嘗《ツ》てうかと其を信《ウケ》用《モチ》ひしことありて、我《ガ》國《ニ》の祖先は印度より來《タ》り給《マ》

⑨『大日經義釋』卷十四、

〈慈覺請來の本には「東字ニ」は「即《チ》有《リ》初首《ノ》之義《ニ》」とあり、

へりなど申《ウ》し、ことあるを、今《マ》更《ラ》悔《ヒ》返《ヘ》しては、百《モ》、千《チ》の矛《ホコ》に胸《ムネ》衝《ツ》かる程《ド》の痛《タ》みなり。委《ハ》しく眞言の書《ミ》どもを撿《ラ》ぶるに、常《ネ》にその敎《エ》の本《ツ》根をば東《シ》の方《タ》なりと指せり。且《ラ》く一例を擧げむにはまた彼の『義釋』に曰《ハ》く、

若《シ》開《スレバ》實性《チ》、即《チ》世天《ノ》眞言《ト》、與大日如來、何《ノ》相異《アラン》耶、從《フ》如來《ニ》則《トキンハ》、從《リ》深《キ》至《リ》淺《キニ》、從《リ》內《チ》漸《ク》外《ニシテ》、而成《ス》三重壇《チ》、從《フ》衆生《ニ》則《トキンバ》、從《リ》淺《キ》至《リ》深《キニ》、從《リ》外《カ》漸《ク》內《ニシテ》、而成《ス》三重壇《チ》也《リ》、又《タ》如《キモ》字義《ノ》、即《チ》是《レ》此《ノ》之次第也《リ》、初《メノ》阿字《ハ》在《リ》東方《ニ》、如《モ》梵音《ノ》阿字《ニ》即《チ》有《リ》初首《ノ》之義、以《テ》順《スルチ》世間《ノ》法《ニ》、諸方《ノ》中《ニ》東《チ》爲《ス》上《ト》、故《ニ》喩《フ》菩提心《ニ》、最《モ》是《レ》萬行《ノ》之初《メ》也《リ》。云云。（こは即《チ》寶幢佛のことなれど、曼荼羅界の作法には、この寶幢佛をば大日如來と倶《モ》に八葉蓮華の中臺に安く祕事あり、とも深《カ》き傳《タ》えのあることなり）。これ等は單《タヾ》理論のみのことならずして、事實東方を本《ト》する所《ユ》以《エ》の更《ラ》にしもこれに含《ク》まるゝなるを辨《ワキマ》ふべし。そは具《サ》に『梵典神解』の中《カ》に記《カ》くべし。こも皆《ナ》己《ノ》れが一且の罪《ミ》を懺し亡《ボ》さしめなんが爲《メ》なり。

八《ヤ》咫《タ》鏡《カヾミ》の御形《チ》容《マ》

本居は『寶基本紀』等に據りて、八《ヤ》咫《タ》鏡《カヾミ》の御《ミ》形《チ》は八葉の八《ヤ》頭《タ》花《ハナ》崎《サキ》なりと云ひ、伴は『天德御記』の「圓規並《ニ》帶」等の「帶」の字に據りて、圓《ル》き下《タ》に柄《ツカ》のある

ものと云ふ。この件の説の非《ヒガゴト》なるは己《ノ》れ已《デ》に上《ミ》に云ひたり。さて平田は本居の説を可《ヨ》からずと云ひたれど、己《ノ》れの考《ガ》へたるにては、本居の説反《ヘ》りて宜《ロ》し。その故《エ》は『古語拾遺』に「日《ヒノ》像《カタチノ》之鏡《カヾミ》」とあり、（『舊事本紀』も同じ）、日は圓《ロ》きなれど、凡《ツ》古《ヘ》の鏡《カヾミ》は多《ホ》く皆《ナ》圓《ロ》ければ、故《コト》さらにこの御鏡《ミ》のみを言《コト》別《ワ》きて「日《ヒノ》像《カタチノ》之鏡《カヾミ》」と云ふべきの由《シ》なし。故《カレ》念《モ》ふに『古語拾遺』の「日《ヒノ》像《カタチ》」とは定《ダ》めて圓《ロ》きのみを云ふに非《ラ》ず。他の圓《ロ》きばかりなる鏡《ミ》とは其の形《チ》容《マ》全《マタ》く異《カ》はりて、日の光《ヒカ》彩《リ》の像《カタチ》を示《メ》せる御鏡《ミ》なりしかば、そを故《コト》さらに言《コト》別《ワキ》て云ひしなるべし。さて日の光《ヒ》彩《カリ》としては四方と四維とに線《ス》蒂《ジ》を畫《カ》きて、日の圓《ロ》き中《マ》心《ナカ》よりそが光《ヒ》彩《カリ》の照《テ》り射《サ》し出づる像《カタチ》を摹《ウツ》し、から、自《オノヅカ》ら八《ヤ》頭《タ》八《ヤ》花《ハナ》崎《サキ》の形《チ》容《マ》とはなりたりけむ、『古語拾遺』にはたゞ「鑄《イル》二日《ヒノ》像《カタチノ》之鏡《カヾミチ》一」とあれど『舊事本紀』には同《ナ》じながらも「使《ム》三圖二造《セ》日《ヒノ》像《カタチノ》之鏡《カヾミチ》一」と記《カ》けり、「圖造」の語《バ》は必《ズ》日の光《ヒ》彩《カリ》を圖したる八《ヤ》頭《タ》の線《ス》蒂《ジ》を指すなり、たゞ尋《ナ》常《ミ》の圓《ロ》きばかりの鏡《カヾミ》ならば何ぞ圖造と云はむや。『日本書紀』の下段には「宜《ク》下《ベシ》圖二造《シテ》彼《ノ》神《ノ》之象《チ》一而奉《ツル》中招《オ》禱《キ》上」とあり、「彼《ノ》神之象《チ》」とは天《アマ》照《テル》大《オホ》御《ン》神《カミ》の光彩《ミヒカリ》麗《ウルハ》しく坐《マ》し坐《マ》せるを申《ウ》すにて、すなはち「日《ヒノ》像《カタチ》」と云ふに同《ナ》じ。若し然《サ》にあらずと云はむには天《アマ》照《テル》大《オホ》御《ン》神《カミ》の大《オホ》御《ミ》體《ミ》は眞《マ》圓《マロ》く座《オハ》しまして全《マタ》く鏡《ミ》の象《チ》なりきと申《ウ》さ

では合《ナ》はざるべし。益《ス》益《ス》不《フ》相《サ》應《ハ》ぬ說《コト》ならずや。諸冉《イザナギイザナミ》二尊《フタハシノミコト》の天《アマ》照《テル》大《オホ》御《ン》神《カミ》を生まし給《マ》ひけるを『日本書紀』の記《カ》けるには「此《コノ》子《ミコ》光《ヒ》華《カリ》明《ウル》彩《ハシク》、照《テリ》徹《トホル》於六《ク》合《ニ》之《ノ》内《チニ》」と喜《コ》び給《マ》ひぬる由《シ》に見え。その天窟戸《アメノイハト》に隱《コモ》り給《マ》ふには「六《ク》合《ニ》之《ノ》内《チ》常《トコ》闇《ヤミニ》而《テ》不知《ラ》晝《ヒル》夜《ヨ》之《ノ》相《カ》代《ハリチ》」と書《シル》し、窟《イハ》戸《ト》を出でまし、には「引《ヒキ》開《アケ》之《マシカ》者《バ》日《ヒノ》神《カミ》之《ノ》光《ミヒカリ》滿《ミテツ》於六《ク》合《ニニ》」と記《カ》けり。斯《カ》く大《オホ》御《ン》神《カミ》の光《ミヒ》彩《カリ》世《ヨ》に倫《タグヒ》なくいたふ優《グ》れて麗《ウルハ》しく坐《マ》し坐《マ》しけるを、後《チ》にこの御鏡《ミ》に托《ザ》して皇《ミ》孫《マノ》尊《ミコト》に賜《マ》へりしなればこそ「視《ル》此《ノ》鏡《ミチ》猶《オ》視《ル》吾《アチ》」とは宣《ノ玉》ひけめ。されば六合に照《テ》り徹《トホ》らして八紘に輝《カヾヤ》き渡《ワタ》れる大《オホ》御《ン》神《カミ》の大《オホ》御《ミ》光《ヒカリ》を慕《ウツ》し、日《ヒノ》像《カタチノ》之鏡《カヾミ》なるを、何かで尋《ナ》常《ミ》の圓《ロ》きばかりの形《チ》容《マ》とのみ思《モ》ひ參《ヒ》らすべきや、況して柄《ツカ》あるなど云ふの大《ヒ》なる非《ヒガゴト》なるをや。この八《ヤ》頭《タ》八《ヤ》花《ハナ》崎《サキ》は日の光《ヒ》彩《カリ》の像《カタチ》ながらに、そがまた實《ト》に蓮華の八葉なるにてありければ、天德《ノ》御記の文も然《サ》に記《カ》ゝれたるなるを、何《ニ》しにわざと考《ガ》へ曲ぐべきや。蓮華の八葉と云へば佛書ばかりのことゝ思《モ》ふは僻《ガ》々《ガ》しき心《ロ》なり。蓮華は世界に自《オノヅカ》ら在る物《ノ》にて佛書が始《ジ》めて製《ク》れるに非《ラ》ず、佛書を嫌《ラ》ふから世界に在る物《ノ》を忌むとは何《ニ》たる愚《オロカ》ぞや。且《ソノウヘ》佛書に蓮華の中臺八葉などを語《タ》るはたゞ世界の蓮華を借れるにして、その中臺と云ひ、八葉と云ひ、吾《レ》等が目《ノ》前の草《サ》花《ナ》の事《ト》には

非《ラ》ず、天地《アメツチ》の理《コトハリ》として自然に中臺八葉なるを幸《ヒ》にそれに似たる草《サ》花《ナ》の蓮華を借りもて云へるなれば、何《ン》人も天地《アメツチ》の理《コトハリ》を云はむには中臺八葉の義《コヽロ》なるべし。そを何《カ》で佛書のみの事《ト》して忌み嫌《ラ》ひなむや。特《ト》に佛書にて荐《キ》りに蓮華を語《タ》るは、その原《モト》また遠《ホ》く我《ガ》國《ニ》の神《ミ》代より起《コ》りしにて全《マタ》くは八《ヤ》咫《タ》鏡《カヾミ》の御形《チ》容《マ》が自《オノヅカ》ら彼れに聞《コ》え傳《タ》はりしからなれば、そが本《ト》たる八《ヤ》咫《タ》鏡《カヾミ》の中臺八葉なるを云ふに何《ニ》の恥《ハヅ》らひためらふことかあるべき。今《マ》彼の佛書に言はゆる蓮華は我が八《ヤ》咫《タ》鏡《カヾミ》を本《ト》したりとの由《シ》を云はむとには、先《ツ》その前《ヘ》に八《ヤ》咫《タ》鏡《カヾミ》の我《ガ》國《ニ》に於ける起《リ》を探《タヅ》ねて、その御形《チ》容《マ》の何《ニ》に基《ヅ》きて鑄造《ク》られしやの始《メ》を云ひ試《ロ》むべし。高《タカ》天《マ》原《ハラ》にて天窟戸《アマノイハト》の御《ン》時《キ》天思兼命《アメノオモヒガネノミコト》の思《モ》ひ議《カ》らひにて、石凝姥命《イシゴリドメノミコト》の鑄造《ク》らしゝと云へることは疾《ト》く決《ウナヅ》く。（『舊事本紀』には、當時《ソノトキ》初《メ》に石凝姥命《イシゴリドメノミコト》造《ク》らしゝも意《ロ》に合《カナ》はざりければ、更《ラ》にその子糠戸神《ヌカドノカミ》をして造《ク》らしめたりと記けり、）。またそが日《ヒ》像《カタチ》を摹《ウツ》して鑄造《ク》られたることも決《ウナヅ》く。されど日《ヒ》像《カタチ》を摹《ウツ》すにその光《ヒ》彩《カリ》の線《ス》藸《ジ》を八葉の形《チ》容《マ》に鑄造《ク》らるゝには何《ニ》か基《ヅ》ける故《エ》由《シ》の更《ラ》になくては叶《ナ》ふべからず。按《モ》ふにこは天地《アメツチ》の理《コトハリ》をもかねてこの鏡《ミ》の形《チ》容《マ》に摹《ウツ》し示《メ》せしにて、諸冉二尊《イザナギイザナミフタハシラノミコト》の八《ヤ》尋《ヒロ》殿《ドノ》の御《ン》狀《マ》に基《ヅ》きてぞ鑄造《ク》られたる。また諸冉二尊《イザナギイザナミフタハシラノミコト》の八《ヤ》尋《ヒロ》殿《ドノ》の御《ン》狀《マ》は天《アメ》より傳《タ》え持たし給《マ》へる本《ト》の天鏡《アメノカヾミ》

のまゝの形《チ》容《マ》にぞ築《ツ》かせ給《マ》ひしなる。またその八《ヤ》尋《ヒロ》殿《ドノ》が實に世の鏡作《カヾミツクリ》の事《ト》始《メ》となりて、その御《ン》狀《マ》に基《ヅ》ける八葉の御鏡《ミ》がなべての鏡《ミ》よりも最《マ》先《サキ》にぞ鑄造《ク》られたる。（こゝに云ふ天鏡《アメノカヾミ》とは、天鏡尊《アメノカヾミノミコト》の鑄造《ク》られしを天萬尊《アメノヨロヅノミコト》、沫《アハ》蕩尊《ナギノミコト》、伊《イ》弉諾尊《ザナギノミコト》等次《ギ》次《ギ》に天《アメ》より傳《タ》え給《マ》へるを申《ウ》す、とは『鎭座本紀』の說なれど、故《エ》ありて之《レ》を信《ウ》く、諾冉二尊に鏡《ミ》を持たし給《マ》はざるの理《ハリ》なければなり、）。己《デ》にこの御鏡《ミ》を八《ヤ》咫《タ》と申《ウ》するなる咫《タ》の波《ハ》多《タ》の音に元《ハジ》始《メ》の義《コヽロ》あるを念《モ》ふべし。世の最《マ》先《サキ》に鑄造《ク》られたるから彌《イヤ》波《ハ》多《タ》の鏡《ミ》とも名《ヅ》くるならずや。（波《ハ》多《タ》に元始の義あることは前に梵語から云ひたりけり、尙《ホ》我《カ》國《ニ》にも波《ハ》多《タ》、波《ハ》那《ナ》、波、すべて最《マ》先《サキ》の義なり）。八《ヤ》尋《ヒロ》殿《ドノ》が言《コト》靈《ダマ》の圖《ウツシ》なるは己《ノ》れこの書《ミ》に既《デ》に云ひたるが、その言《コト》靈《ダマ》ぞ天《アメ》地《ツチ》の理《コトハリ》なるにて、その言《コト》靈《ダマ》の八《ヤ》尋《ヒロ》殿《ドノ》に基《ヅ》ける八葉の御鏡《ミ》は全《タ》く一切語音の象《チ》にてありけるなり。されば彌《イヤ》波《ハ》多《タ》の稱《ナ》にはまた自《オノヅカ》ら言《コト》靈《ダマ》なる義《コヽロ》をも含《ク》めり。（梵語には音聲を「阿《ア》波《ハ》多《タ》波《ハ》底《チ》」と云ふ、「阿《ア》波《ハ》多《タ》」は八《ヤ》咫《タ》の咫《タ》の音なることと上《ミ》に云へり、されば八《ヤ》咫《タ》とは一切語音の義にて、その語音の象《チ》は實に八葉の形《チ》容《マ》にてあるなり）。御鏡《ミ》の中臺には唯《ミ》一《ヒト》柱《ハシラ》の大《オホ》御《ン》神《カミ》坐《マ》してそを天《アメ》座《ミクラ》と申《ウ》す、丨（圓伊《イ》）の象《チ》なり。その四方四維に光《ミヒ》彩《カリ》照《テリ》射《サ》し給《マ》ひて萬《ツ》國《ニ》の一切語音の象《チ》を顯《ラ》はす、ト《ア》丅《ウ》┤《エ》丄《ア》の働《ラ》きなり。（本書四七頁以下、五一頁までを參照してよく考《ガ》ふべし）。このことをよく考《ガ》ふれば八葉の形《チ》容《マ》ならでは天《アメ》地《ツチ》の理《コトハリ》にも合《ナ》はず、また日《ヒノ》像《カタチ》とも云はるゝまじき所《ユ》以《エ》を悟り得らるべし。これには尙《ホ》言ふべき

旨《ネ》の繁《ゲ》くあれど、輕《ロ》々《ロ》しきは恐《ソ》れあれば且《ラ》く止めて、さて佛書に云ふ蓮華の中臺八葉はたゞこの天《アメ》地《ツチ》の理《コトハリ》なる八《ヤ》咫《タ》鏡《カヾミ》の御《ン》事《ト》を世界の草《サ》花《ナ》に借りて云へるなる由《シ》を述べむに、先《ヅ》蓮華を彼の梵語には波《ハ》曇《ドム》と云ふ、波《ハ》曇《ドム》の曇《ドム》は多《タ》の字に菩提點を加《ハ》えたるなれば波《ハ》曇《ドム》の音體は波《ハ》多《タ》なり。即《チ》我《ガ》國《ニ》の八《ヤ》咫《タ》てふ辭《トバ》を直《チ》に轉《ツ》し用《モ》てそを蓮華に名《ヅ》けて云へるなり。『玄應音義』に曰《ハ》く、

波《ハ》曇《ドム》、又《タ》云《フ》波《ハ》頭《ヅ》暮《モト》、或《ハ》云《フ》波《ハ》頭《ヅ》摩《マト》、或《ハ》云《フ》鉢《ハ》曇《ド》摩《マト》、正《ニハ》言《フ》鉢《ハ》特《ド》摩《マト》、此《ニ》譯《シテ》云《フ》赤蓮華《ト》也《リ》。

『慧苑音義』もこれと同《ナ》じく赤蓮華なる由《シ》に記《カ》けど必《ズ》しも然《サ》には非ず。『大日經義釋』に曰《ハ》く、

鉢《ハ》頭《ド》摩《マ》、復《タ》有《リ》二種、一《ニハ》者赤色、即《チ》此《ノ》間《ノ》蓮華也《リ》、二《ニハ》者白色、今《マ》此《ノ》間《ニ》有《ル》白蓮華是《レ》也《リ》、非《ス》芬陀利《ニハ》。

これに「非《ズ》芬陀利《ニ》」と書きしは、印度に蓮華の種類を呼ぶに波《ハ》曇《ドム》と芬《フン》陀《ダ》利《リ》と稱《ナ》を兩樣に分《カ》ちたるからなれど、芬《フン》陀《ダ》利《リ》も亦《タ》波《ハ》多《タ》の音體なることは字を撿《ラ》ぶれば明《ラ》かなり。これ皆《ナ》いづれも我《ガ》國《ニ》の八《ヤ》咫《タ》鏡《カヾミ》の八《ヤ》咫《タ》が本《ト》なるが故《エ》なりかし。同じく曰《ハ》く、

◎『玄應音義』卷三

◎『慧苑音義』卷上

◎『大日經義釋』卷十一

◎『大日經義釋』卷五、

半《ハン》拏《ダ》囉《ラ》嚩《バ》悉《シュ》寧《チー》、譯《シテ》云《フ》白處《ト》、以《テ》此《ノ》尊《ノ》常《ニ》在《ル》白蓮華《ノ》中《ニ》、故《ニ》以《テ》爲《ス》名《ト》、亦《タ》戴《キ》天髮髻《チ》冠《チ》、襲《ヒ》純素《ノ》衣《チ》、左手《ニ》持《チ》開敷蓮華《チ》、從《リ》此《ノ》白淨處、出生《スレ》普眼《チ》、故《ニ》此《ノ》三昧《チ》名《ケテ》爲《ス》蓮華部母《ト》也《リ》。

この「半《ハン》拏《ダ》」は波《ハ》曇《ドム》にて、そを白蓮と云ふこと茲《コヽ》にもあり、さてこの「常《ニ》在《リ》白蓮華《ノ》中《ニ》」とは伊《イ》弉《ザ》諾尊《ナギノミコト》の八《ヤ》尋《ヒロ》殿《ドノ》に在《オハ》し、ことの狀《マ》なり。「左手《ニ》持《チ》開敷蓮華《チ》」とあるは御鏡《ミ》を然《サ》云ひたるにて、『日本書紀』に「乃《イマシ》以《テ》左手《チ》持《チ》白銅《マスミノ》鏡《カヾミチ》」とあるはそれなるべし、されば「從《リ》此《ノ》白淨處出生《ス》普眼《チ》」とは左《リノ》手の白銅《マスミノ》鏡《カヾミ》より天《アマ》照《テル》大《オホ》御《ン》神《カミ》の生《ア》れましけるを申《ウ》し、ならむとぞ思《ボ》ゆるなり。普眼は大日なればなり。(この數行のところは『梵典神解』の中《カ》に云ふべき料の一《ツ》を、便に任《カ》せて云へるなり、)。白《ロ》く淨《ヨ》きことを梵語にて「阿《ア》波《ハ》陀《ダ》多《ター》尼《ニ》」云へるをこれに念《モ》ひ合《ハ》すべし。彌《イヤ》阿《ア》波《ハ》多《タ》(八咫)の御鏡《ミ》の至《タ》りて白《ロ》く淨《キ》が故《エ》より云ふならずや。蓮華は鏡《カヾミ》を云ふなることこれにても推し知らるべし。よりて『義釋』にまた「鉢曇《ハ》即《チ》是《レ》金剛《ノ》句義《ナリ》」と云へり。金剛には類《ヒ》多《ホ》かれど、今《マ》鉢《ハ》曇《ドム》(蓮華)を金剛と云ふは正《サ》しく十字の金剛輪にて即《チ》鏡《ミ》を云ふなり。(十字の金剛輪のこと、この書《ミ》の始めつ方《タ》にも云へど、尚《ホ》後《チ》に即《ヤカ》て云ふ、)。されば蓮華座と云ふも、金剛座と云ふも、本《ト》はたゞ八《ヤ》咫《タ》鏡《カヾミ》の中臺なる天《アメ》座《ミクラ》の御《ン》事《ト》なりけり。(彼の佛書に說ける蓮華は多《ホ》く鏡《ミ》を云ふなることの例は、たとひこの書《ミ》の紙數を皆《ナ》それに充《ア》てゝ書《カ》

くとも盡きざるべければ、今《マ》畧して多《ホ》く言ふまじ、されどその說ける蓮華が皆《ナ》然なりとには非《ラ》ず、中臺八葉を語《タ》ることが八《ヤ》咫《タ》鏡《カヾミ》より出でしとの旨《子》を云ふなり、中《カ》にはたゞ草《サ》花《ナ》を語《タ》るもあるなり、）。彼の曼《マン》茶《ダ》羅《ラ》界と云へることとも全《タ》くはこの蓮華座、金剛座なれば、こもまた我《ガ》國《ニ》の鏡《カヾミ》より起《コ》りてぞ云ふ說《コト》なる。曼《マン》茶《ダ》羅《ラ》界には方、圓、角の三重壇あり。その方と圓とは我が神《ミ》代の眞《マ》經《フ》津《ツノ》鏡《カヾミ》なり。（『寶鏡開始』には「方笏鏡《ノカヾミ》」として、葺不合尊《フキアヘズノミコト》の御造と云へり、今《マ》且《ラ》く眞《マ》經《フ》津《ツ》の名を借るも念《モ》ふ旨《子》あればなり、）。角は鏡面に角の線ある陰《メ》陽《チノ》鏡《カヾミ》と名くるものなり。（『寶鏡開始』には陰陽交儀鏡と云へり、深《カ》き由《シ》のあることとなり）。その圖は左の如し。

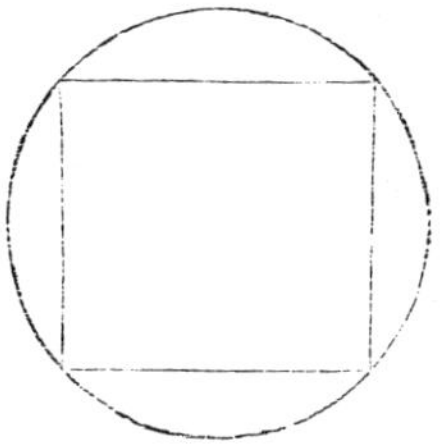

鏡面圓輪の中《カ》に方線ありて方圓の象を示《メ》すなり（眞《マ》經《フ》津《ツノ》鏡《カヾミ》）。

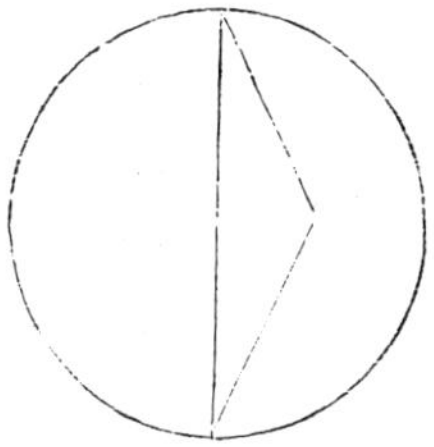

鏡面に稜線ありて角の象を示《メ》すなり。（陰《メ》陽《チノ》鏡《カヾミ》）

◎『大日經義釋』卷十二、

◎同上、

(深《キ》由《シ》を知らぬ人《ト》はこれ等を疑《ガウ》ひ信けぬなれど、皆《ナ》言靈《コトダマ》の自然《オノヅカラ》斯《カ》、る象《チ》に顯《ラ》はるゝ旨《子》ありけるなり)。

さてこの方、圓、角の三《ツ》を一《ツ》に鑄造《ク》られたるが八咫鏡《ヤタカヾミ》にして、その圓規は申《ウ》すまでもなく圓の象《チ》、鏡面に十字の線あるはこを以て四方を示《メ》し、方の象《チ》、その八葉の花崎《ハナサキ》を尖《トガ》らし、は自《オノヅカ》らこれ角の象《チ》、かくてこの一面の御鏡《ミ》が彼の佛書に三重の曼茶羅界とはなりぬるなり。(卷首に圖して出だせるを看よ、)。この八咫鏡《ヤタカヾミ》には十字の凹《カ》き線あることは先《キ》にも已《デ》に云ひしが、尚《ホ》そを轉《ツ》せる彼の十字の金剛輪に就きて、『義釋』にまた云へり。曰《ハ》く、

其《ノ》十字《ノ》金剛印《ノ》上《ニ》、畫作《ス》蓮華《チ》、仰《ヒデ》而半敷《セリ》、令《ムト》此《ノ》十字《チシテ》如《クセ》花《ノ》之莖《ノ》。

鏡面十字の先《キ》々《キ》に蓮華の八花崎《ヤハナサキ》あるを云ふ。「仰《ヒデ》而半敷《セリ》」とは八花崎《ヤハナサキ》を半《カ》ば尖《トガ》らし莟《ツボ》めて角の象《チ》を示《メ》せるより云ふなり。また曰《ハ》く、

其《ノ》曼茶羅《ハ》、當《サニ》作《ス》圓明《ノ》之像《チ》、令《メ》極《メテ》白淨《ナラ》、於《テ》中《ニ》作《ス》十字《ノ》嚩《バ》曰《ザ》羅《ラチ》、臺《ニ》標《シ》大眞《マ》陀《ダ》末《マ》尼《ニ》如來《チ》、珠《モテ》標《ス》其《ノ》頭《チ》、皆《ナ》置《ク》如意珠《チ》、珠《ニ》有《リ》光焔也《リ》、云云。(十字の嚩《バ》曰《ザ》羅《ラ》なる鏡《ミ》に珠《マ》を標することは、鏡《ミ》にて坐《マ》すなる大御神《オホンカミ》の更《ラ》に珠《マ》を持給《チマ》へるから云ふなるべし、又《タ》方、圓、角の三壇が唯一《ヒトツ》の八咫鏡《ヤタカヾミ》なる理《ハリ》をし念《モ》へば、玉《マ》も劔《ギ》も皆《ナ》鏡《ミ》の上《ヘ》に自《オノヅカ》らその義《コヽロ》あるべきことさならむ、)。

◎同上、

尚《ホ》この曼荼羅の蓮華座金剛座なることを釋きて曰《ハ》く、

八葉開敷《シテ》、置《ク》阿《ア》字《チ》其《ノ》上《ニ》、此《ノ》阿《ア》字《ニ》即《チ》有《リ》圓明《ノ》之照也、中略、住《ストハ》瑜《ユ》伽《ガノ》坐《ニ》者謂《ク》大因陀羅坐謂《ク》四方《ノ》金剛輪座也《リ》、住《シテ》於阿《ア》字《ノ》之上《ニ》、以《テ》此《レチ》爲《ス》坐《ト》、與此《ノ》眞理相應《スルチ》、名《ク》瑜《ユ》伽《ガ》坐《ト》、此《ノ》瑜《ユ》伽《ガ》金剛《ノ》坐《ハ》者即《チ》是《レ》如來也《リ》。

八葉の開敷せるが上《へ》に阿字ありて、そが圓明の照《テ》れる光《ヒカリ》なりとは八《ヤ》咫《タ》鏡《カヾミ》なり、この御鏡《ミ》は實に天《アメ》座《ミクラ》なれば瑜《ユ》伽《ガ》の大因《イン》陀《ダ》羅《ラ》坐とは云ひたりけむ、因《イン》陀《ダ》羅《ラ》は帝釋天王を云へど、そは全《タ》く我《ガ》國《ニ》の主《シ》たる神《ミ》を指して申《ウ》し、なればなり。(この事《ト》後《チ》に云ふ、)四方《ノ》金剛輪座とは八《ヤ》咫《タ》鏡《カヾミ》の面《テ》なる十字の線をば象《タ》ざれるなれば然《サ》云ひたるにて、十字の金剛輪と申《ウ》しゝは之《レ》が爲めなり。かゝれば八《ヤ》咫《タ》鏡《カヾミ》の面《オモテ》には必《ズ》十字の線あるものから『寶鏡開始』にも已《デ》にその旨《ネ》を記《カ》きあるに、そを輕《ロ》々《ロ》しく看放《ナ》して、從《コレ》來《マテ》に人《ト》々《ト》多《ホ》くこの事《ト》を識らずして過《ゴ》しつるは何《ニ》故《エ》の神《ム》議《カ》りぞも。そは己《ノ》れ等如きもの、關《ツ》かるべきことにあらねども、必《ズ》深《カ》き御《ン》旨《ネ》のありてならむ。たゞまことの御《ミ》鏡《カヾミ》の御形《チ》容《マ》の未《マ》だ公《ケ》に世に識らるべき時《キ》の到《タ》らざりしにやあなかしこ。あなかしこ。

三種の神器の名義、及《ヨ》びこの件《リ》に於《ヒ》て、己《ノ》れの云ひけることの尚《ホ》盡《ク》

さぬは實に斷《ツ》るところなれど、大體の旨《子》は既《デ》に知られつらむ。この書《ミ》として先《キ》先《キ》に云ふべきことの多《ホ》く溜《マ》りてあれば一《ト》先《ツ》これにて止むべし。委《ハ》しくは後日を期せんのみ云云。

第貳款　一神一皇。

惟《レ》斯の一神、萬世渝《ハ》らず、常《チ》に照らして天に坐《マ》し給《マ》ふ。厥の天や乃《チ》國《ニ》なり。惟《ヒ》斯の一皇、百代窮《マ》らず、治《シ》らして庸《子》に國《ニ》に坐《マ》し給《マ》ふ。厥の國《ニ》や乃《チ》天なり。天は唯《ヒ》一神の天なるが故《エ》に二《ノ》日莫く。國《ニ》は唯《ヒ》一皇の國《ニ》なるが故《エ》に二《ノ》王なし。斯の一神一皇は洵《ト》に言《ハ》ゆる立君の要なるものなり。

第參款　天國の臣民。

謹《シ》むで詔勅を按ずるに曰《ハ》く、豐《トヨ》葦《アシ》原《ハラ》千《チ》五《イ》百《ホ》秋《アキノ》瑞《ミヅ》穗《ホノ》國《クニハ》是《コレ》我《アガ》子《ミコ》當《ベキ》治《シラス》之《ノ》國《クニ》也《ナリ》と。夫《レ》一神一皇の治《シ》らし給《マ》ふべきの國《ニ》は眞《ト》に天にして、其の臣民は亦《タ》天國の臣民なり。天國の臣民は咸《ク》一神の族にして萬氏一姓なり

。皆《ナ》一皇の屬にして萬戸一家なり。但《ミ》其の一姓に本支の系あり、貴賤の分、相《ヒ》干《カ》さず、其の一家に主僕の階あり、上下の別、相《ヒ》犯《カ》さず。惟《ミ》斯の一神を神とし、惟《ミ》斯の一皇を皇とし、維《レ》誠、克《ク》大命に遵《ガ》ひ、維《レ》忠、克《ク》大義を守《モ》る。天國の臣民たる所以《ン》なり。抑《モ》貴賤偕《モ》に一神の族にして、上下同じく一皇の屬なる天國は獨《リ》我が日本あるのみ。嗚呼立君の詔勅や厥の旨《子》眞《ト》に深《カ》矣哉《ナ》。

右《ギ》第四節第貳項第參欵に就きて。

神族に就きて。

從《コレ》來《マデ》皇別、神別、及び歸化人などを蕃別など云へれど、大《ホ》源《ト》を考《カ》ふれば、神《ミ》の御力《ラ》によらずして生《ナ》り化《イ》でしもの一人《リ》もなければ、本《ト》は皆《ナ》一神の族《ラ》にて、西洋《ニシノクニ》の人《ト》々《ト》も、皆《ナ》我が同《ハラ》胞《カラ》ぞかし。殊《ト》に我が國《ニ》民《ミ》の多《ホ》くは天《アメノ》神《カミ》の裔《スエ》にて、本《ト》より皇《スメ》神《カミ》の臣《ミ》として天《ア》降《モ》りまし、神《ミ》神《ミ》の後《チ》なれば、尙《ホ》更《ラ》に同《ナ》じ族《ラ》なり。さて西洋《ニシノクニ》の人《ト》々《ト》も皆《ナ》我が同《ハラ》胞《カラ》なることは、從《コレ》來《マデ》の國學者には嫌《ラ》ふもののある說《コト》なれど、我が神《カム》眞《マ》は然《サ》る狹《マ》き道《チ》には非《ラ》ず。八

紘を綜べて即《ガ》て大《オホ》八《ヤ》洲《シマ》國《クニ》なるべき國體なるを篤と念《モ》ふべし。云云。

第貳章　今上の詔勅に對する吾人の解說。

第壹節　今上の詔勅。

斯の建國の體を體とし斯の立君の要を要として方《サ》に列聖の詔謨あり、以《ツ》て臣民を規し給《マ》ふ。畏《コ》みて　今上の詔勅を拜するに曰《ハ》く。

朕惟《モ》フニ、我ガ皇祖皇宗、國《ニ》ヲ肇《シ》ムルコト宏遠ニ、德ヲ樹ツルコト深厚ナリ、我ガ臣民、克ク忠ニ克ク孝ニ、億兆心ヲ一ニシテ、世々厥ノ美ヲ濟セルハ、此《レ》我ガ國體ノ精華ニシテ、敎育ノ淵源、亦《タ》實ニ此ニ存ス、爾《チ》臣民、父母ニ孝ニ、兄弟ニ友ニ、夫婦相《ヒ》和シ、朋友相《ヒ》信ジ、恭儉己《レ》ヲ持シ、博愛衆ニ及《ヨ》ボシ、學ヲ修《サ》メ、業ヲ習《ラ》ヒ、以テ智能ヲ啓發シ、德器ヲ成就シ、進《ム》デ公益ヲ廣《ロ》メ、世務ヲ開《ラ》キ、常《子》ニ國憲ヲ重《ム》ジ、國法ニ遵《カ》ヒ、一旦緩急アレバ義勇公ニ奉ジ、以テ天壤無窮ノ皇運ヲ扶翼スベシ、是《ク》ノ如《ト》キハ獨《ト》リ朕ガ忠良ノ臣民タルノミナラズ、又《タ》以テ爾《チ》祖先ノ遺風ヲ顯彰スル

ニ足ラン、斯《ノ》道《チ》ハ實ニ我ガ皇祖皇宗ノ遺訓ニシテ、子孫臣民ノ倶《モ》ニ遵守スベキ所《ロ》、之《レ》ヲ古今ニ通ジテ謬《マ》ラズ、之《レ》ヲ中外ニ施《コ》シテ悖《ト》ラズ　朕爾《チ》臣民ト倶《モ》ニ拳々服膺シテ、咸《ナ》其《ノ》徳ヲ一ニセンコトヲ庶《ヒ》幾《ガ》フ。

第貳章、第壹節に就きて。

列聖の詔謨。

我《ガ》國《ニ》の御《ン》歴代の天皇は、天祖、皇祖の詔勅に基《ヅ》かせ給《マ》ひて、時々《ヨリ〳〵》に彌《イヤ》高《タカ》き御《ン》旨《子》の詔謨《ノリゴト》を臣民に垂れ給《マ》へり。第一に神武天皇の宣命に二種あり、初《メ》の東征の宣命に曰《ハ》く、

昔《シ》我《ガ》天神、高《タカ》皇《ミ》產《ムス》靈《ビノ》尊《ミコト》、大《オホ》日《ヒル》孁《メノ》尊《ミコト》、擧《ゲテ》此《ノ》豐《トヨ》葦《アシ》原《ハラ》瑞《ミヅ》穗《ホノ》國《クニヲ》而、授《玉ヘリ》我《ガ》天祖彥《ヒコ》火《ホノ》瓊《ニ》瓊《ニ》杵《ギノ》尊《ミコトニ》、於《テ》是《ニ》火《ホノ》瓊《ニ》瓊《ニ》杵《ギノ》尊《ミコト》、闢天關《ヒラキアメノイハクラチ》、披雲《ヒラキクモ》路《ジチ》、驅《リテ》仙蹕《チ》以《テ》戾《タリ》止《マリ玉フ》、是《レ》時《キ》運屬《シ》鴻荒《ニ》、時《キ》鍾《タレリ》草昧《ニ》、故《レ》蒙以《テ》養《ヒ》正《チ》、治《ス》此《ノ》西偏《チ》、皇祖皇考、乃《チ》神乃《チ》聖、積《ミ》慶《チ》重《サ子》暉《チ》、多《ク》歴年所《チ》、自《リ》天祖降跡以《テ》逮《ビ》于今《ニ》、一百七十九萬二千四百七十餘歲、而《ルニ》遼邈《ノ》之地、猶《ホ》未《ダ》霑《ハ》於王澤《ニ》、遂《ニ》使《メテ》邑《ニ》有《リ》君村《ニ》有《ラ》長、各《〻》自《ラ》分《チ》疆《チ》、用《テ》相《ヒ》凌轢《ス》、抑《モ》又《タ》聞《クニ》於鹽《シホ》土《ツチノ》老《チ》翁《ヂニ》曰《ク》、東《ニ》有《リ》美地、靑山四周《モニグル》、其《ノ》中《ニ》亦《タ》有《リト》乘《リ》天磐船《アメノイワフ子ニ》飛《ビ》降《ル》者《ノ》、余《レ》謂《オモフニ》彼《ノ》地《ハ》必《ズ》當《ベシ》足《サニル》以《テ》恢弘《シ》天業《チ》光宅《スルニ》天下《ニ》、蓋《シ》

六合之中心乎、厥飛降者、謂饒速日《ニギハヤヒ》歟、何不就而都之乎。（こは神武天皇の、諸兄及び諸王子等に議り給へる御言なれば、宣命とは云ひ難かるやうなれども、臣民からはそが即て宣命となりて、詔勅と全く同じきなり、この中に一百七十九萬二千四百七十餘歳とあるは瓊瓊杵尊《ニニギノミコト》、火火出見尊《ホホデミノミコト》、葺不合尊《フキアヘズノミコト》、三御代《ミヨ》の御年數なることと前章の中に云へるが如し）。

次に白檮原《カシハバラ》奠都の宣命に曰く、

自我東征、於茲六年矣、頼以皇天之威、凶徒就戮、雖邊土未清、餘妖尚梗、而中洲之地、無復風塵、誠宜恢廓皇都、規摹大壯、而今運屬此屯蒙、民心朴素、巣棲穴住、習俗惟常、夫大人立制、義必隨時、苟有利民、何妨聖造、且當披拂山林、經營宮室、而恭臨寶位、以鎭元元、上則答乾靈授國之德、下則弘皇孫養正之心、然後兼六合以開都、掩八紘而爲宇、不亦可乎、觀夫畝傍山《ウネビヤマ》東南橿原《カシハハラ》地者、蓋國之墺區乎、可治之。

この前後の宣命を拜するに、初の、「昔我天神」云云とは天、皇二祖の詔勅に依りて仰し給ふなり。（一往拜すれば皇祖大御神《オホンカミ》の高皇産靈尊《タカミムスビノミコト》と倶に瓊瓊杵尊《ニニギノミコト》に降し給へる立君の詔勅を仰しゝ御言のやうなれど、高皇産靈《タカミムスビ》尊を指し給へるには前の天祖の國土創造の詔勅をも亦自《オノヅカ》らこれに含め給へり、其は天御中主尊《アメノミナカヌシノミコト》も高皇産靈尊《タカミムスビノミコト》もて伊弉諾《イザナギ》伊弉冉《イザナミ》二尊《フタハシラ》に詔《ノリ》給へるなればなり、こは言總意別の格にて、御言の上には但一に總べてはあれど、意は自《オノヅカ》ら別にて、二祖の詔勅に渉るなり、されど專ら皇祖の詔勅に依りて仰し給へるは論なし）。「皇祖皇考乃神乃

◎『日本書紀』神武巻、

聖」とは正《サ》しく一神一皇の義《コヽロ》なり。さて後《チ》の宣命に「兼《ネテ》二六合《チ》一以《テ》開《キ》レ都《チ》、掩《フテ》二八紘《チ》一而爲《ス》レ宇《ト》」とは明《カ》らさまに天皇二祖の神意を示《メ》し給《マ》へり。國土を造《ク》らし給《マ》ふ所以も、立君の義を制《サダ》め給《マ》ふ所以も、唯《ヾ》この一事なるにてぞある。我が國是と申《ウ》すは是れなり。（この神武天皇の前後の宣命は、『日本書紀』の文に據る）。尚《ホ》その後《チ》の天皇の宣命も多《ホ》く坐《マ》せど、今《マ》は唯《ヾ》今上の詔勅のみを茲《ヾ》に擧げまつれるは、己《ノ》れ等が辱《カタヂケ》なくも親《マノアタ》り其を拜受したるが故《エ》なり。

第貳節　吾人の解説。

斯の詔勅は稱して教育詔勅と爲す。教育の主とするところは徳器を成すに在り。徳器先《ツ》成りて智能方《ジ》めて完《タ》し。徳器とは何ぞや、克忠克孝是れなり。克忠克孝とは何ぞや、忠孝一途是れなり。夫《レ》我が國體は一神一皇の君《ミ》にして、斯の君《ミ》や乃《チ》父なり。君父全《タ》く同原にして一國は秖《ヾ》一家なり。忠の外《カ》に孝なく、孝の外《カ》に忠なし。忠孝の途《チ》は只《ヾ》一神一皇に對するの一信以て之《レ》を貫くに在るのみ。故《エ》に國體の精華と宣《ノ》給《マ》へり。是《ク》の如き君父同原の國《ニ》は宇内に倫なく、忠孝一途の

徳は萬邦に類なし。是れ道《チ》の根、洵《ト》に獨《リ》我が惟神の教に在るを以ての故《エ》なり。但《ヾ》厥の道《チ》や則《チ》古今の經たり。中外の緯たり。六合を兼《ヌ》る所以なり。八紘を掩ふ所以なり。苟《ク》も　今上の詔勅を解する者《ノ》は必《ズ》先《ツ》斯の本義を體領せざるべからず。爾《カ》らざれば我《ガ》國《ニ》の忠孝なるものに非《ラ》ざるなり。

第貳章、第貳節に就きて。

君父同原忠孝一途。

今《マ》や世にこの教育勅語を解するもの多《ホ》かれど、君父同原なる國體に暗《ラ》きが故《エ》に、その說くところの忠孝はすべて皆《ナ》漢《ラ》風《リ》なり。漢《ラ》は君父各《ヾ》異《ト》にして、君は必《シ》も父ならず、父は必《シ》も君《ミ》ならず。さればその忠孝の途《チ》も、忠ならむと欲すれば孝ならず、孝ならむと欲すれば忠ならずなど謂ふなり。これは君父も眞《ト》の君父ならぬから、隨《ガ》つて忠孝も眞《ト》の忠孝ならぬなり。日蓮聖人の法華經に據らし給《マ》へる所以は、同《ナ》じ釋尊の說かし、一代藏經の中《カ》にも、只《ヾ》法華經のみ主、師、親三德の一體なる唯我一人

の本尊を示《メ》しあるが爲めにして、この三德一體の本尊を信ずるの敎《ヱ》ならでは、我が君父同原の國體に適《ナ》はざればなり。（されば三德一體とは君父同原の義《コヽロ》にて、唯我一人の本尊とは我が一神一皇の君《ミ》を指しまつるにてぞある）。またこの君父同原は單《タヾ》に君父の一體なるを云ふばかりにはあらで、其の一體の君父が無始より己來《コノカタ》の根本の君父にて坐《マ》すことを申《ウ》すなり。この詔勅の初《メ》に「國《ニ》ヲ肇《ジ》ムルコト宏遠ニ、德ヲ樹ツルコト深厚ナリ」と仰《ホ》せ給《マ》ひぬる大御旨《オホミムネ》を深《カ》く念《モ》ふべし。日蓮聖人が同《ナ》じ法華經の中《カ》にも、唯後《チ》の本門を取りて、獨《リ》正宗壽量品に說ける久遠無始の三德一體の本尊を宗要と定《ダ》め給《マ》ふ所以、亦《タ》正《サ》しく是れなり。（ま、師、親三德の常《ネ》の依文は法華經迹門の譬喩品なるが、『御義口傳』にては彼處《カシコ》の文に反つて之《レ》を默《モダ》し、後《チ》の本門壽量品に至《タ》り始《メ》て之《レ》を示《メ》し給《マ》ふ、斯ることは宗門の學者の須《ラ》く意《ロ》を注《ツ》ぐべきことなりかし）。これ等の義《コヽロ》はすべて後《チ》に委《ハ》しく知らるべし。實に法華經の旨《ネ》ならでは日本の國體は全《タ》く解き難《タ》きなり。云云。

今上の詔勅に對する當時學者の解。

予が識れる人にて大内靑巒と云へる才學の士あり、この人《ト》曾《ツ》て斯の勅語に科段を立て、解說を試《ロ》みたるが或《ル》誌《ミ》に載《ノ》りしことあれば茲に掲げむ。先《ツ》全文を三段に分《カ》ちて、第一段は經、第二段は緯、第三段は結と

爲しぬ。乃《チ》左の如し。

第一段

- 第一節 君德
  - 創業 朕惟《フ》ニ我ガ皇祖皇宗國ヲ肇《ジ》ムルコト宏遠ニ
  - 守成 德ヲ樹ツルコト深厚ナリ
- 第二節 臣道
  - 忠 我ガ臣民克ク忠ニ
  - 孝 克ク孝ニ
  - 統一 億兆心《ロ》ヲ一ニシテ
  - 功勳 世々厥《ノ》美ヲ濟セルハ
- 第三節 結歸
  - 國體 此レ我《ガ》國體ノ精華ニシテ
  - 敎源 敎育ノ淵源亦實ニ此ニ存ス
- 第一節 人倫
  - 親子 爾《チ》臣民父母ニ孝ニ
  - 兄弟 兄弟ニ友ニ
  - 夫婦 夫婦相《ヒ》和シ
  - 朋友 朋友相《ヒ》信ジ

第二段

- 第二節　二利
  - 自利　恭儉己《ノ》レヲ持シ
  - 利他　博愛衆ニ及《ヨ》ボシ
- 第三節　三德
  - 智
    - 學　學ヲ修《サ》メ
    - 業　業ヲ習《ヒ》ヒ
    - 智　智能ヲ啓發シ
    - 德　德器ヲ成就シ
  - 仁
    - 社會的　進《ム》デ公益ヲ廣《ロ》メ世務ヲ開《ラ》キ
    - 國家的　常《ネ》ニ國憲ヲ重《ム》ジ國法ニ遵《ガ》ヒ
  - 勇　一旦緩急アレバ義勇公ニ奉ジ
- 第四節　結歸
  - 以テ天壤無窮ノ皇運ヲ扶翼スベシ
- 第五節　功勳
  - 公　是《ク》ノ如キハ獨《リ》朕ガ忠良ノ臣民タルノミナラズ

- 私　又《タ》以《ッ》テ爾《ヂ》祖先ノ遺風ヲ顯彰スルニ足ラン

第三段
- 第一節　明《ニシ》本《チ》誠《ム》末《チ》
  - 遺訓　斯ノ道《チ》ハ實ニ皇祖皇宗ノ遺訓ニシテ
  - 遵守　子孫臣民ノ倶《モ》ニ遵守スベキ所《ロ》
- 第二節　證《ス》眞理《チ》
  - 時間的　之ヲ古今ニ通ジテ謬《マ》ラズ
  - 空間的　之ヲ中外ニ施《コ》シテ悖《ト》ラズ
- 第三節　勸幷希望
  - 勸幷　朕爾《ヂ》臣民ト倶《モ》ニ拳々服膺シ
  - 希望　咸《ナ》其《ノ》德ヲ一ニセンコトヲ庶《ヒ》幾《ガ》フ

また己《ノ》れの幼《ナ》き頃《ロ》よりの親《タ》しめる友《モ》田中智學は、明治三十七年の頃《ロ》、勅語玄義なる一冊を記《モノ》せり。この人《ト》己《ノ》れの友《モ》とは云へ、識高《カ》く學邃《カ》く國《ニ》を懷《モ》ひ敎《エ》を慨《ゲ》くの誠《ト》心《ロ》の切實なるは大方《タ》の今《マ》の世の人《ト》の倫《グ》ひならずされば此の勅語玄義に云へりしことも卓《グ》れて感ずべき節《シ》多《ホ》く、實に國《ニ》を救《ク》ふの天音琤乎としてその金玉の文辭に響けり。今《マ》左にその講式圖表を掲げて世に示《メ》すも偏《ト》へに友《モ》たる己《ノ》れの意《コヽロ》の慶《コ》べる餘《マ》りぞかし。

勅語玄義講式圖表（七項）

●御文段分科●御文段意科●乘戒相生●本佛緣起●三德秘藏●玄義依文●國土十如是

(一) 御文段分科

（叩りに　聖文を汚す恐懼甚大なり國民開導の婆心覺えずこゝに至る）

〔序分〕道德淵源（過去）（二有）
- 朕惟フニ我カ皇祖皇宗ヲ肇ムルコト宏遠ニ德ヲ樹ツルコト深厚ナリ（祖宗功德）
- 我カ臣民克ク忠ニ克ク孝ニ億兆心ヲ一ニシテ世々厥美ヲ濟セルハ此レ我カ國體ノ精華ニシテ敎育ノ淵源亦實ニ此ニ存ス（先民濟美）

〔正宗分〕道義洪訓（現在）（六有）
- 爾臣民父母ニ孝ニ兄弟ニ友ニ夫婦相和シ朋友相信シ（倫常）
- 恭儉己ヲ持シ博愛衆ニ及ボシ（社交）
- 學ヲ修メ業ヲ習ヒテ智能ヲ啓發シ德器ヲ成就シ進デ公益ヲ廣メ世務ヲ開キ（開發）
- 常ニ國憲ヲ重ジ國法ニ遵ヒ一旦緩急アレハ義勇公ニ奉シ（報國）
- 以テ天壤無窮ノ皇運ヲ扶翼スヘシ（歸着）
- 是ノ如キハ獨リ　朕カ忠良ノ臣民タルノミナラズ又以テ爾祖先ノ遺風ヲ顯彰スルニ足ラン（結勸）

〔流通分〕名敎實行（未來）（二有）
- 斯道ハ實ニ我皇祖皇宗ノ遺訓ニシテ子孫臣民ノ倶ニ遵守スベキ所之ヲ古今ニ通ジテ謬ラズ之ヲ中外ニ施シテ悖ラズ（道價）
- 朕爾臣民ト倶ニ拳々服膺シテ咸其德ヲ一ニセンコトヲ庶幾フ（實踐）

(二) 御文段意科

朕惟フニ（序分）
- 我ガ皇祖皇宗
  - 國ヲ肇ムルコト宏遠ニ
  - 德ヲ樹ツルコト深厚ナリ
- 我ガ臣民
  - 克ク忠ニ克ク孝ニ
  - 億兆心ヲ一ニシテ
  - 世々厥美ヲ濟セルハ

此レ
- 我カ國體ノ精華ニシテ
- 敎育ノ淵源亦實ニ此ニ存ス

- 父母ニ孝ニ
- 兄弟ニ友ニ

爾《ヂ》臣民（正宗分）
- 夫婦相和シ
- 朋友相信シ
- 恭儉己ヲ持シ
- 博愛衆ニ及ボシ
- 學ヲ修メ 業ヲ習ヒ — 以テ — 智能ヲ啓發シ 德器ヲ成就シ — 進デ — 公益ヲ廣メ 世務ヲ開キ
- 常ニ — 國憲ヲ重ジ 國法ニ遵ヒ
- 一旦緩急アレバ義勇公ニ奉シ
- 以テ天壤無窮ノ皇運ヲ扶翼スヘシ
- 是ノ如キハ — 獨リ朕ガ忠良ノ臣民タルノミナラズ 又以テ爾祖先ノ遺風ヲ顯彰スルニ足ラン

斯ノ道ハ（流通分）
- 實ニ我カ皇祖皇宗ノ遺訓ニシテ — 子孫 臣民 — ノ倶《モ》ニ遵守スベキ所
- 之ヲ — 古今ニ通ジテ謬ラズ 中外ニ施シテ悖ラズ
- 朕 爾《ヂ》臣民 — ト倶ニ拳々服膺シテ咸其德ヲ一ニセンコトヲ庶幾フ

（凡情　聖意を付る恐惶措く所を知らず）

（三）乘戒二緣忠孝國體回環相起の圖

戒體發現 —（道義業成依報顯現）

國……君を以て體とす

精神の力は物質に及ぶ心怡悅して顔色暢ぶ博愛物に及んで花木榮茂す善人聚りて善國現す是れ國土の成佛也

忠孝

君……道を以て體とす
道……德を以て體とす（道とは行因をいふ）
德……理を以て體とす（德とは道果をいふ）
理……事を以て體とす（理とは眞理をいふ）
事……人を以て體とす（事とは事象をいふ）
人……國を以て體とす
乘體發現（思想觀成正報顯現）

人界の約束は道義實行最勝のもの自然に之が長たるべし是れ位の横也恩被永く久ふして德化いよ〳〵加はる是れ位の竪也

（四）本佛縁起忠孝國體流出の圖
（忠孝の根元は本佛の大慈悲より出づ是れ本門開顯の意）

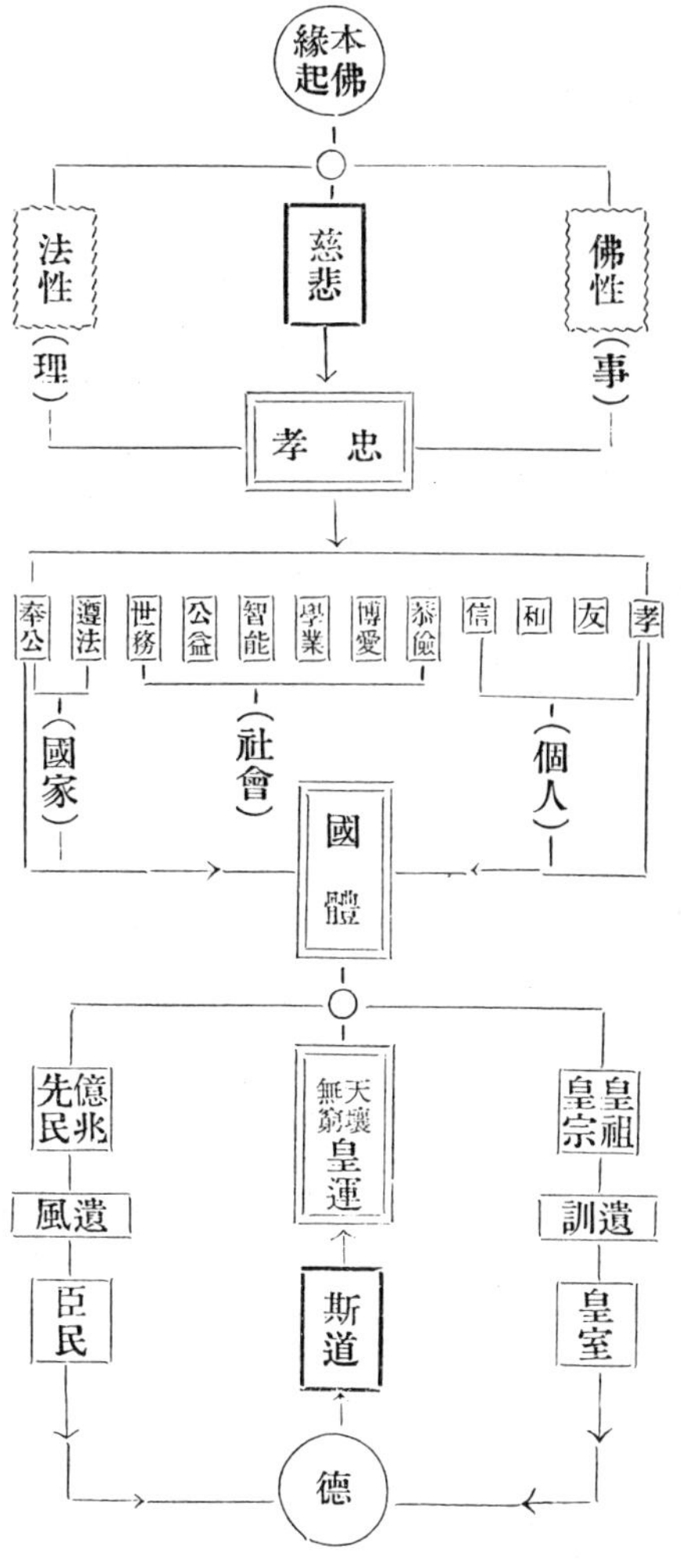

（五）

（王法佛法冥合密意）

三德祕藏

（八乘開會緣因發種）

- （本門三妙）
  - ○肇國宏遠——（本國土妙）
  - ○樹德深厚——（本果妙）
  - ○克忠克孝——（本因妙）
  - ——○○國體——（本尊）
- （三身常住）
  - ○孝友和信恭儉博愛——（璧）——（法身）
  - ○學業智能廣益開務——（鏡）——（般若）
  - ○重憲遵法義勇奉公——（劍）——（解脫）
  - ——○○皇運——（戒壇）
- （三世益物）
  - ○祖宗遺訓——（過去）
  - ○眷々服膺——（現在）
  - ○咸一其德——（未來）
  - ——○○敎育——（題目）

三祕妙法

勅語は直に佛法を說きたるに非ずと雖理脉透徹して文底玄祕に觸る開會の寶鑰一たび幽關を啓て眞乘赤裸々たり『天晴ぬれば地明なり』とは夫れこれの謂なり

（六）　五重玄義依文

△名玄義　御文　敎育…………忠孝

△體玄義　御文　克忠克孝……國體精華

△宗玄義　御文　億兆一心……扶翼皇運

△用玄義　御文　古今不謬……中外不悖

△敎玄義　御文　斯道……遺訓……遵守

樞	句
所體	能用
○國○德○國體○祖宗○臣民○忠孝○敎育○皇運○遺訓○遺風○古今○中外	△宏遠△深厚△一心△濟美△精華△淵源△扶翼△顯彰△遵守△服膺△不謬△不悖

（七）

妙國十如是

如是相…………大義名分

如是性…………忠孝主義

如是體…………忠孝本理

如是力…………天壤無窮

如是作…………世界統一

如是因…………克忠克孝

如是緣…………億兆一心

如是果…………皇室

如是報…………國家

如是本末究竟等……咸一其德

（善國土相性體力作云々）

尙《ホ》本文をも一《ト》處《ロ》二《タ》處《ロ》擧げまく思《モ》へど、其は寧《ロ》彼の書《ミ》に就きて覽るが可《ヨ》けむとて惜《シ》くも畧す。但し彼の書《ミ》には未《マ》だ君父同原から忠孝一途のことを云はず、然れど文の上《ヘ》にこそ明《カ》らさまにはなけれ、其の義《コヽロ》は一篇

◎『帝國史』巻上、

の始中終を貫《トホ》して至《タ》りて著《シル》し。亦《タ》必《ズ》さなかる可からざることなり。そも忠孝一途は國體の精華にして、その國體は君父同原なり。君父同原なるが實に特種の國體と云はるゝ所以《ン》なり。博士有賀長雄の『帝國史』（明治二十五年印行）に「日本國民の成立」を云へり。曰《ハ》く、

民衆の成分節一　凡《ソ》國民興敗の原因を詳《カ》にせむと欲する者《ノ》は、國土の漸《ク》擴長せし次第を知るを要するのみならず、又《タ》此の國土に如何なる民種ありて、如何なる勢力を以て之《レ》を團結したるかを知らざるべからず、即《チ》各國の地勢は大同小異なるも、國體に於《ヒ》て大差ある所以のものは、初《ジ》め其の國民を組成したる民衆の情勢如何《ン》に因るもの多《ホ》ければなり、山川風土、固《ト》より國體に影響せざるにあらず、然れども其の影響は、民種の單純なると複雑なるとに因り、又《タ》は專《ラ》武力を以《ッ》て之《レ》を團結したると、他の勢力を以《ッ》て之《レ》を統一したるとに因るものに比して遙《カ》に輕少なり。今《マ》日本國民の當初に於ける民衆の成分を察するに三種あり、曰《ハ》く天孫及《ビ》天神地祇の民種、曰《ハ》く梟《タ》帥《ケル》民種、曰《ハ》く穴居民種是《レ》なり。

天孫及《ビ》天神地祇節二　正當に日本民種と稱するは、即《チ》日本國民の本體

を爲せるものにして、固《ト》より言語相《ヒ》通じ、傳《タ》へて同一の天國より來《タ》れるものと爲し、其の天に在りし諸神を仰《ホ》ぎて祖先とするものなり此の民種には旣《デ》に發達せる政體ありて、宗族制度に基《ツ》きて君長を立て、又《タ》甚《ダ》綿密なる祖先禮拜の儀式あり、而《カ》して其の軍隊亦《タ》多少の編制を備《ナ》へたることは、前二章に述べし所《ロ》の事實に依りて明《カ》なり。（梁山云《ハ》く、前二章とは第一章神代、第二章神武天皇建國の二章なり）。故《エ》に此の民種にして容《タ》易《ヤス》く他の蠻族を平《ラ》げて、茲《ト》に國家の基本を定《ダ》むることを得たるは怪《シ》むに足らず。唯《ト》此の國家發達の道《チ》に於《ヒ》て、多少の困難を感じたるは、此の民種の部內に於《ヒ》て、系統より起《コ》れる階級の別ありしに因る。此の階級の別は、初《シ》め天孫と天神地祇との區別として歷史に顯《ハ》れ、後《チ》に皇別と神別との區別となれるもの是《レ》なり。皇別、神別の稱は、弘仁年間に萬《マム》多《ダ》親王の選進せられし姓氏錄書名に於《ヒ》て始《シ》めて用《チ》ゐられたる所《ロ》なれど、其の事實は最初より存せしなり。

天孫　天孫とは即《チ》皇族なり。凡《ツ》日本民種に屬するものは、皆《ナ》天神の後《チ》に非《ラ》ざることなしと雖《モ》、別けて天孫と稱するは、天照大神の嫡統を承け給《マ》へる者《ノ》にして、即《チ》神武天皇の東征を議し給《マ》ふに當《タ》り「諸兄及《ビ》

皇子と指し給《マ》ひし所《ロ》のものなり。建國の時《キ》に當《タ》り、此の部に屬する者《ノ》其の數未《ダ》多《ホ》からずと雖《モ》、皇親を距ること遠《ホ》き者《ノ》は臣籍に入るとの例未《ダ》有らざりしに因り、世代を經るに從《ガ》ひ、增加して自《オノヅカラ》貴族の上流に位《ヒ》する一階級と成りしなり。天孫の宗家の長を天日《アマツヒ》嗣《ツギ》とし、其の他の諸氏の長を臣《オミ》と云ひて、次《ギ》に云ふ連《ムラジ》と區別したり、蓋《シ》「オミ」は大《オホ》身《ミ》の義にして、後《チ》に臣の字を假用したるなり。又《タ》大化改制の後《チ》は眞《マ》人《ヒト》と稱して朝《アツ》臣《ミ》と區別したり。

天神地祇　天神と云ふは天孫と同《ナ》じ民種に出で、天照大神の系統を其の民種の中心と仰《ホ》ぐと雖《モ》、亦《タ》大神の嫡統を承けたるに非《ラ》ず。或る支流の祖神の系統を承け、天孫と共《モ》に此の土に降來し、開國の偉業を助《ス》けたる功に因り、世々貴族に列し、國政に與《カ》れるものを稱す。例《ト》へば天兒《アメノコ》屋命《ヤネノミコト》、太《フト》玉命《ダマノミコト》の如《ト》き是《レ》なり。又《タ》地祇と稱するは、天神と同《ナ》じく支流の祖神より出で、天照大神を中心の遠祖と仰《ホ》ぐと雖《モ》、天孫と同時に降來せしに非《ラ》ず。却りて天孫よりは早《ヤ》く此の土に遷來して土蕃を征伏し、國民の端緒を開《ラ》き、天孫の降臨し給《マ》ふに至《タ》り、其の宗家たる故《エ》を以《ッ》て、地を讓《ヅ》り命に服したるものの是《レ》なり。例《ト》へば大《オホ》國《クニ》

主《ヌシノミコト》命、饒速日命《ニギハヤヒノミコト》の類なり。天神地祇は祖先に依り之《レ》を區別すと雖《モ》、常《ネ》に同一の尊敬を受けたり。其の諸氏の長を、初《ジ》めは連《ムラジ》と稱し、後《チ》に朝臣《アソミ》と云へり。「ムラジ」は群主《ムレヌシ》即《チ》部長の義なりと云ふ。

梟帥《タケル》民種節三　此の民種は元《ト》一定の名稱あるに非《ラ》ず。歷史には某の地の八十《ヤソ》梟帥《タケル》と云へるより、假《リ》にかく名づけたるなり。此の民種と次《ギ》に云ふ穴居民種との差別は今に於《ヒ》て明瞭ならず。或《ヒ》は是《レ》同一民種にして文化の度を異《ト》にせるものなりと云へり。然れども皇軍東征の時《キ》、處處の八十《ヤソ》梟帥《タケル》は多少整頓せる軍隊を有し、之《レ》を征伏するに幾《ク》分の軍略を要し、而《カ》して何《ニ》々《ニ》の土《ツチ》蜘《グ》蛛《モ》又《タ》は戸《ト》畔《ベ》又《タ》は祝《ハフリ》と稱する民族に至《タ》りては、一定の編制なく、殆《ド》兵力を要するを用《チ》ゐざりしを見れば、是《レ》同一民種には非《ラ》ざりしなり。此の後《チ》梟帥《タケル》民種は大《ヒ》に西國に跋扈し景行天皇の前後に至《タ》り、日本國民に對し激《ゲ》しき爭闘を爲したり。而《カ》して其の情勢を察するに、決して蕃族に非《ラ》ず、思《モ》ふに海外の民族と應通し、其の煽動を被《ム》り、後援を受けて、機に乘じ內地を領有せむとしたるものなり。八十《ヤソ》は衆多の義にして梟帥《タケル》は勇猛の義なりと云ふ。後《チ》に熊襲《クマソ》と稱する者《ノ》も恐《ラ》くは同《ナ》じなるべし。

穴居民種 四節　これ太古の民種中の最野蠻なるものにして、多《ホ》く水邊に部落を爲し、常《子》に相《ヒ》凌轢し、男女雜婚し、倫序未《ダ》發達せず、冬は穴《ナ》に寢ね、夏は巢《ス》に棲み、山野を走《シ》ること鳥獸の如《ト》く、菓蓏菌茸鳥獸魚介の類を料食と爲したり。夫の葛《クズ》網《アミ》に係けて誅せられたるを見ても、其の智力の陋劣なりしを知るべし。窘逐を恐《ソ》れ、人《ト》を見るこきは穴《ナ》に隱《ク》るゝが故《エ》に、穴《ナ》口《チ》に草木を充て、火を放《チ》ちて薰殺したることもありき、土《ツチ》蜘《グ》蛛《モ》、佐《サヘ》伯《ギ》、八《ヤ》掬《ツカ》脛《ハギ》の語意は前《ヘ》に述べたり。而《カ》して此の民種の特《ト》に勇悍なりしものを蝦《エ》夷《ミシ》と曰ふ。鬚《ヒゲ》の蝦魚に似たるより此の字を用《チ》ゆ。又《タ》東夷の稱あり。梟《タケ》帥《ル》民種の多《ホ》く中國以西に居りしに反し、此の民種は多《ホ》く東北に居たるものゝ如《ト》し。初《ジ》めは野蠻なりしが、日本民種の征伏に會ふに及《ヨ》びて、其の劣弱なる者《ノ》は斃《ホ》されしも、强悍なる者《ノ》は生存することを得たるを以て、優勝劣敗の理に因り、亦《タ》漸《ク》發達し、後《チ》には輕《ロ》むずべからざる外敵となれり。

國家團結 五節　日本國民の成分は即《チ》前述の如《ト》し。而《カ》して之《レ》を團結して一個の國家と爲しゝは、如何なる勢力に因れるかと云ふに、第一に祖先の系統を重《モ》むずること其の最大原因を爲せり、天孫と共《モ》に降來

せし諸氏即《チ》天神の諸氏の、始終天孫を奉戴して二心なかりしも專《ラ》此《レ》に因る。又《タ》大《オホ》國《クニ》主命《ヌシノミコト》の領土を天孫に讓《ツ》り、饒《ニギ》速《ハヤ》日《ヒノ》命《ミコト》の長《ナガ》髓《ス子》彥《ヒコ》を誅して歸順し、其の他處處に於《ヒ》て自《ミヅカラ》國神と稱せし者《ノ》即《チ》地祇の諸氏の概《オホム子》抗戰せずして歸順し、或《ヒ》は却りて天孫を嚮導して遠征を助《ス》け奉《ツ》りしも、一に天孫の天照大神の嫡流を承けさせ給《マ》ひしに因らずむば非《ラ》ず。即《チ》皇別の一流に於《ヒ》て、神別の諸流を統一することを得たるは、全《タ》く系統の勢力に因るものなり。此の勢力に依りたる結果として、祖神欽崇と族制保守とは、日本國家の團結を保持する所以の第二勢力となれり。族制とは親族系統の制を云ふ。然《カ》りと雖《モ》夫の梟《タケ》帥《ル》民種と穴居民種とに至《タ》りては、素《ト》より別種に屬するを以《ツ》て、系統の威を以《ツ》ては制すべからず、天孫の尊《ト》きは彼《レ》等の與《カ》り知る所《ロ》に非《ラ》ざりき。故《エ》に我《レ》の恃《ノ》みて以《ツ》て彼《レ》等を制すべき所《ロ》のものは唯《ヨ》兵力ありしのみ。即《チ》武力は國家團結の第三勢力となれり。磐《イハ》余《レ》彥尊《ヒコノミコト》天祖の正系を承け給《マ》ひ、加《ハ》ふるに斯の武を以《ツ》てして、遂に偉業を立《ツ》ることを得給《マ》ひしは豈《ニ》偶然ならむや。而《カ》して兵力を以《ツ》て異種民族を征伏したる結果として起《コ》れるものは、尚武の風と奴婢の制となり。奴婢とは降伏したる男女

の、勝者の資產として使役せらるゝ者《ノ》を云ふなり。奴婢の原因の此に在るを知らざるときは、後《チ》に至《タ》りて之《レ》に關せる種々の法度慣例の起《コ》りたる所以を明《カ》にし難《タ》からむ。

特種の國體　六節　上《ミ》に述べしが如《ト》き民種を、此《ク》の如《ト》き勢力を以《ッ》て團結したる結果として、茲《ミ》に起《コ》れる日本帝國の國體は、世界萬國と大《ヒ》に其の趣《キ》を殊《ト》にせり。其の理由を明《カ》にすること最《モ》重要なりとす。而《カ》して其の異《ト》なる點は、我が國家の組織は單純にして、支那及《ビ》泰西の國家の組織は複雜なるに在り。我が國《ニ》に於《ヒ》ては、皇別と云ひ神別と云ふも、天孫と云ひ天神地祇と云ふも、唯《ミ》嫡支の系統を異《ト》にするに因りて階級を異《ト》にするのみ、民種に至《タ》りては皆《ナ》一なり、而《カ》して民種の異《ト》なる者《ノ》は、梟帥《タケル》民種の如《ト》き、穴居民種の如《ト》き、悉《ク》皆《ナ》戮誅せられたるに非《ラ》ず、則《チ》奴婢として國家公民の資格を許されざりき。故《エ》に日本國民は日本民種のみを以《ッ》て之《レ》を組織したるに同《ナ》じ。支那及《ビ》泰西は大《ヒ》に之《レ》に異《ト》なり。支那の國體は尙書に現然たるが如《ト》く、懿德を以《ッ》て君位の基本とせり。故《エ》に有德の禹は卑位より擧げられて帝位に登《ボ》り、無德の桀は王位に居て臣下の爲《メ》に弑せられたり。人《ト》之《レ》を論じて「桀紂

ヲ弑シタルハ君《ミ》トシテ之《レ》ヲ弑シタルニ非《ラ》ズ。君《ミ》タルベキ德ヲ欽キタルガ故《エ》ニ、匹夫即《チ》一私人ノ君權ヲ恣《ミ》ニスル者《ノ》トシテ之《レ》ヲ殺《ロ》ンタルナリ」と言へり。（梁山云《ハ》く、こは孟子の說なり）。則《チ》支那は世襲君主國なりと雖《モ》、其の君位の基《ト》は道德に在りて、德を失《ナ》ふときは位《ヒ》を失《ナ》ふものとしたり。是《レ》支那の國體なり。而《カ》して支那の國體は何《ニ》を以《ッ》て斯《ク》の如《ト》くなるかと言へば、其の因由する所《ロ》は實に姓氏の區別に在り。抑《モ》支那は大陸の一國なるが故《エ》に崑崙の地より汚流に沿ひて中原に入りし部屬數多ありて、初《ジ》めは別在し、後《チ》に合せし者《ノ》是《レ》諸姓なり。而《カ》して君位に登《ボ》る者《ノ》、其の己《レ》の姓に屬する者《ノ》を治《サ》むるは、系統に依ることなれば、固《ト》より容易なりしと雖《モ》、他の姓に屬する庶民を治《サ》むるは甚《ダ》難《ダ》かりしなり。是《コ》を以《ッ》て尙書に百姓を平章し得たるを帝堯の德とせり。即《チ》他姓に屬する者《ノ》は、系統の關係に依りて制す可からざるが故《エ》に、善德あるに非《ラ》ずば其の上《ミ》に立ちて君《ミ》たることを得可からざりしなり。西洋も同然なり。西洋今日の國家の摸範は、多《ホ》く之《レ》を羅馬《ローマ》に取れり、而《カ》して羅馬《ローマ》建國の次第を見るに「ロミュラス」の部屬を率《キ》ゐて「パレチン」丘上に居るに當《タ》り、近隣の諸丘は他姓の部屬の居る處《ロ》と爲れり、「サッルニヤ」

丘上の「サビイン」人、「シリヤ」丘上の「エツルスカ」人の如《ト》き是《レ》なり。此《レ》等は皆《ナ》伊《イ》多《タ》利《リー》の北部より南遷せる姓族にして、以前は同種に屬したりと雖《モ》、中途にして分別し、言語も大體は同一なれども小差を存し、又《タ》其の民祖として拜する所《ロ》の神祇を異《ト》にしたるものなり。而《カ》して當初は相《ヒ》和せず、互《ヒ》に侵奪を事《ト》としたるも、後《チ》に至《タ》りては協同して外敵を防《セ》ぐに非《ラ》ずば自他に不利なるものあらむとするより、當時最《モ》勢《ヒ》を得たる以上の三姓「ツライブ」を各十氏「キユーリー」に分《カ》ち、三十氏を合して一の氏會「コンミチヤ、キユリヤタ」と云へる者《ノ》を開《ラ》を、「ロミユラス」王位に在りと雖《モ》、其の下《モ》に合する所《ロ》は必《ズ》此の會議の決議を經べきものとしたり。是《レ》即《チ》君民共治體の始《メ》なり。「ロミユラス」死するに至《タ》りて諸姓の間《ダ》に王位を爭《ツ》ふを以《ツ》て、勢《ヒ》其の人《ト》を民選するに決したる事《ト》史乘に昭々たり。由《リ》是《レニ》觀《レバ》之《レチ》、異姓相《ヒ》聚《ツ》まりて成れる國民の國家に於《ヒ》て元首たる者《ノ》は、血統上よりして民庶の上《ミ》に立つべき資格の全《タ》からざるに因り、必《ズ》他に君位の基本とする者《ノ》あらむことを要す。即《チ》支那は此の基本を道徳に取り、羅馬《ローマ》は之《レ》を協議に取れり。儒道の始《ジ》めて支那に盛《ン》にして、法律の始《ジ》めて羅馬《ローマ》に盛《ン》なりしは、固《ト》より故《エ》あるなり。我

が帝國は則《チ》然《カ》らず、民庶は悉《ク》一姓なり。天孫降臨の前《ヘ》に此の土に入りて局地を統領したる者《ノ》も、皆《ナ》其の源《ト》は天孫と一なりしを以《ッ》て、神武天皇の宗家の正嫡に坐《マ》すことを爭《ソ》ふ者《ノ》は曾《ッ》て之《レ》有らず。加《ハ》ふるに天祖神詔の顯著なりしを以《ッ》て、其の到來し給《マ》へるに逢ひて忽《チ》歸順したり。而《カ》して後《チ》に至《タ》りては、海外の煽動を被《ブ》りて反を謀《カ》りし熊《クマ》襲《ソ》の如《ト》きも悉《ク》之《レ》を伐ち退《ゾ》け、元來島嶼の國《ニ》なれば、外民の侵入を防《セ》ぐに利あるを以《ッ》て、遂《ヒ》に他姓の部屬を雜《ジ》へずして國《ニ》を成すに至《タ》れり。故《エ》に我が國家の民庶、及《ビ》其の子孫は、永《カ》く族制上の關係よりして天皇を君《ミ》と仰《ホ》ぎ奉《ッ》るべき本分あり。我が民庶の中《カ》には天皇の系統に代《ハ》り奉《ッ》るべき資格ある者《ノ》絶えて無し。支那の道德上より君位を動《ゴ》かし、羅《ロー》馬《マ》の風を承けたる共和國の協議約束を以《ッ》て君權を限《ギ》るとは、大《ヒ》に其《ノ》國體を異《ト》にする所以の者《ノ》實に此《レ》に在り。

よくも云ひたりけり。さて其の民庶が悉《ト》く一姓なる所以《ン》を溯《ボ》りて考《カ》ふれば、君父同原の國體なることは益《ゝ》明《キ》らけかるべし。されば我が天孫の皇室は吾《レ》等の君《ミ》なるにて、この君《ミ》は即《チ》吾《レ》等が祖先の父《ゝ》たる正嫡の系統に坐《マ》し坐《マ》すなり。すべて各國の帝王、統領は各《ノ》々《ノ》異姓を以て立てるな

れど、我が皇室には別の姓なし。そは有《ラ》ゆる民庶の姓を咸《ト》く統べさせ給《マ》ふなれば何《ニ》の姓の君《ミ》と別きて申《ウ》すべき樣なければなり。また國內の有《ラ》ゆる民庶の姓も、皆《ナ》その本《ト》は君《ミ》より賜《マ》はりてぞ各《ノ》々《ノ》別きて稱《タヽ》えたる。唯《ヾ》天孫の系統の支流にて、異《ト》なる家《エ》の異《ト》なる姓には非《ラ》ずかし。是《コ》を以て我が皇室は吾《レ》等が本《ト》の家《エ》なり。皇室はまた有《ラ》ゆる民庶の家《エ》を統べさせ給《マ》へる大《ヒ》なる家《エ》にて、すべての家《エ》を合《ハ》し、唯《ヾ》一《ツ》家《エ》の一《ツ》國《ニ》なる我が日本の國體にてありけるなり。然《サ》るに皇室とし云へることを遠《ホ》く隔《ダ》て念《モ》ふは中《ツ》世以降漢《ラ》風《リ》に泥《ツ》めるからにて、全《タ》く君父同原なる我が特殊の國體を忘《ス》れしが爲めなり。世には痴《シレ》漢《モノ》ありて、皇室に不敬を敢てもしなむ邪事《ヨコサマゴト》を謀《タク》める者《ノ》近《カ》く己《デ》に國內に起《コ》りつれど、そは唯《ヾ》彼《レ》等が未《マ》だこの君父同原てふことを聞き習《ラ》はざりしが故《エ》にこそ。（三德一體の本尊を宗とする日蓮門下の吾《レ》人《ト》は、痛《タ》く從《コレ》來《マデ》の意《リ》を愧《ヂ》よかし）。さて皇室を遠《ホ》く隔《ダ》て念《モ》ふは本《ト》より誤《マ》りなれど、そに慣れて敬《マ》ひの意《ロ》を失《ナ》はむは更《ラ》に大《ヒ》なる誤《マ》りなり。皇室を敬《マ》ふことは別の物《ノ》を敬《マ》ふに非《ラ》ず、己《ノ》れの君《ミ》を敬《マ》ふなり、己《ノ》れの父《ヽ》を敬《マ》ふなり、即《チ》國民自身を輕《ロ》しめざることなり。されば忠義とし云へることも漢《ラ》國《ニ》の如《ト》き他人の君《ミ》に盡《ク》すことなるには非《ラ》ず、唯《ヾ》己《ノ》れの父《ヽ》の家《エ》に盡《ク》すにて、即《チ》自身の家《エ》に

盡《ク》すことなり。これ言《ハ》ゆる克忠克孝にして國體の精華なるものなり。但《ミ》し有賀博士はこの中《カ》に民種勢力の團結したる結果が我が國體の起《コ》りなる由《シ》に云へり。こは普通に社會學の見地より云ひたるなれど、我が神《カム》眞《マ》の道《チ》からは然《サ》に非《ラ》ず。我が國體の起《コ》りは唯《ミ》天なり、天意の結果が斯《ミ》る民種の團結となりて天のまゝなる天君天民の國《ニ》がこの地上に現《ラ》はれしなり。その外《カ》梟《タケ》帥《ル》、蝦《エ》夷《ミシ》などの異民種に就きても意見の異《カハ》れるあれど大體の説は誠《ト》に國體の旨《子》に親《タ》しければこも詔勅を拜するの料にとて長《ガ》きを厭《ト》はずつひ引きつ。云云。

國體と政體。

さて斯の國體が己《デ》に特《コト》種《サマ》なれば其の政體も亦《タ》特《コト》種《サマ》なり。君民共治の政體とは云へど、他の立憲君主國の君民共治とは旨《子》自《オノヅカ》ら違《ガ》えり。他の立憲君主國は君主、憲法の下《モ》に在り、我《ガ》國《ニ》は天皇、憲法の上《ミ》に立《タ》し給《マ》ふ。他の憲法は人《ト》より生じ、我《レ》の憲法は天より出づ。人《ト》より生ずるの憲法は民《ミ》を主として民《ミ》之《レ》を動《ゴ》かすべく、天より出づるの憲法は天を本《ト》として終始渝《ハ》ることあらざるなり。我《ガ》國《ニ》は千《チ》早《ハヤ》振《フル》神《ミ》代の御《ン》時《キ》より自然に斯の天憲天法あり、今上の御代に迨《ヨ》びて其を條章に書き成し更《タ》めて憲法と

稱《ナ》へさして臣民に頒《ホド》布《コ》らし給《マ》ふ。こは唯《ヾ》言《ハ》ゆる隨時の制《ノリ》として更《タ》め給《マ》ふまでにて、（神武天皇奠都の宣命に曰《ハ》く「夫《レ》大人立《レ》制《ツル》義《チ》必《ス》隨《フ》時《ニ》」云云）。今《マ》始《ジ》めて新《タ》に作《ク》らし給《マ》へる憲法なるには非ず。まして西洋《ニシノクニ》に習《ラ》へるなど云ふの大《ヒ》なる誤《マ》りなるをや。民庶に參政を許《ル》しゝことなどは今《マ》の支那の如《ト》くならば最《ト》めづらしくもあるべし。我が國體としては元《ハジ》初《メ》より然《サ》る狀《マ》なりしを何《ニ》今《マ》更《ラ》に異《アヤ》しと謂《オモ》はむや。但《ヾ》中《ツ》世以《コノ》降《カタ》我が國《ニ》民《ミ》の意《コヽロ》嚮《サマ》全《タ》く漢《ラ》風《リ》に移《ツ》り、食《ケ》國《クニ》申《マウ》す大《オト》臣《ヾ》等《タチ》までが漸《ヤ》く國體の原《ト》を遺《ス》れ、『貞觀政要』を懷《ロ》にして御《ミ》門《カド》に候するやうになり、政治《マツリゴト》の狀《マ》は復《タ》神《ミ》代の昔《シ》ならぬことになりければ、我《ガ》國《ニ》固有の天憲天法も久《サ》しく廢《スタ》れて行《ナ》はれざりつるを、今《マ》また更《ラ》ためて古《ヘ》に復《ヘ》し給《マ》へる　今上の御盛德にてぞあるなり。我《ガ》國《ニ》の君民共治の政體はしも『古事記』の開卷第一より己《デ》にそれにて、造化參神と申《ウ》すも實《ト》は君民兩系の祖神を然《サ》申《ウ》しゝにて、天《アメノ》御《ミ》中《ナカ》主《ヌシノ》尊《ミコト》は君系の祖《ミオヤ》、高《タカ》皇《ミ》產《ムス》靈《ビ》、神《カム》皇《ミ》產《ムス》靈《ビ》の二《フタ》尊《ハシラ》は民系の祖《ミオヤ》、この君民兩系の祖神が同《ジ》く斯の國《ニ》の事《コト》治《シラス》の肇《ジ》めを爲し給《マ》ふが故《エ》に造化參神とは申《ウ》すなり。（今《マ》參神を君民兩系の祖と云へることは、或《ヒ》は信《ウ》けぬ人《ト》もあらむが、已《ノ》れ委《ハ》しく考《ガ》へて云へるなり、さて我《ガ》國《ニ》の臣民は同《ナ》じ神《ミ》の族《ラ》ながらもその系祖は高神二尊を本《ト》と仰《ホ》ぐにてあるべきなり）。國土創造の詔勅に「天神諸命《カタヘノミコトチ》以《モテ》」とあるは是れなり。（翻《ガ》へってこの書《ミ》の初《ジ》めに云ひけるを看よ）。又《タ》皇《ミ》孫《マノ》尊《ミコト》を天《アメ》より降《ダ》し給《マ》へ

◎『日本書紀』巻二十五、

るにも天照大《アマテルオホ》御《ム》神《カミ》と高皇産靈尊《タカミムスビノミコト》と共《モ》にこの御事《ミコト》を議《カ》り給《マ》へり。天照大《アマテルオホ》御《ム》神《カミ》は天御中主尊《アメノミナカマシノミコト》に嗣ぎての君系にて坐《マ》すなれば、こも正《サ》しく君民共治の狀《マ》なり。この君民の間《ダ》には唯《ミ》一の神事《ムト》ぞある。この神事《ムト》が即《ガ》て天憲天法なるにてぞを惟神《カムナガラ》と云ふ。惟神《カムナガラ》とは神《ノ》意《ロ》を亨け行《ナ》ふのことにて、是れ我《ガ》國《ニ》の古《ヘ》の政治《マツリゴト》なるものなり。『日本書紀』孝德天皇三年四月の詔《リ》に曰《ノ玉ハ》く、

惟神《カムナガラモ》我《ワガ》子《ミコ》應治《シラサムト》故《コト》寄《ヨザシ玉ヒキ》、是《コチ》以《モテ》與《ヨリ》天地《アメツチ》之《ノ》初《ハジメ》君臨《キミタル》之《ノ》國《クニ》也《ナリ》、自《ヨリ》始《ハツ》治國《クニシラシ》、皇祖《ミオヤ》之《ノ》時《トキ》、天下《アメガシタ》大固《オホシカタメテ》都無《スベテナキ》彼此《カレコレ》者《モノ》也《ナリ》。云云。

同書にはこの「惟神《カムナガラ》」に注して「惟神《カムナガラ》者《ハ》謂《フ》隨《ヒテ》神《ノ》道《ニ》亦《タ》自《オノヅカラ》有《ルヲ》神《ノ》道《チ》」とあり。天の神《ミ》の道《チ》の公《オホヤケ》なるまゝに國《ニ》にも神《ミ》の道《チ》の公《オホヤケ》を行《ナ》ふを我《ガ》國《ニ》の政治《マツリゴト》とは申《ウ》すなり。また「天下《アメガシタ》大固《オホシカタメテ》都無《スベテナシ》彼此《カレコレ》」とは君民の間《ダ》に惟神《カムナガラ》の道《チ》の隔《テ》なきを宣《ノ》給《マ》ふなり。よりて同《ジ》天皇《ノ》二年三月の詔《リ》に曰《ノ玉ハ》く、

夫《ソレ》君《キミトシ》於天地《アメツチ》之《ノ》間《アヒダニテ》而宰《オサムル》萬民《ヨロヅノタミ》者《ハ》、不可《カラ》獨《リ》制《オサム》、要須《カナラズモチユ》臣翼《オミノタスケチ》、由《ヨリ》是《コレニ》代々《ヨヨ》之《ノ》我《ワガ》皇祖《スメミオヤ》等《ラハ》、共《トモニ》卿《イマシガ》祖考《オヤト》俱治《トモニシラシ玉ヒキ》。云云。

「不可《カラ》獨《リ》制《オサム》」とは君主專治を否《アシ》と嫌《ラ》ひ給《マ》ふなり。「要須臣翼《カナラズモチユオミノタスケチ》」以下は我が國體として古《ヘ》より君民共治なりけるを仰《ホ》し給《マ》へるなり。「俱治《トモニシラス》」の二字よく

之《レ》を念《モ》ふべし。然《サ》るを中《ツ》世から漢《ラ》國《ニ》の君主專治を學《ナ》びて、左右の邪《マ》なる臣《ミ》どもが永《ガ》く己《ノ》が權威を持《モ》たむが爲めに、漸《ヤ》く君《ミ》と民《ミ》とを彼《レ》此《レ》遠《ホ》く隔《ダ》てなして今《マ》までに永《ガ》く過ぐしつることは此《コ》上《ヨ》なき我が國史の憾《ラ》みなり。こを辨《マ》へで只《ミ》今上の御代に西洋《ニシノクニ》の政體に習《ラ》ひ給《マ》へりなど云はさしむること返《ス》返《ス》も口《チ》惜し。反《ヘ》りて西洋《ニシノクニ》には未《マ》だ我《ガ》國《ニ》の如《ト》き美《ツ》くしき眞《マコト》の君民共治の制《サダメ》なきをや。云云」

第參節　特《ト》に今上の詔勅に就きて。

謹《シ》むで神武天皇の奠都の宣命を按ずるに曰《ノ玉ハ》く、上《ミハ》則《チ》答《タヘ》乾靈授《クルノ》國《チ》之德、下《モハ》則《チ》弘《ムト》皇孫養《フノ》正《チ》之心《チ》。乾靈授《クルノ》國《チ》の德は天祖の詔勅既《デ》に己《デ》に著《ル》し。皇孫養《フノ》正《チ》の心《ロ》は今上の詔勅乃由《チ》りて觀るべし。夫《レ》謂《ハ》ゆる養《フ》正《チ》こは敎育の大本是れなり。克忠克孝は其の正を克くするなり。億兆心《ロ》を一にするは其の正に一なるなり。世々厥《ノ》美を濟すは正の美を濟すなり。正は則《チ》國體の精華なり。正は則《チ》敎育の淵源なり。正以《ツ》て父母に孝なるべく、正以《ツ》て兄弟

に友なるべく、夫婦相《ヒ》和するに正なるべく、朋友相《ヒ》信ずるに正なるべし。恭儉已《ノ》れを持するも正ならざれば道《チ》に非《ラ》ず。博愛衆に及《ヨ》ぼすも正ならざれば德に非《ラ》ず。學を修《サ》むるは正を修《サ》むる所以《ン》なり。業を習《ラ》ふは正を習《ラ》ふ所以《ン》なり。智能を啓發するは正を啓發するなり。德器を成就するは正を成就するなり。惟《ミ》正乃《チ》進むで公益を廣《ロ》め世務を開《ラ》くべし。惟《ミ》正乃《チ》常《子》に國憲を重《モ》むじ國法に遵《ガ》ふべし。一旦緩急あれば義勇以《ツ》て公に奉ず、其の義や勇やまた秖《ミ》正なるべし、嗚《ミ》斯の正の一字應《サ》に方《ジ》めて我が天壤無窮の皇運を扶翼すべきなり。忠良の臣民は斯の正を行《ナ》ふに在り、祖先の遺風は斯の正を守《モ》るに在り。斯の正の道《チ》や實に皇祖皇宗の遺訓にして子孫臣民の遵守すべき所《ロ》、之《レ》を古今に通じて謬《マ》らず、六合孰《レ》か正の兼ぬるに非《ラ》ざらむや。之《レ》を中外に施《コ》して悖《ト》らず、八紘詎《ン》ぞ正の統ぶるに非《ラ》ざらむや。維《レ》建國の體、正に由りて乃《チ》完《タ》く、維《レ》立君の要、正に由りて乃《チ》成る。庶《ヒ》幾《ク》は我が君民上下擧げて咸《ナ》斯の正を一にするの德を養《ナ》はむ哉《ナ》。倘《シ》爾《カ》らざれば何《ヅ》れの

時か敢て皇孫養《フノ》正《チ》の心《ロ》を弘《ロ》めむや。斯の詔勅の大《オホ》御《ミ》旨《ム子》蓋《シ》是《ク》の如くなるべき歟。

今上の詔勅は御即位の御誓文を始《ジ》めとし、近《カ》く戊申詔勅に至《タ》るまで、その數《ズ》々《ズ》皆《ナ》國體に關《ヅ》かるなれど、今《マ》斯には敎育勅語の一《ツ》をのみ擧げまつれり。之《レ》に就きて以《コノ》上《カミ》叨《ダ》りに申《ウ》し、罪《ミ》の程《ド》は畏《カシコ》しとも畏《カシコ》し。

本論第貳編。

第壹章　日蓮聖人の立教開宗。

第壹節　立教開宗當時に於ける日本の國狀。

今《マ》より日蓮聖人の我が國體に對する平生の主張を言ふべし。蓋《シ》聖人の主張に依りて更《ラ》に大《ヒ》に我が國體の何《ニ》たる歟を識るに足るべければなり。

聖人の我が國體に對する平生の主張は全《タ》く法華經の見地に由る。聖人の眼中には法華經の他に日本國を視ず、日本國の外《カ》に法華經なきなり。是《コ》を以《ッ》て尋常世人の國體を云爲するに似ざるは固《ト》より言《ト》を俟たざれども、然《カ》れども聖人の主張に依るに非《ラ》ざれば日本國は竟《ヒ》に識らるべからず。天祖の詔勅や、列聖の誥謨や、聖人の唱導し給《マ》へる法華經本門の敎義に依りて方《ジ》めて當《サ》に其の眞意義を解得すべきなり尅して言へば聖人の立敎開宗は寧《ロ》日本の國礎を立《ッ》るに在り、言《ハ》ゆる

立正なり。國體の幽微を開《ラ》くに在り、言《ハ》ゆる安國なり。安國は乾靈授《クル》國《チ》の德に答《タ》ふる所以《ン》なり。立正は皇孫養《ナフ》正《チ》の心《ロ》を弘《ロ》むる所以《ン》なり。即《チ》是れ惟《カム》神《ナガラ》の教《エ》なり。即《チ》是れ神《カム》眞《マ》の道《チ》なり。

聖人の立教開宗當時に於ける日本の國狀は幾《ン》ど視るに忍《ノ》びざるものあり。陪臣國命を擅にして、復《タ》上《ミ》に一人の神皇あるを顧《リ》みず。天祖の詔勅、何《ニ》かあらむや。列聖の誥謨、何《ニ》かあらむや。甚《ダ》しきは承久の事《ト》あるに至《タ》りて、王法の式微、全《タ》く其の極に墮せり。更《ラ》に飜《ガ》へつて佛法を看れば、言ふに足らざる念、禪の宗等、漸《ヤ》く一國の民心を邪曲に移《ツ》して、人《ト》人《ト》自《ミヅカ》ら其の天國の臣民なる所以《ン》を悟《ト》らず、私利を之圖《カ》り、小益を之貪《ボ》り、常寂の本土を視ること恰《カ》も糞土の如《ト》く、復《タ》上《ミ》に獨尊の佛陀あるを顧《リ》みず。夫《レ》王法は一王の法なり。佛法は一佛の法なり。一王を遺《ス》れ。一佛を忘《ス》る、國《ニ》其れ眞《ト》に殆《ヒ》矣哉《ナ》。是の時《キ》に方《タ》りて聖人偶《マ》日本國に生《マ》れ給《マ》ふ、其の立教開宗は蓋《シ》亦《タ》止むを得ざるの勢《ヒ》なるのみ。

△『神國王抄』以て聖人の平生を概觀すべし

右第壹章、第壹節に就きて。

承久の事《ト》。

承久の事《ト》は聖人の御遺文《ノ》中《カ》、幾《ク》處《ロ》にも記《カ》、れあり。今《マ》『神國王抄』の文を擧げて示《メ》さむ。『神國王抄』は獨《リ》承久の事《ト》のみならず、其の前の安德天皇の御《ン》事《ト》など、すべて王法の式微を嘆《ケ》かし給《マ》へる聖人の平生がことによく映《ツ》りて看ゆるなればなり。（文の中私注して科を分《カ》つは讀《ミ》易《ス》からしめんが爲めなり、亦《タ》處《ロ》處《ロ》を抄畧するも其は削り去《ル》るには非《ラ》ず、大體の要を約め知らさむとてなり）。さて其の『抄』の文は曰《ハ》く、

夫《レ》以《ミレバ》、日本國を亦《タ》云《ヒ》水《ミツ》穗《ホノ》國《クニト》、亦《タ》野《ヤ》馬《マ》臺《ト》、又《タ》秋《アキ》津《ツ》嶋《シマ》、又《タ》扶桑等云云。六十六國《ト》二《ツノ》嶋《マ》、己上六十八箇國、東西三千餘里、南北は不定也《リ》。此《ノ》國《ニ》に五畿七道あり、五畿と申《ウ》すは、山城、大和、河内、和泉、攝津等也《リ》。七道と申《ウ》すは、東海道十五箇國、東山道八箇國、北陸道七箇國、山陰道八箇國、山陽道八箇國、南海道六箇國、西海道十一箇國、亦《タ》云《ヒ》鎭西《ト》、又《タ》太宰府《ト》云云。己上此《ノ》國《ニ》也《リ》。

梁山云《ハ》く。こは此の『抄』の第一段にて、先《ツ》我《ガ》國《ニ》の名稱、形勢を記《カ》き給《マ》へり。總じて聖人の御文章は、何《ニ》となきところにも重《モ》き義《コヽロ》、含《ク》まれあれ

◎『制度通』卷九、

ば、うかとは看過ぐすべからず。この段の初《シ》め國名のところに日本の異稱四種を出だしあり。水穂《ミツホ》は我が古《ル》き稱《ナ》、野馬臺《ヤマト》は音こそ我が稱《ナ》なれ、この文字は支那に用《チ》ゐて我《レ》を指し、もの、又《タ》秋津嶋《アキツシマ》は我が自《ミツカ》ら名《ツ》けし稱《ナ》、扶桑は支那に我《レ》を指し、稱《ナ》、かく内外自他に渉《タ》る稱《ナ》四種を出だし給《マ》ふなり。（水穂《ミツホ》等の名義は前篇に委しく云へり）。次《ギ》に形勢のところに、五畿に特《ト》に國名を記《カ》き給《マ》へるは神皇の坐《マ》す國都を重《モ》むじてなり。また西海道に故《ワザ》と鎭西、太宰などのことを云ひ給《マ》へるは邊防の虞《ウレヒ》、まさに彼の地なるが故《エ》なり。（この中《カ》に我《ガ》國《ニ》を東西三千餘里と云ひ給《マ》へるは、當時の人《ト》皆《ナ》斯く云ひ居たればなり、此《ノ》里數をば支那の六丁一里など云へど支那に六丁一里と云ふこと不明なり、伊藤長胤の『制度通』に曰《ハ》く、里數のことは古《ヘ》よりこれあり、書經《ノ》益稷篇《ニ》云《ク》、弼成《シ》五服《チ》、至《ルト》于五千《ニ》、五千里のことなり、又《タ》禹貢に甸服百里賦納等のことあり、一里と云《フ》は何程《ド》と云《フ》こと詳《カ》ならず、其《ノ》後《チ》孟子井田のことを述べて、方里《ニシテ》而井《ハ》九百畝とあり、是《レ》里數のよりて起《コ》る處《ロ》なり、井田百畝づゝのもの九《ツ》にして一里四方なり、然れば一面の長《サ》三百歩、これより行程の一里と云《フ》ものの積《モ》り出《ダ》すと見へたり、里數のこと多《ホ》く書にあらはれず、公羊傳の疏に、古《ヘ》六尺《ヲ》爲《シ》歩《ト》三百歩《ヲ》爲《スト》里《ト》、字彙に路程《ハ》以《テ》三百六十歩《チ》爲《ス》一里《ト》と云へり、古《ヘ》は三百歩の長《サ》を一里と云ひ、後世には三百六十歩の長《サ》を一里と云《フ》と見へたり、（中畧）日本の人《ト》、唐は六町一里と云へど云《ハ》れなきことなり、中國は上代より歩を積《ム》で里とす、其の間《ダ》に小名なし、是は本朝に三百六十歩と云ふ六十歩を一町と覺《ボ》へて斯く言へり云云）。

國主をたづぬれば、神《ミ》世十二代《アリ》。天神七代地神五代《ナリ》。天神七代の第一《ハ》

者國常立尊《クニトコタチノミコト》、乃至第七ハ伊弉諾尊《イザナギノミコト》男《オ》也リ、伊弉再尊《イザナミノミコト》女《メ》也リ。地神五代の第一は天照大神《アマテルオホムカミ》、伊勢大神宮ニテ日ノ神《ミ》是レ也リ。いざなぎ、いざなみの御《ミ》女《ムスメ》也リ。乃至第五は彦波瀲武鸕鷀草葺不合尊《ヒコナギサタケウガヤフキアヘズノミコト》。此の神《ミ》は第四のひこほの御《ミ》子《コ》也リ。母ゝは龍女也リ。已上十二代は神《ミ》世也リ。人王は大體百代なるべきか。其ノ第一の王《キミ》は神武天皇、此レはひこなぎさの御《ミ》子《コ》也リ。乃至第十四は仲哀天皇八幡ノ御ン父ゝ也リ。第十五は神功皇后八幡ノ御ン母ゝ也リ。第十六は應神天皇ニシテ、仲哀ト神功トの御《ミ》子《コ》、今マの八幡大菩薩也リ。乃至第二十九代は宣化天皇也リ。此ノ時まで月支漢土には佛法ありしかども、日本國にはいまだわたらず。第三十代は欽明天皇、此の皇《キミ》は第二十七代の繼體の御嫡子也リ。治《シラシ玉フコト》三十二年。此の皇《キミ》の治《シラシ玉ヘル》十三年壬申十月十三日辛酉百濟《クダラ》國の聖明皇、金銅の釋迦佛を渡タし奉ツる。今マ日本國の上下萬人、一同に阿彌陀佛と申ウす此レ也リ。其ノ表ノ文ニ云ク、臣聞ク萬法ノ之中ニハ佛法最モ善シ、世間ノ之道ニモ佛法最上ナリ、天皇陛下亦タ應サニベシ二修行アル一、故ニ敬デ捧ゲテ二佛像經敎法師ヲ一附レ使ニシテ貢獻ス、宜クベシ二信行アル一者ト已上。然リといへども欽明、敏達、用明の三代、三十餘年は崇給《アガメタマフ》事トなし。其ノ間ダの事トさまざまなりといへども其ノ時キの天變地天は今マの代にこそにて候ラへども、今マは亦タ其の代にははにるべくもなき變天也リ。第三十三代崇峻天皇の御宇より佛法我ガ朝に崇《アガメ》られ

△「天武天皇の御宇法相宗云云」倶舍宗はこの法相宗に攝するなり。

て。第三十四代推古天皇の御宇に盛《リ》にひろまりき。此《ノ》時《キ》三論宗と成實宗と申《ウ》す宗始《メ》て渡《タ》りて候《ヒ》き。此《ノ》三論宗は、月氏にても、漢土にても、日本にても、大小乘宗の始《メ》なり。故《エ》に宗の母《ヽ》とも、宗の父《ヽ》とも申《ウ》す。人王四十代天武天皇の御宇に法相宗わたる。人王四十四代元正天皇の御宇に大日經わたる。人王四十五代聖德天皇の御宇に華嚴宗を弘通せさせ給《マ》ふ。人王四十六代孝謙天皇の御宇に律宗と法華宗わたる。しかりといへども唯《ヾ》律宗計《リ》弘《メ》て天台法華宗は弘通なし。人王第五十代に最澄と申《ウ》す聖人あり。法華宗を我《レ》と見出《ダ》して、倶舍宗、成實宗、律宗、法相宗、三論宗、華嚴宗等の六宗をせめをとし給《マ》ふのみならず、漢土に大日宗と申《ス》宗有《リ》としろしめせり。同《ジ》御宇に漢土にわたりて、四宗を習《ラ》ひわたし給《マ》ふ、所《ル》謂《ハ》法華宗、眞言宗、禪宗、大乘の律宗なり。しかりといへども法華宗と律宗とをば弘通ありて禪宗をば弘《ロ》め給《マ》はず。眞言宗をば宗の字をけづり、七大寺等の諸僧に灌頂を許《ル》し給《マ》ふ。然《レ》ども世間の人《ト》人《ト》はいかなるといふ事《ト》をしらず。當時の人《ト》人《ト》の云《ハ》く、此の人《ト》は漢土にて法華宗をば委細にならひて、眞言宗をばくはしくも知《ロ》し食《シ》給《マ》はざりけるかとすいし申《ス》也《リ》。同《ジ》き御宇に空海と申《ス》人《ト》漢土にわたりて眞言宗をならふ。

しかりといへども、いまだ此の御代《ミヨ》には歸朝なし。人王第五十一代平城天皇の御宇に歸朝あり、五十二代嵯峨天皇の御宇弘仁十四年癸卯正月十九日に、眞言宗の住處、東寺を給《マ》ひて護國敎王院と號す。傳敎大師御入滅の一年の後《チ》也《リ》。人皇五十四代仁明天皇の御宇に圓仁和尙、漢土にわたりて、重《子》て法華眞言の二宗をならひわたす。人王五十五代文德《ノ》御宇に仁壽と齊衡とに金剛頂經の疏、蘇悉地經の疏、已上十四卷を造《ク》りて、大日經の義釋に並《ラ》べて、眞言宗の三部と號し、比叡山の內《チ》に摠持院を建立し、眞言宗を弘通する事《ト》此《ノ》時《キ》なり。叡山に眞言宗を許《ル》されしかば、座主《ハ》兩方を兼《子》たり。しかれども法華宗をば月のごとく、眞言宗をば日のごとしといひしかば、諸人等は、眞言宗はすこし勝《サ》れたりとおもひけり。しかれども座主は兩方を兼《子》て兼學し給《ヒ》けり。大衆又《タ》かくのごとし。同《ジ》き御宇に圓珍和尙と申《ス》人《ト》御入唐、漢土にして法華眞言の兩宗をならふ。同《ジキ》御宇に天安二年に歸朝す。此の人《ト》は本朝にしては叡山第一の座主義眞、第二の座主圓澄、別當光定、第三の座主圓仁等に、法華眞言の兩宗をならひきわめ給《フ》のみならず、又《タ》東寺の眞言をも習《ヒ》給《マ》へり。其《ノ》後に漢土にわたりて、法華眞言の兩宗をみがき給《マ》ふ。今《マ》の三井寺の法華眞言の元

祖智證大師此《レ》也《リ》。已上四大師也《リ》。惣じて日本國には眞言宗に又《タ》八家あり、東寺に五家《アリ》弘法大師を本《ト》とす。天台に三家《アリ》慈覺大師を本《ト》とす。人王八十一代をば安德天皇と申《ス》。父は高倉院の長子、母は太政入道の女《ムスメ》建禮門院なり。此の王《キミ》は元曆元年乙巳三月二十四日、八《ヤ》島《シマ》にして海中に崩《ジ》給《ヒ》き。此の王《キミ》は源《ノ》賴朝將軍にせめられて海中のいろくづの食となり給《フ》。人王八十二代は隱岐《ノ》法皇の長子、建仁二年に位《ヒ》を繼《ギ》給《フ》。八十四代には佐渡《ノ》院。隱岐《ノ》法皇《ノ》第二の王子、承久三年辛巳二月二十六日に王位につき給《フ》。同《ジ》き七月に佐渡の島にうつされ給《フ》。此の二、三、四の三王は父子也《リ》。鎌倉の右大將の家人義時にせめられさせ給《マ》へる也《リ》。

梁山云《ハ》く、これまではこの『抄』の第二段にて、この國《ニ》の御歷代を經《ヘテ》とし、そが緯《ヌキ》に佛法の變遷を叙べ給《マ》へり。王佛二法の關係を後《チ》に云はむが爲めなり。この中《カ》に「人王は大體百代なるべきか」の御《ン》辭《バ》は不吉なるやうに聞《コ》ゆれど、八十一代安德天皇の御《ン》事《ト》、また八十二、三、四代の天皇の御《ン》事《ト》、これ等王法の式微その極に墮ちしを深《カ》くも嘆《ゲ》き悲《ナ》しみ給《マ》ふからにて、ことに聖人の降誕は人王八十五代後堀河天皇の貞應元年壬午二月十六日なれば、前三《ミ》御《ミ》代《ヨ》の御《ン》事《ト》尚《オ》眼前に在りて鎌倉武

臣の權威益熾《カ》むなる時《キ》なり。また立敎開宗は後深草天皇の建長五年癸丑四月二十八日にて、この天皇は第八十八代の王《キミ》なれば愈《ヨ》々《ヨ》代も促《マ》りて、實に王法の盡きなむづるばかりの狀《マ》にこそあらめ。（この『抄』は尚《ホ》それにも後《ク》れて、人王九十代後宇多天皇の建治元年乙亥の歳《シ》に書き給《マ》へり、王法の更《ラ》にしも振《ル》はぬは云ふにも忍《ノ》びざりける程《ド》なれば、この嘆《ケ》かしみは一層まさりてぞあらむずらむ、されば「百代なるべきか」の御《ン》辭《バ》は聖人の王法を念じ給《マ》ふからの切なる心《ロ》にこそ、さて人王百代とはもと八幡大菩薩の託宣に看えて、必《シ》も九十九の後《チ》の百の數なるに非《ラ》ず、千《チ》代《ヨ》萬《ヨロヅ》代《ヨ》など云ふと同《ナ》じことに唯「もゝよ」と「いつまでも」と云ふことの意《ロ》なり、聖人は本《ト》より斯る程《ド》のことは知り貫《ヌ》きて座《ハ》せど、それを更《ラ》に九十九の次《ギ》の百の數となして、人《ト》人《ト》に亡國の期促《マ》れるを驚《ロ》かさむとての厚《ツ》き慈悲なり、また聖人世に出でまさゞるには實に百の數が限《ギ》りなりしやも計《カ》り難《タ》し、然《サ》申《ウ》すことも又《タ》不吉のやうなれど、國《ニ》に忠良の臣民なければ何《ツ》さても必《ズ》危《ウ》かるべし、こゝに今《マ》よりの王法の敵は中《カ》々《カ》鎌倉武士どもの類《ヒ》ならぬを深《カ》く念《モ》ひ且《ツ》誡《シ》めよ、こともまた聖人の吾《レ》等末弟に懇《ロ》に言ひ遣《コ》されてあることぞ）。これ等王法の盡きなむことは偏《ヘ》に佛法の邪《ヨコ》曲《サマ》なるに由るが故《エ》に、それを責め糾《ダ》しなむとて先《ヅ》開國以來のことをこゝに仰《ホ》しけるなり。この中《カ》の八十二、三、四代の天皇の御《ン》事《ト》をば承久の事《ト》と申《ウ》す。そは尚《ホ》後《チ》の本文を拜すべし。

此《コ》に日蓮大《ヒ》に疑《ツテ》云《ク》、佛《ケ》と申《ス》は三界の國主、大梵王、第六の魔王、帝釋、日月、四天、轉輪聖王、諸王の師也《リ》、主也《リ》、親也《リ》。三界の諸王は皆《ナ》此の釋迦佛より分《カ》ち給《マ》ひて、諸國の摠領、別領等の主となし給《マ》へり。故《エ》に梵釋等は此《ノ》佛《ケ》

を或《ヒ》は木像、或《ヒ》は畫像等にあがめ給《マ》ふ。須臾も相《ヒ》背《ム》かば、梵王の高臺もくづれ、帝釋の喜見もやぶれ、輪王もかぼり落《チ》給《マ》ふべし。神《ミ》と申《ス》は又《タ》國《ニ》國《ニ》の國主等の崩去《カクリミ》し給《マ》へるを生身のごとくあがめ給《マ》ふ。此《レ》又《タ》國王國人のための父母也《リ》、主君也《リ》、師匠也《リ》。片時もそむかば國《ニ》安穩なるべからず。此を崇《ガ》むれば、國《ニ》は三災を消し七難を拂《ラ》ひ、人《ト》は病《ミ》なく長壽を持《モ》ち、後生には人天と三乘と佛とになり給《マ》ふべし。

梁山云く、こは第三段に王佛二法の旨《子》を示《メ》し給《マ》へり。中《カ》に於《ヒ》て初《メ》には佛法、次《ギ》には王法なり。さて佛法には釋迦佛を「師也《リ》、主也《リ》、親也《リ》」と仰《ホ》し、王法には神《ミ》を「父母也《リ》、主君也《リ》、師匠也《リ》」と曰《ノ玉》へり。釋迦佛とは、法華經の教主たる唯我一人の釋迦佛なり。こは後《チ》後《チ》明《ラ》かなるべし。次《ギ》に神《ミ》とは別して天祖皇祖を申《ウ》す。即《チ》ち第一段に天神七代、地神五代と別きたるその天神地神の初《メ》の祖神《ミオヤガミ》なり。尙《オ》この天祖皇祖は二神一體と云へる深《カ》き習《ラ》ひもあれば、特《ト》に皇祖天照《アマテル》大神《オホムカミ》をぞ主、師、親とは申《ウ》すべきなる。隨《ガ》つて代《ヨ》々《ヨ》の天皇は何《ツ》れも皆《ナ》天照《アマテル》大神《オホムカミ》の日《ヒ》嗣《ツギ》に立たして、百《モゝ》代《ヨ》唯《ミ》大神《オホムカミ》の御一世にてありけるなれば、面《マノアタ》りの主、師、親なるにて大神《オホムカミ》のまゝなる現《アラ》御《ミ》神《カミ》にて坐《マ》し坐《マ》すなり。文に崩去《カクリミ》のことを

仰《ホ》したるはその代《ヨ》代《ヨ》のことの御《ン》狀《マ》なり。さて「國王國人のための父母」云云とある「國王」とは大名なむどの各領地を持てる者《ノ》どもは何《ヅ》れも分々に國王と云はるゝなり。こは佛書にてその例至《タ》りて多《ホ》きなり。ことに北條などは全《タ》く政治の權を握《ト》れるなれば暗に彼《レ》を指し給《マ》ふなり。彼《レ》は我《ガ》國《ニ》の現《アラ》御《ミ》神《カミ》たる天皇に背《ム》き奉《ツ》りながらに、邪《ヨコ》曲《サマ》の佛法をそらに恃《ノ》みて、現世の三災七難を遁《ガ》れなむとし、また由《シ》なき後生の營《ナ》みに極樂往生などをも願《ガ》ふから、然《サ》な爲《セ》ぞよ、たゞ主、師、親たる天皇をむねと崇《ガ》めよ、然《サ》らば現世も後生も願《ガ》ふがまゝなるべしと仰《ホ》しゝなり。尙《ホ》大凡《ソ》皆《ナ》然《カ》るべし。我《ガ》國《ニ》の人《ト》として天皇を崇《ガ》めざらむには何《カ》に佛法を行ずとも未來の成佛はあるべからず。國體に背《ム》きなむには縱《ト》ひ彌陀を信じたりとも極樂往生はかなふべからず。そは彌陀の心《ロ》にも違《ガ》ひ、佛法の掟《オキテ》を破《ブ》るものなればなり。止《タヾ》佛法のみならず、日本國の人《ト》の天皇を忘《ス》るゝものは基《キリ》督《スト》も反《ヘ》りてそを嫌《ラ》ふべし。耶《エ》和《ホ》華《バ》も必《ズ》そを罰《ツミ》しなむ。彼の教《エ》を信《ウ》くる人《ト》等も亦《タ》よく〳〵考《ガ》へよや。

しかるに我《ガ》日本國は一閻浮提の內《チ》月氏漢土にもすぐれ、八萬の國《ニ》にも超《エ》たる國《ニ》ぞかし。其《ノ》故《エ》は月氏の佛法は西域等に載せられて候《ガ》但《ダ》七十餘

國也《リ》。其《ノ》餘は皆《ナ》外道の國《ニ》なり。漢土の寺は十萬八千四十所なり。我《ガ》朝の山寺は十七萬一千三十七所也《リ》。此の國《ニ》は月氏漢土に對すれば、日本國に伊豆の大嶋を對せるがごとし。寺をかずふれば漢土月氏に雲泥すぎたり。かれは又《タ》大乘の國《ニ》、小乘の國《ニ》、大乘も權大乘の國《ニ》也《リ》。此《レ》は寺ごとに八宗十宗をならひ、家家宅宅に大乘を讀誦す。彼の月氏漢土等は用《チ》ゆる人《ト》は千人に一人也《リ》此《ノ》日本國は外道一人もなし。其《ノ》上《ヘ》神《ミ》は又《タ》第一天照《アマテル》大神《オホムカミ》、第二八幡大菩薩、第三は山王等の三千餘社。晝夜に我《ガ》國《ニ》をまぼり、朝夕に國家を見そなはし給《マ》ふ。其《ノ》上《ヘ》天照《アマテル》大神《オホムカミ》は內侍所《ロ》と申《ウ》す明鏡にかげをうかべ內大裏にあがめられ給《マ》ひ、八幡大菩薩は寶殿をすてゝ主上の頂《キ》を栖《スミカ》とし給《マ》ふと申《ウ》す。

梁山云く、これは第四段にて、我《ガ》國《ニ》はことに王佛二法の優《グ》れていみじかるやうを仰《ホ》し、なり。王法の神《ミ》の方《タ》に「第三山王」等云云は且《バ》らく天台宗に云へることを取り擧げ給《マ》へり。山王のことは祝部《ハフリ》家の神道が本《ト》にて、叡山の大事なり。祝部行丸の『日吉社神道秘密記』及《ヨ》び『二十二社本緣』の日吉社の條等を看るべし。云云。

佛《ケ》の加護と申《シ》、神《ミ》の守護と申《シ》、いかなれば彼の安德と隱岐と阿波、佐渡

等の王《キミ》は相傳の所從等にせめられて、或《ヒ》は殺《サ》れ、或《ヒ》は島《マ》に放《タ》れ、或《ヒ》は鬼となり、或《ヒ》は大地獄には墮《チ》給《ヒ》しぞ。日本國の叡山、七寺、東寺、園城寺の十七萬一千三十七所の山山寺寺に、いさ、かの御佛事を行《ナ》ふには、皆《ナ》天長地久、玉體安穩とこそいのり奉《ツ》り候《ラ》へ。其《ノ》上《ヘ》八幡大菩薩は殊《ト》に百王守護の大願あり。人王第四十八代に高野天皇の玉體に入《リ》給《フ》て云《ク》、我《ガ》國家開闢以《ヨリ》來、以《テ》臣《チ》爲《スヿ》君《ト》未《タ》《ザル》有《ラ》事《ト》也《リ》、天《アマ》之《ノ》日《ヒ》嗣《ツギハ》必《ズ》立《テヨ》皇緒《チ》等云云。又《タ》大神付《シテ》行敎《ニ》云《ク》、我《レニ》有《リ》百王守護《ノ》誓《ヒ》等云云。されば神武天皇より已來、百王にいたるまでは、いかなる事《ト》有《リ》とも玉體はつゝがあるべからず、王位を傾《ク》る者《ノ》も有《ル》べからず。一生補處の菩薩は中天なし、聖人は横死せずと申《ス》。いかにとして彼《レ》四王は王位を遂《ヒ》落《ト》され國《ニ》を奪《バ》はる、のみならず、命《チ》を海にすて、身を嶋《マ》嶋《マ》に入《レ》給《マ》ひけるやらむ。天照大神は玉體に入《リ》かはり給《マ》はざりけるか、八幡大菩薩の百王の誓《ヒ》はいかにとなりぬるぞ。其《ノ》上《ヘ》安德天皇の御宇には明雲の座主、御師となり、太政入道並《ビ》に一門捧《ゲテ》怠狀《チ》云《ク》、如《ク》彼《ノ》以《テ》興福寺《ヲ》爲《シ》藤氏《ノ》氏寺《ト》、以《テ》春日《ノ》社《チ》爲《シ》、藤《ガ》氏《ノ》氏神《ト》、以《テ》延曆寺《チ》號《シ》平氏《ノ》氏寺《ト》、以《テ》日吉《ノ》社《チ》號《ケン》平氏《ノ》氏神《ト》云云。叡山には明雲座主を始《メ》として三千人の大衆、五壇の法を行《ナ》ひ、乃至、大法秘法盡《ク》さずといふ事《ト》なし。又《タ》承久の合戰の

御《ン》時《キ》は天台《ノ》座主慈圓、仁和寺の御室、三井等の高僧等を相《ヒ》催《ホ》して、日本國にわたれる所《ロ》の大法秘法、殘《リ》なく行《コ》なはれ給《マ》ふ。乃至權《ノ》大夫は此《ノ》事《ト》を知る事《ト》なければ調伏も行《ナ》はず。又《タ》いかに行《フ》とも彼《レ》の法法、彼《レ》の人《ト》人《ト》にはすぐべからず。佛法の御《ン》力《ラ》と申《シ》、王法の威力と申《シ》、彼《レ》は國主也《リ》。三界の諸王守護し給《マ》ふ。此《レ》は日本國の民《ミ》也《リ》。わづかに小鬼ぞまほりけむ。代々の所從、重重の家人也《リ》。譬《ト》へば王威を用《モ》て民《ミ》をせめば、鷹の雉をとり猫の鼠を食ひ、蛇の蛙を呑み、師子王の兎を殺《ス》にてこそ有《ル》べけれ。なにしにかろがろしく天神地祇には申《ウ》すべき。佛菩薩をばおごろかし奉《ツ》るべき。師子王が兎を取らむに精進すべきか。鷹が雉を食《ン》にはいのり有《ル》べしや。いかにいのらずとも、大王の身として民《ミ》を失《ハ》むには、大水の小火をけし、大風の小雲を卷《ク》にてこそ有《ル》べけれ。其《ノ》上《ヘ》大火に枯木を加《フ》るがごとく、大河に大雨を下《ス》がごとく、王法の力《ラ》に大法を行《ヒ》合《ハ》せて、頼朝と義朝との本命と元神とをば梵王と帝釋等に拔《キ》取《ラ》せ給《フ》。譬《ト》へば古酒に醉《エヒ》る者《ノ》ごとし。蛇の蛙の魂を奪《フ》がごとし。頼朝と義朝との魂《タマシヒ》、名《ナ》、姓《ウヂ》をばかきつけて、諸尊諸神等の御《ミ》足《アシ》の下《モ》にふませていのりしかば、いかにも堪《コラ》ふべしともみへざりしに、いかにとして一年一月も延《ビ》ずして、

わづか二日一日にはほろび給《ヒ》けるやらむ。佛法流布の國主とならむ人《ト》人《ト》は能《ク》能《ク》御案ありて、後生をも定め、御《ン》いのりも有《ル》べきか。

梁山云く、これは第五段に疑《ヒ》の由《シ》を述べ給《マ》へり。さてこの疑《ヒ》の由《シ》こそこの『抄』の所詮にて、今《マ》の吾《レ》等までが疎《オロ》略《ソカ》なり難《タ》き國《ニ》の大事なり。夫《レ》佛法王法のことに優《グ》れていみじき我《ガ》國《ニ》とは云ふなるに、その二法のいみじき力《ラ》を合《ハ》せて僅《カ》の家人どもの逆心を抑《サ》へ罸《ツミ》することのかなはざるのみか、反りて十善の冠《リ》を海《ミ》に沈《ツ》め、萬乗の輿《コシ》を嶋《マ》に渡《タ》し給《マ》ふことは、全《タ》く其の佛法の眞《ト》の佛法ならずして邪《ヨコ》曲《サマ》に我が王法を枉げなしゝが故《エ》なり。壽永、承久の御《ン》事《ト》に驚《ロ》かされて、彼《レ》彼《レ》の佛法の眞《ト》ならぬを悟《ト》らせ給《マ》はざりつる間《ダ》は、王法は決して神《カム》眞《マ》の正しきに復《ヘ》るべからず。この事《ト》を申《ウ》さし給《マ》はむとて強《ヨ》くも疑《ヒ》の由《シ》をこれに述べ給《マ》ふなり。そも彼《レ》彼《レ》の邪法邪師この國《ニ》に一人も殘《コ》りてあらむ限《ギ》りは今《マ》も尚《ホ》危《ッ》かるべし。聖人の門下たらむ者《ノ》は努《ト》よや〱。

而《ル》に日蓮此《ノ》事《ト》を疑《ヒ》しゆへに、幼少の比《ロ》より隨分に顯密二道、並《ビ》に諸宗の一切《ノ》經を、或《ヒ》は人《ト》に習《ラ》ひ、或《ヒ》は我《レ》と開《ラ》き見、勘《ガ》へ見て候《ラ》へば、故《エ》の候《ヒ》けるぞ。我が面《オモテ》を見る事《ト》は明鏡によるべし。國土の盛衰を計《カ》ることは

佛《ノ》鏡《ミ》にはすぐべからず。仁王經、金光明經、最勝王經、守護經、涅槃經、法華經等の諸大乘經を開《キ》見奉《リ》候《フ》に、佛法に付きて國《ニ》も盛《カ》へ、人《ト》の壽《イノチ》も長《ガ》く、又《タ》佛法に付きて國《ニ》もほろび、人《ト》の壽《イノチ》も短《カ》かるべしとみへて候。譬《ト》へば水は能く船をたすけ、水は能く舟をやぶる。五穀は人《ト》をやしなひ、また人《ト》を損す。小波小風は大船を損する事《ト》かたく、大波大風には小船やぶれやすし。王法の曲《ル》は小波小風のごとし、大國と大人をば失《ヒ》がたし。佛法の失《トガ》あるは大波大風の小船をやぶるがごとし。國《ニ》のやぶるゝ事《ト》必《ズ》疑《ヒ》なし。佛《ノ》記《ニ》云《ク》、我《ガ》滅後末代には惡法惡人の國《ニ》をほろぼし佛法を失《ウスル》には失《ウ》すべからず。譬へば三千世界の草木を薪《タキギ》として須彌山をやくにやけず、劫火の時《キ》須彌山の根より大豆計《リ》の火、出でゝ須彌山やくが如《ト》く、我《ガ》法も又《タ》如《シ》レ此《ノ》。惡人、外道、天魔、波旬、五通等にはやぶられず、佛《ケ》の如《ト》く、六通の羅漢の如《ト》く、三衣を皮のごとく身に紆《マト》ひ、一體を兩眼にあてたらむ持戒の僧と、大風の草木をなびかすがごとくなる高僧等《ガ》我が正法を失《フ》べし。其《ノ》時《キ》梵、釋、日月、四天いかりをなし、其《ノ》國《ニ》に大天變大地夭等を發《オコ》していさめむにいさめられずば、其《ノ》國《ニ》の内《チ》に七難をおこし、父母、兄弟、王臣、萬民等、互《ヒ》に大怨敵となり、梟鳥が母《ゝ》を食ひ、破鏡が父《ゝ》をがいす

るがごとく、自國をやぶらせて、結句他國より其《ノ》國《ニ》をせめさすべしとみへて候《フ》。今《マ》日蓮一代聖教の明鏡をもて日本國を浮《ベ》見候《フ》に、此の鏡《ミ》に浮《ン》で候《フ》人《ト》人《ト》は國敵佛敵たる事《ト》疑《ヒ》なし。

梁山云く、こはこの『抄』の第六段にて王佛二法の敵人の相、あり〳〵と看えたり。さて今《マ》我《ガ》國《ニ》の狀《マ》もまたこの文《ミ》の鏡《ミ》に浮《カ》べるを念《モ》ふべし。自國をやぶる歟の故《エ》に現に父母、兄弟、王臣、萬民等互《ヒ》に大怨敵となり、梟鳥が母《ゝ》を食《ラ》ひ、破鏡が父《ゝ》を害する如《ト》きことは、日に日に相《ヒ》踵ぎて荐《キ》りなり。斯くて結句は他國よりせめられなむことの己《デ》に近《ツ》けるをも顧《リ》みず。悲《ナ》しき極《ハ》みにこそ。

一代聖教の中《カ》に法華經は明鏡の中《カ》の神鏡なり。銅鏡等は人《ト》の形《チ》をばうかぶれども、いまだ心《ロ》をうかべず。法華經は人《ト》の形《チ》を浮《ブ》るのみならず心《ロ》をも浮べ給《マ》へり。心《ロ》を浮《カ》ぶるのみならず先業をも未來をも鑒《ミ》給《マ》ふ事《ト》くもりなし。法華經の第七の卷《キ》を見候《ラ》へば、於《テ》二如來《ノ》滅後《ニ》一、知《リ》二佛《ノ》所説《ノ》經《ノ》因縁及《ビ》次第《チ》一、隨《テ》レ義《ニ》如《ク》レ實《ノ》説《カン》、如《ク》三日月《ノ》光明《ノ》能《ク》除《クガ》二諸《ノ》幽冥《チ》一、斯《ノ》人《ト》行《ジテ》二世間《ニ》一、能《ク》滅《ス》二衆生《ノ》闇《チ》一云云。文の心《ロ》は、此《ノ》法華經を一字も一句も説《ク》人《ト》は必《ズ》一代聖教の淺深と次第とを能《ク》能《ク》辨《ワキマヘ》たらむ人《ト》の説《ク》べき事《ト》に候《フ》。譬《ト》へば暦《コヨミ》の三百六十日をかむがう

るに一日も相違せば萬日倶《モ》に反逆すべし。三《ミ》十《ツ》一《ヒト》字《モジ》を連《ラ》ねたる一句一字も相違せば三《ミ》十《ツ》一《ヒト》字《モジ》共《モ》に歌《タ》にて有《ル》べからず。謂《イハユル》一經を讀誦すとも、始《メ》寂滅道場より、終《ハ》り雙林最後に至《タ》るまで、次第と淺深とに迷惑せば其《ノ》人《ト》は我が身に五逆を作《ク》らずして無間地獄に入《リ》、此《レ》を歸依せむ檀那も阿鼻大城に墮《ツ》べし。何《ニ》況《ヤ》智人一人出現して一代聖敎の淺深勝劣を辨《マ》へむ時《キ》。元祖が迷惑を相傳せる諸僧等、或《ヒ》は國師となり、或《ヒ》は諸家の師となりなむごせる人《ト》人《ト》、自のきずが顯《ハ》る、上《ヘ》人《ト》にかろしめられむ事《ト》をなげきて。上《ミ》に擧《グ》る一人の智人を、或《ヒ》は國主に訴へ、或《ヒ》は萬人にそしらせむ。其《ノ》時《キ》守護の天神等の國《ニ》をやぶらむ事《ト》は、芭蕉の葉を大風のさき、小舟を大波のやぶらむがごとしと見へて候。

梁山云《ハ》く、こは第七段に佛法の敵を述べ給《マ》へり。佛法とは法華經なり。法華經とは唯《ミ》法華經の一乘のみなることなり。猶《オ》王法の一《ツ》なるが如《ト》し。然《サ》るを法華經と諸經とを同《ナ》じふるするは王法の一《ツ》なるに更《ラ》に物《ノ》を並《ラ》ぶるにて、天に二日を數《ヅ》え地に二王を立つるなり。國《ニ》の亡《ロ》ぶる所以《ン》は是れなり。されば一代聖敎の淺深勝劣を辨《マ》ふとは法華經の諸經中王なることをよく辨《マ》ふることなり。王法にて之《レ》を申《ゥ》さばよ

く日本國の國體を知りて、上《ミ》御一人の天皇をまことの主、師、親と辨《マ》へ信じ崇《ガ》め奉《ツ》ることなり。即《チ》國體を知るとは王法の淺深勝劣をよくよく辨《マ》へ知ることなり。このことを辨《マ》へざらむ者《ノ》の、或《ヒ》は國師となり諸家の師となり、或《ヒ》は大臣宰相となり、學士博士となりて、一國の上下に邪智諂曲の夥《ミ》しく充滿しなむ時《キ》。その國《ニ》のやぶれなむ事《ト》は芭蕉の葉を大風のさき、小舟を大波の弄ぶが如《ト》くなるべし。こは法華經の明鏡に浮《カ》べてすこしも曇《モ》りなきことぞ。

無量義經は、始《メ》寂滅道場より、終《ハ》り般若經にいたるまでの一切經を、或《ヒ》は名を擧《ゲ》、或《ヒ》は年紀を限《ギ》りて、未顯眞實と定《メ》ぬ。涅槃經と申《ス》は、佛《ケ》最後の御《ン》物《ノ》語《リ》に、初め初成道より五十年の諸經の御《ン》物《ノ》語《リ》。四十餘年をば、無量義經のごとく、邪見の經と定《ダ》め、法華經をば、我が主君と號し給《フ》。中《カ》に法華經ましまして、已今當の敕宣を下《ダ》し給《ヒ》しかば、多寶、十方の諸佛、加判ありて、各《ノ》各《ノ》本土にかへり給《マ》ひしを、月氏の付法藏の二十四人は、但《ミ》小乘、權大乘を弘通して、法華經の實義を宣《ベ》給《フ》事《ト》なし。譬《ト》へば日本國の行基菩薩と鑒眞和尚との、法華經の義を知《リ》給《フ》て弘通なかりしがごとし。漢土の南北の十師は、内《チ》にも佛法の勝劣を辨《マ》へず、外《カ》

にも淺深に迷惑せり。又《タ》三論宗《ノ》吉藏、華嚴宗《ノ》澄觀、法相宗《ノ》慈恩、此《レ》等の人《ト》人《ト》は、內《チ》にも迷《ヨ》ひ、外《カ》にも知《ラ》ざりしかども、道心堅固の人《ト》人《ト》なれば、名聞をすてゝ、天台の義に付《キ》にき。知《ラ》ず、されば此《ノ》人《ト》人《ト》は懺悔の力《ラ》に依《リ》て生死やはなれけむ。將《タ》又《タ》謗法の罪《ミ》は重《モ》く、懺悔の力《ラ》は弱《ハ》くして、阿闍世王、無垢論師等のごとく地獄にや墮《チ》にけむ。善無畏三藏、金剛智三藏、不空三藏等の三三藏は、一切の眞言師の申《ス》は、大日如來より五代六代の人《ト》人《ト》、即身成佛の根本也《リ》等云云。日蓮勘《テ》云《ツ》、法《ハウ》偸《ヌスミ》の元祖也《リ》。盜《ヌス》人《ビト》の根本也《リ》。此《レ》等の人《ト》人《ト》は月氏よりは大日經、金剛頂經、蘇悉地經等を齎《シ》來《タ》る。此の經經は華嚴經、般若經、涅槃經等に及ばざる上《ヘ》、法華經に對すれば七重の下劣也《リ》。經文に見へて赫赫たり。明々たり。而《ル》を漢土に來《タ》りて、天台大師の止觀等の三十卷《チ》見て舌《タ》をふるひ。心《ロ》をまよはして、此《コレ》に及《バ》ずば我が經《ハ》弘通しがたし。勝《ン》たりといはむとすれば妄語眼前なり。いかむがせむと案せし程《ド》に、一《ツ》の深《カ》き大妄語を案じ出《ダ》し給《マ》ふ。所《ル》謂《ハ》大日經《ノ》三十一品を、法華經二十八品、並《ビ》に無量義經に腹《ラ》合《ハ》せに合《セ》て、三密の中《カ》の意密をば法華經に同《ドウ》じ、其《ノ》上《ヘ》に印と眞言とを加《ヘ》て、法華經は略也《リ》、大日經は廣也《リ》、已にも入れず、今にも入れず、當にもはづれぬ、法華

經をかたうどとして、三說の難を脫《ガ》れ、結句は印《ト》眞言《ト》を用《ヒ》て、法華經を打《チ》落《ト》して、眞言宗を立て、候《フ》。譬《ト》へば三女が后《キサキ》と成りて三王を喪《ホロボ》せしがごとし。法華經の流通の涅槃經の第九に、我れ滅して後《ノ》惡比丘等、我が正法を滅すべし。譬《ト》へば女人のごとしと記《シ》給《ヒ》けるは是《レ》也《リ》。されば善無畏三藏は、閻魔王にせめられて、鐵《タロガ子》の繩《ナワ》七脉《スヂ》をつけられて、からくして蘇《ヨミガヘリ》たれども、又《タ》死する時《キ》は黑皮隱隱《トシテ》骨甚《タ》露《アラハル》焉と申《シ》て無間地獄の前相、其の死骨に顯《ハ》れ給《ヒ》ぬ。人《ト》死して後《チ》色《ロ》の黑《キ》は地獄に墮《ツ》とは一代聖敎に定《ム》る所《ロ》なり。金剛智、不空等も又《タ》此をもて知《ン》ぬべし。今《マ》の眞言師は又《タ》あへて知《ル》事《ト》なし。玄宗皇帝の御代の喪《ホロビ》し事《ト》も不審はれて候《フ》。

梁山云《ハ》く、こは第八段に支那に於ける佛法の敵を述べ給《マ》へり。「法華經をば我が主君と號し」云云、また「已今當の敕宣」云云、これ等はいづれも王法の義《ココロ》を底《ソコ》に含《ク》みての御《ン》言《ト》なり。さればこの佛法の敵人たる三三藏等の爲めに國《ニ》の喪《ホロ》びし例《コト》を示《メ》して、「玄宗皇帝の御代の喪《ホロビ》し事《ト》も不審はれて候」と仰《ホ》したり。そは佛法、王法はもと同《ナ》じ一《ツ》の道《チ》にて、佛法の敵は即《チ》王法の敵なるからなり。總じて法華經に背《ム》き奉《ツ》らむものは皆《ナ》國《ニ》の敵、王法の敵なるなり。

日本國は又《タ》弘法、慈覺、智證、此の謗法を習《ヒ》傳《タ》へて、自身も知《ロ》しめさず。人《ト》は又《タ》おもひもよらず。且《ラ》くは法華宗の人《ト》人《ト》相論有《リ》しかども、終《ヒ》には天台宗ややうやく衰《ヘ》て、叡山五十七代の座主、明雲、人王八十一代の安德天皇より已來は叡山一向に眞言宗となりぬ。第六十一代《ノ》座主、顯眞權僧正は、天台座主の名を得て、眞言宗に遷《ル》のみならず、然《ル》後《チ》法華眞言をすてゝ、一向謗法の法然が弟子となりぬ。承久調伏の上衆、慈圓僧正は第六十二代、並《ビ》に五、九、七十一代の四代の座主、隱岐《ノ》法皇《ノ》御《ン》師也《リ》。此《レ》等の人《ト》人《ト》は、善無畏三藏、金剛智三藏、不空三藏、慈覺、智證等の眞言をば、器はかはれども一の智水也《リ》、其《ノ》上《ヘ》天台宗の座主の名を盜《ミ》て、法華經の御領を知行して、三千の頭《カシラ》と爲り、一國の法の師と仰《ガ》れて、大日經を本《ト》として、七重くだれる眞言を用《チ》ひて、八重勝《レリ》とおもへるは、天を地とおもひ、民を王とあやまち、石《シ》を珠《マ》とあやまつのみならず、珠《マ》を石《シ》という人《ト》なり。敎主釋尊、多寶佛、十方諸佛の御怨敵たるのみならず、一切衆生の眼目を奪《ヒ》取り、三善道の門を閉ぢて、三惡道の道《チ》を開《ラ》く。梵釋日月四天等の諸天善神、いかでか此《ノ》人《ト》を罰せさせ給《マ》はざらむ。いかでか此《ノ》人《ト》を仰《ホ》ぐ檀那をば守護し給《フ》べき。天照大神の內侍所も、八幡菩薩の百王

守護の御ちかひも、いかでか叶《ナ》はせ給《フ》べき。

梁山云《ハ》く、こは第九段に正《サ》しく我が日本國の佛敵を示《メ》し給《マ》へり。佛敵即《ヤガ》て王敵なるが故《エ》に「天照大神の內侍所《ロ》も八幡大菩薩の百王守護の御ちかひもいかでか叶《ナ》はせ給《マ》べき」と仰《ホ》すなり。またこの中《カ》に「天を地とおもひ、民《ミ》を王とあやまち、石《シ》を珠《マ》とあやまつのみならず、珠《マ》を石《シ》といふ人《ナリ》」とあるに意《ロ》を注《ツ》ぐべし。珠《マ》を石《シ》といふ人《ト》は王を民《ミ》といふ人《ト》なり。佛法の上《ヘ》には法華經の王をば反《ヘ》りて大日經の民《ミ》などといひ、王法の上《ヘ》には鎌倉の民《ミ》どもが體《ナ》勿くも天皇を成敗し參《ヒ》らし、當時の狀態にありけるなり。

余此《ノ》由《シ》を且つ知《リ》しより已《コノ》來《カタ》、一分の慈悲に催《ホ》されて、粗《ホヾ》隨分の弟子にあらあら申《ホ》せし程《ド》に、次第に增長して國主まで聞《コ》えぬ。國主は理を親とし非を敵とすべき人《ト》にておはすべきが、いかゞしたりけむ、諸人の讒言をおさめて一人の余をすて給《フ》。彼の天台大師は南北の諸人あだみしかど、陳隋二代の帝《ミカド》、重《ン》じ給《ヒ》しかば諸人の怨《アダ》もうすかりき。此の傳敎大師は南都七大寺讒言せしかども、桓武、平城、嵯峨の三皇用《ヒ》給《ヒ》しかば怨敵もおかしがたし。今日蓮は日本國十七萬一千三十七所の諸僧等のあ

だするのみならず、國主用《ヒ》給《ハ》ざれば萬民あだをなす事《ト》父母の敵にも超《ヘ》宿世のかたきにもすぐれたり。結句は二度の遠流、一度の頭《ベ》に及《ヨ》ぶ。彼《ノ》大莊嚴佛の末法の四比丘、並《ビニ》六百八十萬億那由佗の諸人が普事比丘一人をあだみしにも超へ、師子音王佛の末《エ》の勝意比丘、無量の弟子等が喜根比丘をせめしにも勝《グ》れり。覺德比丘がせめられし、不輕菩薩が杖木をかをほりしも、限《リ》あれば此《レ》にはよもすぎじとぞおぼへ候《ヘ》。若《シ》百千にも一《ト》つ日蓮、法華經の行者にて候《ツ》ならば、日本國の諸人、後生の無間地獄はしばらくおく、現身には國《ニ》を失《ナ》ひ、他國に取られむ事《ト》彼《ノ》徽宗、欽宗のごとく、優《ウ》陀《ダ》延《エン》王、訖《キ》利《リ》多《タ》王等に申《ウ》せしがごとくならむ。又《タ》其《ノ》外《カ》は、或《ヒ》は其《ノ》身は白癩、黑癩、或《ヒ》は諸重惡病疑《ヒ》なかるべきか。もし其《ノ》義なくば又《タ》日蓮《ハ》法華經の行者にあらじ。此の身、現身には白癩、黑癩等の諸惡重病を受《ケ》取《リ》、後生には提《ダイ》婆《バ》、瞿《ク》伽《ギヤ》利《リ》等がごとく無間大城に墮《ツ》べし。日月を射奉《ツ》る修羅は其《ノ》矢還《ツ》て我が眼に立ち、師子王を吼《ユ》る狗犬は我が腹をやぶる。釋子を殺《ロ》せし波《ハ》瑠《ル》璃《リ》王は水中の大火に入り、佛の御身より血を出《ダ》せし提婆達多は現身に阿鼻の炎《ホノホ》を感ぜり。金銅の釋尊をやきし守《モリ》屋《ヤ》は四天王の矢にあたり、東大寺、興福寺を燒《キ》し清盛入道は現身に其《ノ》身もうる病《ヒ》をう

けにき。彼《レ》等は皆《ナ》大事なれども、日蓮が事《ト》に合《ハ》すれば小事なり。小事すら猶《オ》しるしあり。大事いかでか現罰なからむ。悦《ヨロコバシヒ》哉《カナ》、經文に任《セ》て五五百歳廣宣流布をまつ。悲《ヒ》哉、闘諍堅固の時《キ》に當《ツ》て此《ノ》國《ニ》修羅道となるべし。清盛入道と頼朝とは源平の兩家、本《ト》より狗犬と猿猴とのごとし。少人少福の頼朝をあだみしゆへに、宿敵たる入道の一門ほろびし上《ヘ》、科《トガ》なき主上の西海に沈《ミ》給《ヒ》し事《ト》は不《フ》便《ビン》の事《ト》なり。此《レ》は教主釋尊、多寶、十方の諸佛の御《ン》使《ヒ》として世間には一分の失《トガ》なき者《ノ》を、一國の諸人にあだまするのみならず、兩度の流罪に當てて、日中に鎌倉の小路をわたす事朝敵の如《ト》し。其《ノ》外《カ》小菴には釋尊を本尊とし、一切經を安置したりし其《ノ》室を刎《ネ》こぼちて、佛像經卷を諸人にふまするのみならず、糞泥にふみ入れ、日蓮が懷中に法華經を入《レ》まひらせて候《ヒ》しをとりいだして、頭《ベ》をさむざむに打《チ》さいなむ。此《ノ》事《ト》如何《ナル》宿意もなし。當座の科《トガ》もなし。たゞ法華經を弘通する計《カ》りの大科なり。日蓮天に向《ヒ》聲をあげて申《サ》く、法華經の序品を拜見し奉れば、梵釋と、日月と、四天と、龍王と、阿修羅と、二界八番の衆と、無量の國土の諸佛と集會し給《ヒ》たりし時《キ》、已今當に第一の說を聞《キ》し時《キ》、我《レ》も雪山童子の如《ト》く身を供養し、藥王菩薩の如《ト》く臂をもやかんと

おもひしに、教主釋尊、多寶、十方の諸佛の御《ン》前《ヘ》にして、今《マ》於《テ》佛前《ニ》自《ラ》說《ケ》誓言《チ》と諫曉し給《ヒ》しかば、幸《ヒ》に順風を得て、如《ク》世尊《ノ》勅《ノ》當《サニ》《ベシ》具《サニ》奉行《ス》と二處三會の衆、一同に大音聲を放《チ》て誓《ヒ》給《ヒ》しはいかむがあるべき。唯佛前にては如《ク》是《ノ》申《ウ》して、多寶、十方の諸佛は本土にかへり給《ヒ》、釋尊は御入滅ならせ給《ヒ》て、ほど久《ク》なりぬれば、末代邊國に法華經の行者ありとも、梵釋日月等《ハ》御誓《ヒ》をうちわすれて守護し給《フ》事《ト》なくば、日蓮がためには一旦のなげきなり。無始己來鷹の前《ヘ》の雉、蛇の前の蛙、貓の前の鼠、犬の前の猿と有《リ》し時《キ》もありき。夢《メ》の世なれば佛菩薩諸天にすかされまひらせたりける者《ノ》にてこそ候はめ。なにによりもなげかしき事《ト》は、梵と帝と日月と四天等の、南無妙法蓮華經の法華經の行者の大難に値《フ》をすてさせ給《ヒ》て、現身に天の果報も盡《キ》て、花《ナ》の大風に散《ル》がごとく、雨《メ》の空《ラ》より下《ル》がごとく、其人命終入阿鼻獄と無間大城に墮《チ》給《マ》はん事《ト》こそあはれにはおぼへ候へ。謂《イハユル》彼《ノ》人《ト》人《ト》は三世十方の諸佛をかたうどして知《ラ》ぬよしのべ申《ウ》し給《フ》とも、日蓮は其《ノ》人《ト》人《ト》には強《キ》かたきなり。若《シ》佛《ケ》の返頗おはせずば、梵釋日月四天をば無間大城には必《ズ》つけたてまつるべし。日蓮が眼《コ》おそろしくば、いそぎいそぎ佛前の誓《ヒ》をばはたし給《マ》へ。

梁山云《ハ》く、こはこの『抄』の第十段に敵人必《ズ》罰《ミ》あるべきことを結《ス》び給へり。若しこの敵人を罰《ミ》さじとならば、梵天帝釋日月四天等までも許《ル》すまじとなり。尙《ホ》この追書《キ》數行あり、中《カ》に「他門にきかせ給《フ》なよ。大事の事《ト》どもかきて候《フ》なり」との御《ン》辭《バ》見えぬ。言はゆる大事とは王佛一乘の大事なり。法華經の行者と申《ウ》すはこの王佛一乘の旨《ネ》を信じ行じて、この國《ニ》を救《ク》ふが爲めには必《ズ》身命を惜まぬを云ふなり。聖人の末《エ》の弟子檀那たらむ吾《レ》等は堅《タ》く之《レ》を念《モ》ふて日夜常《ネ》に忘《ス》るべからず。只《ヾ》王佛一乘の正《ヾ》しき道《チ》もて神國王の三德に盡《ク》し報《ク》ゐまひらすることのみを旨《ネ》として、自身の往生も成佛も先《ツ》打《チ》捨てよかし。自身一人ばかりが往生成佛しなむ程《ド》ならば法華經を信《ウ》くるにも及《ヨ》ばず。又《タ》餘宗を責むるにも及《ヨ》ばず。たゞ愚《ロ》かに念、禪等の教《エ》にてぞあるべき。苟《リ》にも聖人を祖師と仰《ホ》ぐ者《ノ》この事《ト》を深《カ》く考《ガ》へでやは。尙《ホ》この『抄』の義《コヽロ》は先《キ》先《キ》に云ふ旨《ネ》多《ホ》し。云云。

第貳節　宗廟宗社に對する奏告。

是《ノ》故《エ》に聖人は立教開宗に前《キ》むじて先《ツ》伊勢に詣《タ》り、恭《ヤ》しく宗廟に斯の

◎『年譜攷異』巻上、

大事を奏告し給《マ》ふ。洵《ト》に一佛の法幢を樹《ツ》るは一王の義旗を掲《よ》ぐる所以なればなり。其の書して大神《オホンカミ》に獻供し給《マ》へる玄題の七字は正《サ》に神梵二書の體を兼ねて遠《ホ》く王佛一乘の元を寓す。乃《チ》斯の玄題の七字や全《タ》く惟《カム》神《ナガラ》の敎《エ》にして實《ト》に神《カム》眞《マ》の道《チ》なるものなり。

右《ギ》第壹章、第貳節に就きて。

伊勢に詣《タ》り給《マ》へる事《ト》、及び其の異說。

聖人の立敎開宗に前《キ》むじて伊勢に詣《タ》り給《マ》ひし事《ト》は『高祖年譜』に看えたり曰《ハ》く、

五年癸丑（建長五年なり）。大士三十二歲、春三月將歸房州、取路勢州。宿間山淨明寺、詣天照宮。云云。

同《ジ》く『攷異』に曰《ハ》く、

間山淨明寺台宗、在渡會郡、寺側有石、彫經頭、國字傳係弘長元年、曰、大士在淨明寺、刻之以貽將來、傳同之、英嘗覯其摺本、首題之下、有建長六年甲寅四月十六日日蓮敬白十五字、顧其字體、恐是非

大士眞迹、蓋好事者爲之也、又統紀四十往披、芳公訶責抄後編中三十九爲之僞造（この説に就きての辯、やがて後に在り）。詣天照宮。傳、統紀、爲二次、建長二年與弘長元年也、國字傳唯曰弘長元年、神佛冥應論十四所引園太暦、亦爲二次文永元年與建治二年也、訶責抄疑此等說曰、大士無開宗以後詣于伊勢、健案有文永八年向鶴岡告訴、則不可謂開宗以後必無此事與、英曰、健公似菽麥不辨矣、安國論既引證立理以述諸神上天、爾後告訴空祠者、固非大士本色、祗是爲使謗徒感激、權示此耳、如龍口書星下書、形容其相歟、况復文永建治之兩回者、是全浮說也、若深讀祖書外廿五、三十五、内三十四、同七廿四、同十三四十三、疑氷釋然、健曰、園太暦中園相國公賢、記延慶四年至延文四年之事也海内所藏二十餘家、蓋有別本矣、水府藏本不載此事、又讀或人抄搢紳藏本、載之曰、社家者流定基曰、文應二年春、有僧持法華者、詣神前、告人曰、神有託予和歌、世人敬之、公賢竊考、是必日蓮大上人也、佛德新神應之、姑記備考、英曰、園太暦素渉胡亂既如斯矣、冥應論等恐似道聽途說、冀吾黨小子、莫覩如斯說猥狽失宗規矣、乃至、芳公曰、我則依祖書而不據史傳、此言至矣、而大士詣勢廟時、神親示現見傳、統紀、冥應論、今謂、此事恐在建長五年之春乎、天照廟、

神武以來、至崇神帝六年（凡五百三十餘年）、鎮座禁中（瓊瓊尊傳來三神器是也）帝恐與神同居、而遷神座於和州笠縫里、使皇女豐鋤入姫命護之（禁中別作三神器而安之、永爲寶祚守護）其後倭姫命代之、奉神勅遷鎮座十四次、垂仁帝二十六年、遷勢州度會郡五十鈴河上、見大和姫世記。云云。

説の可否《ヨシアシ》を今《マ》云ふならず、たゞかく異説あることを示《メ》すの料にこゝに『玫異』の文を擧げたり。（崇神天皇の御《ン》時《キ》摸《ウツ》し製《ツク》らしゝは鏡《ミ》と劔《ギ》との二種のみなるを、これに三神器を作《ク》るとあり、古《ヘ》の書も意《ロ》を注《ツ》けてぞ讀むべかりける）。

玄題の七字。

さてこの伊勢に詣《タ》り給《マ》へる時《キ》に書き給《マ》へる玄題の南無妙法蓮華經の七字は、上《ミ》の五字を楷書に、下《モ》の二字を異《コト》體《サマ》に書き給《マ》へり。『玫異』には僞書なりと云へれど、下《モ》の建長六年云云の小文字こそは後《チ》の人《ト》の好事《コウヅ》なれ。七字は正《サ》に御《ン》筆にて、又《タ》これには深《カ》き旨《ヂ》ぞ在る。（吉村智俊と云へる富士大石寺の僧あり、明治二十五年頃《ロ》一時已《ノ》れの許《ト》に居りしが、その寫《ツ》して持てるものに大石寺數代前の貫主日霑の記ける手抄ありて已《ノ》れに視せたり、その中《カ》に穀倉院別當正四位下清原良枝の日記抄錄として、伊勢の荒木田神主よりの直話なる由《シ》を記《カ》けるあり、それに依れば、日蓮聖人は間山淨明寺を宿坊とし、三日間參籠あり、南無妙法蓮華經と七字書きて納《サ》められつるを、尊きあざりの筆として、庫《ラ》に祕めたるが、後《チ》の歲《シ》の仁王會に、淨明寺、院主參《ヒ》り一覽を請ひ、それを下《タ》敷《キ》

に引き寫《ツ》しもて還《ヘ》りぬ、上《ミ》の五文字は楷書、下《モ》の二字は草體にて、極《ハ》めて達能なり云云とあり、後《チ》の歳《シ》は建長六年にて、伊勢神宮の仁王會は、占《ヘ》正月八日に營《ナ》まれたる由《シ》『古考口實傳』などに看えたれば、其《ノ》時《キ》淨明寺院主、神宮に參《ヒ》りて寫しゝこそゝぞ思《ボ》ふ、さては七字の下《タ》書《キ》の小文字「建長六年」云云は院主の書《キ》添《エ》ならむ歟、艮枝さ云へば弘安十年の頃《ロ》尙《ホ》盛《カ》りの人《ト》なれば、聖人の御《ン》事《ト》も親《タ》しく常《子》に聞き及《ヨ》びて心《ロ》に念じてこそありつらめ、故《カレ》荒木田神主の直話をも斯くは懇《ロ》に日記にものしゝならむ、但《ミ》し日露は何《レ》の處《ロ》にてその日記を覽たりや、更《ラ》にこの事《ト》を問はむにも、今《マ》は故人の答《タ》ふる由《シ》もなし、最《ト》惜《シ》きことにこそ）。下《モ》の華經の二字を異《コト》體《サマ》に書き給《マ》へるから、世の人《ト》はそを草體と拜すなれど、（上《ミ》の艮枝の日記、及《ヨ》び近頃《ロ》の書『先哲本尊鑑』など皆《ナ》草體さ云ひ、又《タ》この書には華經の二字ばかりを斯く書き給《マ》ふは破權顯實の意《ロ》歟など云へり）、尋《ヨノ》常《ツ子》の草體とはまた字格も自《オノヅカ》ら異《カハ》りて、眞《ト》は支那の文字を我が神《ミ》代文字の畫に合はせ取り用《チ》ゐて書きなし給《マ》へるなり。凡《ソ》聖人御一代の間《ダ》多《ホ》く書き給《マ》へる本尊の七字は皆《ナ》我が神《ミ》代文字の筆畫が加《ハ》はりあるにて、今《マ》の華經の二字も、單に支那文字の草體なるには非《ラ》ずかし。先《ツ》華のの字は、

かく艸《サ》冠《リ》の下《モ》の「从」のところを「艸」と書き給《マ》へり。こを世には日月點、または師子眼點など相承あり氣《ゲ》に申《ウ》すなり。されどこの「艸」は、神《ミ》代文字の

日《ヒ》文《フミ》四十七言の結《ビ》の文字を然《サ》書き給《マ》へるにて、彼の結《ビ》の「け」の字は、

《ケ》（楷體）

《ケ》（草體）

《ケ》（同上）

かゝる文字の筆畫をこゝには取り用《チ》ゐ給《マ》ひしなり。すなはち楷體の《ケ》を書き給《マ》ふの筆意なり。故《エ》に建治二年六月一日、伊東八郎へ賜《マ》へりし本尊、また同年八月十三日に書き給《マ》ひける本尊、また同年・九月に書き給《マ》ひける本尊、これ等に何《ヅ》れも

と書きて、正《サ》しく神代文字の草體の《ケ》の筆書を顯《ラ》はし給《マ》へり。（伊藤八郎への本尊は妙法生寺の藏、同年八月十三日は京都本滿寺の藏、同年九月は身延久遠寺の藏なる由《シ》『先哲本尊鑑』に載せあり）。豆州菲山の江川太郎左衛門吉久に賜《マ》へり本尊、今《マ》も彼の家《エ》に藏するが、その華の字また神《ミ》代

文字の《ケ》なりけり。こを以《モ》て「」の筆書は正《サ》しく神《ミ》代文字の楷體の《ケ》を然《サ》書き給《マ》へるなることを知るべし。次《ギ》に經の字は、

かく書き給《マ》へり。こは經の字は呉音に「キヤウ」なるが故《エ》に、また神《ミ》代文字の

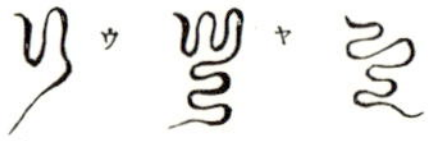

の筆書をば、扁《ヘン》にも旁《ツクリ》にも合《ハ》せて取り用《チ》ゐ給《マ》ひけるなり。（但《シ》◎は「チ」の音なれど通じて「ウ」に用《チ》ゆらるゝなり）。そを未《マ》だ識らぬ人《ト》は單《タヽ》支那の王右軍の草體の筆意など云ふなれど、宗廟に對して立教開宗を奏告し給《マ》ふの嚴《オゴソカ》なるに、七字の中《カ》下《モ》の二字を由《シ》なく草體に畧して書き給《マ》ふなどの事《ト》ゆめ〳〵あるべきに非《ラ》ず。さればこの七字こそは實に我《ガ》國《ニ》の惟《カム》神《ナガラ》の教《エ》、神《カム》眞《マ》の道《チ》なる義《コヽロ》を申《ウ》

し給《マ》はむとて、ことにその七字の中《カ》に神梵同體の文字を用《チ》ゐ書〻し給《マ》ふなり。（神國たる日本と梵國たる印度とは、その辭本《バト》一《ツ》にて、文字もまた神《ミ》代文字と梵字と異《カハ》れるならず、そを我が言《コト》靈《ダマ》の道《チ》からたどりぬれば、よく明きらめ得らるべきことなれど、今の世の人《ト》は全《タ》く知ぬらし、今《マ》華經の二字に就きて、神梵の同《ジ》じ状《マ》を委《ハ》しく云はまく欲すれど、少《コ》しく念《モ》ふ子細あれば、こゝにはたゞ神梵同體てふ標目のみ出《ダ》して、公《ケ》には書〻ず、さあれど已《ノ》れの室に遊べる人《ト》は今《マ》皆《ナ》學《ナ》びつるなり）。七字を皆《ナ》異體に書き給《マ》はむには反《ヘ》りて人《ト》も奇《メヅ》らしくは念《モ》ふまじきを、ことに下《モ》の二字のみを然《サ》書きて、後《チ》後《チ》までに意注《コヽロヅカ》さなむ御《ン》旨《子》なりしも、今《マ》までそを悟《ト》らざるのみか、一概して僞書なむどゝ申《ウ》すなり。そはすべて御《ン》旨《子》を疎《オロソカ》に念《モ》ひまひらする後《チ》後《チ》の弊風《アシキフリ》にてぞあなる。

常《子》に書《〻》し給《マ》ふ七字の法の字の左《リ》の傍《カタヘ》に別きて三點あるをば、人《ト》は皆《ナ》三德三祕など附會すなれど、こも神《ミ》代文字の《ホ》にて、支那の法の字ばかりを用《チ》ゆるにてはなきぞとの意注《コヽロヅケ》に、別きて三點を付けられたるなり。これ等すべては今《マ》云はずなむ。云云。

第參節　三大願。

故《エ》に聖人に三大願なるものあり。『開目抄』に曰《ハ》く。
詮するところは、天もすて給《マ》へ。諸難にも値え。身命を期とせむ。身子が六十劫の行を退せしは、乞眼婆羅門の責《メ》を堪《ヘ》ざるゆへ。久遠大通の者《ノ》の三五の塵をふるは、悪智識に値《フ》ゆへなり。善につけ、悪につけ、法華經をすつるは地獄の業なるべし。大願を立《テシ》。日本國の位《ヒ》をゆづらむ、法華經をすてゝ觀經等につひて後生を期せよ。父母の頸《ビ》を刎《子》む、念佛申《ウ》さずば。なむどの種種の大難出來すとも。智《ノ》者に我《ガ》義やぶられずば用《チ》ひじとなり。其《ノ》外《カ》の大難《ハ》風の前の塵《チリ》なるべし。我日本の柱《ラ》とならむ。我日本の眼目とならむ。我日本の大船とならむ。等とちかひし願やぶるべからず。

夫斯の願や立教開宗の興由たり。大神《オホムカミ》の廣《ヒロ》前《マヘ》に奏告し給《マ》ふの誓盟、實に是れならずむば非《ラ》ざるなり。我日本の柱《ラ》となりて建國の礎を固《タ》ふすべし。即《チ》如來の使《ヒ》なり。我日本の眼目となりて立君の要を明《ラ》かにすべし。即《チ》法華經の行者なり。我日本の大船となりて八紘一宇の國

運を進ましむべし。即《チ》本化の導師薩埵なり。念《フ》に聖人一代の精神は蓋《シ》唯是れなるのみ。

右《ギ》第壹章、第參節に就きて。

三大願。

三大願を宣べ給《マ》へる『開目抄』は文永九年壬申二月、佐渡にて書〻し給《マ》へるなれば、後《チ》の事《ト》なれど、そは當時《ソノトキ》に始《メ》て起《コ》し給《マ》ふの願ならぬことは云はでもしるし。さて『開目抄』も王佛一乘の旨《子》によりて眞《ト》の主師親を識り辨《マ》ふべき所以《ユヘ》を懃《子ンゴロ》に諭《サト》し給《マ》へり。且《ラ》く一文を擧ぐれば、曰《ハ》く、一切經の中《カ》に此《ノ》壽量品ましまさずば、天に日月の、國《ニ》に大王の山河に珠《マ》の、人《ト》に神《タマシヒ》のなからむがごとくにてあるべきを。華嚴、眞言等の權宗の、智者とおぼしき澄觀、嘉祥、慈恩、弘法の人《ト》人《ト》、且《ツ》は自の依經を讃嘆せむがために、或云《ヒハク》華嚴經の敎主は報身、法華經は應身《ト》。或云《ヒハク》、法華壽量品の佛《ケ》は無明の邊域、大日經の佛《ケ》は明の分位等云云。雲《モ》は月《キ》をかくし、讒臣は賢人をかくす。人《ト》讒《ヒコツ》れば黄石も玉とみへ、諛臣も賢人かとおぼゆ。今《マ》濁世の學者等《ハ》、彼《レ》等の讒義に隱《ク》されて、壽量

品の玉を翫《モテアソ》ばず。又《タ》天台宗の人《ト》人《ト》もたぼらかされて、金石一同のおもひをなせる人《ト》人《ト》もあり。佛《ケ》久成にましまさずば所化の少《スクナ》かるべき事《ト》を辨《マ》ふべきなり。月は影《ゲ》を慳《オシ》まざれども、水なくばうつるべからず。佛《ケ》衆生を化せむとおぼせども、結緣うすければ八相を現ぜず。例せば諸《ノ》聲聞が初地初住にはのぼれども、爾前にして自調自度なりしかば、未來の八相を期するなるべし。しかれば敎主釋尊始成ならば今《マ》此《ノ》世界の梵帝、日月、四天等は劫初より此の土を領すれども四十餘年の佛弟子なり。靈山八年の法華結緣《ノ》衆、今《マ》まいりの主君におもひつかず、久住の者《ノ》にへだてらるゝがごとし。今《マ》久遠實成あらはれぬれば、東方の藥師如來の日光、月光、西方阿彌陀如來の觀音、勢至、乃至十方世界の諸佛の御弟子、大日、金剛頂等の兩部《ノ》大日如來の御弟子の諸大菩薩《モ》猶《ホ》敎主釋尊の御弟子也《リ》。諸佛《ガ》釋迦如來の分身たる上《ヘ》は、諸佛の所化《ハ》申《ス》におよばず。何《ニ》況《ヤ》此《ノ》土の劫初よりこのかたの日月衆星等《ハ》敎主釋尊の御弟子にあらずや。而《ル》を天台宗より外《カ》の諸宗は本尊にまどえり、倶舍、成實、律宗は三十四心斷結成道の釋尊を本尊とせり。天尊の太子が迷惑して我《ガ》身は民《ミ》の子とおもうがごとし。華嚴宗、眞言宗、

三論宗、法相宗等の四宗は大乘の宗なり。法相、三論は勝應身に似たる佛《ケ》を本尊とす。天王の太子、我が父《ゝ》は侍《サムラヒ》とおもうがごとし。華嚴宗、眞言宗は釋尊を下《サゲ》て盧《ロ》舍《シャ》那《ナ》大日等を本尊と定《ダ》む。天子たる父《ゝ》を下《サゲ》て種姓もなき者《ノ》、法王のごとくなるにつけり。淨土宗は釋迦の分身の阿彌陀佛を有緣の佛《ケ》とおもひて敎主をすてたり。禪宗は下賤の者《ノ》、一分の德あて父母をさぐるがごとし。佛をさげ經を下《クダス》。此《レ》皆《ナ》本尊に迷《ヘリ》。例せば三皇已前に父をしらず、人《ト》皆《ナ》禽獸に同《ドウ》せしがごとし。壽量品をしらざる諸宗の者《ノ》は畜生に同《ナ》じ、不知恩の者《ノ》なり。云云。（これに「天台宗より外《カ》の諸宗は本尊にまどえり」とある天台宗は、天台、傳敎の本《ト》の宗を指《サ》し給《マ》ふにて、慈覺、智證以來の天台宗には非《ラ》ず、さて天台、傳敎の本《ト》の宗として立《ツ》るところの本尊は唯我一人の敎主釋尊にて他宗とは皆《子》大《ヒ》に違《カ》へるなり、さあれどこを我が聖人の本尊と全《タ》く同《ナ》じ物《ノ》とは念《モ》ふべからず、法華經の敎主釋尊にも本迹二門の異《ト》なりあるなればなり、只《ゞ》他宗に較《ラ》べては可《ヨ》きが故《エ》に彼《ノ》宗のみを除外し給《マ》ふなり）。

總じて諸宗の惡しきは壽量品の佛《ケ》を識らぬが惡しきなり。三德一體、君父同原の國體を辨《マ》えざらむ今《マ》の日本國の人《ト》人《ト》は皆《ナ》無間亡國にて大《ヒ》に惡しかりぬべし。現に不知恩の畜生道に墮ちたる人《ト》人《ト》ならずや。（妙滿寺開祖日什は本《ト》天台の學匠にて多《ホ》くの衆徒を領しけるが、晩年に緣ありてこの『開目抄』と及び『如說修行

抄』さを拜し、直《チ》に宗を改《タ》めて一心に正義の弘通に勵《ゲ》まれたり、全《タ》くこの『抄』の三大願を承《ケ》嗣ぎてその身に行じられたるなり、彼《ノ》師程《ド》の貴《ト》くゆかしきは末《エ》の弟子には幾《ン》ど希《レ》なり、縱《ト》ひ聖人の二陣、三陣は及《ヨ》ばずも、せめては日什の蹟《ト》を逐ひ隨《ガ》ふ程《ト》の法師もがなさ已《ノ》れ常《ネ》に念《モ》ふなり）。

第四節　立教開宗と安房《ノ》國《ニ》。

第壹欵　十遍の唱題。

聖人の立教開宗は日本國の中《カ》に東海の安房《ノ》國《ニ》を以《ツ》て厥の發軫さ爲す。三大願は實に彼《ノ》の地に於《ヒ》て始《ジ》めて一大師子吼の梵音聲さは成れるなり。維《レ》昔《キ》人王第八十八代後深草天皇の建長五年癸丑四月二十八日、天清《ヨ》く氣澄めり。朝暾方《サ》に東《シ》に上《ボ》りて宛《カ》も靈山海會を觀るが如《ト》し。爾《ノ》時《キ》千光山頭に唯《ヽ》一人《ノ》儼《ミ》さして立ち給《マ》ふ。南無妙法蓮華經。吁《ヽ》何ぞ其の聲《エ》の太《ダ》高《カ》きや。南無妙法蓮華經。吁《ヽ》何ぞ其の調《シラベ》の頗《ル》悠《ユルカ》なるや。斯《ク》の如《ト》く十遍して、聲、聲、遠《ホ》く十界の衆生に普《ネ》からしむ。夫《レ》南無妙法蓮華經は本佛の法なり。本佛の法は我が神《ミ》代の古《フル》の言《コト》本《モト》なり。古《フル》の言《コト》本《モト》は十の數なり。是《ヽ》を以《ツ》て十遍の唱題に乃《チ》王佛一乘の玄旨を顯《ハ》し

て正《サ》に立敎開宗の大儀を擧げ給《マ》ふ。

右《ギ》第壹章、第四節、第壹歎に就きて。

千光山頭。

聖人立敎開宗の地《トコロ》は安房國《ノ》長狹《ナガサノ》郡《ニ》、東條鄕の清澄寺なり。（長狹郡は今《マ》安房郡の一《ツ》となれり）。聖人十二歳の時《キ》、（四條天皇の天福元年）、この寺に登《ボ》りて、道善と云へるを師とし出家し給《マ》ふ。後《チ》にその寺《ラ》にて立敎開宗し給《マ》ふなり。寺《ラ》は當時《ソノトキ》天台宗なりしが、今《マ》は眞言宗なり。千光山とはその寺《ラ》の山號なり。（『年譜攷異』に「寺山《ヲ》曰《フ》二千光《ト》一、寶龜二年辛亥、不思議法師創《ス》レ之《ヲ》、慈覺大師爲《リ》二中興一」云云とあり、當時天台宗なりしことは、現《イマ》の下總中村日本寺の住僧清水龍山と云へるがよく調《ラ》べて記《カ》けるものあり、彼の人《ト》は今《マ》には珍らしき篤學の僧なり、彼の人《トノ》己れの名によく似たるから時時《ヨリヨリ》他に誤《マ》らるゝことあるもおかし、）。さてこの寺《ラ》の宗を改《タ》むるは何《ツ》れの時《キ》なるかも。今《マ》に權宗なりけることは聖人に對しまひらせて末《エ》の弟子等の夥《オビタヾ》しき耻《チ》ならずや。

古《フル》の言本《コトモト》。

『元元集』に十《ト》種《クサノ》瑞《ミヅ》寶《タカラ》を云ふに『舊事本紀』を引きて曰《ハ》く、

天神《アマツカミ》御《ミ》祖《オヤ》、詔《ノリゴチ》二授《サヅケ玉フ》天《アメ》璽《シルシ》瑞《ミヅ》寶《タカラ》十《ト》種《クサヲ》一、謂《ク》、瀛《ヲキ》都《ツ》鏡《カヾミ》一《ツ》、邊《ヘ》都《ツ》鏡《カヾミ》一《ツ》、八《ヤ》握《ツカノ》劒《ツルギ》

㋡『元元集』卷五、

一《ツ》、生玉《イクタマ》一《ツ》、死玉《マカルタマ》一《ツ》、足玉《タルタマ》一《ツ》、道反玉《チガヘシノタマ》一《ツ》、蛇比禮《オロチノヒレ》一《ツ》、蜂比禮《ハチノヒレ》一《ツ》、品《シナ》物比禮《シナノヒレ》一《ツ》、是《レ》也《リ》、天神御祖《アマツカミミオヤ》敎詔《ヲシヘイリテ》曰《ノ玉ハク》、若《シ》有《ラバ》痛處《イタマシキ》者、令《シテ》茲《ノ》十寶《トクサノタカラヲ》謂《ツテ》一二三四五六七八九十《ヒフミヨイムナヤコト》而布瑠部《フルヘ》、由良由良止布瑠部《ユラユラシフルヘ》、如此《カク》爲《セ》之者《バ》、死人反生矣《マカルヒトモカヘリテイキナント》、是《レ》則《チ》所《ル》謂《ハ》布瑠《フル》之《ノ》言本《コトモト》矣。

同《ナ》じく御魂祭《ミタママツリ》を云ふに曰《ハ》く。

凡《ソ》厥《ノ》鎭祭《ノ》之日《ハ》、猨女君《サルメノキミ》等主《トル》其《ノ》神樂《カムラヲ》、擧《アグルニ》其《ハノ》言大《コトヲオホキク》、謂《ツテ》一二三四五六七八九十《ヒフミヨイムナヤコト》而神樂歌舞《ス》、最《モ》縁瑞寶《ルトミヅタカラニ》、云云。

この一二三四《ヒフミヨ》等とあるは、神《ミ》代の四十七言の始《メ》の히《ヒ》후《フ》미《ミ》요《ヨ》이《イ》무《ム》나《ナ》야《ヤ》고《コ》도《ト》の言《コトバ》にて、これが言本《コトモト》とは云はるなり。（히《ヒ》후《フ》미《ミ》等は數の一二三のこととなるにはあられど、そが言《コトバ》に擧《ア》げ始《ジ》めつる序《ツイデ》から遂《ヒ》に數の一二三にもことを呼ぶ例《ト》の慣《ラ》ひとはなれるなり）。この히《ヒ》후《フ》미《ミ》요《ヨ》等をば御魂祭《ミタママツリ》に猨女《サルメ》の主《ツカサ》等が聲《エ》を大《キ》く、また調《シラベ》を悠《ユルヤ》かに唱《ナ》えつる古《エ》の大宮《オホミヤ》の神事《カムゴト》にてありしなり。「由良由良止布瑠部《ユラユラシフルヘ》」とあるはその調《シラベ》を悠《ユルヤ》かに唱《ナ》えよとなり。さてこの事《ト》は神《ミ》代の隱辭《カクシコトバ》とも云ひて、これには深《カ》き旨《子》ぞある。そは言靈《コトダマ》の道《チ》の鏡《カヾミ》もて照《ラ》さでは明《ラ》め難《タ》し。またそをし明《ラ》めなば古《フル》の言本《コトモト》の意《コヽロ》を聖人の取り用《モ》て十度《トタビ》唱《ナ》えさし給《マ》へる所以《ユエ》も自《オノヅカ》ら悟《ト》らるべし。但《ヾ》し今《マ》筆端《フデノハ》には載せ難《タ》くなむ。云云。（我が宗の唱題するには「由良由良止布瑠部《ユラユラシフルヘ》」との旨《子》にまかすべし、口《チ》先《キ》に急《ソ》ぎ早《ヤ》まるは可《ヨ》からず、これ神《ミ》の詔《ノリ》、また聖人の唱《ナ》えさし給《マ》へ

◎『開目抄』巻上、「乃至」以下は巻下

る眞《ト》の風《リ》なり、この風《リ》傳《タ》えて富士の北山一派に存せるを習《ラ》ふべし、又聲《タエ》は必《ズ》大《ホ》きくあるべし氣《イキ》を休《ス》むべからず、これ猨《サル》女《メ》等の例《コト》に由るが故《エ》にて、これにも種々《サマサマ》の理《コトハリ》あることぞ、さて古《フル》の言本《コトモト》に就きては國學者の中《カ》にもその傳《タ》えを辨《ワ》けぬが多《ホ》く、從《ガ》つてこれの神《ミ》の詔《ノリ》も眞《ト》さは信《ウケ》けざる人《ト》あれど、聖人はそを深《カ》くも窮《ハ》め給《マ》ひて、唱題の風《リ》は全《タ》くこれにぞ基《ヅ》かせ給《マ》ふ、また靈山にての唱《ナ》えも必《ズ》この神《ム》事《ト》の風《リ》にてぞあなるべき）。

第貳欵　父母の國《ニ》

念《モ》ふに斯の立教開宗の大儀を安房《ノ》國《ニ》に擧げ給《マ》ふ所以《ン》は、彼《ノ》地は父母の國《ニ》なるが爲めにして、乃《チ》孝道爲本の旨《子》に由る。然《カ》るに言《ハ》ゆる孝道爲本は決して支那儒流の説に同《ナ》じからず、秖《ミ》是れ日本國の孝なり。秖《ミ》是れ法華經の孝なり。法華經の孝は主親一體なるに在り、日本國の孝は君父同原なるに在り。君父同原なれば國《ニ》即《チ》家《エ》なり。主親一體なれば家《エ》即《チ》國《ニ》なり。家《エ》即《チ》國《ニ》なるを以《ッ》て克忠なるべく、國《ニ》即《チ》家《エ》なるを以《ッ》て克孝なるべし、斯《ク》の如《ト》き克忠克孝は厥《レ》唯《ミ》孝の一道のみ。國《ニ》に効《タ》すを以《ッ》て家《エ》に竭《ク》し、家《エ》に竭《ク》すを以《ッ》て國《ニ》に効《タ》す。出處進退孰《ヅ》れか適《ク》として孝道ならざらむや。『開目抄』に曰《ハ》く、

△「ねうす」諸本多く「ほうす」に作《ク》る、「ねうす」は「念す」なり。

外典三千餘卷の所詮二《ニ》あり、所《ル》謂《ハ》孝と忠となり。忠も又《タ》孝の家《エ》より出でたり。孝と申者《スハ》高也《リ》。天高《ケレ》ども孝よりも高《カ》からず。又《タ》孝者《トハ》厚也《リ》。地あつけれども孝よりは厚《ツ》からず。聖賢の二類は孝の家より出でたり。何《ニ》況《フ》や佛法を學せむ人《ト》知恩報恩なかるべしや。佛弟子は必《ズ》四恩を知つて知恩報恩をねうすべし。乃至儒家の孝養は今生にかぎる未來の父母を扶《ス》けざれば外典の聖賢は有名無實なり。外道は過、未を知れども父母を扶《ス》くる道《チ》なし、佛道こそ父母の後世を扶《ス》くれば聖賢の名はあるべけれ。しかれども法華經已前等の大小乘の經宗は自身の得道すら猶《ホ》かなひがたし。何《ニ》況《フ》や父母をや。但文のみあて義なし。今《マ》法華經の時《キ》こそ女人成佛の時《キ》悲母の成佛《モ》顯《ハ》れ、達多惡人《ノ》成佛の時《キ》慈父の成佛も顯《ハ》るれ。此の經は內典の孝經也《リ》。

眞《ト》の孝道は祇法華經に在り。斯の孝道は乃《チ》日本國に在り。是《ク》の如《ト》き王佛一乘の立教開宗は必《ズ》父母の國《ニ》に於《ヒ》て爲さゞるべからざるなり。

右《ギ》第壹章、第四節、第貳欵に就きて。

父母の國。

聖人の降誕は人王第八十五代後堀河天皇の貞應元年壬午二月十六日にして、安房國東條鄕、小湊と云へる地に生まれ給ふ。『高祖年譜』に曰く、

大士法《ノ》諱《ハ》日蓮、俗姓《ハ》藤原氏、大織冠鎌足《ノ》之裔《スエ》也《リ》。父《ノ》名《ハ》重忠、重忠《ノ》曾祖父政直、食《ム》邑《チ》遠州貫名《ニ》、因《テ》而氏《トス》焉、重忠有《リ》事《ト》、謫《ツミセラル》于房州《ニ》、娶《レリ》清原氏《チ》、夫人性溫柔《ニシテ》有《リ》婦德、常《ニ》拜《シ》朝巘《チ》欽《ム》齋戒《チ》、一夕夢《ミラク》、日光赫奕《トシテ》乘《リ》蓮華《ニ》蜚入《セルト》懷《ニ》、因《テ》有《リ》娠《ムルヿ》、覺《メテ》以爲《ラク》吉徵也《ト》、二月十六日、日輪當《リ》午《ニ》、誕《ス》於長狹郡《ノ》小湊《ニ》、此《ノ》日《ヤ》也天朗《ニ》氣淸《シ》、至《リ》誕彌《ノ》時《ニ》、異香滿《チ》室《ニ》溢《ル》外《ニ》、倐忽《ノ》之間《ニ》、廿泉湧出《ス》中庭《ニ》、汲《ミ》之《チ》充《ツ》浴湯《ニ》也、先《キ》是《ヨリ》數日、小湊《ノ》海濱《ニ》生《ス》靑蓮華數十莖《チ》、長《サ》一丈餘、馥郁盛鮮《ナリ》、見《ル》者《ノ》無《シ》不《ルハ》嗟異《セ》、誕生水、蓮華潭、今《マ》尙《ホ》存《セリ》焉、大士容貌不凡《ナラ》、孩提《ニシテ》岐嶷《タリ》、父母鍾愛《シテ》、名《ケテ》爲《ス》善日麻呂《ト》、取《ル》之《チ》瑞夢《ニ》也《リ》、或《ト》贊《シテ》之《チ》曰《ク》、聖敎《ノ》之東漸《スルハ》、猶《ホ》暮月《ノ》之自《リスルカ》西、本化《ノ》之興《スルヘニ》此、譬《フ》朝日《ノ》之昇《ルニ》東《ニ》、房州《ハ》在《リ》扶桑《ノ》之東僻《ニ》、則《チ》大士《ノ》之應誕《シ玉フハ》于此《ニ》、良《ニ》有《ル》以《ヘ》也《リ》、且《ツ》厥《ノ》誕辰、親《リ》接《ケリ》本佛《ノ》涅槃《ニ》、生滅《ノ》之序、果因《ノ》之次、豈無《シヤ》由然乎、又《タ》厥《ノ》出《デ》、於賤鄙《ニ》、

而弗托貴顯者、專欲持品之色讀有在而已、若夫非時之芙蓉、庭裡之湧泉、實千古絶無之奇事也、祥瑞之偉既然、宜乎大士之顯烈、絶于前光于後乎。

聖人俗姓の系譜を『攷異』に記《カ》きて曰く、

大織冠鎌足、本姓中臣《ナカトミ》氏、天兒屋命《アメノコヤネノミコト》之裔、皇極帝時、與諸王子胥議、誅入鹿《イルカ》父子、天下謳如也、孝德帝賜錦冠、任內大臣、執政、天智帝八年、敕賜姓藤原、授大織冠、鎌足生贈大政大臣不比等、而參議房前、大納言眞楯、左大臣內麻呂、左大臣冬嗣、中納言良門、右兵衞佐利世、共良官不考、右衞門佐良春、筑前守良宗、備中守共資、凡十二世、正曆初、共資去京、住遠州敷智郡村櫛、無男、每禱土神、寬弘庚戌元旦、詣井伊谷《イガヒノ》神祠在引佐郡、見一兒出於井中、神彩秀徹、眼光射人、共資大喜、爲神賜、子養之、十五冠、諱共保、稱備中大夫、及長智勇絶倫、衆人歸之、實井伊氏之祖也、或曰、硯某、元旦詣祠、忽聞兒啼、怪而索之、得兒井中、育之、年甫七歲、共資聞之、乞而爲嗣、以女妻之、初硯得兒、浴之祠側僧院、院龍潭寺中自淨院也、時無乳者、食之以粥、至今龍潭寺元旦食粥者、蓋由是也、兒出之井、側有一包橘、

因為衣服紋、以井伊為氏、及旗幕皆畫以井韓、蓋取諸兒之出於井也、共保生備中次郎共家、共家生九郎共直、共直生新大夫惟直、惟直生赤佐太郎盛直、太郎有三子、長次郎良直、次赤佐三郎俊直、奥山氏之祖也、次貫名四郎政直、住山名郡貫名、實大士之祖也、政直有二子、長四郎行眞、（初曰行直、）次六郎直友、石野氏之祖也、行眞生五郎重實、重實有二子、（系圖書作三子、）長某夭、次次郎重忠、（身延書類聚所載小湊譜作三郎、又本門宗要抄、國字傳作某、大織冠至是二十一也、）重忠有五子、（小湊譜作四子、）長藤太重政、次某夭、次仲三重仲、次即大士、次藤平重友、重友之後、以藤平為氏、今居總州大野鄉云、貫名系譜諸書有異、（其系圖書假名大士而僞撰者、）今質諸井伊家譜、以記其畧、讚名目、（當家宗旨名目、）國字傳以大士為三國氏、（名目等曰、孝謙帝勅艤大臣賜姓三國、不見所據、）為聖武帝之裔、按一本貫名譜、有其先氏三國者故耶、而為聖武之裔者、所未考也、我釋氏不可強論種姓、今記之者從傳文之常也、勸學篇曰、人無貴賤、道在則尊、增一阿含二十曰、四河入海已、無復本名字、四姓為沙門、皆稱釋種、（取意）梁僧傳（第五）沙門道安以釋命氏、永以為式云云。

また同書に祖父の房州謫遷のことを記《カ》けるに曰《ハ》く、

記爲祖父事、本文從諸說爲父事、小湊譜曰、建仁三年五月七日重忠謫房、撿其由、一曰親族爭所部故、（系圖書、名目）一曰與北條時政有隙故、（靈記）一曰黨阿野全盛故、（舊記）一曰平氏餘黨故、（記、畧傳、身延書類聚所載寛正記）不知孰是、傳、統紀曰建仁三年黨伊勢平氏故、乃傳聞之誤、蓋平氏蜂起在元久元年也。（東鑑十八）。（かく諸說はあれど、平氏蜂起の爲と云ふぞ可《ヨ》かる、平氏蜂起とは、平家の餘黨富田基度、三浦盛時等が伊賀、伊勢に起《コ》りて、國司首藤經俊を襲《ソ》ひける事《ト》なり、事は忽《チ》平《ラ》ぎしが、後《チ》に聖人の御父重忠をば、誣《ヒ》て之《レ》に與《ミ》せりとて、安房《ノ》國には流《ガ》しき、そは北條氏と常《子》に隙ありしかば曲《ゲ》て罪《ミ》に陷《ト》しゝなり、この平氏蜂起の時《キ》は御父重忠は三十歲なりしなり、）。

また同書に母清原氏のことを記《カ》けるに曰《ハ》く、

清原氏、小湊譜曰、母清原氏、舍人親王五十世之裔、（五字疑誤）從五位山崎左近兼良女、統紀曰、母清原氏、舍人親王之裔、畠山之族、稱梅千代、（國字傳、作梅菊）下總大野吉清女、（五十世の五の誤《リ》なることは、一說に「舍人親王九世之裔」とあるにて知るべし、又《タ》大野吉清をば、一說に吉直と云ふ、大野氏は下總道野邊と云へる地の豪族なり）。

『開目抄』云云。

こゝに擧ぐるは彼の『抄』の上下兩卷に在る一《ト》處《ロ》宛《ヅ》、の文なり。さて忠孝と云ふも唯《ゞ》孝の一途なるべきこと、この『抄』の御《ン》言《ト》にて明《ラ》かなれど、尚《オ》下《ノ》卷に「孝子《ノ》慈父の王敵となれば父《ゞ》をすてゝ王にまひる孝の至《タ》り也《リ》」など仰《ホ》し給《マ》へり。忠と申《ウ》さすべきを孝と申《ウ》し給《マ》へりしは全《タ》く君父同原なればなり。されば我が國體からは君《ミ》に忠と言はむよりは君《ミ》に孝とぞ申《ウ》すべき。たゞ孝が忠とも云はるゝにてありけることなり。畏《カシコ》かれど　今上の詔勅に克忠克孝と仰《ホ》し給《マ》へるこの四文字は吾《レ》等が君國に對する上《ヘ》の道《チ》にて實に忠が孝ぞよとの御《ン》旨《ネ》なり。よりて「國體の精華」と仰《ホ》し給《マ》へり。されば一家の上《ヘ》の孝はまた下《モ》に更《ラ》に揭《ヨ》げて、「爾《チ》臣民父母ニ孝ニ」等と別《ワ》きて仰《ホ》し給《マ》へり。この同異《ケジメ》を意得《ココロエ》では日本國の孝道は識らるべからず。儒家の孝と法華經の孝とは旨《ネ》異《コト》なれり。支那の倫理、豈《ニ》日本國の道《チ》なるべけむや。深《カ》く念《モ》ふべし。法華經の眞《ト》に內典の孝經なる所《コ》以《ヘ》は後《チ》にも云ふ云云。

第參欵　天照大神の神都。

又《タ》安房《ノ》國《ニ》は天照大神の御《ミ》厨《クリヤ》地たるのみならず、蓋《シ》遠《ホ》き神都たり。今《マ》

や之《レ》に關する紀傳已《デ》に絶《エ》て徵證幾《ム》ど亡《ロ》ぶと雖《モ》、聖人の當時は尙據《ホ》りて斯の事《ト》の觀るべきものありしならむ。文永十一年甲戌二月、北條彌源太に與《タ》ふる書《ミ》に曰《ノ玉ハ》く、

日蓮は日本國の中《カ》には安州のものなり。總じて彼《ノ》國《ニ》は天《アマ》照《テル》大《オホム》神《カミ》のすみそめ給《マ》ひし國《ニ》なりといへり。かしこにして日本國をさぐり出《ダ》し給《マ》ふ、あはの國《ニ》御《ミ》くりやなり。しかも此《ノ》國《ニ》の一切衆生の慈父悲母なり。かゝるいみじき國《ニ》なれば定《ン》で故《エ》ぞ候《フ》らむ。いかなる宿習にてや候《フ》らむ、日蓮又《タ》彼《ノ》國《ニ》に生《マ》れたり。第一の果報なるなり。

其の安房《ノ》國《ニ》に生《マ》れ給《マ》へるをば第一の果報と慶《コ》び給《マ》ふ所以《ン》は彼《ノ》地は大《オホム》神《カミ》の神都にして日本國の最初なりと云ふなればなり。立教開宗に彼《ノ》地を擇《ラ》び給《マ》へる旨《子》亦《タ》以《ツ》て識るに足るべし。

右第《キ》壹章、第四節、第參欵に就きて。

天《アマ》照《テル》大《オホム》神《カミ》のすみそめ給《マ》ひし國《ニ》。

聖人の御《ン》言《ト》に依れば、安房《ノ》國《ニ》は我が皇《スメ》祖《ミオヤ》天《アマ》照《テル》大神《オホムカミ》の住み初め給《マ》ひぬる

最古《イトフル》き遠《トホ》き神《ミ》代の都地《ミヤコドコロ》にてありしことなるべし。但《ミ》し今日の史徴已《デ》に闕けて亡《ウ》せたれば斯くと定《ダ》かには云び難《タ》かれど、聖人の御在世頃《ロ》には尚《ホ》その傳《タ》えの遺《ノコ》りてありしかば斯ゝる御《ン》言《ト》もこそあなれ。按《モ》ふに皇《ミ》孫《マノ》尊《ミコト》の日向高千穂に降《オ》りましける以《マ》前《ヘ》天《アメ》のまゝの高《タカ》天《マ》原《ハラ》の都《コ》はこの安房《ノ》國《ニ》にて、天《アマ》照《テル》大神《オホムカミ》は久《サ》しくその地《トコロ》にや座《ハ》しましけむ。大神《オホムカミ》は全《タ》く日向の小《チ》門《ド》に生《ア》れまして（伊弉諾尊《イザナギノミコト》の御《ミ》禊《ソヽギ》給《マ》ふ時《キ》）朝《アサ》日《ヒ》昇《ノボ》る東《シ》の空《ラ》なる今《マ》の安房に到《タ》り居《キ》ましゝをば、古《ヘ》の傳には天に昇《ノボ》らし給《マ》へる由《シ》に記《カ》きたるならし。その天《アマ》津《ツ》と云へる名の今《マ》も彼《ノ》國《ニ》の地《トコロ》に遺《コ》りぬるは小《チボ》縁《ロゲ》にはあら《ヌ》ざるべくなむ。さて皇《ミ》孫《マノ》尊《ミコト》の天《ア》降《モ》ります時《キ》の供奉の神《ミ》達《チ》に船《フナ》長《ヲサ》としては跡《アト》部《ベノ》首等《チフドフノ》祖、天《アマ》津《ツ》羽《ハ》原《ハラ》、楫《カ》取《ドリ》としては阿《ア》刀《ドノ》造《ツコ》等《ラノ》祖、天《アマ》津《ツ》眞《マ》浦《ウラ》などあり、（『舊事本紀』に見ゆ）、されば皇《ミ》孫《マノ》尊《ミコト》は船《子》にて安房より筑紫に向《カ》はし給《マ》ひけるにて、この神《ミ》達《チ》は安房の天《アマ》津《ツ》の船《フナ》長《チサ》、楫《カ》取《ドリ》などなるべし。神武天皇の御即位ましましける翌年《アケノトシ》に、天《アメ》富尊《トミノミコト》、大命《オホミコトノリ》を承けて、安房《ノ》國《ニ》に多《ホ》くの忌《イム》部《ベ》を連れ往きて太《フト》玉命《ダマノミコト》を相《ヒ》殿《ノ》にして大神《オホムカミ》を祭《ツ》らし給《マ》ふ。即《チ》今《マ》の官幣大社安房神社にて、古《ヘ》より安房の天照大神宮と崇《ガ》め申《ウ》し、是れなり。遠《ホ》く深《カ》き縁《ヨシ》のなからむにはこれ等のことも速《カ》には行《ナ》はれ難《タ》くぞ思《ボ》ふ。又《タ》我《ガ》國《ニ》の名には安房

と阿波と音同《ナ》じ。阿波は『舊事本紀』に「粟國《アハノクニ》」と記《カ》き、『古事記』には「淡國《アハノクニ》」とあり、『日本書紀』には「二神先《ツ》以《テ》淡《アハ》路《ヂ》州《シマ》為《ス》胞《ト》、初生《メテナルチ》謂《フ》淡《アハト》」とあり、古《ヘ》はもと初生の義から淡《アハ》といひしを、後《チ》に粟《ハ》を殖えてより粟《ハ》とも書きつらむ、そを國《ノ》名二字に書く例《コト》となりて、更《ラ》にまた阿波と改《タ》めつらむ。（この事《ト》は先人已《ゼ》に云へる説なり）。さて粟《アハ》を殖えたるは神武天皇の御《ン》時《キ》にて、これも天富命《アメトミノミコト》の承《ウケ》給《タマ》はりなり。『古語拾遺』に曰《ハ》く、

仍《カレ》令《ム》天富命《アメトミノミコトニ》率《ヒ》日《ヒ》鷲命《ワシノミコトノ》之孫《ミマゴヲ》求《メ》肥饒《ノ》地《ヲ》遣《ハシ》阿波國《アハノクニニ》殖《エ》穀《カヂ》麻種《アサノタネヲ》、其《ノ》裔《エ》今《マ》在《リ》彼《ノ》國《ニ》、當《リ》大《オホ》嘗《マヘノ》之年《ニ》、貢《ツル》木綿《ユフ》麻布《アラタヘ》及《ビ》種種《ノ》物《ヲ》、所以《ニ》郡《ノ》名《ヲ》為《スノ》麻殖《ヲエト》之縁《ヨシ》也《リ》、天富命《アメトミノミコト》更《ニ》求《メ》沃壤《ヲ》、分《キ》阿《ア》波《ハノ》齋《イム》部《ベヲ》、率《ヒテ》往《キ》東土《ニ》、播殖《ス》麻《アサ》穀《カヂヲ》、好《キ》麻《アサノ》所《ロ》生《フ》、故《カレ》謂《ヒ》之《レヲ》總《フサノ》國《ト》、穀木《カヂノキノ》所《ロ》生《フ》、故《カレ》謂《フ》之《レヲ》結城《ユフキノ》郡《ト》、古語、麻《アサ》謂《フ》之《ヲ》總《フサト》也《リ》、今《マ》為《ル》上總下總二國《ト》是《レ》也《リ》、阿《ア》波《ハノ》忌《イム》部《ベノ》所《ロ》居《ル》、便《チ》名《ク》安《ア》房《ハ》郡《ゴホリト》、今《ノ》安房《ノ》國是《レ》也《リ》、天富命《アメトミノミコト》、即《チ》於《テ》其《ノ》地《ニ》、立《ツ》太玉命《フトダマノミコトノ》社《ヲ》、今《マ》謂《フ》之《レヲ》安房《アハノ》社《ト》、故《カレ》其《ノ》神《カム》戸《ベニ》有《リ》齋部《イムベ》氏。

かく阿波と安房との二國に穀《カヂ》麻《アサ》を種《エ》しめたるも、たゞその地《トコロ》の肥饒《コエフトル》なるが為めとのみには非《ラ》ざるべし。たゞ地《トコロ》の肥饒《コエフトル》なるを擇《ラ》ぶのみならば他《ヨソ》にも良き地《トコロ》は多《ホ》かるべきものをや。そも天照大神《アマテルオホムカミ》の親《ミヅカ》らに御田《ミタ》造《ツク》ら

し、御《ミ》衣《ソ》織《オ》らし、穀《カヂ》麻《アサ》の事《ト》に大《オホ》御《ミ》意《コヽロ》を注《ソ》がし給《マ》ひぬることの至《タ》りて深《カ》く坐《オハ》しまし、は後《ノチ》の史《フミ》にも載せて已《デ》に著《シル》し。況《マ》してや神武天皇の御《ン》時《キ》はこの御《ン》事《ト》の古《ル》き傳《タ》えまさしければ、大神《オホムカミ》の昔《シ》の都地《ミヤコドコロ》の國《ニ》柄《ラ》を彼《ノ》國《ニ》に習《ラ》ひ移《ツ》しめなむとて先《ツ》その穀《カヂ》麻《アサ》をば阿波に種《ウエ》さし給《マ》ひけむ。そは彼《ノ》國《ニ》は國《ニ》の生《ナ》り出でし初《メ》つ方《タ》にて元《モト》の都地《ミヤコドコロ》の名に同《ナ》じかりけるが故《エ》なり。（安房の國《ニ》名となりしは元正天皇養老二年が始《ジ》めなれど郡《ノ》名としては已《デ》に神武天皇の御《ン》時《キ》よりなること上《ミ》の『古語拾遺』の如《ト》し、さてこの『古語拾遺』に「阿波の忌部《イムベ》を安房に置きしより安房とも云ふなる由《シ》に記《カ》けど、元《ト》の都地《コロ》なれば齋《イ》廷《ニハ》の司神《ツカサガミ》は疾くこそ安房に坐《オハ》しつらめ、神武天皇即位の翌年《ケノシ》を以て先《ツ》忌部《イムベ》の祖神、太玉命《フトダマノミコト》を安房に祭《ツ》らし給《マ》へる由緣は是れなるかも、さればば安房の名は古《ル》く大神《オホムカミ》の御《ン》頃《ロ》よりにて、國《ニ》の生《ナ》り出でつる初《メ》の阿波の稱《ナ》をその都地《コロ》の名に取りもて、かく同《ナ》じには呼ばさし給《マ》ひけむ、或《ル》書《ミ》に阿波の鳴門《ナルト》の水《ナ》底《コ》に川《ハ》筋《ジ》あり、それより東《シ》に流《カ》れて安房に到《タ》りそこの濱《マ》の涯《ミ》となるなど記《カ》けり、川《ハ》筋《ジ》とは黑《ロ》潮《ホ》のことならむ、若《シ》船《子》にて黑《ロ》潮《ホ》に任《カ》せなば必《ズ》安房の東《シ》の極《ハテ》に到《タ》りぬべし、さて大神《オホムカミ》もこの黑《ロ》潮《ホ》にや御船《子》を泛《カ》べ給《マ》ふならむか、安房郡には刀割《ナタワリ》神社と稱するがあり、その神體としては磐《ハ》船《子》なり、古老の傳《タ》えには、大昔《シ》神《ミ》この船《子》にて來《タ》り給《マ》ひ、刀《ナタ》にて大岩《オハ》を割《ワ》りて陸《ガ》に上《ボ》り給ふと、これ等尙《ホ》よく探《グ》り考《ガ》ふべきことなり、已《ノ》れの家兄は親《タ》しく刀割《ナタワリ》神社を訪へど、別に何《ニ》事《ト》をも得ること能《タ》はざりきとて憾《ラ》み居たり、田中智學の兄の椙守普門と云へる醫師も安房の古《ル》き神都なるに眼を注《ツ》ぎて種《マ》種《マ》調査に力《ラ》を盡くしゝ由《シ》智學より聞きぬ、親《タ》しく遇ふてよく聞かまほし）。又《タ》安房にも穀《カヂ》麻《アサ》を種《ウエ》さし、は大神《オホムカミ》の舊《モト》を偲《シノ》びての御《ン》事《ト》ならむ。そも其《ノ》祭《ツ》らし、大神《オホムカミ》の御《ミ》社《ヤシロ》（太玉命を相《ヒ》殿《ノ》とすなれば特《ト》に大神《オホムカミ》の御社《ミヤシロ》と申《ウ》すべきぞ）たる安房神社はかくも至《タ》りて古《ル》き我《ガ》國《ニ》の最初《ハジメ》の神社なるに從來《コレマデ》餘《マ》

りに重《モ》く崇《ガ》められざりつるは、遠《ホ》く隔《ダ》たりつるが故《エ》と、また一《ツ》には禰宜の社格を爭《ラ》そふなどの事《ト》もなかりけるが爲めならむも、神武天皇の大《オホ》御《ミ》意《コヽロ》には甚《イタ》ふ違《ガ》へるならし。（中《ツ》世以《シ》降《モ》社僧禰宜等の權勢を爭《ソ》ひ利祿を貪《ボ》らむが爲めに、各《ノ》各《ノ》我が仕《カ》ふまつる神《ミ》の社格は、口實を設《ケ》ても高《カ》ふしなむとし、隨《ガ》つて他の高《カ》き社《ヤシロ》を反りて之《レ》を貶《ト》すの風さかりなりしことあり、さればその間《ダ》に出《デ》來し社記どもは中々《カ》信《カウ》け難《タ》かり、延喜の神名帳は較《ヾ》正《ダ》しき方《タ》なれど、それさへ尙《ホ》この弊を免《ヌ》かれざるものありて、安房神社をただ太玉命社《フトダマノミコトノヤシロ》とのみ云ひて大神《オホムカミ》を祭《マ》れりと云はず、これはまた貶《ト》しゝ筆《デ》なり、神武天皇の御《ン》時《キ》大神《オホムカミ》をば彼處《カシコ》に祭《ツ》れりと言《ヒ》難《タ》かる爲《メ》ならむ、）。天皇、大和《ヤマト》の腋《ワキ》上《ガミ》嗛《ホソ》間《マノ》の丘《オカ》に登《ボ》らし、國《クニ》狀《サマ》を廻《ミツ》望《ナハ》して曰《ノ玉ハ》く、

　妍《アナ》哉《ニヤ》國《クニ》之獲矣《ミテツ》、雖《イヘド》内《ウツ》木《ユ》綿《フ》之《ノ》眞《マ》咋《サキ》國《クニトハ》、猶如《ゴトクモアルカ》蜻蛉《アキツノ》之臀呫《トナメノ》焉、

「内《ウツ》木《ユ》綿《フ》之《ノ》眞《マ》咋《サキ》國《クニ》」とは安房《ノ》國《ニ》を指して仰《ホ》しゝなり。「木《ユ》綿《フ》」は麻《アサ》にて總《フサ》なり。「内《ウツ》木《ユ》綿《フ》」とは内《チ》の總國《フサノニ》と云へることにて、その外《ソト》は當《ソノ》時《トキ》蝦《エ》夷《ミシ》なりしかば然《サ》仰《ホ》しゝなり。「眞《マ》咋《サキ》國《クニ》」とは總國《フサノニ》の眞《マ》咋《サキ》は即《チ》安房なるが故《エ》なり。又《タ》「眞《マ》咋《サキ》國《クニ》」てふことの旨《ムネ》として、自《オノヅカ》ら國《ニ》の初《メ》なりける「アハ」の意《ロ》をも含《ク》まし給《マ》へるなり。安房には正《マサ》木《キ》郷と申《ウ》す地《トコロ》あり、そこには眞《マ》榊《サカ》木《キ》至《タ》りて多《ホ》かるより云ふなる由《シ》なれど、其はまた眞《マ》咋《サキ》國《グニ》の正《マサ》木《キ》なるべし。また眞《マ》咋《サキ》國《ニ》なればこそ眞《マ》榊《サカ》木《キ》も多《ホ》からめ。さてこの天皇の御《ン》辭《バ》は「喜《ロ》ばしくも好き國《ニ》を今《マ》平《ヲ》げ獲たり。總《フサ》の眞《マ》咋《サキ》の安房に我《ワレ》も國《ニ》して都《ミヤコ》しなむとは念《モ》へど

今《マ》暫《ラ》くは蜻蛉《アキツ》の臀《ト》呫《ナメ》せる如《ト》く盤屈してこの大和に在らうづ」との御《ン》旨《子》なり。（この書の第壹篇、第壹章、第四節、の下《モ》秋《アキ》津《ツ》洲《シマ》國名の段を翻《カ》つて看るべし）。正《サ》しく大神《オホムカミ》の古《ル》き遠《ホ》き都地《ミヤコトコロ》を偲《シノ》びての御《ン》辭《バ》ならずや　御即位の翌《アケ》の年《シ》、直《チ》に大神《オホムカミ》を彼《ノ》地に祭《ツ》らし給《マ》る所以《ン》は是れなりけりとぞ思《ボ》ふ。猶《ホ》よく考《ガ》ふべし云云。御《ミ》厨《クリヤ》とは伊勢神宮の御領たる諸國の神《カン》戸《ベ》、御《ミ》厨《クリヤ》、御《ミ》薗《ソノ》、神《カム》田《ダ》、名《ナ》田《ダ》などの御《ミ》厨《クリヤ》にて、委《ハ》しくは『神鳳抄』に記《カ》けるを看るべし、安房《ノ》國《ニ》は御《ミ》厨《クリヤ》二處ありて、一は東條《ノ》御《ミ》厨《クリヤ》、これは外宮なり、一は白《シラ》濱《ハマノ》御《ミ》厨《クリヤ》、こは内宮なり、（古《ヘ》は然《カ》内外二宮の御《ミ》厨《クリヤ》なりしに、後《チ》に白《シラ》濱《ハマノ》御《ミ》厨《クリヤ》は東條に併《ハ》せられて、東條《ノ》御《ミ》厨《クリヤ》の内《チ》となりたりけり、『神鳳抄』に白《シラ》濱《ハマノ》御《ミ》厨《クリヤ》に注して、「東條《ノ》御《ミ》厨《クリヤノ》内《ナリ》也、號《ス》二阿《ア》摩《マ》津《ツ》御《ミ》厨《クリヤト》一」と記《カ》ける是れなり、）。

聖人の安房神社を仰《ホ》し給《マ》ふには二《ツ》の種《サマ》別かれてありけり。一《ツ》の種《サマ》は今《マ》しも擧げたる大神《オホムカミ》のすみそめ給《マ》ひし地《トコロ》と云ふの意《コヽロ》、尚《ホ》一《ツ》の種《サマ》は常《子》の如《ト》く源《ト》頼朝の時《キ》第一の御《ミ》厨《クリヤ》をこの地《トコロ》と定《ダ》めたるとの意《コヽロ》、この二《ツ》の種《サマ》なり。『新尼御前御返事』（文永十二年二月の御書）などは後《チ》の種《サマ》の意《コヽロ》もて仰《ホ》したり、曰《ハ》く。

安房《ノ》國《ニ》東條《ノ》郷は邊國なれども日本國の中心のごとし。其《ノ》故《エ》は天《アマ》照《テル》大神《オホムカミ》跡《ト》を垂れ給《マ》へり。昔《シ》は伊勢《ノ》國《ニ》に跡《ト》を垂《レ》させ給《マ》ひてこそありし

◎『吾妻鏡』巻一、

かども、國王は八幡、加茂等を御歸依深《カ》くありて、天《アマ》照《テル》大神《オホムカミ》の御歸依淺《サ》かりしかば、天《アマ》照《テル》大神《オホムカミ》嗔《リ》おぼせし時《キ》、源《ノ》右將軍と申《ウ》せし人《ト》、御起請文をもつて、あをかの小大夫に仰《セ》つけて、頂載し、伊勢の外宮にしのびをさめしかば、大神《オホムカミ》の御心に叶はせ給《マ》ひけるかの故《エ》に、日本を手ににぎる將軍となり給《マ》ひぬ。此《ノ》人《ト》東條《ノ》郡を天《アマ》照《テル》大神《オホムカミ》の御《オン》栖《スミカ》と定《ダ》めさせ給《マ》ふ。されば此《ノ》大神《オホムカミ》は伊勢《ノ》國にはおはしまさず、安房《ノ》國《ニ》東條《ノ》郡《リ》にはすませ給《マ》ふか。例せば八幡大菩薩は昔《シ》は西《シ》におはせしかども、中《カ》頃《ロ》は山城《ノ》國《ニ》男山に移《ツ》り給《マ》ひ、今《マ》は相州鎌倉鶴《ケ》岡に栖《ミ》給《マ》ふ。これもかくのごとし。日蓮は一閻浮提の内《チ》日本國安房《ノ》國《ニ》東條《ノ》郡に始《メ》て此の正法を弘通し始《メ》たり。云云。

こは普通人《ト》の知れる事《ト》にて仰《ホ》し給《マ》へるなり。然《サ》れど御《ミ》厨《クリヤ》たるを御《オン》栖《スミカ》と云ひ換え給《マ》へるは、また前《ヘ》の古《ル》き都地《ミヤコドコロ》なる意《コヽロ》をも底《ソコ》に含《フク》まし給《マ》ふが故《エ》なるべし。頼朝のこの事《ト》『吾妻鏡』に見えたり。云云。兎まれ大神の縁《ユカリ》の御《ン》地に立敎開宗を爲し給《マ》へる旨《子》は單《タヾ》には非《ラ》ずかし。さてこの上《ミ》に云ひける大神《オホムカミ》は安房《ノ》國《ニ》に住まし給《マ》へりとの己《ノ》れの說《コト》を看て、天《ア》上《メ》の高《タカ》天《マ》原《ハラ》を信《ウ》けぬ故《エ》にやなど念《モ》はれなむは己《ノ》れの憾《ラ》みな

り。己《ノ》れの常《ネ》に念《モ》ふは、天《ア》上《メ》の高《タカ》天《マ》原《ハラ》は別《コト》天神《アマツカミ》、神《カミ》世《ヨ》七《ナヽ》代《ヨ》にて、地神の世からはさだめてこの大《オホ》八《ヤ》洲《シマ》國《クニ》の御《ミ》世《ヨ》なるらむを、只《ヾ》この大《オホ》八《ヤ》洲《シマ》國《クニ》は天《ア》上《メ》のまゝなるから、天《ア》上《メ》の高《タカ》天《マ》原《ハラ》をこの地神の御《ン》ことに移《ツ》し呼びまつりて、大神《オホムカミ》を高《タカ》天《マ》原《ハラ》に坐《マ》し坐《マ》すとも申《ウ》し、ことならむとぞ思《ボ》ふなり。又《タ》大神《オホムカミ》はこの大《オホ》八《ヤ》州《シマ》國《クニ》に坐《マ》し坐《マ》しても天《ア》上《メ》の高《タカ》天《マ》原《ハラ》をや治《シラ》し給《マ》ひけむ、天《ア》地《ツチ》を合《ハ》せて六合はすべて大神《オホムカミ》の照《ラ》し給《マ》ふところなればなり。我《ガ》國《ニ》の天皇はその現《アラ》御《ミ》神《カミ》に坐《マ》すなれば、また必《ズ》天《アメ》地《ツチ》を合《アハ》せての御《ン》治《ラ》すなるべし。されば大神《オホムカミ》の安房《ノ》國《ニ》に坐《マ》し坐《マ》し給《マ》へりとの説《コト》も天《ア》上《メ》の高《タカ》天《マ》原《ハラ》を信《ウ》けぬなどには非ず。反《ヘ》りて大神《オホムカミ》の光《ヒカリ》の最《イト》高《タカ》く我が國體の天《アメ》地《ツチ》に渉《タ》り六合を兼ぬるなる所以《ン》を心《コヽロ》から貴《タ》むが故《エ》ぞかし。世には我が國《ニ》の本《ト》を他《ヨソ》の國《ニ》として、高《タカ》天《マ》原《ハラ》をば亞《ア》細《ジ》亞《ア》大陸など云ふ類《ヒ》もあれど、そは徒《ツ》らに國《ニ》の廣《ロ》きを云ひ試《ロ》みなむとして遂《ヒ》に國《ニ》の本《ト》を失《ナ》へる大《ヒ》なる非《ヒガ》曲《ゴト》なり。但《ヾ》皇《ミ》孫《マノ》尊《ミコト》の天《ア》降《モ》りまし給ひけるより何《ツ》れか高《タカ》天《マ》原《ハラ》を遠《ホ》き方《タ》にせではこの御《ン》事《ト》を解《ワ》くべからざるが爲めならむも、己《デ》に天《ア》降《モ》りと申《ウ》しぬる程《ド》なればさだめて西《シ》の方《タ》を指すべきに非《ラ》ず、古《ヘ》には東《シ》の方《タ》をこそ天《アメ》とも空《ソラ》とも申《ウ》し、例《ナラヒ》はあれ、東《シ》より

西《シ》を指しては然《サ》云はぬ人《ト》人《ト》の常《子》の思《モ》ひぞかし。素《ス》盞《サノ》嗚《チノ》尊《ミコト》の高《タカ》天《マ》原《ハラ》を去りて、出雲《ノ》國《ニ》に到《タ》り、それより韓《ラ》國《ニ》に渡《タ》り給《マ》へる路《チ》の程《ド》を考《ガ》ふれば、高《タカ》天《マ》原《ハラ》は出雲《ノ》國《ニ》よりは尚《ホ》東《シ》の方《タ》なるべきに非《ラ》ずや。彼《レ》是《レ》念《モ》ひ合はせて、さて先人の説《コト》を撿《ラ》ぶるに、獨《リ》聖人の安房《ノ》國《ニ》を大神《オホムカミ》の都地《ミヤコドコロ》と仰《ホ》し給《マ》ひけることこそ實に信《ウ》くべきなりとぞ思《ボ》ふ。物《ノ》識れる人《ト》更《ラ》によく窮《ハ》めてよや。

第五節　東天の旭日と南面の持佛堂。

夫《レ》千光山頭、東天の旭日に對する十遍の唱題は日本國の教法を立つる所以《ン》なり。更《ラ》に南面の持佛堂を擇《ラ》びて四箇の格言を揚げ給《マ》ふ。曰《ハ》く念佛無間、禪天魔、眞言亡國、律國賊。乃《チ》是れ王命を宣ぶるの公式にして、臣庶に莅《ヅ》むの大典なり。蓋《ン》唯我一人の神皇、肅として厥の後《チ》に在《マ》すの意に由るのみ。嗚呼聖人の立教開宗や厥の儀、實に欽《ミ》しめりと謂ふべし。

右《キ》第壹章、第五節に就きて。

南面の持佛堂。

清澄寺にこの堂ありしなり。弘安二年十月にこの立教開宗の時の事を書かし給ふに曰く、

去《ヌル》建長五年太歳癸丑四月二十八日に、安房國長狹郡之內東條の鄉、今は郡也。天照《アマテル》大神《オホムカミ》の御《ミ》くりや、右大將家の立始給日本第二のみくりや、今は日本第一なり。此郡の內淸澄寺と申寺、諸佛坊の持佛堂の南面にして、午時に此法門申はじめて今に二十七年弘安二年太歳己卯なり。云云。

この南面の持佛堂に、御躬亦南面して此法門申はじめ給ひけるなり。南面は王者の位なり。世出二法の王道を宣べ給はむとての御表儀なり。よりて四箇の格言は日本國に取りては天皇の宣命なり。云云。『年譜』に曰く、

己而還淸澄、省覲師親、更構一室寺傍、四月二十二日入于三昧、二十八日早起三昧、趨登山嶺、仰赫赫旭日、高唱經王首題、蓋十遍、實本化迹日弘法之權與也、是日大會緇素、陞于猊座、德音俊發、神色開明、乃揮麈尾曰、今正膺最後五百鬪諍堅固之衰運、鑑其時機、

亦但本末有善耳矣、此固非小權諸經之可救濟者、唯有法華佛乘、普攝此時機者也、此即塔中付屬之深緻、一呼百諾之金言也、而今我由多年之薰修、遂自感得之也、四衆其勉旃、乃援證曰、佛讖言後五廣宣焉、台嶺釋曰後五遠霑、叡嶽承襲曰法華眞經後五百歲必應流傳、此言有徵矣、若夫指後五者、不啻此經有焉、諸經之中、蓋亦有焉、姑如大般若經曰、我滅度後後五百歲甚深般若於東北方大作佛事、甚深般若之言、若以機察之、般若當分也、以佛觀之、則指法華佛慧、即是開權之蘊、不可誣也、其東北方之語、即指我日域也皎皎矣、由之觀之今我日域者、法華本門之純機也、嗟呼汝曹、駛悛舊執之小權、疾嚮乎我之實大、勉哉勉哉、又品藻諸宗總樹墮獄根柢之言、別建四箇格言、乃公然曰、夫淨土宗祖、偏念彌陀一佛、普謗實經云難行、聖道、雜行、捨閉、群賊焉、其報必入阿鼻地獄、故格謂之念佛無間、一也、禪宗師徒、皆逞臆見、輕侮聖經、顚似波旬、故謂之天魔、二也、眞言初祖、下瞰經王、以爲第三戲論、妄廢釋尊、別立教主、誇稱護國、還招夭孽、故謂之亡國、三也、小乘律宗、暌違時機、弘小律于末法、以奪大乘之地、自謂國寶矣、今反之謂之國賊、四也、悉擧典據、懸

河流暢矣《タリ》、視聴《ノ》之徒、且《ツ》駭《キ》且《ツ》怒《ル》、邑宰東條景信欲《ス》斬《ント》之《チ》、法印泣《テ》而遏《メ》之《チ》、馳《ニ》逐《フ》大士《チ》、法兄浄顕、義浄《ノ》二子、相謀《テ》竊《ニ》寓《セシム》於華房《ノ》蓮華寺《ニ》、云云。これに四箇格言を揚げ給《マ》へる當日《ソノヒ》の狀《マ》を記《カ》けり。さて文《ノ》中《カ》に「法印」とあるは、聖人の師の坊なりける道善を申《ウ》す。この師の事《ト》は、聖人の御書處《ロ》處《ロ》に看ゆる外《カ》に確《カ》と記傳なし。四箇格言の大要《オホムネ》は後《チ》の第參章に之《レ》を云ふ。云云。

第貳章　法華經と日本國との關係。

第壹節　五綱の概要。

言はゆる聖人の宗とは三秘なり。本尊、題目、戒壇。教とは五重なり。內外、大小、權實、本迹、種脫。而《カ》して五綱は其の化儀なり。五綱とは、一《ニ》教、二《ニ》機、三《ニ》時、四《ニ》國、五《ニ》教法流布の前後次第なり。具《サ》には『教機時國抄』に示《メ》し給《マ》ふが如《ト》し云云、若《シ》委《ハシ》く此の五綱の意《ロ》を得ば、法華經と日本國との關係、以《ツ》て明《ラ》かなるべく、王佛一乘の三秘五重、厥の旨《子》乃《チ》躍如たるものあらむ。

右《ギ》第貳章、第壹節に就きて。

三祕五重。

後《チ》の第六章に云ふ。云云。

『敎機時國抄』。

五綱の事《ト》は聖人の御書多《ホ》かれど、先《ツ》は『敎機時國抄』なるべき歟。この『抄』は弘長二年壬戌二月十日の御《ン》作なり。今《マ》聖人の御書を持たざる人《ト》の爲め左に全文を揭ぐべければ、よく讀みて日本國の敎法を悟《ト》れかし。

敎機時國抄

本朝沙門日蓮注《ス》之《チ》

一敎《トハ》者、釋迦如來所說《ノ》一切《ノ》經律論、五千四十八卷、四百八十帙、天竺《ノ》流布《ハ》一千年、佛《ノ》滅後當《リ》一千一十五年《ニ》震且國《ニ》渡《ス》佛經《チ》、自《リ》後漢《ノ》孝明皇帝永平十年丁卯、至《ルマデ》于唐《ノ》玄宗皇帝開元十八年庚午《ニ》、六百六十四歲《ノ》之間《ダニ》、一切經渡《リ》畢《ハンヌ》、此《ノ》一切《ノ》經律論《ノ》中《ニ》、小乘、大乘、權經、實經、顯敎、密敎《アリ》、可《シ》辨《フ》此《レ》等《チ》、此《ノ》名目《ハ》不出《デ》從《リ》論師人師、起《ル》自《リ》佛說、十方世界《ノ》一切衆生《ハ》無《ク》一人《ト》可《シ》用《ユ》之《チ》、不《ル》用《ヒ》之《チ》者《ハ》可《キ》知《ル》外道《ト》也《リ》、阿含經《チ》說《ク》小乘《ト》事《トハ》、出《ヅ》自《リ》方等、般若、法華、涅槃等《ノ》之諸大乘經、法華經《ニハ》一向《ニ》說《キテ》小乘《チ》、不《ンハ》說《カ》法華經《チ》佛可《シト》墮《ス》慳貪《ニ》說《キ玉フ》、涅槃經《ニハ》一向《ニ》用《ヒテ》小乘經《チ》云《ハン》佛《チ》無常《ナリト》人《ハ》、舌可《シト》爛《ル》口中《ニ》云云。二《ニ》機《トハ》者、弘《ムル》佛敎《チ》人《ハ》必《ズ》可《シ》

△「若供養」一本「若」の字なし、

知機根、舍利弗尊者、金師敎不淨觀、浣衣者敎數息觀間、經九十日、所化弟子、佛法一分不覺、還起邪見、成一闡提畢、佛金師敎數息觀、浣衣者敎不淨觀故、須臾間得覺、智慧第一舍利弗尚不知機、何況末代凡師難知機、但不知機凡師、所化弟子一向可敎法華經、問云、無智人中莫說此經文如何、答云、知機智人說法事也、又向謗法者一向可說法華經、爲成毒皷緣也、例如不輕菩薩、亦知可成智者機、必先敎小乘、次敎權大乘、後可敎實大乘、知愚者、必先可敎實大乘、信謗共爲下種也、三時者、弘佛敎人必可知時、譬如農人秋冬田作種地人功勞不違、一分無益還損、作一段者少損也、一町二町等者大損也、春夏耕作者隨上中下皆分分有益、佛法亦復如是、不知時弘法、無益上還墮惡道也、佛出世必欲說法華經、縱有機無時故、四十餘年不說此經、故經云、說時未至故等云云、佛滅後次日正法一千年、持戒者多、破戒者少、正法一千年次日像法一千年、破戒者多、無戒者少、像法一千年次日末法一萬年、破戒者少、無戒者多、正法捨破戒無戒可供養持戒者、像法捨無戒可供養破戒者、末法供養無戒者可如佛、但謗法華經者、正像末三時互持戒者無戒者破戒者共不可供養、若供養必

△「權經」の下一本「非謗」の二字なし
△「法華經」の下一本「是誹謗」の二字なし、
△「小乘」一本に「未渡佛法國」等の十九字あり、
△「勿」の字一本に「取瓦礫」の上に在り、
△「清涼」の下一本「山」の字あり、
△「等之」一本に「等二」に作る、
△一本に「勝」の字「立」の下に在り、

國起三災七難、必可墮無間大城也、法華經行者謗權經非謗、主君親師如罸所從子息弟子等、權經行者謗法華經是謗、所從子息弟子等如罸主君親師、又當世入末法二百一十餘年也、權經念佛等時歟、法華經時歟、能能可勘時刻也、四國者、佛敎必依國可弘之、國有寒國、熱國、貧國、富國、中國、邊國、大國、小國、一向偸盗國、一向殺生國、一向不孝國等有之、又一向小乘國、一向大乘國、大小兼學國有之、而日本國一向小乘國歟、一向大乘國歟、大小兼學國歟、能能可勘之、五敎法流布先後者必知先弘法可弘後法、先弘小乘權大乘後必可弘實大乘、先弘實大乘後不可弘小乘權大乘、捨瓦礫可取金珠、勿捨金珠取瓦礫、已上知此五義弘佛法、可成日本國國師歟、所以知法華經一切經之中第一經王是知敎者也、但光宅法雲、道場慧觀等、涅槃經勝法華經、清涼澄觀、高野弘法等、華嚴經、大日經等勝於法華經、嘉祥寺吉藏、慈恩寺基法師等、般若、深密等之經勝於法華經、天台山智者大師只一人、一切經中非立法華經勝、云勝法華經經有之者諫曉、不止現世舌爛口中、後生可墮阿鼻地獄等云云。此等目違、能能辨之者知敎者也、當世千萬學者等一一迷之歟、若爾者知敎者少之歟、知敎者無之讀法華經者無之、讀法

華經者無之、無國師者也、無國師者、國中諸人迷一切經之大小權實顯密差別、於一人離生死者無之、結句成謗法者、依法墮阿鼻地獄者多自大地微塵、依法離生死者少自爪上土、可恐可恐、日本國一切衆生自桓武皇帝已來四百餘年、一向法華經機也、例如靈山八箇年爲純圓機天台大師、聖德太子、鑒眞和尚、根本大師、安然和尚、慧心等記有之是知機者也、而當世學者云、日本國一向稱名念佛機等云云。例如舍利弗迷機所化衆成一闡提也、日本國當世如來滅後二千二百一十餘年、當後五百歳、妙法蓮華經廣宣流布之時刻也、是知時也、而日本國當世學者、或拋法華經一向行稱名念佛、或敎小乘戒律叡山大僧、或立敎外輕法華正法、此等迷時者歟、例如勝意比丘謗喜根菩薩、德光論師蔑彌勒菩薩、招阿鼻大苦也、日本國一向法華經國也、例如舍衛國一向大乘也、又天竺一向小乘國、一向大乘國、大小兼學國有之、日本國一向大乘國、大乘中可爲法華經國也瑜伽論、肇公記、聖德太子、傳教大師、安然等記有之是知國者也、而當世學者、日本國衆生一向授小乘戒律、一向成念佛者等、譬如寶器入穢食等云云寶器譬在傳教大師守護章日本國欽明天皇御宇、佛法自百濟國渡始、至桓武天皇二百四十餘年之間、此國弘小乘權大乘、雖有法華經、其義未顯、例如震且國渡法華經三百餘年

△「之間」の下一本に「雖モ有二法華經一」の五字あり、

△一本「已」の字なし、

之間、其義未顯、桓武天皇御宇有傳敎大師、破小乘權大乘義顯法華經實義已來、又無異義純一信法華經、設學華嚴、般若、深密、阿含、大小之六宗者、以法華經爲所詮、況天台眞言學者乎、何況在家無智者乎、例如崐崘山無石蓬萊山無毒、建仁已來于今五十餘年之間、大日、佛陀、弘禪宗、法然、隆寛、興淨土宗、破實大乘付權宗、捨一切經立敎外、譬如捨珠取石離地登空、此不知敎法流布先後者也、佛誡云、値惡像不値惡知識等云云。法華經勸持品、當後五百歲二千餘年、法華經敵人可有三類記置、當世當後五百歲、日蓮勘佛語實否、三類敵人已有之、隱之非法華經行者、顯之身命定喪歟、法華經第四云、而此經者如來現在猶多怨嫉、況滅度後等云云、同第五云、一切世間多怨難信、又云、我不愛身命但惜無上道、同第六云、不自惜身命云云、涅槃經第九云、譬如王使善能談論巧於方便奉命他國寧喪身命終不匿王所說言敎、智者亦爾、於凡夫中不惜身命、要必宣說大乘方等云云、章安大師釋云、寧喪身命不匿敎者、身輕法重、死身弘法云云、見此等本文、不顯三類敵人非法華經行者、顯之法華經行者也、而必喪身命歟、例如師子尊者提婆菩薩等云云。

◎『梵行品』、會疏卷十六、

二月十日　日蓮　華押

この『抄』の題《ノ》下《モ》に「日蓮註《ス》之《ヲ》」とあるは、この五綱はもと『涅槃經』の九莫と云へる本文に據りて立て給《マ》へるなればなり、『涅槃經』の九莫とは一には莫《カレ》非《ズシテ》時《ニ》説《ク》、二には莫《カレ》非《ズシテ》國《ニ》説《ク》、三には莫《カレ》不《ルニ》請《ハ》説《ク》、四には莫《カレ》輕心《ニ》説《ク》、五には莫《カレ》處處《ニ》説《ク》、六には莫《カレ》自嘆《シテ》説《ク》、七には莫《カレ》輕他《シテ》説《ク》、八には莫《カレ》滅《シテ》佛法《ヲ》説《ク》、九には莫《カレ》熾然《ニシテ》世法《ヲ》説《ク》にて、彼の梵行品に見えたり。（『御遺文講義』卷《ノ》四に已れ委《シ》くこの九莫五綱を合《ハ》せ釋けるを見るべし）。この五綱は聖人の御言《ト》にこゝに五義とあり、また『顯謗法抄』にも同《ナ》じく曰《ハ》く、

夫《レ》佛法を弘《ロ》めむとおもはむものは、必《ズ》五義を存して正法を弘《ロ》むべし、五義《トハ》者、一《ニハ》者敎、二《ニハ》者機、三《ニハ》者時、四《ニハ》者國、五《ニハ》者佛法流布の前後《ナリ》。

さて五義と仰《ホ》しけることは、法華經神力品の意《コヽロ》に由らし給《マ》ふにて、彼の品に「於如來滅後、知佛所説經、因緣及次弟、隨義如實説」とある義の字なり。「知佛所説經因緣及次弟」とは、内外、大小、權實、本迹、種脱の五重の生起の因緣、淺深の次第を辨《マ》へ知ることにて、是れ正《サ》しく本宗の敎相と申《ウ》すべきものなり。「隨義如實説」とは化儀にて、この「隨義」の「義」をば聖人、涅槃經の九莫に參酌して五義と立て給《マ》ふなり。『敎機時國抄』には「弘《ムル》佛敎《ヲ》人《ハ》」等と

仰《ホ》し、また『顯謗法抄』には「佛法を弘《ロ》めむとおもはむものは」など曰《ノ玉》ふは則《チ》化儀なればなり。よりて五重の敎相をよく辨《マ》え知りて、その上《ヘ》に五義をもて弘《ロ》めよとの意《ロ》にてあるなり。（斯く云ふは、今古の宗乘學者が五綱を直《チ》に本宗の教相と立つることの可《ヨ》からぬを示《メ》さむとての已《ノ》れの婆心なり、そは彼の人《ト》人《ト》は五義てふ名目の由來をもよく糾《ミ》さで、神力品の文をも全《タ》く解し損《コ》れつるが故《エ》なり、これには尚《ホ》云ふべきことの多《ホ》かれど、この書《ミ》の詮ならねば今《マ》は省《ブ》く）。この敎、機、時、國、敎法流布の前後は約《ヽ》めては時と國《ニ》との二《ツ》にてありけり。（こも『御遺文講義』の方《タ》に已《デ》に委《ハ》し）。又《タ》更《ラ》に約《ヽ》めては只《ヽ》國《ニ》なりけり。國《ニ》の上《ヘ》の敎、機、時及《ビ》敎法流布の前後なれば、國《ニ》を知ることぞ最《モ》肝要なる。國《ニ》の何《ニ》たるを知りて法を弘《ロ》むべきことを「隨義如實説」とは説かれしなり。三祕、五重は實に法華經の深極なりとは云へ、そがこの五義の國《ニ》の義にしつらはれてこそ方《ジ》めて本宗の宗三祕五重敎とはなるなれ、例せば本尊もこの國《ニ》の本尊たるべく、戒壇もこの國《ニ》の戒壇たるべく、題目もこの國《ニ》の題目たるべく、また内外、大小、權實、本迹、種脫の重重を尅詮して、この國《ニ》の内、大、實、本たるべく、即《チ》法華經は全《タ》く日本國の佛法となりて其の深極の實義その時《キ》正《サ》にこれに顯はるゝなり。されば王佛一乘と申《ウ》す旨《子》の所詮はこの五義を習《ラ》ふに由りて明《ラ》かなるべし。五義を知ることは何《ニ》よりも大事な

りと云ふは是れなり。聖人の御書中《カ》にも『後五百歳合文』は五義の中《カ》の時と國との二《ツ》を主としてそれに具《サ》に證文を合《ハ》し給《マ》ふ。これ等は先《ツ》習《ラ》ふべき専途《センヅ》なれば更《ラ》に其をこゝに引かむ。日本國に就きての古來の經釋の預言どもまた多《ホ》くこれに在るを看るべし。曰《ハ》く、

後五百歳合文。

經《ノ》第七《ニ》云《ク》、藥王菩薩品、宿王華菩薩《ニ》爲《ス》對揚《ト》我《ガ》滅度《ノ》後《チ》、後《ノ》五百歳《ノ》中《ニ》、廣宣流布《シテ》、於《テ》閻浮提《ニ》、無《ケン》令《ムルコト》斷絶《シテ》惡魔魔民諸天龍夜叉鳩《ク》槃《ハン》茶《ダ》等《ニ》得《セ》其《ノ》便《チ》也。文。

文句《ノ》一《ニ》云《ク》、非《ズ》但《ミ》當時獲《ルノミニ》大利益《チ》、後五百歳遠《ク》沾《ハン》妙道《ニ》、故《ニ》有《リ》流通分也《ト》。文。

記《ノ》一《ニ》云《ク》、然《ニ》五五百《トハ》、且《ク》從《フ》一往《ニ》、末法《ノ》之初《メ》、冥利不《アラズ》無《キニ》、且《ク》據《ル》大敎《ノ》可《キ》流行《ス》時《ニ》、故《ニ》云《フ》五百《ト》。文。

義決《ノ》一《ニ》云《ク》、攜道邃判《セバ》文旨《チ》者、勸發品《ニ》云《ク》、於《テ》後五百歳濁惡世《ノ》中《ニ》、其《レ》有《ランハ》受持《スル》是《ノ》經典《チ》者我《レ》當《サニ》守護《ス》《ベシ》、大師《ハ》依《ルガ》彼《レニ》故《ニ》云《フ》後五百《ト》、然《レモ》不合《セ》毘尼母論《ノ》意《ニ》、正《ク》會《ヘリ》大集《ニ》、所以《ハ》者何《ン》、安樂行品《ニ》云《ク》、於《テ》末法《ノ》中《ニ》欲《スト》說《ント》是《ノ》經《チ》、又《メ》云《ク》、後《ノ》末世《ノ》時《キ》持《タン》此《ノ》經《ヲ》者《ト》、明《カニ》知《ヌ》五百《ハ》指《スチ》末法《ノ》初《メチ》、彼《ノ》大集經《ノ》五《ノ》五百《ノ》中《カノ》第四《ノ》多聞《トハ》者且《ク》從《フ》一往《ニ》、小乘《ノ》多聞《ナリ》、末法《ノ》之初《メ》大利不《アラズ》無《キニ》、今《ハ》且《ク》據《ル》法華《ノ》大敎可《キ》流行《ス》時《ニ》、故《ニ》云《フ》後五

百歲遠沾妙道。已上。決文

守護章上之下云、當今人機皆轉變、都無小乘機、正像稍過已、末法太有近、法華一乘機、今正是其時、何以得知、安樂行品云、末世法滅時、又云、小乘權敎禪定堅固已過。文。

經第五云安樂行品文、文殊師利菩薩爲對揚。又云、文殊師利、如來滅後、於末法中、欲說是經、應住安樂行口安樂行處。又云、文殊師利、菩薩摩訶薩、於後末世法欲滅時意安樂行處。又云、又文殊師利、菩薩摩訶薩、於後末世、法欲滅時、有受持法華經者誓願安樂行處。

經第六云分別功德品、滅後五品中第二品下惡世末法時、能持是經者、則爲已如上具足諸供養。

經第八云普賢菩薩勸發品、成就四法普賢菩薩誓願於如來滅後、閻浮提內、廣令流布、使不斷絕云云。

瑜伽論云彌勒菩薩趣無著菩薩請云東方有小國、其中唯有大乘種姓。文。

法華翻經後記云、予昔在天竺國時、遍遊五竺、尋討大乘、從於大師須利耶蘇摩《シユリヤソマ》、飡凜理味、慇懃付屬梵本言、佛日西入、遺耀將及東北、茲典有緣於東北國、汝愼傳弘。文。

天竺別集云（遵式記、智禮弟子、妙樂第八代弟子、）始自西傳、猶月之生、今復自東返、猶日之昇、素影圓暉、終環回於我土也矣。（此言唐土三河入道渡唐見書也）

秀句下云（上中下三卷、傳敎大師御釋、嵯峨天皇御宇、弘仁十二年辛丑作之）爾時佛復告藥王菩薩摩訶薩、我所說經典無量千萬億、已說、今說、當說、而於其中、此法華經、最爲難信難解、藥王、此經是諸佛祕要之藏、不可分布妄授與人、諸佛世尊之所守護、從昔已來、未曾顯說、而此經者、如來現在、猶多怨嫉、況滅度後（經文已上）、當知、已說四時經、今說無量義經、當說涅槃經、易信易解、隨他意故、此法華經、最爲難信難解、隨自意故、隨自意說、勝於隨他意、但無量義經隨他意者、指未合一邊、不同餘部隨他意也、語代則像終末初、尋地唐東羯西、原人則五濁之生、鬪諍之時、經云猶多怨嫉況滅度後、此言良有以也。文。

一乘要決中云（慧心僧都記、上中下三卷アリ）日本一州、圓機純一、朝野遠近、同歸一乘、緇素貴賤、悉期成佛、唯一師等、獨不信受、我未識之、爲權爲實、若是實者、可以哀傷、如世尊言、當來世惡人、聞佛說一乘、迷惑不信受、破法墮惡道、若是權者、可以隨喜、如淨名言、覺知衆魔事、

而《モ》示現《ス》其《ノ》行《チ》、以《テ》善《キ》方便智《チ》、隨《テ》意《ニ》皆《ナ》能《ク》現《スト》。文。

廣釋《ニ》云《ク》、安然作 粤《コヽニ》若彌勤菩薩說《キテ》言《ク》、東方《ニ》有《リ》小國、其《ノ》中《ニ》唯有《リト》大乘《ノ》種姓《ノミ》、我《ガ》日本國《ハ》僉《ミナ》知《ル》成佛《チ》、豈《ニ》非《ズヤ》其《ノ》事《ニ》。文。

これ等は皆《ナ》日本國は法華經の國《ニ》なる預言なり。尙《ホ》進みて云へば、法華經一部八卷二十八品は秖日本國の事《ト》を說かれたるなり。この由《シ》次《ギ》次《ギ》に知らるべし。抑日本國の佛法ならざらむ念佛禪等は、縱《ヒ》末法相應と云ふとも國《ニ》の義全《タ》く闕けたれば、吾《レ》等の信ずべきものには非《ラ》ずかし、況して時も機もすべて今《マ》の日本國には適《カナ》はざるをや。

第貳節　敎義的關係と史實的關係概論。

日本國と法華經との關係には二あり。一は法華經の敎義と日本國の國體との一致關係、二は其の一致關係が單に理論に止まらずして、史實上相《ヒ》離《ナ》れざる因緣の關係是れなり。乃《チ》敎、機、時、國、敎法流布の前後を辨《マ》ふる所以《ン》の要はこの二の關係を識るに在るなり。夫《レ》聖人の宗敎は本化の別付、上行の所傳にして、厥の事《ト》記して法華經の如來神力品

に在り。聖人『御義口傳』に親《ミヅカ》らこの品題を釋して曰《ノ玉ク》く、

如來ト神《ミ》トノ力《ラ》ノ品ト可《キ》レ得《ラ》レ心《ロ》也《リト》云々。

如來の力《ラ》は佛法なり。神《ミ》の力《ラ》は王法なり。王佛一乘の妙法蓮華經を本化の上行に付屬するが故《エ》にこの二法の力《ラ》を十種に現じたりとなり。言はゆる神《ミ》とは外國の神《ミ》に非《ラ》ずして我が日本國の神《ミ》なり。故《エ》に次《ギ》下《モ》に曰《ノ玉ハ》く。

此《ノ》神《トハ》者山王七社等也《リ》、此《ノ》旨《ネ》可《キ》レ案《ズ》レ之《チ》也《リト》云々。

茲に特《ト》に山王七社と曰《ノ玉》ふは、且《ラ》く叡山の傳教を取つて、而《カ》して彼の東寺の空海を斥《ラ》ふの意《ロ》を示《メ》し給《マ》ふなり。凡《ソ》日本國には中世以降兩部の説なるものありて神佛二道の一致を談ぜり。これ其の旨《ネ》亦《タ》王佛二法の關係を言はむと欲するが爲にして、東寺の空海と叡山の傳教とこの二人實に其の巨擘たり。然《カ》るに彼の空海の兩部は法華經を捨て、傳教の兩部は法華經を主とす。聖人の且《ラ》く此《レ》を取つて彼《レ》を斥《ラ》ひ給《マ》ふ所以《ン》は是れなり。然《カ》れども王佛一乘の妙法蓮華經は本《ト》是れ本化の別

付、上行の所傳なり。教義に、史實に、眞實日本國と法華經との關係を明《ラ》むるは迹權の人《ト》の決して能《ク》すべきに非《ラ》ず。苟《モ》日本國を識らむと欲する者《ノ》は詎《ゾ》聖人の法華經に依らざる可けむや。

右《ギ》第貳章、第貳節に就きて。

山王七社。

前章の第壹節に、祝部行丸の『日吉社神道祕密記』、及《ヨ》び『二十二社本緣』などの書《ミ》あることを云ひ置きしが、尙《ホ》卜部家の『二十二社注式』と云へるがあれば、左に抄出《カキイダ》すべし。（そは已《デ》に識れる人《ト》には煩《ウル》さからむも、聖人の御書處《ロ》處《ロ》に山王七社の事《ト》見えたれば、御書を拜する折の料にもと念《モ》ひ、また之《レ》を端緒《ハシクチ》にして叡山の兩部に對する已《ノ》れの意見を後《チ》に少《コ》しく云ひ試《ロ》みなむとてなり）。

日《ヒ》吉《エノ》社《ヤシロ》延喜神祇式《ニ》云《ク》、近江國滋賀郡、日吉與《ノ》三輪、此《ノ》國地主

大山咋神《オホヤマグヒノカミ》座《ニマス》也《リ》賀茂、松尾、御同体也《リ》先代舊事本紀《ニ》云《ク》、大山咋神《オホヤマグヒノカミ》坐《マス》近淡海《チカツアフミノ》比叡《ヒエノ》山《ニ》、亦《タ》坐《マス》葛野《カドノノ》郡《リ》松尾《マツノヲニ》用《ル》鳴鏑《ナルカブラヲ》神也《リト》、當社鎭座《ノ》年紀《ハ》不分明《ナラ》、舊事本紀《ハ》者、聖德太子之撰也《リ》、已《ニ》述《ベリ》子細《ヲ》、往昔《ノ》之垂跡《カ》歟或說《ルニ》人皇三十九代天智天皇《ノ》御宇、大比叡神《ノ》顯座《アラハレマスト》大宮《ハ》三輪《ト》同體、號大《マウスオホ》日《ヒ》枝《エト》、二《ノ》宮《ハ》國常立尊《クニノトコタチノミコト》、號《マウス》小《コ》比《ヒ》叡《エト》、聖眞子《ハ》八幡《ナリ》、已上謂《フ》之《ヲ》

三聖、八王子國《クニ》狹《サ》槌尊《ツチノミコト》、客人菊《キク》理《リ》媛《ヒメ》、白山、十禪師天《アマ》津《ツ》彦《ヒコ》彦《ヒコ》火《ホノ》瓊《ニ》瓊《ニ》杵《ギノ》尊《ミコト》、稲荷、三宮豐《トヨ》斟《クム》渟《ヌノ》尊《ミコト》、已上七社、山家最要畧記、日《ヒ》吉《エ》七社降臨垂跡時代事、扶桑明月集云、大江匡房記、匡房在世之時號朧月集、沒後改名明月集、大《オホ》比《ヒ》叡《エ》明神俗形者翁之躰人皇三十代磯《シ》城《キ》島《シマ》金《カナ》刺宮《サシノミヤ》欽明天皇即位元年庚申大和國城上郡、大《オホ》三《ミ》輪《ワ》神《ミ》天《マ》降、第三十九代天智天皇大《オホ》津《ツノ》宮《ミヤ》即位元年壬戌大《オホ》比《ヒ》叡《エ》大明神顯御、日《ヒ》吉《エト》與三《ミ》輪《ワ》大《オホ》物《モノ》主神《ヌシノカミト》、此國地主也、小《ヲ》比《ヒ》叡《エ》明神俗形天神第一國《クニ》常《トコ》立尊《タチノミコト》也、聖眞子俗形人皇十六代應神天皇輕島明宮《カルノシマアカリノミヤノ》御代天降、第三十代欽明天皇三十二年辛卯鎭西豐前國宇佐郡八幡顯坐、第四十代天武天皇即位白鳳元年壬申近江國滋賀郡垂跡、今聖眞子是也、八王子俗形天神第二國《クニ》狹《サ》槌尊《ツチノミコト》、第十代崇神天皇即位元年甲申近江國滋賀郡、小《ヲ》比《ヒ》叡《エ》東山金大巖傍天降、八人皇子引率天降、故謂八王子神祇宣令曰、言八王子者、天照大神所生之五男三女也等、客人女形第五十代桓武天皇即位延暦元年、天降八王子麓白山、菊《キク》理比咩《メ》神《カミ》也、十禪師童子形同桓武天皇延暦二年癸亥正月十六日、天降地主宮前、天兒《アメノコ》屋尊《ヤ子ノミコト》顯御、三宮女桓武天皇延暦六年丁卯八王子金大巖傍天降、天《アマ》照《テル》大神《オホムカミ》與素《ス》戔《サノ》鳴《ヲノ》尊《ミコト》誓《ウケ》約《ヒテ》所生也、五男三女中三女也、故名三宮、康和元年正月十一日、大江匡房謹記、

山王號事、三寶輔行記云、傳

敎於求法歸朝之海中遇暴風逆浪之至難時、心發願祈念、一人童子化現船頭、問云、童子是誰耶、童子答曰、吾是天台鎭守明神也云云、問云、如何稱號耶、童子答曰、上堅三點加横一點、下横三點加堅一點云云、斯時恭敬合掌、寫文字見之、山王二字也云云、　山王與三輪一躰事、人皇第七十三代堀河院治十七年、康和五年十二月十日、以近江國愛智莊寄進日《ヒ》吉《エノ》社宮符曰、權中納言大江匡房宣奉勅、御神者大《オホ》八《ヤ》島《シヤ》金《カナ》刺《サシノ》朝庭顯三輪明神、大津宮御宇初天降坐、尋其本爲天照《アマテル》大神《オホムカミノ》分身云云、　御位記、大宮八皇五十七代陽成院元慶四年正一位、二宮第八十一代安徳天皇壽永二年正一位、聖眞子、八王子、客人、十禪師、三宮第八十八代後深草院建長二年正一位、　行幸、第七十一代後三條院延久三年十月二十九日始、　祭禮、同延久四年四月二十三日記云、今日比叡祭也、自今年初被立官幣、或曰、依爲八王子三宮、遷宮以前、依別叡願、自第六十四代圓融院貞元二年四月二十六日、始被遣上卿辨外記史諸司等、第八十四代順德院建曆二年以後相續、十一月中申日式日、一本云、第六十九代後朱雀院治七年長久四年六月八日、被下毎年立内藏寮幣宣旨、次山王號之事、第五十二代嵯峨天皇弘仁十年、始崇敬之、第六十九代後朱

雀院《ノ》長暦三年八月十一日、始《メテ》坐《ス》住《スミ》吉《ヨシノ》次《キ》梅《ウメノ》宮《ミヤノ》上《ミニ》、（この下《モ》臨時祭の事は略す）、日吉《ヒエノ》末社《ハ》、大行事 高皇産靈《タカミムスビ》 早尾 一名藏猿田彦《サルダヒコ》 住、下八王子、王子宮 健御名方《タケミナカタ》、聖女 稲荷秘説《ニ》云《フ》下照姫《シタテルヒメト》、氣比 仲哀皇、小禪師、已上《ハ》中《ノ》七社、惡王子、新行事 瀛津姫《タキツヒメ》、石龍 稲田姫命《イナダヒメノミコト》、劒《ノ》宮《ヤ》 素戔嗚《スサノヲ》、牛尊、若《カ》宮《ヤ》、護因、已上《ハ》下《ノ》七社、右《ギ》山王二十一社、眷屬百八座 私《ニ》云《ク》、此《ノ》書立之分《ハ》社家《ニ》註《ス》進之《ラ》。

『秘密記』の方《タ》は更《ラ》にも委《ハ》しかれど、餘《マ》りに繁《ク》ければ引かず、さて山王七社は叡山に兩部を立つるが爲めに重《モ》く崇《ガ》むることなるが、七社の元《ト》は唯大宮《ホヤ》、二《ノ》宮《ヤ》の二社にて、こは正《サ》しくは出雲の國神《クニツカミ》なり。されば叡山は本《ト》より國神《クニツカミ》に縁《ヨシ》ある地《トコロ》にて、傳敎の彼の山《マ》を開《ラ》くには、先《ツ》この國神《クニツカミ》に法華圓頓の大戒を授《ツ》け進《ヒ》らせしなり。（傳敎の大宮《ホヤ》、二《ノ》宮《ヤ》に授戒し進《ヒ》らせし事《ト》は山門隨一の祕事にて、『二十二社本緣』の中《カ》にも少《コ》しく記《カ》けり、彼の戒壇の初《メ》なり）。然《カ》るに出雲の國神《クニツカミ》は我《ガ》國《ニ》の古《ル》き地主とこそは申《ウ》せ、臣《オミ》の神《ミ》にして、君《ミ》の神《ミ》に非《ラ》ず。唯皇《ミ》孫《マノ》尊《ミコト》の天《ア》降《モ》りますまでを預《ガ》り給《マ》へる國神《クニツカミ》なり。それの縁《ヨシ》ある地《トコロ》に立てし戒壇なりければ、同《ナ》じ法華經の大戒ながらも迹門の方《タ》にてあることは自《オノヅカ》らに定《ダ》まれる道《チ》の理《コトハリ》なるべし。之《レ》と異《カ》はりて聖人の法華經は本門の方《タ》なり。本門の法華經は君《ミ》の神《ミ》の

行《ナ》はし給《マ》ふべき天《アメ》の本《モト》の神《カム》眞《マ》の御《ミ》敎《オシエ》にてありけるなれば、天《アメ》君《ギミ》の坐《マ》せし古《ル》き遠《ホ》き都地《ミヤコドコロ》の安房《ノ》國《ニ》にや宗を開《ラ》かし給《マ》ひけむ、またその都地《ミヤコドコロ》が父母の國《ニ》なりけることも自《オノヅカ》らに定《ダ》まれる道《チ》の理《コトハリ》なるべし。（迹門は臣道、本門は君道と大別さるゝ所以ぞある、そは常に云ふことなり）。彼の叡山の戒壇をば、聖人の常《子》に迹門と宣《ノ玉》ひけるも、これ等の旨《子》なるべくなむ。我が日本國は本《ト》より法華經の國《ニ》なればこそ斯《ゝ》る前迹後本の流布の次第もあなれ、二十八品の生起が宛《サナガ》らに國史《クニノフミ》の序《ツヒデ》とも看らるゝは、實に如來と神《ミ》との奇《ク》しき御《ン》力《ラ》業《ザ》なりかし。但《ゝ》斯《ゝ》る自《オノヅカ》らなるこの國《ニ》の不思議をも、大《ホ》方《タ》の人《ト》は心注《コヽロヅカ》ぬならむ、愍《ハ》れむべきことなり。傳敎の後《チ》に大中小の七社備《ナ》はる頃《ロ》は全《タ》く東寺流のさまに法華經を下げなみ捨《ツ》る心《ロ》の一山に滿てたりしかば、兩部の說も正《サ》しき傳敎の本《ト》を失《ナ》ふことのみにて、口訣相承などには信《ウ》け難《タ》きが最《イト》多《ホ》く、概《子》慈覺智證以後の說などを强《ヒ》て傳敎に主附《ヌシヅ》け、また眞《ト》傳敎の說をも邪さまに曲げて言ひなどして、夥《ゝ》しく叡山の兩部は亂《ダ》れぬるなり。されば彼の社家の記どもは後《チ》の說混《マジ》りて甚《タ》ふ理に違《ガ》へるものあれど、較《ヤヽ》正《ゝ》しきは神宮寺の相承なり。されども己《デ》に久《サ》しく絕《エ》て今《マ》は幾《ム》ど識れる人《ト》莫《カ》らむ。己《ノ》れの嘗《ツ》て從《ガ》ひ學《ナ》びける台家の學匠深大寺堯欽は山門に在り

てそが相承を得たる人《ト》なりしかども疾くに世を去りぬ。僅《カ》の間《ダ》ながらにも此《ノ》人《ト》に少《コ》しばかり漏れ聞きたる己《ノ》れは勿《モッ》怪《ケ》の幸《ヒ》とや申《ウ》さなむ。彼の人《ト》の語《タ》りしに、神宮寺は傳敎の叡山開創の初《メ》に居たる所《ロ》にて、大《ホ》宮《ヤ》、二《ノ》宮《ヤ》に大戒を授《ヅ》け進《ヒ》らせし根元の戒壇道場なり。その本尊は即《チ》傳敎の安置にて、十一面觀世音と大《ホ》宮《ヤ》の正體たる大黒天との二體なり。（この大黒天の大《ホ》宮《ヤ》の正體なることはまた彼の相承なり、神宮寺の本尊はたゞこの二體ばかりなり）。十一面觀世音の方《タ》に佛法を表《ハ》し、大黒天の方《タ》に王法を表《ハ》す。（そを王法と云ふは大《ホ》宮《ヤ》の正體にてあるなればなり）。また其の十一面の觀世音には深《カ》き兩部の習《ラ》ひあり。十一面の十の面《モ》は十界の漫《マン》茶《ダ》羅にてこれに胎金兩部の漫《マン》茶《ダ》羅を表《ハ》し、その一面は正《サ》しく觀世音の種字𑖭《サ》の義《コヽロ》にて法華の妙を表《ハ》す。（𑖭《サ》は譯して妙と云ふなり）。即《チ》眞言の胎金兩部を法華の一妙に攝したるにて傳敎の兩部は法華經を主とするなればなり。されば兩部惣合の神門とて傳敎の作《ク》りし鳥《リ》居彼《ノ》山《マ》にあり、世に之《レ》を吽《ウン》字《ジ》の門と云へど、そは誤《マ》りにて、實は我《ガ》國《ニ》の古《ル》き神《ミ》代文字の「サ、」の字の形《チ》にて、法華の一妙たるを表《ハ》し作《ク》りたる鳥《リ》居の形《チ》なり。さて兩部惣合の神門に鳥《リ》居の形《チ》を以て作《ク》られしは王法佛法一門たるの意《コヽロ》なり。云云。傳敎の兩部の正《サ》しきはこの相承にて窺ひ知らるべし。この外《カ》は多《ホ》く後《チ》の作言《ツクリゴト》な

りとぞ思《ボ》ゆ。然《カ》るに兩部惣合の神門を神《ミ》代文字の「サ」の字なりとは聊《カ》不審なり。己《ノ》れの今《マ》まで看合はしたるにては、彼の神門の形《チ》は諸種の神《ミ》代文字の中《カ》、阿《ア》比《ヒ》留《ル》字《モジ》の「ㅅ《ス》」の字に似たり、同行の音なるから「サ」と云ひしにや。またこの行は皆《ナ》「ㅅ《ス》」を字體の本《ト》とすることなれば「ㅅ《ス》」を直《チ》に「サ」とも云はるべきにや。(ㅅ《ス》、수《ス》 소《ソ》 시《シ》 서《セ》 사《サ》)。尚《ホ》委《ハ》しく質《ミ》したく念《モ》へど今《マ》この人《ト》の世に在らぬは何《ニ》よりの憾《ミ》なり。神門の鳥《リ》居の形《チ》は社家の『秘密記』にも載せたるがその圖は左の如《ト》し。

秘密記ニ云ク、惣合神門ハ先ニ記スレ之チ、吽字門也リ、神道胎金合體ナリ、依テレ之ニ號スニ惣合ト一、於テニ此ノ內ニ一東ニ向ヒ、兩大神宮拜念、關東諸國ノ諸神祈念スル處ナリ、西ニ向ヒ祈念同シレ之レ、種種口傳アリ云云、これに吽字門と云ふは即チ後の說をこゝに記《カ》けるなるべし、

兎に角、この兩部惣合の神門の頭《ラ》の形《チ》は法華經の妙、字にしてその妙《ノ》字を我《ガ》國《ニ》の神《カミ》代《ヨ》文《モ》字《ジ》に作《ク》り現《ラ》はしたるなりと云へる神宮寺相承は實に然《サ》ることにて、定《ダ》めて古《ル》き正《サ》しき相承なるべし。兩部はたゞ法華經、法華經はたゞ日本國なる傳敎の旨《子》これにて著《ル》しとや申《ウ》さなむ。然《サ》るを後《チ》に吽《ウム》字門など呼びて法華經の神門を眞言に移《ッ》し、日本國を主とする傳敎

の兩部說を一向東寺の邪流に墮《ト》さしめたること返《ス》返《ス》も口《チ》惜し。彼の東寺の空海の兩部、また叡山の後《チ》の兩部、これ等何《ヅ》れも王佛一乘を云ふやうなれど、その說《コト》は印度を主とし本とし日本國を伴とし迹とするの兩部なれば、まことの傳敎の兩部說とは大《ヒ》に違《ガ》へるにてあるなり。山王七社に就きて今《マ》引ける『注式』は卜部家の書なれば餘《マ》りに本迹を云はねど、社家の『秘密記』などには後《チ》の宜《ヨ》からぬ本迹說を多《ホ》く取りて記《カ》けり。總じて印度を本とし日本國を迹とする本迹說は東寺流の邪《マ》なるにて、叡山の後《チ》の兩部の惡しき所《ユ》以《ヘ》はこゝに在り。『秘密記』に日《ヒ》吉《エ》大《ホ》宮《ヤ》を我《ガ》國《ニ》の君《ミ》なりとして記《カ》けるに曰《ハ》く、

大《ホ》宮《ヤ》權現《ハ》日本國《ノ》之御《ン》主《シ》、故《ニ》號《ス》二大《オホ》國《クニ》主《ヌシノ》神《カミト》一、日本國御受禪《ノ》次第《ハ》

伊《イ》弉《ザ》諾尊《ナギノミコト》――受禪――素《ス》戔《サノ》嗚《オノ》尊《ミコト》――受禪――大《オホ》國《クニ》主《ヌシノ》尊《ミコト》。

さてその日本國の君《ミ》なる大《オホ》國《クニ》主《ヌシノ》尊《ミコト》の本《ト》を更《ラ》に印度として曰《ハ》く、

大比叡大明神《ハ》、三輪ヨリ御臨幸、御本地《ハ》天竺《ノ》鷲峰ヨリ御臨幸、御託宣《ニ》、我《レ》爲《メニ》レ守《ランガ》二圓宗《ノ》之敎法《ヲ》一、假《ニ》出《デ》二鷲峰《ノ》之雲《ヲ》一、暫《ク》耶《ヤ》馬《マ》臺《トノ》同《ス》レ塵《ニ》、早《ク》如《ク》二小比叡社《ノ》一、爲《メニ》レ我《カ》可《シ》レ建《ツ》二寶殿《ヲ》一、是《レ》爲《リ》二靈山《ノ》嚴土一、永《ク》止《ムト》二和光《ノ》基迹《ヲ》一焉。

よりて大《オホ》國《クニ》主《ヌシノ》尊《ミコト》の本地を印度の釋尊なりと云ふなり。（尚《ホ》印度の摩訶迦羅神なる由《シ》の傳もあり後《チ》

（の史的關係の節に云ふべし）。されば大《オ》宮《ヤ》渡御の御《ン》歌《タ》とて、

古《ヘ》の鷲《シ》のみ山《マ》の法《リ》の花《ナ》、匂《ホ》ひをうつすしがのからさき

いつとなく鷲《シ》の高《カ》ねに澄む月の、光《リ》を宿《ド》すしがの唐《ラ》崎《キ》

などもを載せてあり。こは印度の佛《ケ》を我《ガ》國《ニ》の君《ミ》の本《ト》と云へるにて甚《ダ》しき誑《タバ》惑《カリ》なり。

第參節　教義的關係。其一《ノ》。

法華經二十八品は二處三會の說なり。二處とは靈山と虛空、三會とは初《メ》に靈山會、中《カ》に虛空會、後《チ》に復《タ》靈山會なり。靈山の說は迹門なり。虛空の說は本門なり。迹門には釋尊、印度に在りて日本國の本を指し、本門には印度を離《ナ》れて親《カ》ら日本國の祖神を現《ハ》す。開迹顯本の佛陀なるもの即《チ》是れなり。是《ノ》故《エ》に初《メ》に白毫を放《ナ》つて先《ヅ》東方を照《ラ》し、終《リ》に勸發を宣べて更《ラ》に東方を召す。況や且《ツ》三五塵點の法門は唯東方の久遠を籌量するの算數なるをや。理を以《ツ》て事《ト》を證し、喩を以《ツ》て實を況す、一經の說相、懇懃良《ト》に斯《ク》の如《ト》し、佛意の偏《ヘ》に日本國に存すること

斷じて疑《ガ》ふ可からざるなり。

右《ギ》第貳章、第參節に就きて。

靈山迹門、虛空本門。

法華經二十八品を本迹二門に判別しゝことは天台の疏どもに明《ラ》かにて、通途は二十八品の中《カ》の前《ノ》十四品を迹門とし、後《ノ》十四品を本門と云ふなり。されど聖人の御義には二處に本迹を當《ア》てゝ、靈山會は迹門、虛空會は本門と立つる筋《ジ》目別にあれば今《マ》はこれにて云へり。

初《メ》に白毫云云。

法華經の序品にあり。曰《ハ》く、

爾《ノ》時《ニ》佛《ケ》放《テ》二眉間白毫相《ノ》光《チ》一、照《シ玉フ》二東方萬八千《ノ》世界《チ》一、靡《シ》レ不《ル》二周徧《セ》一、下《モ》至《リ》二阿鼻地獄《ニ》一、上《ミ》至《ル》二阿迦尼吒天《ニ》一、云云。

「阿《ア》迦《カ》尼《ニ》吒《タ》」は我《ガ》國《ニ》「アキツ」の稱《ナ》なることを已《デ》に云へり。

終《リ》に勸發云云。

法華經の普賢品にあり。曰《ハ》く、

爾《ノ》時《ニ》普賢菩薩、以《テ》二自在神通力威德名聞《チ》一、與《ニ》二大菩薩《ノ》無量無邊不可稱數《ナル》一、

從《リ》二東方一來《ル》、云云。

この普賢菩薩は六牙《ノ》自象に乘れることこの法華經、及《ヨ》び觀普賢經に明《ラ》かなり。さて丹波の元《ト》伊勢と稱するにはその祠《ラ》に古《ヘ》より一《ツ》の筥《ハコ》祕めたり。そは木もて組《ク》み作《ナ》せる象の形《チ》なり。元《ト》伊勢は大《ホ》神《ミ》の伊勢に移《ツ》り給《マ》ふ舊《モト》の大《ホ》宮《ヤ》地《ロ》なれば定《ダ》めて深《カ》き故《コヘ》縁《ヨシ》あることならむ。（この事《ト》は已《ノ》れの識れる人《ト》にて尾張《ノ》中嶋郡船橋の山田天涯の曾《ツ》て已《ノ》れに語《タ》れるを記《カ》きしなり、この元《ト》伊勢の宮《ヤ》造《リ》の風《リ》は出雲の大《ホ》社《ロ》と同《ナ》じく、拜殿は南向にて神體は西向なる由《シ》、この宮《ヤ》造《リ》の風《リ》は大《ヒ》に旨《子》あることにて、そは後《チ》に云ふべし）。この普賢菩薩は我《ガ》國《ニ》の神《ミ》なることと古《ル》き傳えにもあり、また觀普賢經に說けるを看るにも「普賢菩薩《ハ》乃《チ》生《ス》二東方《ノ》淨妙國土《ニ》一」とあり。（よりて大日普賢は大日靈《オホヒルメ》貴《ムチ》なりなどの說も云《ヒ》出でたるならし）。その白象を說くに曰《ハ》く、

當《リ》二象《ノ》頭《ノ》上《ニ》一、有《リ》二三《ノ》化人一、一《リハ》捉《リ》二金輪《チ》一、一《リハ》持《チ》二摩尼珠《チ》一、一《リハ》把《ルト》二金剛《ノ》杵《チ》一。

金輪は八《ヤ》咫《タ》鏡《カヾミ》、摩尼珠は八《ヤ》坂《サカ》勾《マガ》璁《タマ》、金剛杵は叢《ムラ》雲劒《クモノツルギ》、即《チ》三種神器をこゝに云ひたりけり。ことに其の六根懺悔は紛《ギ》れもなき我が神《ミ》代の禊祓《ミツギハラヒ》の義《コヽロ》なり。さればこの禊祓《ミツギハラヒ》の詞《バ》も何《イ》時《ツ》しか印度に渡《タ》りて、彼れには灌頂のことを微《ビ》灑《セイ》儗《ゲイ》と呼べり。こは禊《ミツギ》の轉音なり。また罪《ミ》の重《キ》を波《ハ》羅《ラ》夷《イ》と云ふ、この罪《ミ》に當《タ》り給《マ》へる神《ミ》の初《メ》は素《ス》戔《サノ》嗚《オノ》尊《ミコト》に座《オハ》しけるなり。總じ

て法華經の會座に集まられし八萬、八十萬、八百萬等の菩薩衆は、跋《バツ》陀《ダ》婆《バ》羅《ラ》等の居士の菩薩を除《ゾ》きては、多《ホ》く皆《ナ》我《ガ》國《ニ》の神《ミ》なりけり。叡山兩部の相承にも、法華經の初《メ》の文殊師利菩薩を王子《ノ》宮《ヤ》とし、最後の普賢菩薩を三《ノ》宮《ヤ》とするの習《ラ》ひあり、丹後九《ク》世《セ》渡《ト》の文殊などは彼の菩薩の此の國《ニ》に在りける時《キ》の古《ル》き蹟《ト》なりと云ひ傳《タ》へり。これ等は多《ホ》く彼の國《ニ》より來《タ》れりとの說なるが、本《ト》我《ガ》國《ニ》の神《ミ》なればこそ其の蹟《ト》もあらめ、又《タ》我《ガ》國《ニ》の神《ミ》の彼れに往きて復《タ》び還《ヘ》り來給《マ》ふにてもこそあらめ、縱《ト》ひ其蹟《ト》とは眞《ト》の蹟《ト》ならぬも必《ズ》眞《ト》の蹟《ト》尚《ホ》この國《ニ》の內《チ》にありぬべし。そを今《マ》攷《ガ》ふることは甚《ダ》難《タ》かれど、別に之《レ》を識るべき言《コト》靈《ダマ》の道《チ》はあり、こを以《モ》て彼の菩薩の種子、三《サ》摩《マ》耶《ヤ》などを明《ラ》むれば我《ガ》國《ニ》の神《ミ》ならぬは最《イト》稀れなるぞ貴《フ》とかる。云云。（この處《ロ》に委《ハ》しく云はゞはなれど、念《モ》ふ子細あれば書かずなむ）。

三五塵點の法門。

迹門に大通智勝佛の久遠を語《タ》るに三千塵點、本門に釋尊の久遠を說くに五百塵點なり。こを法華經の三五塵點の法門と云ひて、法華經以外の經には得云はぬ殊勝の法門なり、迹門の三千塵點は化城喩品に曰《ハ》く、佛《ケ》告《グ》諸《ノ》比丘《ニ》、乃往過去無量無邊不可思議阿僧祇劫《ニ》、爾《ノ》時《ニ》有《リ》佛《ケ》、名《ク》大

通智勝如來應供正徧知明行足善逝世間解無上士調御丈夫天人師佛世尊、其國名好成、劫名大相、諸比丘、彼佛滅度已來甚大久遠、譬如三千大千世界所有地種、假使有人、磨以爲墨、過東方千國土、乃下一點、大如微塵、又過千國土、復下一點、如是展轉盡地種墨、於汝等意云何、是諸國土、若算師若算師弟子、能得邊際知其數不、不也世尊、諸比丘、是人所經國土、若點不點、盡抹爲塵、一塵一劫、彼佛滅度已來、復過是數無量無邊百千萬億阿僧祇劫、我以如來知見力故、觀彼久遠、猶如今日。

本門の五百塵點は壽量品に曰く、

爾時世尊、知諸菩薩三請不止而告之言、汝等諦聽、如來祕密神通之力、一切世間天人及阿脩羅、皆謂今釋迦牟尼佛出釋氏宮去伽耶城不遠坐於道場得阿耨多羅三藐三菩提、然善男子、我實成佛已來無量無邊百千萬億那由佗劫、譬如五百千万億那由佗阿僧祇三千大千世界、假使有人、抹爲微塵、過於東方五百千萬億那由佗阿僧祇國、乃下一塵、如是東行盡是微塵、諸善男子、於意云何、是諸世界、可得思惟校計知其數不、彌勒菩薩等倶白佛言、世尊、是諸世界、無量無邊、

非算數所知、亦非心力所及、一切聲聞辟支佛以無漏智不能思惟知其限數、我等住阿惟越致地、於是事中、亦所不達、世尊、如是諸世界無量無邊、爾時佛告大菩薩衆、諸善男子、今當分明宣語汝等、是諸世界、若著微塵、及不著者、盡以爲塵、一塵一劫、我成佛已來、復過於此百千萬億那由佗阿僧祇劫、自從是來、我常在此娑婆世界説法敎化、亦於餘處百千萬億那由佗阿僧祇國導利衆生、云云。

これ等の説は單に譬喩とのみ念ふべからず、譬喩はもと實事を況擧したるにて、譬喩の東方には必ず實事の東方を含みて云ふことなり。されば東方は一切衆生の發心を喩へて云ふとの義も然ることながら、そは理《コトハリ》なり、理は即て事なれば東こそは全く天地の元、萬物の始なるなれ。（一切衆生の發心とは東方發心門、南方修行門、西方菩提門、北方涅槃門の四門から云へることとなり）。さてこの三五塵點の法門を説きたる化城喩品と壽量品とに各々一處宛の大事の文あり。日本國と法華經との王佛一乘の關係を識らむと欲《オモ》ふ者の必ず意得べきことなれば云はむ。先づ化城喩品の中に「其祖轉輪聖王」と云へる文あり、大通智勝佛の祖が正しく轉輪聖王なりとなり。聖人は深くこの文の意を味ふべき旨を『御義口傳』に示して「本地身佛者此文習也」と一言仰したり。佛の本地は轉輪聖

王にて、すなはち日本國の大《ホ》君《ミ》にて坐すなり。また次《ギ》に壽量品には今《マ》引ける文の如《ト》く「如來祕密神通之《ノ》力《ラ》」とあり、四請三誡の嚴《オゴソ》かなるも只《ゞ》この一句を云はむが爲めにて、一品の肝心、また一經の肝心、また一代の肝心なり。この一句をば本化付囑の經の品目に當て、「如來神力品」と題したり、言《ハ》ゆる如來と神《ミ》との力《ラ》是れなり。『御義口傳』には正《サ》しくこの一句を本尊の依文《ナリ》と宣べ給《マ》ふ。王佛一乘の本尊なれば南無妙法蓮華經の七字は即《ガ》て我《ガ》國《ニ》の大《ホ》君《ミ》の寶號なり。云云。（後《チ》の本尊を云ふにこの事《ト》更《ラ》に委《ハ》し）。

第四節　教義的關係。其《ノ》二。

虛空會の初《メ》に寶塔品あり。多寶の塔廟、空中に踴現し、三變土田、分身來集、奇特言ふ可からず。而《カ》して釋尊、塔廟の中《カ》に入り多寶と半座を分かち、無量の人天大會亦《タ》虛空に上《ボ》りて宛《カ》も雲の月を圍《コ》めるが如《ト》し。夫《レ》多寶の塔廟は稱して法身の古宮と爲す。然《カ》るに斯の古宮は是れ我が日本國の神廟なり。釋尊の斯の神廟に入りて半座を分《カ》つは將《サ》に其の本を顯《ハ》さむが爲めにして、乃《チ》王佛一乘の儀表を立《ツ》るに外《カ》ならず。

是を以《ツ》て三變土田、分身來集に我が日本國の國土創造を示《メ》して大《ヒ》に天祖詔勅の神意を明《ラ》かにし給《マ》ふ日本國の大日本國なる所以《ン》は全《タ》くこの寶塔品に在り。

右第《ギ》貳章、第四節、其《ノ》二に就きて。

塔廟踴現。

寶塔品に曰《ハ》く、

爾《ノ》時《ニ》佛前《ニ》有《リ》七寶塔、高《サ》五百由旬、縱廣二百五十由旬《ナリ》、從《リ》地湧出《シテ》住在《ス》空中《ニ》。云云。

三變土田分身來集。

時《ニ》娑婆世界即《チ》變《シテ》清淨《ナリ》、瑠璃《ヲ》爲《シテ》地《ト》、寶樹莊嚴《シ》、黄金《ヲ》爲《シテ》繩《ト》、以《テ》界《ヒ》八道《ヲ》、無《ク》諸《ノ》聚落、村營、城邑、大海江河、山川林藪、燒《キ》大寶《ノ》香《ヲ》、曼陀羅華、徧《ク》布《キ》其《ノ》地《ニ》、以《テ》寶《ノ》網幔《ヲ》、羅覆《シ》其《ノ》上《ニ》、縣《ケタリ》諸《ノ》寶鈴《ヲ》、唯留《メテ》此《ノ》會《ノ》衆《ヲ》、移《シテ》諸《ノ》天人《ヲ》、置《ク》於他土《ニ》、是《ノ》時《ニ》諸佛各將《ヰテ》一《ノ》大菩薩《ヲ》、以《テ》爲《シテ》侍者《ト》、至《テ》娑婆世界《ニ》、各到《リ玉フ》寶樹《ノ》下《ニ》、一一《ノ》寶樹、高《サ》五百由旬、枝葉華果、次第《ニ》莊嚴《セリ》、諸《ノ》寶樹《ノ》下《ニ》、皆有《リ》師子《ノ》之座、高《サ》五由旬、亦《タ》以《テ》大寶《ヲ》而校飾《セリ》之《ヲ》、爾《ノ》時《ニ》諸佛各於《テ》此《ノ》座《ニ》結跏趺坐《シ玉フ》、

如是展轉徧滿三千大千世界、而於釋迦牟尼佛一方所分之身、猶故未盡、時釋迦牟尼佛欲容受所分身諸佛故、八方各更變二百萬億那由佗國皆令清淨、無有地獄餓鬼畜生及阿修羅、又移諸天人置於佗土、所化之國、亦以瑠璃爲地寶樹莊嚴、樹高五百由旬、枝葉華果次第嚴飾、樹下皆有寶師子座、高五由旬、種種諸寶以爲莊校、亦無大海江河、及目眞隣陀山、摩訶目眞隣陀山、鐵圍山、大鐵圍山、須彌山等、諸山王、通爲一佛國土、寶地平正、寶交露幔、徧覆其上、縣諸旛蓋、燒大寶香、諸天寶華、徧布其地、釋迦牟尼佛爲諸佛當來坐故、復於八方各變二百萬億那由佗國皆令清淨、無有地獄餓鬼畜生及阿修羅、又移諸天人置於佗土、所化之國、亦以瑠璃爲地寶樹莊嚴、樹高五百由旬、枝葉華果次第莊嚴、樹下皆有寶師子座、高五由旬、亦以大寶而校飾之、亦無大海江河、及目眞鄰陀山、摩訶目眞鄰陀山、鐵圍山、大鐵圍山、須彌山等、諸山王、通爲一佛國土、寶地平生、寶交露幔、徧覆其上、縣諸旛蓋、燒大寶香、諸天寶華、徧布其地、爾時東方釋迦牟尼佛所分之身百千萬億那由佗恒河沙等國土中諸佛各各說法、來集於此、如是次第十方諸佛皆悉來集、坐於八方、爾時一一方四百萬億那由陀國土、諸佛

如來遍滿《シ玉ヘリ》其《ノ》中《ニ》。

釋尊塔中《ニ》入り、大會虚空に上《ボ》る。

爾《ノ》時多寶佛、於《テ》寶塔《ノ》中《ニ》分《チ》半座《ヲ》與《ヘテ》釋迦牟尼佛《ニ》而作《シ玉ハク》是《ノ》言《ヲ》、釋迦牟尼佛可《シト》就《キ玉フ》此《ノ》座《ニ》、即時《ニ》釋迦牟尼佛入《リ》其《ノ》塔《ノ》中《ニ》、坐《シテ》其《ノ》半座《ニ》結跏趺坐《シ玉フ》、爾《ノ》時《ニ》大衆見《レ》二如來《ノ》在《マシテ》七寶塔《ノ》中《ノ》師子《ノ》座《ノ》上《ヘニ》結跏趺坐《シ玉フヲ》、各《ゝ》作《ス》是《ノ》念《ヲ》、佛《ハ》坐《シ玉ヘリ》高遠《ニ》、唯《ゝ》願《クハ》如來、以《テ》神通力《ヲ》、令《メ玉ヘカ》我等輩《ヲ》倶《ニ》處《ラ》虚空《ニ》、即時《ニ》釋迦牟尼佛、以《テ》神通力《ヲ》、接《シテ》諸《ノ》大衆《ヲ》、皆在《ヲキ玉フ》虚空《ニ》。

具《サ》には經の本文に就きて看るべし。さて斯《カ》る説《コト》は今《マ》時《キ》の人《ト》には怪《シ》きことなるも、皆《ナ》それ〴〵に深《カ》き旨《ネ》のあることぞ。先《ツ》釋尊の虚空に上《ボ》りて多寶の塔廟の中《カ》に入り給《マ》ひけるは印度の靈山と申《ウ》す地《トコロ》を離《ナ》れ給《マ》ふの意《コヽロ》なり。即《チ》これよりの後《チ》は全《タ》く印度の釋尊にてはあらぬなり。故《カレ》壽量品に到《タ》りて、今《マ》の釋迦牟尼佛は釋氏の宮《ヤ》を出で伽耶城を去ること遠《ホ》からざる菩提樹下に成道したる釋迦牟尼佛に非《ラ》ずと仰《ホ》し給《マ》へり。然《カ》るにこの多寶の塔廟は我が日本國の神《ミ》の廟なれば、これより後《チ》の虚空會の本門は正《サ》しく日本國の敎法なり。日本國の敎法を宣ぶるが爲めの故《エ》にわざと印度の地《トコロ》を離《ナ》れ給《マ》ふなり。またこの塔廟に入りて半座を分《カ》ち給《マ》ふ

◎『法華論』、菩提留支譯、卷下、

は釋尊は本《ト》日本國の神にて坐《マ》すなればなり。さて多寶の塔廟を我が日本國の神《ミ》の廟と申《ウ》すことは、法華經の會座の人《ト》人《ト》が多寶如來の名を袍《ホ》休《ク》蘭《ラン》羅《ラ》と呼びたるにても考《ガ》ふべし。こは我《ガ》國《ニ》の「ホコラ」の詞《バ》もて呼びたるにて、その「ホコラ」の中《カ》に在《マ》す如來なるから然《サ》呼び申《ウ》したるなり。（宮《ヤ》と呼びまつる例なり）。さては多寶の國《ニ》なる寶淨世界を東方と云ひたるは定《ダ》めて日本國を指したりとぞ思《ボ》ふ。（多寶を大日とし、そを天照大神に配《ア》てゝ申《ス》すこと山門にもその習《ラ》ひあり、曲《マガ》れる説《コト》ながらその説《コト》の本《ト》の起《コ》りは必《ズ》古《ル》くこそあらめ）。尚《ホ》これには意《ロ》得べきこと多《サハ》あり、逐つて習《ラ》ふべし云云。

三變土田、分身來集

この事《ト》はこの品の大切なれば特《ト》に更《ラ》に云はむ。天親の『法華論』に云へり曰《ハ》く、

示二現《スルカ》清淨國土《ノ》無上《ヲ》一故《ニ》示二現《スト》多寶如來《ノ》塔《ヲ》一。

然《カ》るにこの清淨無上の國土とは日本國なり。日本國の無上なるを示《メ》さむとて我が神《ミ》の廟は佛前に現《ラ》はれ給《マ》ふなり。釋尊その中《カ》に入りて半座を分かち給《マ》ふことも日本國の本土なるを示《メ》さむとてなり。されば後《チ》の壽量品の本國土妙を云ふには先《ッ》この寶塔品を以《ッ》てすることなり。かくこの品には國土の無上を示現す。天《アメノミ》御《ナカ》中《ヌシノミコト》主尊の國土創造の詔勅は自《オノヅカ》ら

これなむ。また後《チ》の壽量品には唯一の本佛を示現す、天《アマ》照《テル》大《オホン》神《カミ》の立君大義の詔勅は乃《チ》これなむ。今《マ》この寶塔品が我が國土創造の義《コヽロ》なることは、先《ツ》三變土田の第一にはこの國土を變じて清淨ならしめ、第二には八方に二百萬億那由佗の淸淨の國土を擴《ロ》げ、第三にはまた八方に二百萬億那由佗の淸淨の國土を擴《ロ》げ、其をばたゞ一佛の國土と爲して、その中《カ》の各各の諸佛を皆《ナ》釋尊の分身と定《ダ》めたり。これ國土は一佛の變作にして諸佛は釋尊の子なるにて、國《ニ》と物《ノ》とすべて皆《ナ》我が神《ミ》の生まし給《マ》へるの義《コヽロ》なり。且《ツ》この三變土田は即《チ》諾冉《イザナギイザナミフタハシラノミコト》二尊の八《ヤ》尋《ヒロ》殿《ドノ》の形《チ》狀《マ》なり。八《ヤ》尋《ヒロ》殿《ドノ》をば單《タヾ》に淤《オ》能《ノ》碁《ゴ》呂《ロ》嶋《シマ》の上《ヘ》に築き建て給《マ》へりとのみ念《モ》ふは否《ア》し、大《オホ》八《ヤ》洲《シマ》こそは現にこの八《ヤ》尋《ヒロ》殿《ドノ》の彌《イヤ》擴《ヒロ》ごりつるにて、尚《ホ》天《アメ》が下《シタ》の四方四維は何《イツ》處《コ》の隈《クマ》までも皆《ナ》一《ツ》の神《ミ》の八《ヤ》尋《ヒロ》殿《ドノ》たるべきことなれば第二第三と變じたる最後の一大佛國は必《ズ》現《ハ》れなむ。この時《キ》は鐵圍、大鐵圍、須彌等の諸王もなくなり、在《ラ》ゆるの世界はすべて我が神《ミ》の大日本國なるべきなり。されば八紘一宇の皇猷と申《ツ》すはこの寶塔品なり。法華經の寶塔品を讀まざらむには大日本國は識り難《タ》し。大日本國を識らざらむには我が建國の體は識らるべからず。寶塔品を離《ナ》れては國土創造の神意も竟《ヒ》

に解き難《タ》からむのみ。（されば彼の品の六難九易の法門はこの國土成就の難き《タ》にてありけり、滅後の持經弘通とは八紘一字の皇猷を恢弘するにてありけり）。畏《ク》も我が皇室の御紋章は八紘一字の皇猷を表《ラ》はし、にて、それ桓武天皇の御《ン》時《キ》に御《ン》旨《ネ》を承けて傳敎の圖制し參《ヒ》らせたるが起《ハジ》原《メ》なりとぞ承《ケ》給《マ》はる。（これに種《マ》種《マ》說はあれど已《ノ》れは堅《タ》くこれを取れり、一說には本《ト》叡山の紋章なるを後《チ》に皇室に取り用《チ》ゐ給《マ》ふと云へどそは信《ウ》くべからず、皇室ならでは始《メ》より用《チ》ゐ難《タ》き御紋章の義《コヽロ》なるをや）。この御紋章をば菊花とは申《ウ》せど實《ト》は然《サ》にあらでこの寶塔品の三變土田を傳敎の圖制し參《ヒ》らせたるなり。初《メ》の娑婆世界を中心の本土とし、それより八方の第二變、第三變の國土を表《ラ》はし、から自《オノヅカ》ら十六葉の形《チ》とはなれるなり。乃《チ》八《ヤ》尋《ヒロ》殿《ドノ》の四方四維に第三變を加《ハ》えて、最後の一大佛國たる大日本國をこれにぞ示《メ》されたる。（法華經の中《カ》化城喩品にも十六葉あり、十六葉は方維を合《ハ》せて八葉なり、妙法蓮華の蓮華を八葉と云ふこれなり、所詮は日本國を指して蓮華と云ふなり）。『祝詞式』に曰く、

皇《スメ》神《カミ》能《ノ》敷《シキ》坐《マス》島《シマ》能《ノ》八《ヤ》十《ソ》島《シマ》者《ハ》、谷《タニ》蟆《グ》、能《ノ》狹《サ》度《ワタル》極《キハミ》、塩《シホ》沫《アハ》能《ノ》留《トヾマル》限《カギリ》、狹《サキ》國《クニ》者《ハ》廣《ヒロ》久《ク》峻《サカシキ》國《クニ》者《ハ》平《タヒラケ》久《ク》、島《シマ》能《ノ》八《ヤ》十《ソ》島《シマ》墮《オツル》事《コト》無《ナク》、云云。

また曰《ハ》く、

皇《スメ》大《オホ》御《ミ》神《カミ》能《ノ》見《ミ》霽《ハルカシ》志坐《マス》四《ヨ》方《モノ》國《クニ》者《ハ》、天《アメ》能《ノ》壁《カベ》立《タツ》極《キハミ》、國《クニ》能《ノ》退《ノキ》立《タツ》限《カギリ》、青《アヲ》雲《グモ》能《ノ》靄《タナビク》極《キハミ》、白《シラ》雲《クモ》能《ノ》墜《オリ》坐《ヰ》向《ムカ》伏《フス》限《カギリ》、青《アヲ》海《ミノ》原《ハラ》者《ハ》棹《サヲ》柁《カヂ》不《ホサ》干《ズ》、舟《フネノヘ》艫能《ノ》至《イタリトヾマル》留極《キハミ》、大《オホ》海《ワタノハラ》原爾《ニ》舟《フネ》滿《ミチ》都《ツ》都《ヅ》氣《ケ》氐《テ》、自《クガ》陸《ヨリ》往《ユク》道《ミチ》者《ハ》荷《ニ》緒《ノヲ》縛《ユヒカタメ》堅氐《テ》、磐《イハ》根《ネ》木《キ》根《ネ》履《フミ》佐《サ》久《ク》彌《ミ》氐《テ》、馬《ウマノ》

爪至留限《ツメノイタリトヾマルカギリ》、長《ナガ》道《チ》無《ヒマ》間《ナ》久《ク》立《タチ》都《ツ》都《ヅ》氣《ケ》氏《テ》、狹《サキ》國《クニ》者《ハ》廣《ヒロ》久《ク》、峻國《サカシキクニ》者《ハ》平久《タヒラゲク》、遠國《トホキクニ》者《ハ》八《ヤ》十《ソ》綱《ヅナ》打《ウチ》桂《カケ》氐《テ》引《ヒキ》寄如事《ヨスルコトノゴトク》、云云。

これ等を寶塔品の三變土田の文に合《ハ》せ考《カ》えなば必《ズ》念《モ》ひ半《バ》に過ぐるものあるべし。皆《ナ》同《ナ》じ義《コヽロ》なり。

第五節　教義的關係。其三。

寶塔品に次《ギ》て提婆品あり。其の日本國この關係は別に下《モ》に云ふが如《ト》し。勸持、安樂の二品を越えて從地涌出品あり。本化恒沙の大菩薩衆此界の下方の空中より湧出す。下方の空中とは日本國なり。釋尊の本地日本國にして化度したる大菩薩衆なれば本化とは名《ヅ》くるなり。伽耶の新成に執する迹化の輩《ラ》は斯の大菩薩衆を觀て乃《イマシ》其の一人をだも識らず。補處尙惑《ホト》へり、況《ヤ》自餘をや。然《カ》る後《チ》正宗の說便《チ》起《コ》りて如來壽量品方《サ》に興《コ》る。天日輪の始《ジ》めて東關を闢《ラ》くが如《ト》し。夫《レ》斯の時《キ》や教主釋尊既《デ》に印度の佛陀に非《ラ》ず、其の所說の妙法蓮華經は全《タ》く日本國の神《カム》眞《マ》なり。言《ハ》ゆる神力品の本化付囑は即《チ》この神《カム》眞《マ》の妙法蓮華經

なるものなり。

右《ギ》第貳章、第五節に就きて。

下方の空中。

從地涌出品に本化の住めりし地《トコロ》を說きて曰《ハ》く、

此《ノ》諸《ノ》菩薩《ハ》、皆《ナ》於《テ》是《ノ》娑婆世界《ノ》之下《タノ》此《ノ》界《ノ》虛空《ノ》中《ニ》住《セリト》。

こゝに娑婆世界と云へるは、寶塔品の時《キ》に八方各更變したる廣大の娑婆世界にて、この娑婆世界の外《カ》には十方に何《ン》の諸佛の世界とてもあらぬなり。（彌陀の安養なむどは僅《カ》に十萬億土の西《シ》なり、寶塔品の二百萬億那由佗の國《ニ》を變ずるには疾く撫で潰《ブ》し平《ラ》げたりしなり）。即《チ》天《アメ》に等《ト》しき唯一《ツ》の大《ヒ》なる世界となりたりければ娑婆世界は宛《サナガ》らに虛空なり。かく娑婆世界が虛空と同《ナ》じになりける時《キ》より本門虛空會となりしにて、今《マ》その虛空會より指して「娑婆世界《ノ》之下《タ》」と云ひたり。即《チ》天《アメ》の下《シタ》と云ふの意《ココロ》に同《ナ》じきなり。さて其の下方の虛空とは、天《アメ》の下《シタ》の世界の內《チ》にまた別《コト》に天《アメ》の國《クニ》ありけるが故《エ》なり。そは全《タ》く日本國を申《ウ》し、なり。（寶塔品に我《ガ》國《ニ》の神《ミ》の廟なるを下方《ノ》多寶と申《ウ》し、ミこともこれに合《ハ》すべし）。この本化大菩薩衆の上首は上行、無邊行、淨行、安立行の四大菩薩にて、この四大菩薩《ハ》火(上行)、風(無邊行)、水(淨行)、地(安立行)の神《ミ》なりけり。

◎『御義口傳』下巻

云云。（古《へ》より神《ミ》代《ヨ》七代をば五行五大の神《ミ》に配《ア》てゝ說《ト》くことあり、藤原藤房の『東家祕傳』など最《ト》も詳《クワ》し、今《マ》四大菩薩をば直《チ》にそれと云ふにあらねど、自《オノヅカ》ら然《サ》る理《リ》の別にあるを以てなり、こも言靈《コトダマ》の道《チ》の上《へ》の習《ラ》ひなればことゝに記《カ》かず）。

神力品の本化付囑。

法華經には本迹二門に各《ゝ》付囑のことありて本門の法華經は神力品の時《キ》本化に付囑し給《マ》へり。さてその本化に付囑し給《マ》へる本門の法華經とは壽量品の正宗の妙法蓮華經にて、この壽量品の正宗の妙法蓮華經は顯本上《へ》の妙法蓮華經なれば印度の釋尊の妙法蓮華經なりとは謂ふべからずなり。聖人の『御義口傳』に

此《ノ》妙法蓮華經《ハ》非《サル》釋尊《ノ》妙法《ニ》也《リ》

と仰《ホ》しゝは即《チ》この旨《ネ》を深《カ》く底《コ》に含《ク》みての御《ン》言《ト》ぞ。されば次《ギ》下《モ》に

所詮妙法蓮華經《ノ》五字《ハ》神《ノ》力《ラ》也、神《ノ》力者《ラトハ》、上《ノ》壽量品《ノ》時《ノ》如來秘密神通之力《ノ》文《ト》同《ジ》也、今《マ》日蓮等《ノ》之類《ヒ》奉《ツル》唱《ヘ》南無妙法蓮華經《ト》處《ノ》題目也《リ》

とありて、最後に

此《ノ》神者《トハ》山王七社等也《リ》、此《ノ》旨《ネ》可《キ》案《ス》之《チ》也《リ》

と仰《ホ》し給《マ》へり。言《ハ》ゆる「日蓮等《ノ》之類《ヒ》奉《ツル》唱《ヘ》南無妙法蓮華經《ト》處《ノ》題目」は日本國

の神《カム》眞《マ》なりけることの旨《子》をこそよく案ず可きなれ。本門の法華經と申《ウ》すは是れなり。

第六節　史實的關係。

斯《レ》等教義の關係に加《ハ》ふるに更《ラ》に深厚の因緣あり。提婆品に說ける八歳龍女の來會是れなり。聖人の『御義口傳』に曰《ハ》く、神武天皇祖《ノ》母豐《トヨ》玉《タマ》姫《ヒメハ》、娑《シャ》竭《カ》羅《ラ》龍王《ノ》女《メ》、八歳龍女《ノ》姉也《ナリ》。然《ル》間《ダ》先祖《ハ》法華經《ノ》行者也《ナリ》。甚深《ナリ》甚深《ナリ》。云云。

是《ノ》の如《ト》きの言は單に理推に非《ラ》ずして史實なり。而《カ》して其の史實は我が言《コト》靈《ダマ》の道《チ》克く之《レ》を證して弌《ガ》はず。妙法蓮華經の神《カム》眞《マ》なる所以《ン》當《サ》にこれを以《ッ》て驗《ラ》め識るべきなり。

右《ギ》第貳章、第六節に就きて。

『御義口傳』に曰《ハ》く、云云。

この「神武天皇祖《ノ》母豐《トヨ》玉《タマ》姫《ヒメ》」云云は叡山の相承にも舊《ル》く看えてありけり。

（叡山の秘書に『山家相承法華經旨深義脈譜』と題する書あり、序品以下二十八品の文義に就きて山家諸先匠の口決を輯錄せしものにて、已《ノ》れの持てりしは三百年前の古寫本にて十四卷

に整足しあり、書體など最《ト》美《ル》はしき珍らしき本なりしが、先年友《モ》なりける妙滿寺本多日生に贈《ク》りたれば、今《マ》定《ダ》めて彼《ノ》人《ト》の許《ト》に藏すならむ、日生は護法の念至《タ》りて切なる人にて諸宗各派に渉《タ》り實に雞群の一鶴なりけり、已《ノ》れは彼の人《ト》を常《子》に心《ロ》強《ヨ》く念《モ》ふて後《チ》の宗門の光《リ》を期待せること久《サ》し、さてこの『御義口傳』の御文は其の書の提婆品の下《モ》にも看えて言《バ》もまた同《ナ》じかり、）。然《サ》るに叡山の相承はたゞ日本國の神《ミ》の印度に往きて聞法し給《マ》ひけるを旨《子》として然《サ》申《ウ》すばかりのことなり。聖人はそれと異《カ》はりて、法華經は本《ト》よりの我が神《カム》眞《マ》なりける旨《子》なれば、地神第五の御《ン》時《キ》は愚《オロカ》、遠《ホ》く神《ミ》代七《ナヽ》世《ヨ》、別《コト》天神《アマツカミ》の御《ミ》代《ヨ》にまで溯《ボ》りて何《ツ》れの神《ミ》も悉《ク》皆《ナ》法華經の行者にて坐《マ》し坐《マ》すぞとの意《コヽロ》なり。然《サ》るをこの叡山の相承などをこゝに取り擧げ給《マ》ふ所以は、これ等をもよき機《シホ》にして、法華經の本《モトノ》國《ク》土《ニ》は我が日本國なる深《カ》き由《ヨ》縁《シ》を自《オノヅカ》ら人《ト》に悟《ト》らし、また王佛一乘の國體をも世に識らしめなむ爲めの方《テ》便《ダテ》にてぞある。されば言《コトバ》こそは且《シバ》らく彼れを借れど義《コヽロ》は大《ヒ》に違《ガ》へるにてあるなり。然《サ》はれこの相承どもに云へる事《ト》も強《アナガ》ちに絶えて無かりしには非《ラ》ず。我《ガ》國《ニ》は本《ト》より法華經の國《ニ》なりければ、釋尊の印度に法華經を說き出だし給《マ》ひぬるには、我が多《ホ》くの神《ミ》達《チ》は天《アメ》翔《カケ》り地《クヌ》潜《クヾ》りて急《ツ》ぎ馳せ參《ヒ》らし給《マ》ひけむ。寶塔の踊現、本化の涌出等は即《チ》是れなり。さては法師、寶塔の中間に文殊の急《ツ》ぎ入海しけるも偏《ヘ》に我《ガ》國《ニ》の神《ミ》を請し迎《カ》えまつるが爲めならし。

本門の一大事、將《サ》に顯《ハ》れなむずるに、先佛の法華經をよく聽き得つる文殊の何かで空《ナ》しく會中に默坐して止みぬべしや。實に豊《トヨ》玉《タマ》姫《ヒメ》の姉《子》の神《ミ》もその時《キ》文殊に伴《ツ》れ立ち給《マ》ひ、八歳の龍女と現《ラ》はれて、舍利弗等の小見をばしたゝかに打《チ》破《ブ》りて、滯《コ》りなく釋尊の化儀を助《ス》け參《ヒ》らせ給《マ》ひたりきなり。これ等は皆《ナ》我が神《カム》眞《マ》を重《モ》むじ給《マ》ふが故《エ》なるべし。「又聞成菩提唯佛當證知」の意《コヽロ》は是れ歟。抑《モ》文殊の海中に在りしには「唯常宣說妙法華經」と聞《コ》えぬ。日本國は古《ル》き神《ミ》代の過去遠々劫より餘佛にも仕《カ》へず餘經にも就かず一向神《カム》眞《マ》の妙法蓮華經なりければ唯常の二字こそ正《サ》しくこの國《ニ》の機には當《タ》りつらめ、八歳の幼稚にもあれ、愚癡の女身にもあれ、日本國の機なれば一《ト》たび法華經を聞くには必《ズ》剎那の成佛なるべし。彼の舍利弗等の人《ト》人《ト》のこれを疑《ガ》ふは全《タ》く日本國の機ならぬが故《エ》ぞかし。さればこの龍女と舍利弗との論《アゲツラ》ひは本緣の國《ニ》と本緣ならぬ國《ニ》との論《アゲツラ》ひにて、結句日本國の正《サ》しく印度に勝ちけるにてありしなり。こをもてこの事《ト》を說ける提婆の一品は特《ト》に我が皇室にて重《モ》く扱《ツ》かひ給《マ》へり。（中《ツ》世以降《コノカタ》のことにはあれど、宮中に修する法華八講なども、特《ト》に提婆品の日を重《モ》き御儀と定《ダ》めさせ給《マ》へり、『後嵯峨院御記』『延德御記』などの書《フミ》を看てそを推すべし）。後醍醐天皇の崩御まし〳〵ける折《リ》、右《ギ》の手《ミテ》に御劍、左《リ》の手《ミテ》に法華經の第五《ノ》卷《キ》

を握《ト》らして賊徒征討の御遺詔を垂れ給《マ》ひぬるも、第五《ノ》卷《キ》にこの龍女の提婆品ありけるが故《エ》にて、而《カ》もそがまことに折伏の利劔なるにてあればなり。聖人の『御義口傳』に

此《ノ》提婆《ノ》一品《ハ》一天《ノ》腰刀也《リ》

とあり。「一天《ノ》腰刀」とは萬乘の御《ン》腰《シ》の刀《モノ》との義《コヽロ》なり。日本國の天皇の佩《ハカ》し給《マ》ふべき智劒なれば次《ギ》下《モ》には

漢高三尺《ノ》劔《モ》、一字《ノ》智劔《ニ》不《ル》レ及《バ》也《リ》

と仰《ホ》したり。即《チ》提婆品は妙の一字の智劔を説きたるにて、この妙の一字を王法には正の一字と申《ウ》せり。後醍醐天皇の左右の手《ミテ》はこの正と妙との王佛一乘の御《ン》姿《タ》にて、こも遠《ホ》き神《ミ》代よりの傳《タ》えの深《カ》き旨《ネ》に合《ナ》へるからの御《ン》事《ト》なるべし。聖人の御《ン》躬に平《ツ》生《ネ》に經と笏とを執らし、所以《ン》もまた佛法(經)と王法(笏)との御《ン》表示なること之《レ》によりて自《オノヅカ》ら知られなむ。之《レ》近《カ》頃《ロ》の人《ト》に聖人の笏を執らしゝことはなかりし由《シ》を云へるあり。之に就きて己《ノ》れ其の說の然《カ》らざる證《アカシ》のよき昔《シ》の圖像を得たりければこの書《フミ》の卷首に寫《ツ》し出ださしたり。それに圖像の緣《ユヘ》由《ヨシ》別に記《カ》きて附したればよく看るべし。

◎『玄應音義』卷九、
◎『寶星陀羅尼經』卷四、

言靈《コトダマ》の道《チ》克く之《レ》を證せり。

言靈《コトダマ》の道《チ》の理《コトハリ》は今《マ》こゝに云ひ難《タ》かれど、己《ノ》れ曾《ツ》て神、梵、二國の言語の同《ナ》じものを部類に別けて示《メ》しゝことあればそをこゝに擧ぐべし。先《ツ》これにて畧二國の深《カ》き關係ありし古《ヘ》をよく念《モ》ふべくなむ。

神梵同語の對照。（上位に片假《タ》名に書けるは我國《ガニ》の語《バ》、中位は漢譯、下位は梵語なり）。

第一類　天《ノ》之部。

「アマ」、「アメ」。（天）。「阿《ア》摩《マ》」。（この書《ミ》の九七頁に云へり）。

「ソラ」。（天、日、空）。「素《ソ》落《ラ》」。（この書《ミ》の九九頁に云へり）。

「ヒ」、「ヒル」。（日、晝）。「毘《ヒ》盧《ル》」。

神語には多《ホ》く語首《ノメ》を濁《ゴ》らぬ例《コト》なれば「ヒル」なれど、梵語の「毘《ヒ》盧《ル》」と云ふに義《コヽロ》全《タ》く同《ナ》じきなり、さて彼の濁《ゴ》るは國《ニ》の本《ト》ならぬ所以《ン》の證《アカシ》なり。

「ホシ」。（星）。「富《ホ》沙《サ》」。

弗沙、沸星、佛星、孛星、勃沙なども書けり、印度に鬼宿星のことを然《サ》呼べるなれど、そは我が神語の「ホシ」を彼の鬼宿星にのみあてゝ云ひしなり、種《マ》種《マ》書ける中《カ》にも「富《ホ》沙《サ》」の字最も音に合《ナ》へりとのこと『玄應音義』に看ゆ、また鬼宿星のことは『寶星陀羅尼經』に説けるを看るべし、云云。

「ハラ」、「ハレ」、「ハル」。（晴）。「波《ハ》羅《ラ》」。（この書の一〇一頁に離垢光明の義《コヽロ》を云へり）。

「ヒカラ」、「ヒカリ」。(光)。　「彼《ヒ》披《ヒ》迦《カ》羅《ラ》」。

天の日の光《カ》れるさまなどを云ふなり、『一切智德經』の跋に彼《ヒ》披《ヒ》迦《カ》羅《ラ》を興光と譯せる旨《子》を訛《カ》けり、云云。

「アカ」、「アカシ」。(明)。　「阿《ア》迦《カ》」、「迦《カ》尸《シ》」。

梵語の「阿《ア》迦《カ》」には明闇の二義ありて、晝《ル》は光明を體とし、夜《ル》は闇色を體とすなることと神泰の『俱舍疏』に看ゆ、『玄應音義』に會通せるに依れば、「阿《ア》迦《カ》」の「阿《ア》」に二義ありて、無の義を取るには明の義《コヽロ》、極の義を取るには闇の義《コヽロ》となるなり、そは「迦《カ》」の義《コヽロ》は礙なれば、無礙と極礙との正反の語《バ》となるが故《エ》なり、然《サ》れど多《ホ》くは明の義に「阿《ア》迦《カ》」の音もて呼べることとなり、例を擧ぐれば、『隨求如意陀羅尼經』に東方の電を「阿《ア》迦《カ》曩《ノウ》」と名《ツ》くる由《シ》を說き、同じく『如意摩尼經』にそをただ「阿《ア》伽《カ》」と名《ツ》けたり、即《チ》電の光明をば「阿《ア》迦《カ》」と云ひたるなり、『金光明經』に「東方《ニ》有《リ》二光明電王一、名《ク》二阿《ア》揭《カ》多《タ》一」とあるもこれと同じ、これ等は我が「アカ」の詞《バ》ならずやは、さて我が神語にては「アカ」、「アカシ」二《ツ》なるにあられど、梵語には別に明を「迦《カ》尸《シ》」とも呼べり、こはさだめて「アカシ」の轉《ツ》れるにて、例の如《ト》く「ア」の音を畧しくものなるべし、『玄應音義』にはこをまた「光」と譯せり、云云。

「アメ」(雨)。　「阿《ア》弭《ミ》瘦《ユ》」。

梵語には天の甘露の雨《メ》を「阿《ア》弭《ミ》瘦《ユ》」また「阿《ア》弭《ミ》哆《タ》瘦《ユ》」と云ふ、『佛本行集經』には「阿《ア》彌《ミ》都《ト》檀《ダン》那《ナ》」と書けり、「阿《ア》彌《ミ》都《ト》」は甘露、「檀《ダン》那《ナ》」は飯、即《チ》甘露飯王の名なり、西方無量壽佛の名を阿彌陀と云ふもこの甘露の義《コヽロ》なり、『海藏念佛』に看ゐたり、よりて『寶藏陀羅尼經』には阿彌陀を正《サ》しく「阿《ア》弭《ミ》哆《タ》瘦《ユ》」と書けり、即我が「アメ」の轉《ツ》れるなり、さて今《マ》の宗門の寺院にて施餓鬼と稱ゐて修法なすに、他宗の法を用《チ》ゐて五如來などを壇に勸請することとなるが、その中に南無甘露王如來と唱《ナ》ふるは阿彌陀の名を唱《ナ》えけるなり、念佛無間をつのる宗門も末《エ》になりてはかゝる逆《カ》さま事《ト》も出で來つるなり。

第二類　地《ノ》之部。付　動植物。

◎『一切智德經』卷五の跋

◎『神泰の俱舍疏』卷一

◎『玄應音義』卷二十五

◎『金光明經』卷七

◎『玄應音義』卷三及び卷十

◎『本行集經』卷五

◎『海藏念佛』卷中

◎『翻梵語』巻九、

◎『玄應音義』巻二十五、

◎『倶舍寶記』巻五

◎『大威德陀羅尼經』巻六、

「シマ」。(洲)。「刹《セツ》摩《マ》」。（この書の八八頁に云へり）。

「クガ」。(陸)。「求《ク》呵《カ》」。

印度に「求《ク》呵《カ》」と云ふは穴《ナ》のことなれど、そは我が「クガ」の詞《バ》を轉《ウツ》して專《ラ》これに用《チ》ゐたるなり、「求《ク》呵《カ》」を穴《ナ》と譯することゝ『翻梵語』に看ゆ、さて穴《ナ》を「求《ク》呵《カ》」と云ふもまた神語の旨《子》なり、「求《ク》呵《カ》」は「くゞもり、かゞむ」の義《コヽロ》なれば、古《ヘ》陸に穴居し居たる狀《マ》なり、今《マ》陸地を「クガ」と云ふも本《ト》は反りてこの穴《ナ》の義《コヽロ》にてありしことなるべし。

「ヤマ」。(山)。「夜《ヤ》摩《マ》」。

「ヤマ」の高《カ》きをば印度にては天の稱《ナ》に轉《ウツ》して呼びたり。

「カハ」。(川)。「殑《ゴウ》」。

印度に川流の最《モ》大なるに殑《ゴウ》と名《ヅ》くるあり、具《サ》には「殑《ゴウ》伽《ガ》」と云ひ、また「恒《ゴウ》」、「恒《ゴウ》伽《ガ》」など書けり、我が「カハ」の音を轉《ツ》してこれに用《チ》ひたり、彼の河は本《ト》摩醯首羅天の頂《ギ》より流出せる由《シ》の傳說あることゝ『玄應音義』に看ゆ、よりてこれを天堂來とも譯せり、この傳說は殑《ゴウ》伽《ガ》の稱《ナ》の我が神語の轉《ツ》りなるを自《オノヅカ》ら云へるなり、摩醯首羅天は我が神《ミ》を指して申《ウ》すなれはなり、この事《ト》この書の初《メ》つ方《タ》に已《デ》に記《カ》きたり、この「殑《ゴウ》伽《ガ》」は本《ト》河《ハ》の神《ミ》の名なるを彼の川の稱に移《ツ》したりとの說《コト》『彌陀經通贊』に看ゆ、『倶舍寶記』に「殑者《ハ》是《レ》河神《ノ》名」とあるこれなり、我が神語の「カハ」の轉《ウツ》れるものから斯《ゝ》る諸說も出でしなり、彼《ノ》國《ニ》には總じて河の鳥《リ》に多《ホ》くこの殑《ゴウ》の音あり、鴻を「恒《ゴウ》娑《シャ》迦《カ》」と云ひ、鵝を「恒《ゴウ》娑《シャ》」と呼ぶなどの例これなり、『大威德陀羅尼經』を看るべし、殑《ゴウ》は「カハ」なるなるが爲めなり、また井のことを「矩《ク》波《ハ》」と云ふ由《シ》『梵語雜名』にあり、こは更《ラ》に轉《ウツ》りて訛《ナマ》れるならむ。

「ナダ」。(洋)。「那《ナ》提《ダイ》」。

梵語にて川《ハ》を「那《ナ》提《ダイ》」と云ふ、こも我が「ナダ」の轉《ウツ》りなり、また「ウミ」(海)と云へる詞《バ》も彼れに傳《タ》はりけるにや、波《ミ》を「烏《ウ》怛《タ》麼《マ》」と云ひ、水《ヅ》を「烏《ウ》娜《ナ》迦《カ》」と云ひ、また「憂《ウ》陀《ダ》伽《カ》」「鬱《ウ》特《ド》迦《カ》」などゝも云ひ、

◎『慧琳音義』巻二十六、

海《ミ》をば「鬱《ウ》禪《ゼン》那《ナ》」と云へり、この「ウ」の音のすべてにあるは「ウミ」の「ウ」にて、「ミ」の畧されたるなるべし、水《ミ》を「烏《ウ》娜《ナ》迦《カ》」等と云へることは『慧琳音義』及び『梵語雜名』に看ゆ、この書の初《メ》の天《アメ》御《ミ》中主《ナカヌシ》の「中《ナカ》」の解にこを合《ハ》せて考《ガ》ふべし。

「イシ」。（石）。「阿《ア》濕《シユ》麼《マ》」。

「阿《ア》濕《シユ》麼《マ》」は「イシ」の轉《ウツ》りなり、またただ「濕《シユ》麼《マ》」とも云ふは更《ラ》に訛《ナマ》れるなり。

「カナ」、「カネ」。（金）。「迦《カ》那《ナ》」。

又《タ》具《ブ》さに「迦《カ》那《ナ》迦《カ》」とも云へり、「コカネ」は上《ミ》に「犍《コ》」の音を加《ハ》へり、「犍《コ》」は即《チ》「コ」（黃）なり。

「モリ」。（森）。「沒《モ》力《リ》訖《キッ》沙《シャ》」。

樹木の立ち並《ベ》べるを「沒《モ》力《リ》訖《キッ》沙《シャ》」と云へり、「訖《キッ》沙《シャ》」の音を加《ハ》へたるなり。梵語は音尾に多《ホ》く「訖《キッ》沙《シャ》」の音を加《ハ》ふる例《コト》あり。

「ハナ」、「ハ」。（花、葉）。「波《ハ》那《ナ》那《ナ》波《ハ》」。「弗《フ》把《ハー》」。

梵語には林《シ》を「波《ハ》那《ナ》」と云ひ、花《ナ》を「波《ハ》那《ナ》那《ナ》波《ハ》」と云ひ、又《タ》花《ナ》と葉とを通じて「弗《フ》把《ハー》」、又《タ》「布《フ》瑟《ヒ》波《ハ》」など云へり、皆《ナ》訛《ナマ》り轉《ウツ》れるなり。

「クサ」。（草）。「矩《ク》奢《サ》」。

梵語に「矩《ク》奢《サ》」は茅《カヤ》のことなり、我が國《ニ》も舊《ル》くは茅《カヤ》をもて草の總稱とせり。千《チ》草《クサ》、千《チ》茅《カヤ》などの同《ナ》じ義《コヽロ》なるは是れなり。

「キジ」。（雉）。「迦《カ》頻《ヒ》闍《ジャ》羅《ラ》」。

「迦《カ》頻《ヒ》」は二合急促して「キ」の音なり、「闍《ジャ》」は下《モ》に「羅《ラ》」の音あるが爲めなれど「キジ」の轉《ウツ》りなり。

「マシラ」。　（猿）。　「摩《マ》斯《シ》吒《ダ》」。

又《ダ》「摩《マ》斯《シ》佉《キャ》羅《ラ》」とも云へれば「ラ」の音は具《ナ》はれるなり。

「ハシ」、「ハヤ」。　（鷹）。　「波《ハ》儞《ジ》」「播《ハ》也《ヤ》」。

「ハシタカ」「ハヤブサ」などの詞最《バト》古《ル》かりけることを知るべし。

「ハト」。　（鴿）。　「波《ハ》羅《ラ》播《ハ》多《タ》」。

別に「波《ハ》羅《ラ》」の音を加《ハ》へれど、「播《ハ》多《タ》」は「ハト」の音なることと明きらけし。

「ハ」。　（羽）。　「波《ハ》訖《キッ》沙《シャ》」。

上《ミ》の「沒《モ》力《リ》訖《キ》沙《シャ》」の例にて、たゞ「波《ハ》」なり、又《タ》具《サ》には「波《ハ》訖《キ》沙《シャ》波《ハ》咀《タ》羅《ラ》」と云ふ、この「波《ハ》咀《タ》羅《ラ》」は我が「ハタラキ」「ハタラク」などの羽翼の活動をそのまゝに云へるなり。

第三類　人《ノ》之部。

「ヒト」。　（人）。　「弗《ヒ》多《ト》」。

凡《ソ》梵語には家族を呼ぶに多《ホ》く「弗《ヒ》多《ト》」の音を以《ッ》てせり、左の數例を看てよく按ずべし。

「卑《ヒ》跢《ト》羅《ラ》」。　父。
「卑《ヒ》多《トウ》摩《マ》訶《カ》」。　祖父。
「比《ヒ》怛《ト》隸《レー》」。　叔父。伯父。
「弗《ヒッ》多《ト》羅《ラ》」。　小兒。
「苞《フー》多《ト》羅《ラ》」。　孫。

これ等は皆《ナ》「ヒト」の音體を本《ト》したる語《バ》なり。

「ハラカラ」。　(同胞)。「波《ハ》羅《ラ》訶《カ》羅《ラ》多《タ》」「波《ハ》囉《ラ》、多《タ》」。

この音は實によく合《ナ》へり。

「アニ」。　(兄)。「阿《ア》儞《ニ》」。

「オト」。　(弟)。「阿《ア》多《ト》」。

初《メ》を「阿《ア》儞《ニ》」と云ひ、後《チ》を「阿《ア》多《ト》」と云ふ、「阿《ア》多《ト》」は我が「アト」(後)なれども亦「オト」(弟)に通《ヨ》ふなり、何《ヅ》れも神國の語《バ》なり。

「イモ」。　(女)。「阿《ア》麼《マ》」。

「オンナ」。　(女)。「汗《オー》拏《ナ》」。

印度に欠根の人《ト》を皆《ナ》「汗《オー》拏《チ》」と云へり女人は成り足らざるからなるべし」

「ヒジリ」。　(聖)。「比《ヒ》咥《チ》哩《リ》也《ヤ》」。

印度に年長者などを「比《ヒ》咥《チ》哩《リ》也《ヤ》」と云へり、「ヒジリ」の轉《ウツ》りて訛《ナマ》れるなり。

「カラダ」。　(軀)。「羯《カ》羅《ラ》吒《ダ》」。

印度には胸、耳、鼻等を何《ヅ》れも「羯《カ》羅《ラ》吒《ダ》」と呼べり、人身の総種をば各部にも用《チ》ゐたるなり、又我が「ミ」(身)と云ふ音に就きては彼《レ》に「摩《マー》」と云ふ、訛《ナマ》れるなり、又《タ》身を云ふに「阿《ア》多《タ》摩《マ》迦《カ》」「波《ハ》羅《ラ》阿《ア》多《タ》摩《マ》」などの詞《バ》あり、こも我が「ハラ」(腹)又《タ》は「アタマ」(頭)なるを、身のことに通じて呼び用《チ》ゐたるならし。

「ハラ」。　(胎)。「波《ハ》羅《ラ》」。　(この書《ミ》の一〇一頁に包羅含藏の義《コヽロ》を云へり)。

「カシラ」。　(頭)。「室《シ》羅《ラ》」。

「カ」の音を畧しゝなり。

「オモ」、「クチ」。(面、口)。「目《モ》佉《ク》地《チ》」。

「シタ」。(舌)。「瑟《シツ》吒《タ》」。

「ハナ」。(鼻)。「波《ハ》那《ナ》」。

具《サ》には「阿《ア》那《ナ》波《ハ》那《ナ》」と云ふ、氣息の出入するところに然《サ》串《ウ》すなり。

「ノド」。(喉)。「迦《カ》那《ナ》吒《ダ》」。

「那《ナ》咤《ダ》」に「迦《カ》」の音を加《ハ》へり、「那《ナ》咤《ダ》」は我が「ノド」の轉《ウツ》りなることさ忞るし。

「タナ」。(掌)。「駄《ダ》那《ナ》」。

又《タ》具《サ》に「萬《マン》馬《ダ》那《ナ》」とも云ふは、「萬《マン》」は合の義、「駄《タ》那《ナ》」は即《チ》掌なり、この書《ミ》の天《アメ》瓊《ヌ》矛《ボコ》の解に云へるをこれに合《ハ》すべし。

「コシ」。(腰)。「迦《キヤ》斯《シ》」。

「コ」の音轉《ウツ》りて「迦《キヤ》」となれり。

「ヒザ」。(膝)。「瑟《ヒ》趾《ザ》羅《ラ》」。

「羅《ヲ》」の音加《ハ》はりたり。

第四類　家具及《ビ》飲食《ノ》之部。

「キ」、「シロ」。(城)。「伽《カ》夷《ヒ》」「室《シ》羅《ラ》」。

摩訶陀國の城名に「伽夷《カヒ》」あり、舍衛國の城名に「室羅《シラ》」あり、皆《ナ》我が「キ」(伽夷《カヒ》)、また「シロ」(室羅《シラ》)の音を取り用《チ》ゐたるなるべし。

「ホコラ」。　(祠廟)。「袍休蘭羅《ホクラムラ》」。(この書の三《ミ》一九頁に云へり)。

「クラ」。　(藏)。「拘羅《クラ》」。

印度にて「拘羅《クラ》」は物《ノ》を容るゝ處《ロ》を云ふ、然《サ》れば人《ト》の住む家屋をも「拘羅《クラ》」と云へり、普通の舍宅は「訶羅拘羅《カラクラ》」、貴族高貴の宮殿は「佗拘羅《タクラ》」など申《ウ》せり、こはまた我が「タカミクラ」(高御座)の詞の彼《バ》れに移《ツ》れるなるべし。

「カハラ」。　(瓦)。「迦波羅《カハラ》」。

「ハタ」。　(織機)。「兜那波吒《タナハタ》」。

「ヒヂ」。　(机)。「比底《ヒヂ》」。

「ハリ」。　(鈎)。「波利《ハリ》」。

「ヲグシ」。　(櫛)。「鴦句奢《ワウグシャ》」。

「フタ」。　(蓋)。「比哆《ヒタ》」。

「フ」の音轉《ウツ》りて「比《ヒ》」となれるなり。

「ハコ」。　(箱)。「跋渠《バツコ》」。

「ハコ」の音轉《ウツ》り濁《ゴ》りて「跋渠《バツコ》」となれるなり、經本に何《ニ》何《ニ》品とある品の字はこの「跋渠《バツコ》」を譯しゝなり、品《ナ》品《ナ》の同《ナ》じ類《モノ》をそれに置きてあるからなれど、品の字已《デ》に箱《コ》をかされたる象字なり。

◎『倶舍頌疏』世品五、

「タナ」。(棚)。「他《タ》那《ナ》」。
「他《タ》那《ナ》」を支那には安處とも譯せり、物《ノ》を安する處《ロ》の棚架なるにて即《チ》我が「タナ」なり。

「ハタ」。(旗)。「播《ハ》吒《タ》」。

「ホシイ」。(乾飯)。「蒲《ホ》闍《シャ》尼《ニ》」。(この書の一一六頁に云へり)。

「カシイ」。(炊飯)。「佉《カ》闍《シャ》尼《ニ》」。(同上)。

「カテ」。(糧)。「佉《カ》茶《タ》」。(同上)。

第五類　數量及色《ビ》、音曲等の部。

「カズ」。(數)。「迦《カ》抳《ヂ》」。
又「掲《タカ》底《テイ》」とも書く、數の名六十の一なり、『倶舍頌疏』の中《カ》に看ゆ、こは我が「カズ」の訛《マ》りにて、そを數の中《カ》の一と爲せるなり。

「タカ」、「タケ」。(丈、長、)。「地《ダイ》珂《カ》」。(この書の一〇〇頁に云へり)。

「ナガ」。(長)。「娜《ダ》伽《カ》」。(同上)。

「スエ」。(末、盡、)。「芻《スー》」。
數の最終を「芻《スー》」と云ふ、我が「スエ」の轉《ウツ》りなり。

「ハカリ」(量、)。「婆《ハ》訶《カ》」。(この書の八二頁に云へり、)。
(斛、)。「佉《カ》梨《リ》」。

「イヽロヽ」。　（色、青、）。　「尼《ニ》羅《ラ》」。

「尼《ニ》」は「イヽ」と通じて同音なり、「羅《ラ》」もまた「ロヽ」と同じ、さて印度に「尼《ニ》羅《ラ》」は青色を云ふなるが、また他の諸色の總名とも爲すなり、

「キヽ」。　（黄）。　「枳《キー》那《ナ》」。

また「迦《カ》維《イ》那《ナ》」とも書く、我國《ガニ》も「キヽ」（黄）は「キヽイヽナヽ」と呼ぶなり。

「アヽカヽ」。　（赤）。　「阿《ア》迦《カ》」。

具《サ》には「阿《ア》盧《ロ》那《ナ》迦《カ》」また「阿《ア》盧《ロ》醯《ケイ》呾《タ》迦《カ》」など《コト》云へれど音體は初後《トト》の「阿《ア》迦《カ》」なり、中間に他音を有つの例梵語には間あることなり。

「シヽロヽ」。　（白）。　「叔《シフ》離《リ》」。

こは「シヽロヽ」の音轉《ウツ》りて「叔《シフ》離《リ》」と訛《ナマ》りたるなり。

「クヽロヽ」。　（黑）。　「瞿《ク》利《リ》」。

また「迦《カ》留《ル》」「迦《カ》羅《ラ》」などとも書けり、「クヽロヽ」の訛《ナマ》りなり。

「コヽヘヽ」。　（聲）。　「矩《ケイ》」。

「矩《ケイ》」は「コヽヘヽ」と同音なり。

「フヽシヽ」。　（音節）。　「補《フ》沙《サ》」。

また「婆《ハ》闍《シヤ》尼《ニ》」とも書く、いづれも「フヽシヽ」の轉《ウツ》りなり、尚「佐《ホサ》波《ハ》哩《リ》」とて曲のことを申《ウ》せり、とも音曲の上に我國《ガニ》の久《サ》しく云ふ詞《バ》なり。

第六類　雜《ノ》之部。

「カル」、「カロシ」。　(輕)。　「歌《カ》羅《ラ》」。

一毛を拆きて百分としたる其《ノ》一を「歌《カ》羅《ラ》」と云ふ、最も最の輕《ロ》きものを云ふにて、即《チ》我が「カル」(輕)と同じきなり。

「カタ」、「カタシ」。　(瀘、堅固、)。　「歌《カ》地《ダイ》」。

「コル」。　(凝結)。　「歌《カ》羅《ラ》邏《ラ》」。

「マサル」。　(勝)。　「牟《ム》娑《リ》羅《ラ》」。

「牟《ム》娑《サ》羅《ラ》」は他に勝ぐる義《コヽロ》にて、即《チ》「マサル」の轉《ウツ》りしなり。

「アリ」、「アル」。　(有、富、)　「阿《ア》梨《リ》」。

「ナシ」、「イナ」。　(無、否)　「那《ナ》」。

「ザレ」、「タレ」。　(戯)。　「捺《ダ》齡《レイ》」。

「イカメシ」。　(威嚴)。　「郁《イク》伽《カ》」。

「タク」。　(燒)。　「陁《ダ》呵《カ》」。

「トル」。　(持)。　「陁《ダ》羅《ラ》」。

「ツカ」、「ツカム」。　(握)。　「摘《チ》迦《カ》」。

八《ヤ》握《ツカ》十《ト》握《ツカ》などの「ツカ」の音彼れに往きて、「摘《チ》迦《カ》」と訛《ナマ》りたるなり。

「シロシ」、「シラス」。　(治)。　「尸《シ》羅《ラ》」。

印度に戒法のことを「尸羅《シラ》」と呼べり、とは我が治《シロ》し治《シラ》すなどの詞《パ》より申《ウ》しゝなり。

「アダ」。　（讎敵）。　「阿陀烏他《アダウタ》」。

「烏他《ウタ》」の音を更《ラ》に加《ハ》へり、或《ヒ》は「讎《アダ》ふ人《ト》」の轉《ウツ》りなるべきにや。

「ウハ」、「ウヘ」。　（上）。　「烏波《ウハ》」。

「カド」。　（角、尖、）。　「迦拏《カド》」。

「トウシ」。　（遠）。　「特羅《トーラ》」。

「キリ」、「キル」。　（斬、禁罰、）　「枳里《キリ》」。

「ハナチ」、「ハナツ」。　（放、殺、罰、）　「鉢拏底《ハヌチ》」。

「トガ」。　（罪、苦、）　「特佉《トーギヤ》」。

「マケル」。　（降伏）。　「摩計《マケイ》」。

「ネギ」、「ネガフ」。　（願、祈、）。　「尼祇《ニギ》」。

「チカラ」。　（力）。　「波稚《ハチ》・迦羅《カラ》」。

更《ラ》に「波《ハ》」の音を加《ハ》へて云ふなり。

「ケナ」。　（健）。　「健男《ケナ》」。

「ナ」。　（名）。　「那摩《ナマ》」。

更《ラ》に「摩《マ》」の音を加《ハ》へり、されど「名《ナ》前《マヘ》」などの詞《バ》
已《デ》に久《サ》しく我《ガ》國《ニ》にありけるをも念《モ》ふべし。

「スガ」。　(淸)。　「僧《ソー》伽《ギヤ》」。

「ハルカ」。　(遙遠)。　「波《ハ》羅《ラ》伽《カ》」。

「マヽ」。　(任意)。　「摩《マ》摩《マ》」。

「マニ」。　「摩《マ》那《ナ》」。


以上は僅《カ》似通《ヨ》ひたるものを强《ヒ》て其《ソ》處《コ》此《コ》處《コ》より拾《ロ》ひ集《ツ》めたるなどに非《ラ》ず。言《コト》靈《ダマ》の道《チ》からは限《ギ》りの盡きせぬ程《ド》なるを、たゞ人《ト》の眼に觸れて直に頷《ウナヅ》かるべきものゝみの一《ヒト》端《ハシ》を聊《カ》これに示《メ》しゝまでなり。これ等をもて考《ガ》ふれば、彼の印度は我《ガ》國《ニ》と舊《ル》く往《ユキ》來しことあるのみならず、特《ト》に釋尊の生《マ》れりし釋氏の族と云へるは全《タ》く我が神《ミ》の裔《ミスヱ》にてありけることの源《ト》をも自《オノヅカ》ら推し得らるべくなむ。そは暫《ラ》く後《チ》に讓《ツ》りて、今《マ》提婆品の娑《シヤ》竭《カ》羅《ラ》龍國とは正《サ》しく我《ガ》國《ニ》を指したりとの義《コヽロ》を先《ツ》ぞ述ぶべき。抑《ソモ》今日の我《ガ》國《ニ》の人《ト》は朝鮮等を「カラ」と稱《トナ》へれど、元《ト》この稱《トナ》へは印度より東《シ》の方《タ》を指しゝ名なりけり。(然《サ》云ふも「カラ」てふ詞《バ》の原《ト》はまた我《ガ》國《ニ》なるを、何《ツ》しか印度に渡《タ》り、彼《ノ》國《ニ》にて同《ナ》じく東《シ》の方《タ》を指すの詞《バ》とはなれるなり)。「アカラ」「アカリ」など云ふ詞《バ》の義《コヽロ》と同《ナ》じく、東《シ》の空《ソラ》の明けたる狀《マ》を云ひたるな

◎『慧琳音義』卷二十六、

◎『慧苑音義』卷上、

◎『華嚴疏鈔』卷一下、

◎『法華義疏』卷二、

り。（されば「カラ」の音は「アカラ」の「ア」を畧したるにてぞあるべき）。曉《キ》告ぐる鳥を「カラス」（烏）と云ふも同《ナ》じ。（「カラス」は印度に「迦迦羅《カカラ》」と云ふ、こも我が詞《バ》の轉《ウツ》りなり、然《サ》るに『慧琳音義』には「此《ニハ》云《フ》烏《ト》、因《リ》聲《ニ》立《ツ》名《チ》」とありて、迦迦《カカ》はその鳴く聲《エ》なる由《シ》に記《カ》けり、念《モ》ふにそは只斯る一説あるを擧げしなるべし、又《タ》羽色の黑《ロ》き故《エ》「迦迦羅《カカラ》」と云ふ説《コト》あるも聞《キコ》えぬ、「迦羅《カラ》」は印度にても黑《ロ》きを云ふなればなり、さて「迦羅《カラ》」は黑《ロ》き色《ロ》を云ふとすれば、「アカラ」「アカリ」に合《ナ》はず、反《ヘ》りて闇黑を指す詞《バ》なる歟に思《モ》はるれど、これには元《ト》より明と闇との二義を兼ねてぞある、この前に「阿迦《アカ》」「迦尸《カシ》」の音に明闇の両體あることの例を云へりしを念《モ》ふべし、今《マ》その明の方《タ》の義《コロ》に就きて云ふから「アカラ」「アカリ」と同《ナ》じと云ふなり）。さて娑竭羅《シャカラ》はこの「カラ」の音にて、即《チ》東方の龍國を申《ウ》すことなれば、正《サ》しく我《ガ》國《ニ》を指し、ことや明《ラ》けし。（提婆品の經本に龍女の無垢世界を南方と書ければ東方と云ふことは違《ガ》えるやうなれど、彼の經本の南北は上下のことにて、虛空を上方の北とし下方を南として云ひたるなり、多寶の國《ニ》を下方と云ひ、又《タ》南方實淨と云ふにて知るべし）。「娑竭羅《シャカラ》」の名義を云ふに諸書には多《ホ》く海と譯しぬ。『慧苑音義』に曰《ハ》く、

娑《シャ》竭《カ》羅《ラハ》、此《ニ》云《フ》海《ト》也《リ》。

『華嚴疏鈔』に曰《ハ》く、

娑《シャ》竭《カ》羅《ラハ》、此《ニ》云《フ》海《ト》也《リ》、於《テ》大海《ノ》中《ニ》、此《レ》最《モ》尊《キカ》故《ニ》、獨《リ》得《ト》其《ノ》名《チ》。

こは元《ト》海の名なるを、その中《カ》に最《モ》尊《ト》く勝《ゲ》れたれば、特《ト》に其の國《ニ》に附したりとなり。多《ホ》くの龍國と云はるゝ中《カ》にも我《ガ》國《ニ》は最《モ》勝《ゲ》れたるが故《エ》ならずや。また本より國《ニ》名なりと云へる一説あり。『法華義疏』に曰《ハ》く、

◎『華嚴探玄記』卷十九、

◎『慧琳音義』卷十五、

娑伽羅《シャガラ》者《トハ》、有《ル》人《ノ》言《ク》、從《テ》レ國《ニ》立《ツ》レ名《チ》、此《ノ》國《ニ》近《ク》二仙人《ト》一而《モ》住《ス》、王觸《レ》忤《フ》二仙人《ニ》一、仙人呪《シテ》二此《ノ》國《チ》一令《メ》レ成《ラ》レ海《ト》、此《ノ》龍居二住《ス》其《ノ》中《ニ》一、從《テ》二本《ノ》國《ニ》一立《ツ》レ名《チ》、云云。

今《マ》熟《ラ》々《ラ》この本《ト》よりの國《ニ》名なりとの説を按ずるに、支那より古《ル》く我《ガ》國《ニ》を扶桑と呼べり。扶桑は扶叒《ジャク》にて「佐《サ》久《ク》良《ラ》」（櫻）なること平田の『大扶桑國考』に具《サ》に記《カ》ける如《ト》くなれば、印度よりもまた同《ナ》じく然《サ》呼びたりけむ。即《チ》「娑《サ》竭《カ》羅《ラ》」は「佐《サ》久《ク》良《ラ》」なるべし。但《ヾ》印度は我《ガ》國《ニ》の詞《バ》のまゝもて「佐《サ》久《ク》良《ラ》」の國《ニ》と稱《ホ》めて呼びけるを、支那にはそれに自國の扶叒《ジャグ》の文字をあて、呼びたるが違《ガ》えるのみ。（「佐《サ》久《ク》良《ラ》」の一種を我《ガ》國《ニ》に古《ル》く「波《ハ》波《ハ》迦《カ》」と云ふ、印度に「波《ハ》波《ハ》迦《カ》」と云へば輿光と譯して色の盛《リ》に光《カ》れることなり、支那に扶叒をば「若《ノ》華何《ゾ》光《ルヤ》」（楚辭）、「東海日出《ノ》處《ロ》有《リ》二扶桑樹一此《ノ》花《ナ》光艶《ニシテ》照《ル》レ日《ニ》」（本草綱目）などある皆《ナ》同《ナ》じことの義《コヽロ》なり、この「佐《サ》久《ク》良《ラ》」は「この花《ナ》」とも云ふ、其の神《ミ》は木花《コノハナ》開耶《サクヤ》姫《ヒメ》にて、富士の淺間宮《アサマノミヤ》に坐《マ》せり、古《ヘ》最《イト》大《ヒ》なる「佐《サ》久《ク》良《ラ》」の富士にありけるが故《エ》にて、富士は音に即《ヤガ》て扶叒《ジャク》なり、この淺間《アサマ》の神《ミ》を印度に觀世音菩薩と申《ウ》すことなどの的《マサ》しき考證もあれど今《マ》は省《ブ》く、さて「この花《ハナ》」の「ハ、ナ」は梵語の方《タ》にありては「飯那《ハンナ》」「婆那《ハナ》」と云ひ、また「婆提《ハダイ》」とも云ふことと『華嚴探玄記』に看えたり、須彌《ノ》四州を云ふにこの「ハナ」の「婆提《ハダイ》」を東弗婆提《ホッハダイ》とて東方の洲にあてゝ云ふをも大《ヒ》に考《ガ》ふべし、「弗婆提《フハダイ》」は「婆那《ハナ》」を「弗把《フハー》」また「弗婆那《フハナ》」と云ふの例にて、東弗婆提《ホッハダイ》とは「東《シ》の花《ナ》の國《ニ》」と云へることなり、廣《ロ》き須彌の四州の東《シ》に花《ナ》の國《ニ》あるに閻浮提の內《チ》の東《シ》にもまたこの國《ニ》ありけり、重々無盡の莊嚴國土の相なればならむ。）。また「娑《シャ》竭《カ》羅《ラ》」は帝釋天王の異名の中《カ》にもこれあり。『慧琳音義』に曰《ハ》く、

賒《シャ》竭《カ》羅《ラ》、正音《ハ》爍《シャ》羯《カ》囉《ラ》、天帝釋《ノ》之異名也《リ》。

帝釋天王は本《ト》我《ガ》國《ニ》の神《ミ》なれば、我が「娑《シャ》竭《カ》羅《ラ》」の國《ニ》名を直《ヾ》ちにそれにあてゝも呼びまひらせたるならし。（帝釋天王の我《ガ》國《ニ》の神《ミ》なること即《ヤガ》て後《チ》に云ふ）。よりて念《オモ》ふに鏡、璁《カミタマ》などの輪圓なるを「爍《サ》迦《カ》羅《ラ》」と云ひしもまた我が國《ニ》名をもて呼びたるにて曲《マガ》玉《タマ》の「商《シャウ》佉《カ》」は更《ラ》にそを轉《ツ》してぞ稱《タヽ》えたる。されば轉輪聖王と申《ウ》すもこの「爍《シャ》竭《カ》羅《ラ》」の王と云ふことなれば、決《サダ》めて我《ガ》國《ニ》の王《キミ》を申《ウ》したるなり。轉轉聖王の梵語「爍《シャ》竭《カ》羅《ラ》」なることは、『陀羅尼集經』に曰《ハ》く、

◎『陀羅尼集經』卷一

　斫《サ》迦《カ》囉《ラ》䟦《バ》囉《ラ》底《テイ》、唐言《ニハ》轉《フ》輪《ト》。

『玄應音義』に曰《ハ》く、

◎『玄應音義』卷五

　斫《サ》迦《カ》囉《ラ》、此《ニ》言《ヒ》輪《ト》、代《バ》刺《ラ》底《テイ》、此《ニ》云《フ》轉《ト》、名《クルハ》轉輪聖王《ト》、順《フト》此《ノ》方《ノ》語《ニ》。

この轉輪聖王に金、銀、銅、鐵の四輪王ありて、その第一の金輪王は東方の我《ガ》國《ニ》の王《キミ》に坐《マ》すことを畧《ホヾ》この書《ミ》の始方《ハジメツカタ》にも記《カ》けり。その四輪王の優劣は『西域記』に曰《ハ》く、

◎『西域記』卷一、

　金輪王乃《チ》化《リ》被四天下、銀輪王則《チ》政隔《テ》北狗盧《チ》、銅輪王除《キ》北狗盧及《ビ》西瞿陀尼《チ》、鐵輪王則《チ》唯贍部洲《ナリ》、夫《ノ》輪王《ハ》者、將《サニ》即《カント》大位《ニ》、隨《ヒ》福《ノ》所《ニ》感、有《リ》大輪寶、浮《ビ》空《ニ》來《リ》應《ズ》、咸《ナ》有《リ》金銀銅鐵《ノ》之異、其《ノ》境《ハ》乃《チ》四三二一《ノ》之差《ナリ》、云云。

四輪王の中《カ》に金輪王は普《チ》く四天下に王《キミ》たる世界統一の大《ホ》君《ミ》なることこ

◎『華嚴探玄記』

れにて知るべし。また東方のことは四王を四方に配《ア》つる常《ネ》の説《コト》にてそは衆《ヒト》の已《デ》によく知れるところなり。千幅の金輪東方より來りて現《ラ》はれたる由《シ》のこと『華嚴探玄記』に涅槃經の頂生王の因縁を引きて示めせるが如《ト》し。（彼の釋種刹帝利《セッテイリ》族の祖先が我《ガ》國《ニ》の神《ミ》なりけることの考證にはこの因縁なども必《ズ》漏らし難《タ》くなむ）。この金輪はもと娑《シャ》竭《カ》羅《ラ》王の七寶の一《ツ》にてその鏡《ミ》なること已《デ》に述べたりき。（諸經に多《ホ》く車輪のことに書きあるは恐《ソ》らくは譯者の意樂ならむ、またその以前に印度に已《デ》に誤《マ》り傳《タ》えたるにてもあるならむ、されば千幅とは鏡《ミ》の八《ヤ》咫《タ》花崎《ハナサキ》の千葉なるべく、それが車輪に似たりけるは法華經の中に「千葉《ノ》蓮華大《キサ》如《シ》二車輪《ノ》一」などあるにても知らるべし、この車輪の如《ト》くなる千葉蓮華の形狀《チマ》なる我《ガ》國《ニ》の鏡《ミ》なるなり、さてこの上《ミ》には八《ヤ》咫《タ》八葉と云ふを、今《マ》千葉と云ふは訝《ア》かしかれど、八葉の一一の葉に魚の鱗《ウルコ》の疊《カサ》なれるが如《ト》き細《カ》き葉あることは『寶鏡開始』にも圖して出だせり、よりて千葉と申《ウ》すもたゞ八葉が本《ト》にてあるなり、）。またその七寶には八《ヤ》坂《サカ》勾《マガ》瓊《タマ》の神珠寶もあり。草《クサ》薙劒《ナギノツルギ》の兵寶もあり。詳《クハ》しく考《ガ》ふれば彼の輪王の七寶は多《ホ》く我《ガ》國《ニ》の神《ミ》の御器《オンモノ》なりけり。斯くてこの輪王をば「娑《シャ》竭《カ》羅《ラ》」と名《ツ》けて呼べるなるに、更《ラ》に帝釋天王をもまた「娑《シャ》竭《カ》羅《ラ》」と申しゝことは、何《ツ》れも我が國《ニ》名をもて云ひたりけるが故《エ》なり。特《ト》に帝釋天王は出雲の大《オホ》國《クニ》主命《ヌシノミコト》を指して申《ウ》しゝことの旨《ネ》至《タ》りて著《シル》し。（少名毘古奈命《スクナヒコナノミコト》の印度に渡《タ》らし給《マ》へるから自《オノヅカ》ら大國主命《オホクニヌシノミコト》の御事《ント》も彼れに傳《タ》はりたりけむ、そは濫《ミダリ》に推擬《オシアテ》て云ふべきことならねど、少名毘古奈命《スクナヒコナノミコト》は大國主命《オホクニヌシノミコト》に力《ラ》を副《ナ》へてこの國土を經營し給へる神《ミ》なり、されば其の遠《ホ》く印度に往來《ユキキ》し給《マ》える御事《ント》も定《ダ》

◎『古事記』卷上

◎『古事記傳』卷九

めてこの經營の上《ヘ》に深《カ》き神慮《カムハカリ》ありてのことならむ、さて少名毘古奈命《スクナヒコナノミコト》こそは彼の印度に我が言靈《コトダマ》を傳《タ》え給《マ》へし神《ミ》ならめとの由《シ》向《サキ》にも云へりしが、その言語文字の祖を彼れにては摩醯首羅天と申《ウ》し、また「商羯羅《シヤウカラ》神」とも云ふ、「商羯羅《シヤウカラ》神」とは「娑羯羅《サカラ》」の神《ミ》と云へることなればこの語《バ》即《ヤカ》て我《ガ》國《ニ》の神《ミ》なることを申《ウ》しゝなり）。大國主命《オホクニヌシノミコト》は御名《ミナ》數《アマ》多《タ》あれば大名貴《オホナモチ》とも申せり。帝釋天王の名に一百八ありなど云へる説《コト》の由りて起《コ》れる本《ト》は是れなるべし。（『古事記』には大國主神《オホクニヌシノカミ》の亦《ノ》名に大穴牟遲神《オホナムヂノカミ》、葦原色許男神《アシハラシコヲノカミ》、八千矛神《ヤチホコノカミ》、宇都志國玉神《ウツシクニタマノカミ》、併《ハ》せて五《ツ》ありける由書《シ》けり、その大穴牟遲《オホナムチ》とは大名貴《オホナモチ》にて、御名《ミナ》の世に勝《グ》れたれば美稱《ホメタヽ》へ申《ウ》せるなりと『古事記傳』に云へり、この説《コト》然《サ》ることながら今茲處《マコ》、に云ふべきことの便に、御名《ミナ》數多《アマタ》持たし給《マ》へりとの別の説を取りもて云へり、本《ト》よりこの大名貴《オホナモチ》の御名《ミナ》には二《ツ》の義《コヽロ》を兼《カ》ぬるにてぞあるべき）。この大名貴《オホナモチ》の御名《ミナ》の義《コヽロ》は印度の語《バ》も亦《タ》同じことにて、「大《オホ》」は「オホ」の音にて、且《ツ》大《ヒ》に、且《ツ》勝《グ》れ、且《ツ》多《ホ》かることの義《コヽロ》、（即《チ》「摩訶《マカ》」の大、多、勝の三義なり、「摩訶《マカ》」の音は即《ヤカ》て「オホ」なること飜《カ》へってこの書《ミ》の五七頁に云ふを看るべし）、「名《ナ》」は「那《ナ》」、「貴《モチ》」は「牟尼《モヂ》」にて稱《ホ》めたる詞《バ》なり。（こも五七頁に云へり、「モチ」と「ムチ」とは通音にて同《ナ》じきなり、また梵語には「莽他《モタ》」と云へるがあり、これに母《ハヽ》の義《コヽロ》と肥太《コエフト》れる義《コヽロ》との二《ツ》あり、大日貴《オホヒルモチ》の「貴《モチ》」はこの母《ハヽ》の義《コヽロ》の「莽他《モタ》」なるべきかとも念《モ》はる、これ等意義多含なれば何《ニ》とも解くべかるらむ、「莽他《モタ》」はまた「モチ」の通音なり）。大名貴《オホナモチ》の神《ミ》の御名《ミナ》の疾くに傳《タ》はり往《キ》けるに非《ラ》ざれば、斯くも義《コヽロ》の同《ナ》じかる語《バ》の彼れに存《ノコ》れる所以《ヨシ》はあるべからず。よく〳〵考《ガ》ふべきことぞ。又《タ》この神《ミ》の亦《ノ》名葦原色許男《アシハラシコヲ》の「色許《シコ》」は他《ホカ》の傳には「醜」の字を當てあれど、義《コヽロ》はその武勇の程《ホド》を稱《ホ》め申《ウ》したるなり

◎『古事記傳』同前、

◎『雜阿含』卷四十、

◎『法華文句』會本卷五、

その說《コト》『古事記傳』に看えぬ。然《サ》るに梵語から云へば、葦《アシ》原《ハラ》は我《ガ》國《ニ》の美《ホメ》稱《ナ》、(このことも向《キ》に已《デ》に云へり、)。「色《シ》許《コ》」は彼の「尸《シ》佉《カ》」と云へる語《バ》がそれにて、頭《カシ》上《ラ》の髻《モトガミ》なり。人《ト》の身の中《カ》には髻《モトガミ》が最上の位《ヒ》なれば云ふにて、即《チ》葦《アシ》原《ハラ》色《シ》許《コ》男《チ》とは葦《アシ》原《ハラ》の國《ニ》中《カ》に最も上《ミ》なる頂《キ》の神《ミ》と云へる義《コヽロ》の語《バ》なり。(この義《コヽロ》は大《オホ》國主《クニヌシ》の御《ミ》名《ナ》によく合《ナ》へり、天孫降臨まではこの神《ミ》實に我《ガ》國《ニ》の主《シ》として頂《キ》の神《ミ》なりけるが故《エ》なり)。帝釋天王の一名を「憍《ケウ》尸《シ》迦《カ》」と申《ウ》すなることも、「憍《ケウ》」は「瞿《ク》曇《ドム》」の略せるにて、もと釋迦種族の冠稱《カブリナ》なれば、帝釋天王の名としてはたゞ「尸《シ》迦《カ》」なり。(『雜阿含』には「憍《ケウ》尸《シ》」の二字をつゞけて族姓なる由《シ》に說ければ今《マ》の解は非《ヒガゴト》なるやうなれど、『法華文句』に依れば『雜阿含』の「憍《ケウ》尸《シ》」の二字は「憍《ケウ》尸《シ》迦《カ》」と云ふべきを、たゞ何《ニ》となく「迦《カ》」の一字を遺《オト》してなるべし、さて「憍《ケウ》尸《シ》迦《カ》」の三字をともに族姓と翻しゝことも、よく別くれば、「憍《ケウ》」は族、「尸《シ》迦《カ》」は姓なり、この姓は姓氏の姓に非《ラ》ずして姓字と熟字する方《タ》なれば帝釋天王の字稱と云ふ義なり、今《マ》「尸《シ》迦《カ》」を天王の名と云ふはこれなり、「憍《ケウ》」の冠稱《カブリナ》のことは、憍《ケウ》曇《ドン》彌《ミ》、憍《ケウ》陳《チン》如《ニョ》、憍《ケウ》梵《ボン》波《ハ》提《ダイ》などの例なり、云云)。この「尸《シ》迦《カ》」こそは葦《アシ》原《ハラ》色《シ》許《コ》男《チ》の御《ミ》名《ナ》の「色《シ》許《コ》」の轉《ツ》れる音なるべけれ。また八《ヤ》千《チ》矛《ホコノ》神《ミ》とも申《ウ》せるに就きては『楞伽經』の大雲の『疏』に帝釋天王の異名三《ツ》を擧げて曰《ハ》く、

天帝《ノ》名《ニ》有《リ》二一百八一、今《マ》略《シテ》擧《ゲン》レ三《チ》、一《ニハ》因《イン》陀《ダ》羅《ラ》、此《ニハ》云《フ》二尊重《ト》一、三十三天共《ニ》尊重《スルガ》故《ニ》、二《ニハ》云《ク》釋迦、此《ニハ》云《フ》二勇猛《ト》一、威德勇猛勝《グル》二諸天《ニ》一故《ニ》、三《ノ》名《ハ》木《モク》蘭《ラン》陀《ダ》、此《ニハ》云《フ》二降伏《ト》一、以《テ》三能《ク》降二伏《スルチ》阿修羅《チ》一故《ニト》。

◎『法華玄贊』卷二

◎『觀音義疏』卷下

かゝる武勇の神《ミ》にて坐《マ》せば八千矛《ヤチホコ》の亦《タ》の御名《ミナ》も宜《ムベ》ならずや。宇都志國《ウツシクニ》玉《タマ》と云へるに就きては『法華玄贊』に曰《ハ》く、

過去《ノ》字《ナハ》憍尸迦、此《ニ》云《フ》二蠒兒《ト》一、名《ク》二阿《ア》摩《マ》揭《ガ》陀《タト》一、此《ニ》云《フ》二無毒害《ト》一。

こは帝釋天王を阿《ア》摩《マ》揭《ガ》陀《ダ》とも云ふ由《シ》なるが、「阿《ア》摩《マ》」は天《マ》、「揭《ガ》陀《ダ》」は寶《ラ》と譯し、寶《ラ》の中《カ》にも別《ワ》きて珠玉を「揭《ガ》陀《ダ》」と云ふなり。（同《キ》に勾璁《マガタマ》を云へりし件《リ》に緣《シ》珠を「摩《マ》羅《ラ》揭《ガ》陀《ダ》」と云ふなる由《シ》の例を示《メ》せるは是れなり。猶《ホ》「揭《ガ》陀《ダ》」「眞《マ》陀《ダ》」何《ツ》れも「摩《マ》賀《ガ》陀《ダ》摩《マ》」の約《ツヾ》まりにて同《ナ》じ語《バ》なり、然《カ》るを慈恩の茲處《コヽ》に「云《フ》二無毒害《ト》一」とのみ釋《ト》きしは恐《ツ》らくは完《タ》き說《コト》ならず、無毒害はたゞ珠玉の德の一《ツ》を云ひしばかりの義《コヽロ》なり）。されば此の「阿《ア》摩《マ》揭《ガ》陀《タ》」の名は即《ガ》て宇《ウ》都《ツ》志《シ》國《クニ》玉《タマ》の御名《ミナ》なりけり。「阿摩《マ》」(天)は國《ニ》の美稱《ホメナ》にて宇《ウ》都《ツ》志《シ》國《クニ》てふことの義《コヽロ》なるをや。（「阿《ア》摩《マ》」は國《ニ》の美稱《ホメナ》なることもこの書《ミ》に已《デ》に詳《クハ》しく云へり、宇《ウ》都《ツ》志《シ》國《クニ》は「美《ウツ》くしき國《ニ》」にて、「可《ウ》美《マシ》國《クニ》」と云ふに同《ナ》じ、この「可《ウ》美《マシ》」の「ウ、マ」はまた「阿《ア》摩《マ》」なるなり、さて御名《ミナ》の宇《ウ》都《ツ》志《シ》國《クニ》玉《タマ》の「玉《タマ》」は心《コヽロ》の「魂《タマ》」にて、珠玉を指すの詞《バ》には非《ラ》ざれど、その心《コヽロ》の「魂《タマ》」も本《ト》は珠玉の「タ、マ」てふ詞《バ》が起《コ》りなれば、義《コヽロ》を云ふには倶《モ》に同《ナ》じかるべし、印度に珠玉の「摩《マ》尼《ニ》」をば直《チ》に心《ロ》の事《ト》に移《ツ》して云へることなどを念《モ》ふべし）。斯く大國主命《オホクニヌシノミコト》の亦《タ》の御名《ミナ》がすべて梵語に合《ナ》ひ、またそが皆《ナ》帝釋天王の異名なりけるを篤と念《モ》ふて、小緣《オホロゲ》ならぬ古代《フルヨ》の大昔《ホシ》を深《カ》く悟《ト》るべし。『觀音義疏』に曰《ハ》く、

帝釋《ハ》者、此《ノ》地居天《ノ》主也《リ》、云云。

「地居天」とは地に居るの天と申《ウ》すことにて、言はゆる國神《クニツカミ》のことなり。

◎『淨名疏』卷二、

國神《クニツカミ》の主《シ》とし云へば我が大《オホ》國《クニ》主命《ヌシノミコト》なるに非《ラ》ずや。（『淨名疏』などに帝釋天王の過去因位に女神として發心し、三十二人の輔臣と倶《モ》に塔を起《コ》しける由《シ》を云へれど、そは天孫降臨の事《ト》をば大國主命《オホクニヌシノミコト》に混《マジ》えて誤《マ》り傳《タ》えたるを記《カ》けるならむ、女神とは天照大神《アマテルオホムカミ》なるべく、三十二人の輔臣は天孫に隨ひまゐらせし三十二神のことならし、そを斯く混《マジ》え誤《マ》れりしことも國《ニ》遠《ホ》く時《キ》隔《ダ》てつるが爲めなるべし）。

此れに就きて、去《イヌ》る三十五年十一月廿八日の國民新聞に重野博士の出雲談を揭げあり、その中《カ》に博士は出雲大《オホ》社《ヤシロ》の拜殿が南面《ミナミムケ》なるに拘《カヽ》はらず神體を安《オ》ける正殿の西に向《カ》へるを怪《シ》み、從來《コレマデ》舊《フル》く大《オホ》社《ヤシロ》を管理して因緣の淺《サ》からざる鰐淵寺を探《グ》り試《ミ》たる事《ト》を記《カ》きぬ。先《ヅ》博士は鰐淵寺に出雲大《オホ》社《ヤシロ》の神體が存《ノコ》りあらぬかを疑《ガ》ひ、該《ソノ》寺《テラ》に往きて調《シラ》べたりしに、果《タ》して印度の摩《マ》訶《カ》迦《カ》羅《ラ》神が祭《ツ》られてあり、然《サ》るにその祭《ツ》られし堂もまた大《オホ》社《ヤシロ》と同《ナ》じ樣《マ》に拜殿を南面《ミナミムケ》にして神體をば西に向《カ》はせありぬ。よりて博士は愈《ヨ》〳〵疑《ガ》ひを增したる旨《子》を白《ウ》してありき。さて印度の摩《マ》訶《カ》迦《カ》羅《ラ》神を大《オホ》社《ヤシロ》の神體と仰《ホ》ぎ崇《ガ》めしは例の兩部の與《コ》りしよりの業《ワザ》にて必《ズ》後《チ》のこととなるべきは勿《チ》論ながら、更《ラ》に考《ガ》ふればこも本《ト》は我が大《オホ》國《クニ》主命《ヌシノミコト》を彼の印度に摩《マ》訶《カ》迦《カ》羅《ラ》神とも呼びたることありしが爲めにて、由《ヨ》緣《シ》の全《タ》くなきには非ず。（されど大社《オホヤシロ》の神體を摩《マ》訶《カ》迦《カ》羅《ラ》神と爲して仰《ホ》ぎ崇《ガ》めたる彼の兩部の業

◎『良賁疏』巻下、

は意《コヽロ》に於て大に違えり、彼れは印度の方を以て本とするなればなり）。摩《マ》訶《カ》迦《カ》羅《ラ》神は大黒と翻ずるにて印度には戰闘の神として舊く之を祀れり、仁王の『良賁疏』に曰く、

大黒天神、闘戰神也、若禮彼神、增其威德、擧事皆勝云云。

大國主命《オホクニヌシノミコト》の亦名を大物主神《オホモノヌシノカミ》とも申すは戰闘の神なるが故ならずや。更に八千矛《ヤチホコ》の御名《ミナ》をここに合せてよく考ふべし。また曰く、

是摩《マ》醯《ケイ》首《シュ》羅《ラ》變化之身、與諸鬼神無量眷屬、常於夜間遊行林中、有大神力、多諸璽寶、有隱形藥、有長年藥、遊行遊空、諸幻術藥。云云。

摩《マ》醯《ケイ》首《シュ》羅《ラ》は我國の神を指して申し、なることは已にこの書《フミ》に記けり。されば「與諸鬼神無量眷屬、常於夜間、遊行林中、有大神力」とは大《オホ》國《クニ》主《ヌシ》命《ノミコト》の多くの國神《クニツカミ》の長として威力ましましける狀《サマ》を云ふなるべし、未だき天孫の天降《アモリ》ましまさゞる間なればそを「夜間」など、語り傳えしならむ。その「變化之身」なる摩《マ》訶《カ》迦《カ》羅《ラ》神と云へば必ずまた餘處の神には非ず。

隱形藥、長年藥、諸幻術藥などのことは『古語拾遺』に曰く、

爲蒼生畜產、定療病之方、又爲攘鳥獸昆虫之災、定禁厭之法、百姓至今、咸蒙恩賴、皆有効驗也。

彼此偕に同じく大國主命《オホクニヌシノミコト》の御事なりけり。彼の『疏』に「多諸璽寶」と記け

◎『南海寄歸傳』卷一

るも宇《ウ》都《ツ》志《シ》國《クニ》玉《タマ》の御《ミ》名《ナ》によく合《カナ》ひてこの神《ミ》の御《ン》德甚《ダ》著《シル》し。(大黒天神は伽藍に住する衆僧一千人を日々養《ナ》はむとの誓《ヒ》ありと嘉祥寺神愷の『記』に看え、また同じこと『南海寄歸傳』にも看えぬ、日本にては傳教の叡山を創《ジ》むるにもこれに類する傳説あり、印度、支那、日本ともに伽藍にこの天像を厨《ヤ》に祭《ツ》る例はこれに由るなり、然《カ》るに傳教の神宮寺に大黒天神を安きしは別の意《コヽロ》にて、即《チ》王佛一乘の意《ロ》よりなること前《ヘ》に云ふが如《ト》し)。斯《カ》れば大《オホ》社《ヤシロ》の神體として摩《マ》訶《カ》迦《カ》羅《ラ》神を祭《ツ》れりしは、その神の全《タ》く大《オホ》國《クニ》主命《ヌシノミコト》に坐《マ》すが爲めにて、强《アナガ》ちに他の神を附會したりとは謂《オモ》ふべからず。さてその大《オホ》社《ヤシロ》及《ヨ》び鱷淵寺の堂が何《ヅ》れも拜殿を南面にし正殿を西向にしたる所《ヨ》以《シ》は南面は王者のことなれば論《アゲツラヒ》なし、但正殿を西向にしたるは定《ダ》めて大《ホ》古《ヘ》の廟《ホコラ》の制《ノリ》に基《ヅ》きしが故《エ》ならむ。我《ガ》國《ニ》は日の國《ニ》として東《シ》の極《ハテ》に位《ヒ》するなれば、この國《ニ》の光《リ》を指し上《ア》ぐる神《ミ》神《ミ》の御《ミ》意《コヽロ》は常《子》に西《シ》に向《カ》ひてこそ座《オハ》しつらめ、これによりてその廟《ホコラ》はまた必《ズ》西《シ》に向かはし、古《ヘ》の制《ノリ》なりしならむ。多寶の塔廟をば不空の『觀智儀規』に「塔門向《ツテ》レ西《ニ》開《ク》」とあるは即《チ》この例《コト》なるべし。また拜殿と正殿とを南西の二方に向《カ》はし、は東北の二方を我《ガ》國《ニ》の方《タ》とするの意《コヽロ》もあるべく、即《チ》東北は無始無終の艮位として自《オノヅカ》ら最《ト》尊《ト》き神《ミ》の國《ニ》に當《タ》れるが故《エ》ならむ。(聖人の御書の中《カ》に屢次艮位のことを仰せあり、こも皆《ナ》我《ガ》國《ニ》の尊《ト》さを申《ウ》し給《マ》へるなり)。現《イマ》の我《ガ》國《ニ》の傳にては詳《クハ》しく識り難《タ》かれど、素《ス》戔《サ》嗚尊《ミコト》の先《ツ》韓《カラ》國《クニ》に

◎『地藏十輪經』卷四、
◎『慧琳音義』卷十八、

渡《タ》り給《マ》へる御《ン》事《ト》を始《ジ》めとして、神《ミ》代の昔《シ》我《ガ》國《ニ》の神《ミ》神《ミ》の遠《ホ》ぐ西《シ》に向けて打《チ》立たし給《マ》へる御《ン》事《ト》は至《タ》りて繁《ゲ》かりしやうなり。こは皆《ナ》ての國《ニ》の光《リ》を彼《カシ》處《コ》に指し上《ア》げ給《マ》はむ御《ミ》意《コヽロ》からにて、大《オホ》社《ヤシロ》の正殿の西向なることもこの大《ホ》古《ヘ》の神《ミ》神《ミ》の御《ン》事《ト》の舊《フル》くこれに御《ミ》意《コヽロ》を遺《ノコ》せるなるべし。（釋尊の法華經を說かし給《マ》ふに、迹門にては東向、本門にては西向なりし、そは本門にては西向の塔内に入り給《マ》ひけるからなり、さてその本門にて西向し給《マ》ふは我《ガ》國《ニ》の神《ミ》なる本地身を顯《ラ》はして我が神《カム》眞《マ》を宣べ給《マ》ふなればなり）。尙《ホ》この摩《マ》訶《カ》迦《カ》羅《ラ》神の「迦《カ》羅《ラ》」は「娑《シャ》迦《カ》羅《ラ》」の「迦《カ》羅《ラ》」と同《ナ》じにて、（「迦《カ》羅《ラ》」に明闇の二義ある中《カ》、闇の方《タ》に就きて「摩《マ》訶《カ》迦《カ》羅《ラ》」を大黑と翻するなり）。これに更《ラ》に作業の義《コヽロ》あり。「羯《カラ》摩《マ》」と云へる詞《バ》これなり。大《オホ》國《クニ》主《ヌシノ》命《ミコト》はこの國《ニ》を經營し給《マ》ひし作業の神《ミ》なるから、彼れには作業を「羯《カラ》摩《マ》」と云ひたり。（「羯《カラ》摩《マ》」は事《ラ》戒壇の上《ヘ》の作業に云へり、さて前《エ》に「羯《カラ》摩《マ》」は我《ガ》國《ニ》の鏡《ミ》の音なる由《シ》を記《カ》けりしが、そは鏡《カヾミ》の形《チ》狀《マ》が自《オノヅカ》ら戒壇の意《コヽロ》なりければ彼れに戒壇を羯《カラ》摩《マ》と云ひ、またその上《ヘ》の作業をすべて然《サ》呼びたるならむ）。また『地藏十輪經』に「竭《カ》藍《ラン》婆《バ》」と云へる地《トコロ》あるを說けり。「迦《カ》藍《ラン》婆《バ》」は略してたゞ「竭《カ》藍《ラン》」とも云ふ、譯しては剛强《ノ》處《ロ》と云ふなり。（この譯『慧琳音義』に看ゆ）。この「竭《カ》藍《ラン》」は「迦《カ》羅《ラ》」の轉《ウツ》りなれば摩《マ》訶《カ》竭《カ》羅《ラ》神の剛强なることは知らるべし。而《サ》してその「竭《カ》藍《ラン》」は即《ガ》て「娑《シャ》竭《カ》羅《ラ》」なり。よりて按《モ》ふに「から」は本《ト》我《ガ》國《ニ》の稱《ナ》なりしを後《チ》に他に移《ツ》して西をも韓《カラ》國《クニ》など云ひたる

◎『慧苑音義』卷上、
◎『慧琳音義』卷二十六、
◎『光記』卷二十七、
◎『慧苑音義』卷上、

なるべし。そは我が神《ミ》の往きまし、國《クニ》なればまた「カ、ラ、」とも云ふべきの理《ハリ》なればならむ。（よりて韓國《カラクニ》の「カ、ラ、」は「ア、カ、ラ、」の義《コ、ロ》また剛强の義《コ、ロ》など種種《サマザマ》に申《ウ》すべし、云云、）。この大國《オホクニ》主命《ヌシノミコト》なる帝釋天王をば印度にては釋氏の祖先と傳《タ》ふるにて、「釋迦因陀羅《シャカインダラ》」と云ひ、「憍尸迦《ケウシカ》」と云ひ、皆《ナ》其の族姓の祖なることを呼びあらはして申《ウ》すことなり。（『慧苑音義』には「釋迦因陀羅《シャカインダラ》」の「釋迦《シャカ》」は正音「爍羅《シャクラ》」なれば釋氏の族姓に同《ナ》じからずと云へり、然《サ》れどこはたゞ一說を云ひたるなり、『慧琳音義』に「釋迦《ハ》刹帝利《ノ》姓、此《ニ》云《フ》能《ト》也《リ》、提婆《ハ》天也《リ》、因達羅《ハ》帝也《リ》、即《チ》釋中《ノ》天帝也《リ》」と云へるは當《タ》れり、「憍尸迦《ケウシカ》」の「憍《ケウ》」は「瞿曇《クドム》」にて釋氏の族稱なることこの上《ミ》に云ふが如《ト》し、「瞿曇《クドム》」のことも即《ガ》て下《モ》に云ふ、）。されば法華經に「其祖轉輪聖王」と說けりしことは釋尊の我《ガ》國《ニ》の神《ミ》の裔《ミスエ》なることを明からさまに白《ウ》し、にて、轉輪聖王も、帝釋天王も、偕《モ》に我が「娑竭羅《シャカラ》」龍國の神《ミ》にてありけるが故《エ》なり。（この書の一〇八頁「中國《ナカツクニ》」の解、また同頁《ジ》の天御中主《アメミナカヌシ》の御《ミ》名《ナ》の解に合《ハ》せて、我《ガ》國《ニ》の龍國と呼ばれし由《シ》を念《モ》ふべし）。こを以《モ》て釋尊の家《エ》を「瞿曇《クドム》」と云ふ、「瞿曇《クドム》」は日種と云へることなり。我が日の國《ニ》の種族なればならずや。（印度の刹帝利《セッテイリ》種の中《カ》に「瞿曇《クドム》」は釋氏の正統なり、正音は「憍答摩《ケウタマ》」と云、この事《ト》『倶舍』の『光記』に看ゆ、帝釋天王の「憍尸迦《ケウシカ》」の「憍《ケウ》」是れなり、）。

『慧苑音義』に「瞿曇《クドム》」の名義を解きて曰《ハ》く、

瞿曇《クドム》氏、具《サニハ》云《フ》瞿《ク》答《タ》摩《マト》、言《フハ》瞿《ト》者此《ニ》云《フ》地《ト》也《リ》、答《タ》摩《マハ》最勝也《リ》、謂《フハ》除《ヒテ》天《チ》以外在《ルノ》地《ニ》人《ノ》類《ニ》、此《ノ》族最《モ》勝《サル》、故《ニ》云《フ》地最勝《ト》也《リ》。云云。（「瞿曇《クドム》」を解くに日種の外《カ》に牛糞種、泥土種など種《マ》種《マ》の由《シ》を云へれど、多《ホ》くは後《チ》の說混《コトマジ》りて信《ウ》け難《タ》し、たゞこの慧苑の說のみは甚《ダ》可《ヨ》けれぱ引きつ）。

◎『古事記傳』卷三十四、

これに「言《フハ》レ瞿《ト》者此《ニ》云《フ》レ地《ト》也《リ》」とあり。我《ガ》國《ニ》も地を云ふには「クニ」「クガ」などにて同《ナ》じ音なり。「答《タ》摩《マ》」は我が「タマ」(珠、魂)にて、それを「最勝」と解きしは美《ホ》稱《ナ》なるが故《エ》なり、手《テ》を玉《タマ》手《テ》と云ひ、垣《カキ》を玉《タマ》垣《カキ》と云ひ、瓮《モユ》を玉《タマ》瓮《モユ》と云ふの類《ヒ》なり。『古事記傳』に天《アメ》之《ノ》日《ヒ》矛《ホコ》の新羅より持ち渡《タ》りし玉《タマ》津《ツ》寶《タカラ》八《ヤ》種《クサ》に注して曰《ハ》く、

玉《タマ》津《ツ》寶《タカラ》とは、貴《タフト》く美《メデタ》き寶《タカラ》と云ふことにて、八《ヤ》種《クサ》を總《スベ》て云ふなり。凡《スベ》て多《タ》麻《マ》とはもと何《ニ》物《ノ》にまれ、貴《タフト》く美《メデタ》き物《ノ》を賛《ホメ》云《イフ》言《コト》にして、萬《ツ》の物《ノ》に多《タ》麻《マ》某《ナニ》と云《フ》ことの多《ホ》かるも、其《ノ》物《ノ》を稱《ホ》美《メ》たる稱《ナ》なり、中畧、かくて珠玉を云《フ》も、世に貴《タフト》く美《メデタ》き物《ノ》なるが故《エ》に、分《ケ》て負《ヘ》る名なり。

この「世に貴《タフト》く美《メデタ》き物《ノ》」と云へる美《ホメ》稱《ナ》を漢《ラ》字に書くから「最勝」なり。さては「瞿《ク》曇《ドム》」は全《タ》く「國《クニ》玉《タマ》」と云へることの音義にて大《オホ》國《クニ》主《ヌシノ》命《ミコト》の亦《ノ》名の一《ツ》なりけり。即《チ》彼の釋氏の王家こそは我が宇《ウ》都《ツ》志《シ》國《クニ》玉《タマノ》神《カミ》の裔《ミスエ》なれば「瞿《ク》曇《ドム》氏」の稱《タヽ》えはあれ、そが王家に生《マ》れ給《マ》へる釋尊はまた決して餘處の佛陀にては坐《マ》さぬなり。されば「除《ヒテ》天《チ》以外在《ルノ》レ地《ニ》人《ノ》類《ニ》此《ノ》族最《モ》勝《サル》」と云へることも本《ト》我《ガ》國《ニ》の神《ミ》の族《ウカラ》なりければ彼れに古《ル》くより斯くぞ申《ウ》し傳《タ》えたる。よく〳〵按《モ》ふべし。

釋尊の世に現《ラ》はれ給《マ》ふ所以を法華經の方便品には「唯以《テノ》一大事因緣《チ》故《ニ》出現《シタマフ》於世《ニ》」と說きぬ。その一大事因緣をば聖人は『御義口傳』に「所《ル》謂《ハ》南無妙法蓮華經是《レ》也《リ》」と仰《ホ》し給《マ》へり。さて其の南無妙法蓮華經とは我が日本國の神《カム》眞《マ》を指すの意《コヽロ》なれば、下《モ》に「國土世間《ノ》緣者《トハ》南閻浮提《ニシテ》妙法蓮華經《チ》弘《ム》べキ本緣《ノ》國《ニ》也《リ》」と宣べ給《マ》へり、又《タ》その緣の義を釋して「緣《ハ》者三五《ノ》宿緣ニ歸《モトル》也《リ》」とも仰《ホ》し給《マ》へり。法華經の三千塵點、五百塵點の宿緣に歸《モト》らしむるが爲めに釋尊世に現《ラ》はれ給《マ》ふとのことにて、この三五の宿緣とはたゞ日本國の事《ト》なり。日本國の本緣なることを識らしめなむとて世に出現し給《マ》へりとなり。（三五宿緣の日本國の事《ト》なる由《シ》は『梵典神解』に云ふべし）。こを以《モ》て念《モ》に釋尊の出現は我が神《カム》眞《マ》の旗《ハタ》指《サシ》に彼の西《シ》の印度に光《リ》を垂れ給《マ》へるにて、神《ミ》の裔《ミスヱ》なりける釋氏の家に宿《ヤド》らせ給《マ》ひけるも全《タ》くこの故《エ》なるべし。さればその丈六の御身は故《ト》さらには我が祖神《ミオヤカミ》の大《オホ》御《ミ》體《ミ》の丈《タケ》量《ハカリ》のまゝを表《ウツ》し示《メ》し給《マ》ひける歟。そは大《オホ》御《ミ》體《ミ》の丈《タケ》量《ハカリ》なる伊勢の心《シンノ》御《ミ》柱《ハシラ》は古《ヘ》は實に一丈六尺の程《ホド》にてありければなり。（翻《ガ》へって、この書の八六、八七頁をこれに合《ハ》せ看るべし、さて諸佛は何《ツ》れも丈六の相好なれば釋尊一佛に限《ギ》らぬやう念《モ》はるれど、凡《ソ》諸佛の相好は釋尊一佛の相好を本《ト》として云ふにて、その同《ナ》じきはたゞ分身散體の意《コヽロ》なり、また轉輪王の祖等も皆丈六の相好なる由《シ》を云ふは、祖神《ミオヤカミ》の丈六にましましゝを斯く誤《マ》りて傳《タ》えたるならし、こ

の丈六の佛は應身形なり、我《ガ》宗に古《ヘ》より本門壽量の釋尊の形像を作るに必《ズ》應身形なるべき由《シ》の傳《タ》えあるは、たゞその丈六なるに大《ヒ》なる深《カ》き旨《子》のあるが故《エ》なり、今《マ》云へるは是れなり）。法華經の結分たる『觀普賢經』に曰《ハ》く、

釋迦牟尼佛《チバ》名《ケヒルト》二毘《ビ》盧《ル》遮《シャ》那《ナ》遍一切處《ト》一。

毘《ビ》盧《ル》遮《シャ》那《ナ》の語《バ》は我が大《オホ》比《ヒ》留《ル》武《ム》智《チ》の御《ミ》名《ナ》の義《コヽロ》に同《ナ》じきこと已《デ》に云ひたる如《ト》くなれば、正《サ》しく釋尊の本地は我が祖神《ミオヤガミ》にて坐《マ》すなることをこゝに明《カ》らさまに白《ウ》したるならし。（毘《ビ》盧《ル》遮《シャ》那《ナ》を胎藏、また佛母、また明妃など云ふは我が大《オホ》御《ミ》神《カミ》の女《メ》神《ガミ》に坐《マ》ずより云ひ出でたるなること已《デ》に云へり、これに就きて聖人の御書に多寶如來を毘《ビ》盧《ル》遮《シャ》那《ナ》とし給《マ》ふも自《オノヅカ》ら大《オホ》御《ミ》神《カミ》を指しまつるの意《コヽロ》なるべし、而して釋尊已《デ》にこの大《オホ》御《ミ》神《カミ》の塔廟に入りて半座を分け給《マ》へばまた毘《ビ》盧《ル》遮《シャ》那《ナ》とも申《ウ》すべし、但《ヾ》多寶の方《タ》は女《メ》神《ガミ》にして胎藏、釋尊の方《タ》は男《チ》神《ガミ》にして金剛、この別は必《ズ》あるべし、所詮本宗の意《ロ》には、大《オホ》比《ヒ》留《ル》武《ム》智《チ》の女《メ》神《ガミ》なりけるが多寶、その男《チ》神《ガミ》なりけるが釋尊、倶《モ》に大《オホ》御《ミ》神《カミ》の一體二身ぞと信じて、寶塔の全體を神《カム》眞《マ》の七字と崇《ガ》めまつることなり）。これ等は我が宗門の一大事なれば懇《子ムゴロ》に習《ラ》ひ且《ツ》深《カ》く窮《ハ》めよかし。云云。

先祖《ハ》法華經《ノ》行者。

ことに此の一句の意《コヽロ》を述べてこの上《ミ》云へりし諸《ノ》義を明《ラ》かにすべし。『祝詞式』の大《オホ》祓《ハラヒ》の中《カ》に曰《ハ》く、

天《アマ》津《ツ》宮《ミヤ》事《コト》以《モチ》氐《テ》、大《オホ》中《ナカ》臣《トミ》、天《アマ》津《ツ》金《カナ》木《ギ》乎《ヲ》、本《モト》打《ウチ》切《キリ》末《スエ》打《ウチ》斷《タチ》氐《テ》、千《チ》座《クラノ》置《オキ》座《クラ》爾《ニ》

置《オキ》足《タラ》波《ハ》志《シ》氏《テ》、天《アマ》津《ツ》菅《スガ》曾《ソ》乎《チ》、本《モト》刈《カリ》斷《タチ》末《スエ》刈《カリ》切《キリ》氏《テ》、八《ヤ》針《ハリ》爾《ニ》取《トリ》辟《サキ》氏《テ》、天《アマ》津《ツ》祝《ノリ》詞《ト》乃《ノ》太《フト》祝《ノリ》詞《ト》事《ゴト》乎《チ》宣《ノ》禮《レ》。

こは大神《オホムカミ》より皇《ミ》孫《ソノ》尊《ミコト》に敎《シ》え給《マ》へる御《ン》事《ト》にて、古《ヘ》よりこの「天《アマ》津《ツ》祝《ノリ》詞《ト》乃《ノ》太《フト》祝《ノリ》詞《ト》事《ゴト》」をば、直《ヨ》ちに大《オホ》祓《ハラヒ》の祝《ノリ》詞《ト》を指して申《ウ》すと云ふなり。然《カ》るにこの「天《アマ》津《ツ》祝《ノリ》詞《ト》太《フト》祝《ノリ》詞《ト》」なる神語は梵語の中《カ》にもありて義《コヽロ》も亦《タ》同《ナ》じければ云はむ。先《ツ》「天《アマ》」の梵語の義《コヽロ》は向《キ》に云ひたり。「祝《ノリ》詞《ト》」は「那《ナ》利《リ》多《タ》」「菟《ノ》律《リツ》豆《ト》」などの語《バ》がそれにて寂滅涅槃の義《コヽロ》なり。（結經に言はゆる無罪相懺悔なるもの之《レ》に當《タ》れり）。「太《フト》」は「浮《フ》多《ト》」にて支那に「眞」と譯せり。即《チ》無垢寂滅（天《アマ》津《ツ》祝《ノリ》詞《ト》）眞寂滅（太《フト》祝《ノリ》詞《ト》）と云へる義《コヽロ》なり。

因《ナ》みに、「太《フト》占《マニ》」の語《バ》もまた彼れに存《ノコ》りてあり。「太《フト》」は今《マ》云ひける「眞」の義《コヽロ》。「占《マニ》」は梵語の方《タ》にてはこれに四音あり、「摩《マ》尼《ニ》」（又《タ》は「踰《ユ》摩《マ》」とも云ふ）と云へばすべて珠玉などの貴《ト》きを敬《マ》ひ美《ホ》めたる語《バ》、（約《ミ》めては「ミ」と云ふ、我《ガ》國《ニ》の御《ミ》中《ナカ》主《ヌシ》また大《オホ》御《ミ》神《カミ》などの「ミ」の音はこれなり）。「摩《マ》那《ナ》」（又《タ》は「曼《マ》爾《ニ》」とも云ふ）と云へば自意、所思として「思《モ》ふがまに」などの義《コヽロ》なり。「摩《マ》禰《子》」（又《タ》は「摩《マ》提《ダイ》」とも云ふ）と云へば單に意《ロ》なり。「摩《マ》拏《ヌ》」と云へば修行の義《コヽロ》なり。斯く大《オホ》判《ワリ》に分くれど互《ヒ》に通じ用《チ》ゆることもあるにて、倶《モ》に「マニ」が音體なるなり。今《マ》「太《フト》占《マニ》」の「占《マニ》」は第二の「摩《マ》那《ナ》」の義《コヽロ》にて「フトハマニ」とぞ解すべき。

即《チ》神眞《カムマ》のまゝなるを「太占《フトマニ》」と云ふにて易占のことなるには非《ラ》ず、たゞ神眞《カムマ》のまゝの敎《エ》なるから時《キ》として神《ミ》の御意《ミコヽロ》を占《ウラ》へ試《ミ》ることもこそあれ、そは自《オノヅカ》ら別の事《ト》なり。

敎法を「ノリ」と云へるは「天津祝詞《アマツノリト》太祝詞《フトノリト》」の「ノリ」が本《ト》なればまた譯して眞淨大法とも云ふべし。（法華經の神力品に本化菩薩の誓《ヒ》として「我等亦自《タラ》欲《ス》下得《テ》二是《ノ》眞淨《ノ》大法《ヲ》一受持讀誦解說書寫而《シテ》供中養《セント》之上」と看えぬ、この眞淨大法は天津《アマツ》祝詞《ノリト》太祝詞《フトノリト》を漢《ラ》に譯して云ひたりけるなり）。また佛陀と云へる語《バ》もこの「太《フト》」の音なれば、佛法と申《ウ》すも我が太祝詞事《フトノリトゴト》より起《コ》りしからの稱《ナ》なるべし。（佛陀を又浮圖《タフト》と云ひ、そを「眞人」と譯せるを念《モ》ふべし）。尙《ホ》梵語の旨《ネ》を以て更《ラ》に考《ガ》ふるに「天津祝詞《アマツノリト》」の「天《アマ》」には虛空の義《コヽロ》もあり。「太祝詞《フトノリト》」の「太《フト》」には塔廟の義《コヽロ》もあり。（塔廟をも又浮圖《タフト》と云ふが故《エ》なり）。即《チ》「天津祝詞《アマツノリト》、太祝詞《フトノリト》」と云ふには自《オノヅカ》ら「虛空會上、塔廟の中《カ》の敎法」と云へる義《コヽロ》をも含《ク》めるなり。これは是れ正《サ》しく法華經の說相なるに非《ラ》ずや。されば塔廟の中《カ》の二佛は「大祓《オホハラヒ》」に言はゆる皇親《スメラガムツ》の神漏岐《カムロギ》、神漏美《カムロミ》にて、この二神こそは實に本緣國土に於ける本有の二神なり。（神漏岐《カムロギ》は男神《チガミ》、神漏美《カムロミ》は女神《メガミ》、即《チ》釋尊と多寶とはそを表《ウツ》し示《メ》せるなり）。總じて法華經は神眞《カムマ》の道《チ》なりければ、我《ガ》國《ニ》の神《ミ》としては久遠劫來何《ツ》れも本有の法華經の行者なり。特《ト》に寶塔の踴現、龍女の來會などよりは此のことの

由《シ》愈々《ヨヨ》明からさまになりぬなり。我《ガ》國《ニ》の先祖を法華經の行者よと聖人の仰《ホ》し、は概《子》これ等の所以《ユヘ》なるかも。

さてこの書《ミ》に數々《シバシバ》神眞《カムマ》と云へるはたゞ神《ミ》を申《ウ》すなり。然《カ》るをことに神眞《カムマ》と云ふは我《ガ》が神《ミ》てふ詞《バ》の印度に移《ツ》りて「カムマ」と呼びけるを彼《レ》此《レ》倶《モ》に併《ハ》せ云ふ己《ノ》れの意《ロ》なり。「カムマ」は具《サ》には「婆羅欲末拏《バラカムマナ》」と云ふ、「婆《バ》羅《ラ》」は「梵《ザン》」と同《ナ》じにて清淨の義《コヽロ》、「欲末拏《カムマナ》」は勝行人と譯すべきにて、勝《ガ》れたるを行《ナ》ふの人《ト》と云へる義《コヽロ》の語《バ》なり、この「欲末拏《カムマナ》」は即《チ》我が神《カミ》の詞《バ》なり。よりてまた「婆羅賀摩拏《バラカマナ》」とも云ふ、神《ミ》の音を「賀摩拏《カマナ》」と轉《ツ》しゝなり。今《マ》この「欲末拏《カムマナ》」を取りて云ふも幸《ヒ》に我《れ》に本《ト》神眞《カムマ》てふ詞《バ》のありけるが故《エ》なり。この「婆羅欲末拏《バラカムマナ》」は印度に婆羅門《バラモン》種の人《ト》を呼ぶの稱《ナ》に用《チ》ゆれど、その婆羅門《バラモン》種の本《ト》はまた我《ガ》國《ニ》の神《ミ》代の事《ト》の彼れに傳《タ》はれるが起《コ》りなれば、神《ミ》てふ詞《バ》も自《オノヅカ》ら久しくそれに附けられて「婆羅欲末拏《バラカムマナ》」とは云ひ來《タ》りしなり。されば婆羅門《バラモン》種を梵天の口《チ》より生《マ》ると云ひ、またすべて梵天の苗胤なる由《シ》を云ひ傳《タ》ふるも大《ヒ》に緣《ユヘ》あることにて、言《ハ》ゆる梵天は我《ガ》國《ニ》の神《ミ》なることこの書《ミ》に畧《ヨ》己《デ》に記《カ》けるが如《ト》し。云云。

尙《ホ》この史的關係を委《ハ》しく識らむと欲《オモ》はゞ更《ラ》に己《ノ》れの著《モノ》せる『神典梵解』

並《ビ》に『梵典神解』の公《ケ》に世に出づるを待つべし。これ等もたゞ五綱の旨《子》を知るべきの序《ツヒデ》なり。

第七節　三大祕法の概要。

夫《レ》言はゆる法華經は詮するに唯《ヾ》本門正宗の壽量一品なり。壽量一品は亦《タ》「如來祕密神通之力」の一句なり。宗旨の三祕は乃《チ》斯の一句に於て興《コ》る。然《カ》るに斯の一句は王佛一乘の玄致なり。是《ノ》故《エ》に本尊以《ツ》て日本國の天皇を示《メ》し、戒壇以《ツ》て日本國の天治を立て、題目以て日本國の天法を明《ラ》かにす、斯《ク》の如《ト》きの三祕は亦《タ》祇《ヾ》南無妙法蓮華經の一言なり。一言の要、豈《ニ》日本國に過ぎむや。

右《ギ》第貳章、第七節に就きて。

壽量一品。

この書《ミ》の第壹章、第參節に『開目抄』を擧げしが如《ト》し。尚《ホ》聖人の御書には數《アマ》多《タ》壽量一品の大事なることを仰《ホ》し給《マ》へり。これ皆《ナ》王佛一乘の旨《子》を顯《ハ》さむが爲めにて、一神一皇の我が國體の原は偏《ヘ》にこの品に說かれたるが

◎『御義口傳』卷下

故《エ》なり。

如來祕密神通之力の一句と宗旨の三祕。

このことは聖人の『御義口傳』に親《マノアタ》り看えたり。曰《ハ》く、

此《ノ》御本尊《ノ》依文者《トハ》如來祕密神通之力《ノ》文也《リ》、戒定慧《ノ》三學、壽量品《ノ》事《ノ》三大祕法是《ハレ》也《リ》、日蓮慥《ニ》於《テ》靈山《ニ》面授口決《セル》也《リ》、本尊者《トハ》法華經《ノ》行者《ノ》一身《ノ》當體也《リ》。

云云。

天台はこの一句に於《ヒ》て本地《ノ》三身（法、報、應）を解き、また密教にはこれに瑜《ユ》伽《ガノ》三密（身、口、意）を云へれど、聖人は本尊、戒壇、題目の三祕を立て給《マ》ふなり。されど三祕の中《カ》には本尊が主なるにてあれば特《ト》に御本尊の依文と宣《ノ》給《マ》ふなり。本尊の戒壇、本尊の題目にて、天治《アメシラシ》（戒壇）天法《アメミノリ》（題目）はたゞ天皇《スメラミコト》（本尊）の御《ン》事《ト》なるにてあればなり。さて茲《ヽ》に解《ワ》き難《タ》きはこの『御義口傳』の末《エ》の「本尊《トハ》者法華經《ノ》行者《ノ》一身《ノ》當體也《リ》」とある御《ン》辭《バ》なり。已《デ》に日本國の天皇《スメラミコト》を唯一の本尊と崇《ガ》むる王佛一乘の宗旨なるに、反りて行者己己の當體を指して本尊と仰《ホ》し給《マ》ふは何《ニ》故《エ》ぞや。今《マ》この疑《ガ》ひは隨分至極のことなればことに辯ずべし。これには凡《ソ》二《ツ》の意《コヽロ》あり。一《ツ》には王佛一乘の國《ニ》の宗旨をも人《ト》の一身の敎《エ》に移《ツ》して更《ラ》に親《タ》しく申《ツ》し給《マ》へることあるが故《エ》にて、斯《ヽ》る

例《コト》は御書の中《カ》にも多《ホ》くあり。（即《チ》個人の安心立命に資するにてあれど、そは爲人悉壇の一邊にて宗旨の元意には非《ラ》ず）。また一《ツ》には「法華經《ノ》行者」とは別きて日本國の天皇《スメラミコト》を指しまつり申《ウ》すことにて、王道の法華經は本《ト》より天皇の執り行《ナ》はし給《マ》ふべきものなればなり。向《キ》に擧げつる提婆品の娑《シャ》竭《カ》羅《ラ》龍女の『御義口傳』の如《ト》き、聖人の御《ミ》意《コヽロ》にてはたゞこの帝王持經の行者なる由《シ》を識らしなむとの旨《ネ》に外《カ》ならず。建治三年の『下山御消息』に曰《ハ》く、

其《ノ》上《ヘ》國主の用《ヒ》給《マ》はざらむに、其《ノ》己下に法門申《シ》て何《ニ》かせむ、申《シ》たりとも國《ニ》もたすかるまじ、人《ト》も又《ヌ》佛《ケ》になるべしともおぼへず。

法華經は國主の持《モ》ち行ずべきものにあればこそ斯る御《ン》辭《バ》もありつらめ、されば「本尊《トハ》者法華經《ノ》行者《ノ》一身《ノ》當體也《リ》」とは其の御《ミ》意《コヽロ》は亦《タ》暗に天皇を申《ウ》し給《マ》へるならし。凡《ソ》御書の中《カ》在々處々に法華經の行者と仰《ホ》し、にはすべて此の旨《ネ》を以《モ》て本《ト》とするの義《コヽロ》なることを忘《ス》る可からず。聖人の弟子檀那たらむ程《ド》の者《ノ》は何《ツ》れも法華經の行者と呼ばるゝことなれども、そはたゞ法華經の行者に事《カ》へまつる臣《ミ》の行者なり。縱《ト》ひ各《ノ》々《ノ》法華經を行ずればとて私《シ》の爲《メ》に己《ノ》れの事《ト》を行ずるに非《ラ》ず。上《ミ》御一人の大《オホ》君《キミ》の御《ン》事《ト》を分分に行じて偏《ヘ》に王道の大《オホ》御《ミ》光《ヒカリ》を輝《カヤ》かし奉《ツ》るまでにてぞあるべき。『御

義口傳』の一書兩卷を通じて條條の下《モ》に皆《ナ》「日蓮《ガ》弟子檀那」とあるはすべてこの意《コヽロ》なりと知るべし。弘安元年の『諸人御返事』に曰《ハ》く、

日本國《ハ》一同《ニ》爲《リ》日蓮《ガ》弟子檀那《ト》、我《ガ》弟子等《ノ》出家《ハ》爲《リ》主上上皇《ノ》師《ト》、在家《ハ》列《ナラン》左右《ノ》臣下《ニ》、將《タ》又《タ》一閻浮提皆《ナ》仰《ガント》此《ノ》法門《ヲ》。

聖人の弟子檀那と云はるゝ者《ノ》の本分は固《ト》より上《ミ》御一人の王道に盡くすに在れば、出家の大僧は主上上皇の御《ン》師とも爲るべく、在家は左右の臣下にも列《ラ》なるべし。このことを懷《オモ》はざるもの何《カ》でか聖人の弟子檀那と云はむや。抑《モ》法華經の蓮華は因果の二《ツ》なり。果德は君《ミ》に擬《ナゾ》らへ、因行は臣《オミ》に比《タグ》ふ。今《マ》吾《レ》等はその臣《オミ》を分としその因を宗《ムネ》とするなり。故《エ》に『日向記』に曰《ハ》く、

日蓮《ガ》弟子檀那《ノ》肝要《ハ》本果ヨリ本因ヲ宗トスルナリ。

されば縱《ト》ひ本尊を以《モ》て自己の當體と云ふも、自己を本尊に《ハ》合すにて、本尊を自己に同《ナ》じふするには非《ラ》ず。臣《オミ》を君《キミ》に合《ハ》せば君《キミ》の外《カ》なる臣《オミ》はあらじ、自己を本尊に合《ハ》するなれば本尊の外《カ》別に何《ン》の自己もなし。一身の全體を擧げてたゞ上《ミ》御一人の大君《オホギミ》の御《ン》物《ノ》なりと念《モ》ひ決《ダ》むる時《キ》、吾《レ》等が當體全く本尊なりけるなり。是れ良《ト》に臣《オミ》を分とし因を宗《ムネ》とする吾《レ》等弟

◎『梵網述記』卷上、

◎『大日經』卷七、

子檀那の肝要なり。斯れば今《マ》の『御義口傳』の末《エ》の御《ン》辭《バ》は敢《エ》て疑《ガ》ふ可きにあらず。云云。

本尊と天皇。

先《ツ》本尊の名義を云へば、梵語にこを「婆《ハ》陀《ダ》提《ダイ》䟦《バ》多《タ》」と云ふ。「婆《ハ》陀《ダ》」の音は「根本」の義《コヽロ》なること向《キ》に八《ヤ》咫《タ》の解《トキ》に云へり。「提《ダイ》䟦《バ》多《タ》」は「提《ダイ》婆《バ》池《チ》」とも書きて「天上」と云へることなり。（『梵網述記』に悉《シッ》達《タ》太子の名、「提《ダイ》婆《バ》池《チ》提《ダイ》婆《バ》」を天上天と譯する旨記《カ》けるは是れなり）。されば全《タ》く「根本天上」と云へる梵語なるが支那にて譯するに「尊」の字を天上に配《ア》て、本尊とは云ひたるなり。天上は尊《ト》きものなればならむ。また「本所尊」とも譯せり。本《ト》より尊《ト》まるべきものとの義《コヽロ》なり。（『大日經』に「於《テ》二佛《ノ》右《ノ》蓮上《ニ》一、當《サニ》レ觀《ス》二本所尊《チ》一」などあるは其例なり）。その他《ホカ》に本來尊貴、根本尊重、本有尊形など種《サマ》種《ザマ》に云へれど皆《ナ》「本所尊」の譯を本《ト》として申《ウ》すことなり。この本尊の名は今《マ》顯密の各派總じて用《チ》ゆるなれどその體は各違《ガ》えり。さて聖人の宗としては法華經本門壽量品に說きたる唯一の本佛なり。この本佛の寶號をば南無妙法蓮華經の七字に寫《ツ》し顯《ラ》はしたり。この七字は即《チ》本尊の正體なり。この本尊の正體は即《チ》日本國の天皇《スメラミコト》にて坐《マ》すなり。この事《ト》を識らざる學者は父統の邦《ニ》に迷《ヨ》へる不知恩の畜生なるなり。（翻《ヘ》つてこの書の二六四頁已下に擧げたる『開目抄』の文を拜して深《カ》く思惟すべし）。この

本尊の義意は後《チ》の第五章に至《タ》りて云はむ。云云。

戒壇と天治。

法華經の戒壇はこの前《キ》云へる如《ト》く寶塔品の三變土田を以て鏡《ミ》と習《ラ》ふことにて、三世十方の一《アラ》切《ユル》刹《ク》土《ニ》を漏《ラ》さゞる天《アメ》に等《ト》しき八紘一宇の大日本國を本門の大戒壇とは申《ウ》すなり。この三世十方の一《アラ》切《ユル》刹《ク》土《ニ》は通じて皆《ナ》我が天皇《スメラミコト》の治《シラ》し給《マ》ふべき一大娑婆世界なるにてあればなり。（戒を梵語に「尸羅《シラ》」とも云ふは我が「治《シラ》し」「治《シラ》す」の詞《バ》より出でたるにて、即《チ》「治國《シラスクニ》」は實に戒壇の義《コヽロ》なるなり）。然《サ》はれこの大戒壇の現《ハ》れなむは尚《ホ》後《チ》の事《ト》なり。よりて聖人は弘安四年の『三大祕法抄』に示《メ》して宣《ノ玉》はく、

戒壇者《トハ》、王法冥《シ》佛法《ニ》、佛法合《シテ》王法《ニ》、王臣一同に本門の三大祕密の法を持《チ》て、有德王、覺德比丘の其《ノ》乃往《ムカシ》を移《サン》末法濁惡《ノ》未來《ニ》時《キ》、敕宣並《ビニ》御敎書を申《シ》下《シ》て、尋《ネテ》似《タラン》靈山淨土《ニ》最勝《ノ》地《チ》可《キ》建立《ス》戒壇《チ》者《ノ》歟、可《キ》待《ツ》時《ヲ》耳《ミ》、事の戒法と申《ス》は是《レ》也《リ》、三國並《ビ》に一閻浮提の人、懺悔滅罪の戒法のみならず大梵天王、帝・釋等も來下して蹋《フミ》給《マ》ふべき戒壇也《リ》。云云。

本《ト》より王佛一乘の理《コトハリ》なれば二法冥合の時《キ》は來《タ》りぬべし。この時《キ》こそ大戒壇は必《ズ》まさに事實に現《ラ》はるべければ、聖人の弟子檀那たる吾《レ》等は偏《ト》へに其の時《キ》の到《タ》るを期して日夜に勵《ゲ》むべし。この戒壇建立を期するの

志《シ》は即《ガ》て八紘一宇を國是とするの旨《ネ》なり。皇祖皇宗の詔謨を重《モ》むずる臣民の本分なり。決して宗派の主張に非《ラ》ず。決して教家の私事に非《ラ》ず。よく〳〵之《レ》を按せよ。

この『三大祕法抄』に仰《ホ》し、「似《タラン》二靈山淨土《ニ》一最勝《ノ》地」とは三世十方の中《カ》に唯《ヽ》日本國の内《チ》にぞ尋《ツ》ね求《ト》むべき。そは已《デ》に諾冉二尊《イザナギイザナミフタハシラノミコト》のこの國《ニ》に天御柱《アメミハシラ》を衝立《ツヒタテ》給《マ》ひ八尋殿《ヤヒロドノ》を築《ツ》かし給《マ》ひぬるからは本《ト》より定《ダ》まれるにて言ふに及ばぬことなり。（この八尋殿《ヤヒロドノ》は戒壇の第一重なり、この事《ト》『神典梵解』に詳《クハ》しく記《カ》くべし）。況《マ》して本尊の正主正體に坐《マ》す我が天皇《スメラミコト》の代《ヨ》代《ヨ》こゝに天座《アメミクラ》を安《オ》かし給《マ》ふなるをや。さてその正《サ》しき地《トコロ》としては日本國の内《チ》には富士山なるべき由《シ》の古《ル》き傳《タ》えあり。（これに就きて書けるものは、縦《ヨ》し後《ノ》人の作なりとは云へ）。この傳《タ》えは必《ズ》聖人の御意《ミコヽロ》よりなるべし。御直弟日興の彼處《カシコ》に經營《イトナミ》し蹟《アト》なぞ巾《カ》々《カ》に疎《オロツ》かならずぞある。（こは大戒壇の事《ト》なるが、弟子檀那の本圓戒を受くるにも儀式ありてそをまた戒壇と申《ウ》せり、佐渡にて最蓮坊にこの事《ト》ありし由《シ》明《ラ》かに聖人の御書に看えぬ、然れども王佛一乘の大戒壇なるを人《ト》の一身の教《エ》に移《ツ》しゝからの事《ト》にて旨《ネ》は自《オノヅカ》ら遂《ガ》えるなり、）。

題目と天法。

天《アメ》治《シラス》の戒壇に於《ヒ》て執り行《ナ》はせ給《マ》ふものを天法《アメミノリ》と申《ウ》すにて、そはたゞ一言の南無妙法蓮華經なり。天《ア》津《マツ》祝《ノリ》詞《ト》乃《ノ》太《フト》祝《ノリ》詞《ト》事《ゴト》乎《チ》以《モツ》氏《テ》宣《ノ》禮《レ》と大神《オホムカミ》の諭《サト》

さし給《マ》へる天法《アメミノリ》は是れなり。吾《レ》等が南無妙法蓮華經の御名《ミナ》を持《モ》ち唱《ナ》ふるは全《タ》く天津祝詞乃太祝詞事《アマツノリトノフトノリトゴト》を宣《ノ》らし給《マ》ふ玉《タマ》の御聲《ミコヘ》を親《マノアタ》りこゝに聞き奉《ツ》るの義《コヽロ》なり。（法華經に「如《シ》下從《リノ》二佛口《チ》一聞《クカノ》中此經典《チ》上」と說けるはこの義《コヽロ》の正《サ》しき證《アカシ》なり）。この南無妙法蓮華經の御《ミ》名《ナ》は七字なれど詮しては唯《タ》ゞ妙の一字なり。この妙の一字は即《チ》正の一字にてあるなれば法華經の題目は全《タ》く我が天皇《スメラミコト》の天法《アメミノリ》なることは明《キ》らけし。聖人の『御義口傳』に多寶の寶塔を開《ラ》くの鑰《カギ》をば妙の一字と仰《ホ》し給《マ》ひけるも我が神《ミ》の廟《ホコラ》なれば正の一字の鑰《カギ》なることを裏《チ》に隱《ク》して示《メ》し給《マ》える歟。（羅什は妙法華と譯し、法護は正法華と翻ぜり、正と妙とは同《ナ》じきが故《エ》なり）。愈《ヨ》々《ヨ》貴《ト》むべき天法《アメミノリ》の題目ならずや。

第參章　四箇格言の折伏。

三大祕法の王道を揚ぐるに四箇格言の折伏を以《ツ》てす。斯の折伏は洵《ト》に王權の存することろなり。王權張らざれば王道揚がらず。四箇格言に由るに非《ラ》ざれば三大祕法は立つべからざるなり。抑《モ》四箇格言の意義は縱橫進退盡くること無しと雖《モ》、要するに唯本門佛陀の眞實を顯《バ》すに在り。日本國の一神一皇を示《メ》すに在り。日本國の一神一皇を

識らざるもの之を亡國、國賊と云ひ、本門佛陀の眞實を知らざるもの之を無間、天魔と云ふ。即《チ》折伏の元意は唯《ミ》王佛一乘の歎人を責むるに在り。この歎人は決して四宗のみに非《ラ》ざるなり。又《タ》決して四宗の外《カ》なるに非《ザ》るなり。

右《ギ》第參章に就きて。

縱橫進退。

念佛無間、禪天魔、眞言亡國、律國賊と、各《ミ》それに配《ア》て、破の義を設《フ》けあるは縱なり。また念佛を亡國、國賊とも云ひ、乃至律を無間、天魔とも云ふは橫なり。四宗皆《ナ》破するは進なり。或《ヒ》は時《キ》に容與あるは退なり。これ等の意義實に無盡なり。よく聖人の御書に就きて撿すべし。又《タ》この四宗はその實すべて諸宗を破するの意なること、及び佛敎流布の時代を表して云へるなどのこと數多《アマタ》義《コヽロ》あり。（己《ノ》れの述べたる『日韓合邦と日蓮聖人』の中《カ》にも少《コ》しく記きてあれば看るべし）云云。

折伏の元意。

總じて諸宗を無間、亡國等と破する所以《ユヘ》は、その元意は偏《ヘ》に王佛一乘の

本主を顯《ハ》し示《メ》さなむが爲《メ》なり。されば聖人の御書に多《ホ》く主、師、親三德のことを以《モ》て念佛等の本尊を破し給《マ》へり。それに毎《イツ》も亦《タ》王佛一乘の旨《子》を存し給《マ》ふ。且《バ》らく一例を引かば文永七年の『善無畏抄』に曰《ハ》く、

此《ノ》釋迦如來は三《ツ》の故《エ》ましまして、他佛にかはらせ給《マ》ひて、娑婆世界の一切衆生の有緣の佛となり給《マ》ふ、一《ツ》には此《ノ》娑婆世界の一切衆生の世尊にておはします、阿彌陀佛は此《ノ》國《ニ》の大王にはあらず、釋迦佛は譬《ヘ》ば我《ガ》國《ニ》の主上の如《ト》し、先《ツ》此《ノ》國《ニ》の大王を敬《マ》ふて後《チ》に他國の王をも敬《マ》ふべし。天照大神正八幡宮等は我《ガ》國《ニ》の本主也《リ》、迹化の後《チ》神《ミ》と顯《ハ》れさせ給《マ》ふ、此《ノ》神《ミ》にそむく人《ト》此《ノ》國《ニ》の主となるべからず、されば天照大神をば鏡《ミ》にうつし奉《ツ》りて内《ナイ》侍《シ》所《ドコロ》と號《マフ》す、八幡大菩薩に勅使有《ア》て物《ノ》申《シ》あはさせ給《マ》ひき、大覺世尊は我《レ》等が尊主也《リ》、先《ツ》御本尊と定《ダ》むべし。（「三《ツ》の故《エ》」とは主、師、親の三德なり、こゝにはその主の義《コヽロ》を仰《ホ》し給《マ》ふなり）。

尚《ホ》汎《ロ》く一代の御書に涉《タ》りなばこの事《ト》はよく識られなむ。返《ス》返《ス》も折伏の元意は我が日本の國體を本《ト》として王佛一乘の旨《子》を揚ぐるに在り。本門の佛陀を云ひ張る所以《ン》も畢竟この一大事因緣の爲めなり。我が宗門の

道俗は深《カ》く之《レ》を懷《モ》ふべし。（聖人の『稟權出界抄』に「日蓮ノ法門ハ第三ナリ」とあり、「第三」とは本門の師弟ノ遠近不遠近ノ相にて、本宗の折伏は正《サ》に茲の重を以て元意と定《ダ》むることなり、即《チ》本門の佛陀を顯《ハ》すが第三法門なり、さてその本門の佛陀を顯《ハ》はすと云ふことも文上の本門には非《ラ》ずして、文底の本門を顯《ハ》すにてありけり、文底の本門とは日本國の事《ト》なるを云ふなり、久遠無始の佛陀の我が神《ミ》に坐《マ》すことの法門なり、種脫判と申《ウ》すことの大事は即《チ》是れなるぞよ）。

第四章　『立正安國論』の製作。

夫《レ》天祖既《デ》に斯の國《ニ》を肇《ジ》め、皇孫已《デ》に厥の正を養《ナ》ひ給《マ》ふ。是《コ》を以《ッ》て釋尊の說に正法治國あり。聖人の論に立正安國あり。古今相《ヒ》呼び、東西相《ヒ》應《タ》へて、王佛一乘の旨《ネ》眞《ト》に彰灼たりと謂ふ可し。然《カ》るに盲瞽の輩《ラ》は之《レ》を視ずして深《カ》く冥衢に入り、迷惑の人《ト》は之《レ》を辨《マ》へずして永《ガ》く直道を忘《ス》る。悲《ヒ》哉《ナ》不レ樹《タ》二瞳矇《チ》一。痛《マシヒ》哉《ナ》徒《ニ》催《スヽヨ》二邪信《チ》一。抑《モ》釋尊の在世猶《スラ》怨《オ》嫉多《ホ》し、況《ヤ》滅度《ノ》後《チ》をや、一國咸《ト》く憎《ク》み、萬民擧げて毀《シ》り、聖人に對する迫害は實に言ふに勝《タ》へず。而《カ》して彼《レ》等は竟《ヒ》に其の自《ミヅカラ》佛法の賊にして且《ツ》王法の敵なることを覺《ト》らざるなり。吁《ミ》今《マ》やこの王法の敵は現に在り、この佛法の賊は尙《ホ》熾《ン》なり。吾人の空《シ》く晏坐すべき秋《キ》に非《ラ》ず。百

難を怖《ツ》れず、萬死を冒《カ》して猛進せよ。是れ眞の知恩報恩なるべし。是れ眞の克忠克孝なるべし。眞に聖人の『立正安國論』を讀むものなるべし。勗《ツトメ》焉《ヨ》哉《ヤ》。

右《ギ》第四章に就きて。

茲《コ》處に具《サ》に云ふべきなれど、己《ノ》れの先年書《モノ》し、『聖日蓮の立正安國論を紹介す』と云へる一論文ありければ、この書《フミ》の附錄として別に卷末に揭《ヨ》げ出だして、すべてをそれに讓《ツ》ることゝ爲せり。尙《ホ》後《チ》々《チ》云ふことにもこの『論』に關《ヅ》かる旨《子》あるを看《ミ》落《オト》すべからず。云云。

第五章　『觀心本尊抄』の製作。

聖人一代の迫害は大小計《ヅ》ふべからずと雖《モ》龍口の極刑には過ぎず。之《レ》に次ぎて直《チ》に復《タ》佐嶋四年の遠謫あり。而《カ》して『觀心本尊抄』の一書は乃《チ》是の間《ダ》に於《ヒ》て製作し給《マ》ふ。實に宗旨の精要なり。其の副狀《ヘ》に曰《ハ》く、

此《ノ》事《ト》日蓮當身《ノ》大事也《リ》祕《セヨ》之《ヲ》、見《テ》無二《ノ》志《ヲ》可《キ》被《ル》開拓《セ》之《ヲ》歟、此《ノ》書《ハ》難多《ク》答《ヘ》少《ナシ》、

未聞之事《ナレバ》人《ノ》耳目可《キ》驚動《ス》之《チ》歟、設《トヒ》及《ブトモ》他見《ニ》三人四人並《ベテハ》座《チ》勿讀《ムコト》之《ヲ》、佛滅後二千二百二十餘年未《ダ》有《ラ》此《ノ》書《ノ》之心《ロ》、不顧《ミ》國難《チ》期《シテ》五五百歳《チ》演說《ス》之《ヲ》、乞願《ヒ》歷《クハルノ》一見《ヲ》末輩《ハ》、師弟共《ニ》詣《デ》靈山淨土《ニ》、拜見《シ上ラン》三佛《ノ》顏貌《ヲ》。云云。言《ハ》ゆる當身《ノ》大事とは何ぞや。法華經壽量品の南無妙法蓮華經にして、本門の三大事即《チ》是れなり。故《エ》に『御義口傳』に曰《ハ》く、

此《ノ》品《ノ》題目《ハ》日蓮當身《ノ》大事也《リ》、神力品《ノ》付屬是《レ》也《リ》、乃至無作三身《ノ》寶號《ヲ》南無妙法蓮華經《ト》云《フ》也《リ》、壽量品《ノ》事《ノ》三大事《トハ》者是《レ》也《リ》。云云。

當《サ》に知るべし三大事は唯《ミ》南無妙法蓮華經の七字なることを。七字の外《カ》に本尊なく、戒壇なく、題目なし。而《カ》して斯の七字は日本國の神《カム》眞《マ》なり。神力品の付屬なり。夫《レ》王法には大神《オホムカミ》、斯の神《カム》眞《マ》を皇孫《ミマゴ》に讓與して天皇、天治、天法の三大要あり。佛法には釋尊、斯の七字を本化に付屬して本尊、戒壇、題目の三大事あり。釋尊の本化に付屬し給《マ》ふや虛空會に多寶と偕《モ》に頷《ウナヅ》き。大神《オホムカミ》の皇孫《ミマゴ》に讓與し給《マ》ふや高天原《タカマハラ》に高神《タカミムスビ》と相《ヒ》議《カ》り給《マ》ふ。一尊二尊、一塔渝《ハ》らず唯《ミ》七字なり。一神二神、一天異《ト》ならず

唯《ミ》神《カム》眞《マ》なり。是《ク》の如《ト》き王佛一乘の本尊を顯《ハ》すは洵《ト》に此《ノ》書《ノ》之心《ロ》にして、聖人當身の大事なるものなり。夫《レ》神《カム》眞《マ》の讓與に據りて寶祚乃《チ》窮《マ》り莫く、七字の付屬に依りて法統乃《チ》興《コ》るべし。釋尊滅後五五百歳の懸識に膺《タ》りて正《サ》に本門の三大事を本緣妙土の日本國に唱《ナ》へ給《マ》ふ。言はゆる本化は豈《ニ》聖人の當身なるに非《ラ》ずや。是《ノ》故《エ》に聖人の出世は亦《タ》一大事因緣の爲めなり。佛法の上《ヘ》に再《タ》び皇《ミ》孫《マゴ》の降臨を仰《ホ》ぎ奉《マツ》りしなり。釋尊已《デ》に我が祖《ミオヤ》の裔《ミスエ》なれば聖人も必《ズ》我が神《ミ》の跡《ト》なるべし。當時王法の痛《タ》く衰《ロ》えたるに際して聖人は實に日本國の主師親として現《ハ》れ給《マ》ふなり。乃《チ》日本國の柱《ラ》なり。乃《チ》日本國の眼目なり。乃《チ》日本國の大船なり。但《ミ》この當身の付屬は以《ツ》て祕すべし。王佛一乘の本尊は三人四人座を並《ラ》べて涙《ダ》りに語《タ》るべからず。未聞の大聲恐《ツ》らくは俚耳を聾しなむ。壽量の請誡以《ツ》て規と爲すべし。默して答《ヘ》を少《カ》くに若かざるなり。然《カ》れども言はざるに非《ラ》ず已《デ》に言へり。宣べざるに非《ラ》ず既《デ》に宣べり。微言にして而《カ》して發《ヒラ》き、幽宣にして而《カ》して闡《ヒラ》く。故《エ》に曰《ハ》く、

今《マ》本時《ノ》娑婆世界《ハ》、離《レ》三災《ヲ》出《デタル》四劫《ヲ》常住《ノ》淨土《ナリ》、佛既《ケニ》過去《ニモ》不滅《セ》未來《ニモ》不生《セ》、所化以《テ》同體《ナリ》。云云。

「本時《ノ》娑婆世界」とは日本國なり。日本國は維《レ》天《ノ》之國《ニ》なるが故《エ》に三災を離《ナ》れて安穩なり。維《レ》神《ノ》之土なるが故《エ》に四劫を出でゝ常住なり。壽量品に「大火《ニ》所《ル》燒《カ》時《モ》我《ガ》此土《ハ》安穩《ナリ》」と說ける是れなり。『日向記』に曰《ハ》く、

此《ノ》山《マ》ヲ壽量品ニテハ本有《ノ》靈山ト說《キ》タリ、本有《ノ》靈山トハ此《ノ》娑婆世界也《リ》、中《カ》ニモ日本國也《リ》、法華經ノ本國土妙ノ娑婆世界也《リ》、本門壽量品ノ未曾有ノ大曼荼羅建立ノ在處也《リ》。云云。

是れ明《ラ》かに日本國を言ふならずや。復次《タギ》に「佛既《ケニ》過去《ニモ》不滅《セ》未來《ニモ》不生《セ》」とは日本國の一神一皇なり。一神の隱身《カクリミ》は遠《ホ》く過去に滅し給《マ》ふに非《ラ》ず。一皇の顯身《ウツシミ》は新《タ》に未來に生じ給《マ》ふに非《ラ》ず。隱顯《ノ》二身其の體異《ナ》らずして古今祇一神一皇なるを日本國の君《ミ》と爲す。是れ即《チ》本門の佛陀なるものなり。況《ン》や已《デ》に本時の娑婆世界を指して明《ラ》かに日本國なりと言ふ、其の佛陀は寧《ロ》獨《リ》日本國の神皇に非《ラ》ざらむや。「所化以《テ》同體《ナリ》」とは本

門の佛陀には本時の所化あり、この本化は權迹の所化に同《ナ》じからず、全《タ》く佛陀の自體なり。日本國の臣民は亦《タ》神《ミ》にして萬姓咸《ト》く神皇の一原に出づ。本《ト》より外國の言はゆる臣民なるものに均《ト》しからざるなり。抑《モ》本門の佛陀に因果の二法あり。其の果德は佛陀自《ミヅカラ》當《タ》り、其の因行は本化之《レ》に任ず、果の常《子》に果にして因ならざるを本果と云ひ、因の常《子》に因にして果ならざるを本因と云ふ。因果等《シナ》を差《ガ》えずして而《カ》も佛陀の一體なり。日本國の神皇に亦《タ》君臣の二事あり。其の君事は神皇に歸し、其の臣事は臣民に附す。臣《ミ》の常《子》に臣《ミ》にして君《ミ》ならざるを臣神と云ひ、君《ミ》の常《子》に君《ミ》にして臣《ミ》ならざるを君神と云ふ。君臣分を踰えずして而《カ》も神皇の一原なり。一體一原の故《エ》に自屈なく常《子》に平等なり。二法二事の故《エ》に自尊なく常《子》に差別なり。差別は九界所具の佛界に約す。九法界の相、宛然なればなり。臣道茲《コ》に於《ヒ》てか在り。平等は佛界所具の九界に約す。一佛界の性、寂爾なればなり。君道斯《コ》に於《ヒ》てか立つ。是《ノ》故《エ》に君《ミ》は應《サ》に平等なるべし、差別なるべからず。臣《ミ》

は當《サ》に差別あるべし、平等あるべからず。斯《ク》の如《ト》き君神臣神の大義は即《チ》本因本果の天法なり。この大義天法を以《ツ》て久遠無始に蓮華の妙國を成す。日本國は良《ト》に本門壽量の大曼荼羅界なるに非《ラ》ずや。故《エ》に正《サ》しく本尊の相を示《メ》し給《マ》ふに曰《ハ》く、

其《ノ》本尊《ノ》爲《タラク》體、本師《ノ》娑婆《ノ》上《ヘニ》寶塔居空《シニ》、塔中《ノ》妙法蓮華經《ノ》左右《ニ》釋迦牟尼佛、多寶佛、釋尊《ノ》脇士上行等《ノ》四菩薩、文殊彌勒等《ハ》四菩薩《ノ》眷屬《トシテ》居《シ》末座《ニ》、迹化他方《ノ》大小《ノ》諸菩薩《ハ》萬民《ノ》處《シテ》大地《ニ》如《シ》見《ルガ》雲閣月卿《ヲ》、十方《ノ》諸佛《ハ》處《シ玉フ》大地《ノ》上《ヘニ》、表《スル》迹佛迹土《ヲ》故《エ》也《リ》。云云。

「本師《ノ》娑婆」は日本國なること已《デ》に云ふが如《ト》し。本門虛空會は印度を離《ナ》れて全《タ》く日本國の上《ヘ》なりしこと是《レ》を以《ツ》て知るべし。「塔中《ノ》妙法蓮華經」とは二佛の中心にして本尊の正體なり。二佛は其の境智にして左右の二面なり。上行等の本化の四菩薩は本尊の事用なれば義必《ズ》智佛の脇士たるべし。この釋迦多寶と本化の四菩薩とを二尊四士と名《ツ》く。若《シ》釋迦多寶を合して中心の正體を云ふにはまた一尊四士と名《ツ》く。開

合の意、具《サ》に旨《ネ》あり。委《シ》くは本經及《ヨ》び祖文を撿して之《レ》を知れ。之《レ》を要するに本尊は唯《ミ》塔中の七字なり。この七字に人法《ノ》両意あり。本門は人に約するが故《エ》に唯一佛陀の釋尊なり。この唯一佛陀の釋尊を開して二佛と爲し、亦《タ》開して四士と爲す。二佛は境智に約して開し、四士は因果に約して開す。境智因果唯《ミ》南無妙法蓮華經の唯一佛陀なり。凡《ツ》曼荼羅界は二尊四士に過ぎず。この本の二尊四士を體として迹の境智因果隨《ガ》つて用あり。十方の諸佛は二尊の迹なり。大小の諸菩薩は四士の用なり。今《マ》其の用を體に攝《カ》ね其の迹を本に納るゝに、法界悉《ク》塔中の南無妙法蓮華經に統歸せざるは莫きなり。然《カ》るに是の曼荼羅界は亦《タ》日本國の體相なり。『日向記』に「大曼荼羅建立《ノ》在處」と宣《ノ玉》ふ所以、全《タ》く斯の旨《ネ》ならずむば非《ラ》す。「塔中《ノ》妙法蓮華經」とは一神一皇の本主正體なり。久遠刧來天心動かずして常《ネ》に高天原《タカマハラ》に在り。之《レ》を天御中《アメミナカ》主《ヌシ》と稱し奉《ツ》る。（尊一）。これに左右の二神あり。高、神《タカミカムミ》二靈《フタハシラ》なり。（尊二）。この二靈《フタハシラ》の神徳に由りてまた地水火風の神《ミ》世七《ミ》代あり。（土四）。若《シ》地神を

以《ッ》て之を言へば、皇《スメ》祖《ミオヤ》天《アマ》照《テル》大《オホム》神《カミ》は天《アメ》御《ミ》中《ナカ》主《ヌシ》の御《ミ》位《クラヰ》に坐《マ》して普《子》く六《クニ》合《ナカ》を治《シラ》し給《マ》ふ。實に天地の中軸なり。(尊一)。而《カ》して大《オホム》神《カミ》には皆《モ》に神《カム》議《ハカリ》の尊《ミコト》、高《タカ》皇《ミ》産《ムス》靈《ビ》あり。(尊二)。風、地、火、水の四徳、相《ヒ》次《ギ》て合《ハ》せて五代を爲す。(十四)。天神遙《カ》なるに非《ラ》ず、高《タカ》天《マ》原《ハラ》即《テ》日本國なり。地神近《カ》きに非《ラ》ず、日本國即《チ》高《タカ》天《マ》原《ハラ》なり。(虚空會)凡《ツ》斯の日本國よりの外《カ》は宇内坤輿の在《ラ》ゆる萬邦は皆《ナ》地上の國にして、其の君主は只地に處るの君主なり。君主既に然《カ》り其の臣民豈に特《ヒト》り天なることを得むや。「迹化他方《ノ》大小《ノ》諸菩薩《ハ》、萬民《ノ》處《シテ》大地、如《シ》見《ルガ》雲閣月卿《ヲ》、十方《ノ》諸佛《ハ》處《シ玉フ》大地《ノ》上《ヘニ》、表《スルガ》迹佛迹土《ヲ》故《エ》也《リ》」と宣《ノ玉》へるは是れなり。然《カ》りと雖《モ》彼の地やまた天を本《ト》と爲す。宇内孰《ツ》れの邦國か我が日本國の迹土ならざらむや。坤輿孰《ツ》れの君主か我が神皇の迹佛ならざらむや。其の迹土を攝《カ》ね其の迹佛を納るゝに三世十方悉《ク》我が日本國の一神一皇に統歸せざるは莫きなり。乃《チ》識る日本國は實に大曼荼羅建立の在處にして建國の體義本領、偏《ヘ》に斯れに存することを。夫《レ》我が天祖初《メ》に國土創造の詔勅を垂れ、次《ギ》に更《ラ》に立君大義の

詔勅を降《ダ》し給《マ》ふ。其の國土は三災を離《ナ》れ四劫を出でたる常住の淨土なり。其の立君は過去にも滅せず未來にも生ぜざる百代一世の一神一皇なり。而《カ》して所化の同體なるに於《ヒ》て臣民の分も亦定《タダ》まれり。是《ク》の如《ト》き本時の大曼荼羅界を釋尊法華經に之《レ》を示《メ》して二尊四士の儀式その虛空に儼然たり。今《マ》聖人また日本國に之《レ》を顯《ハ》して一塔七字の大明その本土に光被す。『本尊抄』の大事宗要なる所以《ン》是れなり。是《レ》を以《ッ》て最後の結文に曰《ハ》く、

天晴《レヌレバ》地明《カナリ》、識《ル》法華《ヲ》者《ハ》可《キ》得世法《ヲ》歟、不《ル》識《ラ》一念三千《ヲ》者《ニハ》、佛《ケ》起《シ》大慈悲《ヲ》、妙法五字《ノ》袋《ノ》内《ニ》裹《ツヽムデ》此《ノ》珠《ヲ》、令《メ玉フ》懸《ケ》末代幼稚《ノ》頸《ニ》、四大菩薩《ノ》守護《シ玉ハンコト》此人《ヲ》、大公周公《ノ》攝扶《シ》成王《ヲ》、四皓《ガ》侍奉《セシ》惠帝《ニ》不《ル》異《ナラ》者《ノ》也《リ》。

「法華」は佛法なり。「世法」は王法なり。本門の法華經は日本國の王法なり。未《マ》だ日本國の王法を辨《マ》へざる者《ノ》爭《カ》でか本門の法華經を辨《マ》へむや。未《マ》だ本門の法華經を識らざる者《ノ》安《クン》ぞ日本國の王法を識《ラ》らむや。但善く本門の法華經を辨《マ》ふものにして方《ジ》めて日本國の王法を辨《マ》ふべく

。大曼荼羅界を識るものにして正《サ》に建國の體義本領を識ることを得む。然《カ》らずして法華經を離《ナ》れては我が天祖の詔勅は竟《ヒ》に解すべからざるなり。成王を攝扶するは大公周公なり。惠帝に侍奉せしは商山の四皓なり。日本國の王法を成就するは必《ズ》四大菩薩《ノ》本門戒壇の力《ラ》なるべし。嗚呼『本尊抄』の微言幽宣厥の旨《子》是《ク》の如《ト》く實に遠《ホ》し。然《カ》るに佛法の『本尊抄』を讀むで而《カ》して王法の『本尊抄』を識らざるは抑《モ》亦《タ》佛法の『本尊抄』をも識らざる者《ノ》なるのみ。聖人の末弟たらむ人《ト》人《ト》は痛《タ》く反省せよ。苟《ク》も大虛空會の大法門をして徒《ツ》らに一場の空言に畢《ハ》らしむることと勿《カ》れ。

右第五章に就きて。

『觀心本尊抄』御製作の歳次。

『觀心本尊抄』は具《サ》に題して「如來滅後五五百歳始觀心本尊抄」と云ふ。文永十年癸酉四月二十五日の御製作にして、親蹟は現下《マ》總《ノ》中山に在り。云云。

曼荼羅《マンダラ》の圖示。

この『觀心本尊抄』御製作の後《チ》、同年七月八日始《ジ》めて曼荼羅《マンダラ》を圖示し給《マ》へり。

『年譜』に曰《ハ》く、

八日始圖十界勸請大曼荼羅《マンダラ》、是即釋尊本具十界、無作三身之全象也、又是此經所詮、諸法實相之妙致也、又是行者一念三千之觀境也、自贊曰、文永八年辛未九月十二日、蒙於勘氣、遠流佐渡國、十年癸酉七月八日圖之、法華經大曼荼羅《マンダラ》、佛滅後二千二百二十餘年、一閻浮提之內、未曾有之、日蓮始圖之、如來現在猶多怨嫉、況滅度後、法華經弘通之故、有留難事、佛語不虛也、蓋在于禁發斯眞要、故附之諄語也。

この七月八日始《ジ》めて圖示し給《マ》へる曼荼羅《マンダラ》をば宗門にては佐嶋始顯の御本尊と申《ウ》せり。然《サ》るにこれに二樣ありて書式違《ガ》えり。よりて今《マ》種《マ》種《マ》眞僞などの諍《ソ》ひもあることとなり。云云。

曼荼羅《マンダラ》の正《サ》しき解。

今《マ》の宗門の學者は曼荼羅《マンダラ》と本尊とを同《ナ》じことに念《モ》ひなせど其《ソ》は甚《ダ》宜《ロ》しからず。曼荼羅《マンダラ》は原《モト》梵語にてこれに種《マ》種《マ》の義翻はあれど大旨は通じて

◎『不空羂索陀羅尼經』巻下
◎『可洪音義』巻九上、
◎『慧琳音義』巻十、
◎『大日經』巻一、
◎同『經』同上、
◎『大日經義釋』巻四、

「壇」と翻ずるにて「界」と云ふの義《コヽロ》に同《ナ》じきなり。『不空羂索陀羅尼經』の注に曰《ハ》く、

曼《マン》荼《ダ》羅《ラ》、此《ニ》云《フ》壇《ト》也《リ》。

『可洪音義』に曰《ハ》く、

曼《マン》拏《ダ》、亦《ハ》云《フ》曼《マン》荼《ダ》羅《ラト》、此《ニハ》云《フ》壇《ト》。

『慧琳音義』に曰《ハ》く、

曼《マン》荼《ダ》羅《ラ》、無《シ》正翻、義《ニ》說《ヒテ》云《フ》聖衆集會處《ト》、即《チ》念誦《ノ》壇場也《リ》。

よりて又《タ》圓壇とも申《ウ》せり。『大日經』に曰《ハ》く、

諸佛《ノ》所《ロ》稱嘆《スル》、應《サニ、ベシ》作《ス》圓壇《ノ》事《ヲ》。

曼《マン》荼《ダ》羅《ラ》界の作法を「應《サニ》作《ス》圓壇事《ヲ》」と云へるなり。同『經』に

白壇以《テ》塗書《ス》圓妙《ノ》曼荼羅《ヲ》。

などある是れなり。

またこの圓壇の義より轉《ツ》りて輪圓とも申《ウ》し、及《ヨ》び發生、浮聚などゝも云へど、本尊と翻ずることは正《サ》しき書《フミ》には一處も看えず。曼《マン》荼《ダ》羅《ラ》の語《バ》はもと本尊ならぬが故《エ》なり。（曼《マン》荼《ダ》羅《ラ》の諸《ノ》義は『大日經義釋』を本《ト》してよく檢すべし）。されば本尊とは正主本體にて、曼《マン》荼《ダ》羅《ラ》とは其本尊の壇場界域を指して云ふことなり。王法

の上《へ》にて申《ウ》さば本尊は天皇《スメラミコト》の御一身にて、その天皇《スメラミコト》の天治《アメシラシ》の國土界域が曼茶羅《マンダラ》なり。戒壇を日本國と申《ウ》すこともこの日本國は天治《アメシラシ》の曼茶羅《マンダラ》壇塲にてありけるが故《エ》なり。さて本門佛陀の天治《アメシラシ》の界域としては十法界の森羅三千なりければ束《フサ》ねて十界の大曼茶羅《マンダラ》と云ふなり。（十界の曼茶《マンダ》羅《ラ》は正《サ》しくこの義《コヽロ》なるべきを世に十界勸請など申《ウ》すは何《カ》なる迷惑ぞや、これ等は曼茶羅《マンダラ》の義《コヽロ》を辨《マ》へざる後《チ》の人《ト》の云ひ出でし語《バ》にて、この勸請の語《バ》によりて甚《イタ》ふ宗義を害《ナ》ひけり、悲《シ》むべきことなり）。又《タ》この旨《子》を圖し顯《ハ》し給《マ》へるが聖人の大曼茶羅《マンダラ》なるなり。之《レ》によりて聖人御親蹟の曼茶羅《マンダラ》には、その傍書《ワキガキ》に必《ズ》「佛滅後二千二百二十餘年（若《シ》くは「三十餘年」）未曾有《ノ》之大曼茶羅《マンダラ》」云云とありて「未曾有《ノ》御本尊」とは書し給《マ》はず。十界羅列は曼茶羅《マンダラ》と申《ウ》すべきにてそを直《チ》に本尊と云ふべきにあらざればなり。

宗門の學者は先《ツ》この大判を意《ロ》得て、然《ル》後《チ》また本尊を曼茶羅《マンダラ》とも云ふの筋目《スジメ》あることを辨《マ》ふべし。其《ソ》は天皇《スメラミコト》を指して申《ウ》すにその宮殿《ミヤドノ》の稱《ナ》を以て御門《ミカド》又《タ》は陛下と申《ウ》すの意《コヽロ》と同《ナ》じく、壇塲の稱《ナ》を以てその本尊の正主本體を呼び顯《ハ》すこともあるなり。されど曼茶羅《マンダラ》の壇塲なることの本義は動《ゴ》かざれば決して悞《マ》るべからず。云云。

『本尊抄』と三大祕法。

◎『御義口傳』卷上

△「題號」一舊本にはこの二字なし、今《マ》異本による

斯の御書單に『本尊抄』と題せど三大祕法の要義咸《ト》く宣べ給《マ》へり。たゞその戒壇、題目は本尊の戒壇、題目にてあることなれば單に『本尊抄』と題し給《マ》ふにて事《ト》足るなり。天皇(本尊)の天治(戒壇)天法(題目)にてあること已《デ》に云《ヘ》へりしが如《ト》し。云云。

『本尊抄』と立敎開宗。

建長五年四月二十八日の立敎開宗に已《デ》に此の御書の意《ロ》備《ナ》はりて、宗旨の三大祕法はその時《キ》正《サ》に顯《ラ》はれたりしを、玆《ヽ》に始《シ》めて公《ケ》にし給《マ》へり。

『御義口傳』に曰《ハ》く、

南無妙法蓮華經《ト》奉《リテ》唱《ヘ》、日本國《ノ》一切衆生《ヲ》如《クニ》我《カ》令《メン》成佛《セ》云《フ》處《ノ》願、併《ラ》如我昔所願也《リ》、終《ヒニ》引導《シテ》己身《ト》和合《スルヲ》、今者已滿足《ト》可《キ》得意《ロ》也《リ》、此《ノ》今者已滿足《ノ》已《ノ》字スデニト讀《ム》也《リ》、何《ノ》處《ヲ》指《シテ》已トハ說《ケ》ルヤ、凡《ソ》所釋《ノ》心《ハ》、諸法實相《ノ》文《ヲ》指《シテ》已トハ云ヘリ、雖《モ》爾《リト》當家《ノ》立義《トシテハ》、題號《ノ》南無妙法蓮華經《ヲ》指《シテ》今者已滿足《ト》說《キ》タリト可《キ》意《ロ》得也《リ》、サレバ如我等無異《ノ》文《ハ》肝要也《リ》、如我昔所願《ハ》本因妙、如我等無異《ハ》本果也《リ》、妙覺《ノ》釋尊《ハ》我《レ》等《カ》血肉也《リ》、因果《ノ》功德《ハ》非《ズヤ》骨髓《ニ》乎、釋《ニハ》擧因勸信《ト》矣、擧因《ハ》即《チ》本果也《リ》、今《マ》日蓮《ガ》唱《ツル》處《ノ》南無妙法蓮華經《ハ》末法一萬年《ノ》衆生《マデ》令《ル》成佛《セ》也《リ》、豈《ニ》非《ズヤ》今者已滿足《ニ》乎、已者《トハ》建長五年四月廿八日初《メテ》唱《ヘ》出《タス》處《ノ》題目《ヲ》

指《シテ》已《ト》可《キ》二意得一也《リ》。云云。

立敎開宗の時《キ》宗旨の三大祕法已《デ》に備《ナ》はりてありければこそ斯《ヽ》る御辭《ンバ》もあなれ。若し缺けたらむには何《カ》で「巳滿足」と云はむ。加之《シカノミナラズ》彼の時《キ》已《デ》に南無妙法蓮華經と唱《ナ》へ出だし給《マ》へり。この一言の七字に外《ハヅ》る、宗旨の三大祕法とてはあらぬをや。このこと畧《ホヾ》前《ヘ》にも云へれど、更《ラ》に別きて申《ウ》さば、彼の時《キ》朝暾《アサヒ》に向《カ》ひ給《マ》へるは本尊の義《コヽロ》なり。南無妙法蓮華經の光明、宇宙の中心となりて普《ネ》く森羅を照《ラ》すの象《チ》なればなり。又《タ》ことに其の七字の正主本體は我が大《オホ》日《ヒ》の一神一皇にて坐《マ》すなればなり。これには自《オノヅカ》ら戒壇の義《コヽロ》もあり。傳敎の始《ジ》めて叡山を開《ラ》くる時《キ》先《ヅ》國《クニ》津《ツ》神《カミ》に授戒し參《ヒ》らせたるの例、本化にも無くて叶《カナ》ふべからず。聖人の朝暾《アサヒ》に向《カ》はし給《マ》ふの間《ダ》に於《ヒ》て我《ガ》國《ニ》の天津《アマツ》神《カミ》は必《ズ》影響して本門の大戒をや受け給はむずらむ。（別きて尙《ホ》深《カ》き旨《ネ》あり即《ガ》て下《モ》に云ふべし、）。題目の義《コヽロ》は顯著なれば云ふに及《ヨ》ばず。云云。されど吾《レ》等がこの三祕の旨《ネ》を識ることは必《ズ》『本尊抄』なるべし。「當身ノ大事」と仰《ホ》し、ことは是れなり。

『本尊抄』と曼荼羅《マンダラ》の圖示。

『本尊抄』の御製作は上《ミ》に示《メ》す如《ト》く文永十年四月二十五日なり。曼荼羅《マンダラ》の

◎『大日經義釋』卷八

圖示は同年七月八日なり。この間《ダ》は密教に云はゆる三月持誦の三落《ラク》叉《シヤ》にて、戒壇を圖示するの作法としては必《ズ》然《カ》すべきの理《リ》なればなり。（三月持誦のことは『大日經義釋』の各處に看えたれば、即《カ》て今《マ》一文を擧ぐべし、然《カ》るにこはあながちに密教の作法に倣《ラ》へるにあらず、『大日經』は法華經の別部ぞと云へる筋目からは斯《ゝ》る事《ト》は取り上げて用《チ》ゆべきが故《エ》なり、已《デ》に曼《マン》茶《ダ》羅《ラ》は密教の所談なるをこの筋目より取り上げて法華經の上《ヘ》にも圖し顯《ハ》し給《マ》へり。『御義口傳』に本門の種子、尊形、三摩耶など仰《ホ》して示《メ》し給《マ》へるの旨《ネ》是れなり、總じて斯《ゝ》る事《ト》は彼れを亡國と責め給《マ》ふの義意とは自《オノヅカ》ら別なるなり）。『大日經義釋』に曰《ハ》く。

行者滿《チ》二二月《ヲ》一已《テ》、當《サニ》《ベシレ》於《テス》二白月《ニ》一、八日、十日、十四日、十五日《ナリ》。

四月二十五日より七月八日までに二月を滿てり、而《サ》してその白月の八日を以《ツ》て正《サ》に曼《マン》茶《ダ》羅《ラ》を圖示し給《マ》ひけるなり。（尚《ホ》『義釋』に「作法《ハ》當《サニ》《ベシ》レ用《ユ》二白分《ノ》月《ヲ》一、就《テ》レ中《ニ》一日、三日、五日、七日、十三日《ヲ》爲《ス》二吉祥《ト》一、堪《ヘタリ》レ作《スニ》二曼《マン》茶《ダ》羅《ラヲ》一、又《タ》月《ノ》八日、十四日、十五日《ハ》最《モ》勝《グル》」などあり、念《モ》ふにこの中《カ》にも八日は殊《ト》更《ラ》宜《ヨ》からなむ、諸佛の生處、得道は皆《ナ》この日を用《チ》ゆと云へばなり、斯《ゝ》る事《ト》は顯密一致にして、聖人も亦《タ》それに據り給《マ》へるならし）。然《カ》るに七月を期し給《マ》へるには大《ヒ》に王法の上《ヘ》に關《ツ》かる旨《ネ》の深《カ》く含《ク》めるなることを辨《マ》ふべし。

抑《モ》日本國の國體として三種《ノ》神器なからむに天皇の御《ミ》位《クラヒ》に立たし給《マ》ふ如《ト》きは皇《スメ》祖《ミオヤ》の大《オホ》御《ミ》意《コヽロ》に背《ム》き奉《ツ》る最第一の不孝にして逆《ギヤク》路《ロ》伽《ガ》耶《ヤ》陀《ダ》の大罪なり。神武天皇以《コノ》來《カタ》曾《ツ》て斯《ゝ》る君《ミ》は一人だも我《ガ》國《ニ》に座《オハ》しまさゞりつるに、第八十二代後鳥羽天皇の御《ン》時《キ》に至《タ》り始《ジ》めて三種《ノ》神器なきに御《ミ》位《クラヒ》に立た

し給《マ》へり。本《ト》より天皇の御《ミ》意《コヽロ》には非《ラ》ずして逆臣等に逼《マ》られ給《マ》ひしが爲めなれども、日本國の王法に取りては此《コ》上《ヨ》なき一大變妖なり。これが爲めに後《チ》の北朝の帝《ミカド》なども出で來しにて、禍《ヒ》の根本は實に後鳥羽天皇の御《ン》時《キ》ならむとや申《ウ》し奉《ツ》らむ。『立正安國論』に曰《ハ》く、

後鳥羽院《ノ》御宇《ニ》有《リ》法然、作《ル》選擇集《ヲ》矣、則《チ》破《シ》一代《ノ》之聖敎《ヲ》、偏《ク》迷《ハスト》十方《ノ》之衆生《チ》。

佛法の上《ヘ》からは法然なれども、王法の上《ヘ》からは後鳥羽天皇の御《ン》罪《ミ》また容《ル》し奉《ツ》るべからず。「後鳥羽院《ノ》御宇」なる六字は大《ヒ》なる責《メ》を天皇にも課《オ》はせ奉《ツ》りたるにて、時《キ》ばかりを指し、尋《ナ》常《ミ》の辭《バ》に非《ラ》ず。後鳥羽天皇の御《ン》事《ト》を申《ウ》し顯《ハ》さなむとて特《ト》に法然の一兇をば斯の『論』に著《ル》しく記《カ》き擧げ給《マ》ふなり。王佛一乘の日本國なれば佛法の仇《ダ》は王法の仇《ダ》にして王法の罪《ミ》は佛法の罪《ミ》なり。佛法の仇《ダ》を責むるに何ぞ獨《ト》り王法の罪《ミ》を容《ル》しなむや。「惡王惡比丘」等の經證を荐《キ》りに引き給《マ》ふは是《ノ》故《エ》なるべし。然《カ》るにこの後鳥羽天皇は治承四年七月十四日《ノ》御誕生、壽永三年七月廿八日《ノ》御即位にて、佛法に申《ウ》す生處、得道の二相、偕《モ》に七月に座《オハ》しけり。さては聖人始《ジ》めて曼《マン》荼《ダ》羅《ラ》を圖示し給《マ》ふに豫ねてより七月を期し給《マ》へるはこの曼《マン》荼《ダ》羅《ラ》戒

壇の上《ヘ》に後鳥羽天皇の懺悔滅罪を禱らし給《マ》ふの御《ミ》意《コヽロ》あるに由ることを推しぬべし。翻《ヘ》つて立敎開宗の建長五年四月二十八日なりしを念《モ》へばこの日も亦《タ》この天皇の三種《ノ》神器なくて即位ましましける當《ソノ》日《ヒ》なり。彼れと此れと相《ヒ》應じて七月二十八日と云ふ日本國に一大事の月日《キ》に當《タ》れり。佐島始顯の曼《マン》茶《ダ》羅《ラ》が最《モ》大切なるは是れなり。總じて日本國の天皇の御《ン》身の鏡《ミ》なるべき七月八日の大曼《マン》茶《ダ》羅《ラ》なるなり。○『本尊抄』の最後結文に

大公周公《ノ》攝二扶《シ》文王《チ》一、四皓《ガ》侍二奉《センニ》惠帝《ニ》一不レ異《ナラ》

と仰《ホ》しゝも亦《タ》この深《カ》き旨《子》に由りてなるべし。（曼《マン》茶《ダ》羅《ラ》は戒壇にて即ち授職の義《コヽロ》なるを念《モ》ふべし、さて聖人の圖示し給《マ》へる曼《マン》茶《ダ》羅《ラ》には多《ホ》く何《ニ》某《シ》に授與すとの傍書《ワキガキ》ある例なるに、佐嶋始顯の曼《マン》茶《ダ》羅《ラ》のみはこれ無し、天皇の御《ン》身の鏡《ミ》として特《ト》に先《ツ》圖し給《ツ》へるが故《エ》なるべし、この佐嶋始顯の大切なることは己《ノ》れの友《モ》田中智學多年の叫《ケ》びなり、こも實に國體擁護の深《カ》き旨《子》に基《ツ》けるが故《エ》ならむ、但《ヾ》其の佐嶋始顯なりとして彼《ノ》人《ト》より諸人に寫《ツ》し頒《カ》ちし曼《マン》茶《ダ》羅《ラ》には世の疑端繁《ゲ》し、されど眞《ト》これぞと申《ウ》す物《ノ》現《ハ》れて確《シカ》と信《ウ》くべき曼《マン》茶《ダ》羅《ラ》の出で來ざらむには、縦《ト》ひ疑端繁《ゲ》ければとて愨《マ》じゐに用《チ》ゐまじなど云ふべきに非《ラ》ず、要は唯《ヾ》佐嶋始顯と云ふに大切の事《ト》こもれるなればなり、又《タ》世の疑端の程《ド》は本《ト》より彼《ノ》人《ト》の智解に加《ハ》ふること能《タ》はず、大方《ホタ》は錐《リ》を以て地を刺すの類《ヒ》にて嗤《ラ》ふべきことのみぞ多《ホ》かる、然《カ》るに已《ノ》れは平生別に懷《モ》ふことあり、其を未《マ》だ彼《ノ》人《ト》に質《ヾ》すの機を得ず、何《ツ》かは果《タ》すこともやあるらむ歟）。

佐嶋始顯の曼《マン》茶《ダ》羅《ラ》と弘安以後の曼《マン》茶《ダ》羅《ラ》。

この事《ト》宗門にて異諍あり、其《ソ》は佐嶋始顯の曼《マン》荼《ダ》羅《ラ》には佛滅後二千二百二十餘年とあり、弘安以後の曼《マン》荼《ダ》羅《ラ》には二十餘年を三十餘年と改《タ》めあり、この改《タ》めたる方《タ》の曼《マン》荼《ダ》羅《ラ》が眞《ト》なりと云ふの說ありて、それに各々是非の論《アゲツラ》ひ生じ、からの異諍なり。今《マ》敎義の上《ヘ》にてこの異諍を判ずるなどのことはこの書《ミ》の詮に非《ラ》ざれば畧せど、たゞ弘安以後の曼《マン》荼《ダ》羅《ラ》の圖式自《オノヅカ》ら換はりしにもまた大《ヒ》に王法に關《カ》ることの旨《ネ》あるを茲に云ふべし。一《ト》口《チ》に弘安以後と申《ウ》せど、眞《ト》圖式の換はりしは正《サ》しく弘安三年以後のことなり。これに三《ツ》の樣ありて從《コレ》前《マデ》の圖式に違《ガ》へり。一《ツ》には曼《マン》荼《ダ》羅《ラ》の上位に十方分身《ノ》諸佛並《ラ》びに善德佛等の他方の佛《ケ》ありけるを除《ゾ》きて單《タヾ》釋迦多寶の二佛と及《ヨ》び本化の四菩薩のみを列《ラ》ね給《マ》へること、二《ツ》には左右の不動愛染の種字の菩提點をば必《ズ》如意珠の形《チ》に書き給《マ》へること、三《ツ》には傍《ワキ》書《ガキ》の佛滅度後二千二百二十餘年云云を必《ズ》佛滅度後二千二百三十餘年と書き給《マ》へることと其《ソ》れなり。その以前は或《ヒ》は三十餘年と書き給《マ》へども不動愛染の種字の菩提點は如意珠の形《チ》ならず、或《ヒ》は其《ソ》を珠《ノ》形《チ》に書きなし給《マ》へども十方分身《ノ》諸佛等をば除《ゾ》き給《マ》はず、三事正《サ》に備《ナ》はりて缺くることなく定《ダ》まりぬることは必《ズ》弘安三年以後の曼《マン》荼《ダ》羅《ラ》なり。然《カ》る

にこの弘安三年は日本國に取りては容易ならぬ歳《シ》なり。蒙古の我《レ》を侵《カ》さむとする志《シ》の愈《ヨ》々《ヨ》定《ダ》まりて彼我倶《モ》に戰意を決したるの歳《シ》なり。『年譜』にこの歳《シ》の狀《マ》を記《カ》きて曰《ハ》く、

蒙古命《ジテ》屬國《ニ》募《ル》伐《ツノ》我《レヲ》之兵《ヲ》。

平帥時宗、聞《キ》蒙古將《スルヲ》來《サニ》寇《セント》、修《シ》筑前《ノ》古城《ヲ》、置《キ》兵數十萬《ヲ》、以《テ》豫《メ》備《フ》于此《レニ》。

◎『年譜攷異』巻下

蒙古のこの歳《シ》を以て戰備を修《サ》めしことは元史に據るにも明《ラ》かなり。（『年譜攷異』に『續通鑑』二十三の文を擧げり、弘安三年は彼の至元十七年に當《タ》るなり）。抑《モ》他國侵逼難あるべしとは『立正安國論』の御《ン》辭《バ》にて、その後《チ》九箇年を經《ヘ》、文永五年に至《タ》り彼の牒狀渡《タ》りしかども、直ぐと戰《カ》ふべき氣配とも看えず、我が方《タ》にてもまた威《オド》喝《シ》なるべしなど念《モ》ふものの多《ホ》かりきなり。（聖人の十一通御書に北條等が然《サ》まで驚《ロ》かざりしは是れなり、十一通御書は『御遺文』の中《カ》に在り、『安國論』を拜するには必《ズ》ず一具すべし）。然《カ》るにこの弘安三年と云ふに戰ふべきことは愈《ヨ》々《ヨ》定《ダ》まりぬ。この戰ふべきことの愈《ヨ》々《ヨ》定《ダ》まりぬることは『立正安國論』の不思議愈《ヨ》々《ヨ》定《ダ》まりぬるにてあるなり。されば本《ト》より兼知未萠の聖人はこの歳《シ》こそはと思《ボ》しけむ、從《コレ》前《マデ》の曼《マン》荼《ダ》羅《ラ》にこと換《カ》へて、先《ツ》十方分身《ノ》諸佛、並《ラ》びに善德佛・等の他方の佛《ケ》を曼《マン》荼《ダ》羅《ラ》より取り除《ゾ》かし給《マ》へり。こは他方の蒙古の王を折伏し給《マ》はむ御《ミ》意《コヽロ》からにて、『立正安國論』に申《ウ》し置き給《マ》へる國《クニ》家《ノ》

祈《イノリ》をば正《サ》しくこの曼《マン》茶《ダ》羅《ラ》の作法もて修し給《マ》ひけるなり。さればその御《ミ》意《コヽロ》を折伏の主なる不動愛染の頂《キ》の點に顯《ラ》はして如意具足の珠《ノ》形に書き給《マ》へり。折伏の所願必《ズ》虚《ナ》しからじの表《ウツ》示《シ》なり。よりてまた佛滅度後二千二百二十餘年云云の傍《ワキ》書《キ》をも三十餘年と書きなし給《マ》へり。佐嶋始顯の文永十年よりこの弘安三年までの間《ダ》の十年を加《ハ》へ給《マ》ふが故《エ》なり。（文永十年、同十一年、同十二年、建治元年、同二年、同三年、同四年、弘安元年、同二年、同三年、以上十年なり、この間《ダ》の年暦に異説あれど『遺文錄』の歳次が宜《ロ》し、年號の數に合《ナ》へばなり、さてこの弘安三年以前に時《キ》さして三十餘年の傍《ワキ》書《ガキ》等あるは、兼知未萠の故《エ》に豫《ジ》め以前に於《ヒ》ても暗にこの歳《シ》を指し給《マ》ふなり）。即《チ》弘安三年以後の曼《マン》茶《ダ》羅《ラ》の圖式換はりしことは汎《ロ》く國《クニ》家《ノ》祈《イノリ》の御《ミ》意《コヽロ》からにて、天皇の御《ン》身の鏡《ミ》なるべき佐嶋始顯の曼《マン》茶《ダ》羅《ラ》とは本《ト》より異《ト》なるの旨《子》なり。一國謗法の總罸に蒙古の大難起《コ》れるなれば彼の曼《マン》茶《ダ》羅《ラ》は廣《ロ》く一國の懺悔滅罪なるにてぞあるべき。内外二種の謗法なれば自《オノヅカ》ら前後の曼《マン》茶《ダ》羅《ラ》も換はりてやあるらむ。決して前《ヘ》の足らぬを後《チ》に改《タ》めたるなどに非《ラ》ず。弘安を再治の本尊など申《ウ》すことは以《ツ》ての外《カ》のことなり。（況して曼《マン》茶《ダ》羅《ラ》は直《ヨ》ちに本尊と云ふべからざるをや）。

内外二種の謗法とは『御遺文』の續集、南部六郎許御書にあり。曰《ハ》く、

凡《ツ》謗法《ニ》内外《アリ》、國《ト》家《トノ》二是《レ》也《リ》、外《トハ》者日本六十六箇國《ノ》謗法是《レ》也《リ》、内《トハ》者王城

九重《ノ》謗法是《レ》也《リ》、此《ノ》内外《ヲ》不《ンバ》禁制《セ》者、宗廟社稷《ノ》神《ニ》捨《テラレ》、必《ズ》國家亡《ビン》、中畧 故《ニ》分分《ノ》内外有《リト》。

今《マ》云へりしことをこれに合《ハ》せ熟《ヨ》く念《モ》ふべし。されば縦《ト》ひ九重の御《ン》内《チ》たりとも謗法あるには必《ズ》諫《サ》め奉《ツ》るべし。これまた第一の肝要にて、佐嶋始顯の曼《マン》茶《ダ》羅《ラ》の忽《ル》がせにすべからざる所以《ン》ならずやは。さてこの外《カ》一尊四士二尊四士等のことは本文巳《デ》に述べり。言《バ》少《ナ》けれど意《コヽロ》は充たしあれば識者は必《ズ》解しぬべし。云云。

第六章　或問三則。

第壹節　小日本國と大日本國。

或《ヒト》問《フ》。前來縷陳するところ畧《ヽ》理あるに似たり。然《カ》るに聖人の御書中日本國を貶するの言辭尠《ナ》からず。且《バ》らく其の例を擧ぐれば・文永六年の『法門可申抄』に曰《ハ》く、

又《タ》御持佛堂にて法門申《シ》たりしが面目なむどかゝれて候《フ》事《ト》かへすがへす不思議にをぼへ候《フ》、そのゆへは僧となりぬ、其《ノ》上《ヘ》一閻浮提に

ありがたき法門なるべし、まして梵天帝釋等は我《レ》等が親父釋迦如來の御所領をあづかりて正法の僧をやしなうべき者《ノ》につけられて候《フ》、毗沙門等は四天下の主《シ》此《レ》等が門《カド》まもり、又《タ》四州の王等は毗沙門天が所從なるべし、其《ノ》上《ヘ》日本秋津《アキツ》島《シマ》は四州の輪王の所從にも及《ヨ》ばず、但《ミ》嶋《マ》の長《オサ》なるべし、長《オサ》なむごにつかへむ者《ノ》ごもに召されたりなむごかく上《ヘ》面目なむご申《ス》は、かたがたせむするところ日蓮をいやしみてかけるか。云云。

また建治二年の『種種御振舞抄』に曰《ハ》く、

各《ノ》各《ノ》思《ヒ》切《リ》給《マ》へ、此《ノ》身を法華經にかうるは石《シ》に金《コガネ》をかへ糞《アクタ》に米《コメ》をかうるなり、佛滅後二千二百二十餘年が間《ダ》、迦葉、阿難等、馬鳴、龍樹等、南岳天台等、妙樂傳教等だにもいまだひろめ給《マ》はぬ、法華經の肝心、諸佛の眼目たる妙法蓮華經の五字、末法の始《メ》に一閻浮提にひろまらせ給《マ》ふべき瑞相に日蓮さきがけしたり、わたうども二陣三陣つづきて、迦葉、阿難にも勝ぐれ、天台傳教にもこへよかし、

わづかの小嶋《マ》の主等《シ》がおごさむにおぢては閻魔王の責《メ》をばいかむがすべき、佛《ケ》の御《ン》使《ヒ》となのりながら臆せむは無下《ムゲ》の人《ト》人《ト》なりと申《シ》ふくめぬ。云云。

或《ヒ》は「但嶋《マ》の長《オサ》なるべし」と云ひ、或《ヒ》は「わづかの小嶋《マ》の主等《シ》」と云ふ。是れ明《ラ》かに日本國を貶し給《マ》ふに非《ラ》ずや。

答《フ》。誠《ト》に所問の如《ト》し。然《カ》るに其の小日本國を貶し給《マ》ふ所以《ン》は其の意《ロ》唯正《サ》に八紘一宇の大日本國を揚げむと欲するが爲めなり。別に畧記せるものあるを看るべし。云云。

曾《ッ》て記せる『聖日蓮と大日本國』なる一文あり。またこの書《ミ》の附錄として掲げあれば其れに由りて疑《ガ》ひを解くべし。この一文は明治四十年十一月一《ト》たび世に公《ケ》にしたるものにて畧この書《ミ》の全篇を約めたるの概あり。されば云ふことのこの書《ミ》に同《ナ》じくて複《カサ》なれるもあれど今《マ》强《ヒ》ては訂さず。

第貳節　御書の進退。

復《タ》問《フ》。聖人の御書中《ノカ》にはこの娑婆世界を以《ッ》て釋尊の領土と爲し、而《カ》

△四十九億云云は、十萬を一億と爲すの量法に據り給ふ、乃《チ》四百九十九萬四千八百二十八人なり、今より六百年前なれば統計も完からざるにや甚しき少數なり、

して我《ガ》國《コ》は其の一小部分に過ぎざるのみならず、皇《スメ》祖《ミオヤ》天《アマ》照《テル》大《オホム》神《カミ》を始《シ》め一切の神《ミ》は咸《ト》く釋尊の所從眷屬なりと記《ル》し給《マ》ふところあり。文永元年の『南部殿御許御書』に曰《ハ》く、

第二《ノ》巻《ニ》云《ク》、今此三界等《ト》云云、此《ノ》文は日本國、六十六箇國、嶋《マ》二《ツ》の大地は教主釋尊の本領也《リ》、娑婆以《テ》如《シ》此《ノ》、全《ク》非《ズ》阿彌陀佛《ノ》領《ニ》、其中衆生悉是吾子《ト》云云、日本國の四十九億九萬四千八百二十八人の男女各《ミ》有《リ》父母といへども、其《ノ》詮を尋《ヌ》れば教主釋尊の御子也《リ》、三千餘社の大小の神祇も釋尊の御子息也《リ》、全《ク》非《ズ》阿彌陀佛《ノ》子《ニ》也。

建治三年の『彌三郎殿御返事』に曰《ハ》く、

貴《ト》く思《モ》ひ進《ヒ》らせ候《ヒ》しは法華の第二《ノ》巻に今此三界とかや申《ス》文にて候《フ》也《リ》、此《ノ》文の意《ロ》は、今《マ》此《ノ》日本國は釋迦佛の御領也《リ》、天照大神、八旛大菩薩、神武天皇等の一切の神《ミ》、國主、並《ビ》に萬民までも釋迦佛の御所領の内《チ》なる上《ヘ》、此《ノ》佛《ケ》は我《レ》等衆生に三の故《エ》御《オ》座《ハ》す大恩の佛《ケ》也《リ》、一《ニ》國《ハ》主也《リ》、二《ニ》師《ハ》匠也《リ》、三《ニ》親《ハ》父也《リ》。云云。

弘安元年の『妙法尼御返事』に曰《ハ》く、

今《マ》此《ノ》三界《ハ》、皆《ナ》是《レ》我《ガ》有《ナリ》、其《ノ》中《ノ》衆生《ハ》、悉《ク》是《レ》吾《カ》子《ナリ》、而《モ》今《マ》此《ノ》處《ハ》、多《シ》諸《ノ》患難、唯我《レ》一人《ノミ》、能《ク》爲《ス》救護《ヲ》と說《キ》て、此《ノ》日本國の一切衆生のためには釋迦佛は主なり、師なり、親なり、天神七代、地神五代、人王九十代の神《ミ》と王とすら猶《ホ》釋迦佛の所從なり、何《カニ》況《ン》や其《ノ》神《ミ》と王との眷屬等をや、今《マ》日本國の大地、山河、大海、草木等は皆《ナ》釋尊の御《ン》財《ラ》ぞかし、全《ク》一分も藥師佛、阿彌陀佛等の他佛の物《ノ》にはあらず、又《タ》日本國の天神、地神、九十餘代の國主、並《ビ》に萬民、牛馬、生《イキ》とし生《イケ》る生《シヤウ》ある者《ノ》は皆《ナ》教主釋尊の一子なり、又《タ》日本國の天神、地神、諸王、萬民等の天地、水火、父母、主君、男女、妻子、黑白等を辨《マ》ふるは皆《ナ》教主釋尊《ガ》御《ミ》教《オシエ》の師也《リ》、全《ク》藥師阿彌陀等の御《ミ》教《オシエ》にはあらず、されば此《ノ》佛《ケ》は我《レ》等がためには大地よりも厚《ツ》く、虚空よりも廣《ロ》く、天よりも高《カ》き御恩まします佛《ケ》ぞかし、かゝる佛《ケ》なれば王臣萬民倶《モ》に人《ト》ごとに、父母よりも重《モ》むじ、神《ミ》よりもあがめ奉《ツ》るべし。

また曾《ツ》て一老尼の聖人を訪ふに、其の氏《ジ》神《ミ》に詣《タ》りし便の次《デ》なりと云

◎『御義口傳』巻下

ふを以《ツ》て、斷じて會することを容《ル》し給《マ》はず、この事《ト》親《タ》しく御書《ノ》中《カ》に記し給《マ》へり。建治四年の『三澤抄』に曰《ハ》く、

又《タ》内《ウツ》房《ブサ》の御《ン》事《ト》は、御《ン》歳《シ》よらせ給《マ》ひて御《ン》わたりありし、痛《タ》はしく思《モ》ひまいらせ候《ヒ》しかども、氏《ジ》神《ミ》へ參《ヒ》りてあるついでに候《ヒ》しかば、見參に入るならば定《メ》て罪《ミ》深《カ》かるべし、其《ノ》故《エ》は神《ミ》は所從なり、法華經は主君なり、所從のついでに主君の見參は世間にもをそれ候。云云。

此《レ》等を以《ツ》て考《ガ》ふるに法華經の主師親三德は必《ズ》しも日本國の君父を指すの意ならざるに似たり。如何《ン》。

答《フ》。法華經には本迹二門あり、今《マ》引くところの諸抄は且《ラ》く迹門の三德に約す。一一に皆《ナ》第二《ノ》卷今此三界の文を擧げ給《マ》ふ所以《ン》なり。又《タ》本門に別に三德の文あり。『御義口傳』に曰《ハ》く、

我者《トハ》釋尊《ナリ》、一切衆生《ノ》父也《リ》、於《テハ》二主師親《ニ》一、約《シ》レ佛《ニ》、約《ス》レ經《ニ》、約《ストハ》レ佛《ニ》者、迹門《ノ》佛《ノ》三德《ハ》今此三界《ノ》文是《レ》也《リ》、本門《ノ》佛《ノ》主師親《ノ》三德《ハ》、主《ノ》德《ハ》我此土安穩《ノ》文也《リ》、

師《ノ》徳《ハ》常説法教化《ノ》文也《リ》、親《ノ》徳《ハ》者此《ノ》我亦爲世父《ノ》文是《レ》也。云云。

聖人の本意は正《サ》に本門の三德に在るを以《ツ》ての故《エ》に『御義口傳』には第二《ノ》巻今此三界の文に反つて三德を默し、但《ヾ》この本門の我亦爲世父に到《タ》りて方《ジ》めて之《レ》を點示し給《マ》ふ。而《カ》して其の本門の釋尊は則《チ》我《ガ》國《ニ》の祖神《ミオヤガミ》を顯《ラ》はしゝものなることゝ前來具《サ》に云ふが如《ト》し。苟《ク》もこの本迹二門の別を識らば詎《ゾ》聖人の説に進退あることを怪《シ》まむや。且《ラ》く迹門の三德に約するは退にして權なり。正《サ》に本門の三德を示《メ》すは進にして實なり。是《ノ》故に靈山の釋尊を本とし我《ガ》國《ニ》の祖神《ミオヤガミ》等を迹とするは迹中に談ずるところの本迹にして畢竟聖人の方便なるに過ぎず。苟《ク》も聖人の御書を拜する者《ノ》は必《ズ》斯の進退の兩向を誤《マ》ることゝ莫くむば可なり。

右《ギ》第六章、第貳節に就きて。

聖人の權實。

この事《ト》は聖人自《ミヅカ》ら宣べ給《マ》へることなり。上《ミ》の『三澤抄』に曰《ハ》く、

又《タ》法門の事《ト》は佐渡の國《ニ》へ流《ガ》され候《ヒ》し已前の法門はたゞ佛《ケ》の爾前の經

と思召《オボシメ》せ、此《ノ》國《ニ》の國主我《ガ》代をもたもつべくば眞言師等にも召《シ》合《ハ》せ給《マ》はむずらむ、爾《ノ》時《キ》まことの大事をば申《ス》べし、弟子等にも内内申《ス》ならば披露して彼《レ》等知りなむず、さらばよも合はじと思《モ》ひて各《ノ》各《ノ》にも申《サ》ざりしなり、而《ルニ》去《ル》文永八年九月十二日の夜、龍の口にて頸《ヒ》を刎《子》られむとせし時《キ》より後《チ》ふびむなり、我《レ》につきたりし者《ノ》どもに眞《ト》の事《ト》を言《ハ》ざりけりと思《モ》て、佐渡の國《ニ》より弟子どもに内内申《ス》法門あり、此《レ》は佛《ケ》より後《チ》迦葉、阿難、龍樹、天親、天台、妙樂、傳教、義眞等の大論師、大人師は知りてしかも御心《ロ》の中《カ》に祕せさせ給《ヒ》し、口《チ》より外《カ》には出《シ》給《マ》はず、其《ノ》故《エ》は佛《ケ》制して云《ハ》く、我《ガ》滅後末法に入らずば此《ノ》大法いうべからずとありしゆへなり、日蓮は其《ノ》御《ン》使《ヒ》にはあらざれども、其の時剋あたる上《ヘ》、存外に此《ノ》法門をさとりぬれば、聖人の出《デ》させ給《マ》ふまで、まづ序分にあらあら申《ス》なり、而《ル》に此《ノ》法門出現せば、正法像法に論師人師の申《ウ》せし法門は、皆《ナ》日出《デ》て後《チ》の星《ノ》光《リ》、巧匠《タクミ》の後《チ》に拙《ツタナキ》を知るなるべし、此《ノ》時《キ》には正像の寺堂の佛像僧等の靈驗は皆《ナ》きへうせて、但此《ノ》大法耳《ノミ》一閻浮提に流布すべしとみへて候《フ》、各《ノ》各《ノ》はかゝる法門にちぎり有《ル》人《ト》なればたのもしとをぼすべし。

佐前方便、佐後眞實と申《ウ》すことはこの御書に由るなり。この佐後眞實とは佐渡にて『本尊抄』を御製作遊《ソ》ばして大曼《マン》茶《ダ》羅《ラ》を圖示し給《マ》ひけることを正《サ》しく申《ウ》すなり。（佐後眞實と申《ウ》したりとて延山九箇年ば還迹の意あり、故《エ》に佐前は序分、佐渡は正宗分、延山九箇年は流通分と判《ワ》くるなり、法華經の靈山初會、虚空會、靈山後會の儀式と違《ガ》はぬなり、さて佐渡眞實の中《カ》にも始《ジ》めて『本尊抄』を著《ラ》はして大曼《マン》茶《ダ》羅《ラ》を圖示し給《マ》ふが正宗にて、正《サ》しく虚空會の壽量開顯に當《タ》るなり）。然《サ》るにこの大曼《マン》茶《ダ》羅《ラ》は日本國の體相にして本尊の正主本體は我が一神一皇にて座《マ》すぞ申すことが言はゆるまことの大事なり。「此《ノ》國《ニ》の國主我《ガ》代をもたもつべくば」云云と仰《ホ》し、旨《子》を深《カ》く按《モ》ふべし。眞言両界の曼《マン》茶《ダ》羅《ラ》が亡國の惡法として一言の下《ト》に責め破《ブ》らるべきも全《タ》く茲《ゞ》にてぞある。なべてこの外《カ》の法門は方便の説にて聖人内證の御本意に非《ラ》ず。只《ゞ》その内證の御本意を立つるまでの楷梯にてこそあるべけれ。されば縱《ト》ひ迹門の三德を仰《ホ》し給《マ》へるにも猶《ホ》我が國體のことを兼ねて暗に王佛一乘の旨《子》を文の中《カ》に含《ク》まし給《マ》へり。今《マ》問者の擧げし『彌三郎殿御返事』の次《ギ》下《モ》の文に曰《ハ》く、

此《ノ》三德を備《ナ》へ給《マ》ふ事《ト》は十方の佛《ケ》の中《カ》に唯《ゞ》釋迦佛計《リ》也《リ》、されば今《マ》の日本國の一切衆生は設《タトヒ》釋迦佛にねむごろに仕《カ》ふる事《ト》當時の阿彌陀佛の如《ト》くすとも、又《タ》他佛を並《ラ》べて同《ナ》じ樣にもてなし進《ラ》せば大《ヒ》なる失《トガ》也《リ》、

譬《ヘ》ば我《カ》主の而《カ》も智者にて御《オ》坐《ハ》さむを他國の王に思《モ》ひ替《ヘ》て、日本國にすみながら漢土高麗の王を重むじて、日本國の王におろそかならむをば、此《ノ》國《ニ》の大王いみじと申す者《ノ》あらむや。云云。

又《タ》其の『妙法尼御返事』の次《ギ》下《モ》に曰《ハ》く、

かくだにも候《ラ》はば何《カ》なる大科有《リ》とも天も守護してよもすて給《マ》はじ、地もいかり給《マ》ふべからず、然《ル》に上《ミ》一人より下《モ》萬人に至《タ》るまで、阿彌陀堂を立《テ》阿彌陀佛を本尊ともてなす、故《エ》に天地の御いかりあるかと見《ヘ》候《フ》、譬《ヘ》ば此《ノ》國《ニ》の者《ノ》漢土高麗等の諸國の王に心《ロ》よせなりとも、此《ノ》國《ニ》の王に背き候《ヒ》なば、其《ノ》身はたもちがたかるべし、今《マ》日本國の一切衆生も如《シ》是《ノ》、西方の國主阿彌陀佛には心《ロ》よせなれども、我《ガ》國主釋迦佛に背《キ》奉る故《エ》に此《ノ》國《ニ》の守護神いかり給《マ》ふかと愚案に勘《ガ》へ候。乃至。日蓮かねて經論を以《ツ》て勘《ガ》へ候《ヒ》し程《ド》に、此《コ》を有《リ》のまゝに申《ウ》さば、國主もいかり、萬民も用《チ》ひざる上《ク》、念佛者、禪宗、律僧、眞言師等さだめて忿《リ》をなしてあだを存し、王臣等に讒奏して我《ガ》身に大難おこりて、弟子乃至檀那までも少《コ》しも日蓮に心《ロ》よせなる人あらば科《トガ》になし、我《ガ》身もあやうく命《イノチ》にも及《ヨ》ばむずらむ、いかが案もなく申《シ》出《ダ》すべきとやすらひ

し程《ド》に、外典の賢人の中《カ》にも世のほろぶべき事《ト》を知《リ》ながら申《ウ》さぬは諫臣とて、へつらへる者《ノ》、不知恩の人《ト》なり、されば賢なりし龍逢比干なむど申《ウ》せし賢人は、頸《ビ》をきられ、胸《子》をさかれしかども、國《ニ》の大事なる事をばはゞからず申《シ》候《ヒ》き、佛法の中《カ》には佛いましめて云《ク》、法華經のかたきを見て世をはゞかり恐《ツ》れて申《ウ》さずば、釋迦佛の御敵となりて、いかなる智人善人なりとも必《ズ》無間地獄に墮《ツ》べし、譬《ト》へば父母を人《ト》の殺《ロ》さむとせむを、子の身として父母にしらせず、王をあやまち奉《ラ》むとする人《ト》のあらむを、臣下の身として知《リ》ながら代《ヨ》をおそれて申《ツ》さゞらむが如《ト》しなむど禁《イマシメ》られて候《フ》。云云。

王佛一乘の旨《子》あり〱と看ゆるならずや。（總じて御本意を明《カ》らさまに仰《ホ》さぬ御書は五重の数相の格にて必《ズ》第三重の權實相對の言《ト》を前後に置かし給《マ》ふ、迹門の今此三界の文によりて三德を仰《ホ》せらるゝ時《キ》の如《ト》き每《イツ》もの例なり、こは迹門によりて談ずる場合には本迹、種脱の重は言ふまじきが故《エ》なり、凡《ツ》御書を拜するにはこの例格の意《ロ》得なくて叶《ナ》ふべからず、但《ゝ》し其《ソ》は機情の邊にて、佛意は少《コ》しも變《カハ》ることさ無し、されば聖人の御書に一往進退はあれど御本意は始中終に皆《ナ》通《ヨ》へり、吾《レ》等は須《ラ》くその御本意の含《ク》めるを尋《ツ》ね求むべきものぞ）。凡《ツ》聖人の御書に於《ヒ》て且《バ》らく迹門を談ずるの當分の方便には多《ホ》く叡山天台の義《コヽロ》に與同し給《マ》へり。今《マ》靈山の釋尊を本として我《ガ》國《ニ》の神《ミ》を迹とする如《ト》きは則《チ》それにて、佛主神從のことも彼の兩部の常《子》の語草《カタリグサ》にてあることなり。さ

れどこれ等は本化内證の御意《ロ》にてはあらぬなり。（この委細は後日更《チ》に記《カ》かむ、但し氏神《ウジガミ》を所從と仰《ホ》しゝ『三澤抄』の文は別に聖人の深《カ》き思《シ》召《シ》ある御筆《ン》なり、その故《エ》は、氏神《ウジガミ》とは我《ガ》國《ニ》の臣《オミ》の初《ジ》めなる神《ミ》神《ミ》を申《ウ》す、されば『三澤抄』は我《ガ》國《ニ》に於ける君神、臣神の別を嚴《オゴツカ》に示《メ》し給《マ》へるにて、主君と仰《ホ》しゝ法華經は直ちに我が一神一皇を指し奉《ツ》るの御《ン》辭《バ》なるなり）。

第參節　天照八幡の本迹體用。

復《タ》問《フ》。曼荼羅《マンダラ》の中心たる七字巳《デ》に我《カ》國《ニ》の神皇ならば何ぞ別に天照大神、八幡大菩薩を其の左右に列し奉《ツ》るや。建治三年の『日女御前御返事』に曰く、

爰に日蓮いかなる不思議にてや候《フ》らむ、龍樹、天親等、天台妙樂等だにも顯《ハ》し給《マ》はざる大曼荼羅《マンダラ》を、末法二百餘年の比《ロ》はじめて法華弘通のはたじるしとして顯《ハ》し奉《ツ》るなり、是《レ》全《タ》く日蓮が自作にあらず、多寶塔中大牟尼世尊、分身の諸佛すりかたぎたる本尊也《リ》、されば首題の五字中央にかゝり、四大天王は寶塔の四方に坐し、釋迦、多寶、本化の四菩薩肩《タ》を並《ラ》べ、普賢、文殊等、舍利弗、目連等、坐を屈し、日

天、月天、第六天の魔王、龍王、阿修羅、其《ノ》外《カ》不動、愛染は南北の二方に陣を取り、惡逆の達多、愚癡の龍女、一座をはり、三千世界の人《ト》の壽命を奪《バ》ふ惡鬼たる鬼子母神、十羅刹女等、加之《シカノミナラズ》日本國の守護神たる天照大神、八幡大菩薩、天神七代、地神五代の神《ミ》神《ミ》、總じて大小《ノ》神祇等、體の神《ミ》つらなる、其《ノ》餘の用の神《ミ》豈《ニ》もるべきや、寶塔品《ニ》云《ク》、接《シテ》諸《ノ》大衆《ヲ》皆《ナ》在《リト》虚空《ニ》云云。此《レ》等の佛菩薩、大聖等、總じて序品列坐の二界八番の雜衆等、一人ももれず此《ノ》御本尊の中《カ》に住し給《マ》ひ、妙法五字の光明にてらされて本有の尊形となる、是《レ》を本尊とは申《ス》也《リ》。

明《ラ》かに知る、中央の妙法蓮華經は能照たり、天照大神、八幡大菩薩等は所照たり、能所已《デ》に位《ヒ》を異《ト》にし、中邊全《タ》く分を別かつ。如何ぞ本尊の正主本體を以《ツ》て直《ミ》ちに我《ガ》國《ニ》の神皇なりと言はむや。

答《フ》。文の中《カ》に我が神《ミ》の體用を判ずることは義《コヽロ》曼荼羅《マンダラ》の體用に由る。一切の佛菩薩諸天神等の重々の體用、若《シ》は本、若《シ》は迹、咸《ト》く中央の一體に歸して、我が神《ミ》の體用本迹また皆《ナ》妙法蓮華經の一神一皇に攝

せざるは莫きなり。但《ミ》其の能照所照の難に至《タ》りては問者未《マ》だ全《タ》く文を解せず、夫《レ》此の文已《デ》に明《ラ》かに「妙法五字の光明」と宣《ノ》給《マ》へり。五字、七字の別は宗旨の詮要なり。學人詎《ニ》識らざる可けむや。今《マ》曼《マン》荼《ダ》羅《ラ》の中央は七字にして五字に非《ラ》ず。何《ゾ》單に能照の五字を取つて泛爾に之《レ》を本尊なりと云はむ。五字は境に約し、理に約し、七字は智に約し、事に約す。所照の智、よく能照の境に合して而して五字の理、まさに七字の事となる。能照の五字獨《リ》本尊なるには非《ラ》ざるなり。故《エ》に「妙法五字の光明にてらされて本有の尊形となる是《レ》を本尊とは申《ス》也《リ》」と宣《ノ》給《マ》へり、本有の尊形となるものは所照なり、左右の両邊は全《タ》く中央七字の本尊たるべきが故《エ》に非《ラ》ずや。抑《モ》左右の両邊は十界なれば本《ト》より天照大神、八幡大菩薩等の我《ガ》國《ニ》の神《ミ》に限《ギ》らざるは言《ト》を須たずと雖《モ》此《レ》は是れ通意なり。今《マ》別して日本國を曼《マン》荼《ダ》羅《ラ》建立の在處とする本化の正意に從ふときは本有の尊形は必《ズ》我《ガ》國《ニ》の神《ミ》たらざる可からず、中央七字の本尊は必《ズ》我が一神一皇たらざる可からず。若し然《カ》らずと爲さば日本國

の曼荼羅《マンダラ》界に日本國の本尊を失《ナ》ふ、理豈《ニ》之《レ》を容《ル》さむや。若し我が一神一皇實《ト》に中央の七字たらずむば、天照大神八幡大菩薩のみは本有の尊形となり給《マ》はずと謂はむ歟。是《ク》の如《ト》きは反《ヘ》つて此の御書の全文を塗抹するに等《ト》し。尚《ホ》此の御書に就きては重重の義意あり、請ふらくは學人輕忽ならざれ。云云。

天照大神八幡大菩薩をば曼荼羅《マンダラ》に「天照八幡等《ノ》諸佛」と書し給《マ》へるものありて、其の御眞蹟の御《オ》形木《カタギ》は現に池上に在り、これも大《ヒ》に子細あることなり。また八幡大菩薩をば化城喩品の蓮華の第十六葉に配《ア》て、迹門の釋尊となし、天照大神をば本門の釋尊に當《ア》て參《ヒ》らする等種《マ》々《マ》のことは筆端を愼《シ》みてこゝに記《カ》き奉《ツ》らず。されど聖人の御書《ノ》中《カ》には處處に散在してあれば宗門の道俗は熟《ヨ》く究《ハ》めよかし。云云。

第七章　結　勸。

謹《ム》で弘安三年の「諫曉八幡抄」を按ずるに曰《ハ》く、

天竺國をば月氏國と申《ス》すは佛《ケ》の出現し給《マ》ふべき名也《リ》、扶桑國をば

日本國と申《ス》、あに聖人出給《デマ》はざらむや、月は西より東に向《カ》へり、月氏の佛法の東へ流るべき相也《リ》、日は東より西へ入る、日本の佛法の月氏へかへるべき瑞相なり、月は光《リ》あきらかならず、在世は但八年なり、日は光明、月に勝《グ》れり、五五百歳の長闇《キミ》を照《ラ》すべき瑞相也《リ》、佛《ダ》は法華經謗法の者《ノ》を治し給《マ》はず、在世には無きゆへに、末法には一乘の强敵充滿すべし、不輕菩薩の利益此《レ》なり、各《ノ》各《ノ》我《ガ》弟子等はげませ給《マ》へ、はげませ給《マ》へ。

夫《レ》印度は月氏國なり、扶桑は日本國なり、月氏の佛法と日本の佛法とは本迹已《デ》に明《カ》かにして勝劣自《オノヅカ》存せり、靈山の八年何《ゾ》日本の五五を照《ラ》さむや、末法には王佛一乘の强敵充滿すべし、不輕菩薩の利益ならずむば決してかなふべからず。言はゆる不輕菩薩の利益とは不專讀誦但行禮拜の行なり。この行や即《チ》我《ガ》國《ニ》の神《カム》眞《マ》なり。上行所傳の受持一行にして唯一神一皇を仰《ホ》ぐの道《チ》是れなり。斯の道《チ》や洵《ト》に言はゆる日本の佛法なるものなり。嗚呼聖人の弟子等は奮《ル》つて斯の道《チ》の爲

めに勵《ゲ》めよかし。身命を期して勵《ゲ》めよかし。一生を空《ナ》しふして竟《ヒ》に永劫を悲《ナ》しむの悔《ヒ》を貽《コ》すこと勿《カ》れ。

右《ギ》第七章に就きて。

日本と印度との本《ト》末《エ》。

聖人の御意《ミコヽロ》にては日本國を本《ト》つ國《ニ》と爲して彼の印度は後《チ》の末《エ》の國《ニ》なりとするに在れば今《マ》國《ニ》名によせて之《レ》を示《メ》し給《マ》ふなり。（されば「月氏」の「氏」を「支」と書けるもあり、日本月支白《オノヅカ》ら本末の名なりけり）。建治三年の『四條金吾殿御返事』に曰《ハ》く、

夫《レ》佛法と申《ス》は勝負を先《キ》とし、王法と申《ス》は賞罰を本《ト》せり、故《エ》に佛をば世雄と號し、王をば自在と名《ツ》けたり、中《カ》にも天竺をば月氏と云ふ、我《ガ》國《ニ》をば日本と申《ス》、一閻浮提、八萬の國《ニ》の中《カ》に大《ヒ》なる國《ニ》は天竺、小なる國《ニ》は日本也《リ》、名のめでたきは印度第二、扶桑第一なり、佛法は月の國《ニ》より始《メ》て日の國《ニ》にとゞまるべし、月は西より出で東に向ひ、日は東《シ》より西へ行《ク》事《ト》天然のことはり、磁石と鐵と、雷と象華との如《ト》し、誰《レ》か此《ノ》ことはりをやぶらむ。

今《マ》の『諫曉八旛抄』と同《ナ》じ。但《ゞ》月氏の佛法の東《シ》に來《タ》ることを宣《ノ》べて、日本

の佛法別に東より興《コ》ることを仰《ホ》し給《マ》はざれども、『諫暁八幡抄』の方《タ》はそれが明《ラ》かなり。日月既《デ》に異《ト》なれば彼此の佛法は必《ズ》相違あり。本迹是《レ》なり。また本門にも東西自《オノヅカ》ら差《タガ》へり。種脱是《レ》なり。この事《ト》を辨《マ》ふるは本宗學人の專要なりと知るべし。『日向記』に曰《ハ》く、

序品《ノ》事、此《ノ》事《ハ》教主釋尊《ノ》法華經ヲ説《キ》給《マ》ハントテ瑞相ノ顯《ハ》レタル事《ト》ヲ云《フ》也《リ》、今《マ》末法ニ入《リ》テ南無妙法蓮華經ノ可《キ》顯《レ》給《フ》相ハ彼《レ》ニハ百千萬倍可《キ》勝《ル》也《リ》、其《ノ》故ハ雨ハ龍ノ大小ニヨリ、蓮華ハ池ノ淺深ニ依リテ可《シ》如《クナル》其《ノ》色《ロ》不同《ナルガ》。

靈山の末《エ》の法華經と我が本《ト》の神眞《カムマ》とを較《タクラ》べ給《マ》へる勝劣の御判なり。今《マ》の『諫暁八幡抄』に「月は光《リ》明《カ》ならず」云云と仰《ホ》し、御意《ミコヽロ》の底《ソコ》は是れなむ。さてこの『諫暁八幡抄』には「一乘の强敵」とあり、『四條金吾殿御返事』には「佛法と申《ス》は」云云「王法と申《ス》は」云云とあり、王佛一乘を旨《子》としての御辭《ンバ》なることと何《ツ》れも顯然なり。王佛一乘の故《エ》に月氏には釋尊の法華經と顯《ラ》はれ、日本には聖人の南無妙法蓮華經と顯《ラ》はる。彼《レ》は脱、此《レ》は種、ともにたゞ我が神眞《カムマ》の本迹なりけるなり。（また王法に就きて小王大王等の種種の別を仰《ホ》し給《マ》へることあり、皆《ナ》佛法の勝劣に關《ツ》かることなり、この書の附錄第《ミ》二をよく看るべし）。

一乗の强敵。

强敵とは謗法の邪人なり。謗法に內外の二《ツ》あり、一には九重の御《ミ》內《ウチ》の謗法、二には一國の謗法、この事《ト》は向《キ》に御書を擧げて示《メ》しき。この內外の謗法また三と爲す。一には謗身、一身に犯《カ》せる謗法の罪《ミ》なり。二には謗家、父子、兄弟、夫婦等、一家に犯《カ》せる謗法なり。三には謗國、一國の上下擧げて謗法を犯《カ》すを云ふなり。この謗法の强敵に道俗の二《ツ》あり、一には出家の人《ト》謗法を犯《カ》して一乘の敵となる。二には俗衆の人《ト》敵となる。この道俗の二衆亦《タ》三類に分かてり。一には俗衆増上慢、二には道門増上慢、三には借聖増上慢、法華經第五《ノ》卷《キ》に看えたり。然《カ》るにこれ等はすべて王佛一乘の南無妙法蓮華經を信ぜざるの敵人なり。夫《レ》他の三類を責めむには先《ツ》自の三罪を顧《ミ》ざるべからず。我が無始より以《コノ》來《カタ》に犯《カ》し、一身の謗法罪が聚《ツ》まりて一家を爲し、また積《モ》りて廣《ロ》く一國の謗法と成りぬるにて。三類の敵人は唯我が一身の謗罪なり。過去の不輕菩薩の杖木瓦石を身に當て忍《ノ》ばれし所以《ン》は是れなり。されば日本國の亡《ロ》ぶると亡《ロ》びざるとは南無妙法蓮華經を唱《ナ》ふる聖人一門の吾《レ》等に在るべし。一門の末弟等にしてこの三罪を脫《ガ》れざらむには自身亦《タ》王佛一乘

の敵人と爲りて十百無間は必《ズ》疑《ガ》ひなからむ。文永十一年の『顯立正意抄』に曰《ハ》く、

立正安國論《ニ》云《ク》、若《シ》執心不《シテ》翻《ラ》、亦《タ》曲意猶《ホ》存《セバ》、早《ク》辭《シテ》有爲《ノ》之郷《ヲ》、必《ス》墮《セン》無間《ノ》之獄《ニ》等云云、今《マ》以《テ》符合《スルヲ》案《ズルニ》未來《ヲ》、日本國上下萬人墮《センヿ》阿鼻大城《ニ》、大地《ヲ》如《シ》爲《スガ》的《ト》、此《レ》等《ハ》且《ラク》置《ク》之《ヲ》、日蓮《ガ》弟子等又《タ》此《ノ》大難難《キ》脫《カレ》歟、彼《ノ》不輕輕毀《ノ》衆《ハ》、現身《ニ》加《フレ𪜈》信伏隨從《ノ》四字《ヲ》、猶《ホ》先謗《ノ》依《テ》强《キニ》、先《ツ》墮《シテ》阿鼻大城《ニ》、經歷《シテ》千劫《ヲ》受《ク》大苦惱《ヲ》、今《マ》日蓮《ガ》弟子等《モ》亦《タ》如《シ》是《ノ》、或《ハ》信《ジ》、或《ハ》伏《シ》、或《ハ》隨《ヒ》、或《ハ》從《フ》、但名《ノミ》假《テ》之《ヲ》不《ル》染《マ》心中《ニ》信心薄《キ》者《ハ》、設《タトヒ》不《トモ》經千劫《ヲ》、或《ハ》一無間、或《ハ》二無間、乃至十百無間無《カラン》疑《ヒ》者《ノ》歟、欲《セバ》是《ヲ》免《レント》者、各《ゝ》如《ク》藥王樂法《ノ》燒《キ》臂《ヲ》剝《ギ》皮《ヲ》、如《ク》雪山國王等《ノ》投《ゲ》身《ヲ》仕《ヘヨ》心《ヲ》、若《シ》不《ンバ》爾《ラ》者、五體《ヲ》投《ゲ》地《ニ》遍身《ニ》流《セ》汗《ヲ》、若《シ》不《ンバ》爾《ラ》以《テ》珍寶《ヲ》積《メ》佛前《ニ》、若《シ》不《ンバ》爾《ラ》爲《リテ》奴婢《ト》奉《ツカヘヨ》持者《ニ》、若《シ》不《ンバ》爾《ラ》者等云云、以《テ》四悉檀《ヲ》適《フ》時《ニ》而已、我《ガ》弟子等《ノ》之中《ニモ》、信心薄《ウス》淡《キ》者《ノハ》、臨終《ノ》之時《キ》可《シ》現《ズ》阿鼻獄《ノ》之相《ヲ》、其《ノ》時《キ》不可《カラ》恨《ム》我《ヲ》等云云。

（大尾）

自像賛。

若《シ》人不《シテ》レ信《セ》　毀二謗《セバ》此經《ヲ》一　則《チ》斷《ゼン》二一切　世間《ノ》佛種《ヲ》一　或《ハ》復顰蹙《シテ》　而《モ》懷《カン》二疑惑《ヲ》一

汝當《ニ》聽《クベシ》レ說《クヲ》二　此《ノ》人《ノ》罪報《ヲ》一　若《ハ》佛《ノ》在世　若《ハ》滅度《ノ》後《チ》　其《レ》有《ラン》レ誹二謗《スルヿ》　如《キ》レ斯《ノ》經典《ヲ》一

見《テ》下有《ラン》四讀二誦《シ》　書三持《スルヿヲ》經一者《ヲ》上　輕賤憎嫉《シテ》　而懷《カン》二結恨《ヲ》一　此《ノ》人《ノ》罪報《ヲ》　汝今復聽《ケ》

其《ノ》人《ト》命終《シテ》　入《ラン》二阿鼻獄《ニ》一　具二足《シテ》一劫《ヲ》一　劫盡《キテ》更《ニ》生《マレン》　如《ク》レ是《ノ》展轉《シテ》　至《ラン》二無數劫《ニ》一

從《リ》二地獄一出《デバ》　當《ニ》墮《ツ》二畜生《ニ》一　若《シ》狗野干《トシテハ》　其《ノ》形《チ》頷瘦《シ》　黧黮疥癩《ニシテ》　人《ニ》所《レ》二觸嬈《セ》一

又《タ》復《タ》爲《レン》三人《ニ》　之所《ラ》二惡《ミ》賤《メ》一　常《ニ》困《ムデ》二飢渴《ニ》一　骨肉枯竭《セン》　生《キテハ》受《ケ》二楚毒《ヲ》一　死《シテハ》被《ムラン》二瓦石《ヲ》一

斷《スルカ》二佛種《ヲ》一故《ニ》　受《ケン》二斯《ノ》罪報《ヲ》一　若《ハ》作《リ》二馲駝《ト》一　或《ハ》生《レテ》二驢《ノ》中《ニ》一　身《ニ》常《ニ》負《ヒ》レ重《キヲ》　加《ヘラレン》二諸《ノ》杖捶《ヲ》一

但《ミ》念《フテ》二水艸《ヲ》一　餘《ハ》無《シ》レ所《ロ》レ知《ル》　謗《スルガ》二斯《ノ》經《ヲ》一故《ニ》　獲《ルヿ》レ罪《ヲ》如《シ》レ是《ノ》　有《ルヒハ》作《テ》二野干《ト》一　來二入《センニ》聚落《ニ》一

身體疥癩《ニシテ》　又《タ》無《ク》二一目一　爲《レ》三諸《ノ》童子《ニ》　之所《ラ》二打擲《セ》一　受《ケテ》二諸《ノ》苦痛《ヲ》一　或《ル》時《ハ》致《サン》レ死《ヲ》

於《テ》レ此《レニ》死《シ》已《リ》　更《ニ》受《ケン》二蟒身《ヲ》一　其《ノ》形《チ》長大《ニシテ》　五百由旬《ナラン》　聾騃無足《ニシテ》　蜿轉腹行《シ》

爲《レテ》三諸《ノ》小蟲《ニ》　之所二唼《スイ》食《クラハ》一　晝夜《ニ》受《ルニ》レ苦《ヲ》　無《ケン》レ有《ルヿ》二休息一　謗《スルガ》二斯《ノ》經《ヲ》一故《ニ》　獲《ルヿ》レ罪《ヲ》如《シ》レ是《ノ》

若《シ》得《テハ》レ爲《ルヲ》レ人《ト》　諸根暗鈍《ニシテ》　矬陋攣躄　聾盲背傴《ナラン》　有《ラン》レ所《ロ》二言說《スル》一　人不二信受《セ》一

口氣常臭　鬼魅所著　貧窮下賤　爲人所使　多病痟瘦　無所依怙
雖親附人　人不在意　若有所得　尋復忘失　若修醫道　順方治病
更增他疾　或復致死　若他反逆　抄劫竊盜　如是等罪　橫羅其殃
如斯罪人　永不見佛　衆聖之王　說法敎化　如斯罪人　常生難所
狂聾心亂　永不聞法　於無數劫　如恒河沙　生輒聾瘂　諸根不具
常處地獄　如遊園觀　在餘惡道　如己舍宅　駝驢豬狗　是其行處
謗斯經故　獲罪如是　若得爲人　聾盲瘖瘂　貧窮諸衰　以自莊嚴
水腫乾痟　疥癩癰疽　如是等病　以爲衣服　身常臭處　垢穢不淨
深著我見　增益瞋恚　婬欲熾盛　不擇禽獸　謗斯經故　獲罪如是

右法華經第二卷譬喩品之文也。以代自像贊。

著者　梁山

附録

第壹

立正安國論を紹介す

◎聖日蓮の立正安國論を紹介す

現代の日本國民亦斯の書必讀の要あり

清水梁山稿

第一

若し蒼たる雲表に天然金色の大文字を現はしたることありとせむか、將た天空の神言親しく吾人々間の鼓膜に響きたることありとせんか、聖日蓮の立正安國論の如きは即ち應さに是れなるべし矣。

去ぬる文永五年後の正月十八日、西戎大蒙古國より日本國をそふべき由牒狀をわたす、日蓮が去ぬる文應元年（太歳庚申）に勘えたりし立正安國論にすこしも違はず符合しぬ、此の書は白樂天の樂府にも超え、佛の未來記にも劣らず、末代の不思議何事かこれに過ぎむ。（『聖人御遺文』、一三八六頁、『種種御振舞鈔』）

自ら讃するは自ら傲るに非ず、慈愍まさに以て他の謗罪を償はむが爲めなり、况んや其の讃するものは全く讃せざるを得ざるの實ありて存するなるをや、試に問はむ、釋尊滅後、印度支那日本の三國に渉り、上世と云はず近世と云はず有らゆる論師人師の中、果して之れに比ぶべき不思議の書を述作したる者ありや、

實に三世了達の佛陀の未來記にも劣らざる神符天識は、一閻浮提の內、聖日蓮の立正安國論を除きて、他に果して之れに匹儔するに足るべきものありや。

立正安國論の一書は何故に不思議なるや、單に未來の或る事實を預言したるが故に不思議の書なりと云ふには非ず、洵に天地の機微を示して而して機微の由りて動く所以の理を明らかにしたるの不思議なるに在り、洵に其の動く所以の理を徵證して更に吾人が眼前の事實に現はしめたるの不思議なるに在り、即ち立正安國論の言に應じて天地は方さに動きたるなり、是れ豈に眞の不思議に非ずや、神通自在の佛陀は一彈指して大千界を動かす、聖日蓮の立正安國論は亦即ち末法の始めに於ける佛陀威神の一彈指なりしことを識らざる可からず。

斯る不思議の立正安國論は、果して何の緣由ありてか述作せられたる。

正嘉元年太歲丁巳八月二十二日戌亥時、超ニ於前代一大地震、同二年戊午八月一日大風、同三年己未大飢饉、正元元年己未大疫病、同二年庚申亘ニ四季一大疫不レ已、萬民既超ニ大半一招レ死了、而間國主驚レ之、仰ニ付內外典一有ニ種種御祈請一、雖レ爾無ニ一分驗一、還增ニ長飢疫等一、日蓮見ニ世間體一、粗勘ニ一切經一、御祈請無レ驗、還增ニ長凶惡之由一、道理文證得レ之了、終無レ止造ニ作勘文一通一、其名號ニ立正安國論一、文應元年庚申七月十六日辰時、付ニ屋戸野入道一、進ニ申古最明寺入道殿一了、此偏爲レ報ニ國土恩一也。（『聖人御遺文』、六百四頁、『立正安國論御勘由來』）

此れに依れば、本書の述作は、當時の天變地夭之れが緣由となりたるものにして、即ち天地の急需に促がされて、此の不思議の大文字は日本國に現はれたるなり。

世間幾多の科學者流は、此の述作の緣由を聽かば、忽ち嘲笑の肩を搖かすなるべし、然れども彼等は未だ曾て天の寶冠を仰がざるものなり、未だ曾て地の足榻を踏まざるものなり、天の寶冠を仰がざるものは其の人自ら半頭の上を觀ず爭でか善く天意を解せむや、地の足榻を踏まざるものは此の輩全く寸步の前に闇し、安むぞ能く地氣を察せむや、嗚呼憫むべし彼等は天意を解せず地氣を察せず、自ら其の耳を掩ふて、竟に永く天空の神言を聽くことを願はず。

彼等世間の科學者流は、每に合理、實驗、智識等の語を口にせり、然るに其の言はゆる智識は限度の智識なり、未了の實驗なり、半途の合理なり、唯僅に蠢乎たる人間の腦府を恃むで、以て判斷の本位と爲すものなるに過ぎず、斯る未熟の合理、實驗、智識等を以てして、敢て天地の秘機妙關を疑ふべしや、之を疑ふは反つて疑ふもの、大耻辱なるのみ。

夫れ物は必ず生死あり、時は必ず消長あり、而して斯の消長生死は由來全く天地の動靜二機あるに基く、其の靜は常なり、其の動は變なり、常變の二理宇宙の法と爲り、動靜の二機天地の則と爲り、原因と爲り、結果と爲り、萬類賴り

て以て生々死々す、豈に單に其の常理靜機を觀て、而して其の變理動機を悉くさゞるべけむや、應さに知れ天變地夭は即ち宇宙理機の一面なることを。何れの暦にか晦蝕なからむや、何れの歳にか風雨なからむや、但其の晦蝕に常あり變あり、其の風雨に靜あり動あり、當さに常靜なるべきに於て乃ち常靜に當さに變動なるべきに於て而して變動す、常靜と變動とは倶に只天地の意氣なるのみ、而して聖日蓮の時に當りては、日本一國の天地最も激甚の變動を視めせり、即ち變動なるべきに於て變動したるものにして、全く理機の當然なるに由る、敢て輕々しく偶然の現象なりと謂ふこと勿れ。

第二

日本國人皇八十八代後深草天皇の建長五年四月二十八日、聖日蓮始めて正法正義の大旆を朝暾湧き出づる東海の一天に樹つるや、天地の意氣肅然として形容頓に改まり、折伏逆化の益々熾むなるに隨つて天變地夭は荐りに臻れり。

康元元年二月二十八日、二十九日、大雨雷電、一國洪水、六月七日、大雪、寒暑時を更ゆ、十四日、日中物あり空に飛ぶ、長さ五尺餘、初は白鷺の如く、後には赤くして火の如し、七月二十六日、日中荐りに變恠を空中に現す、八月六日、大風洪水、人民横死するもの多し、十一月十八日、激雷急雨、十二月十九日、晴天に激雷あり、是の歳六月十四日鶴岡八幡の廟祠鳴動す。（『東鑑』卷四十六、『歴代備考』參照）

翌正嘉元年四月十六日、月蝕、五月一日、日蝕、同十八日子刻、八月朔日戌刻、同二十三日戌刻、並に大地震あり、山岳崩壊し、屋宇盡く倒れ、神社佛閣殆ど完きものなく、死者算を知らず、地裂け水湧き、火焔其の中より發し、異臭人を斃す、同二十五日、大雨、而も是の日、大地激震すること數回、九月四日、又大地震、十月十三日、大雷電、同十五日、大雷雨、而も是の日大地震、十六日、月蝕、十一月八日又大地震、災害の甚しき前に劣らず。（『東鑑』卷四十七、參照）

同二年六月二十四日、天晴れて而も寒氣冬の如し、八月朔日、同二日、暴風雨、一國洪水、田園多く亡す、同二十八日戌刻、熒惑南斗を犯す、又大流星あり、徐々として乾より巽に往く、其の光芒地上を燭らして晝の如し、十月十六日、一國洪水、人民多く溺死す、是の日、月蝕あり、加ふるに去年より今年に渉り、疫癘流行し、飢饉亦到る、人畜の斃死するもの途上相望み、骸骨錯亂して、更に收拾するものなし、一の比丘尼あり、白晝公然人の屍肉を噉ふに至る、而して此の災禍は延きて翌年に及ぼして加す々甚し。（『東鑑』卷四十八、及び『靈記』『統紀』『和漢三才合運』參照）

翌正元二年は疫癘特に猖獗を極む、聖日蓮の書中（『立正安國論御勘由來』、前に引けり）に「亘四季大疫不已、萬民既超大半招死了」とあるは正さに是の歳を指すなり、六月十二日、執權北條氏普く諸國の社寺に令して、各〻驅疫の法を行はしむ、以て其の慘激の一般を推するに足らむ。（『東鑑』卷四十九參照、是の歲四月十三日文應と改元す）

而來天變地夭は毎歳益々熾なりしと雖も、立正安國論述作の近接縁由として は、親しく此の數年間の史實を指さざる可からず、就中正嘉の大地震は、最も 其の著しきものにして、幾ど一箇年の間、息をも繼がせざりし大震災の慘狀は 實際恐らくは當時の史筆以上なりしならむ、聖日蓮の書中在々處々に數々此の 大地震を擧げ、之を以て述作縁由の第一に算へしことは亦之が爲めならずんば あらず。

上一人より下萬民に至るまで、日夜惴々焉として生色を視ず、仰で號けび、俯 して泣き、切に神佛の加被を請ひ、盛むに社寺の祈禱を勵めども、然れども天 は愈々憤り、地は益々怒り、竟に日本の一國を擧げて獄釜の中に投じ去り、猛 火は四面より急に之を焙烙して熄まざらむとす、嗚呼亦殆からずや。

第三

前代未聞の大震ありたる翌年、即ち正嘉二年戊午春王正月、聖日蓮は鎌倉の草 庵を出で、駿州岩本の實相寺に赴きぬ、彼れに藏する大藏を閱覽せむが爲めな り、其の意蓋し念へらく、大千界は本是れ佛陀の領地なり、況や本緣の日本國 寧ろ法王の刹土ならざらむや、而して今此の國の天變地夭は全く他の因由之を 致すに非ず只偏へに佛陀法王に叛ける一國臣民の逆罪を治罰せむが爲めなり。 予曾て淸澄に、鎌倉に、比叡に、南都に、釋尊一代五十年の大藏を閱し盡くし

て、茲の事を暗熟すること既に舊し矣、今や此の天變地天の荐りに臻れるに際し、當さに須らく其の金言を提斷し、災難の由來を明かにし、以て日本一國の不信を覺醒せしむべし、然るに建長五年創めて本宗を唱え出だしてより以來、渉たる一身は紛々たる四面怨嫉の間に孤立し、或は居を奪はれ、或は所を逐はれ、一日一時も寧處するの遑まなく、爲めに隨身の經論は多く散佚して、大藏の要文之を勘合するに由なし、夫れ明者は理を尊び、闇者は文を守る、今日本一國の道俗すべて守文の闇者たり、之に對しては亦勘文の要なきこと能はず、好し矣復び大藏を閲覽して更に其の要文を勘合することあらむかなと、斯くて岩本に來りて、一たび經藏の扉を開けば、釋尊一代五十年の大藏經典は忽ち大風と爲れり、忽ち大雨と爲れり、天變と倶に動き、地天と共に躍りて、聖日蓮の眼前には七千餘卷の文字一々に皆活きぬ。

古來大藏を閲みするもの何ぞ限らむ、然れども彼等は皆死眼を以て死文字を視たるのみ、未だ聖日蓮の如く活眼を以て活文字の大藏を閲みしたるものあるを聞かず、聖日蓮の閲みしたる大藏は、二千年前に說きたる釋尊の古經典と云はむよりも、寧ろ日本國當時の現在事實を寫せる新歷史なり、始め華嚴經より終り涅槃經に至るまでの七千餘卷は宛然たる一篇の鎌倉志なり、鎌倉當時の政敎狀態をば眼前に寫し出だせる七千餘卷の大藏は即ち亦聖日蓮一人の日記文書な

り、而して聖日蓮一人の日記文書をば二千年前に於て印度の釋尊豫め之れを說き置かしぬ、豈に太奇ならずと爲さんや、素落の琴は天手之に觸るゝに非ずむば鳴らず、釋尊一代五十年の大藏は、聖日蓮の活眼を以てするに非ざれば決して活くること能はざるなり。

何かに大藏は活きたりや、立正安國論の述作即ち是れなり矣、立正安國論の一書は實に大藏七千餘卷の縮寫として全く釋尊一代の眞幅を示せるものなり、換言すれば大藏七千餘卷は元來釋尊の立正安國論にして、立正安國論以外一の經典だも之れ有るに非ざるなり、聖日蓮は此の立正安國論の五字を下して大藏七千餘卷の畵龍に點睛し、釋尊一代の風雲は方さにこれより興らむとす。

立正安國論述作以前、其の準備階梯として岩本の入藏中數種の書あり、其の中守護國家論は聖日蓮の遺文中希れに睹るところの大作にして、入藏の歲直ちに之を著はせり、立正安國論を讀まむと欲するものは必ず先づ此の玄關を叩けよ、釋尊一代の權實、三國諸宗の邪正、咸く掌上の菴羅たらむなり。

超えて正元二年に至りて、大藏の要文は全く勘合を了せられ、立正安國論の稿本先づ成れり、災難退治鈔なる一篇是れなり、鈔の劈頭一番直ちに筆を下して云く。

國土起大地震、非時大風、大飢饉、大疫病、大兵亂等、種種災難知㆓根源㆒、可㆑加㆓對治㆒勘

文。（『聖人御遺文』二九九頁）

抑も入藏の當時、正嘉正元の交に於ては、大地震等の天變地夭は具さに在りき然れども未だ一國に戰爭とてはあらざりしなり、次ぎて當さに起るべき未來の大兵亂は將た何に由りてか豫め之を期知すべき、斯る事は日本一國の道俗一般に夢想だもせざるところのもの、而して聖日蓮は突如として茲處に此の大兵亂の一句を掲げ出だしぬ、吁是れ實に深黑暗夜の中に於ける一閃の電光なりと知らずや。

第四

勘文已に了し、稿本亦成る矣、乃ち筆硯を洗ふて更めて本論を述作す、初修再治太だ慇懃にして、用意頗る周到なり、其の初修を廣本と云ひ、其の再治を畧本と云ふ、廣畧二本の立正安國論は、即ち聖日蓮が一代の化導に自ら先後の次序あることを吾人に示したり。

古來立正安國論に附文と元意との二邊あることを習ひ傳えり、謂ゆる附文とは且らく論の當文に附隨して之を見れば單に淨土の一宗法然一人を破するを主とするなり、元意とは即ち文底の元意にして、此の邊に約すれば普く諸宗の謗法を責むるなりと、此の古來の傳説は念ふに畧本の一種に依りて言へることならむ、然れども若し廣畧の二本を駢べ看れば、廣本は元意に約し、畧本は附文に

約せるものとも言ふべからむ、何となれば廣本は進むで諸宗の非を擧げ更に天台眞言の勝劣得失をも言明したればなり。

夫れ日本國の佛敎は宗々多しと雖も皆方便權迹に執して一も法華本門の唯一本佛を識るものなし、唯一本佛を識らざるが故に日本の一國は現に謗法の逆罪に陷れり、謗法の逆罪に陷るが故に天變地夭は此の如くそれ熾むなり、されば此の地夭の來由を明らにせんと欲せば、理固より普く諸宗の非を糾すべし、況や建長開宗の當初より已に念佛無間、禪天魔、眞言亡國、律國賊等を絶叫し來れるをや、然るを今立正安國論の一書を述作するに際し、何ぞ忽ち諸宗の非を疵護して、反つて彼の淨土の一宗をのみこれ破さむ、之を以て考ふる時は入藏中先づ初めに廣本を修したる事は推するに足るなり。

然るに是の書の述作は本と公然天下に告白して其の邪正を決せんとするに在り而して公然天下に告白することは之を一國の政廳に進むるの一途に在り、若し一國の政廳に進めむには須らく此の論を實行せしむるの次第を按せざる可からず、此の論を實行せしむるの次第としては主として念佛の一凶を禁止せしめざる可からず、廣本亦此の意を以てしたりと雖も、其の中普く諸宗を破するの大聲は、恐らくは彼の俚耳に入らざらむ、且らく小機根に投和するは乃ち佛陀設化の先後淺深ある所以なり、是故に今また折伏の次序を立て、天台眞言の勝劣

得失に就ては一時其の鋒鋩を收め、只專ら淨土の一宗、法然一人を突破するに止めしめむのみ。是に於てか更に論の再治ありたり畧本即ち是れなりとす。これよりして聖日蓮の化導には遂に佐前佐後の次序を生じたり、其の佐渡流罪以前は專ら念佛の一凶を責め、傍ら又禪狗を叱す、言はゆる念禪二宗の折伏時代とは是れなり、而して佐渡に至りてより以後は、正さに法華本門唯一本佛の敎を揚げて進むで天台眞言の二大宗を破斥す、此の如きは亦是れ附文元意の兩邊にして、一代の化導は初めより廣畧二本の立正安國論に攝盡せらる、なりと知るべし。

第五

乃ち携えて鎌倉に還り、將さに之を公廳に進めんとして、先づ比企大學三郎能員に其の畧本を內披せしむ、能員は幕府の儒官たり、本論を一見するや、直ちに聖日蓮の膝下に伏し、合掌作禮して永く師資の盟を結ぶ、加之ず後年其の邸宅をさへ轉じて本門弘通の道場とは爲したり、世に傳ふ立正安國論の文章は能員實に鄕里の子產たりしと、然るに是れ恐らくは妄ならむ、凡そ當時幕府への上書進覽の本は多くは先づ儒官の內披を經るの慣例あり、蓋し其の字句等に不敬失言なからしめむが爲めなり、聖日蓮の能員に內披せしめたることも亦此の慣例に從ひたるものにして、敢て文辭の潤飾を托したりなど謂ふべきに非ず、

又縱ひ其を托したりとも、斯る不思議の書に對して、能員たる者何かで一字の删加をも試み得べきや、旁〻世傳は取るに足らざるなり。

又世人の中には立正安國論の文章を見て、其の雅俗混糅の體に迷ひ、竊に聖日蓮を言議するものあり、又一方には盛に其の雄偉絶倫の大文章家たることを唱ふるものありて云はく、

總じて鎌倉時代の文學には吾等の趣味に適へる文字いと多し、王朝の如く古からずして而かも朴古なる所あり、江戸時代の如く新からずして而かも清新なる所あり、音近くして解し易く、意切にし情應ふべし、調に緩急の自在ありて氣勢の抑揚また意のまゝ也、讀むべく、語るべし、若し文範を古代に求めば吾れは夫れ鎌倉時代を取らむか。

此時代の物語に右に擧げたる外、尙ほ義經記、曾我、鳴門中將、秋夜物語等あれどもまづは平家と太平記とを推すべし、其他鴨長明に方丈記、四季物語などあり、西行法師に撰集抄あり、或は十六夜日記、東關紀行の如き、降つては兼好法師の徒然草等もあり、是等は世の人十中の七八は誰も知り且つ讀める所なるが、茲に前揭の諸書に露劣るまじき、或點に於ては空前絶後とも云ふべき特色を有する一大文學この時代に現はれたることを百中の九十九人までは絶えて心附かざるらし、日蓮上人の文章是れ也。

鎌倉の時代には僧侶の手に成れる文字尠からず、淨土には源空、眞宗には親鸞あり、彼の撰擇集、此の敎行信證、共に見るべき文字也、栂尾の明惠が法然に對する摧邪輪などもあり、其の他華嚴には凝然、天台には慈鎭ありて、何れも著書少からず、日蓮上人の御書が是等の間にありて嶄然として他の即接を許さゞるは猶ほ泰山の群峯に雄枕するが如し、云云。（『樗牛全集』第四卷、九五〇頁ヨリ九六〇頁ニ至ル『吾が好む文章』の畧抄）

釋尊は曾て雅思淵才文中王と自嚴すれども、其の親ら筆を下したる文章なるものはあらず、聖日蓮亦本より文章を以て世に誇らむとするものに非ざれば、縱ひ世人が其の文章を褒揚したればとて、將た譏貶したればとて、何れにも敢て痛痒を感ずべきに非ず、然れども之れを褒揚するものは其の人即ち文章を識る者と爲り、之れを譏貶するものは其の人即ち文章を識らざる者と爲る、自ら文章を識らざるの愚を表白して恥ぢざる者は、亦寧ろ愍むべからずや。

第六

時維れ人王八十九代龜山天皇の文應元年太歲庚申七月十六日、執奏宿谷光則を介して、之を北條時賴に進めしむ。

日本國中世以降、王綱紐を解き、皇威揚がらず、源家一とたび、幕府を鎌倉に開くや、政權は忽ち移つて武門の手に在り、而して實際に其の主柄を握るもの乃ち之を北條氏と爲す、北條氏若し怒れば將軍は直ちに其の位を廢せられ、萬乘

の至尊亦遂に流竄の譴を免がる能はず、されば當時の日本國は王朝の日本國にも非ず、源家の日本國にも非ず、全く陪臣北條氏の日本國たりき、陪臣北條氏は實際に於て日本國の王たりき、一國利弊の蹟は北條氏當然獨り其の責に任せざるべからざりしなり、是れ聖日蓮が特に立正安國論を時賴に進めたる所以にして、彼れや是の時前執權と稱して尙ほ天下の大事を聽決し居たればなり。

是より先き北條氏は念佛の毒酒に醉ひ、禪の野狐に魅せられ、時賴に至りては最も甚しくして、其の躬剃髮染衣僧侶に異ならず、隨つて諸侯亦之に阿附し、一時風に倣ひ、爭ふて其の顱を禿にす、當時入道の身たらざるものは幾ど武士に非ざりしなり、此くて宛も累々枯骸を列ねたるが如き奇狀異觀を極めたる公廳に於て、聖日蓮の立正安國論は宿谷光則の口を籍りて徐ろに衆人の前に披露せられぬ。

立正安國論

旅客來嘆曰、自近年至近日、天變地夭、飢饉疫癘、遍滿天下、廣迸地上、牛馬斃巷、骸骨充路、招死之輩、既超大半、不悲之族、敢無一人、然間或專利劍即是之文、唱西土敎主之名、或恃衆病悉除之願、誦東方如來之經、或仰病即消滅不老不死之詞、崇法華眞實之妙文、或信七難即滅七福即生之句、調百座百講之儀、有因祕密眞言之敎、灑五瓶之水、有全坐禪入定之儀、澄空觀之

月、若書七鬼神之號而押千門、若圖五大力形而懸萬戶、若拜天神地祇而企四角四界之祭祀、若哀萬民百姓而行國主國宰之德政、雖然唯摧肝膽、彌逼飢疫乞客溢目、死人滿眼、臥屍爲觀、並尸作橋、觀夫二離合璧、五緯連珠、三寶在世、百王未衰、此世早衰、其法何廢、是依何禍、是由何誤矣。

主客問答十段の中第一段客問の一節なり、云く方今天變地夭最も熾むにして民庶生を聊せず、廣く種々の祈禱を凝らすと雖も毫も其の徵なく、飢疫益々逼まり、死亡相踵ぐ、是れ何かなる禍に依るや、是れ何かなる誤まりに由るや、それ必ず此の災難の基因なるものあらむ。

念佛の徒は利劍即是の文を專らにして、西土敎主の名を唱へ、禪の一派は坐禪入定の儀を全ふして、空觀の月を澄まし、天台の宗は病即消滅不老不死の詞を仰ひで、法華眞實の妙文を崇め、眞言の流は秘密眞言の敎に因つて五瓶の水を灑ぐ、其の他諸宗諸社の祈禱亦切に肝膽を摧けり、而して其の驗しあらざるは果して何故ぞや。

此の一段は現に時衆の僉之れを怪むところ、時賴以下滿庭耳を傾け肅然として其の之に對する主答如何を待てり。

主人曰、獨愁此事、憤悱胸臆、客來共嘆、屢致談話、夫出家而入道者、依法而期佛也、而今神術不協、佛威無驗、具覿當世之體、愚發後生之疑、然則仰

圓覆而呑恨、俯方載而深慮、倩傾微管、聊披經文、世皆背正、人悉歸惡、故善神捨國而相去、聖人辭所而不還、是以魔來鬼來、災起難起、不可不言、不可不恐。

第一の主答は此の如し、一國災難の基因は魔鬼の來り襲ふが故なり、魔鬼の來り襲ふは、善神國を捨て、相ひ去り聖人所を辭して還らざるが故なり、聖人善神所を辭し國を捨つるは世皆正法に背き人悉く惡法に歸するが故なり、此の事私臆之を按じたるに非ず、實に經文を披ひて而して之を識る、是故に經文の如くならば一國の災難は一國自から招くの罪にして、他に何等の由あるに非ず、然るを是を之れ念はずして、反つて其の惡法を以て此の災難を禳はむとす、天變地夭の益〳〵增長する亦止むを得ざるに非ずや、而して徒に天地を恨み、空く神佛を疑ひ、今生後生永く罪業の因を重ぬ、眞に愍むべきの至りなり。

世に魔鬼なるものありや、善神なるものありや、縱ひありと云ふとも吾人が眼界に入るものに非ず、隨つて善神去るが爲めに魔鬼來り、魔鬼來るが爲めに一國の災難起るとは容易に信じ得られぬことなりと言ふものあらむ、然れども三世了達の佛陀が說きたる經文は正さに此の如し。

必しも吾人が眼界に入らざるを以て敢て其の物なしと謂ふを得べきか、吾人が眼界は限量ありて或點以上の大なる物と、或點以下の小なる物とは、其の視力

の度に適せず、視力の度に適せざるが故に之を見ること能はずと雖も、而も其の物たる決して之れ無きに非ず、若し他の強度なる視力の援助を籍り來れば、肉眼見ること能はざるものも亦分明に之を見ることを得む、望遠鏡の力能く天體の星宿を測り得るが如し。

魔鬼と云ひ、善神と云ひ、此れ等は渾べて幽界の物に屬す、幽界とは何ぞや、肉眼の限量以外なるを云ふなり、それ已に肉眼の限量以外たり、其の叨りに吾人の眼界に入り來らざる亦宜ならずや、然れども元來其の物なきに非ざるを以て、若し視力の援助を籍るを得ば亦之を見るべきなり、幽界を見るの視力としては言はゆる天眼なるものあり、此の天眼の視力を籍るの方術としては又言はゆる三昧なるものあり、佛陀は此の三昧の方術を修し天眼を得て、而して遠く三世を了達せり、是故に三世了達の佛陀の眼前には幽界顯界事相歴然一物として隱くるゝものは非ざるなり。而して此の三昧は何人も修習し得べきものぞ、此の天眼は何人も證領し得べきものぞ、已れ未だ之を修習し證領せずして獨り佛陀の知見を怪む豈其れ可ならむ乎。

吾人は現に肉と靈との二面を有す、是れ吾人が一身の顯幽二界なり、肉をは色法と名け、靈をば心法と名く、此の色心二法に各々善惡あり、其の心靈の善惡は即ち吾人が一身の幽界に於ける善神と魔神との両者たるなり、而して吾人が

一身の顯幽二界は常に他の顯幽二界に通じて關係相牽くこと猶ほ一絲の如し、風雨霜露若くは衣食住等何物か他の顯界に屬せざるものあらむや、而も全く吾人が肉に於けるの利害たり、吾人が心靈の善惡亦決して一身の内に止まらず、若し其れ善なれば他の善神之れに應じ、若し其れ惡なれば他の魔鬼之れに乘ず吾人が一身の信不信、正不正に依りて、天地爲めに動く所以は正さに此の理に由るなり。

此の一段を披讀するに方り「夫出家而入道者依法而期佛也」と聞ける時、時賴は覺えず其の頭を撫でしならむ、滿庭の禿顱は相視て苦笑を漏らしたるならむ、進むで「世皆背正人悉歸惡」の句に至りては、急に氣色を更へ、忽ち眦を裂きて痛く瞋相を現はし、ならむ、日蓮一人の佛法に非ず諸宗何ぞ悉く邪惡ならむや憎むべき廣言を吐くもの哉との念は歴として其の面に描き出だせしならむ、然れども「聊披經文」とあれば、先づ忍むで之を聞かざるべからず、知らず其の經文は果して如何。

第七

客曰、天下之災、國中之難、余非獨嘆、衆皆悲之、今入蘭室、初承芳詞、神聖去辭、災難並起、出何經哉、聞其證據矣、主人曰、其文繁多、其證弘博、

金光明經云、於其國土、雖有此經、未嘗流布、生捨離心、不樂聽聞、亦不供

養尊重讃歎、見四部衆持經之人、亦復不能尊重乃至供養、遂令我等及餘眷屬無量諸天不得聞此甚深妙法、背甘露味、失正法流、無有威光及以勢力、增長惡趣、損減人天、墜生死河、乖涅槃路、世尊我等四王並諸眷屬及藥叉等、見如斯事捨其國土、無擁護心、非但我等捨棄是王、亦有無量守護國土諸大善神皆悉捨去、既捨離已、其國當有種種災禍喪失國位、一切人衆、皆無善心、唯有繫縛殺害瞋諍、互相讒諂、枉及無辜、疫病流行、彗星數出、兩日並現、薄蝕無恒、黑白二虹、表不祥相、星流地動、井內發聲、暴雨惡風、不依時節、常遭飢饉、苗實不成、多有他方怨賊、侵掠國內、人民受諸苦惱、土地無有可樂之處已上、大集經云、佛法實隱沒、鬚髮爪皆長、諸法亦忘失、當時虛空中、大聲震於地、一切皆偏動、猶如水上輪、城壁破落下、屋宇悉圮拆、樹林根枝葉、華葉果藥盡、唯除淨居天、欲界一切處、七味三精氣、損減無有餘、解脫諸善論、當時一切盡、所生華果味、希少亦不美、諸有井泉池、一切盡枯涸、土地悉鹹鹵、剖裂成丘澗、諸山皆燋燃、天龍不降雨、苗稼皆枯死、生者皆死盡、餘草更不生、雨土皆昏闇、日月不現明、四方皆亢旱、數現諸惡瑞、十不善業道、貪瞋癡倍增、衆生於父母、觀之如獐鹿、衆生及壽命、色力威樂減、遠離人天樂、皆悉墮惡道、如是不善業、惡王惡比丘、毀壞我正法、損減天人道、諸天善神王、悲愍衆生者、棄此濁惡國、皆悉向餘方已上、仁王經云、國土亂

時、先鬼神亂、鬼神亂故萬民亂、賊來劫國、百性亡喪、臣君太子王子百官、共生是非、天地恠異、二十八宿星道日月失時失度、多有賊起、亦云、我今五眼明見三世、一切國王、皆由過去世侍五百佛、得爲帝王主、是爲一切聖人羅漢、而爲來生彼國土中、作大利益、若王福盡時、一切聖人皆捨去、若一切聖人去時七難必起已上、藥師經云、若刹帝利灌頂王等災難起時、所謂人衆疾疫難、他國侵逼難、自界叛逆難、星宿變恠難、日月薄蝕難、非時風雨難、過時不雨難已上、仁王經云、大王吾今所化、百億須彌、百億日月、一一須彌有四天下、其南閻浮提、有十六大國五百中國十千小國無量粟散國、其國土中、有七可畏難、一切國王爲是難故、云何爲難、日月失度、時節反逆、或赤日出、黑日出、二三四五日出、或日蝕無光、或日輪一重二三四五重輪現、爲一難也、二十八宿失度、金星、彗星、輪星、鬼星、火星、水星、風星、刀星、南斗、北斗、五鎭大星、一切國主星、三公星、百官星、如是諸星、各各變現、爲二難也、大火燒國、萬姓燒盡、或鬼火、龍火、天火、山神火、人火、樹木火、賊火、如是變恠、爲三難也、大水漂沒百姓、時節反逆、冬雨夏雪、冬時雷電霹靂、六月雨氷霜雹、雨赤水黑水青水、雨土山石山、雨砂礫石、江河逆流、浮山流石、如是變時爲四難也、大風吹殺萬姓、國土山河樹木一時滅沒、非時大風、黑風、赤風、青風、天風、地風、火風、水風如是變爲五難也、天地國土亢陽、炎火洞然、百草亢旱、五穀不登、土地赫然、萬姓滅盡、

如是變時爲六難也、四方賊來侵國、內外賊起、火賊、水賊、風賊、鬼賊、百姓荒亂、刀兵劫起、如是怖時爲七難也、大集經云、若有國王於無量世、修施戒慧、見我法滅、捨不擁護、如是所種無量善根、悉皆滅失、其國當有三不祥事、一者穀貴、二者兵革、三者疫病、一切善神、悉捨離之、其王敎令、人不隨從、常爲隣國之所侵嬈、暴火横起、多惡風雨、暴水增長、吹漂人民、內外親戚、其共謀叛、其王不久當遇重病、壽終之後、生大地獄中、乃至如王、夫人、太子、大臣城主、村主、郡主、宰官、亦復如是已上、夫四經文朗、萬人誰疑、而盲瞽之輩、迷惑之人、妄信邪說、不辨正敎、故天下世上、於諸佛衆經、生捨離之心、無擁護之志、仍善神聖人、捨國去所、是以惡鬼外道、成災致難矣、

經文の誠證良に弘博なりと雖も、且らく金光明經、大集經、仁王經、藥師經の四文を擧げて之を示さむ、金光明經には、國土に此の經あれども、捨離の心を生じて聽かむことを欲せず、四部の衆の持經者を見て亦尊重し供養せず、爲めに諸天をして此の甚深の妙法を聞くを得ざらしめむ、爾時諸天善神其の國土を捨て、當さに種々の災禍あるべし、言はゆる喪失國位乃至疫病流行等の天變地夭なりと說けり、大集經には佛法隱沒するに由つて大地震等あり、惡王惡比丘等が如來の正法を毀壞するが爲めに、諸天善神此の國土を棄て、皆悉く餘方に向はむと言へり、仁王經には、國土亂るゝ時は鬼神先づ亂れ、鬼神亂るゝが故に萬民

亂れ、乃至、一切の聖人皆爲めに捨て去りて、爾時七難必ず起らむと述べり、言はゆる七難とは何ぞ藥師經に乃ち其の名目を列す、人衆疾疫難と、他國侵逼難と、自界叛逆難と、星宿變恠難と、日月薄蝕難と、非時風雨難と、過時不雨難となり、又仁王經には具さに此の七難の相を明かにせり、若し大集經に準ずれば更に三不祥の災難あり、穀貴と兵革と疫病となり、一國の王我が法の滅せむを見て、擁護の心を生せざらむには必ず此の三災を招くべし、加之ず一切の善神其の國土を捨離して、國の內外に凶變多く、其の王久からずして惡重病に遇ひ、壽終の後大地獄に生まれむ、止だに王一人のみならず、之に屬する夫人太子以下一國大小の臣宰亦咸く惡道に墮せむ。

倩ら此の四經の文を考ふるに、一國の災難は其の由蓋し二あり、一には國民多く佛敎を捨離するの心を生ずるに由る、二には國王たるもの正法を擁護するの志なきに由る、此の二者に由りて、善神は國を捨て、聖人は所を去る、聖人善神の此の國土を捨て去るに由りて、惡鬼便りを得、外魔間に乘じ遂に此の如き天變地夭等あるなり。

殊に國王の責は最も重かるべし、國王自ら正法を擁護するの志なきが故に、隨つて國民亦捨離の心を生ず、是れ畢竟國王之れを爲さしむるなり、故に四經の文を通じて何れも皆國王の責を重しと爲せり、委細に之を撿すべし。

何が故にか然るや、仁王經に之を說きて云く、「我今五眼明見二三世一、一切國王、皆由三過去世侍二五百佛一、得レ爲二帝王主一」と、五百の佛とは五戒なり、一戒の功德は百佛に仕ふるに同ければなり、此の佛制の五戒を過去に持てる人、現在に於て一國の帝王と爲る、されば一國の帝王たるものは、過去の宿因に酬ゆるが爲めには現在に於て必ず佛陀の正法を擁護せざるべからざるの責任を有す、苟も善く正法を擁護せば帝王たるの德福は益〱盡きず、若し擁護の志を失はゞ帝德王福爾時即ち一旦に滅失しなむ、所以に天變地夭あるなり、所以に自界叛逆あるなり、所以に他國侵逼あるなり、所以に現身の大惡病未來の大地獄あるなり。抑も同一平等の人類ながらに或る時期と勢力とを以て他人を壓服し强ゐて自ら王者と爲れるのみと謂はむは、餘りに無意味なる帝王觀なり、斯る帝王觀にては臣民たるの道は唯是れ强制的威壓的となりて恐らくは根本的不變的たることを得べからざらむ。君臣の義は其の理父子の誼に同じ、一國彝倫の道を根本的不變的の地に求むるに非ざれば、人間の大節は永久に持續すべからずして、竟に其の臣子は敢て其の君父を亡みするに至らむ、人間個々の上に於ては高遠なる理想を有し、人間たるの範圍を擴充して、靈の全く永遠不死なることを言ふの今日、其の父をして現在一世の父たらしむべきや、其の君をして當代一時の君たらしむべきや、臣民たるの道を根本的不變的に講究せむことは、良に人間

個々に對する今日の一大要務なりと知らずや、仁王經の如き帝王たるの德福を遠く過去世に歸したるは是れ根本的に帝王の永遠なる所以を示さむと欲したるが爲めなり、五百の佛に侍するに由ると言ひしは是れ不變的に帝王の位地を道義德敎の上に立たしめたるが爲めなり、當代の或る時期に於て始めて帝王あるに非ず、一時の或る勢力に於て方さに帝王あるに非ず、帝王は必ず根本的に於てあるなり、必ず不變的に於てあるなり。

當時北條氏は實際に於ける日本國の王たり、正法擁護の責、實に擔ふて其の肩に存す、然るに妄りに邪說を信じて、正敎を辨へず、一國をして悉く捨離の心を生ぜしめ、自らも亦敢て擁護の志なし、德福已に盡きぬ、災難豈に熾むならざるを得むや、是れ良に四經の明誠にして、決して一己の私憶に非ざるなり。

第八

茲に至りて時賴等の憤怒は一層激せり。

客作レ色曰、後漢明帝者、悟二金人之夢一、得二白馬之敎一、上宮太子者、誅二守屋之逆一成二寺塔之搆一、爾來上自二一人一、下至二萬民一、崇二佛像一、專二經卷一、然則叡山南都、園城東寺、四海一洲、五畿七道、佛經星羅、堂宇雲布、鶖子之族、則觀二鷲頭之月一、鶴勒之流亦傳二雞足之風一、誰謂下編二一代之敎一廢中三寶之跡上哉、若有二其證一、委聞二其故一矣。

縱ひ四經に彼の如く說くと雖も、今日本國は一同に、上一人より下萬民に至るまで、禮拜には佛像を崇め讀誦には經卷を專らにせり、四海一州、五畿七道、誰れか捨離の心を生せむ、誰れか擁護の志を失はむ、然るに反つて一代の敎を徧みし三寶の跡を廢すと謂ふは何ぞや。

主人喩曰、佛閣連甍、經藏並軒、僧者如竹葦、侶者似稻麻、崇重年舊、尊貴日新、但法師諂曲而迷惑人倫、王臣不覺而無辨邪正、仁王經云、諸惡比丘、多求名利、於國王太子王子前、自說破佛法因緣破國因緣、其王不別、信聽此語、橫作法制、不依佛戒、是爲破佛破國因緣已上、涅槃經云、菩薩於惡象等心無恐怖、於惡知識、生怖畏心、爲惡象殺、不至三趣、爲惡友殺、必至三趣已上法華經云、惡世中比丘、邪智心諂曲、未得謂爲得、我慢心充滿、或有阿練若、納衣在空閑、自謂行眞道、輕賤人間者、貪著利養故、與白衣說法、爲世所恭敬、如六通羅漢、乃至常在大衆中、欲毀我等故、向國王大臣、婆羅門居士、及餘比丘衆、誹謗說我惡、謂是邪見人、說外道論議、濁刧惡世中、多有諸恐怖、惡鬼入其身、罵詈毀辱我、濁世惡比丘、不知佛方便隨宜所說法、惡口而嚬蹙、數數見擯出已上、涅槃經云、我涅槃後、無量百歲、四道聖人、悉復涅槃、正法滅後、於像法中、當有比丘、似像持律、少讀誦經、貪嗜飮食長養其身、雖著袈裟、猶如獵師、細視徐行、如猫伺鼠、常唱是言、我得羅漢

外現賢善、內懷貪嫉、如受啞法、婆羅門等、實非沙門、現沙門像、邪見熾盛誹謗正法已上、就文見世、誠以然矣、不誡惡侶者、豈成善事哉。

今や日本國は、佛閣甍を連ね、經藏軒を並べ、僧侶は稻麻竹葦よりも多く、崇重年を更えずして、歸仰日に加へり、然れども其の佛閣經藏は皆邪敎の魔窟なり、其の僧侶は咸く邪人の伴黨なり、此の邪敎邪人に迷惑せられたる一國の王臣は、不覺不敏にして、竟に正法正師を信ずること能はず、抑も仁王經の如くむば、惡比丘あり國王の前に於て破佛破國の因緣を說かむに、其の國王邪正を辨別せず、妄りに其の語を信聽せむ、この因緣を以て當さに破佛破國の災難を招くべしとあり、平生時賴等の前に昵近して、信聽の榮を亨くるの法師は果して誰々なるや、法華經には惡世中比丘とあり、涅槃經には於像法中當有比丘とあり、像末惡世の比丘が一國の王臣を誑惑して、熾に誹謗正法の邪見を張らむとは實に佛陀世尊の未來記なり、時賴等の前に於て法華經の行者を罵詈する僭聖の僧はあらざるか、外に持律を裝ふて、內に貪嫉を懷くの獵法師猶比丘はあらざるか、果して佛陀世尊の未來記の如くならば、今の信ずる比丘は定めて是れ邪人なるに非ずや、今の聽ける敎法は定めて是れ邪敎なるに非ずや、邪敎の佛閣經藏を崇重するが故に正法に於て捨離の心を生じ、邪人の僧侶比丘を信ずるが故に正師に於て擁護の志なし、時賴は現に其の人なり。

仁王經の言はゆる破佛破國の因緣は、最も立正安國論の立題に關す、破佛に對して立正あり、破國に對して安國あり、佛法を破るものは、必ず國家を破る國家に主たるもの焉ぞ佛法の邪正を糾さゞるべけむや、是の義意は下に至りて尙ほ分明なるべし。

第九

「其王不別信聽此語」とは時賴の闇愚を斥したるなり、「惡王惡比丘壞我正法」とは時賴と及び時賴の歸仰せる僧侶との謗法を擧げたるなり、「其王敎令人不隨從乃至內外親戚其共謀叛」とは時賴一族の狀態を示したるなり、「其王不久當遇重病」とは時賴の現罰あるべきを言ひたるなり、「壽終之後生大地獄中」とは時賴の冥報恐るべきを顯はしたるなり、「乃至如王夫人太子大臣城主村主郡主宰官亦復如是」とは時賴の一族全く亡びて、北條氏其の政權を失ひ、與黨悉く皆地獄の罪人たるべきことを戒めたるなり、凡そ古往今來直諫面責の烈き、豈復此れに若くものあらむや、然れども奈何せむ是れ佛陀の金言なり、經典の明文なり、忸怩として敢て默止すべきに非ず、但々時賴たる者果して眞の入道者たらば、玆の時應さに直ちに大懺悔の念を起すべきなるに、愍むべし剛愎なる彼れが根には毒氣深く入りて尙ほ拔けず。

客猶憤曰、明王因天地而成化、聖人察理非而治世、世上之僧侶者天下之所歸

也、於惡侶者明王不可信、非聖人者賢哲不可仰、今以賢聖之尊重、則知龍象之不輕、何吐妄言、强成誹謗、以誰人謂惡比丘哉、委細欲聞矣。

世は皆正に背き、人は悉く惡に歸せり、天下の僧侶は誰れか惡比丘に非ざらむや、今且らく一兇を例示せむ。

主人曰、後鳥羽院御宇、有法然作撰擇集矣、則破一代之聖敎、偏迷十方之衆生、其撰擇云、道綽禪師立聖道淨土二門而捨聖道正歸淨土之文、初聖道門者就之有二、乃至準之思之、應存密大及以實大、然則今眞言、佛心、天台、華嚴、三論、法相、地論、攝論、此等八家之意、正在此也、曇鸞法師往生論註云、謹案龍樹菩薩十住毗婆沙云、菩薩求阿毗跋地有二種道、一者難行道、二者易行道、此中難行道者、即是聖道門也、易行道者即是淨土門也、淨土宗學者、先須知此旨、設雖先學聖道門人、若於淨土門、有其志者、須棄聖道歸於淨土、又云、善導和尙立正雜二行捨雜行歸正行之文、第一讀誦雜行者、除上觀經等往生淨土經已外、於大小乘顯密諸經受持讀誦悉名讀誦雜行、第三禮拜雜行者、除上禮拜彌陀已外、於一切諸佛菩薩等及諸世天等禮拜恭敬、悉名禮拜雜行、私云、見此文、彌須捨雜修專、豈捨百即百生專修正行、堅執千中無一雜修雜行乎、行者能思量之、又云、貞元入藏錄中、始自大般若經六百卷、終于法常住經、顯密大乘經、總六百三十七部、二千八百八十三卷也、皆須攝讀誦大乘之一句、

當知隨他之前、暫雖開定散門、隨自之後、還閉定散門、一開以後、永不閉者唯是念佛一門、又云、念佛行者必可具足三心文、觀無量壽經云、同經疏云、問曰、若有解行不同邪雜人等、防外邪異見之難、或行一分二分、群賊等喚回者、即喩別解別行惡見人等、私云、又此中言一切別解別行異學異見者、是指聖道門已上、又最後結句文云、夫速欲離生死、二種勝法中、且閣聖道門、選入淨土門、欲入淨土門、正雜二行中、且拋諸雜行、選應歸正行已上、就之見之、引曇鸞道綽善導之謬釋、建聖道淨土難行易行之旨、以法華眞言總一代之諸大乘經六百三十七部二千八百八十三卷一切諸佛菩薩及諸世天等、皆攝聖道難行雜行等、或捨或閉或閣或拋、以此四字、多迷一切、剩以三國之聖僧十方之佛弟、皆號群賊、併令罵詈、近背所依淨土三部經唯除五逆誹謗正法誓文、遠迷一代五時之肝心法華經第二若人不信毀謗此經乃至其人命終入阿鼻獄誡文者也、於是代及末代、人非聖人、各容冥衢、並忘直道、悲哉不瞰瞳矇、痛哉徒催邪信、故上自國王、下至土民、皆謂經者無淨土三部之外經、佛者無彌陀三尊之外佛、仍傳教義眞慈覺智證等、或涉萬里之波濤而所渡之聖教、或回一朝之山川而所崇之佛像、若高山之巓建華界以安置、若深谷之底起蓮宮以崇重、釋迦藥師之並光也、施威於現當、虛空地藏之成化也、被益於生後、故國主寄郡鄕以明燈燭、地頭充田園以備供養、而依法然之撰擇、則忘教主而貴西土之

佛駄、抛付屬而閣東方之如來、唯專四卷三部之經典、空抛一代五時之妙典、是以非彌陀之堂、皆止供佛之志、非念佛之者、早忘施僧之懷、故佛堂零落、瓦松之煙老、僧房荒廢、庭草之露深、雖然各捨護惜之心、並廢建立之思、是以住持聖僧行而不歸、守護善神去而無來、是偏依法然之撰擇也、悲哉數十年之間、百千萬之人、被蕩魔緣、多迷佛敎、好傍忘正、善神不爲怒哉、捨圓好偏、惡鬼不得便哉、不如修彼萬祈、禁此一凶矣。

凡そ撰擇集十六段に亘りて、法然の謗法は計ぐるに遑まあらざれども、其の最も甚きは、捨、閉、閣、抛の四字なり、淨土三部の經を除きて已外の一切大小顯密の諸經を捨てよ閉ぢよ、彌陀三尊の佛を除きて已外の一切諸佛諸菩薩世天等を閣けよ、抛てよとは、彼れが此の書に於て大に主唱するところなれども、斯ることは釋尊の金言に何の據るところありや、釋尊の金言に據らざるものは佛敎に非ず、佛敎に非ざるものは魔言なり、此の魔言魔說の緣に動かされて、日本の一國無前の大罪を作れり、豈に爲めに悲まざる可けむや。

眞言、佛心、天台、華嚴、三論、法相、地論、攝論、これ等の八家は本已に權迹の宗たり、況や法然の出づるに及び競ふて履を彼の門に執り、悉く淨土念佛の一宗に屈從し畢れるに於てをや、此等は言ふに足らず、但々當時法然の淨土念佛宗は實際に於て日本佛敎の覇王たりき、淨土念佛宗の外には何の宗門もなかりしなり、先づ

此の一元兇を殪さずむば、正法の建立は斷じて期すべからず、是れ此の一段正さに本論の精華たる所以なり。

第十

淨土念佛の一宗何が故にか邪なるや、其の西方彌陀を主尊として、此土有緣深厚の本主本佛を忘るものなるが故なり、夫れ此の娑婆世界は釋尊一佛の化境に屬す、彌陀曾て此の土に出で、說法施化したるに非ず、唯釋尊の言說に由りて方めて西方に彌陀あることを知りたるのみ、若し釋尊の言說を離れては、誰れか不見不聞の極樂あることを信ぜむ、而して釋尊の言說、一代の經典には、大乘あり、小乘あり、顯敎あり、密敎あり、或は權、或は實、或は迹、或は本、淺深決して混ずべからず、勝劣決して同ずべからず、何の經か權迹にして賤劣なる、何の說か實本にして深勝なる、後代の人師、宗々互に其の義を募れども、未だ全く釋尊の金言に合はず、抑も一代の權實には釋尊自ら定判あり、他の漫りに一指を添ゆべきに非ず、無量義經に云く、「種種說レ法、以二方便力一、四十餘年、未レ顯二眞實一」と、華嚴(最初三七日)阿含(十二年)方等(八年)般若(二十年)の諸經は四十餘年の攝なれば、未顯眞實の方便權敎なること疑ひなし、法華經に云く「唯此一事實」と、法華經八箇年のみ獨り釋尊眞實の正法なること金輪動かす可からず、今彼の西方の彌陀を說きたる三部の經典は、前四十餘年の攝か、將た後八箇年の內か、權なりや、實なり

や、方便なりや、眞實なりや、眞正に「佛教を習はむと欲する者」は、先づ須らく此一點を考究すべし、若し果して西方の彌陀は釋尊の權教方便に屬し、淨土三部の經は前四十餘年に攝せらるの明證あらば、彼等は其の時何の面目を以て世に立たむとするか。

彌陀悲願の光明は普く十方の一切衆生を攝取し救護すと言ふと雖も是れ釋尊方等部中の經に於て之を說きたるなり、既に前四十餘年に攝せらる、爭でか未顯眞實の畔域を脫せむ、其の權方便なることは言を俟たざるのみ、且つそれ彌陀の悲願なるものは世自在王佛の時に於ける法藏比丘の因時に肇まる、縱ひ其の以後の一切衆生を攝取し救護すと爲さむも、悲願未發以前已に無量無數の衆生あり、是等をば何かにして之を度すべきや、されば彼の言はゆる光明遍照十方世界の十方は三世に涉るの十方に非ず、三世常住の益物に非ざれば唯是れ中間の佛陀なり、中間の佛陀は豈に吾人が信ずべき永遠の本主本佛ならむや。若し其れ釋尊の眞實たる後八箇年の法華經には、反つて釋尊自身の攝取救護を明らかにせり。

　今此三界、皆是我有、其中衆生、悉是吾子、而今此處、多諸患難、唯我一人能爲救護、（『法華經』第二卷譬喩品第三）

今此の三界は果して誰れの有ぞ、皆是れ我釋迦牟尼の領有なり、其の中の衆生

は何れか其の所生に非ざらむや、悉く是れ吾が子なり、而も今此の三界は現に諸の患難多し、唯我釋迦牟尼一人のみ能く救護を爲す、洵に此の三界は彌陀の領有に非ず、其の中の衆生は彌陀の子に非ず、其の患難は彌陀の救護に非ず、唯我一人にして他方他佛の關かるべきに非ざるなり。

又此の三界を以て、娑婆一世界の三界なりと謂ふこと勿れ、今此娑婆と言はずして今此三界とあるからは、十方世界の三界六道は皆釋迦牟尼一人の領有なることを辨ふべし、此の旨を示さむとて、法華經の中には亦寶塔品の三變土田あり、第一變には娑婆一世界の三界六道を清淨ならしめ、第二變第三變に於て八方に各々四百萬億那由他の國土を清淨ならしめ、咸く一佛領有の世界と爲したり、それ已に八方に四百萬億那由他の國土を通じて皆一佛國土と定めり、此の中何ぞ西方の十萬億土を攝せざらむて是に於てか知る、西方彌陀の他世界は前四十年の權說にして、十方一佛の一國土は後八箇年の實說なることを、又十方の國土已に一に歸せり、其の中の諸佛豈に各別なる宜けむや、寶塔品に於て彌陀等の諸佛名號を更めて悉く十方分身の釋迦牟尼佛と言ひたるは是れなり、十方の諸佛已に釋尊一佛の分身たり、唯我一人の金言は益〻動かず。

釋尊は印度の人にして、國王の太子たりき、十九にして出家し、三十にして成道し、八十の老比丘枯衰して終に沙羅林の凋落を悲みぬ、此の人何ぞ唯我一人

と宣べたるや、然れども法華經の壽量品を按ずれば、釋尊は無始已來の如來なり、常住不滅の佛陀なり、光明十方を照らして、壽命三世に盡きず、此の釋尊能く西方の彌陀と爲り、能く中央の大日と爲り、能く過去の然燈と爲り、能く今日の釋尊と爲る、是れ即ち諸佛以上の大佛陀にして、言はゆる絕對獨尊の唯一本佛なるものなり、此の唯一本佛を說き顯はしたる法華經の壽量品は、一代の諸經に其の分を絕して、全く如來の正法、佛陀の實敎なること、確として釋尊の誠證眞印あり、之れを信ずること能はざるは、抑も汝等が宿業の拙きにこそ。

第十一

法華經壽量品以外の諸大乘經に於ては、十方に世界ありて、其の世界に各々佛陀あり、因行果德互に同からずと談ず、此の如きは是れ宇宙法界に於けるの封建割據なるのみ、然れども宇宙は一體なり、法界は平等なり、其の中の森羅は同一原因同一結果なり、何かにして彼此淨穢の世界ありと云ふべけむや、何かにして自他大小の佛陀ありと謂ふべけむや、假令世界に彼此淨穢あるも、佛陀に自他大小あるも、其は畢竟同一原因同一結果の下に於ける假相の變態なるに過ぎず、而して其の同一原因同一結果は宇宙の理法なり、法界の實相なり、此の一體の理法、平等の實相は即ち唯一本佛の一念境界なり、應に知れ唯一の宇

宙法界には唯一本佛ありて二もなく亦三もなし、此の唯一本佛正さに是れ唯我一人の眞天皇なることを。

群雄割據して各々國土を領するは封建の弊制に非ずや、況や武斷壓抑の政治、人の本能を枉げ民の自由を誣ゆるに於てをや、十方各々の世界に於ける各々の佛陀が、任意の願行を以て其の衆生を支配するは、全く之に異らず、試みに彌陀の悲願なるものに就きて之を一考せよ、若し衆生の本能にして已に立ち、自由にして全く存することを許さば、何ぞ直ちに衆生の當體を指して無始無終の佛身なりと言はざるや、無始無終は實に衆生の本能なればなり、亦何ぞ直ちに衆生の國土を以て淨妙眞樂の本土なりと言はざるや、淨妙眞樂は實に衆生の自由なればなり、然るに此の本能を抑えて罪累の衆生と爲し、此の自由を曲げて穢惡の國土と爲す、彼れ彌陀の悲願は全く武斷壓抑の惡政治に非ずして何ぞ。

加之ず封建の弊制は徒らに列藩の私心を飽かしめ、復顧みて上に一人の眞天皇あることを念はず、抑も其の領するところは本是れ天皇の國土なるに非ずや、其の有するところは本是れ天皇の人民なるに非ずや、然るを浪りに其の國土人民を私領横有し反つて天皇を視ること猶ほ土芥の如し、嗚呼諸大乘經に說ける十方の佛陀なるもの亦然らずや、其の世界は本是れ唯一本佛の國土なり、其の衆生は本是れ唯一本佛の人民なり、而も其の世界を私領して西方安養と名け、

其の人民を横有して悲願攝取と云ふ、畢竟釋尊の一代前四十年には洵に眞天皇の王道なるものあらざりしなり。

讀者は玆に於て立正安國論の題意を一考せよ、世には政敎一致を否認し、國家と宗敎との分離を説くものあれども、聖日蓮の國家觀は元來世の言ふところに異なれば、隨つて其の政敎一致は他の想像する如き淺薄なるものに非ず、聖日蓮が立正安國の四字は政敎一致と云はむよりも寧ろ政敎一體の本意義を示したるものと言ふべきなり。

謂ゆる政敎一體とは佛法即王法、王法即佛法にして、此の國家の當相直に是れ佛陀の境界なるが故なり、換言すれば佛陀の境界たる外には、天もなく、地もなく、日月星宿もなく、草木人畜もなく、君民もなく、政治もなく、俯仰眼界に觸る丶ところのものは、唯是れ自然の大經典、本有の大文字、八萬法藏十二部經の國家なるなり、されば此の國家の當相に依りて釋尊一代の敎法は推判せられ、釋尊一代の敎法に由りて國家の當相は勘合せらる、岩本の入藏に七千餘卷の大藏躍如として活ける所以は是れなり。

陪臣の北條氏國命を執つて王權を借取し、一國の諸侯之に屈從して亦天皇あることを念はず、此の如きは是れ國家の上に現はれたる邪敎の當相なるなり、國家の上にては陪臣の北條氏なれども、佛眼を以て之を見れば彼れや直ちに淨土

の一宗にして、時頼は即ち法然坊なり、日本一國の大乘各宗が彼れに屈從せる狀態の當相として、鎌倉の幕府には禿顱累々として庭に滿てるなり、而して彼等がすべて唯一本佛を信ぜざるもの現はれて一國の下尅上となり、皇威益々揚がらず王道全く廢す、是れ偏に法然の罪なり、時頼の責なり、封建弊制の致すところなり、權敎權宗の招くところなり、苟も佛敎の忠臣たらむことを念はむものは誓つてまさに此の國家の元兇を殪す可し矣。

第十二

客殊作色曰、我本師釋迦文、説淨土三部經以來、曇鸞法師捨四論講説、一向歸淨土、道綽禪師閣涅槃廣業、偏弘西方行業、善導和尚抛雜行立專修、慧心僧都集諸經之要文、宗念佛之一行、貴重彌陀誠以然矣、又往生之人其幾哉、就中法然聖人幼少而昇天台山、十七而渉六十卷、並究八宗、具得大意、其外一切經論七遍反覆、章疏傳記莫不究看、智齊日月、德越先師、雖然猶迷出離之趣、不辨涅槃之旨、故徧覿悉鑑、深思遠慮、遂抛諸經、專修念佛、其上蒙一夢之靈應、弘四裔之親疎、故或號勢至之化身、或仰善導之再誕、然則十方貴賤低頭、一朝男女運步、爾來春秋推移、星霜相積、而忝疎釋尊之敎、恣譏彌陀之文、何以近年之災、課聖代之時、強毀先師、更罵聖人、吹毛求疵、剪皮出血、自昔至今、如此惡言未知未聞、可惶可愼、罪業至重、科條爭遁、對

座猶以有恐、携杖而則欲歸矣。
主人笑止曰、習辛蓼葉、忘臭溷廁、聞善言而思惡言、指謗者而謂聖人、疑正師而擬惡侶、其迷誠深、其罪不淺、具聞事起、委談其趣、釋尊說法之內、一代五時之間、立先後、辨權實、而曇鸞道綽善導、既就權忘實、依先捨後、未探佛敎淵底者、就中法然雖酌其流、不知其源、所以者何、以大乘經六百三十七部二千八百八十三卷幷一切諸佛菩薩及諸世天等、置捨閉閣拋之字、蕩一切衆生之心、是偏展曲私之詞、全不見佛經之說、妄語之至、惡口之科、言而無比、責而有餘、人皆信其妄語、悉貴彼選擇、故崇淨土之三經而拋衆經、仰極樂之一佛、而忘諸佛、誠是諸佛諸經之怨敵、聖僧衆人之讎敵也、此邪敎廣弘八荒、周遍十方、抑以近年之災難課往代之由强恐之、聊引先例、可悟汝迷、止觀第二引史記云、周末有被髮袒身不依禮度者、弘決第二釋此文、引左傳曰初平王之東遷也、伊川見被髮者而於野祭、識者曰、不及百年、其禮先亡、爰知徵前顯災後致、又阮籍逸才、蓬頭散帶、後公卿子孫皆習之、奴苟相辱者方達自然、撙節兢持者呼爲田舍、是爲司馬氏滅相已上、又案慈覺大師入唐巡禮記云、唐武宗皇帝會昌元年、勅令章敬寺鏡霜法師、於諸寺傳彌陀念佛敎、每寺三日、巡輪不絕、同二年回鶻國之軍兵等侵唐界、同三年河北之節度使忽起亂、其後大蕃國更拒命、回鶻國重奪地、凡兵亂同秦項之代、災火起邑里之際

何況武宗大破佛法、多滅寺塔、不能撥亂、遂以有事、已上取意、以此惟之、法然者後鳥羽院御宇建仁年中之者也、彼院御事既在眼前、然則大唐殘例、吾朝顯證、汝莫疑、汝莫恠、唯須捨凶歸善塞源截根矣。

客聊和曰、未究淵底、數知其趣、但自花洛至柳營、釋門在樞鍵、佛家在棟梁然未進勘狀、不及上奏、汝以賤身、輙吐莠言、其義有餘、其理無謂、

主人曰、予雖爲少量、忝學大乘、蒼蠅附驥尾而渡萬里、碧蘿懸松頭而延千尋、弟子生一佛之子、事諸經之王、何見佛法之衰微、不起心情之哀惜、其上涅槃經云、若善比丘、見壞法者、置不呵責駈遣擧處、當知是人佛法中怨、若能駈遣呵責擧處、是我弟子眞聲聞也、余雖不爲善比丘之身、爲遁佛法中怨之責、唯撮大綱、粗示一端、其上去元仁年中、自延暦興福兩寺、度度經奏聞、申下勅宣御敎書、法然之選擇印板取上大講堂、爲報三世佛恩令燒失之、於法然墓所、仰付感神院犬神人令破却、其門弟隆觀聖光成覺薩生等配流遠國、其後未許御勘氣、豈未進勘狀云也。

此の二段の主客問答の中に、前の段には念佛亡國の一事例を擧げたり、抑も念佛無間、禪天魔、眞言亡國、律國賊の四箇は聖日蓮の格言なり、無間と天魔とは佛法の罪敵なるに就て之を云ひ、亡國と國賊とは王法の逆賊なるに就て之を云ふ、是れ亦政敎一體の見地より來れるものにして、佛法の罪敵即ち王法の逆賊なる

が故なり、今念佛淨土の一宗は已に未來無間の因たり、豈に現在亡國の由たらざらむや。

後の段に於て勅宣敎書の事に言及したるは聊か遊意なるに似たれども亦爲めにするところあるが故なり、此の如く王の朝廷にては屢々法然の一流を禁遏したるにも係らず、平然として一國に其の宗勢を張大ならしめたることは北條氏實に之を幇助したるを以てなり、蓋し朝廷の從來舊しく保護し來れるものは天台眞言の二大宗にして、此の二大宗の勢力は取りも直さず朝廷の勢力なりし、北條氏は具さに其の狀を知悉するが故に、反つて力を念禪の二宗に盡くし、特に念佛の一門は下愚を攝して廣く人心を收攬するの便あるを以て、盛に之れが後援を爲し、飽まで彼の天台眞言の二大宗に拮抗せむことを圖れり、即ち念佛淨土の幇助は北條氏の朝廷に對する一種の反抗行爲なりしなり、聖日蓮は深く此の逆心を洞察するが故に勅宣敎書の事を擧げて、直ちに彼れが心腑を抉ぐる、亦是れ破佛破國両者關係の惡因緣を糾明せむが爲めなるに外ならざるなり。

第十三

客則和曰、下經謗僧、一人難論、然而以大乘經六百三十七部二千八百八十三卷幷一切諸佛菩薩及諸世天等、載捨閉閣拋四字、其詞勿論也、其文顯然也、守此瑕瑾、成其誹謗、迷而言歟、覺而語歟、賢愚不辨、是非難定、但災難之

起、因選擇之由、盛增其詞、彌談其旨、所詮天下泰平、國土安穩、君臣所樂土民所思也、夫國依法而昌、法因人而貴、國亡人滅、佛誰可崇、法誰可信哉先禱國家須立佛法、若消災止難、有術欲聞、

主人曰、余是頑愚、敢不存賢、唯就經文、聊述所存、抑治術之旨、內外之間其文幾多、具難可擧、但入佛道、數廻愚案、禁謗法之人、重正道之侶、國中安穩、天下泰平、即涅槃經云、佛言唯除一人、餘一切施、皆可讚歎、純陀問言、云何名爲唯除一人、佛言、如此經中所說破戒、純陀復言、我今未解、唯說之、佛語純陀言、破戒者謂一闡提、其餘在所一切布施、皆可讚歎、獲大果報、純陀復問、一闡提者、其義云何、佛言、純陀、若有比丘及比丘尼優婆塞優婆夷、發麤惡言、誹謗正法、造是重業、永不改悔、心無懺悔、如是等人、名爲趣向一闡提道、若犯四重、作五逆罪、自知定犯如是重事、而心初無怖畏懺悔、不肯發露、於彼正法、永無護惜建立之心、毀呰輕賤、言多過咎、如是等人、亦名趣向一闡提道、唯除如此一闡提輩、施其餘者、一切讚歎、又云、我念往昔、於閻浮提、作大國王、名曰仙豫、愛念敬重大乘經典、其心純善、無有麤惡嫉悋、善男子、我於爾時、心重大乘、聞婆羅門誹謗方等、聞已即時斷其命根、善男子、以是因緣、從是已來、不墮地獄、又云、如來昔爲國王、行菩薩道時、斷絕爾所婆羅門命、又云、殺有三、謂下中上、下者蟻子、乃至

一切畜生、唯除菩薩示現生者、以下殺因緣墮於地獄畜生餓鬼、具受下苦、何以故、是諸畜生、有微善根、是故殺者、具受罪報、中殺者、從凡夫人、至阿那含、是名爲中、以是業因、墮於地獄畜生餓鬼、具受中苦、上殺者、父母乃至阿羅漢、辟支佛、畢定菩薩、墮於阿鼻大地獄中、善男子、若有能殺一闡提者、則不墮此三種殺中、善男子、彼諸婆羅門等、一切皆是一闡提也、已上、

仁王經云、佛告波斯匿王、是故付屬諸國王、不付屬比丘比丘尼、何以故、無王威力、涅槃經云、今以無上正法、付屬諸王大臣宰相及四部衆、毀正法者、大臣四部之衆、應當苦治、又云、佛言、迦葉以能護持正法因緣故、得成就是金剛身、善男子、護持正法者、不受五戒、不修威儀、應持刀劒弓箭鉾槊、又云若有受持五戒之者、不得名爲大乘人也、不受五戒、爲護正法、乃名大乘、護正法者、應當執持刀劒器仗、雖持刀杖、我說是等、名曰持戒、又云、善男子過去之世、於此拘尸那城、有佛出世、號歡喜增益如來、佛涅槃後、正法住世無量億歲、餘四十年、佛法未滅、爾時有一持戒比丘、名曰覺德、爾時多有破戒比丘、聞作是說、皆生惡心、執持刀杖、逼是法師、是時國王名曰有德、聞是事已、爲護法故、即便往至說法者所、與是破戒諸惡比丘、極共戰鬪、爾時說法者、得免厄害、王於爾時、身被刀劒箭槊之瘡、體無完處如芥子許、爾時覺德、尋讃王言、善哉善哉、王今眞是護正法者、當來之世、此身當爲無量法

器、王於是時、得聞法已、心大歡喜、尋即命終生阿閦佛國、而爲彼佛、作第一弟子、其王將從人民眷屬、有戰鬪者、有歡喜者、一切不退菩提之心、命終悉生阿閦佛國、覺德比丘、却後壽終、亦得往生阿閦佛國、而爲彼佛作聲聞衆中第二弟子、若有正法欲滅盡時、應當若如是受持擁護、迦葉、爾時王者、則我身是、說法比丘、迦葉佛是、迦葉護正法者、得如是等無量果報、以是因緣我於今日、得種種相、以自莊嚴、成就法身不可壞身、佛告迦葉菩薩、是故護法優婆塞等、應執持刀杖擁護如是、善男子、我涅槃後、濁惡之世、國土荒亂互相抄掠、人民飢餓、爾時多有爲飢餓故發心出家、如是之人、名爲禿人、是禿人輩、見護持正法、駈逐令出、若殺若害、是故我今聽持戒人依諸白衣持刀杖者以爲伴侶、雖持刀杖、我說是等、名曰持戒、雖持刀杖、不應斷命、法華經云、若人不信、毀謗此經、即斷一切世間佛種、乃至其人命終入阿鼻獄已上經文、

夫經文顯然、私詞何加、凡如法華經者、謗大乘經典者、勝無量五逆、故墮阿鼻大城、永無出期、如涅槃經者、設許五逆之供、不許謗法之施、殺蟻子者、必落三惡道、禁謗法者、定登不退位、所謂覺德者是迦葉佛、有德者則釋迦文也、法華涅槃之經敎者、一代五時之肝心也、其禁實重、誰不歸仰哉、而謗法之族、忘正道之人、剩依法然之選擇、彌增愚癡之盲瞽、是以或忍彼遺體、而露木畫之像、或信其妄說、而彫莠言之模、弘之海內、翫之郭外、所仰則其家

風、所施則其門弟、然間或切釋迦之手指、結彌陀之印相、或改東方如來之鴈宇、居西土教主之鵝王、或止四百餘回之如法經、成西方淨土之三部經、或停天台大師講、爲善導講、如此群類其誠難盡、是非破佛哉、是非破法哉、是非破僧哉、此邪義則依選擇也、嗟呼悲哉、背如來誠諦之禁言、哀矣隨愚侶迷惑之麤語、早思天下之靜謐者、須斷國中之謗法矣。

謗法の罪に因りて起れる一國の天變地夭は何かにして之を逭れ得べきか、何の術を以てして之を免かるべきか、此の問に答ふるものは亦天地の外にあるべしとも覺えず、然るに聖日蓮は正さに之に答へぬ、先づ謗法に施すことを止めよ寧ろ彼等が頸を刎ねよと、而も此事たるや亦温健醇雅なる經典の金言に由る、經典の文字に天地の意義は現はれて、天空の神言は實に此の如く聖日蓮の舌より發せられたり。

第十四

彼等謗法者流の頸を刎ねよとは何かなる麁惡の强言ぞや、縱ひ經典に之れを說くとも此の事信受し難きのみ、況や別に末代の僧をば持戒破戒を論せず一切皆供養すべしとの佛說あるをや。

客曰、若斷謗法之輩、若絕佛禁之違者、如彼經文、可行斬罪歟、若然者、殺害相加、罪業何爲哉、則大集經云、剃頭著袈裟、持戒及毀戒、天人可供養彼

、則爲供養我、是我子、若有撾打彼、則爲打我子、若罵辱彼、則爲毀辱我、料知不論善惡、無擇是非、於爲僧侶、可展供養、何打辱其子、忝悲哀其父、彼竹杖之害目連尊者也、來沈無間之底、提婆達多之殺蓮華比丘尼也、久咽阿鼻之焰、先證斯明、後昆寂恐、似誡謗法、既破禁言、此事難信、如何得意。

主人云、客明見經文、猶成斯言、心之不及歟、理之不通歟、全非禁佛子、唯偏惡謗法也、夫釋迦之以前佛敎者、雖斬其罪、能仁之以後經說者、則止其施、然則四海萬邦、一切四衆、不施其惡、皆歸此善、何難並起、何災競來矣。

若し正法弘通の法師は應當に其の身を供養すべし、謗法邪惡の比丘は應當に其の頸を刎ぬべし、而して之れが布施供養を停むるは、義意即ち其の頸を刎ぬるに同じきなり、所以者何、佛敎にては飲食財寶を外命と名く、其の人の命根を持續せしむるものなればなり、今謗法邪惡の比丘に飲食財寶を布施するは即ち謗法邪惡の命根に培ふものにして、罪之れより大なるは莫し、是故に護法の者は須らく謗法の布施を停むべし、是れ彼れが外命を斷つなり、是れ彼れが頸を刎ぬるなり、而して此の一術能く三災を禳ひ、此の一方必ず七難を祓はむ、持戒毀戒一切の僧を供養せよとの佛說は正法に屬する者の聖凡二僧を指すなり、縱ひ持戒の聖僧なりとも、謗法邪惡の徒輩ならば、爭でか供養すべき。

第十五

客則避席刷襟曰、佛教斯區、旨趣難窮、不審多端、理非不明、但法然聖人選擇現在也、以諸佛諸經諸菩薩諸天等載捨閉閣抛、其文顯然也、因茲聖人去國善神捨所、天下飢渴、世上疫病、今主人廣引經文、明示理非、故妄執既翻、耳目數朗、所詮國土泰平、天下安穩、自一人至萬民、所好也、所樂也、早止一闡提之施、永致衆僧尼之供、收佛海之白浪、截法山之綠林、世成羲農之世國爲唐虞之國、然後斟酌法水之淺深、崇重佛家之棟梁矣。

主人悅曰、鳩化爲鷹、雀變爲蛤、悅哉汝交蘭室之友、成麻畝之性、誠顧其難專信此言、風和浪靜、不日豐年耳、但人心者隨時而移、物性者依境而改、譬猶水中之月動波陣前之軍靡劍、汝當座雖信、後定永忘、若欲先安國土而祈現當者、速廻情慮、急加對治、所以者何、藥師經七難內、五難忽起、二難猶殘所以他國侵逼難、自界叛逆難也、大集經三災內、二災早顯、一災未起、所以兵革災也、金光明經內、種種災過、一一雖起、他方怨賊侵掠國內、此災未露此難未來、仁王經七難內、六難今盛、一難未現、所以四方賊來侵國難也、加之國土亂時先鬼神亂、鬼神亂故萬民亂、今就此文、具案事情、百鬼早亂、萬民多亡、先難是明、後災何疑、若所殘之難、依惡法之科、並起競來者、其時何爲哉、帝王者基國家而治天下、人臣者領田園而保世上、而他方賊來而侵逼其國、自界叛逆而掠領其地、豈不驚哉、豈不騷哉、失國滅家、何所遁世、汝

須思一身之安堵者、先禱四表之靜謐歟、就中人之在世、各恐後生、是以或信邪敎、或貴謗法、各雖惡迷是非、而猶哀歸佛法、何同以信心之力、妄宗邪義之詞哉、若執心不飜、亦曲意猶存、早辭有爲之鄕、必墮無間之獄、所以者何大集經云、若有國王、於無量世、修施戒慧、見我法滅、捨不擁護、如是所種無量善根、悉皆滅失、乃至其王不久當遇重病、壽終之後、生大地獄中、如王夫人太子大臣城主村主郡主宰官亦復如是、仁王經云、人壞佛敎、無復孝子、六親不和、天神不祐、疾疫惡鬼、日來侵害、災恠首尾、連禍縱橫、死入地獄餓鬼畜生、若出爲人兵奴、果報如響如影、如人夜書火滅字存、三界果報亦復如是、法華經第二云、若人不信毀謗此經、乃至其人命終入阿鼻獄、又同第七卷不輕品云、千劫於阿鼻地獄、受大苦惱、涅槃經云、遠離善友、不聞正法、住惡法者、是因緣故、沈沒在於阿鼻地獄、所受身形縱橫八萬四千由延、廣披衆經專重謗法、悲哉皆出正法之門、而深入邪法之獄、愚矣各懸惡敎之綱、而鎭纒謗敎之網、此朦霧之迷、沈彼盛焰之底、豈不愁哉、豈不苦哉、汝早改信仰之寸心、速歸實乘之一善、然則三界皆佛國也、佛國其衰哉、十方悉寶土也、寶土何壞哉、國無衰微、土無破壞、身是安全、心是禪定、此詞此言、可信可崇矣。

第十六

嗚呼此の一段實に立正安國論一篇の主腦にして、玆に至りては全く人間の手に成れる文字に非ず、實に三國三時の間に比ぶべきものなき、三世了達の佛陀の未來記にも劣らざる神符天識は、唯不思議の書なりと言ふの外、將た何の辭を以て之を形容すべきか、蒼たる雲表に現はれたる天然金色の大文字、天空の神言は正さに是れなるのみ。

即時諸天、於虛空中、高聲唱言、過此無量無邊百千萬億阿僧祇世界、有國名娑婆、是中有佛、名釋迦牟尼、今爲諸菩薩摩訶薩、說大乘經名妙法蓮華敎菩薩法佛所護念、汝等當深心隨喜、亦當禮拜供養釋迦牟尼佛。（法華經第七、如來神力品二十一、）

靈山の雲の上、鷲峯の霞の中、唯一本佛の正法已に顯はれ、將さに末法の大導師本化の上行菩薩に結要付囑せむとして十種の大瑞あり、此の大瑞は現に聖日蓮の身に當りて、正嘉の大地震等と爲り、諸天亦虛空の中に於て高く叫び盛むに唱へり、暴風暴雨、星宿變恠、夏雪冬雷、飢饉疫癘等皆是れ諸天の邪信を戒め正信を荓むる所以の大音聲なるに非ざるは莫きなり、只當さに娑婆世界の本主たる釋迦牟尼佛あることを知れよ、無量無邊百千萬億阿僧祇の世界に超過せる本有大娑婆に於ける唯一本佛の大釋迦牟尼佛あることを知れよ、此の唯一本佛今や面り汝等末法の一切衆生の爲めに妙法蓮華經の五字を說き示し給へり、汝等當さに深心に此の正法を隨喜すべし、亦當さに其の唯一本佛を禮拜し供養すべし

と、今此の諸天の大音聲を顯はして直ちに立正安國論の一篇と爲す、乃ち斯の一篇の文字は豈に天然金色の大文字なるに非ずや、豈に眞に天空の神言それなるに非ずや。

諸君は更に此の一段の中に於て、諸天の大音聲を以て宣言したる最大不思議の大文字に着眼せよ、

若欲先安國土而祈現當者、速回情慮、急加對治、所以者何、藥師經七難內、五難忽起、二難猶殘、所以他國侵逼難、自界叛逆難也、大集經三災內、二災早顯、一災未起、所以兵革災也、金光明經內、種種災過一一雖起、他方怨賊侵掠國內、此災未露、此難未起、仁王經七難內、六難今盛、一難未現、所以四方賊來侵國難也、加之國土亂時先鬼神亂、鬼神亂故萬民亂、今就此文具案事情、百鬼早亂、萬民多亡、先難是明、後災何疑、若所殘之難、依惡法之科並起競來者、其時何爲哉、帝王者基國家而治天下、人臣者領田園而保世上、而佗方賊來而侵逼其國、自界叛逆而掠領其地、豈不驚哉、豈不騷哉。

若し先づ國土を安むじて、現當二世の福利を祈らむと欲せば、速に熟慮して、急に謗法を對治せよ、遲疑すべからず、躊躇すべからず、所以者何、災難猶ほ踵を接して來るべきが故なり、向に已に四經の文を擧げて具さに災難の相を示したり、其の中藥師經に七難あり、五難疾くに起りて二難猶ほ殘る、謂ゆる他國

侵逼難と自界叛逆難となり、大集經三災の内、二災早く顯れて一災未だ起らず謂ゆる兵革なり、金光明經の内、種種の災過一一起りたれども、他方の怨賊國内を侵掠するの災難未だ露はれず未だ起らず、仁王經七難の内、六難今盛むにして一難未だ起らず、謂ゆる四方の賊來つて國を侵すの難なり、況や國土亂れむ時は鬼神先づ亂る、鬼神亂るゝが故に萬民亂る、今日本の一國は百鬼已に亂れて萬民多く亡べり、先難是れ明らかなり、後災何ぞ疑はむや、若し殘るところの難、惡法の科に依りて、並び起り競ひ來らば、其の時何かんが爲むや、帝王の基ひとするところは國家の治平にあり、臣民の保すむずるところは田園の領堵に存す、然るを他方の賊來りて其の國内を侵かし、自界叛逆して其の土地を掠めば豈に驚動騷亂せざるを得むや。

是れ此の宣言明らかに天地の機微を示して、而して天地亦果然として此の宣言に應じたり、文應元年七月十六日本論を公廳に進めてより九箇年を經て文永五年一月、蒙古の牒狀始めて日本に來る、他國侵逼難の瑞相爰に現はれ、佛陀の龜鏡赫として天日の如し、一國災難の由來偏に彼の邪法にありしこと全く分明なるに至れり。

去見二正嘉元年太歲丁巳八月二十三日戌亥之刻大地震一勘レ之、其後以二文應元年太歲庚申七月十六日一、付二宿谷禪門一、奉レ獻二最明寺入道殿一、其後文永元年太歲甲子七月五日大明

星之時、彌彌知此災根源、自文應元年太歲庚申至于文永五年太歲戊辰後正月十八日、經九箇年、自西方大蒙古國可襲我朝之由、牒狀渡之、又同六年重牒狀渡之、既勘文叶之、準之思之、未來亦可然歟、此書有徵文也、是偏非日蓮之力、法華經之眞文所感應歟。

文永六年太歲己巳十二月十八日寫之、（『聖人御遺文』三九二頁）

是れ「立正安國論奧書」と稱するものにして、蒙古の牒狀來れるに依り、聖日蓮親から論の後に記したる筆なり、當時世界の交通未だ開けず、一國の都鄙猶ほ遐かに華夷の感あり、況や萬里海外の事情をや、況や其の來攻をや、然るに豫め其の之れあるべきを言ふこと、一年の前ならず、二年三年の前ならず、九箇年以前に於て、「先難是明後災何疑」と言ひしことは神業ならで協ふべきことかは、之をしも不思議と言はずむば、古今天地の間に決して不思議なるものは非ざるべし。

第十七

然れども委細に之を考ふれば是れ不思議に非ず、當さに然るべき明確の事なるなり、九箇年以前に蒙古の來襲を豫言したりと云ふも、此の事は二千年の前に於て疾く已に記せられたる佛陀經典の他國侵逼難なるものなり、何かで聖日蓮の不思議なるべきや、論の奧書に「是偏非日蓮之力」と云ふは是れなるべし、但し

佛陀の經典には、謗法邪人の咎に依りて國土に具さに三災七難あるべしと說きたり、謗法邪人の充滿せる國土は聖日蓮當時の日本國を除きて何れにかゝる國土ありしや、聖日蓮の當時を閣きて何れの國土にかゝる三災七難具さに起りしことありや、二千年前に記せられたる佛陀の經典も、若し聖日蓮當時の日本國なくば幾ど世尊の大妄語たるべし、されば聖日蓮に依りて始めて活ける佛陀の經典は、何かに聖日蓮の不思議を視めしたるものなるかを念へ、最大不思議と云ふは即ち是れなり。

四經の文に三災あるべしと云へば即ち現に三災あり、七難あるべしと云へば乃ち現に七難あり、惡王惡比丘あるべしと云へば乃ち現に惡王惡比丘あり、殊に法華經の如きは末法の初め正法の行者には三類の强敵あるべしと說きたり、而して聖日蓮の一身には現に此の三類の强敵起りぬ、謂ゆる無智の俗衆の惡口罵詈刀杖瓦石と一國比丘衆の邪智諂曲と有德持戒の僣聖大僧が讒言等なり、況や屢々所を逐はれ流罪死罪に行はるべき由も亦經典の眞文なるをや、嗚呼奇なる哉、一代の經典全く聖日蓮一人の身に在り、聖日蓮の一身は活ける一代の經典なり、活ける法華經の眞文なり、當時聖日蓮を輕め賤め、若は殺し、若は害せむとしたる一國の道俗は、直ちに是れ法華經の眞文を輕賤し、釋尊一代の經典を殺害せむと圖りたる大逆罪の惡王惡比丘どもなるなり、現當の大罰豈に重か

らざるを得むや。

然るに更に最大不思議の點ありて別に深遠の意義を有す、其は聖日蓮の如くなるものは何人にもあれ、何れの時に於ても、必ず此の三類の敵を招き、必ず此の三災七難を起して、一代の經典、法華經の眞文、一々に其の人の一言一行と爲りて現はれ來るべきことは是れなり、今や立正安國論ありしより以來已に六百五十年を過ぎぬ、果して聖日蓮の如き人は非ざるか、聖日蓮と其の大信を同ふする人は非ざるか、念佛等の謗法邪人は現に國中に充滿せり、天變何を以てか起らざる、地夭何を以てか來らざる、然れども暴風暴雨、人民を吹き漂はし、山崩れ石流れ、靈嶽其の容を變じて天柱爲めに危く、神境其の勝を失ふて天橋終に斷てり、天地の意氣は殆ど察し難きに非ず、吾人如何ぞ勇猛の大志を興さざるべきけむや。

佛記して云く、我滅後正像二千年過ぎて、末法の始めに、此の法華經の肝心題目の五字計りを弘めんもの出來すべし、其時惡王惡比丘等大地微塵より多くして、或は大乘、或は小乘等をもて爭はんほどに、此の題目の行者に責られて在家の檀那等をかたらひて、或は罵り、或は打ち、或は牢に入れ、或は所領を召し、或は流罪、或は頸をはぬべし、然りと云へども退轉なく弘むるほどならば、仇を爲すものは、國主は同志打をはじめ、餓鬼の身を食ふが如くならむ、後

には他國より攻めらるべし、これ偏へに梵天帝釋日月四天等の法華經の敵なる國を他國より責めさせ給ふなるべしと說かれて候ぞ、各各我が弟子と名乘らん人人は一人も臆しおもはるべからず、親を思ひ、妻子を思ひ、所領を顧みること勿れ、無量劫より以來、親子妻子所領の爲めに身命を捨てたる事は大地微塵よりも多し、法華經の故には未だ一度も捨てず、法華經をば若干行ぜしかども、かゝる事出來せしかば退轉して止みにき、譬へば湯をわかして水に入れ、火を切るに遂げざるが如し、各各思ひ切り給へ、此の身を法華經に替ふるは石に金をかへ糞に米をかうるなり、佛滅後二千二百二十餘年が間迦葉阿難等、馬鳴龍樹等、南岳天台等妙樂傳敎等だにも未だ弘め給はぬ法華經の肝心諸佛の眼目たる妙法蓮華經の五字、末法の初に一閻浮提に弘まらせ給ふべき瑞相に日蓮さきがけしたり、和黨共二陣三陣つゞきて、迦葉阿難にも勝ぐれ、天台傳敎にも越へよかし、僅の小嶋の主等がおどさんに怖ぢては閻魔王の責をば何かんがすべき、佛の御使と名乘りながら、臆せむことは無下の人人なり。（聖人御遺文、一三八八頁、種種御振舞抄）

第十八

客曰、今生後生誰不愼、誰不恐、披此經文、具承佛語、誹謗之科至重、毀法之罪誠深、我信一佛抛諸佛、仰三部經而閣諸經、是非私曲之思、則隨先達之

詞、十方諸人亦復如是、今生者勞性心、來生者墮阿鼻、文明理詳、不可疑、彌仰貴公之慈誨、益開愚客之癡心、速廻對治、早致泰平、先安生前、更扶沒後、唯非我信、又誡他誤耳。

日本國の衆生若し釋尊在世の如く純善調熟の上機たらば、此の天空の神言を聽きて直ちに實乘の一善に歸すべきなり、然るに彼れ惡王惡比丘の時賴等は毫も悔ゆるの心なきのみならず、反つて益〳〵謗法を逞ふし、更に幾層の逼害を聖日蓮の一身に加ふ。

彼諸衆生、聞虛空中聲已、合掌向娑婆世界、作如是言、南無釋迦牟尼佛、南無釋迦牟尼佛、以種種華香瓔珞旛蓋、及諸嚴身之具、珍寶妙物、皆共遙散娑婆世界、（法華經第七、如來神力品二十一）

悲哉彼等は善種已に盡きて枯槁の衆生たり、毒氣深く入りて其の本心を失ふ、娑婆世界に向はずして西方淨土に向ひ、南無釋迦牟尼佛と言はずして南無阿彌陀佛と唱え、一國財寶の布施供養を擧げて、皆共に遙に有名無實の極樂世界に散ず、吁々諸天の大音聲は乃まし果して汝等が耳に入らざるか、今の念佛者等亦少しく此の法華經の眞文に慚づるところあれよ。

更に謹むで聖日蓮の門下諸君に告ぐ、立正安國論の最後「唯非我信又誡他悞」の兩句は何かに諸君の肝膽を寒からざらしめずや、一國の災難天地の變夭は固より

他宗の悞まりに因ると雖も、然れども我が信ずるところ若し非ならば、謗法の大逆は亦他宗の悞まりに同じかるべきものぞ。

日蓮之弟子等、又此大難難レ脱歟、彼不輕輕毀衆、現身加二信伏隨従四字一、猶先謗依レ強、先墮二阿鼻大城一、經二歴千劫一、受二大苦惱一、今日蓮之弟子等亦如レ是、或信、或伏、或隨、或從、但名假レ之、不レ染二心中一、信心薄者、設不レ經二千劫一、或一無間、或二無間乃至十百無間、無レ疑者歟、（『聖人御遺文』一〇七三頁、顯立正意抄）

未來已に無間地獄なり、現在豈に三災七難を招かざらむや、されば此の大禍に依りて天變地天亦必ず當さに今の日本國に起るべきことを怖れよ、日本國の亡ぶるか亡びざるかは偏へに聖日蓮を信ずる諸君の責任に在り、佛國土の日本國をして徒らに戰鬪の血に醉える修羅の惡國たらしむるこさ勿れ。

已上

（完）

附錄

第貳

聖日蓮と大日本國

◉聖日蓮と大日本國

我れ日本の柱とならむ、我れ日本の眼目とならむ、我れ日本の大船とならむ等と誓ひし願やぶるべからず。（『御遺文』八一六、開目鈔下）

嗚呼此の獅子吼の叫びを發したる聖日蓮は如何に日本國を觀たりや、小日本國か、將た大日本國か。

曾て弟子日進なるもの京都に遊學するの時、偶ま堂上の招きに應じ、法華經を其の持佛堂に講じたることあり、踴躍して狀を鎌倉なる聖日蓮の許に報ず、文辭頗る得意を以て滿たされたり、聖日蓮直ちに報書之を誡めて云はく、

御持佛堂にて法門申したりしが面目なんど書かれて候事、返す〴〵不思議に覺え候、其の故は僧となりぬ、其上へ一閻浮提に有り難き法門なるべし、設ひ等覺の菩薩なりとも何とか思ふべき、況して梵天帝釋等は、我等が親父たる釋迦如來の御所領を預かりて、正法の僧を養ふべき者につけられて候、毘沙門は四天下の主、此等が門《カド》守《マモ》り、又四州の王等は毘沙門天が所從なるべし其上へ日本秋津島は四州の輪王の所從にも及ばず、但島の長《オサ》なるべし、長《オサ》なんどに仕へむ者どもに、召されたりなんど書く上へ、面目なむど申すは、かた〴〵詮するところ日蓮を卑しみて書けるか。（『御遺文』六二四、「法門可申書」）

日本國をば「四州の輪王の所從にも及ばず」と爲し、其の帝王を「但島の長《オサ》なるべし」と言ふ、如何に悖逆に似たる無禮の言辭なるぞや、其の鎌倉幕府の迫害に遭ふに際して又弟子檀那等を勵まして云はく、

各各我が弟子と名乘らん人人は一人も臆《オク》し念はるべからず、親を思ひ、妻子を思ひ、所領を顧みること勿れ、無量劫より以來、親子所領の爲めに、命《チ》を捨てたることは大地微塵よりも多し、法華經の御爲めには未だ一度も捨てず法華經をば若干行せしかども、斯る事出來せしかば退轉して止みにき、譬へば湯を沸かして水に入れ火を切るに遂げざるが如し、各各思ひ切り給へ、此の身を法華經に替ゆるは、石に金をかへ糞に米をかゆるなり、佛滅後二千二百二十餘年が間、迦葉阿難等、馬鳴龍樹等、南岳天台等、妙樂傳敎等だにも未だ廣め給はぬ、法華經の肝心、諸佛の眼目たる妙法蓮華經の五字、末法の始めに一閻浮提に弘まらせ給ふべき瑞相に日蓮さきがけしたり、和黨ども二陣三陣つゞきて、迦葉阿難にも勝ぐれ、天台傳敎にも超えよかし、僅の小島のぬし等が威《オド》さんに怖《オ》ぢては、閻魔王の責をば如何がすべき、佛の御使と名乘りながら臆せむことは、無下の人人なりと申し含めぬ。（『御遺文』一三八八、種種御振舞書）

此の中に「僅の小島」とは亦日本國を指したるなり、若し其れ此の如くんば、聖日蓮の觀たる日本國は果して小日本國なりや、其の國の主長は果して地界四輪の

所從にも及ばざる粟散の一小王に過ぎざるか、

茲に於てか世の聖日蓮を議する者に於て、聖日蓮の國家觀は往々誤解せらる、者あるを觀る、博士高山樗牛曾て之を辨じて言へり、

日蓮流されて佐渡に在るや、地頭本間の六郎左衞門に向つて曰へらく、吾言を用ひずば國必ず亡ぶべし、日蓮は幼若なれども法華經を弘むれば釋迦佛の御使ぞかし、僅の天照大神、正八幡なむど申すは此國には重けれども、梵釋日月四天に對すれば小神ぞかし、されども此神人なむどを失《アヤ》まちぬれば只の人の殺せるには七人半なむど申すぞかし、此は彼に似るべくもなし、教主釋尊の御使なれば、天照大神、正八幡宮も、頭を傾け、手を合せて、地に伏し給ふべき事也、法華經の行者をば、梵釋左右に侍り、日月前後を照し給ふ、かゝる日蓮を用ひぬるとも、惡しく敬はゞ國亡ぶべし、いかに況や數百人に憎まれ、二度まで流しぬ、此國の亡びむこと疑ひなかるべけれども、且らく禁《トヾメ》を爲して國を助け給へと日蓮がひかうればこそ、今までは安穩にありつれども、法に過ぐれば罰あたりぬる也、又此度も用ひずば、大蒙古國より打《ウツ》手《テ》向うて、日本國亡ぼさるべし。云云

是の如きは今の道學先生にとりて、眞に驚心駭目の大文字なるべし、天照大神正八幡を目して小神となし、自らは教主釋尊の御使なれば、天照大神正八

幡も叩頭合掌して拜跪し給ふべきこと也と言ひ、吾が言を用ひずば國必ず亡ぶべしと斷言す、日蓮そも〱何の權威ありて是の不敵の言を爲すや、是れ道學先生の怪みて而して解し能はざる所也。

然れども怪むを休めよ、日蓮にとりては是の如きは毫も奇矯の言に非じ、彼れにして苟も國家神祇に及ばむ乎、言の此に到る寧ろ理義の自然のみ、畢竟三界は悉く皆佛土たり、日本亦其國土と神明と萬民とを併せて、教主釋尊の一領域たるに過ぎず、苟も佛陀の悲願に適はず、眞理の榮光に應へざるものは、其の國土と民衆と、共に膺懲し、改造せられざるべからず、日蓮釋尊の勅使として「國必ず亡ぶべし」と宣言せる毫も怪むに足らざる也、三界既に佛土たり、天照大神八幡の諸神も亦佛の眷屬のみ、昔者釋尊靈山の會上に於て地涌の菩薩を召集し、三千世界の佛神を集めて、末法化導の大任を上行菩薩に寄せたりし時、天照大神正八幡等も亦世尊の告勅に應じて、末法行者の影護を誓ひたる八萬恒河沙衆の中にあり、今夫れ一代佛教の大歸趣を體現せる上行菩薩は己れ自らに外ならずとの自覺に住せる日蓮よりして是を觀れば、天照大神正八幡の如きは素より言ふに足らざるのみ、「頭を傾け、手は合せて、地に伏し給ふべき也」と宣言する亦毫も怪むを要せざる也。（『樗牛全集』第四卷、九二一頁、）

然り小日本國の神祇は梵釋日月四天に對すれば本より小神なり、三界の本主た

る釋尊の御使に向つては應さに頭を傾け手を合せて地に伏し給ふべきのみ、但し聖日蓮の眼に観たるものには尚ほ此の小日本國ならざる大日本國あり、小神祇ならざる大神祇の天照八幡あり、而も其の大日本國なるものは博士の謂はゆる超國家的大理想（『樗牛全集』第四卷九一七頁、）なる眞理界に非ずして、純乎たる國家的史實的の大日本國なり、他人の理想を待つて始めて大日本國たるに非ざるの大日本國なり、即ち日本は建國の初めより其の體義己に全く大日本國なるものにして、而して聖日蓮は乃ち深く此の建國の體義を領會したる者なり、若し然らば其の大日本國観は果して如何、

曾て蒙古國の來りて我が西邊に寇するや、聖日蓮直ちに回文を弟子檀那等に示して云はく、

小蒙古ノ之人寄セ二來ルノ大日本國ニ一之事。我ガ門弟並ニ檀那等ノ中カ。若ハ向ヒ二他人ニ一。將タ又タ自ラモ不レ可レラ及フ二言語ニ一。若シ違二背セバ此ノ旨ニ一。可キレ離ス二門弟ヲ等ノ一由所二存知スル一也。以テ二此ノ旨ヲ一可クレ示ス二人人ニ一候ナリ也。（『御遺文』二〇五、五、小蒙古書）

他國侵逼難の金文を擧げて蒙古の來寇を預言したるは、文應元年述作の立正安國論中に在り、爾來九箇年を經て、文永五年彼の國より牒狀到來す、越えて十餘歳弘安四年七月蒙古右亟相阿剌罕、左亟相范文虎等、艨艟四千隻に歩騎十餘萬を載せて我が鎮西の海を壓す、警烽未だ揚ぐるに遑あらずして壹岐對馬の二嶋先づ陥る、論の預言果して虚しからざりき、是の時に際し常に聖日蓮の言を侮

蔑したるものは何かに慚ぢ且つ怖れたるらむ、之に反して弟子檀那等は何かに滿面に得意の色を現はしたるらむ、然れども一國浮沈の大事に莅み、自家の主張を誇るが爲めに却つて其の厄難を喜び迎ふるが如き狀を視めすは國士たるもの、固より愼むべきところにして、且つ此の如きは遇ま聖日蓮の眞悳に辜くものなれば、此の一通の回文を以て豫め其の妄擧輕動を誡めたることは洵に至當の處置なりとす、而して此の回文に於て彼れを小蒙古と呼び、我れを大日本國と稱せり、是れ先づ吾人の最も留意すべき點ならずや。

試みに大日本國の名稱が果して何れの時代より何等の意義を以て呼び初めたりしやを一考せよ、日本書紀等の古典どもには「おほやまと」なる稱呼に配するに大日本の三字を以てしたれども、上代に在りて「おほやまと」なるものは、言はゆる大《オホ》八《ヤ》洲《シマ》の中の一部分にして、本來は大和地方の偏名なりしに過ぎず、但ゞ我が皇祖一旦大和に宮《ミヤ》居《ヰ》し給ひけるよりして此の一帶の地方は全國の主要區域と爲り其の偏名は竟に廣く大《オホ》八《ヤ》洲《シマ》の總稱として代用せらるゝに至りしとは云へ、其は後の事にして上代の「おほやまと」は全く一國の總名なりしに非ず、加之ず之れを「おほやまと」と呼ぶも唯是れ宮《ミヤ》居《ヰ》の地域を指したる敬式の辭令にして、隨つて書紀等が用ゐたる大日本の大の字も意義の極めて單純なるものなりしなり、然るに今や此の單純なる大日本の名稱が何時となく吾人國民一般の腦裡に意義の一

轉化を來し、斯の三字に於て建國の本領を呼び現はすの音響を自感するに至り大日本の大は正さに對外的の意義に於て熾に之を祝揚するの美稱とはなりたり、斯ゝる事は固より時代の推移より來れる自然の發作なるは勿論ながら單に自然と謂ひて毫も前人唱導の薫化力あるを顧はずして可ならむや、借問す曾て吾人の耳に聽かしむるに吾人が今日自感する如き對外的の意義に於てせる大日本の名稱を以てせし前人は果して何人なるべきか、聖日蓮の以前に於ける吾邦幾多の史書典籍中に果して斯ゝる意義の大日本を云云したる文辭ありや否や、憾むらくは吾人寡聞にして未だ其の之れあるを識らざるなり、日《ヒ》出國《イヅルクニ》日《ヒ》沒國《イルクニ》の對照はありしかども爭でか聖日蓮の品判したる小蒙古國と大日本國との相對比較に若かむや、聖日蓮の品判したる小蒙古國と大日本國とは其の國土の廣狹に非ず、其の人民の多寡に非ず、其の日出日沒の東西方位に非ず、正さに建國の本領より斷定したる彼我の相對にして言はゆる體義の大小なるもの是れなり、此の體義を將つて對外的に大日本と叫びたるは即ち今擧示したる一通の回文にして、斯ゝる大日本國の名稱は實に六百年前の聖日蓮より肇始す。

豈止だ西隣の一國たる蒙古のみならむや、坤輿の内何れの邦國に對しても他は皆小邦國なるに過ぎずとは、是れ亦聖日蓮の大日本觀なり、建治元年檀那上野時光に與ふる書中に云はく、

然るに我が日本國は、一閻浮提の内、月氏漢土にもすぐれ、八萬の國にも超えたる國ぞかし。（『御遺文』一三五三、神國王書）

對外的の意義に於て常に大日本の三字を謳頌する今日の吾人國民たるもの豈に斯の壯大なる意氣に倣らはざる可けむや、而も斯の壯大なる意氣は全く建國の本領を悉くしたる一國體義の自信力に依りて發生せられたる公明の道義心なり應さに知れ體義の上の大日本は國土の廣狹に關からず人民の多寡に係はらずして、粟散小島の小日本ながらに直ちに是れ宇内に冠絶したる眞正無比の大日本國なることを、夫れ我が建國の本領は維れ神厥の公道公義を國礎とし給ひ列祖列宗の天位彼の天日と共に渝らせ給はず、其の創造は神靈の偉手親しく至公至正の天橋に立ちて凝結せしめたる天國の大《オホ》八《ヤ》洲《シマ》なり、人欲の地上に區書を施したる穢惡の邦土なるに非ず、縱ひ其の幅員は大ならざるも本《ト》己に天座なり豈に無限の廣大界なるに非ずや、其の君は天君にして、其の民は天民なり、豈に最勝の靈容なるに非ずや、此の如きは實に月氏漢土にもすぐれ、八萬の國にも超えたる國にして一閻浮提に何の邦國か敢て善く之に比すべき、されば吾人國民の謳頌する大日本國は斯かる體義の上の大日本にして、其の本領は常に公道公義を以て地上の萬國に臨むものなることを忘るべからず、彼の徒らに幅員の大なるを望み、單に劍戟の力のみを以て列國と武強を爭はむと欲するが如きは、

抑も自から日本國を小なりと念ふものにして、此の輩偶ま將さに國家の前途を危ふせむとするに過ぎず、夫れ大日本の建國已に此の如し、其の執るべきの劒戟は公道公義の威力なり、此の威力の前には決して敵魔あるべからず、之をこそ我が皇の威稜《ミイツ》とは稱し奉れ、

即《チ》解《キ》御《ミ》髪《クシヲ》。纒《ヒテ》御《ミ》美《ミ》豆《ヅ》羅《ラヲ》而。乃《チ》於《テモ》左右《ノ》御《ミ》美《ミ》豆《ヅ》羅《ラニ》。亦於《テモ》御《ミ》髪《グシニ》。亦於《テモ》左右《ノ》御《ミ》手《テニ》。各ゝ纒《ヒ》持《チテ》八《ヤ》尺《サカ》勾《マカ》璁《タマ》之《ノ》五《イ》百《ホ》津《ツ》之《ノ》美《ミ》須《ス》麻《マ》流《ル》之《ノ》珠《タマヲ》而。曾《ソ》比《ビ》良《ラ》邇《ニ》者《ハ》負《オヒ》千《チ》入《イリ》之《ノ》靫《ユキヲ》。附《ツケ》五《イ》百《ホ》入《イリノ》靫《ユキヲ》。亦所取《トリ》佩《ハギ》伊《イ》都《ツ》之《ノ》竹《タカ》鞆《トモヲ》而。弓《ユ》腹《ズヱ》振《フリ》立《タテ》而《テ》。堅《カタ》庭《ニハ》者《ニハ》。於《ニ》向《ムカ》股《モヽ》蹈《フミ》那《ナ》豆《ツ》美《ミ》。如《ク》泡《アワ》雪《ユキノ》蹶《ケハラ》散《カシテ》而。伊《イ》都《ツ》之《ノ》建《ヲ》男《タケビフミ》踏建《タケビテ》而。待《チ》問《玉ハク》。何《ノ》故《ニ》上《リ》來《ルヤ》。（『古事記』上卷）

地上の惡國より天國に參り上ぼらむとする下剋上の逆運を觀そなはして武裝し給へる祖神の威稜《イツ》が何かに雄々しきかを拜せよ、即ち我が大日本國の位置は常に公道公義の天に在り、公道公義の天を侵さむとするものに對して降魔の劒は直ちに其の鞘を脫せらるべし、蓋し地上の賞罰は固とに天國の大權なればなり、是故に今日の日本國民は劒戟を執るの前に於て先づ言はゆる公道公義の何かなるものなるかを探り求めよ、是れ誠に其の本領を顧みるの本分なるなり、吁ゝ今日日本國民の執れる劒戟は果して天國の大權として地上を賞罰するに足るべきものなりや。

夫れ佛法と申すは勝負を先とし、王法と申すは賞罰を本とせり、故に佛をば

世雄と號し、王をば自在と名けたり、中にも天竺をば月氏と云ふ、我が國をば日本と申す、一閻浮提八萬の國の中に大なる國は天竺、小なる國は日本なり、名のめでたきは印度第二、扶桑第一なり。（『御遺文』一六二八、四條金吾御返事）

若し其の國土の形狀幅員を視れば印度は大國にして日本は小國なり、然れども其の名を言へば彼れは月支、此れは日本、此の間勝劣自から分かる、抑も一閻浮提八萬の中《カ》に形狀幅員の最大なる印度すら名に於て已に我が日本に及ばず、況や自餘の邦國をや、聖日蓮は玆に先づ名のめでたきを擧げて而して實の存するところを悟らしむ、大日本國の名を知るものは、大日本國の實を識らざる可からざるが故なり、名實並び樹つて大日本國の體義乃ち在り、安くむぞ其の實を遺すれて敢て其の名を虛ふすべけむや、大日本國の大日本たる所以は武力に非ず、文學に非ず、農工商百科の發達に非ず、唯建國の體義たる公道公義の武力たるに在り、公道公義の文學たるに在り、公道公義の農工商百科たるに在り、斯くして後始めて其の武力は大日本國の武力となり、其の文學は大日本國の文學となり、其の農工商百科は大日本國の農工商百科となる、然らずむば是れ小日本なり、否日本に非ざるなり、徒らに其の名あつて全く其の實を失ふ、聖日蓮の常に叫びたる亡國とは是れ矣。

公道公義を以て建國の體義と爲せる大日本國は決して蕞爾たる東海の一孤島な

りと謂ふこと勿れ、其の領域としては維れ神の創造以來常に天空に高《カ》敷きて以て地上の萬國を總攝せり、即ち其の國は萬邦一國の國たり、其の君は宇内一君の君たり、是れ天國なり、是れ天君なり、區々利權を地上に爭ふべきものに非ず、請ふ一たび左に揭ぐるものを看よ、是れ實に上代に於て記せられたる眞正大日本國の領域なるものなり。

皇《スメ》神《ガミ》能《ノ》見《ミ》霽《ハルカ》志《シ》坐《マス》四《ヨ》方《モノ》國《クニ》者《ハ》。天《アマ》能《ノ》壁《カベ》立《タツ》極《キハミ》。」國《クニ》能《ノ》退《ノキ》立《タツ》限《カギリ》。」青《アヲ》雲《クモ》能《ノ》靄《タナビク》極《キハミ》。」白《シラ》雲《クモ》能《ノ》墮《オリ》坐《ヰ》向《ムカ》伏《フス》限《カギリ》。」青《アヲ》海《ウナ》原《バラ》者《ハ》棹《サヲ》楫《カヂ》不《ホ》レ干《サズ》。舟《フナ》艫《ノヘ》能《ノ》至《イ》留《メリトドマル》極《キハミ》。大《オホ》海《ウナ》原《バラ》爾《ニ》舟《フネ》滿《ミチ》都《ツ》都《ヅ》氣《ケ》氐《テ》。」自《クガ》レ陸《ヨリ》往《ユク》道《ミチ》者《ハ》。荷《ニノ》緒《ヲ》縛《ユヒ》堅《カタメ》氐《テ》。磐《イハ》根《ネ》木《キノ》根《ネ》履《フミ》佐《サ》久《ク》彌《ミ》氐《テ》。馬《ウマノツメ》爪至留限《イタリトドマルカギリ》。長《ナガ》道《ヂ》無《ヒマ》間《ナ》久《ク》立《タチ》都《ツ》都《ヅ》氣《ケ》氐《テ》。」（新年祭祝詞式）

嗚呼何ぞ其の領域の廣大なるや、天《アマ》能《ノ》壁《カベ》立《タツ》極《キハミ》、國《クニ》能《ノ》退《ノキ》立《タツ》限《カギリ》、青雲白雲何れか大日本國の版圖に非ざらむ、六合の間、四方の國、孰れか吾が神皇の統治に歸せざらむ、而して是れ他の故あるに非ず、一に建國の體義たる公道公義の廣大なるに由る、苟も此の公道公義にして振はざらむか、大日本の領域は爾の時に於て已に地上の敵魔に侵蝕せられたるなり、日露戰爭以降心盲の肉眼者流は頻に日本の領域膨脹せられたることを怡ぶ、然れども其の膨脹せられたる日本は果して公道公義の大日本たるに合ふや否やを一顧せよ、滿韓の各地多く我が利權の下に歸したるより、國民の彼の地に赴く者他の生產を狙ふて猫の鼠を伺ふが如く

加之ず大勝の餘威は歐米各國との交通往來を劇增せしめたるに乘じ、一種の奸商等は不正の暴利を此間に貪らむことを欲して、時を窺ひ機を偸むこと宛然穿踰の小盜に異らず、此の輩口に大日本國民と稱しながら、全く建國の體義を辨せず、本來の天民たるを忘れて一國の不信を海外に賣り、現在には自界の叛逆人と爲り、將來には亦爲めに畏るべき他國侵逼の大厄難を招致せむとす、悲ひ哉日露戰爭以降は却つて眞正大日本國なるもの、領域は著るしく縮少せられて大陸の面は俄に無賴なる一孤島民の跳梁を逞ふするを觀る。

伏して念ふに我皇祖國を肇め給ふてより今に二千五百六十七年、皇統連綿として一系亂れず洵に維れ神の大誥高く懸つて天日と偕に悠久なることは是れ歷世の天君能く祖宗の訓謨を守らせ給ひ建國の體義を將つて永く渝はらせ給はざるの致すところにして萬古不易の天座を庸に公道公義の上に築《ツ》き安《オ》かせ給ふが故なり、是故に上代に在りては君は克く民の君と爲り、民は克く君の民と爲り、上下輯睦して祭政穆如たり、加ふるに外は萬里の波濤を拓《ヒラ》きて誓つて四海一家の大《オホ》御《ミ》心《コヽロ》を遂行せむことを以て一般衆庶の期待するところと爲し「青《アヲ》海《ウナ》原《バラ》者《ニハ》。棹《サホ》楫《カヂ》不《ホ》レ干《サズ》。舟《フナ》艫《ノヘ》能《ノ》至《イタ》留《ル》極《キハミ》。大《オホ》海《ウナ》原《バラ》爾《ニ》。舟《フネ》滿《ミチ》都《ツ》都《ヅ》氣《ケ》氏《テ》。」と祝願したりき、然るに中世以降偶ま相將の二族交も〳〵我が國内に起り肆に自ら皇室の藩屏と稱してより上下忽ち疎隔せられて君民亦一體なるを得ず、就レ中武斷の暴政敢て四疆を杜

捻して、鐵鎖嚴に自ら一國を緊縛し、竟に大日本國の本領を展ぶること能はざらしめたるもの茲に幾百歳、其の間に在りて公道公義の天座は虚く九重の雲に隱れ、至尊の偕前咫尺の間に於てのみ僅に肇祖建國の遺容を古式の上に保留し、明星一點の微光辛らうして天曉の時を待つの悲感あらしめたることは、吾人の毎に切齒に堪えざるところなり、而して此の上下疎隔の爲め國民は建國の體義に甚しき誤解を招致し、今や聖代の昭々たるにも拘はらず、其の不道不義は昔日に比して更に一層の甚きを加ふ。

葦《アシ》原《ハラノ》千《チ》五《イ》百《ホ》秋《アキ》之《ノ》瑞《ミヅ》穗《ホノ》國《クニハ》是吾《ワガ》子《ミ》孫《マゴ》可王《シラスベキ》之《クニ》地《ナリ》也。宜爾《ミマシ》皇《ミ》孫《マゴ》就《ユキテ》而治《シロ》焉《シメ》行《セ》矣。寶祚之《アマツヒツギノ》隆《サカエマサンコト》。當與天壤《アメツチトトモニ》無窮《カギリナケム》者矣。

嗚呼是れ建國の體義たる維れ神の大誥にして立君の要固に斯の數句の金命に存す、然るに其の輕々しく之を拜する者は斯の大誥金命が亦直ちに吾人の遵由すべき大憲なることを顧はずして之を以て單に皇統系承の御事なりと思惟せり、此の根本の誤解あるが爲めに、其の行動は益々建國の體義に遠ざかりて永く大日本の國民たるに適はず、抑も斯の大誥金命に於て萬世一系の皇統を定め給ふ所以は決して彼の一人の君家を私しするが如きものに非ずして其の國全く宇內に冠絕したる千秋萬古永遠不易の國なるが故なり、されば「吾《ワガ》子《ミ》孫《コノ》可王《シラスベキ》之《クニ》地《ナリ》也」とあり、天君の治《シラ》すべき地は即ち天國なり、天國に在るべきの民は即ち天民なり、

天民何ぞ亡びむや、天國何ぞ衰えむや、斯の天國天民を統治し給ふものは實に萬世一系渝はるべからざるが爲めなればなり、乃ち斯の天國天民と相待つて我が大日本の天君は其の寶祚天壤と共に隆へむなり、此の如きの深大なる意義に由り斯の大詔金命あり、而して立君の要茲に正さに定まる矣、然るを自己の天民たるを忘れて建國の體義唯皇家の御事に屬すと謂ふは是れ豈に大なる誤解に非ずや。

斯る國民の大誤解は幾百年以前より久しく持續し來れる元品無明なるものにして、武斷政治の餘弊延ひて今に及べるものなりとは云へ、而も亦別に其の毒源ありて然らしめたることを識らざる可からず、其は多年日本に行はれたる念佛、禪、眞言等の敎義是れなり、彼等は漫りに此の土を穢惡と爲して之れが爲めに漸く現在國土の天國たる觀念を失はしめ、荐りに此の身を罪業の衆生と唱へて、亦天民たるの大自由を抑へ、眞如一體の本理を誤まりて上下の大節を滅無し、唯一己の利福を之れ皷吹して、全く公道公義の何物なるかを顧みざらしむ、此の毒源今に流れて此の一孤嶋の四周を繞り、聖代尚ほ惡浪の氾濫たる慘狀を視めして而して人の能く之を悟らざるは愍むべし。

聖日蓮は六百年前に於て決然大志を起し身命を捨て、此の毒源を一掃せむと圖りたり、此の毒源を一掃するに非ざれば大日本國の本領は竟に發揮すること能

はざればなり、大日本國の本領を發揮するに非ざれば法華經の妙理は現はれ難ければなり、是を以て國家と宗敎との両面より二箇の名分を立てき、言はゆる南無妙法蓮華經の題目は宗敎の上の名分なり、大日本國の四字は國家の上の名分なり、先づ此の名分を正ふして而して其の大義の存するところを知らしむ、是れ實に聖日蓮の一代を一貫せる主唱の大要なるものなり、此の大義名分を將つて彼の權邪の諸宗に對し、念佛無間、禪天魔、眞言亡國、律國賊等の四大格言は方めて起れり、其の言はゆる無間天魔は宗敎の罪なり、亡國國賊は國家の惡なり、國家と宗敎と本來一體にして宗敎の罪即ち國家の惡なるを以ての故なり。

世には宗敎の天國淨土を以て超國家の理想鄕なりと謂ふものあり、然り其の國家の組織が始めより宗敎の天國淨土なるに合はず、及び其の天國淨土の敎義が亦現在の國家に適せざるに於ては、宗敎の超國家たるべきは勿論なり、然れども法華經の如き特種の宗敎にありては說くところの敎義全く他の宗敎に異なりて、現在の國家直ちに是れ本國土妙なるものなれば、其の期するところは漠然たる理想鄕に非ずして、寧ろ現見の實際界たる常住の大娑婆たるに在り、決して超國家など謂ふべきものに非ず、況や日本の如き建國の體義已に純乎として法華經の本國土妙なるに於ては之れに對して何ぞ故さらに超國家の天國淨土を叫ぶを要せん、換言すれば特種なる宗敎の法華經と特種なる國家の大日本とは

両面全く其の體を一にして宗敎には大日本國の法華經、國家には法華經の大日本國たるなり、是に於てか聖日蓮の書中には屢〻日本を稱して法華經の國と呼べり、此の法華經の國たるもの乃ち正さに大日本國なり。

佛敎ハ必依テ國ニ可シ弘ム之ヲ。國ニハ寒國、熱國、貧國、富國、中國、邊國、大國、小國、一向偸盗國、一向殺生國、一向不孝國等有リ之レ。又一向小乘國、一向大乘國、大小兼學ノ國モ有リ之。而ルニ日本國ハ一向小乘國歟、一向大乘國歟、大小兼學國歟。能ク能ク可シ勘フ之ヲ。中略日本國ハ一向ニ法華經ノ國ナリ也。例セハ如シ舍衛國ノ一向大乘ナルガ也。又天竺ニハ一向小乘國、一向大乘國、大小兼學ノ國有リ之レ。日本國ハ一向大乘國ナリ。大乘ノ中ニモ可キ爲ル法華經ノ國也。是レ知ル國ヲ者也。而ルニ當世ノ學者ハ。日本國ノ衆生ニ一向授ケ小乘ノ戒律ヲ。一向ニ成ス念佛者等ト。譬ヘハ如シ寶器ニ入レタルカ穢食ヲ。（『御遺文』四一八、教機時國鈔）

日本一州ハ不似印度震且ニハ。一向純圓ノ之機ナリ也。恐クハ如シ靈山八年ノ之機ノ。以テ之ヲ思フニ之ヲ。淨土ノ三師ハ震且權大乘ノ機ニ不超ヘ。於テハ法然ニ者。不知ラ純圓ノ之機純圓之敎純圓ノ之國ヲ。爲ル權大乘ノ一分觀經等ノ念佛。不ル辨セ權實ヲ震且ノ三師ノ之釋。以テ之ヲ此ノ國ニ令メ流布セ。實機ニ授ケ權法ヲ純圓ノ國ヲ成シ權敎ノ國ト。嘗ムル醍醐ヲ者ニ與フルノ蘇味ヲ失誠ニ甚タ多シ。（『御遺文』五一三、當世念佛者事）

問テ云ク日本國ハ法華經涅槃經有緣ノ地ナリヤ否ヤ。答テ云ク法華經第八ニ云ク於テ如來ノ滅後ニ閻浮提ノ內ニ廣ク令メ流布セ使ムト不ラ斷絶セ。七ノ卷ニ云ク廣宣流布シテ於テ閻浮提ニ無カレ令ムルヿ斷絶セ。涅槃經第九ニ云ク此ノ大乘經典大涅槃經モ亦復如シ是ノ。爲メノ於ケル南方ニ諸ノ菩薩ノ故ニ當サニ廣ク流布ス經文已上。雖モ三千界廣シト。佛自ラ以テ法華

涅槃定南方流布處。於南方諸國中。日本國殊法華經可流布處也。問云其證如何。答曰肇公法華翻經後記云羅什三藏奉値須利耶蘇摩三藏授法華經時語云佛日西山隱遺耀照東北茲典有縁於東北諸國汝愼傳弘已上。東北者日本也。自西南天竺東北指日本。故慧心一乘要决云日本一州圓機純一朝野遠近同歸一乘緇素貴賤悉期成佛已上。（『御遺文』二六四、守護國家論）

以後大集經文推此法華經文。後五百歲中廣宣流布於閻浮提之鳳詔豈非扶桑國乎。彌勒菩薩瑜珈論云東方有小國其中唯有大乘種姓云云。慈氏菩薩相當佛滅後九百年。赴無著菩薩請。來下中印度。演說瑜珈論。是或隨於權機。或順付囑。或依於時。弘通權經。雖然法華經涌出品之時。見地涌菩薩疑近成之間。佛赴請演說壽量品。至分別功德品勸發地涌菩薩云惡世末法時能持是經者。彌勒菩薩非自身之付囑。雖不弘之。親於靈山會上。惡世末法時聽聞金言故。說瑜珈論之時。末法於日本國地涌菩薩可令流布法華經肝心之由。兼示之也。肇公翻經記云大師須利耶蘇摩左手持法華經右手摩鳩摩羅什頂授與云。佛日西入遺耀將及東此經典有縁於東北汝愼傳弘云云。予拜見此記文。兩眼如瀧。一身徧悅。此經典有縁於東北。西天月支國未申方。東方日本國丑寅方也。於天竺有緣於東北。豈非日本國哉。遵式之筆云。始自西傳猶月之生今復東返猶日之昇云云。正像二千年自西流東。暮月之如始西空。末法五百年自東入西。

朝日《ノ》之似《タリ》レ出《ヅルニ》二東天《ヨリ》一。（『御遺文』一一一、曾谷入道書）

若し聖日蓮の書中より此等の類文を計え擧げむには維れ日も足らず、今且らく三四を引例したるのみ、夫れ已に日本國を法華經の國土なりと定め、以て寶器に譬え、以て醍醐に喩ふ、而も其國土の何物なるかを知ると知らざることを以て法然等幾多諸宗人師の正邪得失を決せり、何ぞ日本國を觀るの若かく重ふして且つ大なるや、或は無著の瑜珈論を籍り或は僧肇の翻經後記を援くが如き、必しも敢て正證と爲すには非ざるも其の太だ懇懃を極むるの意や亦觀るべし、抑も日本國を以て法華經に有緣なりと爲す所以は但ゞ法華經なる一典籍が流布すべき國土なりとの謂ひに非ずして其の流布すべき國土が全く法華經的國土なるが爲めなり、斯の意義に於て閻浮提內廣宣流布の金言は經中に存し確として動かす。

閻浮提內の內の一字は聖日蓮の最も深く着眼したる文字にして、此の內の一字を以て遠くは東弗婆提等の三洲を嫌ひ、近くは印度支那等の諸國を簡び、三千界の中獨り日本國を取つて正さに法華經廣宣流布の地と定めたる佛陀の鳳詔なりと推斷せり、此の推斷を下すに就きて每に證を無著の瑜珈論等に籍ると雖も是れ助證のみ傍例のみ、苟も善く法華經一部の首尾を達觀したらむには誰れか此の推斷を不當なりと言はむ、序品の白毫は偏に東方萬八千の土を照らして餘

方を照らさず、普賢品の再演法華は亦東方の國より來りて勸發せり、此の如き等は豈に佛意の存するところありて然るに非ずや、況や其の中說くところ三類の記文等一々已に現はれて此の日本國に起れり、若し日本國の爲めにしたる法華經なりと爲さずば是等の未來記渾べて虛妄に屬するを奈何せむ、未來記の已に此の國に現はれたるは即ち是れ實際の事證なるものにして閻浮提內の金言正さに獨り日本國を指したることや決して疑ふべきに非ず。

此に於てか聖日蓮は更に史實的に日本國を法華經有緣の地なりと言へり、左の一節を觀よ、

神武天皇《ノ》祖母豐玉姬《ハ》娑竭羅龍王《ノ》女《メ》。八歲龍女《ノ》姉《ナリ》也。然《ル》間先祖《ハ》法華經《ノ》行者《ナリ》也。甚深云云。（『御義口傳』上卷、五二）

一見甚だ奇怪に似たる文字なれども、委細に之を考ふれば決して無據の言なるに非ず、予曾て此事に關し演說したる筆記あり之れを讀みたらむ人は已に其の史實の事證を會得せしならむ、日本國の祖先全く法華經の行者なり法華經の爲めに日本國は生じ、日本國の爲めに法華經は起る、而も是れ實際の史實なりと言ふに至りては誰れか復《タ》兩者因緣の遠くして且つ渥きに驚かざるものあらむや、法華經の中に如來神力品あり聖日蓮は巧みに其の品題を讀みて曰はく

妙法蓮華經如來ト神トノ力ノ品ト可レ得レ心也。乃至。此《ノ》神《トハ》者山王七社等《ナリ》也。此《ノ》

旨可シレ案ズレ之チ也。云云。（『御義口傳』下巻二九）

本と是れ如來の神通力を說けるの品題なるを分かつて如來と神との兩者の力と爲し且つ故さらに其の神を山王七社等なりと解して日本國の神たるを知らしむ、蓋し法華經と日本國との關係正さに此の一品の中に珍藏せらるゝが故なり、夫れ神力品は釋尊本化上行等に斯の眞淨大法を付屬したる大事の一品にして、其の付屬を爲すの前に十種の大神通力を現じたり、中に於て十方諸佛の世界を通じて大虛空の一佛境界と爲したる一大瑞は是れ即ち法華經に於て正さしく日本建國の體義を示したものなることを知らざる可からず、日本建國の體義は維れ神の大用に成れる大虛空の天界にして十方の國土は皆此の天界に綜統せらるべきものなればなり、斯かる國土に出現すべき本化の菩薩ぞと說きたる如來神力品は豈に全く日本國の爲めの法華經なるが故に非ずや、未だ付囑せざるの法華經は釋尊の說きたる印度の法華經なり、已に付囑したる法華經は本化の弘むべき日本國の法華經なり。

此ノ妙法蓮華經ハ非ル二釋尊ノ妙法ニ一也。既ニ此ノ品ノ時上行菩薩ニ付屬シ玉フ故ナリ也。惣ジテ妙法蓮華經ヲ上行菩薩ニ付屬シ玉フ事ハ。寶塔品ノ時事起リ。壽量品ノ時事顯レ。神力屬累ノ時事竟ル也。（『御義口傳』下巻二九）

上行に付屬せられたる以後の妙法蓮華經は釋尊の妙法に非ず、日本國の法華經

は何ぞ必しも印度の法華經なるならむや。天竺國をば月氏國と申すは佛の出現し給ふべき名也。扶桑國をば日本國と申す豈に聖人出で給はざらむや。月は西より東に向へり。月氏の佛法の東へ流るべき相也。日は東より西に入る。日本の佛法の月氏へ還るべき瑞相也。月は光り明かならず。在世は但八年なり。日は光り月に勝ぐれたり。五五百歲の長き闇を照らすべき瑞相也。佛は謗法の者を治し給はず。在世には無かりし故に。末法には一乘の强敵充滿すべし。不輕菩薩の利益此れなり。各各我が弟子等はげませ給へ。はげませ給へ。（『御遺文』二〇四〇、諫曉八幡鈔）

倶に純圓なりと雖も印度の法華經は猶ほ月の如く、日本國の法華經は猶ほ日の如し、本化の菩薩日本國に出づるに依りて法華經の眞相爾の時乃ち現はるべきが故なり、是れ洵に付屬なるもの、大事なる所以にして、而して其の付屬は法華經の中には寶塔品に事起り、壽量品に事顯はれ、神力囑累に竟はる、日本國の法華經を識らむ者は先づ具さに是れ等の諸品を研かざる可からず、夫れ寶塔品に多寶如來の寶塔踴現して十方分身の諸佛皆來集し爲めに三變土田の大瑞あり、初めには此の娑婆世界を變じて黃金の淨土と爲しぬ、文に云はく、

時《ニ》娑婆世界即《チ》變《ジテ》清淨《ナリ》。瑠璃《チ》爲《シ》地《ト》。寶樹莊嚴《シ》。黃金《チ》爲《シ》繩《ト》以《テ》界《ヒ》八道《テ》。無《ク》諸《ノ》聚落村營城邑大海江河山川林藪。燒《キ》大寶香《チ》。曼陀羅華徧《ク》布《キ》其《ノ》地《ニ》。以《テ》寶《ノ》網幔《チ》羅《シ》覆《シ》其《ノ》上《ニ》

○懸《ク》諸《ノ》寶鈴《チ》。（法華經巻四）

次に八方に更に二百萬億那由陀の國を變じて皆清淨の土と爲さしむること再びするに及べり、文に云はく、

所化之國《モ》亦以《テ》瑠璃《チ》爲《シ》地《ト》。寶樹莊嚴《シ》。樹《ノ》高《サ》五百由旬。枝葉華果次第《ニ》嚴飾《シ》。樹下《ニ》皆有《リ》寶師子座。高《サ》五由旬。種種《ノ》諸寶以《テ》爲《ス》莊校《チ》。亦無《ク》大海江河及《ヒ》目眞隣陀山摩訶目眞鄰陀山鐵圍山大鐵圍山須彌山等《ノ》諸《ノ》山王。通《ジテ》爲《リ》一佛國《ト》。寶地平正《ナリ》。寶《ノ》交露《セル》幔《アリ》徧《ク》覆《ヒ》其《ノ》上《チ》。○懸《ケ》諸《ノ》旛蓋《チ》。燒《キ》大寶香《チ》。○諸天寶華徧《ク》布《ク》其《ノ》地《ニ》。○（上同）

滅後の弘通を勸奬するの前に於て斯かる大瑞の興起したることは其の弘通すべき國土の如何なる狀態なるかを表示せむが爲めなるに外ならず、而して後釋尊は塔中に入りて多寶如來と座を並べ、人天大會皆如來の大威神力に薫被せられて法華經の大虛空會は方さに是の時に始まれり、念ふに序品より以來、一乘の名已に揚がり、三乘の人皆度し、一切の衆生に咸く佛陀正覺の記莂を與えて、釋尊在世の能事は法師品の時全く其の畢りを告げたり、但此の寶塔品よりして更に大虛空會となり、在世の法華經は一轉して專ら滅後の爲めの法華經と爲る、即ち日本國の法華經を顯はさむが爲めにこそ此の寶塔品の說相は起りたるなれ、若し然らば其の表示したる國土の狀態亦豈に日本國ならざるを得むや、言はゆる三變土田は小日本の變じて大日本と爲りたるものにして、建國の體義を

明らめむと欲する者は先づ深く此の寶塔品に注意を拂はざる可からざるなり。

法華經以前の諸大小乘經に在りては釋尊の娑婆世界を以て穢惡なりと爲し且つ娑婆世界以外別に十方諸佛の國土なるものありて各各同からずと說けり、例せば西方安養の彌陀、東方不動の阿閦等の如し、然るに此の法華經の寶塔品に至りては獨りこれに違ひ、却つて娑婆世界の全く眞實淨土なることを現はし、及び八方に各々四百萬億那由佗の國土を變じて皆娑婆世界の淨土と等からしめ、寶地平正にして大海江河諸の山王あるなく、通じて一佛國土と爲りて唯ゞ釋尊一大法王の領域に歸せしむ、是れ小娑婆を變じて大娑婆と爲したるものにして彼の大虛空會は即ち此の大娑婆なるもの、幅員を示したるなり、今夫れ日本を以て卑小の一孤島なりと爲し、日本國以外別に幾多の邦國ありて帝王の各各樹立するを認むるが如きは豈に法華經以前に於ける權敎時代の執見なるに非ずや、苟も法華經の如くむば、大日本國なるもの、前には鐵圍須彌等の諸山王あるべきに非ず、平正なる一佛國土の中《カ》何ぞ諸佛の各各樹立を容るさむや、彌陀等の諸佛皆此に來集して倶に分身と呼ばれしは一大法王の下に其の名分を正されたるものにして、地上の諸王は咸く來りて宇內一君の眞天皇に屬從せざるべからざるが故なり、曩昔維れ神の妙力此の大虛空會に於て四方君臨の天日輪を捧げ來り以て萬世一系の天座を顯現せしめ給ひ、宇內一君の眞天皇高く此の天座に

坐し〱て五百由旬の塔中には高皇二靈の尊容儼乎として永く渝らせ給はず、況や人天大會亦皆虚空に在りて國民は純然天民たるに於てをや、此の如く觀來れば、寶塔品は宛《ガ》ら日本國、日本國は宛《ガ》ら寶塔品にして、聖日蓮の眼睛に映じたる眞正神代史の一頁は此の寶塔の一品實に是れなりきなり。

されば法華經の寶塔品を讀むに非ざれば大日本國なるものは竟に識るべからず、大虚空會の儀相に非ざれば爭でか建國の體義を悉くすことを得むや、彼の屑たる神職者流が徒らに書紀古事記等の古典に執し其の文字の皮相に走りて口に神代造化の事を談ずるも、其の造化せられたるものは僅に一孤島の小日本なるに過ぎず、若し一葦海水を隔つれば朝鮮支那は已に二尊造化の功に歸することさ能はざるに非ずや、曾て予の書ける日本佛敎史論中聖德太子に關する評論の一節に云はく、

守屋が如きは佛は蕃神なるが故に敬すべからずと謂ふ、是れ日本の神を認めて一國族姓の首先と爲したるものなり、太子は神佛一致を立つ是れ日本の神は即ち宇内萬邦の神なりと爲したるものなり、日本の神已に宇内萬邦の神たらば、日本の君王は即ちまた宇内萬邦の君王たること論なし、是れ洵に太子の遠謀大量よく敢て神佛一致を立つる所以なり、然るに頑者は之を悟らず千載の下今尙ほ之を議する者あるは抑も太子を識らざる者なり。

日本の神を認めて單に一國族姓の首先と爲す守屋の一輩尙ほ今日に在りて漫りに國體を云云して反つて自から日本國の神を小にす、乃ち彼等は小日本の神を知つて未だ大日本の神を識らざるなり、蓋し宇内萬邦の神に非ざれば大日本國の神たるべきに非ず、宇内萬邦の君に非ざれば大日本國の君たるべきに非ず、而して此の宇内萬邦を綜統すべき大日本國は唯此の寶塔品の大虛空會に在りて現はる。

次に壽量品に至るに及むでは正さに佛陀の唯一と久遠とを顯はし、及び衆生國土世間等の常住不滅を示したり、是れ釋尊一代の教法に類を絶したる法華經の特勝なるものにして、大日本國の能く大日本國たる所以茲に於てか亦愈々明らかなるを得たり、其の衆生と國土との常住不滅なるは全く大日本國なる國土の天國にして其の衆生の天民なるが爲めなればなり、其の佛陀の唯一にして而も久遠なるは維れ神の本元久しく皇統の緒を啓きて塵點劫來遠く渝はらせ給はざるが爲めなればなり、佛教史論の中に亦云へり。

謂ゆる神世とは何ぞや「惟神《カムナガラ》の治」是れなり、日本紀　孝德天皇三年の詔に「惟神《カムナガラ》吾《ワガ》予《ミコ》應治《シラスベシト》故寄《コトヨサセ》。是以《コヽヲモテ》與天《アメ》地《ツチ》之初《ノハジメヨリ》君臨《キミタル》之《ノ》國《クニ》也《ナリ》。」とあり、乃ち現界の森羅を以て絶對の神意に歸するは、日本建國の體要、立君の本旨にして、國礎を宇宙の眞原に立て、皇統を無窮の最極に保たしむ、實に是れ萬古不磨の大經大法にし

て、日本佛敎の至理眞相は早く已に此の間に胚胎したりと謂はざる可からず。婆羅門及び耶和華等の造化敎を以て日本の神世に比同せむと欲する者あるは抑も迷妄の甚きなり、日本の神世に於て「惟神《カムナカラ》の治」とは「國即天」なるの謂ひにして、其の天神創造を論ずるは則ち絕對的神人不二の妙理を造化に假托したるものなり、而して其の造化說は尙ほ大に婆羅門及び耶和等の造化說と趣を異にし却て造化の妙用は即ち全く因緣合成の理法なる事を明示せり、看よ日本の神世は具《サ》に三神の造化を說くことを若し神人不二の妙理を造化に假托したるに非ずむば何ぞ煩しく三神を說くの要あらむや、然り而して其の三神は即ち因緣合成の理法なることを三神の名義に於てそれ已に明らかなり、天《アメ》御《ミ》中主《ナカヌシノ》尊《ミコト》は唯一元總合の理體にして、高《タカ》產《ミ》靈《ムスビ》、皇《カム》產《ミ》靈《ムスビ》の二神は唯一元總合の理體に合有せる本全の事相なれば、能造の前に被造なく、被造の後に能造なし、即ち是れ絕對的神人不二の妙理にして確として彼れ一般造化敎旨に同じからざるなり。

佛敎の至理眞相に於て淨穢を亡するは「國即天」なるが故なり、佛凡を離するは「惟神の治」なるが故なり、試みに日本神世の古に於て稱して國家本有の大道と爲せしものは果して如何なるものなるかを念へ、只天祝詞《アマツノリト》太諄辭《フトノリトゴト》を以て遠祖《トホツミオヤ》の欽命を仰ぎ、天道を立て人心を直するに在り、何が故に遠祖《トホツミオヤ》の欽命を仰ぐ

か、徒に國祖を敬し家先を重むずるの意に非ず、唯人類の本分は無始の原因に溯りて之が久遠を觀察するの務めあればなり、凡そ無始の原因を識らざるものは即ち人類の本分を忘れたるものなり、苟も無始の原因を識らば復《タ》何ぞ無終の結果を期せざらむや、日本の皇統萬世一系を保ちて決して渝ることなきは則ち國家本有の大道に於て全く無終の結果を期するが爲めなり、此の如く無始の原因に過去の久遠を談じ、無終の結果に未來の常住を論ずるはまた是れ宛然として佛敎の至理眞相なるのみ。

佛敎の至理眞相を顯はしたる特勝の壽量品が何かに大日本國の本領を示したるものなるかを考へよ、夫己に本化付屬の爲めに說きたる經典なれば其の言ふところは亦本化出現の國土に關かるべきこと言を待たず、されば言はゆる壽量品に事顯はるとは一面に於ては大日本國なるもの、正さに此の品に顯はれたるなりと領會せざるべからざるなり、若し然らざれば本緣國土の妙義何を以てか之を釋成せむや、聖日蓮は法華經の說處たる耆闍崛山を判じて云はく、

此の山を壽量品にして本有の靈山と說かれたり。本有の靈山とは此の娑婆世界なり。中にも日本國なり。法華經の本國土妙たる娑婆世界なり。本門壽量品の未曾有の大曼荼羅建立の在處なり。（『御講聞書』十、）

本門壽量品の未曾有の大曼荼羅の建立すべき本緣の在處鄕國として大日本國あ

り、大日本國既に已に壽量品の大曼茶羅界なればなり、夫れ壽量品の大曼茶羅は之れを己身に約して觀心本尊と稱せり、個人の當相已に本尊たらば國土の全體亦豈に大曼茶羅界ならざる可けむや、況や此の國土本尊は是れ即ち壽量品の本國土妙なるに於てをや、而して此の本國土妙は正さに大日本國なるもの、妙なれば壽量品の大曼茶羅は宛がら直ちに一幅の日本地圖なることを識らざる可からず。

曼茶羅とは梵語にして此に壇と翻す、即ち本尊の立たせ給ふべき壇域なるなり、而して壽量品の本尊たる唯一本佛の立たせ給ふべき壇域は十界を綜統して森羅の一塵をも漏らさず、今本國土妙の大日本國なるもの亦是の如く、其の本主たる眞天皇の立たせ給ふべき壇域は實に大虚空の大曼茶羅界にして超然雲表の外に在り以て宇內の各邦國に下莅し、而して各邦國の帝王統領は其の大權の下に在つて地上の首長たること恰も十方分身の諸佛が大地に上に居して迹佛迹土を表するに異ならず、言はゆる壽量品の本尊とは南無妙法蓮華經の七字なり唯一本佛は此の七字の理法を以て其の自體と爲し給ふ、日本國の本主たる眞天皇の大御身が全く公道公義の惟神《カムナガラ》なるは即ち是れが爲めなり、此の公道公義の惟神《カムナガラ》は地上に莅むの大權にして、十界を綜統する七字理法の大光明なり、壽量品にてはこの大光明に照らされて十界の衆生皆無始本有の尊形を現はし、大日本國

にては惟神《カムナガラ》によりて其の國民亦久遠本來の天民と爲る、本有の尊形は佛凡一如の妙境界に住し、本來の天民は君民一體の本國土に在り、並びに是れ壽量品の大曼荼羅なるものなり。

「本尊曼荼羅に關しては茲に其の義意を盡くすこと能はず、聖日蓮一期の大事何ぞ率爾なるべけむや」。

此の大曼荼羅に立たし給へる唯一本佛の本尊たるを信ぜざるものは無間天魔の輩なり、眞天皇の本主たるを忘れたるものは亡國國賊の徒なり、之れに反して唯一本佛の本尊たるを信ずるものは必ずやまさに眞天皇の本主たるを忘れざるべきなり、然るを日本國多年幕政の下に在りて久しく上御一人の眞天皇あることを顧みざりしは全く念佛禪眞言等の國内に跋扈して法華經壽量品の唯一本佛を信ぜざらしめたる弊毒に由る、換言すれば大日本國と法華經との本緣を忘れて壽量品の唯一本佛が直ちに上御一人の眞天皇なる所以を識らざりしが故なり。

倶舍、成實、律宗は三十四心斷結成道の釋尊を本尊とせり。天尊の太子が迷惑して我が身は民の子と思ふが如し。華嚴宗、眞言宗、三論宗、法相宗等の四宗は大乘の宗なり。法相と三論とは勝應身に似たる佛を本尊とす。天王の太子が我が父は侍と思ふが如し。華嚴宗、眞言宗は釋尊を下げて盧舍那大日等を本尊と定む。天子たる父を下げて種姓もなき者の法王の如くなるにつけり。淨土宗は

釋迦の分身の阿彌陀佛を有緣の佛と思ふて敎主を捨てたり。禪宗は下賤の者が一分の德あつて父母を下ぐるが如く。佛を下げ經を下だす。此れ皆本尊に迷へり。例せば三皇以前には父を知らず人皆禽獸に同せしが如し。壽量品を知らざる諸宗の學者は畜生に同じ不知恩の者なり。中略。華嚴眞言經等の一生初地の即身成佛は權敎にして過去を隱くせり。種を知らざる脫なれば趙高が位に上り道鏡が王位に居せんとせしが如し。（『御遺文』七九二、開目鈔下）

諸宗の本尊を破するに就きて一々眞天皇を忘れたるに例し竟に彼等を趙高道鏡等の叛逆人に同ず、其の意亦觀るべからずや、此の中禪宗のみ獨り父母に例したるは一見他例に異なるが如くなれども、此の一事却つて聖日蓮の特見を徵するに足るものあるなり、夫れ君臣父子の倫理は東洋に於ては支那に淵源し、日本も亦今日に至るまで敢て其の說くところを異にせず、然れども支那に於けるの君は父に非ざるの君にして君と父とは其の體本來各別なり、言はゆる孝ならむと欲すれば忠ならざる事情に接することと彼の國の實際に於て比々之を視る、斯ゝる倫理のまゝを以て久しく我が日本に用ゐ來りしことは是れ亦大なる失態にして建國の體義からは寧ろ太甚しき汚辱なりしなり、何となれば我が日本は本是れ君父同原の制にして一國は唯一家族なれば上ミ御一人こそ全く衆民の親父にて座はせ、國民は血肉の上に於て悉く皆其の子たるものなり、上ミ御一人に蓋

くすより外に我が日本に於て忠孝等の倫理常道は一切何物もあるべからざるなり、然り而して法華經說くところは翕然として正さに此の倫理に合ふ、言はゆる主、師、親の三德を備えたる唯我一人の佛陀是れなり、主君と云ひ、師匠と云ひ、親父と云ひ、只ゞ是れ一體の佛陀に於けるの三德なれば君即ち父、父即ち君にして、此の佛院を下げたりし禪宗は畏くも日本國の父母たる眞天皇を下げ奉りたる者に同きなり、されば今の父母を下げたりとの一言は反つて日本國の君父同源を例知せしめむと欲したるものにして聖日蓮が倫理上に懷ける特見の一面茲處に聊か其の機微を漏らしたるのみ、抑も大日本國の法華經にしては三德一體の佛陀を本尊とし、法華經の大日本國にしては君父同原の眞天皇を本主とす、此の如き本尊、諸大小乘の經宗にこれありや、此の如き本主、宇內の各邦國にこれありや、王佛二法共に世出に超絕して其の本緣遠く相關かること洵に斯の如し。

今此《ノ》三界《ハ》。皆是《レ》我《カ》有《ナリ》。其《ノ》中《ノ》衆生《ハ》。悉《ク》是《レ》吾《ガ》子《ナリ》。而《モ》今《マ》此《ノ》處《ハ》。多《シ》諸《ノ》患難。唯《ミ》我《レ》一人。能《ク》爲《ス》救護《チ》。（法華經巻二）

「今此三界皆是我有」とは主德なり「其中衆生悉是吾子」とは親德なり「而今此處乃至能爲救護」とは師德なり、此の三德は獨り唯我一人の佛陀に備ふるところにして、此土有緣深厚の敎主たる釋尊より外の他佛には全く此の義なし、

釋迦如來は我等衆生には親也。師也。主也。我等衆生のためには阿彌陀佛藥師佛等は主にてはましませども親と師とにはましまさず。ひとり三德をかねて恩ふかき佛は釋迦一佛にかぎりたてまつる。親も親にこそよれ釋尊ほどの親。師も師にこそよれ主も主にこそよれ釋尊ほどの師主はありがたくこそはべれ。この親と師と主との仰せをそむかんもの天神地祇にすてられたてまつらざらむや。不孝第一の者也《ナリ》。（『御遺文』五一八 南條書）

辭令の上からは外國の君主も亦敢て我等が主に同からずとは言はず、然れども親に非ず、師に非ず、獨り三德をかねて恩ふかき眞の君主は我が國の上御《ミ》一人にかぎりたてまつる、親も親にこそよれ、師も師にこそよれ、主も主にこそよれ、上御《ミ》一人ほどの主師親は宇内にありがたくこそはべれ、此の三德一體たる上御《ミ》一人の仰せをそむかんものは我が國の天津《アマツ》神《カミ》國津《クニツ》神《カミ》に捨てられたてまつらざらむや、實に不孝第一の者なり、然るを此の國の衆生にして斯ゝるありがたき三德一體の上御《ミ》一人を忘れ、其の敎詔に背きて意を外國の君主なんどに移さむものは、即ち唯我一人の釋尊を捨て、彌陀藥師等に魂をぬかしぬる無間天魔の輩なるに非ずや、日本一國が彌陀藥師の眷屬となりて竟に外國の君主を仰ぐべきの徵として一同に先づ賴朝なむどの謀叛人に方人《カタフド》とはなりし歟。

日本國に代始まりてより已に謀叛の者、二十六人。第一は大山の王子。第二

は大石の山丸。乃至第二十五人は頼朝。第二十六人は義時也《ナリ》。二十四人は奉《リ》被《レ》責《メ》朝《ニ》獄門に被《レ》懸《ケ》首《チ》山野に曝《ス》骸《カバ子》。二人は奉《リ》傾《ケ》王位《ヲ》國中《ヲ》拳《ニギル》手《ニ》。王法既《ニ》盡きぬ。（『御遺文』一九三二、筒御器鈔）

王法の盡きたるは實に佛法の大禍に由ればなり。佛法やうやく傾倒しけれは世間も亦濁亂せり。佛法は體の如し。世間は影の如し。體曲《ガ》れば影なゝめなり。（『御遺文』一九五〇、諸經法華難易事）

念佛、禪、眞言等の日本國に流布して壽量品の佛法を失えると、頼朝義時等が國中を手に拳りて大日本國の王法を亡ぼし、とは、両者相映じて宛も體と影との如し、されば佛法の邪正を決せむと欲するもの豈に王法の得失を考えざる可けむや、王法以外に佛法なく、佛法以外に王法なし、壽量品即《チ》大日本國にして、大日本國即《チ》壽量品なればなり。

天晴《レヌレバ》地明《カナリ》。識《ル》法華《チ》者《ハ》可《キカ》得世法《チ》歟。（『御遺文』九四八、観心本尊鈔）

嗚呼法華經を識ると識らざるとは大日本國に於ける忠奸の分かるゝ所以なり、而して其の奸を名けて亡國國賊と云ふ、大日本國を識ると識らざるとは法華經に於ける信謗の異なる所以なり、而して其の謗を名けて無間天魔と云ふ、彼等は洵に法華經の眞天子たるを忘れ大日本國の大梵王に背くが故なり。

大國小國大王小王大家小家。尊主高貴各各有《リ》分齊。國國《ノ》萬民皆號《シ》大王《ト》同《ク》稱《ス》天

子《ト》。雖《モ》然《リト》以《テ》詮《ヲ》論《スレバ》之《ヲ》。梵王《ヲ》爲《シ》大王《ト》以《テ》法華經《ヲ》稱《スル》天子《ト》也。（『御遺文』一〇七八、太田禪門書）

世間には梵王是れ大王たり、出世間には法華經是れ天子たり、而して日本は實に梵王の國にして其の建國の體義は三界第一の王法なること全く法華經の諸經中なるに異ならず。

王と申すは三の字を横に書きて一の字を竪てさまに立てたり。横の三の字は天地人也《ナリ》。竪の一文字は王也《ナリ》。須彌山と申す山の大地をつきとをして傾かざるが如し。天地人を貫きて少しも傾かざるを王とは名づけたり。王に二あり一には小王也《ナリ》。人王天王是也《レナリ》。二には大王也《ナリ》。大梵天王是也《レナリ》。日本國は大王の如し。國國の受領等は小王也《ナリ》。華嚴經阿含經方等經般若經大日經涅槃經等の已今當の一切經は小王也《ナリ》。譬へば日本國中の國王受領等の如し。法華經は大王也《ナリ》。天子の如し。然れば華嚴宗眞言宗等の諸宗の人人は國主の內の所從等也《ナリ》。國國の民の身として天子の德を奪ひ取るは下剋上、背上向下、破上下亂等これ也。設ひいかに世間を治めむと思ふ志ありとも國も亂れ人も亡びぬべし。譬へば木の根を動かさむに枝葉靜かなるべからず。大海の波あらからんに船おだやかなるべきや。華嚴宗眞言宗念佛宗律僧禪僧等は我が身持戒正直に智慧いみじく尊しといへども。其の身既に下剋上の家に生まれて法華經の大怨敵となりぬ。阿鼻大城を脫るべしや。（『御遺文』一九七四、內房女房書）

法華經と日本國とを駢べ擧げて佛王二法の同歸を示すこと懇懃に此の如し、日本國は大梵王なり猶ほ法華經の諸經に王たるが如し、國內の領主等は小王なり、猶ほ華嚴阿含等一切大小顯密の諸經の如し其の領主等に仕えむ者どもは何かに大家大身なりとも只《タ》僅に陪臣所從の分齊なるぞかし、華嚴宗眞言宗等一切の權宗は即ち其れなるに非ずや、且つそれ賴朝等が如きは本《ト》是れ王家の狗犬なるに過ぎず。

日本國の武士の中《カ》に源平二家と申して王の門《カド》守《モリ》の犬二疋候。（『御遺文』一九一四、上野鈔）

斯かる狗犬が民の身として天子の德を奪ひ取りし下剋上の大禍は、延ひて背上向下と爲り、亦延ひて破上下亂と爲り、竟に陪臣所從の分齊たる北條氏をして一國の政權を擅ひまゝにせしむるに至り、義時の如きは畏くも武力を天子の玉體に加え奉り敢て建國以來無前の大逆を行ふ、而して弘法法然等狗犬の眷屬は已に法華經の大王を殺害し奉らむとしたるものなること彼の義時に更はらず、枝葉は根に隨ひ船は波浪に依る、佛法を糺さゞらむに王法豈に立つべしや。

夫《レ》國《ハ》依《テ》法《ニ》而昌《ヘ》。法《ハ》因《テ》人《ニ》而貴《シ》。國亡《ヒ》人滅《セハ》佛《ヲ》誰《レカ》可《キ》崇《ム》。法《ヲ》誰《レカ》可《キヤ》信《ス》哉。先《ツ》祈《ラバ》國家《ヲ》須《ク》立《ツ》佛法《ヲ》。（『御遺文』三六二、立正安國論）

抑も壽量品の佛法は宇宙の妙理妙法なり、日本國の王法は世界の公道公義なり、是故に六十餘州の領主を總べ給へるの王なりと言ふは尚ほ是れ迹門の三德に

屬す、若し本門に至れば更に壽量品の三德なるものあり其の釋尊は本より娑婆一世界の主師親たるに非ずして大虛空界を盡くせる三世十方の本主本尊なり、此の佛法に冥歸一如せる王法にして何ぞ單に六十餘州の一王なるべきや、此の壽量品の本緣國土にして何ぞ宇內總統の眞天皇ならざるべきや、此の如きの大日本國を認め、此の如きの眞天皇に盡くし奉るは即ち吾人壽量品の本尊に仕え奉る者の本然の當務にして、言はゆる法華經の行者とは秖さに之れを是れ言ふなり、吾人は此の本然の當務を全ふせむが爲めには小日本の一國悉く敵と爲り僅の小島の主等が威さむとて固より臆し怖るべきに非ず。

法華經壽量品は維れ精、維れ一、允《ト》に大日本國の帝範たり、是の帝範を將つて本化上行に付屬す、神力品の結要茲に於てか在り、印度の法華經一轉して日本國の法華經と爲るとは是の謂ひなり、されば本化上行の付屬を自任せる聖日蓮に在りて而して後まさに大日本國の名分を正ふすることを得べし。

日蓮は當帝の父母なり。（『御遺文』一二〇二、撰時鈔上）

と呼ばゝりしも此の尊無過上の帝範獨り其の手に在りて維れ神の王法復たび之れに依りて活くることを得べければなり、國君此の壽量品の本尊たるに於て克く天君たるを得、國民此の壽量品の曼荼羅たるに於て能く天民たるを得、壽量品を國礎として而して大日本なるものは其れ始めて立たむ矣。

王法冥《シ》佛法《ニ》。佛法合《シ》王法《ニ》。王臣一同《ニ》持《チ》三祕密《ノ》法《ヲ》。有德王覺德比丘《ノ》其《ノ》乃往《ムカシヲ》移《サン》末法濁惡《ノ》未來《ニ》時。申《シ》下《シテ》勅宣並《ニ》御敎書《ヲ》。尋《子テ》似《タラン》靈山淨土《ニ》最勝《ノ》地《ヲ》可《キ》建立《ス》戒壇《ヲ》者歟。可《キ》俟《ツ》時《ヲ》耳。（『御遺文』二〇五二、三大祕法鈔）所詮召《シ》合《セ》眞言禪宗等《ノ》謗法《ノ》諸人等《ヲ》令《メバ》決《セ》是非《ヲ》。日本國一同《ニ》爲《リ》日蓮《ガ》弟子檀那《ト》。我《ガ》弟子等《ノ》出家《ハ》爲《リ》主上上皇《ノ》師《ト》。在家《ハ》列《ラン》左右《ノ》臣下《ニ》。將《タ》又一閻浮提皆仰《ガン》此《ノ》法門《ヲ》。（『御遺文』一七一四、諸人御返事）

主上上皇の御師と爲りて帝範乃ち典るべく、左右の臣下に列なりて王法茲に行ふべし、況や大日本國の公道公義往くとして誰れか服從せざらむや、一閻浮提の宇內各邦國皆大虛空會の大戒壇を仰がむのみ。

△本論文は明治四十年十月の稿なり、讀者其の意して看るべし。

正誤

本論一六頁五行「日本國と法華經との史的關係」は「日蓮聖人の立教開宗と安房國《ノニ》」の誤《マ》りなり、尚《ホ》文字の誤脱左の如《ト》し、

頁數	誤	正
三頁欄外四行	天御中尊	天御中主尊
一一四頁の十四行	穗ぼかりを	穗ばかりを
一七五頁の三行	老ふるに	考ふるに
二四六頁の十三行	同じふるす	同じふする
二五九頁の十三行	華のの字	華の字
二七八頁の二行	云び難かれ	云ひ難かれ
三一一頁の二行	六牙の自象	六牙の白象
三二七頁の十五行	提姿品	提婆品
三八五頁の三行	己に南無	巳に南無

頁數	誤	正
一一九頁の二行	云へこと	云へること
二一九頁の二行	殺ンタル	殺シタル
二七一頁の八行	扶くれぼ	扶くれば
二九一頁の十五行	此等目違	此等相違
三一二頁の二行	居土の菩薩	居士の菩薩
三八五頁の二行	己に備はり	巳に備はり
三八八頁の十七行	已れは平生	己れは平生

其《ノ》他反《リ》點一二の相違、『』符號の反置、えへ、おを等の仮字の誤植等數處あり、何《ツ》れも再版を期して訂正すべし。

校正主任　田村玄詳

明治四十四年八月 八 日印刷
明治四十四年八月十五日發行
（正價金貳圓五拾錢）

著者兼發行者　清水梁山
名古屋市東區高岳町二丁目百卅一番戸

印刷人　小池清
名古屋市東區針屋町二丁目三十一番戸

印刷所　三益社
名古屋市東區針屋町二丁目三十一番戸

發行所　慈龍窟
名古屋市東區高岳町二丁目百卅一番戸

發賣所　唯一佛教團
名古屋市東區高岳町二丁目百卅一番戸
電話　三四一九番
振替貯金口座番號　東京貳八六六

本書校正主任　田村玄詳
仝　繪畫主任　石井愛峰
仝　印刷主任　吉田芳之助
仝　製本者　安藤信太郎

解説

大宮司朗

清水梁山は、国柱会の田中智学《たなかちがく》などと交遊して、「日蓮聖人の眼中には、法華経の他に日本国を視ず、日本国の外に法華経なきなり」として法華経の教えを説きながら、実はそれを機縁として、日本の霊的な太古の実相を開示し、秘教的古神道の潮流に限りなく接近した人物である。まずはその一生を通観してみよう。

※　※　※

1　解説

清水梁山は、元、上杉藩の武士であった清水琢三、京都中山家の出である喜代子の五男として、元治元年（一八六四）武蔵国北多摩神代村（現調布市）に生まれ、幼名を福一郎という。

幼少より「北多摩の神童」と謳われ、九歳にして池上本門寺の新居日薩《あらいにっさつ》（群馬県生。優陀那日輝《うだなにちき》に師事し、著書に『法華宗日鑑』などがある。日蓮宗一致派初代管長）に弟子入りを果たした福一郎は、十一歳で立正大学

の前身である大教院に入り、そこで田中智学とともに学び、意気投合したとも伝えられる。

その後、十三歳で普通学科を優秀な成績で修了し、日薩により梁山の法名を与えられているのだが、その後の多感な時期はといえば、これまでの日蓮宗の教理に満足せず、国学者丸山作楽《まるやまさくら》（立憲帝政党を結成）や、犬養毅《いぬかいつよし》、尾崎行雄《おざきゆきお》、金玉均《きんぎょくきん》、清水次郎長《しみずのじろちょう》なども交流を持ち、更には、キリスト教の教えを知ろうと洗礼を受けるまでして、幅広い知識を求めたこともあったようである。結局、明治十五年に、優陀那日輝に対する批判がもとで日薩より勘当され、池上本門寺を出て還俗している。

明治二十一年には、二十三歳にして、仏教統合を理念として名古屋に「唯一仏教団」を作り、併せてその研究機関として「慈龍窟」を創設、明治二十四年には、遠からずして必ず他国による侵略の大難が起こるとして、それを防ぐために「立正安国論を奉るの奏疏」を草稿したものの、上奏するまでには至らなかった。

明治三十五年四月には、宗祖開宗六百五十年祭の大会を契機に、梁山は田中智学、本多日生《ほんだにっしょう》等とともに、日蓮を開祖とする各派の統合運動を推進していく。梁山、三十八歳のことである。

ここまでは、身延派の日蓮教学者として、「唯一仏教」を理念としたムーブメントの中で、田中智学らとともに主役に近い位置で大立ち回りをしていた梁山であるが、明治四十年頃、巷間にはあまり知られていない交流を持つことになる。古神道の霊脈を伝えんとする、大石凝真素美《おおいしごりますみ》や水谷清《みずたにきよし》との出会いである。

七十六歳になる言霊学の大家・大石凝真素美が、名古屋市洲崎町の熱心な法華経の信者・服部政之助の紹介を得て、自著『真仮名附法華経』一巻を携えて名古屋市七曲町の唯一仏教団に清水梁山を訪れたのは、明治四十年、梁山、四十三歳のことである。大石凝は、唯一仏教団に止まること十余日、互いに論を交わし、また翌年に再度来名してともに『法華経』と『古事記』の密合について語り合っている。この出逢いが後の二人に何らかの影響を与えたことは疑うべくもない。

また、大石凝が梁山のもとを訪れるしばらく前より、後に『古事記大講』三十巻を著す水谷清が、当時より法華経の大学者として知られた梁山のもとで法華経の研究をしていた。その水谷清に対して、梁山は大石凝を「この方は伊勢の神様で、今回、古事記と法華経が密接不離の関係あるものなることを研究され、私の意見を叩くために態々来訪されたのです」と紹介している。これがのちに水谷清が天津金木を研究するきっかけとなるのである。水谷はかなり長い間、梁山に師事し、その卓説に共鳴していたために、大石凝の説のみならず、梁山の説を自説に積極的に取り入れている。

明治四十四年、その前年に大逆事件が起こり、これに危機感を抱いた田中智学は「日本国体学会」を創始しているが、かたや梁山は、『日本の国体と日蓮聖人』（本書原題）を慈龍窟より刊行、著作の中で「天皇本尊論」を唱え、後の高佐貫長《こうさつらなが》らの天皇本尊論の先鞭をつけている。田中智学は後に国柱会を創立（大正三年）して、日蓮主義的国体論を展開していくことになる。

また、大正四年七月、五十一歳のとき、上野寛永寺において、当時、今弘法とまで称された権田雷《ごんだらい》

斧《ふ》より密教深密の戒壇における阿闍梨灌頂を受け、また権田自ら秘蔵するところの『真言奥義口伝書』（六巻）が贈られている（雷斧も梁山より法華深秘の本門戒壇作法を受けている）。

同じく大正四年十一月の大正天皇の即位大典に際して、日蓮宗宗務院は、「奉献本尊（蒙古調伏護国の本尊）」を宮内庁に献納しているが、その解説を梁山に依頼している。また、日蓮宗宗務院の機関紙『日宗新報』の奉祝記念号において、霊山虚空会が高天原であり、久遠本仏が天皇であり、法華経は日本国を説くものであるといった内容の「奉献本尊玄釈」「同開光文」「同説明書」が梁山の筆によって発表されている。

大正九年から大正十五年まで、梁山は、禅宗の駒沢大学に講師として招かれ、「禅天魔」を講じ、高徳で知られた丘宗潭《おかそうたん》学長を始め教授たちも聴講した。その当時、病に倒れ危篤状態に陥った丘宗潭と問答を交わし、奇跡的に快癒させるという逸話も残っている。梁山は、その後も同大学にて「本尊論」を何度か講じている。

昭和三年二月十日、世田谷駒沢において、八宗兼学の当代随一の学者として認められた清水梁山は、六十三歳で遷化し、川崎市東生田にある安立寺に葬られる。

※　　※　　※

本書は、その原題を『日本の国体と日蓮聖人』といい、明治四十四年、慈龍窟より刊行されたもの

である。その中では、我が国の神代のことが外国に伝わって、その地の天地造化説になったこと、あるいは天照大御神を始めとして、多くの神々の名がインドにまで伝わってその地の神の名になっていること、三種の神器の秘義、伊弉諾《いざなぎ》、伊弉冊《いざなみ》の神の天之御柱巡りと神代文字との関連、また日蓮聖人が書いた本尊の「南無妙法蓮華経」の七字には我が国の神代文字の筆画が加わっていること、伊勢神宮の中核をなす心の御柱の幽義、安房の国が日本国の中心であり高天原であること、日本語と梵語の同根説、仏法は神道の「天津祝詞の太祝詞事」から起こったこと、また日蓮宗における本尊、戒壇、題目の三大秘法は、日本国の天皇、天治、天法であることなどを説示する。よってその内容に鑑み、『古神道密義』と改題し、復刻することにした。

ちなみに、かつてある霊学関係専門書店で、「この本は水谷清の種本となったものですが、如何ですか」と本書を勧められたことがあるが、かなりの金額を提示されたので、その時は結局、買わずじまいであった。写本というわけでもなく、活字になっているので多数流通しているだろう、少し時間をかければ適当な値段で、いくらでも他の古本屋で入手できる、と思ったのである。しかし、実際には捜してみると、神田神保町などの古本屋街頭などにもなく、気になって国会図書館などで目録を調べもしたが置かれていなかった。その後、二十数年立ってからやっと入手したという経緯がある。

本とは縁のもので、入手できる機会があったならば、決してその機会を逸しては駄目だと思わされた本の中の一冊である。まさに本書はその入手し難いことからいえば稀書であり、その内容からいえば奇書であり、貴書といえるかと思う。

最後に、本書の内容をもう少し詳しく説明しておく。

梁山は、本書の例言において、「本書は日蓮聖人の我が国体に対する主張の根義を世に示さむとするの微意に由りて作る。蓋《けだし》聖人の宗を信ずる僧俗は之に依りて国体擁護に効《いた》さば則ち可ならむ」と記している。つまり本書は、日蓮の日本の国体に対する主張の根本義を世に示そうとして著したものだというのである。そして、その内容は単に一日蓮宗を説くものではなく、まさに古神道を説くものとなっているのである。

※　　※　　※

○本論の第一編である「日本の国体」の第一章第一節においては、「天祖の詔勅」として、天御中主神が伊邪那岐、伊邪那美の二柱の神に授けた「国土の創造を命じた」詔勅と、天照大神から瓊々杵尊《ににぎのみこと》に授けた「立君の大義を制した」詔勅を記し、それに伴うものは、一種の神器か三種の神器かを論ずる。

○第二節においては、「国土の創造」として、天御中主神、伊邪那岐、伊邪那美神について論じ、『淮《え》南子《なんじ》』あるいは『大智度論《だいちどろん》』『中論疏《ちゅうろんしょ》』などを挙げて、日本の神代のことや、日本の古伝がいつとはなく、中国、インドにまで西漸して伝えられていると説く。例えば、伊邪那岐、伊邪那美神は、インドでは「伊賖那《いざな》」(他に転音して、伊沙《いざ》、あるいは伊舎耶《いざや》、韋紐《いちゅう》)と称され、この世界において最も

自在を得た万物造化の神とされる。この神は、梵天《ぼんてん》とも那羅延《ならえん》とも摩醯首羅《まけいしゅら》とも名前を変えるが、那羅延の持つとされる輪は「中心に十字の交線あり外囲に八葉の花崎き出でて、我が神代の八咫鏡に異ならず」とし、伊勢の神体である八咫の鏡の形態について触れ、伊邪那岐神が左の手に白銅鏡《ますみのかがみ》を持たれたという日本の古伝がインドに伝わったものであると説く。

あるいは、伊邪那岐、伊邪那美神が淤能碁呂嶋《おのごろしま》に天御柱《あめみはしら》を中心として八尋殿《やひろどの》を築かれたことを以て、神代文字など一切の文字の始まりであるとし、悉曇《しったん》文字を作ったとされる摩醯首羅《まけいしゅら》の姿が、三目八臂とされるのも、三目は天御柱、八臂は八尋殿を指していると説く。

また、「印度支那の造化説が斯くも能く我が神代の古事に似たるは我より彼に其の説の移れるに非ずして本は彼より我に伝はりしにてぞあるべき。その故は我が国は彼の国国よりも新しき国なればなり」といった疑問に対して、「抑も我が国は天地の初発《はじめ》なる神代よりの国なるを新しき国とは何によりて言ふにや」とし、「凡そ支那印度の古説に於て万物の初めを東方と云ひ習はしつる理《ことはり》の由来をしも深く念《をも》へば国の本末《もとすえ》は疾く已に定まれることならずや」と答えている。

○第三節「立君の大義」においては、天照大神《あまてるおほんかみ》の御名の「大比留武智《おほひるむち》」が印度に渡って「摩訶毘盧牟尼《まかびるむに》」（マカとは大の意味）、つまり毘盧遮那《びるさな》となったという説を記し、地神五代について説明する。

ている。

○第四節「吾人の解説」の第一項「国土創造の詔勅」においては、天瓊矛《あめぬぼこ》について次のように解説し

天瓊矛の形態は、今に於て委《くは》しく識るに由なし。但近く考へ得たる説に拠れば、その長《たけ》は全く天《あめ》祖《みおや》の大御体《おほみみ》に等しき量度の物にして、言《いは》ゆる天御量《あめみはかり》なることは疑ひなし。抑も天祖の大御体に等しき量度の天瓊矛を以て国中の真柱《まはしら》と為し給ひし所以は、天祖の坐す高天原をば此の大八洲国に現《うつ》しく顕し給ふの神意なるべく、又大八洲国の内に於ける人も物も悉く皆この天御量に指し量りて造り成されたる神の人、神の物なるべく、乃ち国は決して常の国に非ず、人と物とは亦すべて常の人、常の物に非ざるなり。

右のように記し、伊勢の心の御柱が最古は一丈六尺であったという伝にもとづき、天瓊矛の長さを一丈六尺とし、また『漢書』に物の軽重を計るのに「左旋右折」することが記されていることを示し、それこそは、伊邪那岐、伊邪那美神が天瓊矛を巡り合った故事に習うものであるとして、天瓊矛を御杖に突き給いしより度制の上に丈《つえ》という名が起こったとする平田篤胤の説を紹介し、悉曇では、杖を「単拏《たんぬ》」ということから、瓊矛とは杖矛のことではないかと考察する。

また大八洲の「シマ」を洲とか島と表記するが、これは本来の日本の「シマ」という語の意味には当たらないとして、むしろ「シマ」は仏典の「刹摩《せつま》」にあたるとする。「刹摩」は「王者が支配する国土」の義であり、その国王のいるところに柱を立ててこれを表示する古風を示し、伊邪那岐神が天瓊矛を国中の柱としたことと符合すると説く。

また日本が中国においては、扶桑《ふそう》、大壑《だいかく》、中国等と称され、尊ばれていたことを平田篤胤の説を用いて明かし、我が国の名称が印度に渡っては、あるいは天を指す語とか、山を指す語となっていると説く。「天御空《あまつみそら》」は梵語で解釈すれば「垢《けが》れなく光れる貴き日天」、「高天原」のタカは「最も高き虚空の天界」、ハラは「離垢光明」「最勝第一義諦」「高遠」など多くの意味があるとする。かつては天界にこうした意義があったのであり、一義だけをとっては高天原の真義は分からないと説き、さらに葦原中国のアシハラは「無比最勝の天界」の義であると説く。このように本節においては、日本の国名の本来の意義が梵語によって解きあかされているのである。

○第四節「吾人の解説」の第二項「立君の詔勅」においては、「実に国体の根《もと》たる八咫鏡《やたかゞみ》を本《はじめ》として、三種の神器は畏くも我が天日嗣《あまつひつぎ》の大君の天御璽《あめみしるし》にて坐すことなれば、凡そ国人《くにたみ》としてそが名の義《こころ》を弁《わきま》へであるべきや」とし、三種の神器について詳細に考察する。

その一端を挙げれば、八尺勾璁《やさかのまがたま》の「八《や》」は「弥《いや》」であり、梵語では「惟位《ゐい》」で「好《よ》き」という意味であり、「尺《さか》」は「爍迦羅《さから》」であり、金剛であり、宝の意味である。「勾玉」とは「摩賀多摩《まがたま》」であって、「我が本より持てる物」という意味であり、よって八尺勾璁とは「好き宝の玉にて我が本より持てる物ぞ」という意味であるという。

草薙剣《くさなぎのつるぎ》の「草」とは梵語にては「句捨《くさ》」であり、刀の鞘の事であり、「薙」とは「曩伽《なぎや》」であり、武器の事をいう。つまり梵語では「草薙」とは「鞘に蔵《おさ》めたる武器」という意味であるという。

八咫鏡の「八咫」とは「弥阿多《いやあた》」であり、「弥《いや》」は梵語の「惟位《ゐい》」であり、「阿多」とは手のことであり、また印度では数の八は全て「阿多」である。これは手を広げて人指し指と小指の間が四寸で両手を並べると八寸であり、それが手による量りの限りであり、「阿多」とは数の満たされる八の始めであり、「弥」にも通じている。この「阿多」が日本の神代の尺量度制の根本であり、それが中国、印度の尺度の基にもなっているとする。

また「阿多」は、元始《はじめ》とか、終極、また変化して過去、現在、未来、あるいは森羅万象、変化極まりないことをも意味し、更には、無量、無上、円満、物の明らかなるところをも意味し、まさに八咫鏡とは、一切の形を映し、光明無量にして最上最尊の鏡をいうものである。

この八咫鏡を梵語では「輸駄羯摩《ゆたからま》」と呼ぶ。「輸」は「上善」、「駄」は「清浄」であり、「羯摩」というのは「カガミ」という語が転じたもので、「上善清浄の鏡」で、仏書において八葉の蓮華をいうのは八咫鏡に基づいているのだという。

○本論第二編第一章「日蓮聖人の立教開宗」においては、日蓮の『神国王抄』の言葉を解釈して次のように述べている。

我が国の人として、天皇を崇《あが》めざらむには、何《いか》に仏法を行ずとも未来の成仏はあるべからず。国体に背きなむには、縦《たと》ひ弥陀を信じたりとも極楽往生はかなふべからず。そは弥陀の心にも違ひ、仏法の掟を破るものなればなり。止《ただ》仏法のみならず、日本国の人の天皇を忘るゝものは基督《キリスト》も反《かへ》

りてそを嫌ふべし。耶和華《エホバ》も必ずそを罰《つみ》しなむ。彼の教を信《う》くる人等も亦よく〳〵考へよや。

何教を信じる人にしても、我が国の人として、天皇を崇めないようなことであっては、極楽往生はおろか、かえってその信じる教えの神仏から罰をも受けることになろうというのである。そして仏法と王法とは同じ一つの道であり、法華経の行者とは王仏一乗の旨を信じ、これを行じて、この国を救うためには身命をも惜しまないものをいうのだと説く。

本章においては、日蓮に関してさまざまな興味深い説が語られる。例えば、日蓮が書いた本尊の「南無妙法蓮華経」の七字には、我が国の惟神《かむながら》の教え、神真《かむま》の道である義《こゝろ》を含意せしむるためとして、華経の二字に、梵字と同体である神代文字の筆画が加えられているとし、日蓮が題目の奉唱を十度とし、ゆったりと唱えるべしと説いたのは、十種の神宝の秘詞を鎮魂祭において声を大きく、調べを緩やかに唱えるのに倣ったものであり、日蓮は古《ふる》の言本《こともと》を「深くも窮《きは》め給ひて、唱題の風は全くこれにぞ基かせ給ふ」と説く。また、日蓮の「文永十一年甲戌二月、北条弥源太に与ふる書」に基づき、安房の国を天照大神の神都、つまり高天原であり、日本国の最初であると説く。

○本論第二編第二章「法華経と日本国の関係」においては、日蓮の『教機時国抄』などにより、三秘（本尊、題目、戒壇）、五重（内外、大小、権実、本迹、種脱）の化儀である五綱（教、機、時、国、教法流布の前後）を説き、法華経と日本国の関係を明らかにする。即ち、法華経の教義と日本国の国体との一致関係、またその一致関係が単に理論に止まらず、史実上相離れざる因縁の関係であると説

く。

例えば、法華経の会座に集まった菩薩の多くは日本の神々であるとして、普賢菩薩も我が国の神であり（元伊勢の祠に象の置物あり）、その乗るところの白象の上に「三の化人有り。一は金輪を捉り、一は摩尼珠を持ち、一は金剛杵を把る」とあるのを、金輪は八咫鏡、摩尼珠は八尺勾璁、金剛杵は叢《むら》雲《くも》剣《のつるぎ》であり、感覚器官と意識のすべて（六根）を浄化する六根懺悔《ざんげ》とは、すなわち神代の禊祓いのことであるとする。

また、「法華経の宝塔品を読まざらむには、大日本国は識り難し」「三変土田は即ち諾册二尊の八尋殿の形状なり」として、法華経の宝塔品における多宝の塔廟は日本の神廟であり、釈尊がその神廟に入って半座を分かつのは、その本を顕すためであって、王仏一乗の儀表を立てていると説く。

半座を分けた多宝如来を梵語では「袍休蘭羅《ほくらんら》」というが、これは我が国の「祠《ほこら》」の転訛である。宝塔とは実に、神の宗廟なのである。釈迦牟尼がその宝塔に入って、多宝如来と座を並べ、高く虚空に昇った。この二仏並座、高遠な虚空こそ、日本の高天原である。

霊山会は地上の説法（＝印度の仏法）であり、虚空会は天上の説法（＝我が大日本の仏法）であって、釈迦牟尼は、この虚空会たる大日本の仏法を説くために、彼の印度の霊山を離れ虚空に昇ったというのである。

『法華経』宝塔品に、「時に釈迦牟尼仏、所分身の諸仏を容受せんと欲するが故に、八方に各々更に二百万億那由佗の国を変じて皆清浄ならしめ、地獄餓鬼畜生及び阿修羅あること無し」とあり、三度、

八方に二百万億那由佗の国を拡大浄化したことが述べられている。これを「三変土田」と云うが、この八方への国土拡大浄化は、即ち、伊邪那岐、伊邪那美神による八尋殿の建立、大八洲の創造を示している。

つまり、『法華経』をよく読み解けば、「在《あら》ゆるの世界はすべて我が神の大日本国なるべき」ことが記されているとし、更には皇室の菊花の紋章は「宝塔品」の「三変土田」と関連すると解説する。

また、「提婆品」に八歳龍女が登場するが、日蓮聖人の『御義口伝』に「神武天皇の祖母豊玉姫は、娑竭羅《しやから》龍王の女、八歳龍女の姉なり。然る間、先祖は法華経の行者なり。甚深なり、甚深なり」とあることや、比叡山の秘書にも同様なことが記されていることを示して、天皇の先祖が法華経の行者であったというようなことは理屈ではなく、史実であるとして、如何に法華経と国体が密接な関係があるかを強調している。

また梵語と日本語を比較検討して、その奇妙なほどの類似を指摘し、「これ等をもて考ふれば、彼の印度は我が国と旧《ふる》く往来《ゆきゝ》しことあるのみならず、特に釈尊の生れりし釈氏の族と云へるは全く我が神の裔《みすゑ》にてありけることの源をも自から推し得らるべくなむ」とし、また、

この大国主命なる帝釈天王をば、印度にては釈氏の祖先と伝ふるにて、「釈迦因陀羅《しやかいんだら》」と云ひ、「憍戸迦《けうしか》」と云ひ、皆其の族姓の祖なることを呼びあらはして申すことなり。されば法華経に「其祖転輪聖王」と説けりしことは釈尊の我が国の神の裔なることを明からさまに白《まう》しゝにて、転輪聖王も、帝釈天王も、偕《とも》に我が「娑竭羅《しやから》」龍国の神にてありけるが故なり。こを以て釈尊の家を

「瞿曇《くどん》」と云ふ、「瞿曇《くどん》」は日種と云へることなり。我が日の国の種族なればならずや。として、「法華経」の化城喩品第七に「其祖転輪聖王」とあることに基づき、釈迦牟尼は大国主神たる転輪聖王の裔であると説く。

更には、「天津祝詞太祝詞《あまつのりとふとのりと》」に関して、「祝詞」とは梵語で「菟律豆《のりつと》」で「寂滅涅槃」の意味であるとし、

仏法と申すも我が太祝詞事より起りしからの称《な》なるべし。尚ほ梵語の旨を以て更に考ふるに「天津祝詞」の「天」には虚空の義《こゝろ》もあり。「太祝詞」の「太」には塔廟の義もあり。即ち「天津祝詞、太祝詞」と云ふには自から「虚空会上、塔廟の中の教法」と云へる義をも含めるなり。こは是れ正しく法華経の説相なるに非ずや。

として、塔廟の中に二仏は「大祓詞」に出てくる神漏岐《かむろぎ》、神漏美《かむろみ》の二柱の神であって、法華経は神の道そのものであるから、我が国の神もまた久遠より法華経の行者であると説く。

○第七節「三大秘法の概要」においては、『法華経』というのは詮ずるところ「寿量品」一品となり、それもまた「如来秘密神通之力」の一句になると説き、日蓮宗の三秘はこの一句から起こり、この一句は王仏一乗をいうものであるとして、日蓮宗における本尊、戒壇、題目の三大秘法は、日本国の天皇、天治、天法であるとする。

ちなみに付録として「聖日蓮の立正安国論を紹介す」「聖日蓮と大日本国」の論文が巻末に付せられている。

「聖日蓮の立正安国論を紹介す」においては、『立正安国論』が不可思議なのはそれが単に未来のある事実を予言していたからではなく、神通自在の釈迦が一弾指して大千世界を動かす如く、同じく『立正安国論』が日蓮によって著されることによって、天地はまさに動いた、これこそが真の不思議であるとして、その書かれた所以や内容を説き、「日本国の亡ぶるか、亡びざるかは偏へに聖日蓮を信ずる諸君の責任に在り、仏国土の日本国をして徒らに戦闘の地に酔える修羅の悪国たらしむること勿れ」と終えている。

「聖日蓮と大日本国」においては、日本の優れている所以を説き明かし、日本国の祖先は法華経の行者であり、法華経のために日本国は生じ、日本国のために法華経は生じたとする。「法華経」はまさに我が国体を説き示したものであり、釈迦牟尼はまずこれを説くに当って、眉間白毫の光を以って東方の国を照した。この国が正しく日本であり、「法華経」がもとより縁のある国、その教えの本源がある国であり、「この仏法に冥帰一如せる王法にして、何ぞ単に六十余州の一王なるべきや」として、まさに「寿量品」の本縁国土である大日本国の王である天皇は宇内を統一するものであることを宣言している。

定価：本体一二、八〇〇円＋税

古神道密義

原題　日本の国体と日蓮聖人

明治四十四年八月十五日　初版発行
平成十八年二月十一日　復刻刷発行

著者　清水梁山
解説　大宮司朗

発行所　八幡書店
〒141-0021　東京都品川区上大崎二丁目十三番三十五号
ニューフジビル２Ｆ
振替　〇〇一八〇―一―九五一七四
電話　〇三（三四四二）八一二九

印刷／互恵印刷
製本・製函／難波製本

ISBN4-89350-633-1 C0014 ¥12800E